大智慧炒股软件入门与实战精解

刘振清◎编著

中国宇航出版社
·北京·

内 容 简 介

结合大量图片和实例，图文并茂地讲解大智慧炒股软件的使用方法、操作技巧以及综合实战应用，有效提高实战看盘效率。详细介绍炒股基本知识，包括股票基础知识、看盘基础知识、K线基础知识、形态理论、技术指标、画线技术、常用技术分析方法等。深入讲解大智慧炒股必备的基本技法，大智慧软件决策秘籍和主力常用控盘技法，包括K线经典实战策略，买卖实战决策技巧，怎样在实战中捕捉黑马股，高手炒股常胜战法，买卖实战决策要领等。帮助读者快速掌握大智慧炒股软件的使用方法和实用操作技巧，以交易的角度深度挖掘大智慧炒股软件的实用价值。

图书在版编目（C I P）数据

大智慧炒股软件入门与实战精解 / 刘振清编著. -- 北京 : 中国宇航出版社, 2017.1
ISBN 978-7-5159-1258-5

Ⅰ. ①大… Ⅱ. ①刘… Ⅲ. ①股票交易－应用软件－基本知识 Ⅳ. ①F830.91-39

中国版本图书馆CIP数据核字(2016)第311755号

责任编辑　田芳卿　　**装帧设计**　宇星文化

出版发行　中国宇航出版社

社　址　北京市阜成路8号　**邮　编**　100830
(010)60286808　(010)68768548

网　址　www.caphbook.com

经　销　新华书店

发行部　(010)60286888　(010)68371900
(010)60286887　(010)60286804(传真)

零售店　读者服务部
(010)68371105

承　印　北京中新伟业印刷有限公司

版　次　2017年1月第1版
2017年1月第1次印刷

规　格　787×1092

开　本　1/16

印　张　24.5

字　数　339千字

书　号　ISBN 978-7-5159-1258-5

定　价　48.00元

揭 密

高手是如何用炒股软件从股市中赚钱的

获得最精确、最有效的交易指示信号，是很多投资者选择炒股软件的原因。然而，炒股软件的价值到底有多大？恐怕是一个仁者见仁、智者见智的问题。一般说来，炒股软件所起的作用主要包括三个方面：其一，交易与行情展示；其二，走势分析与预测；其三，盯盘与交易预警。

炒股软件之所以能够发挥这些作用，源于强大的数据基础以及基于数据所做的各类专业性、技术性分析。但是，很多投资者还是会发现这样一个问题：即使严格按照炒股软件发出的买入或卖出信号进行交易，仍然不能保证从股市中获利。是不是炒股软件真的没用？当然不是！千百万用户的选择，说明这样一个事实：炒股软件确实是有效的，而且其能够发挥的作用远比你想象的要大。

其实，炒股软件就如同一把名剑。一位武林高手拿着这把剑，可能会横扫一切对手；一个手无缚鸡之力的人拿着这把剑，甚至会伤到自己。

诚然，对于普通投资者尤其是新股民来说，最大限度地利用炒股软件，并将其作用发挥到最大化，并不是一件容易的事。不过，他山之石，可以攻玉。下面几条利用炒股软件赚钱的高手经验，却是投资者可以借鉴的。

第一，数据是一切分析的基础。

炒股软件发出的各类买入、卖出信号固然吸引人，尤其是一些信号准确地捕捉到了股票的启动点或最高点时。不过高手们却很少直接以这些信号作为自己交易的依据，他们更重视这些信号形成的基础和依据——数据。

炒股软件提供的各类基础交易数据（如成交量、成交额数据），以及在这些交易数据基础上经过简单计算、汇总形成的数据（如换手率、量比等数据），能够为这些高手们做各类分析、预测，制定交易决策或计划提供重要支持。

第二，让技术指标做参谋。

尽信炒股软件，不如没有炒股软件。这句话的意思，并不是说不要使用炒股软件发出的交易信号。炒股软件发出的交易信号，也是经过多次市场检验的，且在大概率情况下是有效的。正因如此，高手们不会轻易浪费这些资源。这些高手会将自己看成一个发号施令者，而将炒股软件中各个技术指标或公式当成自己的参谋。这些参谋是辅助自己决策的，它们提供的信息只是作为参考之用。这些高手们非常清楚，作为发号施令者，必须有自己的见解，或者能够根据参谋人员的建议快速决策，因为参谋人员不会为结果负责，为结果负责的只有交易者自己。

第三，用智能化交易系统弥补人性弱点。

一旦确定自己的交易策略或交易计划，那么如何完美地执行交易计划就是高手们最关心的问题了。事实上，很多失败的交易计划，并不是计划本身有问题，而是在执行计划时，掺杂了太多的人性因素。例如，股价到达止损位时，期待股价重新反弹向上而拒不止损。炒股软件中的智能盯盘功能，恰好可以弥补这些不足。投资者可以借助炒股软件中的各种智能化提示和交易功能，自动发出预警信息，自动执行交易计划，从而弥补人为操作的不足。

当然，炒股软件毕竟只是一个工具，真正需要制定投资决策的还是投资者本人。这就需要投资者先要练好个人基本功，同时还要熟悉炒股软件的各种基本功能，并将这些功能应用于日常盯盘和股票交易实战。

本书就是一本让投资者对炒股软件加深了解、提升使用效率的指导书。

目　录

第一篇　网上交易入门

第三篇 大智慧实战经典应用技术

第一篇
网上交易入门

第一章

如何利用大智慧炒股软件在交易中获利

对于投资者来说，使用炒股软件的目的无非两个：其一，完成股票交易；其二，寻求在交易中获利。对于前一个目的，所有的炒股软件和交易软件都能够非常容易地达成。要达成后一个目的，则需要投资者付出更多的汗水和智慧。

大智慧炒股软件，就是一个努力帮助投资者在交易中获利的帮手。

1.1 大智慧炒股软件能做什么

大智慧炒股软件，是功能丰富、使用人数众多的一款炒股软件。大智慧软件的功能非常多，而且还在不断地增加和升级更新之中。这些功能概括起来，大致包括这样三个方面：交易与行情展示，走势分析与预测，盯盘与交易预警。

1.1.1 交易与行情展示

相比单纯的交易软件，大智慧炒股软件更重要的作用，是帮助投资者做交易分析，但交易功能仍是大智慧软件最基础的功能。投资者借助大智慧炒股软件中的【委托】功能，可以将大多数券商的交易终端与大智慧绑定，如图 1－1 所示。

将交易终端与大智慧绑定后，可以在打开交易终端的同时，利用大智慧软件查看行情，预判股价运行走势，并根据股票盘面的变化迅速下单，完成交易。

1.1.2 走势分析与预测

走势分析与预测，是大智慧软件最核心、最重要的功能。大智慧软件整合了市

图 1-1 交易终端与大智慧绑定

场上大多数股票走势分析和预测工具，诸如 K 线走势图、各种技术指标、资金流动指标、画线工具等，同时也自行开发了一些特色分析工具，诸如追击反转、TD 时间序列等（输入指标拼音首拼“ZJFZ”和“SJXL”即可调出这些工具）。借助这些分析工具，可以对股价当前所处的位置、未来运行趋势作出判断。

打开大智慧软件，输入股票代码后，即进入股票分时走势图界面。若想对股价走势进行全方位的分析，可以点击股票走势图左侧的【技术分析】选项卡，进入股票技术分析界面。

如图 1-2 所示，在技术分析界面，通过界面下方的选项卡，可以切换各种技术分析指标，也可以通过输入其他技术指标的名称或拼音缩写调出该技术指标。这样，投资者就可以在综合各种技术指标发出的买入或卖出信号后，确定自己的交易策略。

当然，也可以利用大智慧软件自带的预测功能，对股票走势进行预测。点击股票 K 线图上方快捷工具条中的【分析工具】|【模拟 K 线】按钮，可以看到该股未来走势的一个预测图。

如图 1-3 所示，点击【模拟 K 线】按钮后，系统会根据该股之前一段时间

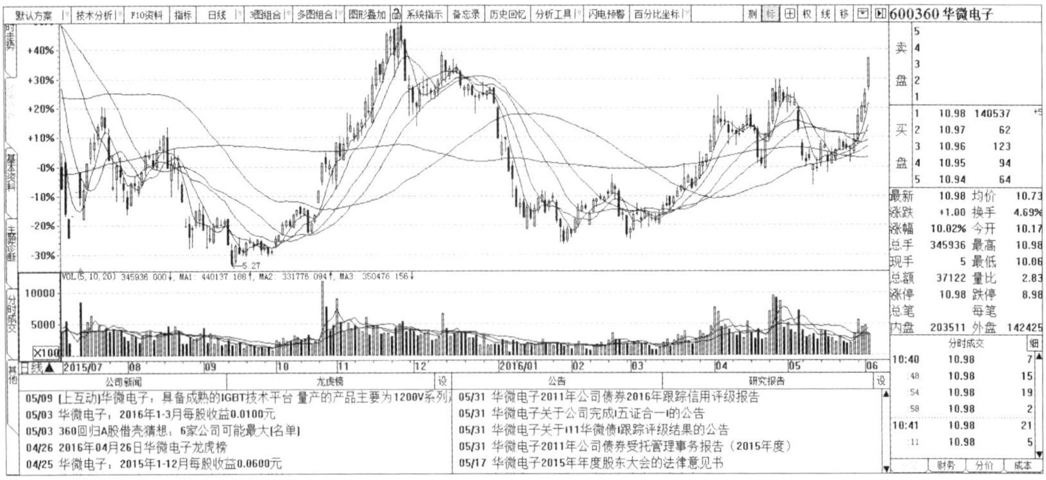

图 1－2 大智慧技术分析界面

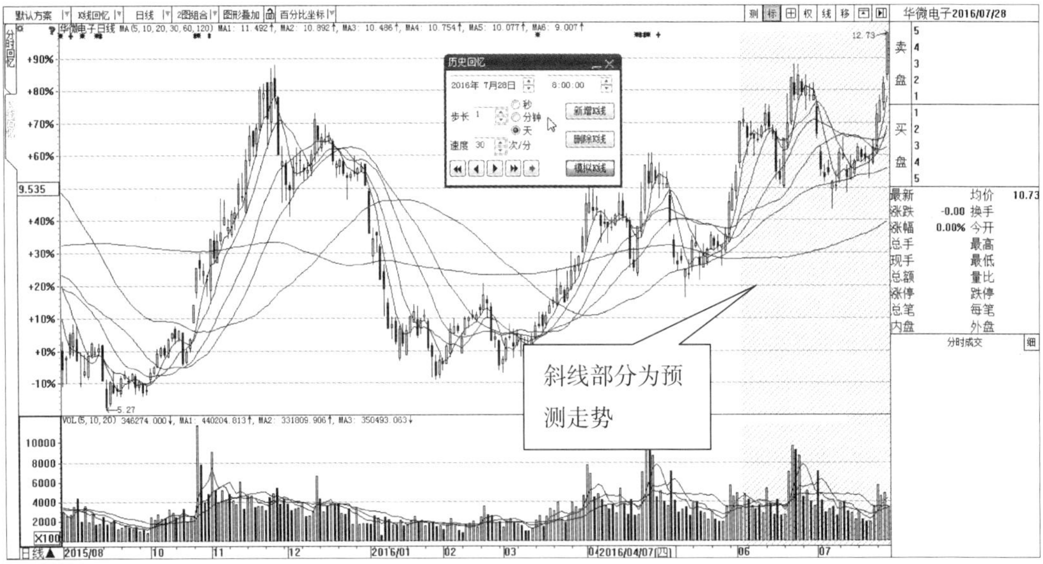

图 1－3 大智慧【模拟 K 线】功能展示图

（40 个交易日）的走势，对其后走势进行预测。投资者可以根据个人需要调整预测的时间范围。

当然，大智慧软件给出的趋势预测，只能作为投资者交易决策的一个参考。毕竟股市中充满了变数，投资者还要结合其他分析方法，综合研判股票的运行趋势。

1.1.3 交易预警

预警，是大智慧软件中智能化程度比较高的一种功能。利用大智慧预警功能，可以实时对目标个股的价格、波动幅度以及换手率进行监控，选出符合投资者要求的个股，投资者可以据此制定交易策略。股票预警功能可以节约投资者大量搜索目标股和看盘的时间，提升交易效率和质量。

1. 股票预警

预警，是指大智慧软件根据投资者设置的条件，监控股市中各只股票的交易信息。若有满足条件的股票出现，系统会自动向投资者发出提示。

投资者也可以借助大智慧软件中的【预警】功能，利用设置好的条件选择目标股。在炒股软件操作界面点击【菜单】|【工具】|【预警】命令，并在弹出的对话框下方选择【新增条件】按钮，就可以根据个人投资习惯或方式设置预警条件。

如图1-4所示，在【预警】对话框中，交易者可以根据个人投资偏好设置预警条件。设置完成后，点击【启动预警】按钮，之后系统就会向投资者提示市场上符合条件的股票。

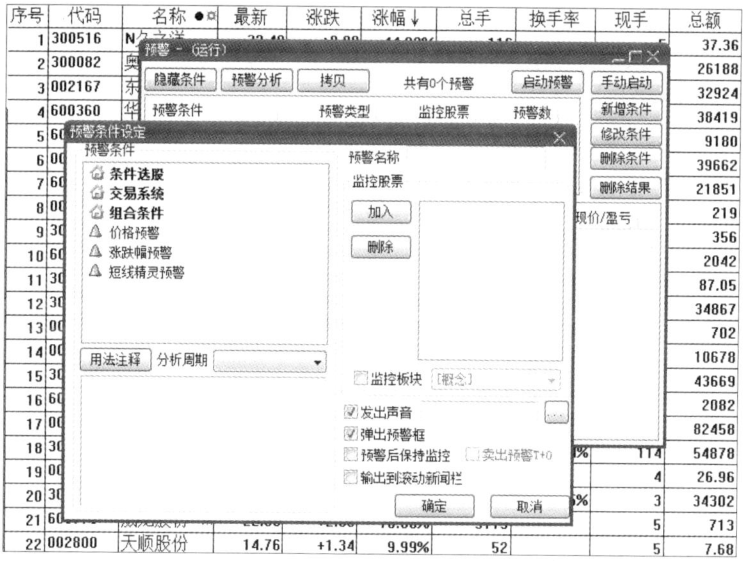

图1-4 预警功能设置

2. 闪电预警

在股票K线图界面，点击快捷工具条中的【闪电预警】选项。在弹出的对话框下方，即可设置预警项目。

如图1-5所示，投资者可在弹出的【闪电预警】对话框中选择三个条件，例如“股价达到××元”“涨幅××%”“换手率××%”。当股价达到预警条件时，大智慧炒股软件会自动发出预警提示报告。

交易预警功能可以让投资者不必随时关注盘面的变化，只需在收到预警信息时采取相应的行动即可。

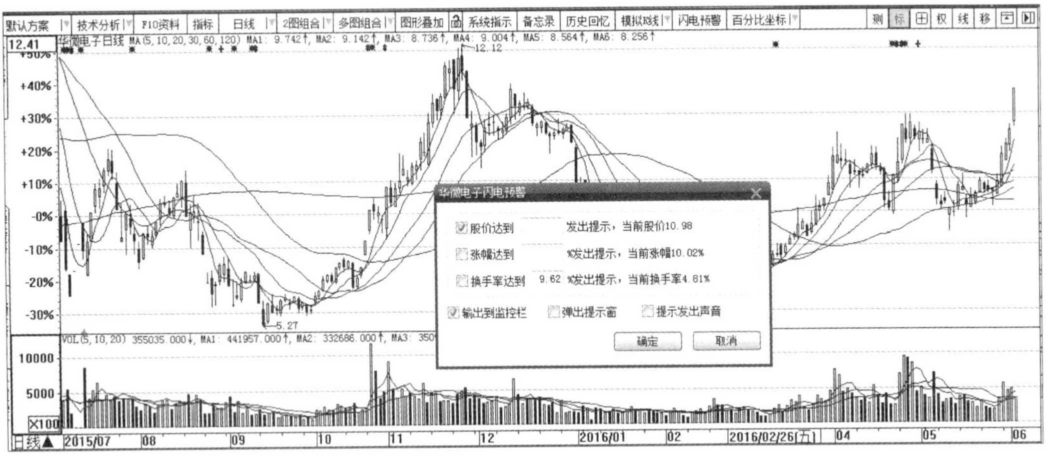

图1－5　闪电预警功能设置

1.2　如何最大限度发挥炒股软件的作用

大智慧炒股软件如同一个巨大的工具库，可以为投资者提供各类交易与投资决策辅助工具。对于投资者来说，如果能够最大限度地发挥炒股软件的作用，无疑会提高交易的获利概率，提升投资收益。

下面提供了三种提升大智慧软件效用的方法，为投资者使用炒股软件提供帮助，仅供参考。

1.2.1　多角度审视投资决策，拓宽视野

炒股，本质上就是投资者根据股价未来波动范围（上涨或下跌）的预测作出一系列投资决策（即买入或卖出）。能否从交易中获利，与投资者的决策质量（判断股价上涨或下跌的成功率）密切相关。

股价上涨或下跌是多种因素共同作用的结果，概括起来，主要包括以下四个方面。

（1）市场内部因素，即市场资金供需情况。当资金持续流入某只股票时，股价自然会上涨；反之，则会下跌。借助大智慧软件，可以根据成交量变化、量比指标、委比指标、换手率指标、筹码分布等指标功能，了解资金的流动情况，如图1－6所示。

在大智慧主界面点击【股票】｜【行情报价】｜【统计】命令，系统会自动给出一个沪深A股的排名列表，如图1－6所示。投资者可以通过修改排序方式，查看近期股票涨幅、换手率、累计换手率的排名情况。

股市中，换手率越高说明股票的流动性越好。如果换手率增加与股价上涨同

序号	代码	名称	最新	涨幅	总手	_7日涨幅	_7日换手↓	_7累计成交量	_30日涨幅	_30日换手	_30累计成交量	_365日涨幅	_365日换手	365累计成交量
1	002786	银宝山新	32.89	10.00%	518623	-56.48%	372.39%	1183455.00	-44.49%	873.25%	2775188.00	113.02%	2570.48%	8168999.00
2	603996	中新科技	33.08	10.01%	260857	8.64%	255.32%	1279151.00	1.41%	924.88%	4633636.00	118.35%	2305.69%	11551490.00
3	300083	劲胜精密	10.31	2.18%	2224011	-69.68%	189.45%	4312574.00	-71.01%	283.04%	6443109.00	-72.46%	977.19%	22244424.00
4	601020	华钰矿业	26.33	3.34%	97849	8.35%	106.49%	553756.00	-2.12%	317.77%	1652396.00	154.64%	1150.58%	5983038.00
5	002514	宝馨科技	12.76	0.95%	705527	-47.21%	101.10%	1729282.00	-38.51%	296.90%	5078668.00	-65.70%	688.78%	11781889.00
6	300366	创意信息	39.98	5.18%	149312	14.89%	96.87%	346687.00	-48.55%	242.62%	868350.00	23.65%	1471.08%	5265045.00
7	603861	白云电器	27.62	1.73%	90039	12.05%	94.65%	464734.00	-0.54%	288.59%	1416968.00	125.65%	949.97%	4664354.00
8	002703	浙江世宝 ¤	25.24	-0.55%	103506	-0.16%	79.17%	769410.00	-0.16%	79.17%	769410.00	-51.38%	425.78%	4137974.00
9	000570	苏常柴A	10.04	-3.00%	665887	-0.59%	76.82%	3160325.00	6.81%	182.50%	7507707.00	-29.54%	1149.22%	47275844.00
10	300373	扬杰科技	23.40	2.27%	294507	13.59%	60.56%	769100.00	39.87%	222.38%	2824210.00	-31.68%	1705.74%	21662900.00
11	603800	道森股份	31.29	7.30%	177904	22.23%	59.77%	310808.00	14.99%	166.31%	864833.00	98.41%	1469.29%	7640284.00
12	600367	红星发展 ¤	13.19	6.97%	523317	17.77%	49.03%	1427758.00	14.80%	144.87%	4218477.00	-31.92%	1016.37%	29596820.00
13	600610	中毅达	13.95	1.97%	348252	5.20%	47.40%	1378159.00	-12.65%	234.18%	6808295.00	-19.28%	1920.06%	55822836.00
14	300223	北京君正 ¤	44.00	2.04%	96522	32.97%	43.08%	423657.00	40.31%	144.65%	1422368.00	-18.19%	1651.25%	16237393.00
15	000018	神州长城 ¤	49.05	4.63%	148342	18.62%	41.86%	412646.00	3.50%	127.01%	1251908.00	-1.90%	1258.37%	12403596.00
16	000019	深深宝A	17.18	3.56%	262591	9.43%	41.38%	1043700.00	-10.57%	167.46%	4224099.00	-14.91%	2056.55%	51877048.00
17	603798	康普顿	59.69	10.01%	96479	0.00%	38.59%	96479.00	0.00%	38.59%	96479.00	0.00%	38.59%	96479.00
18	002681	奋达科技 ¤	16.81	10.01%	290769	-43.44%	33.83%	728941.00	-49.73%	69.87%	1505441.00	-63.44%	1264.86%	27253616.00
19	600689	上海三毛	16.47	0.49%	71314	8.93%	31.64%	481560.00	-22.42%	128.95%	1962713.00	8.28%	1733.69%	26387470.00
20	600360	华微电子	10.98	10.02%	373215	28.72%	30.19%	2227965.00	10.46%	105.56%	7791471.00	-21.40%	1081.03%	79788632.00
21	603936	博敏电子	39.02	10.01%	123200	0.00%	29.44%	123200.00	0.00%	29.44%	123200.00	0.00%	29.44%	123200.00
22	600639	浦东金桥	23.31	-1.02%	228775	0.43%	26.68%	1752078.00	34.82%	106.31%	6980953.00	-18.50%	624.63%	41015952.00
23	002167	东方锆业 ¤	9.42	10.05%	401798	18.64%	25.41%	1199488.00	10.43%	63.86%	3014279.00	-44.57%	1487.67%	70215624.00
24	300463	迈克生物 ¤	86.75	10.01%	86947	0.00%	23.19%	86947.00	0.00%	23.19%	86947.00	0.00%	23.19%	86947.00
25	600192	长城电工	9.23	10.01%	407427	17.73%	20.76%	916849.00	7.95%	53.28%	2353831.00	-44.03%	921.28%	40697560.00

图 1－6　7 日换手率排名

步，则说明该股的上涨是由资金持续性流入推动的，这也是一种比较好的量价配合形态，预示未来股价仍有可能继续上涨。

资金流入与流出，又与其他几个影响股价波动的因素息息相关，同时也是其他因素共同作用的结果。也就是说，市场上各种因素的叠加作用是有利于股价上涨的，那么资金流入的可能性就会增加；反之，则流出的可能性更大。

（2）基本面因素，即上市公司的经营收益情况。例如，公司净利润增加或减少、近期有无签订重大合同、有无增发配股等，这些因素都可能对股价的波动产生影响。

借助大智慧 F10 键，或在个股行情界面点击【F10 资料】选项卡，投资者可以查看该股的详细信息。

如图 1－7 所示，通过 F10 界面，投资者可以对上市公司的经营情况进行全方位的了解，诸如最新动态、新闻公告、季度经营数据、主力持股情况、分红融资等，这些信息可能对股票近期和远期波动造成一定的影响。投资者如果想投资某只股票，可以通过大智慧软件的这一功能对该股进行全方位的了解。

（3）宏观因素，即影响股价走势的国内国际经济、政治、政策因素。诸如国家相关规划、货币投放量、国际政治局势、国际原油市场和黄金市场的波动等，都可能对整个股市或某一板块、某只个股的走势产生影响。大智慧的【最新资讯】功能，可以实时为投资者提供这方面的最新资讯信息。

如图 1－8 所示，打开大智慧主菜单栏的【新闻】，通过这个窗口不仅可以对宏观信息有所了解和掌握，还能够借助【政策动态】和【行业新闻】板块，对自己的投资决策重新进行评估。

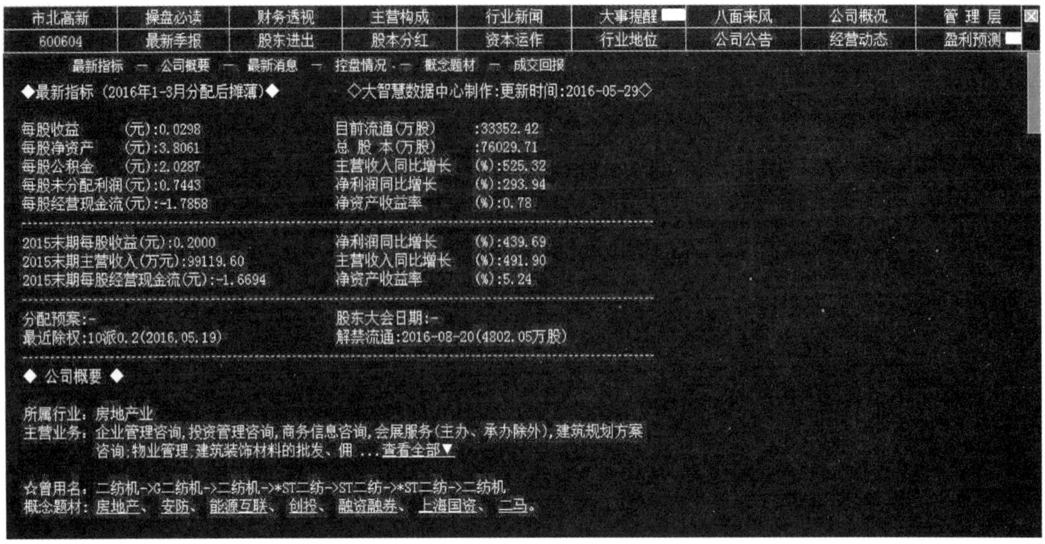

图 1-7 大智慧 F10 界面

图 1-8 大智慧【最新资讯】功能

当然，所有的信息或分析并不意味着股价肯定会上涨或下跌，在制定投资决策的过程中，投资者还要综合其他方面的因素，合理、审慎地做出选择。

（4）关联因素，即可能与股价波动产生某些关系的因素。诸如欧美股市波动、股指期货走势、外汇波动等。在这些因素中，由于股指期货的开盘和收盘时间与股市略有不同，因而其波动往往会对股价造成较大的影响。

投资者可以通过点击【商品】|【股指期货】选项，查看几种股指期货合约的走势情况，如图 1-9 所示。

通常情况下，这几种股指期货的走势大体相同，其中又以最近一种（可能是当月或次月交割）的股指期货合约走势对股价影响最大。

股票 | 自选股 | 指数 | 港美股 | 基金 | 商品 | 债券 | 外汇 | 新闻 | 社区

中金所 | 上海期货 | 郑州商品 | 大连商品 | 上海黄金 | 主力合约 | 海外商品 | 更多

序号	代码	名称	最新	现手	买一价	买一量	卖一价	卖一量	涨跌	涨幅	今开	最高	最低	昨收	昨结算价	总手	持仓量	增仓
1	IF0001	IF当月连续	3135.4	2	3135.4	1	3135.6	1	-0.4	-0.01%	3132.2	3146.0	3125.0	3131.8	3135.8	10165	33751	
2	IF0002	IF下月连续	3102.6	1	3102.6	1	3104.8	2	-2.4	-0.08%	3097.6	3114.0	3093.6	3099.2	3105.0	685	1859	
3	IF0003	IF下季连续	3054.8	1	3053.4	1	3055.0	1	-11.8	-0.38%	3066.6	3074.6	3047.2	3064.2	3066.6	647	4588	
4	IF0004	IF隔季连续	3007.8	1	3007.4	1	3010.6	1	-16.4	-0.54%	3030.8	3031.0	2998.6	3025.8	3024.2	252	1427	
5	IF1606	IF1606	3135.4	2	3135.4	1	3135.6	1	-0.4	-0.01%	3132.2	3146.0	3125.0	3131.8	3135.8	10165	33751	
6	IF1607	IF1607	3102.6	1	3102.6	1	3104.8	2	-2.4	-0.08%	3097.6	3114.0	3093.6	3099.2	3105.0	685	1859	
7	IF1609	IF1609	3054.8	1	3053.4	1	3055.0	1	-11.8	-0.38%	3066.6	3074.6	3047.2	3064.2	3066.6	647	4588	
8	IF1612	IF1612	3007.8	1	3007.4	1	3010.6	1	-16.4	-0.54%	3030.8	3031.0	2998.6	3025.8	3024.2	252	1427	
9	T0000	T指数	98.844	1					-0.181	-0.18%	99.045	99.050	98.780	99.018	99.025	12373	37840	
10	TF0000	TF指数	100.161	5					-0.080	-0.08%	100.290	100.320	100.132	100.256	100.241	4668	29806	
11	IH0001	IH当月连续	2126.6	1	2126.6	2	2127.4	1	-3.6	-0.17%	2129.0	2136.4	2120.2	2126.4	2130.2	3693	12456	
12	IH0002	IH下月连续	2105.0	1	2103.6	1	2104.8	1	4.0	0.10%	2106.2	2115.2	2098.8	2105.2	2109.0	451	1668	
13	IH0003	IH下季连续	2076.4	1	2076.4	3	2078.6	1	-10.8	-0.52%	2086.2	2098.4	2071.2	2083.2	2087.2	270	2739	
14	IH0004	IH隔季连续	2051.0	59	2050.2	1	2053.4	1	-12.4	-0.60%	2060.2	2065.0	2043.2	2060.6	2063.4	145	828	
15	IH1606	IH1606	2126.6	1	2126.6	2	2127.4	1	-3.6	-0.17%	2129.0	2136.4	2120.2	2126.4	2130.2	3693	12456	
16	IH1607	IH1607	2105.0	1	2103.6	1	2104.8	1	-4.0	-0.19%	2106.2	2115.2	2098.8	2105.2	2109.0	451	1668	
17	IH1609	IH1609	2076.4	1	2076.4	3	2078.6	1	-10.8	-0.52%	2086.2	2098.4	2071.2	2083.2	2087.2	270	2739	
18	IH1612	IH1612	2051.0	59	2050.2	1	2053.4	1	-12.4	-0.60%	2060.2	2065.0	2043.2	2060.6	2063.4	145	828	
19	IC0001	IC当月连续	5937.8	1	5937.8	1	5938.0	12	+14.4	0.24%	5908.0	5946.8	5896.2	5899.8	5923.4	12429	25030	
20	IC0002	IC下月连续	5849.0	1	5849.2	2	5850.0	5	+0.4	0.01%	5815.2	5859.8	5815.2	5824.6	5848.6	907	2184	
21	IC0003	IC下季连续	5692.8	1	5688.0	1	5694.8	1	-35.2	-0.61%	5719.0	5729.8	5657.8	5701.2	5728.0	924	4665	
22	IC0004	IC隔季连续	5494.0	1	5495.4	1	5496.0	1	-43.4	-0.78%	5530.0	5530.0	5466.8	5510.0	5537.4	584	2776	
23	IC1606	IC1606	5937.8	1	5937.8	1	5938.0	12	+14.4	0.24%	5908.0	5946.8	5896.2	5899.8	5923.4	12429	25030	
24	IC1607	IC1607	5849.0	1	5849.2	2	5850.0	5	+0.4	0.01%	5815.2	5859.8	5815.2	5824.6	5848.6	907	2184	
25	IC1609	IC1609	5692.8	1	5688.0	1	5694.8	1	-35.2	-0.61%	5719.0	5729.8	5657.8	5701.2	5728.0	924	4665	

图 1-9 查看股指期货走势

在制定投资决策前，投资者需要对股价波动的各方面因素有一个了解，大智慧软件为投资者的投资决策提供了全方位的支持。投资者不必通过其他途径搜寻获取信息，只需打开大智慧软件，就可以全面掌握各方面的信息和动态，更加准确地做出投资决策。

1.2.2 多种技术组合应用，找准交易机会

无论是大智慧软件，还是其他炒股软件，都尽可能地将市面上常用的股票分析技术和工具囊括其中。也就是说，投资者无论想选择何种工具对股价走势进行分析，炒股软件都能很容易地帮助你实现目标。不过，在交易实战过程中，很多投资者会发现，单独应用某一技术分析工具存在一定的局限性，毕竟每种分析工具分析股价走势时，都存在一定的概率问题，并不能百分之百准确。借助炒股软件，组合运用多种技术分析工具和技术分析方法，是一种较佳的选择。

利用大智慧炒股软件，投资者可以完成多种技术分析工具的组合操作，这些组合应用方法包括但不限于以下几种。

（1）多技术指标组合应用。

投资者可以利用大智慧软件技术分析界面中的【多图组合】功能，实现同一界面多种技术指标组合应用的效果。

如图 1-10 所示，在标准股价 K 线图界面点击鼠标右键，在弹出的快捷菜单中选择【多图组合】｜【4 图组合】选项，就会出现多种技术指标同步显示的效果。MACD 指标发出买入信号时，若 RSI 指标也能同步发出买入信号，则可增强买入信号的有效性。

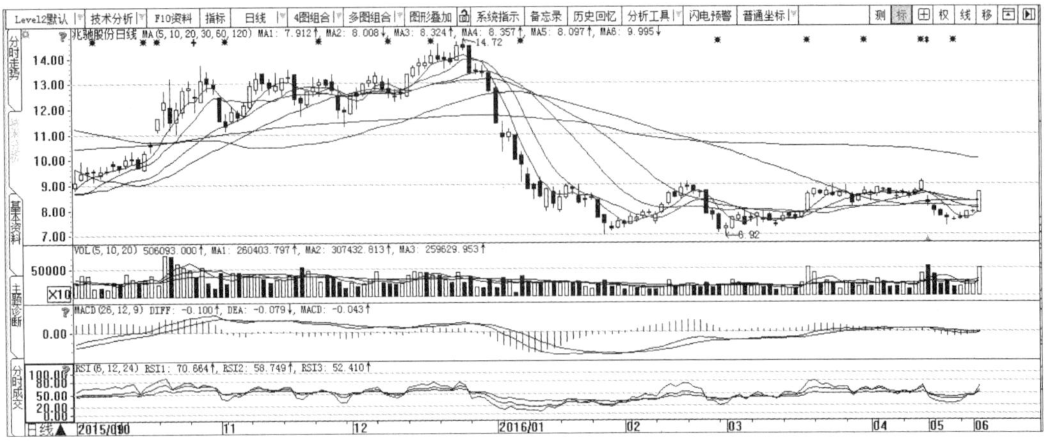

图 1－10　多指标组合应用示意图

（2）同一技术指标的周期共振。

如果投资者偏好某一技术指标，但对某一时段该技术指标发出的交易信号不确定时，可以利用技术指标的周期共振方法来确认交易信号。例如，日线 MACD 指标发出买入信号，但该信号并不强烈，这时投资者可以参照周线、月线甚至 60 分钟线 MACD 指标的走势。若这些周期的 MACD 指标同步发出买入信号，则可增强买入信号的准确性。

若想在同一窗口显示多幅不同周期的股价走势图，可以点击大智慧软件快捷工具条【多图组合】按钮，并选择【多周期】按钮及后面的周期图数量。大智慧软件提供了 4、9、16 三个选项，下面的案例选择了 4 副图组合。这时，新建的页面中就会出现同一只股票的 4 副股价 K 线图。投资者若想更换股票，只需输入股票代码即可。

投资者可以根据个人喜好更改每一幅 K 线图的分析周期，具体方法为：用鼠标选中某一周期 K 线图，然后点击大智慧快捷工具条中的【分时图】按钮，在下拉菜单中选择所需的分析周期即可。这样，多周期 K 线图就会出现在同一页面当中，如图 1－11 所示。

1.2.3　利用大智慧特色功能出奇制胜

特色功能，是大智慧炒股软件与其他炒股软件的区别所在。这些特色功能往往都是为了便于投资者投资决策、节约时间和精力而设计的。投资者若能充分利用这些特色功能，将会大大提升投资决策的质量和效率。

大智慧的特色功能，概括起来包括以下三类。

（1）追踪资金足迹。

主力或庄家的动向往往决定了股价运行的方向。大智慧软件的【龙虎榜】功能，为投资者捕捉主力机构或庄家动向提供了方便。大智慧的【龙虎榜】功能不仅

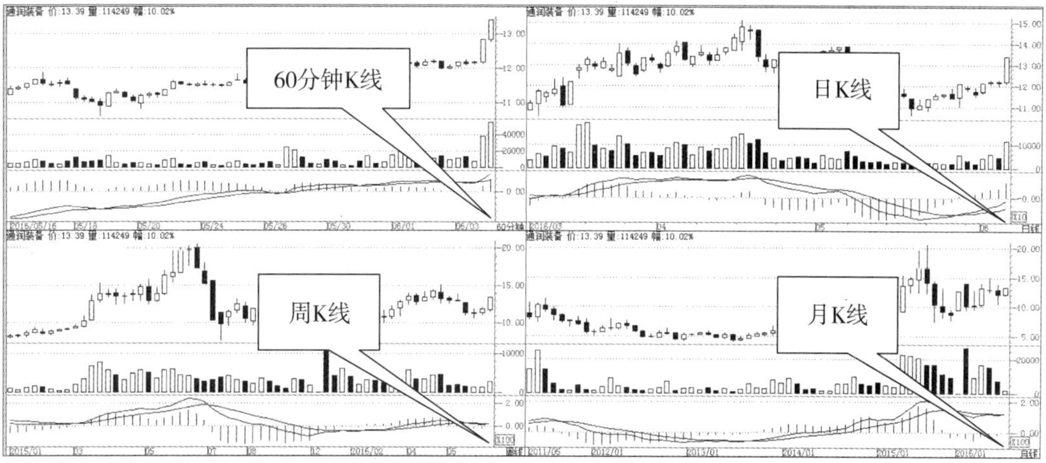

图 1 – 11　60 分钟线、日线、周线与月线多图组合

提供了异动股票的交易信息，还提供了热门个股、热门营业部和机构席位追踪功能。

查看大智慧【龙虎榜】数据的具体方法是：点击大智慧【股票】菜单栏下的【龙虎榜】按钮，系统即给出当日的龙虎榜交易数据信息，如图 1 – 12 所示。

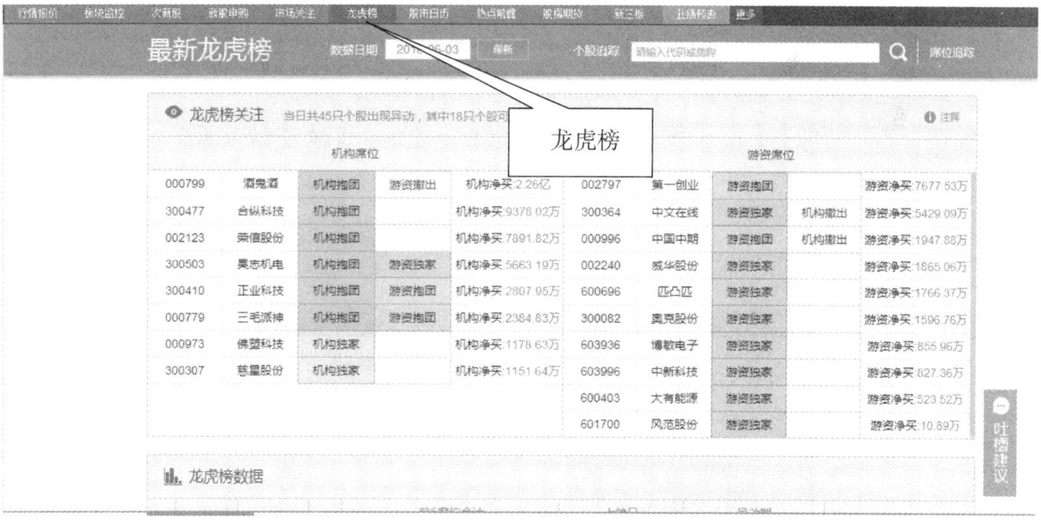

图1　12　【龙虎榜】功能示意图

（2）交易跟踪与预警功能。

大智慧软件还为投资者提供了多种交易跟踪和交易预警功能，若能很好地利用这些功能，可以大大地节约时间和精力。例如，大智慧软件中的【短线精灵】功能，就为投资者提供了监控短线快速上涨和下跌股票的功能。

投资者若想借助【短线精灵】功能查看短线异动个股的情况，可以点击大智慧右下角图标。此时就可以直接在弹出的对话框中查看短线异动个股，如图 1－13 所示。

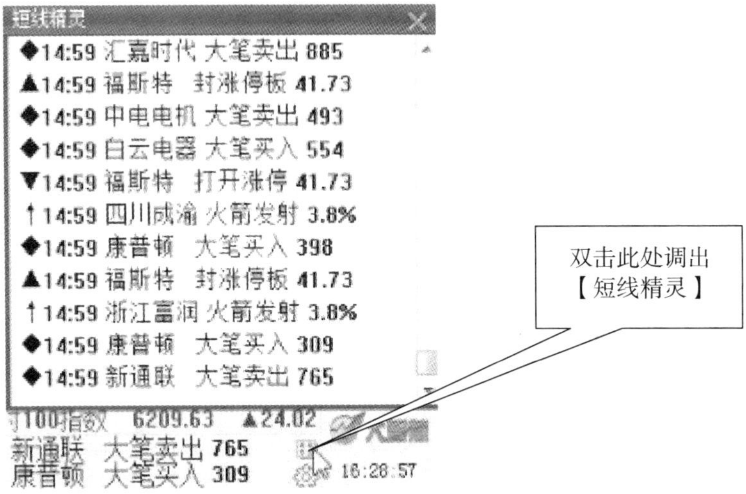

图 1－13 【短线精灵】画面

(3) 特色技术分析工具。

大智慧软件尽管已经涵盖了市面上绝大多数技术分析指标，但它还是独创或改进了一部分技术指标，以供有这方面需求的投资者使用。

投资者若想使用大智慧软件的特色技术分析指标，可以点击快捷工具条【指标】按钮。在弹出的【公式管理器】对话框中，依次选择【技术指标】|【特色指标】文件夹，就能看到大智慧软件提供的特色指标，如图 1－14 所示。

当然，并不是说特色指标就一定比常用的技术指标更准确，只是应用特色指标

图 1－14 大智慧特色指标

的人比较少。股市中，庄家经常利用大家熟知的技术指标为散户设置陷阱，这些特色技术指标因为使用的人较少，相对来说更容易躲避陷阱。

1.2.4 构建交易系统，充分释放大智慧能量

在这里，投资者需要明确一个概念，无论大智慧炒股软件多么强大，它也只是一个工具，也是需要人来操作的。在交易市场中，投资者才是真正的主角，行情软件只是为交易者的决策提供辅助支持的。

要想将大智慧软件的能量充分释放出来，投资者至少需要做好以下三方面的准备。

（1）熟练掌握股票交易基础知识。

股票交易基础知识，是投资者进行股票投资活动的基础。无论投资者使用何种交易工具，都需要首先掌握一定的股票交易基础知识，诸如看盘知识、K 线知识、基本的技术分析方法等。尽管电视和网络上每天都有专家帮助大家分析股票，但是投资者本人的分析是谁也不能代替的。

你投入股市的资金都是自己用血汗换来的，因此只有你本人真正为自己的资金盈亏负责。正如彼特·林奇所说，买股票不自己进行分析，就好像打牌不看牌。天下没有免费的午餐，要想在股市中获利，首先要学会独立进行行情分析。

（2）了解大智慧软件基本功能及操作知识。

大智慧软件是一个功能强大且技术指标齐全的工具库。通常情况下，投资者并不需要使用所有的工具，但却需要对其提供了哪些工具有所了解，当你真的需要某项工具时，可以快速、准确地调出和应用。

（3）逐步建立基于自身特点的交易体系。

谁都无法替代投资者本人。大智慧软件可以为投资者开拓信息渠道，提供多种技术分析工具，设置预警与盯盘功能，但却无法代替交易者做交易。尽管通过某些功能设置，软件系统可以实现自动交易，但那也是基于投资者的指令做出的机械化交易行为。

一名投资者想要在股票市场生存、立足，乃至获取可观的收益，必须努力建立一套符合个人特点的交易体系。有了自己的交易系统，诸如选择目标股，设置买入条件、卖出条件、止盈位、止损位，以及盯盘与预警等工作，就可以交给大智慧软件来执行了。

第二章

股票交易基础

炒股，绝不是到证券公司开户、安装炒股软件、下单交易那么简单。恰恰相反，投资者想要在股市中获得较好的收益，必须不断地进行学习、总结和思考。

2.1 股票交易常用术语

股票交易术语，是投资者入市前后需要经常接触和使用的，本节将把交易中经常用到的术语做一个简单的介绍。

2.1.1 大盘、上证综指、深证成指以及创业板指数

★大盘

大盘，即大盘指数，主要指上证综指和深证成指两个指数。相对于深证成指，上证综指更具有代表性，因而大家通常所说的大盘多指上证综指。

★上证综指

上证综指，即上海证券综合指数，又称上证指数，是通过对上海证券交易所上市的所有股票价格通过加权计算处理后得出的指数。上证综指的样本股是上海证券交易所内全部上市股票，包括 A 股和 B 股，从总体上反映了上海证券交易所上市股票价格的变动情况。该指数自 1991 年 7 月 15 日起正式发布，基日指数定为 100 点。

★深证成指（399001）

深证成指，即深证成份股指数，是深圳证券交易所编制的一种股票价格指数。该指数是从深圳证券交易所上市的所有股票中抽取具有市场代表性的 40 家上市公司

的股票作为计算对象，以流通股为权数计算得出的加权股票价格指数，综合反映了深交所上市的A、B股价格走势。该指数以1994年7月20日为基日，基日指数定为1000点。2015年5月，深证成指的成分股总数已经由40家增加为500家。

★创业板指数（399006）

创业板指数，也是深圳证券交易所编制的一种成份股指数，是从深圳交易所上市的所有创业板股票中抽取具有代表性的100家上市公司股票作为计算对象，以流通市值为权数计算得出的加权股票价格指数。

创业板指数在样本满100只后实施季度定期调整，调整时间定于每年1月、4月、7月、10月的第一个交易日，通常在实施日前一月的第二个完整交易周的第一个交易日公布调整方案。

2.1.2 牛市、熊市、猴市

★牛市

牛市指整个股票市场呈现持续上涨的行情。与其相对应，股票市场成交活跃，大盘指数不断创出新高。

★熊市

熊市与牛市正好相反，是指整个股票市场呈现持续下跌的行情。与此相对应，股票市场交易比较清淡，大盘指数不断创出新低。

★猴市

猴市，又称震荡市，是指股票市场出现上下震荡的行情，股票指数走势不明朗。

2.1.3 主板、中小板、创业板、新三板

★主板

主板，是指一个国家主要的股票发行、上市和交易场所。我国国内的主板市场通常指沪深A股市场。沪市主板股票代码以“600”“601”开头，如600000浦发银行；深市主板股票代码以“000”“001”开头，如000002万科A。

★中小板

中小板即中小企业板块，指流通盘大约1亿股以下的创业板块。中小板是相对于主板市场而言的，有些企业的条件达不到主板市场上市的要求，所以只能在中小板市场上市。中小板设在深圳证券交易所，执行的交易规则与主板相同。中小板股票代码以“002”开头，如002007华兰生物。

★创业板

创业板又称二板市场，是为了扶持中小企业，尤其是高成长性企业提供融资便利，在深圳证券交易所设立的证券交易市场，同时也是主板市场的重要补充。创业

板在上市门槛、监管制度、信息披露、投资风险等方面和主板有较大的区别。因其风险较高，要求参与的投资者必须具备较高的抗风险能力。创业板股票代码以“300”开头，如300002神州泰岳。

★三板

三板全称为“代办股份转让系统”。作为我国多层次证券市场体系的一部分，三板市场一方面为退市后的上市公司股份提供继续流通的场所，另一方面也解决了原STAQ、NET系统历史遗留的数家公司法人股流通问题。目前在三板市场由指定券商代办转让的股票有61只，其中包括水仙、粤金曼和中浩等退市股票。三板市场的交易规则与主板不同，参与交易的投资者也较少。

★新三板

“新三板”原指中关村科技园区非上市股份公司进入代办股份转让系统进行转让试点，因为挂牌企业均为高科技企业，且不同于原三板转让系统内的退市企业及原STAQ、NET系统挂牌公司，故形象地称为“新三板”。目前，新三板不再局限于中关村科技园区非上市股份有限公司，也不局限于天津滨海、武汉东湖以及上海张江等试点地的非上市股份有限公司，而是全国性的非上市股份有限公司股权交易平台，主要针对的是中小微型企业。

新三板对参与交易的投资者要求与主板不同，目前具体要求包括以下两点。

（1）个人投资者必须具备两年以上股市投资经验，或具有会计、金融、投资等专业背景。

（2）投资者开通新三板前一交易日，个人证券类资产不低于300万元。

2.1.4 A股、B股、H股

★A股

A股，即人民币普通股，是由中国境内公司发行，供境内机构、组织或个人（从2013年4月1日起，境内、港、澳、台居民可开立A股账户）以人民币认购和交易的普通股股票。

2015年4月13日起，A股市场全面放开“一人一户”限制，自然人与机构投资者均可根据自身实际需要开立多个A股账户和封闭式基金账户，上限为20户。

★B股

B股的正式名称是人民币特种股票。它是以人民币标明面值，以外币认购和买卖，在中国境内（上海、深圳）证券交易所上市交易的外资股。其中，上海证券交易所的B股以美元计价，深圳证券交易所的B股以港币计价。B股公司的注册地和上市地都在境内。

★H 股

H 股也称国企股，指公司注册地在中国内地，但在香港交易所上市的外资股。因香港英文（HongKong）首字母 H 而得名 H 股。当然，也有很多公司在内地 A 股市场和 H 股市场同时上市。如中国联通，上海证券交易所代码为 600050，香港交易所代码为 00762。

早期中国大陆地区只有机构投资者可以投资 H 股，大陆地区个人投资者不能直接投资 H 股。随着沪港通及深港通的相继开通，目前大陆地区个人投资者也可以直接投资 H 股。

2.1.5　大盘股、中盘股、小盘股

★大盘股

大盘股又称权重股，泛指盘子较大、流通市值较高的股票。这些股票流通市值较大，其价格涨跌对大盘指数升降的影响也非常大。随着股市流通资金的不断增加，对大盘股的定义也不断变化，典型的大盘股包括中国石油、中国石化等。

★小盘股

小盘股是与大盘股相对的概念，是指发行在外的流通股份数额较小的上市公司的股票。中国现阶段一般不超 1 亿股流通股票都可以视为小盘股。

★中盘股

中盘股是指流通市值比蓝筹股或大盘股要小，但高于小盘股的一类型股票，数量上占据整个股票市场的主体。

2.1.6　蓝筹股、黑马股、白马股、垃圾股、ST 股

★蓝筹股

“蓝筹”一词源于西方赌场。在西方赌场中有三种不同颜色的筹码，其中蓝色筹码最值钱，红色筹码次之，白色筹码最差。投资者把这些行话套用到股票市场，就出现了所谓的蓝筹股概念。蓝筹股通常指在所属行业中占据领导地位、业绩优良、成交活跃、红利丰厚的大公司股票。中国大陆股票市场虽然历史较短，但发展十分迅速，也出现了一些蓝筹股，典型的蓝筹股如地产行业的万科 A、白酒类的贵州茅台等。

★黑马股

黑马股是指股票价值没有被市场广泛认可或接受，之前涨幅一直不大，从某一时刻开始展开了一波爆发性上涨行情的股票。黑马股可遇而不可求，如果被大家一致看好，股票就很难成为黑马股了，所以投资者不用刻意搜寻黑马股。

★白马股

白马股一般是指有关信息已经公开，由于业绩较为明朗，同时又兼有业绩优良、高成长、低风险的特点，因而具备较高的投资价值，往往为投资者所看好的股票。如我国大陆股市中的贵州茅台、云南白药等。市场上较为通行的衡量白马股的指标主要有每股收益、每股净资产、净资产收益率、净利润增长率、主营业务收入增长率和市盈率等。

★垃圾股

垃圾股泛指业绩较差的公司的股票，与绩优股相对。这类上市公司或者由于行业前景不好，或者由于经营不善等，有的甚至进入亏损行列。其股票在市场上的表现萎靡不振，股价走低，交投不活跃，年终分红也差。这类公司的前景并不被人看好，有些已经出现亏损乃至连续亏损的情况。

由于投资垃圾股的风险大，所以风险回报率（收益率）也高。20 世纪 80 年代末，美国曾兴起了一股垃圾股投资热潮。

★ST 股

ST 是“特别处理”的意思，按照规定，如果上市公司的财务状况出现异常，其股票简称前就要加上“ST”的标志，俗称“戴帽”，如 ST 生化。ST 股票报价日涨跌幅限制为 5%，目的是抑制庄家的刻意炒作。

所谓“财务状况异常”是指以下几种情况：(1) 最近两个会计年度的审计结果显示的净利润为负值。(2) 最近一个会计年度的审计结果显示其股东权益低于注册资本。也就是说，如果一家上市公司连续两年亏损或每股净资产低于股票面值，就要予以特别处理。(3) 注册会计师对最近一个会计年度的财务报告出具无法表示意见或否定意见的审计报告。(4) 最近一个会计年度经审计的股东权益扣除注册会计师、有关部门不予确认的部分低于注册资本。(5) 最近一份经审计的财务报告对上年度利润进行调整，导致连续两个会计年度亏损。(6) 经交易所或中国证监会认定为财务状况异常的。

特别处理分为以下几种情况。

ST——公司经营连续两年亏损，特别处理。

*ST——公司经营连续三年亏损，退市预警。

S*ST——公司经营连续三年亏损，退市预警，且没有完成股改。

SST——公司经营连续两年亏损，特别处理，且没有完成股改。

S——没有完成股改。

有些 ST 股亏损是由于特殊原因造成的，或者有些 ST 股正在进行资产重组，这些股票往往潜力巨大。需要指出，特别处理并不是对上市公司进行处罚，只是对上市公司所属状况的一种客观揭示，其目的在于向投资者提示市场投资风险，引导投资者进行理性投资。如果公司异常状况消除，就能恢复正常交易。

2.1.7　空头、多头、空翻多、多翻空

★空头

空头指预判未来股市会下跌，对未来持悲观态度，坚定看空未来走势的投资者，又称为“死空”。

★多头

与空头相对，指预判未来股市会上涨，对未来持乐观态度，坚定看多未来走势的投资者，又称为“死多”。

★空翻多

指原来看空股市，对未来走势持悲观立场的投资者开始转变态度，对未来走势变得乐观起来，成为“多头”。

★多翻空

指原来看多股市，对未来走势持乐观立场的投资者开始转变态度，对未来走势变得悲观起来，成为“空头”。

2.1.8　利好、利空、诱多、诱空

★利好

是指能够引起股价或股市上涨的因素。例如印花税下调，某只股票业绩超预期等。

★利空

是指能够引起股价或股市下跌的因素。例如银行加息，某只股票遭到处罚等。

★诱多

是指主力或庄家刻意制造股价上涨的假象，引诱其他投资者买入股票，其后股价不涨反跌的情况。

★诱空

是指主力或庄家刻意制造股价下跌的假象，引诱其他投资者卖出股票，其后股价不跌反涨的情况。

2.1.9　市盈率、市净率、净利润增长率

★市盈率

是指股票每股股价与每股盈利的比率。市盈率是用来评价股价有无被高估的重

要指标之一。例如，一家公司的股票价格为 10 元，每股净收益为 1 元，则公司股票的市盈率为 10 倍，即投资该公司 10 年可收回本金。

★市净率

是指股票每股股价与每股净资产的比率。市净率反映了上市公司股票外在价格与内在价值之间的关系。例如，一家公司的股票价格为 10 元，每股净资产为 5 元，则公司股票的市净率为 2 倍。

市净率是企业之间收购、重组进行价值估算时经常使用的指标。通常情况下，市净率越低，投资价值越大。不过，市净率也要根据行业不同而区别研判，例如钢铁行业，由于其属于投资规模较大、利润水平较低的行业，因而其市净率一直处于较低水平；反之，一些高科技公司的市净率则处于较高水平。

站在历史的视角来看，我国股市每次大幅下跌之后，如果市场上股票的平均市净率低于 2 倍，则说明市场已经处于底部位置，未来上涨的可能性很大。

★净利润增长率

净利润增长率是指本期净利润增加额与上期净利润总额的比率，其计算公式为：

净利润增长率=（本期净利润-上期净利润）/上期净利润×100%

若本期净利润高于上期，则取正值；若本期净利润低于上期，则取负值。

净利润增长率是衡量一家企业经营业绩的重要指标。若企业经营情况持续向好，则净利润增长率持续为正值；反之，则为负值。

2.1.10 建仓、补仓、清仓、满仓、空仓、斩仓

仓位，是投资者对所持有股票数量的形象称呼。

★建仓

是指买入股票。

★补仓

是指继续买入所持有的股票。

★清仓

是指全部卖出持有的某只股票。

★满仓

是指全部资金都用于买入股票。

★空仓

是指没有买入任何股票。

★斩仓

是指买入股票后，股价开始下跌，为避免股价继续下跌扩大损失而卖出所持有

的股票。

2.1.11 套牢、解套、割肉、浮盈、浮亏

★套牢

是指投资者买入股票后，该股价格大幅下跌，使投资者面临卖出即大幅亏损的情况。套牢时很多投资者会选择一直持股，直至股价重新回到买入价位。套牢大多数投资者的价位往往属于密集套牢区，股价后市突破该区域会非常困难。

★解套

是指投资者被套牢后，股价重新回到套牢价位以上的情况。

★割肉

是指投资者被套牢后，选择亏损卖出股票的情况。

★浮盈

是指投资者买入股票后，股价位于买入价以上，出现未兑现盈利的情况。

★浮亏

是指投资者买入股票后，股价位于买入价以下，出现未兑现亏损的情况。

2.1.12 分红、送股、除息、除权、填权

★分红

是指上市公司派发红利。通常情况下，分红的方式包括现金分红、送股、转增股等几种形式。无论是现金分红还是送股，都需要交纳个人所得税。

★送股

是指上市公司以赠送股票的方式发放红利。例如，北京银行 2014 年 7 月 14 日每 10 股派 1.8 元送 2 股。

★除息

是指上市公司派发现金红利后，造成每股净资产减少，这时需要在股价中剔除这部分因素，这个剔除行为就是除息。

★除权

是指上市公司以送股、配股等方式分红，使得公司总股份数量增加，造成每股净资产减少，这时需要从股价中剔除这部分因素，这个剔除行为就是除权。

★填权

除权和除息会导致股价在其后的第一个交易日开盘出现相应降低的情况，这个价格叫除权价。除权除息后如果股价持续上涨，补回这部分差价，就称为填权。例如，除权前股票价格是 10 元，后来要 10 送 10 股，送股后的除权价成为 5 元，再从 5 元上涨，就是填权。上涨到 10 元，就是填满了权。

2.1.13 概念股、题材股、板块

★概念股

是指具有某种特别内涵的股票。如跟上海自贸区有关的上市公司股票，就称为上海自贸区概念。这样的概念还有许多，如国企改革概念、供给侧改革概念、PPP概念、网络概念、整体上市概念等。在股市中，概念的内在含义不仅仅是对某一股票类别的概括，其引申含义是一个市场共识。比如网络概念，在网络成为概念之前，涉及互联网的股票充其量只能称之为一个板块，是一种中性的界定。但成为概念含义就变了，概念是一个更为积极、含义更为肯定的投资共识。

★题材股

顾名思义，题材股是有炒作题材的股票。通常指由于一些突发事件、重大事件或特有现象而使部分个股具有一些共同的特征（题材），这些题材可供炒作者借题发挥，引起市场大众跟风。例如资产重组概念、石墨烯概念、新能源概念等。这些股票可能属于同一行业、同一地域或一同受益于某一政策、概念等。

★板块

与概念、题材相似，是指按照某一标准分类产生的一类股票组合。例如，按照行业划分，有房地产板块、银行板块、钢铁板块等；按照地域划分，有新疆板块、上海板块、内蒙古板块等。

2.1.14 量比、换手率

★量比

是用于衡量当日成交量与最近5个交易日平均成交量变化程度的指标。量比越大，说明成交越趋于活跃，放量明显；反之，则说明缩量明显。

★换手率

是指某只股票某段时间内成交数量与该股流通股本总数之比。换手率显示了股票交易的活跃程度，换手率越高，说明交易越活跃。

2.1.15 庄家、主力、游资

★庄家

是指占某只股票流通股份额较高，能够影响或引导股票价格走势的拥有较大资金量的机构或大户投资者。

★主力

顾名思义，是指操控市场走势或股票价格走势的主要力量，能够对市场走势或股票价格走势产生重要影响的个人或机构都可以称为主力，有时也称庄家。

★游资

又称热钱或投机性短期资金，是指尽量利用较少时间追求较高回报，在市场上迅速流动的短期投机性资金。

2.2 股票交易基本规则

在股票交易基本规则中，有些是出于交易方便角度设置的，有些则是出于防范交易风险，保障市场健康平稳发展设置的。总之，投资者从事股票交易，需要学习并遵守这些基本交易规则。

2.2.1 交易时间、数量以及价格

1. 交易时间

股市交易日是除节假日以外的工作日。因调休将周六或周日变为工作日的，股市仍旧不开市。股市每天交易时段以及起止时间如下。

上午：9:30—11:30。

下午：13:00—15:00。

另外，9:15—9:25 为集合竞价时段。

2. 交易数量

股票市场的交易单位为“股”，每次交易必须是 100 股或其整数倍，即买卖多少手。100 股=1 手。

因分红、送股、配股等原因产生的零股，可以一次性卖出，但不可以买入零股。

3. 交易价格

沪深 A 股市场的最小报价单位为“0. 01 元”。买入和卖出股票，需将价格精确至0. 01 元。沪市 B 股最小报价单位为“0. 001 美元”，深市 B 股最小报价单位为“0. 01 港元”。

交易报价需要尽可能灵活：买入量较大的股票，在报价时尽量做到锱铢必较，因为每一分钱都可能关系到最终盈利数额。投资者若想快速追涨买入或杀跌卖出某只股票时，则不应过分计较买卖价格，应为股价变动预留足够的空间。

例如，一只正在快速拉升的股票，报价为 10. 01 元，此时若想快速买进，则不要将报价设定为 10. 02 元，而要直接报到 10. 05 元甚至 10. 10 元。因为报价过低，可能会导致无法成交，不得不撤单重新报价，此时股价可能已经上涨一大截了。高报价一方面能够让委托申报快速成交，另一方面成交时仍会按照市场价格成交，使得买入股票的成交价低于申报价格。

卖出股票也是同样的道理。

2.2.2 集合竞价规则

集合竞价，是指对一段时间内接受的买卖申报一次性集中撮合成交的竞价方式。集合竞价需要遵循以下三个原则。

(1) 以此价格成交，能够获得最大成交量。

(2) 高于参考价的买入申报和低于参考价的卖出申报必须全部成交。

(3) 与参考价位相同的申报，其中买入申报和卖出申报必须有一方能够全部成交。

若有几个价格同时符合上述三个条件，沪市按照几个价格的中间价成交，深市则按照与前一交易日收盘价最近的价格成交。

目前，沪深股市每天早盘的开盘价都是通过集合竞价获得的，即每个交易日9:15—9:25的集合竞价。

早盘集合竞价阶段，实质上又可以分为三个不同的时间阶段。

第一个时间段：9:15—9:20。在此时段内，投资者可以发出买入或卖出指令，也可以撤销委托指令（既可以挂单，又可以撤单）。炒股软件中，此时会显示出虚拟的成交信息。

第二个时间段：9:20—9:25。在此时段内，投资者可以发出买入或卖出指令，但不可撤销委托指令（即只能挂单，不可撤单）。此时系统会根据投资者的挂单情况，按照集合竞价成交规则自动撮合成交。

第三个时间段：9:25。在此时间点，系统会给出当日开盘价，即根据集合竞价得到的最优成交价格。在此价格以上的买入委托已全部成交，在此价格以下的卖出委托也全部成交。

除此时段外，深市每天的收盘价也是通过集合竞价方式获得的，即每个交易日的14:57—15:00进行3分钟的集合竞价，最后得出收盘价。

若要在集合竞价阶段买入或卖出股票，要尽量将价格设置得高于其他投资者的买入价格，或低于其他投资者的卖出价格，这样既能保证成交，又因为交易价格是集合竞价的结果，自身也不会吃亏。

2.2.3 涨跌停幅度限制规则

该制度源于国外早期的证券市场，目的是防止交易价格暴涨暴跌。沪深股市自1996年12月26日正式实施该制度。

所谓涨跌停板，是指股价只能在限定的最大上涨或下跌幅度内波动。如果委托价格超过该幅度的限制，将被视为无效委托。

沪深A股市场中正常交易股票的涨跌停幅度限制为10%，即股价上涨10%就不会再上涨了。当然，由于股价的最小报价单位为0.01元，因此10%的涨跌幅限制也会稍有不同。例如，有的股票可能上涨到9.98%就停板了，有的则可能上涨到10.05%。图2-1为风范股份2016年6月3日的分时走势图，该股收盘前封住了涨停。

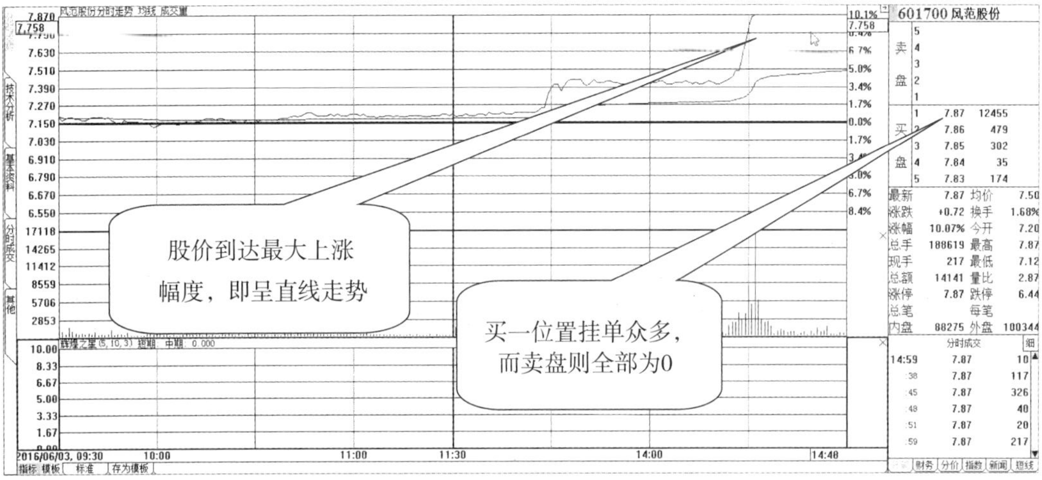

图2-1 风范股份（601700）涨停板示意图

通常情况下，股价一旦到达涨停位置，再想买入股票就会非常困难；股价到达跌停位置，卖出就会非常困难。

ST类股票的涨跌停限制为5%。

原则上，新股发行上市第一天是没有涨跌幅限制的，但为了防止过度投机，目前沪深市场为新股也设置了涨跌停限制，其标准为涨跌44%。

2.2.4 “T+1”交易制度

“T+1”交易制度中，“T”是指交易当天，“T+1”则是指交易完成后的下一交易日。“T+1”交易制度，是指投资者当天买入的股票要到下一交易日才能卖出，但卖出股票收回的资金当天就可以买入新的股票，不过当天卖出股票收回的资金当天不能提现。

与“T+1”交易制度相对的是“T+0”交易制度。“T+0”交易，是指当天买入股票当天即可卖出。

目前买卖上海证券交易所和深圳证券交易所挂牌的股票，全部执行“T+1”交易制度。

第三章

网上交易终端与大智慧软件开通

3.1 如何开通股票账户和交易终端

对于投资者来说，除了去证券公司营业部现场开户，还可以通过网络、手机完成开户工作。

3.1.1 常规开户流程

按照相关规定，个人买卖股票必须通过中介机构也就是券商来完成，因而开户是炒股新手进入股市的第一件事。对于很多新手来说，开户手续显得比较繁杂，涉及券商、银行等。不过只要你进入券商营业部，告诉他们你要开户，就会有人指导你完成相关业务流程。

整个开户过程大致包括这样几个环节，如图 3－1 所示。

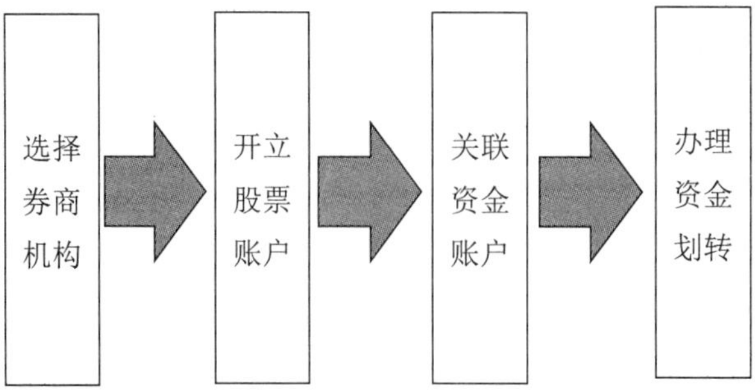

图 3－1　股票开户基本流程

1. 选择券商机构

目前，投资者可以选择的券商机构有几十家，虽说券商实力有差别，但提供基本的交易服务都是没有问题的。

投资者在选择券商时，应重点考虑以下几方面内容。

（1）交易费用。交易费用是选择券商的一条非常重要的标准。尽管政府对券商的交易佣金有相应的规定，对佣金比例划出了一个浮动的范围，但是各家券商还是存在一些差别的。作为投资者，千万不能忽视佣金比例。截至 2015 年 7 月底，各家证券公司的佣金比例在 0. 25‰～3‰的范围内。如果交易很频繁的话，这些佣金差别可能会蚕食相当多的利润，抑或因此出现亏损。

股票交易过程中，除了交给券商的佣金费用之外，还包括印花税、过户费、交易规费等几种。相对于佣金来说，后面几种费用比较少，而且各家券商基本相同，在选择券商时可以忽略。

（2）服务水平。券商的服务水平尤其是硬件水平，也是选择券商的一条重要标准。每个券商都有自己的行情交易系统，投资者也都会下载该券商提供的行情交易软件，但行情交易软件的刷新速度，各家券商还是存在细微差别的。尤其是某些繁忙时段，0. 1 秒钟的延迟都可能让交易者买入或卖出的价格相差很多。例如，在 2015 年 3 月的大牛市期间，个别券商就曾出现过行情交易系统瘫痪的问题，严重影响了投资者的正常交易。

（3）交通便利程度。尽管现在多数投资者都借助网络进行炒股，但券商营业部有时还是需要去的，如更新一些证件信息、签订某些协议等。因此，券商营业部的地理位置以及交通状况，也是选择券商的一个参考因素。

2. 开立股票账户

投资者选定券商后，可以持个人身份证到较近的券商营业部办理开户手续。通常情况下，营业部会提供一份表格以及若干份协议，由投资者逐项填写。完成各项手续后，营业部会提供给投资者两张股东卡，一张是上海证券交易所股东卡，另一张是深圳证券交易所股东卡。目前国内只有上海和深圳两家证券交易所。

投资者如果想开通创业板，还需拥有两年以上投资经验，并且亲自到证券营业部填写风险揭示书。

按照以前的规定，开通股票账户是要收费的，具体标准为深市 50 元，沪市 40 元。近年来，券商为了吸引投资者开户，已经将该费用免除。

3. 开立资金账户

股票账户开立完毕后，投资者需要选择一家银行作为资金托管行，将股票账户与银行资金账户关联，并与券商签订一份三方托管协议。当然，投资者如果已经有银行卡或存折，可以直接在证券营业部签订三方托管协议，然后送到银行盖章确认，再将其中一份协议送回证券营业部即可。如果投资者没有银行卡或存折，也可以就近选择银行开户。

4. 划转资金，入市交易

投资者准备买入股票时，可以通过股票交易软件中的“银证转账”功能，将银行账户的资金转移至股票账户，进行股票交易活动。

3.1.2 网上开户和手机开户

随着网络的普及，几乎所有券商都开通了网上开户和手机开户业务。对于投资者来说，网上开户和手机开户省掉了往返证券营业部和排队等候的时间，而且还能享受某些专享的优惠。

1. 网络开户

找到拟开户券商的网站主页，进入在线开户界面。网络开户时，投资者需要准备电脑或智能手机、身份证、银行卡、高清摄像头、麦克风和耳机等资料和设备。

网络开户通常包括如下几步。

第一步：输入手机号码，根据证券公司提供的验证码进入网络开户流程。

第二步：填写基本资料，上传身份证照片。证券公司要求上传的身份证照片必须完整。

第三步：选择开户类型。一般情况下，证券公司会提供上海 A 股账户、深圳 A 股账户、沪深基金账户和理财账户等选项。如无其他需要，只点击上海 A 股账户和深圳 A 股账户即可。

第四步：关联资金托管银行。证券公司网站会提供可以选择的托管银行，并要求投资者填写银行卡账号。对于某些银行，证券公司还会要求开通网上银行或手机银行。

第五步：视频认证。证券公司服务人员会向投资者发送视频申请，并对投资者本人和身份证照片进行比对，如无异议，很快就能通过审核。

第六步：设置交易密码。投资者需要设置交易密码和资金密码。当然，也可以选择资金密码和交易密码一致选项，这时只需设置交易密码即可。

第七步：签署协议。证券公司会要求投资者签署一些协议和一份回访问卷。

以上各步骤，如双方无异议，将很快完成开户操作。完成开户工作后，证券公司会向申请人发送开户成功短信，并将资金账号一并发送过来。

2. 手机开户

手机开户与网络开户步骤基本相同，只是在开户操作前，需要下载一个证券公司的手机客户端，然后按照网络开户的步骤逐项操作即可。

为了抢夺客户，有些证券公司会对网络开户和手机开户的投资者给予佣金上的优惠。例如，有的证券公司规定，现场开户投资者的交易佣金比例为1‰，网络开户和手机开户的投资者，交易佣金比例为0.3‰。

当然，网络开户和手机开户也存在一定的缺陷，如通过网络开户和手机开户的投资者无法同时开通创业板业务。也就是说，网络开户和手机开户的投资者，无法交易创业板股票。不过，这个问题可以通过以下两种途径解决。

第一，若投资者在其他证券公司开过户，且开通过创业板，可以借助转户的方式，将创业板账户转移到新开户的证券公司。

第二，若投资者没有在其他证券公司开过户，也可以先通过网络开户或手机开户完成开户操作，再到证券公司营业部现场开通创业板。这种操作模式虽然并未达到节省时间的目的，但也可以享受网络开户和手机开户的佣金优惠。

3.1.3 创业板开户

创业板开户与普通股票开户，在流程方面区别不大，只是有一些限制性条件。其开通流程如下。

第一，交易经验限制。投资者应该具有两年以上（含两年）股票交易经验。

第二，投资者向证券公司营业部提交开户申请，且现场签署《创业板市场投资风险揭示书》。

第三，经证券公司营业部审核无误，两个交易日后，投资者可以参与创业板股票交易。在此期间，投资者可以撤回开户申请。

投资者股票交易经验未满两年的，原则上不鼓励开通创业板。投资者坚持要开通的，可以按照以下步骤操作。

第一，评估自身风险偏好，具备较强的抗风险能力。

第二，向证券公司营业部提交开户申请，现场签署《创业板市场投资风险揭示书》。

第三，经证券公司营业部审核无误，且经营业部经理审核签字，5个交易日后，投资者可以参与创业板股票交易。投资者在此期间可以撤回开户申请。

3.1.4 交易终端的下载、安装与使用

一般情况下，投资者完成开户后，券商都会提供一个下载地址，让投资者去下载网络交易终端（交易软件）。投资者也可以通过网络搜索券商的官网，进入【软

件下载】界面，完成交易软件的下载。

下面以华泰证券为例进行说明。

1. 炒股软件下载

进入华泰证券官网后，找到【软件下载】按钮并点击进入，就会看见如图 3-2 所示的界面。

图 3-2　交易终端下载界面

投资者确定自己的网络服务商后，就可以直接点击下载按钮下载了。若不知道网络服务商，随便选择一个也可以。

2. 炒股软件安装

下载成功后，可用鼠标双击软件程序图标，然后根据指示一步一步完成安装操作。

3. 第一次交易

交易软件安装好后，点击该软件图标，就进入了【登录】界面，如图 3-3 所示。

资金账号是在证券公司营业部开户时分配给投资者的，交易密码则是交易者自行设置的。如果你是通过网络开户或手机开户的，那么证券公司会以短信形式将资金账号发送给你。通讯密码则可以按照“重置通讯密码”的要求进行设置。

输入账号和密码、通讯密码之后，就会进入交易界面。左侧菜单栏中有一项银证转账选项，如图 3-4 所示。

如果想从银行将钱转入股票资金账户，点击“银证转账”中的“银行→券商”，然后在右侧可以看到一个“银证转账”的对话框。此时只需输入银行密码、资金密码和转账金额即可。同样，如果想把股票账户的资金转出，可以点击“银证转账”

图 3－3　华泰证券登录界面

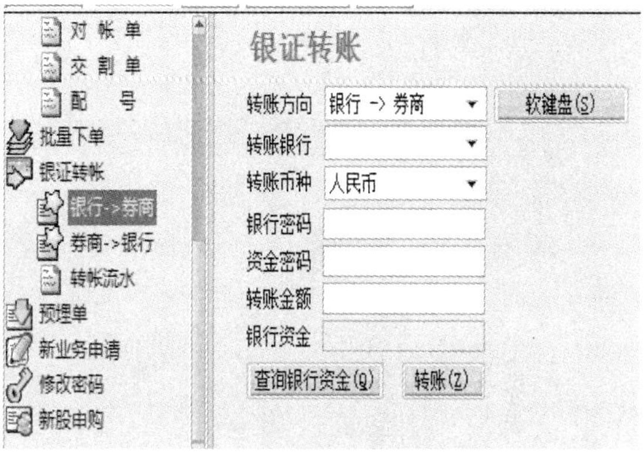

图 3－4　银证转账界面

中的“券商→银行”完成。

点击左侧菜单中的“买入”选项，右侧就会出现“买入股票”对话框。然后输入股票代码、买入价格和买入数量，点击【买入】按钮，即可完成委托买入。如图 3－5 所示。

如果想卖出股票，点击左侧菜单栏中的【卖出】选项，同样会出现【卖出股票】对话框。

如果你的委托订单没有成交的话，可以点击左侧菜单栏中的【撤单】。然后选择右侧列表中所要撤单的委托，点击交易信息栏上方的【撤单】按钮即可，如图 3－6 所示。

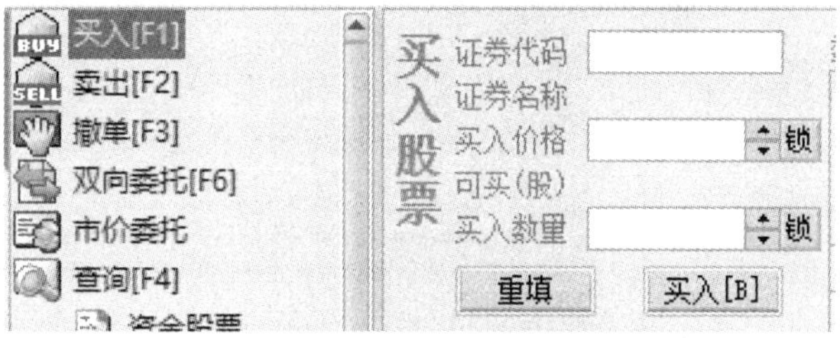

图 3－5　股票交易界面

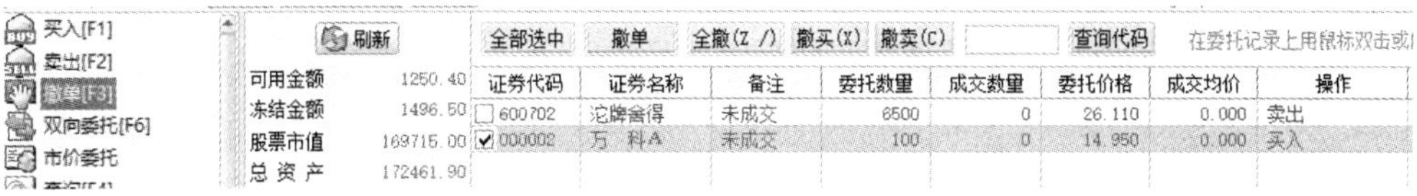

图 3－6　撤单操作

3.2　如何开通大智慧炒股软件

大智慧软件操作起来简单、快捷，为很多投资者所青睐。大智慧炒股软件的开通和注册也非常简单。

3.2.1 大智慧炒股软件的下载与安装

投资者要下载大智慧炒股软件，可以登录大智慧公司网站 www. gw. com. cn。大智慧有多个软件版本可供选择，投资者一般可以选择最新版的免费版下载。大智慧软件更新非常频繁，但整体变化不大。如图 3－7 所示。

图 3－7 下载大智慧软件

下载完成后双击 365.exe ，系统将出现【安装】对话框，如图 3－8 所示。

图 3－8 安装大智慧软件

此后，可以按照提示一步一步安装软件。直至图 3－9 所示的对话框出现，说明软件安装成功。

3.2.2 大智慧炒股软件的注册和登录

第一次安装结束后，大智慧软件会自动启动。再次使用时，投资者可以通过桌面快捷方式、快速启动栏以及开始菜单栏等方式启动大智慧炒股软件程序。如图 3－10所示。

图 3－9　大智慧软件安装完成

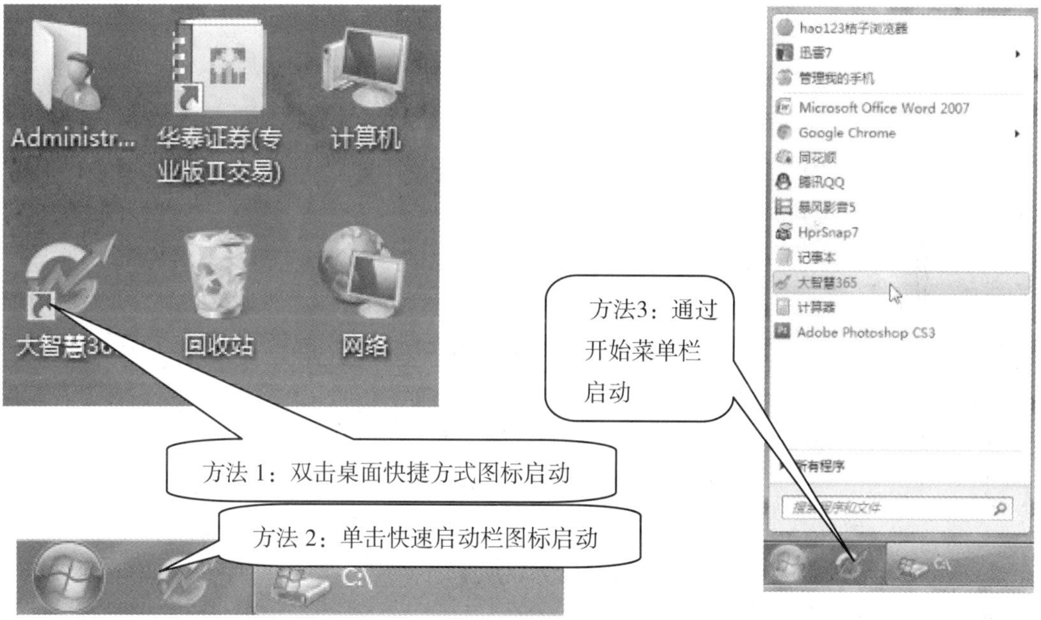

图 3－10　启动大智慧炒股软件

首次启动大智慧软件时，系统会弹出一个“选择网络运营商”的窗口，如图 3－11所示。

投资者可以根据自己使用的网络（如电信、铁通、网通等）确定网络运营商。若不清楚自己的网络运营商，直接点击“我不知道”选项也可以。

大智慧软件启动后，会进入登录窗口。投资者只有注册大智慧账号，才能使用行情软件。如图 3－12 所示。

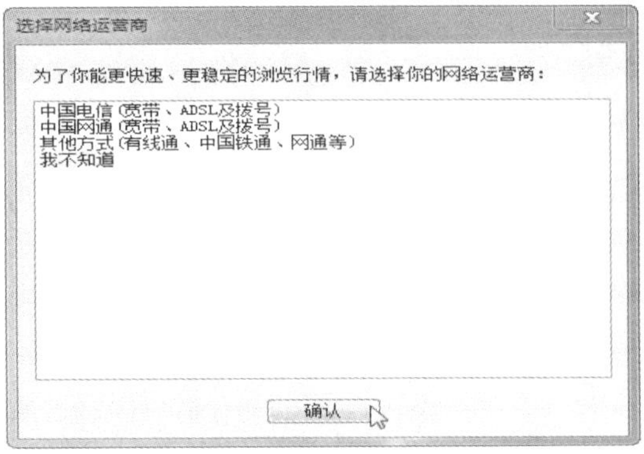

图 3－11　选择网络运营商

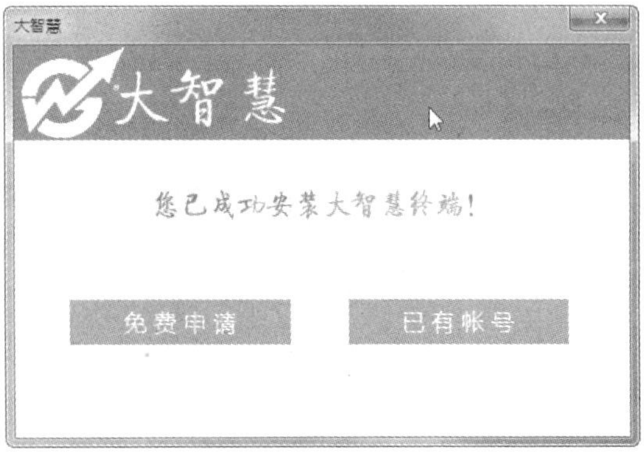

图 3－12　登录窗口

第一次使用大智慧炒股软件的投资者需要注册一个账号。点击【免费申请】，可以打开注册页面。注册大智慧账号十分简单，只需按照提示输入用户名、密码以及联系方式即可。

注册完成后，点击【已有账号】或重新打开登录界面，输入用户名、密码，即可进入大智慧界面，如图 3－13 所示。

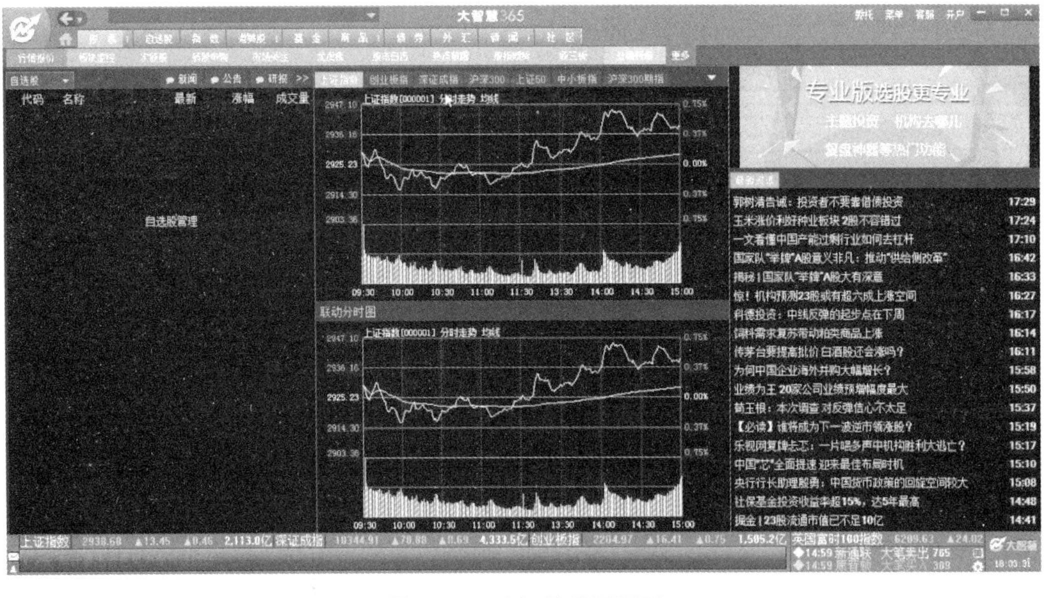

图 3－13　大智慧首页界面

3.2.3　大智慧与交易终端绑定

从大智慧官网下载的炒股软件，需要与交易终端绑定，之后才能直接在大智慧软件平台进行交易，否则该大智慧软件只能作为交易分析软件，无法进行买卖交易。

1. 添加“交易终端”

若投资者已经安装有交易终端，可通过添加的方式完成绑定，具体操作步骤如下。

第一步：点击大智慧软件顶部右上角的【委托】命令，系统会弹出【自助委托设置】对话框，如图 3－14 所示。

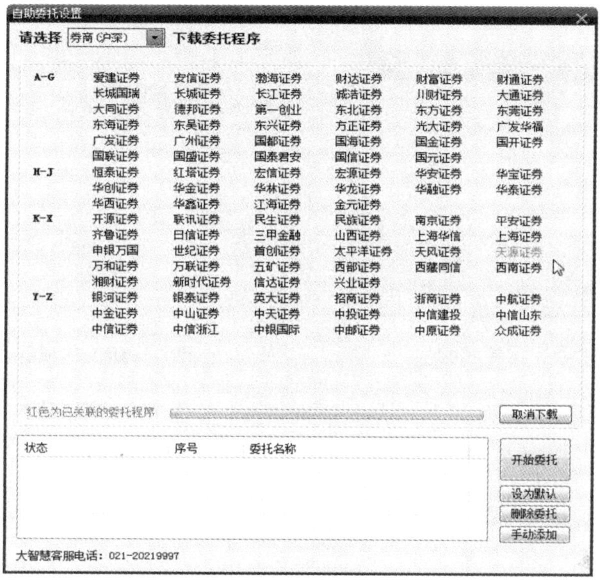

图 3－14　大智慧【自助委托设置】对话框

第二步：点击大智慧【自助委托设置】对话框底部右侧的【手动添加】按钮，则弹出【委托路径设置】对话框，如图 3－15 所示。

第三步：找到交易终端安装文件夹，并选中委托的程序文件，即以“. exe”结尾的文件，如图 3－16 所示。

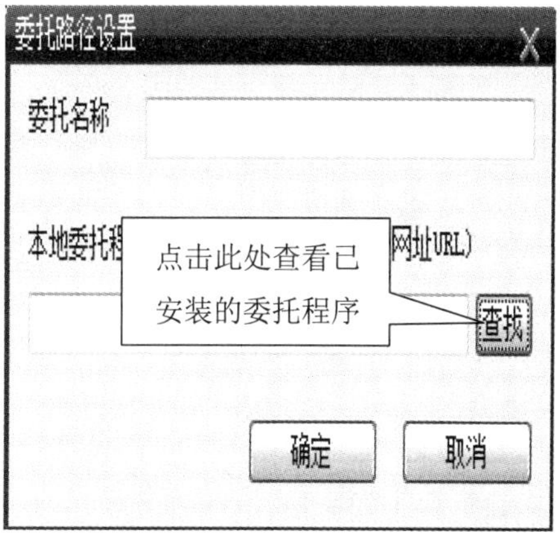

图 3－15　【委托路径设置】对话框

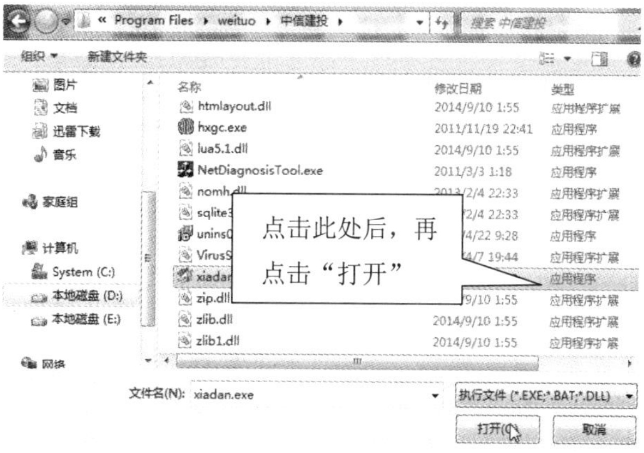

图 3－16　选中委托程序文件

第四步：为添加的交易终端加上名称，如“中信建投”，然后点击【确定】即可，如图 3－17 所示。

第五步：添加完成后，大智慧【自助委托设置】选择框内会出现一个交易终端的名称，如图 3－18 所示。

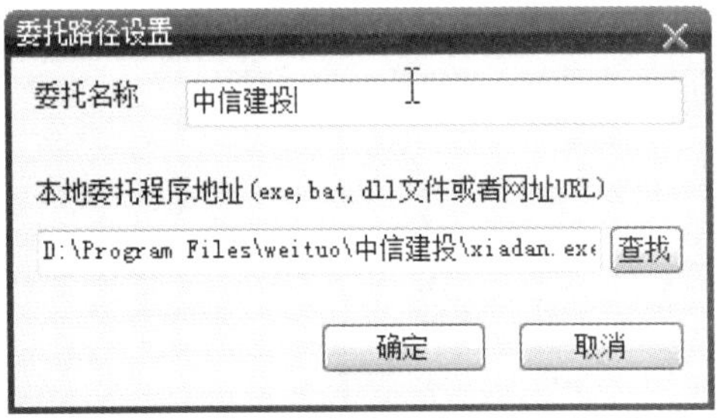

图 3－17　设置委托程序名称

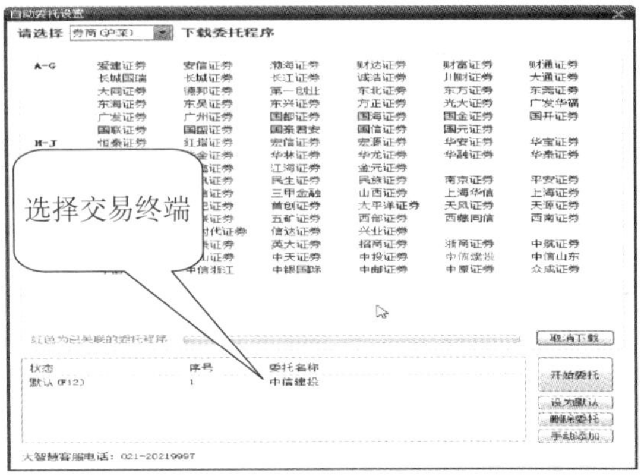

图 3－18　交易终端添加完成

第六步：点击【开始委托】，或以后再次点击大智慧顶部的【委托】按钮，系统将自动弹出委托对话框，如图 3－19 所示。

2. 新安装“交易终端”

如果投资者以前没有安装交易终端，那么可以按照以下步骤，将交易终端直接与大智慧平台绑定，具体操作步骤如下。

第一步：点击大智慧软件顶部右上角的【委托】按钮，系统会弹出【自助委托设置】对话框，如图 3－20 所示。

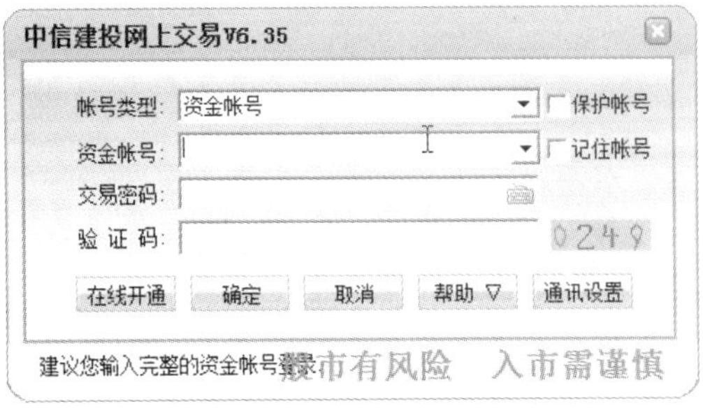

图 3－19　登录“交易终端”

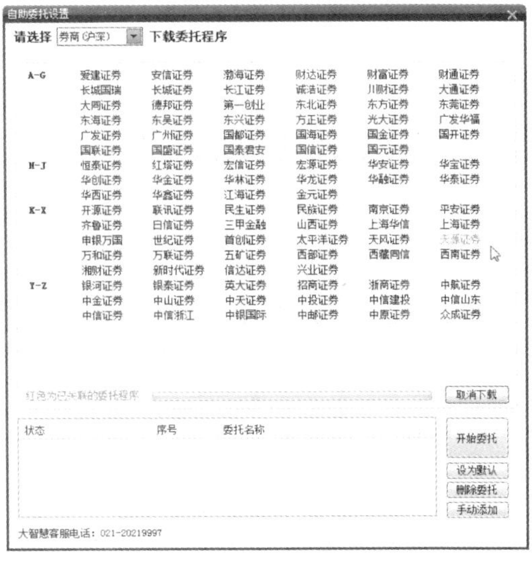

图 3－20　大智慧【自助委托设置】对话框

第二步：在弹出的【自助委托设置】对话框中，点击自己的开户券商，例如“中信建投”，系统会弹出【是否下载】对话框，如图 3－21 所示。

第三步：点击【是】开始下载。下载结束后，系统将自动安装交易终端，如图 3－22 所示。

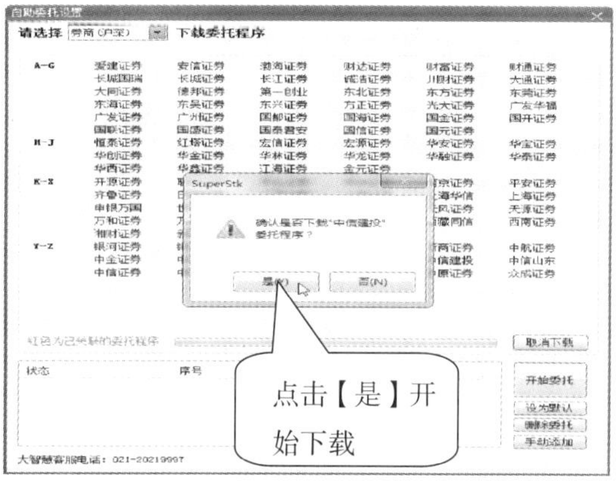

图 3－21　【下载交易终端】对话框

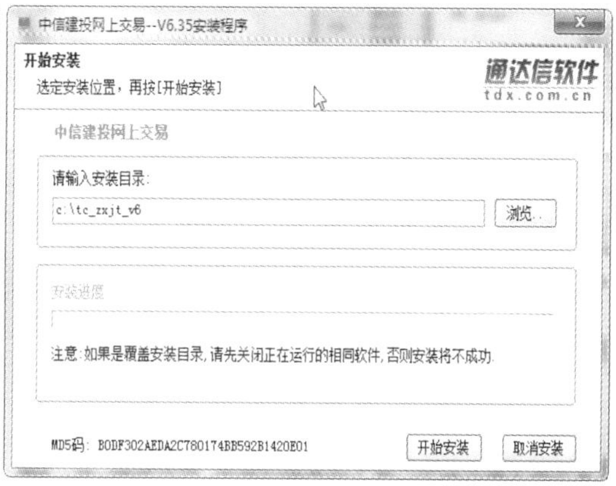

图 3－22　【安装交易终端】对话框

第四步：安装结束后，大智慧【自助委托设置】选择框内会有一个交易终端的名称，如图 3－23 所示。

第五步：点击【开始委托】，或以后再次点击大智慧顶部的【委托】按钮，系统将自动弹出委托对话框，如图 3－24 所示。

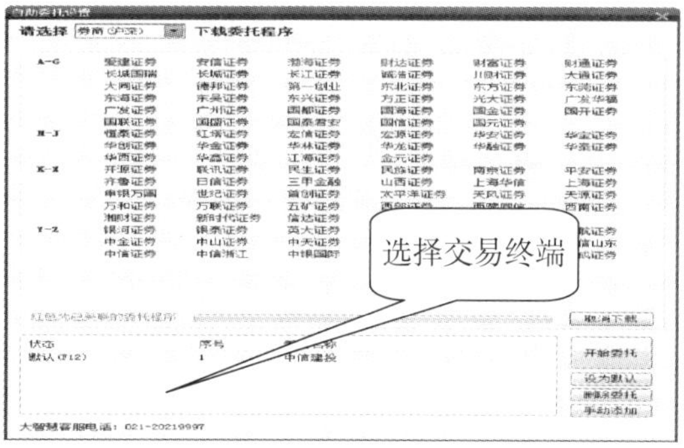

图 3－23　交易终端安装完成

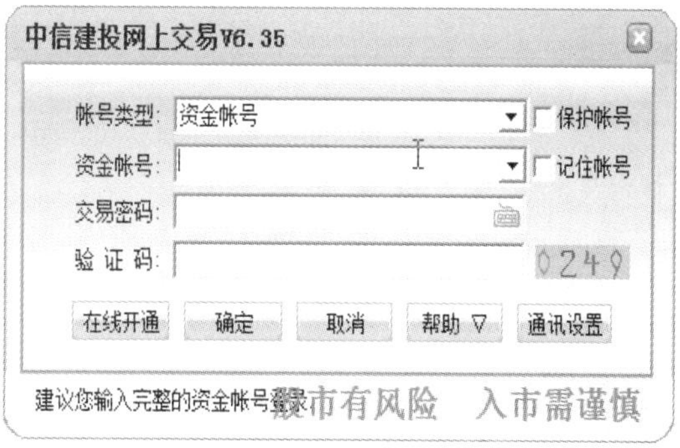

图 3－24　登录交易终端

3.2.4　大智慧的退出和隐藏

要退出大智慧炒股软件，有以下三种方法。

（1）用鼠标点击页面右上角关闭按钮。

（2）同时按下“【Alt】＋【F4】”快捷键，即可退出该软件。

（3）选择菜单栏的【文件】｜【退出】命令。

第二篇
大智慧软件核心功能操作指引

本篇内容是对大智慧软件菜单栏的简单介绍。大智慧操作界面包括菜单栏、快捷工具条、主界面和状态栏等几大模块，如图Ⅱ-1所示。

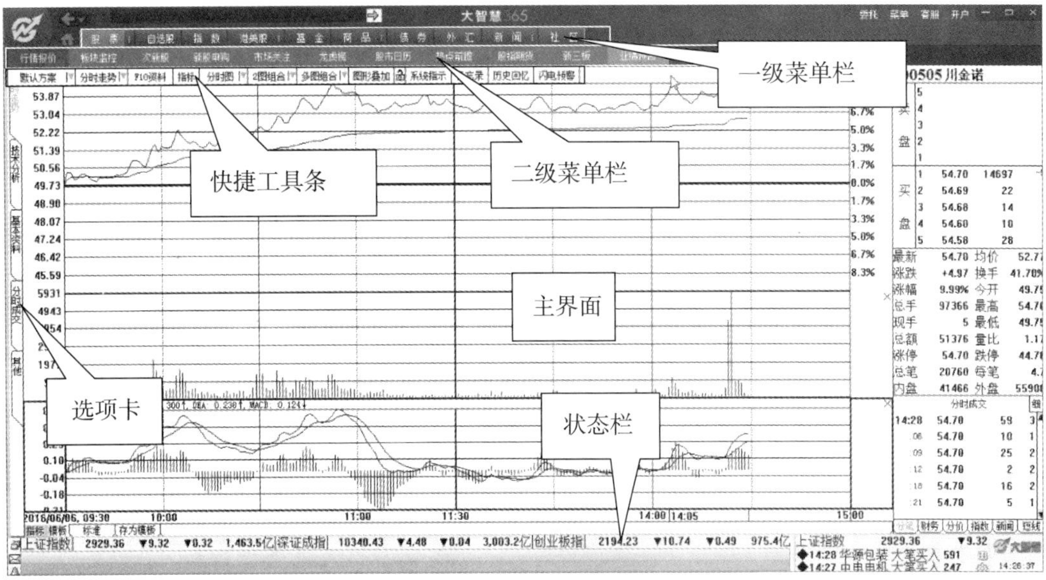

图Ⅱ-1　大智慧操作界面

菜单栏和快捷工具条汇集了大智慧软件的绝大部分操作功能，可以为投资者提供多角度、深层次的投资决策支持，如图Ⅱ-2所示。

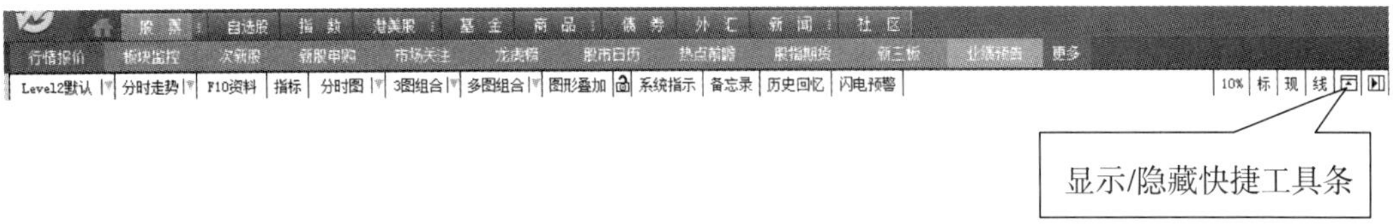

图Ⅱ-2　大智慧菜单栏和快捷工具条中的部分功能

第四章

股票报价及相关交易指引

大智慧菜单栏中的【股票】窗口，可以为投资者实时提供与股票有关的排名信息，该窗口涉及的内容包括沪深两市股票报价、板块报价、新股申购、市场关注、龙虎榜报价等内容。点击大智慧菜单栏的【股票】窗口，根据需要点击该窗口下属的二级菜单，即可出现相应的界面，如图 4－1 所示。

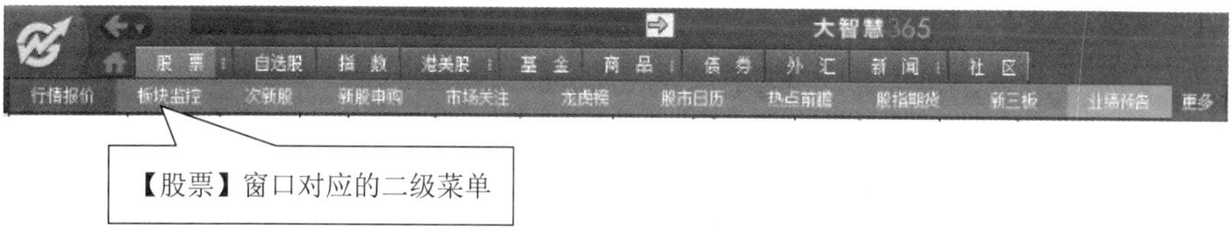

图 4－1　【股票】窗口及其二级菜单

4.1　行情报价

【行情报价】是【股票】窗口下属二级菜单栏的第一个功能。借助本功能，投资者可以查看市场上所有股票的报价信息。点击【股票】｜【行情报价】｜【沪深 A 股】，即可进入此界面，如图 4－2 所示。

4.1.1　行情

【行情】选项卡是【行情报价】功能的默认选项卡。点击【股票】｜【行情报价】，默认打开【行情】选项卡，如图 4－2 所示。借助【行情】选项卡，投资者可查看以下几个方面的信息。

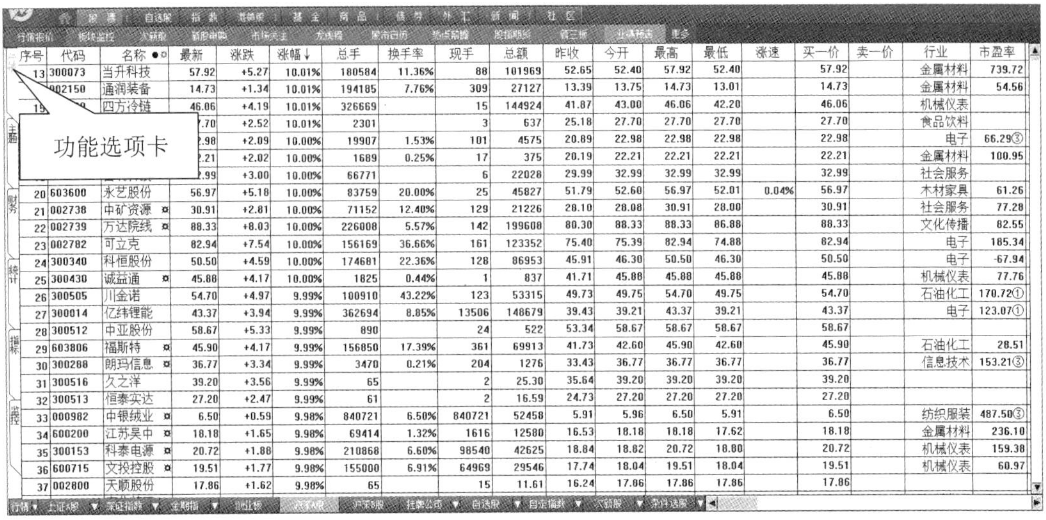

图 4－2 【股票】|【行情报价】|【沪深 A 股】界面

(1) 基本报价信息，包括股票最新价格、涨跌额、涨跌幅度、昨收价、今开价、最低价、最高价、买一价、卖一价等。

(2) 交易数据信息，包括换手率、总手、现手、内盘、外盘、委买量、委卖量、成交笔数等。

(3) 基本财务信息，包括市盈率、市净率、市销率、总市值、流通市值等。

总之，借助【行情】选项卡，投资者不仅能够了解股票当日和近日的交易数据，还能对股票本身的财务信息有所了解，这些信息是投资者制定投资方向或交易决策的重要依据。同时，投资者也可通过点击标题栏来添加或删除表项。例如，想在行情列表中添加“每股净资产”，可用鼠标右键单击标题栏名称，在弹出的快捷菜单中选择【插入表项】，如图 4－3 所示。

图 4－3 插入表项操作

接着，用鼠标右键单击新添加的标题栏名称，在弹出的快捷菜单选中【财务指标】|【每股净资产】即可，如图4－4所示。

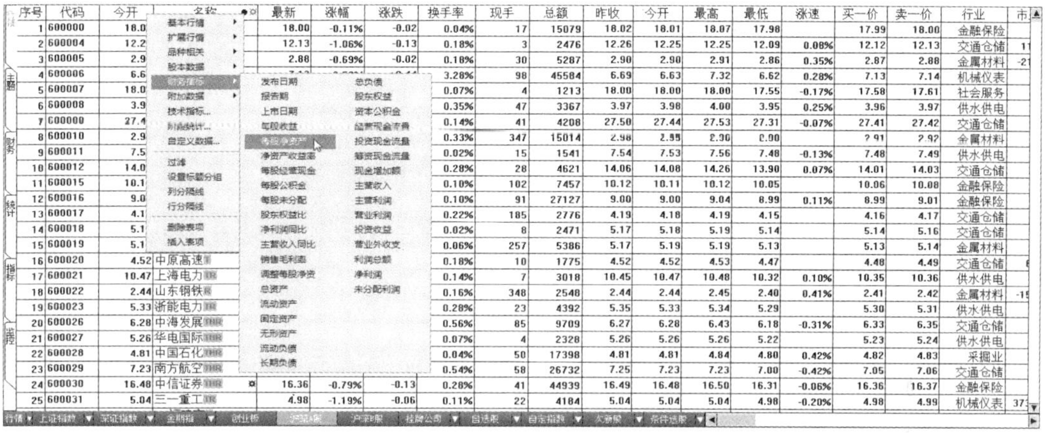

图4－4　添加“每股净资产”操作

若投资者想把新添加的项目或其他栏目删除，也可以右键单击拟删除标题栏，并在弹出的快捷菜单中选择【删除表项】即可，如图4－5所示。

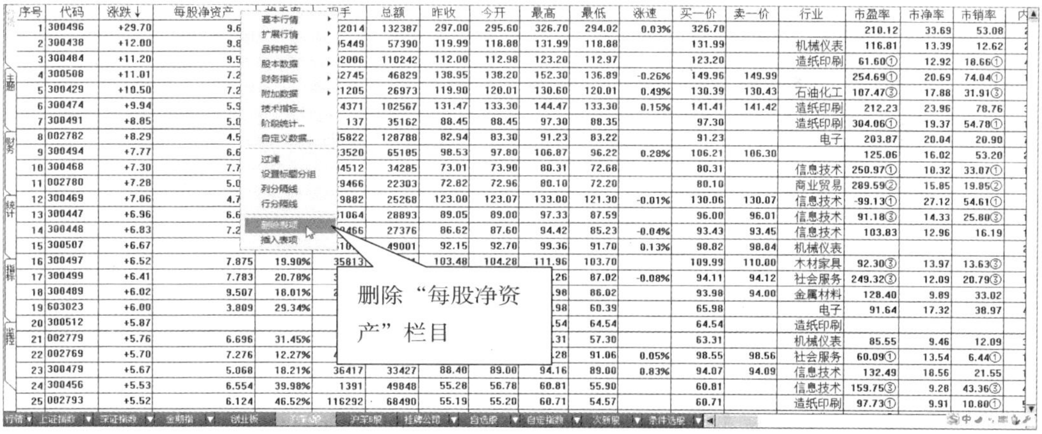

图4－5　删除“每股净资产”操作

4.1.2　主题

在【行情报价】功能页面点击左侧边栏【主题】选项卡，系统将向投资者介绍各只股票所属的概念、主题等内容，如图4－6所示。

股市中经常出现这样一种现象：某一波行情或某日交易过程中，资金一直对某一概念或主题特别偏爱，这些主题或板块的股票就会成为股市中的热门股或领涨股。【主题】功能可以帮助投资者做出以下两项判断。

(1) 快速确认目标股所属的主题、概念板块。借助该功能，投资者在浏览股票

序号	代码	名称	最新	涨跌	涨幅	涨速	总手	换手率	所属主题
1	600000	浦发银行	18.02	+0.01	0.06%	0.11%	178562	0.10%	外管局系,高股息,银行及相关,险资举牌
2	600004	白云机场	12.32	+0.04	0.33%	-0.08%	60979	0.53%	广东自贸区,民用航空,广东国资,国企改革
3	600005	武钢股份	2.93	+0.01	0.34%		439349	0.44%	抗震防震,参股基金,供给侧改革
4	600006	东风汽车	6.38	+0.01	0.16%	0.31%	229712	1.15%	贸易摩擦
5	6000[illegible]	[illegible]	[illegible]	[illegible]	-0.38%	-0.22%	28513	0.28%	险资举牌
[illegible]	[illegible]	[illegible]	[illegible]	[illegible]	-0.50%		158868	0.66%	环球影城,高送转,节能环保,两会相关,IPO影子股,污水处理
7	6000[illegible]	[illegible]	[illegible]	[illegible]	-0.11%	0.14%	38962	0.36%	上海国资,迪士尼,民用航空,自贸区-航运
8	6000[illegible]	[illegible]	[illegible]	[illegible]	-1.01%	-0.34%	645937	0.41%	稀土永磁,供给侧改革
9	600011	华能国际	7.48	+0.02	0.27%	0.27%	45571	0.04%	高股息,电改
10	600012	皖通高速	14.32	+0.06	0.42%	0.35%	155401	1.33%	安徽国资委,民营银行
11	600015	华夏银行	10.12	[illegible]	[illegible]	[illegible]	[illegible]	[illegible]	[illegible]举牌,高股息,银行及相关
12	600016	民生银行	9.01	[illegible]	[illegible]	[illegible]	[illegible]	0.18%	电商,银行及相关,险资举牌
13	600017	日照港	4.22	[illegible]	[illegible]	[illegible]	[illegible]4679	0.41%	长江经济带,中韩自贸区,一带一路
14	600018	上港集团	5.17	[illegible]	[illegible]	[illegible]	[illegible]5962	0.04%	上海国资,沪自贸区,足球概念,外管局系,长江经济带
15	600019	宝钢股份	5.26	+0.01	0.19%	0.19%	264029	0.16%	博鳌相关,供给侧改革
16	600020	中原高速	4.57	+0.04	0.88%	0.22%	216996	0.97%	
17	600021	上海电力	10.55	+0.02	0.19%	0.09%	76346	0.36%	沪自贸区,充电桩,清洁能源,国企改革,两会相关,电改
18	600022	山东钢铁	2.47	+0.03	1.23%	0.41%	302739	0.47%	供给侧改革,IPO影子股
19	600023	浙能电力	5.36	+0.01	0.19%		203253	0.68%	核电
20	600026	中海发展	6.26	+0.01	0.16%	0.16%	137224	0.50%	沪自贸区,远洋运输,航运BDI,自贸区-航运
21	600027	华电国际	5.27	+0.01	0.19%	0.19%	127470	0.21%	高股息,电改
22	600028	中国石化	4.80	-0.01	-0.21%		420263	0.04%	油气改革,证金扫货,清洁能源,高股息,供给侧改革
23	600029	南方航空	7.22	+0.15	2.12%	0.14%	1068844	1.52%	民用航空,亚投行
24	600030	中信证券	16.46	-0.16	-0.96%	-0.06%	551762	0.56%	证券
25	600031	三一重工	5.07	-0.00	0.00%	0.20%	191567	0.25%	智能机器,马歇尔概念,国企改革,民营银行,两会相关,军民融合,重工装备

图 4－6　【主题】选项卡内容

涨幅或换手率时，可以同步查看股票所属的主题或概念板块，这就为投资者节省了大量看盘时间和精力。

（2）判断当前市场的领涨主题、领涨概念股。投资者在【主题】选项卡页面点击【涨幅】后，系统将提供市场上股票的涨幅排行列表。涨幅排名靠前的股票所属的主题板块，会透露当前市场的热点主题或板块。也就是说，当属于某一主题的多只股票都位列涨幅排行榜前列时，则说明该主题是当前的热点主题或领涨概念。

下面看一下 2016 年 6 月 6 日的股票涨幅排行榜，如图 4－7 所示。

序号	代码	名称	最新	涨跌	涨幅↓	涨速	总手	换手率	所属主题
1	601611	N核建	5.00	+1.53	44.09%		4152		次新股,核电
2	601518	吉林高速	4.03	+0.37	10.11%		393022	3.24%	东北振兴
3	002045	国光电器	14.48	+1.32	10.03%		38159	0.92%	特斯拉,锂电池,燃料电池
4	002350	北京科锐	18.87	+1.72	10.03%		81635	3.75%	配电网,农村电网
5	002430	杭氧股份	8.12	+0.74	10.03%		213766	2.64%	
6	603737	三棵树	25.25	+2.30	10.02%		22		次新股
7	300183	东软载波	22.18	+2.02	10.02%		175784	6.92%	[illegible]居,半导体
8	600838	上海九百	12.74	+1.16	10.02%		89592	2.23%	上海国资,参股券商,迪士尼
9	002402	和而泰	20.87	+1.90	10.02%		26020	1.07%	人工智能,智能家居,LED
10	002798	帝王洁具	32.63	+2.97	10.01%		546		次新股
11	300432	富临精工	27.80	+2.53	10.01%		8412	0.93%	锂电池
12	300351	永贵电器	30.22	+2.75	10.01%		148395	7.59%	轨道交通,特斯拉,军民融合,汽车电子,铁路基建,高铁
13	300073	当升科技	57.92	+5.27	10.01%		180584	11.36%	储能,特斯拉,新能源车,涨价预期,锂电池,新材料
14	002150	通润装备	14.73	+1.34	10.01%		194185	7.76%	
15	603339	四方冷链	46.06	+4.19	10.01%		326669		次新股,冷链物流
16	603779	威龙股份	27.70	+2.52	10.01%		2301		次新股
17	002351	漫步者	22.98	+2.09	10.00%		19907	1.53%	[illegible]转,节能环保
18	002352	鼎泰新材	22.21	+2.02	10.00%		1689	0.25%	特高压,稀土永磁,高送转
19	603959	百利科技	32.99	+3.00	10.00%		66771		次新股
20	603600	永艺股份	56.97	+5.18	10.00%	0.04%	83759	20.00%	次新股
21	002738	中矿资源	30.91	+2.81	10.00%		71152	12.40%	
22	002739	万达院线	88.33	+8.03	10.00%		226008	5.57%	IP概念
23	002782	可立克	82.94	+7.54	10.00%		156169	36.66%	次新股,无线充电
24	300340	科恒股份	50.50	+4.59	10.00%		174681	22.36%	稀土永磁,锂电池,新材料,LED
25	300430	诚益通	45.88	+4.17	10.00%		1825	0.44%	次新股,医疗器械

图 4－7　【主题】选项卡下的涨幅排行榜

由图 4－7 可知，2016 年 6 月 6 日，多只次新股涨停，这说明次新股是该日资金炒作的重点方向和热门主题。对于超短线投资者来说，若想在当日选择投资标的，次新股概念是一个不错的选择。

4.1.3 财务

在【行情报价】功能页面点击左侧边栏【财务】选项卡，系统将向投资者提供各上市公司最近一期财务报告的相关数据，如每股收益、每股净资产、净资产收益率、每股公积金等内容，如图 4－8 所示。

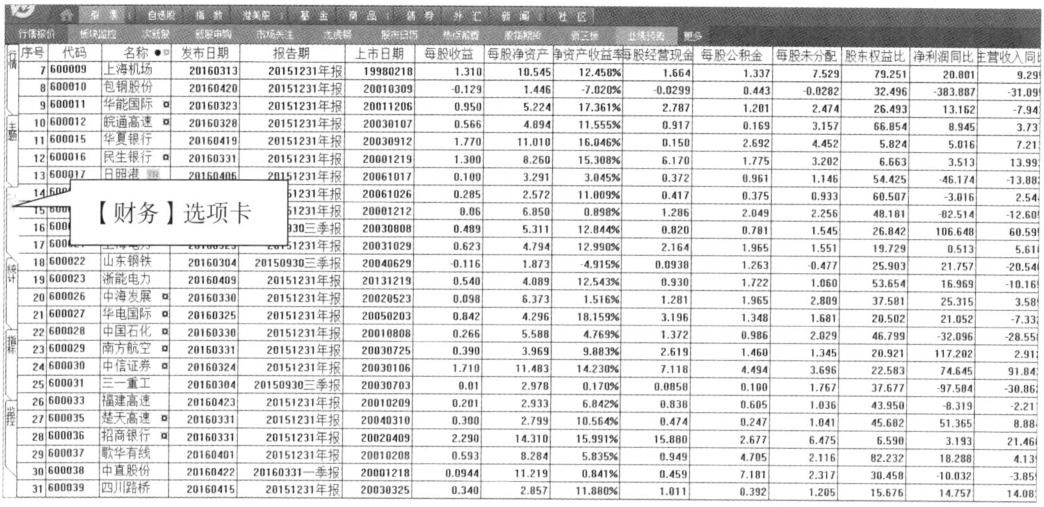

序号	代码	名称	发布日期	报告期	上市日期	每股收益	每股净资产	净资产收益率	每股经营现金	每股公积金	每股未分配	股东权益比	净利润同比	主营收入同比
7	600009	上海机场	20160313	20151231年报	19980218	1.310	10.545	12.458%	1.664	1.337	7.529	79.251	20.801	9.29
8	600010	包钢股份	20160420	20151231年报	20010309	-0.129	1.446	-7.020%	-0.0299	0.443	-0.0282	32.496	-383.887	-31.09
9	600011	华能国际	20160323	20151231年报	20011206	0.950	5.224	17.361%	2.787	1.201	2.474	26.493	13.162	-7.94
10	600012	皖通高速	20160328	20151231年报	20030107	0.566	4.894	11.555%	0.917	0.169	3.157	66.854	8.945	3.73
11	600015	华夏银行	20160419	20151231年报	20030912	1.770	11.010	16.046%	0.150	2.692	4.452	5.824	5.016	7.21
12	600016	民生银行	20160331	20151231年报	20001219	1.300	8.260	15.308%	6.170	1.775	3.202	6.663	3.513	13.99
13	600017	日照港	20160406	20151231年报	20061017	0.100	3.291	3.045%	0.372	0.961	1.146	54.425	-46.174	-13.88
14	600			51231年报	20061026	0.285	2.572	11.009%	0.417	0.375	0.933	60.507	-3.016	2.54
15	600			51231年报	20001212	0.06	6.850	0.898%	1.286	2.049	2.256	48.181	-82.514	-12.60
16	600			930三季报	20030808	0.489	5.311	12.844%	0.820	0.781	1.545	26.842	106.648	60.59
17	600			51231年报	20031029	0.623	4.794	12.990%	2.164	1.965	1.551	19.729	0.513	5.61
18	600022	山东钢铁	20160304	20150930三季报	20040629	-0.116	1.873	-4.915%	0.0938	1.263	-0.477	25.903	21.757	-20.54
19	600023	浙能电力	20160409	20151231年报	20131219	0.540	4.089	12.543%	0.930	1.722	1.060	53.654	16.969	-10.16
20	600026	中海发展	20160330	20151231年报	20020523	0.098	6.373	1.516%	1.281	1.965	2.809	37.581	25.315	3.58
21	600027	华电国际	20160325	20151231年报	20050203	0.842	4.296	18.159%	3.196	1.348	1.681	20.502	21.052	-7.33
22	600028	中国石化	20160330	20151231年报	20010808	0.266	5.588	4.769%	1.372	0.986	2.029	46.799	-32.096	-28.55
23	600029	南方航空	20160331	20151231年报	20030725	0.390	3.969	9.883%	2.619	1.460	1.345	20.921	117.202	2.91
24	600030	中信证券	20160324	20151231年报	20030106	1.710	11.483	14.230%	7.118	4.494	3.696	22.583	74.645	91.84
25	600031	三一重工	20160304	20150930三季报	20030703	0.01	2.978	0.170%	0.0858	0.100	1.767	37.677	-97.584	-30.86
26	600033	福建高速	20160423	20151231年报	20010209	0.201	2.933	6.842%	0.838	0.605	1.036	43.950	-8.319	-2.21
27	600035	楚天高速	20160331	20151231年报	20040310	0.300	2.799	10.564%	0.474	0.247	1.041	45.682	51.365	8.88
28	600036	招商银行	20160331	20151231年报	20020409	2.290	14.310	15.991%	15.880	2.677	6.475	6.590	3.193	21.46
29	600037	歌华有线	20160401	20151231年报	20010208	0.593	8.284	5.835%	0.949	4.705	2.116	82.232	18.288	4.13
30	600038	中直股份	20160422	20160331一季报	20001218	0.0944	11.219	0.841%	0.459	7.181	2.317	30.458	-10.032	-3.85
31	600039	四川路桥	20160415	20151231年报	20030325	0.340	2.857	11.880%	1.011	0.392	1.205	15.676	14.757	14.08

图 4－8 【财务】选项卡

【财务】选项卡功能提供的财务数据，可以在以下几方面为投资者提供帮助。

（1）对于中长线投资者来说，可以通过市盈率、市净率排名，快速挖掘具有中长线投资价值的股票。

（2）对于短线或超短线投资者来说，能够快速了解各只股票的每股公积金、净利润等情况，对短线操作有一定的帮助。很多时候，一些高送转股票都是以雄厚的公积金积累为基础的，这些高送转股票往往都会走出一波上升行情。

4.1.4 统计

在【行情报价】功能界面点击左侧边栏【统计】选项卡，系统将向投资者提供各只股票近期的成交量、换手率以及涨幅统计数据，如 7 日累计涨幅、7 日累计换手率、30 日累计成交量等，如图 4－9 所示。

【统计】选项卡功能提供的统计数据，可以在以下几方面为投资者提供帮助。

（1）对比股票上涨幅度。一波行情启动初期，往往是涨幅大的股票大概率继续走强。在一波行情启动的中后期，一些涨幅较小的滞涨股很可能会出现补涨行情。例如，一波较大的行情启动多日，各股票 30 日内的平均累计涨幅已经超过 50%了，这时候个别几只股票的 30 日累计涨幅还停留在 5%左右的水平，那么这些股票很可

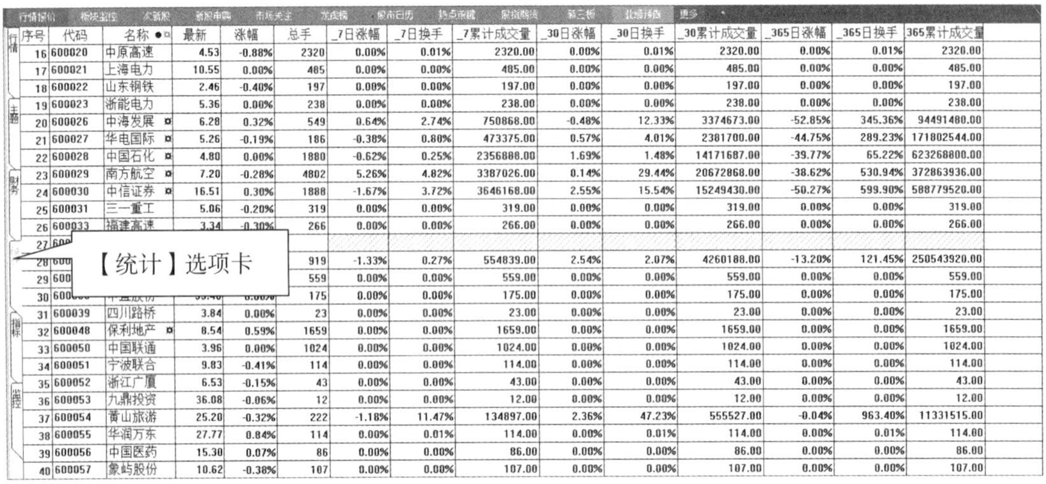

序号	代码	名称	最新	涨幅	总手	_7日涨幅	_7日换手	_7累计成交量	_30日涨幅	_30日换手	_30累计成交量	_365日涨幅	_365日换手	365累计成交量
16	600020	中原高速	4.53	-0.88%	2320	0.00%	0.01%	2320.00	0.00%	0.01%	2320.00	0.00%	0.01%	2320.00
17	600021	上海电力	10.55	0.00%	485	0.00%	0.00%	485.00	0.00%	0.00%	485.00	0.00%	0.00%	485.00
18	600022	山东钢铁	2.46	-0.40%	197	0.00%	0.00%	197.00	0.00%	0.00%	197.00	0.00%	0.00%	197.00
19	600023	浙能电力	5.36	0.00%	238	0.00%	0.00%	238.00	0.00%	0.00%	238.00	0.00%	0.00%	238.00
20	600026	中海发展 ¤	6.28	0.32%	549	0.64%	2.74%	750868.00	-0.48%	12.33%	3374673.00	-52.85%	345.36%	94491480.00
21	600027	华电国际 ¤	5.26	-0.19%	186	-0.38%	0.80%	473375.00	0.57%	4.01%	2381700.00	-44.75%	289.23%	171802544.00
22	600028	中国石化 ¤	4.80	0.00%	1880	-0.62%	0.25%	2356888.00	1.69%	1.48%	14171687.00	-39.77%	65.22%	623268800.00
23	600029	南方航空 ¤	7.20	-0.28%	4802	5.26%	4.82%	3387026.00	0.14%	29.44%	20672868.00	-38.62%	530.94%	372863936.00
24	600030	中信证券 ¤	16.51	0.30%	1888	-1.67%	3.72%	3646168.00	2.55%	15.54%	15249430.00	-50.27%	599.90%	588779520.00
25	600031	三一重工	5.06	-0.20%	319	0.00%	0.00%	319.00	0.00%	0.00%	319.00	0.00%	0.00%	319.00
26	600033	福建高速	3.34	-0.30%	266	0.00%	0.00%	266.00	0.00%	0.00%	266.00	0.00%	0.00%	266.00
27	600[illegible]	[illegible]	[illegible]	[illegible]	[illegible]									
28	600[illegible]	[illegible]	[illegible]	[illegible]	919	-1.33%	0.27%	554839.00	2.54%	2.07%	4260188.00	-13.20%	121.45%	250543920.00
29	600[illegible]	[illegible]	[illegible]	[illegible]	559	0.00%	0.00%	559.00	0.00%	0.00%	559.00	0.00%	0.00%	559.00
30	600[illegible]	[illegible]	[illegible]	[illegible]	175	0.00%	0.00%	175.00	0.00%	0.00%	175.00	0.00%	0.00%	175.00
31	600039	四川路桥	3.84	0.00%	23	0.00%	0.00%	23.00	0.00%	0.00%	23.00	0.00%	0.00%	23.00
32	600048	保利地产 ¤	8.54	0.59%	1659	0.00%	0.00%	1659.00	0.00%	0.00%	1659.00	0.00%	0.00%	1659.00
33	600050	中国联通	3.96	0.00%	1024	0.00%	0.00%	1024.00	0.00%	0.00%	1024.00	0.00%	0.00%	1024.00
34	600051	宁波联合	9.83	-0.41%	114	0.00%	0.00%	114.00	0.00%	0.00%	114.00	0.00%	0.00%	114.00
35	600052	浙江广厦	6.53	-0.15%	43	0.00%	0.00%	43.00	0.00%	0.00%	43.00	0.00%	0.00%	43.00
36	600053	九鼎投资	36.08	-0.06%	12	0.00%	0.00%	12.00	0.00%	0.00%	12.00	0.00%	0.00%	12.00
37	600054	黄山旅游	25.20	-0.32%	222	-1.18%	11.47%	134897.00	2.36%	47.23%	555527.00	-0.04%	963.40%	11331515.00
38	600055	华润万东	27.77	0.84%	114	0.00%	0.01%	114.00	0.00%	0.01%	114.00	0.00%	0.01%	114.00
39	600056	中国医药	15.30	0.07%	86	0.00%	0.00%	86.00	0.00%	0.00%	86.00	0.00%	0.00%	86.00
40	600057	象屿股份	10.62	-0.38%	107	0.00%	0.00%	107.00	0.00%	0.00%	107.00	0.00%	0.00%	107.00

图 4－9　【统计】选项卡

能在接下来的日子里出现补涨走势，投资者可以在这些股票启动上涨时跟涨买入这些股票。

（2）根据股票换手率判断股票交易的活跃程度。通常情况下，一只股票换手率越高，说明其交易越活跃，股价继续上涨的概率也就越大。不过，若一只股票连续多日上涨，甚至拉出涨停板，之后换手率仍然持续增大，则可能属于庄家出货的走势，投资者宜谨慎对待。

4.1.5　指标

在【行情报价】功能页面点击左侧边栏【指标】选项卡，系统将向投资者提供各只股票的即时技术指标数值，如 MACD 值、CR 值、BIAS 值、CCI 值等，如图 4－10所示。

【指标】选项卡功能提供的技术指标数值，可以在以下几方面为投资者提供帮助。

（1）快速了解各个技术指标的数值，判断是否到达买入或卖出位置。实现这一目标，要求投资者对各技术指标有深入的了解，特别是常用指标，要能够准确把握各技术指标的波动范围以及买入点和卖出点的数值。

（2）借助指标共振研判买点与卖点。当某一时刻多个技术指标同步发出买入或卖出信号时，无疑可以增强买入或卖出信号的有效性。

4.1.6　监控

在【行情报价】功能页面点击左侧边栏【监控】选项卡，系统将向投资者提供各只股票的即时主力挂单、成交数据以及单数差等信息，如图 4－11 所示。

【监控】选项卡功能提供的主力挂单信息，可以在以下几方面为投资者提供

序号	代码	名称	最新	涨幅	总手	BIAS	CCI	RSI	CR	PSY	MACD	KD	W&R
1	600000	浦发银行	18.05	0.17%	17889	2.030	69.522	54.344	100.890	66.667	0.128	73.215	25.362
2	600004	白云机场	12.28	-0.32%	3836	1.049	148.453	51.247	107.331	33.333	0.053	55.127	18.000
3	600005	武钢股份	2.90	-1.02%	45772						0.000	0.000	100.000
4	600006	东风汽车	6.36	-0.31%	24029						0.000	0.000	71.428
5	600007	中国国贸	18.16	-0.87%	1477						0.000	0.000	78.948
6	600008	首创股份	3.97	0.00%	12533						0.000	0.000	66.667
7	600009	上海机场	27.57	-0.68%	4100						0.000	0.000	96.000
8	600010	包钢股份	2.96	0.34%	100392						0.000	0.000	33.333
9	600011	华能国际	7.48	0.00%	6436	1.907	94.200	50.161	94.336	50.000	0.074	80.666	12.500
10	600012	皖通高速	14.21	-0.77%	5969	7.050	42.489	53.843	106.230	50.000	0.328	77.029	30.690
11	600015	华夏银行	10.13	0.10%	16559						0.000	0.000	25.001
12	600016	民生银行	9.01	0.00%	73184	-0.566	57.204	48.333	65.849	58.333	0.020	59.557	28.571
13	600017	日照港	4.21	-0.24%	10128						0.000	0.000	100.000
14	600018	上港集团	5.19	0.39%	12152						0.000	0.000	24.999
15	600019	宝钢股份	5.24	-0.38%	17287						0.000	0.000	66.668
16	600020	中原高速	4.55	-0.44%	33052						0.000	0.000	60.000
17	600021	上海电力	10.51	-0.38%	9860						0.000	0.000	100.000
18	[illegible]	[illegible]	[illegible]	-0.40%	29943						0.000	0.000	100.000
19	[illegible]	[illegible]	[illegible]	-0.37%	15577						0.000	0.000	50.000
20	[illegible]	[illegible]	[illegible]	0.16%	18643	1.381	103.704	46.609	98.555	50.000	0.084	70.743	12.500
21	600027	华电国际	5.25	-0.38%	6675	1.408	82.661	47.153	87.037	50.000	0.054	79.734	18.182
22	600028	中国石化	4.80	0.00%	109757	1.543	71.138	52.676	74.924	33.333	0.027	82.743	17.391
23	600029	南方航空	7.19	-0.42%	70731	1.607	83.459	56.281	148.675	41.667	0.006	51.383	36.111
24	600030	中信证券	16.50	0.24%	145320	3.744	71.514	52.018	99.300	66.667	0.296	71.402	26.829
25	600031	三一重工	5.04	-0.59%	14514						0.000	0.000	100.000

【指标】选项卡

图 4－10　【指标】选项卡

序号	代码	名称	总手	主力挂单(笔) 买单	卖单	差	①	②	③	主力成交(笔) 买入	卖出	差↑	①	②	③	主力成交量(手) 买入	卖出	差	①	②	③
1	600000	浦发银行	47999	0	0	0	+0	+0	+0	0	0	0	+0	+0	+0	0	0	0	+0	+0	+0
2	600004	白云机场	14695	0	0	0	+0	+0	+0	0	0	0	+0	+0	+0	0	0	0	+0	+0	+0
3	600005	武钢股份	128680	0	0	0	+0	+0	+0	0	0	0	+0	+0	+0	0	0	0	+0	+0	+0
4	600006	东风汽车	83605	0	0	0	+0	+0	+0	0	0	0	+0	+0	+0	0	0	0	+0	+0	+0
5	600007	中国国贸	5734	0	0	0	+0	+0	+0	0	0	0	+0	+0	+0	0	0	0	+0	+0	+0
6	600008	首创股份	38216	0	0	0	+0	+0	+0	0	0	0	+0	+0	+0	0	0	0	+0	+0	+0
7	600009	上海机场	15261	0	0	0	+0	+0	+0	0	0	0	+0	+0	+0	0	0	0	+0	+0	+0
8	600010	包钢股份	329367	0	0	0	+0	+0	+0	0	0	0	+0	+0	+0	0	0	0	+0	+0	+0
9	600011	华能国际	14791	0	0	0	+0	+0	+0	0	0	0	+0	+0	+0	0	0	0	+0	+0	+0
10	600012	皖通高速	25149	0	0	0	+0	+0	+0	0	0	0	+0	+0	+0	0	0	0	+0	+0	+0
11	600015	华夏银行	63463	0	0	0	+0	+0	+0	0	0	0	+0	+0	+0	0	0	0	+0	+0	+0
12	600016	民生银行	170828	0	0	0	+0	+0	+0	0	0	0	+0	+0	+0	0	0	0	+0	+0	+0
13	600017	日照港	57301	0	0	0	+0	+0	+0	0	0	0	+0	+0	+0	0	0	0	+0	+0	+0
14	600018	上港集团	32876	0	0	0	+0	+0	+0	0	0	0	+0	+0	+0	0	0	0	+0	+0	+0
15	600019	宝钢股份	70430	0	0	0	+0	+0	+0	0	0	0	+0	+0	+0	0	0	0	+0	+0	+0
16	600020	中原高速	64027	0	0	0	+0	+0	+0	0	0	0	+0	+0	+0	0	0	0	+0	+0	+0
17	600021	上海电力	27472	0	0	0	+0	+0	+0	0	0	0	+0	+0	+0	0	0	0	+0	+0	+0
18	600022	山东钢铁	73989	0	0	0	+0	+0	+0	0	0	0	+0	+0	+0	0	0	0	+0	+0	+0
19	600023	浙能电力	59785	0	0	0	+0	+0	+0	0	0	0	+0	+0	+0	0	0	0	+0	+0	+0
20	600026	中海发展	46010	0	0	0	+0	+0	+0	0	0	0	+0	+0	+0	0	0	0	+0	+0	+0
21	[illegible]	[illegible]	[illegible]	[illegible]	0	0	+0	+0	+0	0	0	0	+0	+0	+0	0	0	0	+0	+0	+0
22	[illegible]	[illegible]	[illegible]	[illegible]	0	0	+0	+0	+0	0	0	0	+0	+0	+0	0	0	0	+0	+0	+0
23	[illegible]	[illegible]	[illegible]	[illegible]	0	0	+0	+0	+0	0	0	0	+0	+0	+0	0	0	0	+0	+0	+0
24	600030	中信证券	290131	0	0	0	+0	+0	+0	0	0	0	+0	+0	+0	0	0	0	+0	+0	+0

【监控】选项卡

图 4－11　【监控】选项卡

帮助。

（1）了解主力动向。主力挂单积极、成交积极的股票，往往属于当时的热门品种。若投资者倾向于短线追踪操作，这些股票无疑是较佳的备选标的。

（2）预防主力陷阱。有时尽管主力挂单非常积极，但成交却很清淡，这说明很多挂单都是主力刻意做给投资者看的，投资者也不能太过当真。

目前大智慧炒股软件的【监控】功能并没有免费向用户开放。也就是说，投资者想看到监控数据的话，还需要另行购买相关服务。

4.1.7 分类报价

在【行情报价】功能页面底部，系统提供了一个分类报价的选项卡。通过这个选项卡，投资者可以快速切换至其他报价栏目，如指数报价、基金报价等，如图4－12所示。

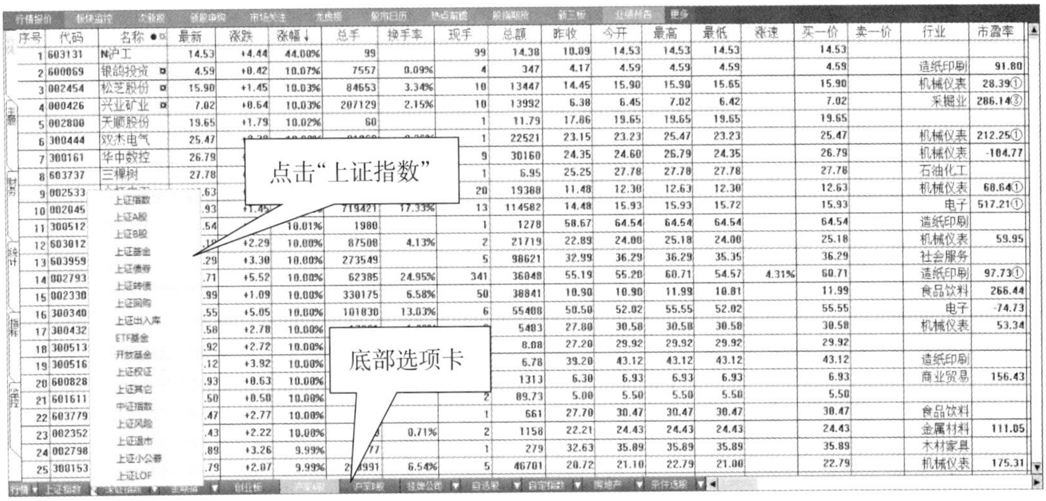

图4－12　底部分类选项卡

4.2 板块监控

板块监控是【股票】窗口下属二级菜单栏的第二个功能。借助本功能，投资者可以查看市场上各板块的报价信息、交易信息等内容。点击【股票】|【板块监控】即可进入此功能，如图4－13所示。

4.2.1 板块行情

【板块行情】选项卡是【板块监控】功能的默认选项卡，当投资者点击【股票】|【板块监控】时，默认打开【板块行情】选项卡，如图4－13所示。

借助【板块行情】选项卡，投资者可查看以下几个方面的信息。

（1）板块报价信息，包括板块涨幅、成交量等信息。

（2）了解当前的领先板块，即哪些板块位于涨幅榜前列，哪些板块位于涨幅榜末位。进入【板块监控】页面，系统自动给出的就是板块涨幅排名。若投资者想查看涨幅榜末位的排名，可以点击【涨幅】标签后的箭头。当箭头朝上时，说明涨幅榜是按照从低到高的顺序排列的；箭头朝下时，说明涨幅榜是按照从高到低的顺序排列的。

图 4-13 【股票】|【板块监控】界面

（3）了解整个股市的运行情况。当各个板块全部或大部分呈上涨状态时，说明市场处于强势；当各个板块全部或大部分呈下跌状态时，说明市场处于弱势。当然，大部分时间各个板块都是有涨有跌的。

（4）查看该板块股票的涨幅排名情况。点击该板块名称前面的⊞标志，投资者可以看到该板块内部各股票的涨幅排名情况，如图 4-14 所示。

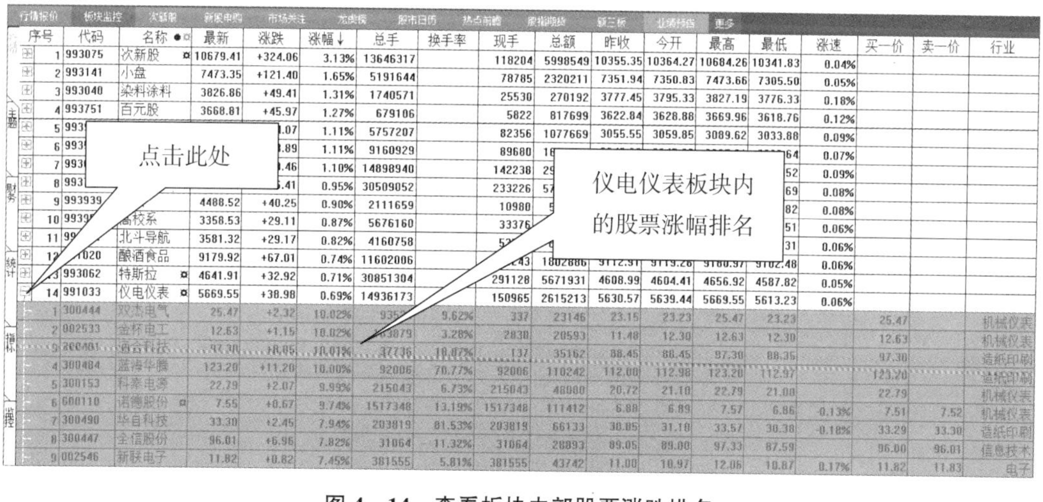

图 4-14 查看板块内部股票涨跌排名

4.2.2 行业板块

在【板块监控】功能界面，点击底部【行业板块】选项卡，系统将向投资者展示各行业板块的报价信息，如图 4－15 所示。

借助【行业板块】选项卡，投资者可以查看以下几个方面的信息。

（1）了解热点行业。选择一个热点行业板块，再从该板块中选择龙头股，是很多短线、超短线投资者选择标的股的通用路数。行业板块排名可以清楚地告诉投资者哪些行业板块当前属于热点，哪些行业属于冷门。投资者在查看热门板块时，最好能将最近政策面、消息面的信息结合起来分析。

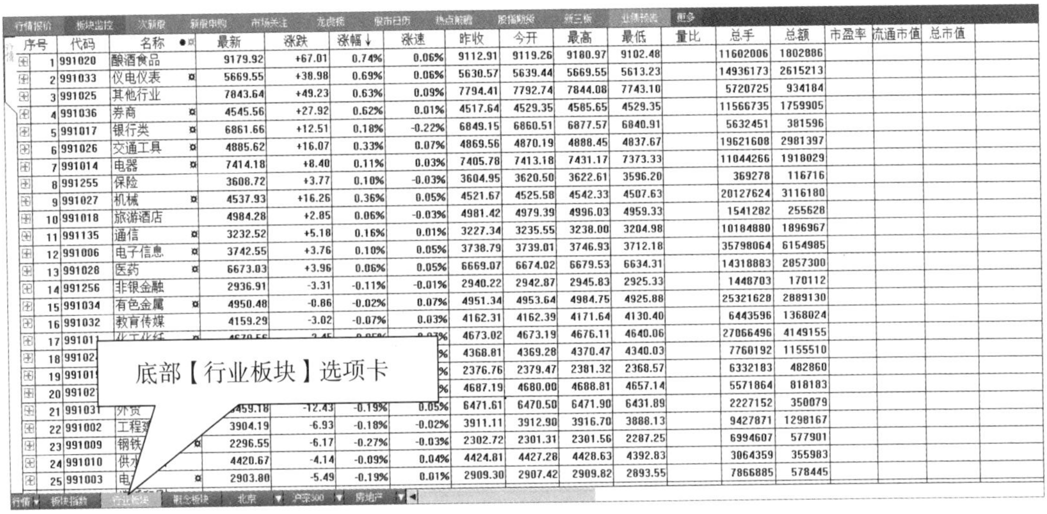

序号	代码	名称	最新	涨跌	涨幅↓	涨速	昨收	今开	最高	最低	量比	总手	总额	市盈率	流通市值	总市值
1	991020	酿酒食品	9179.92	+67.01	0.74%	0.06%	9112.91	9119.26	9180.97	9102.48		11602006	1802886			
2	991033	仪电仪表 ¤	5669.55	+38.98	0.69%	0.06%	5630.57	5639.44	5669.55	5613.23		14936173	2615213			
3	991025	其他行业	7843.64	+49.23	0.63%	0.09%	7794.41	7792.74	7844.08	7743.10		5720725	934184			
4	991036	券商 ¤	4545.56	+27.92	0.62%	0.01%	4517.64	4529.35	4585.65	4529.35		11566735	1759905			
5	991017	银行类 ¤	6861.66	+12.51	0.18%	-0.22%	6849.15	6860.51	6877.57	6840.91		5632451	381596			
6	991026	交通工具 ¤	4885.62	+16.07	0.33%	0.07%	4869.56	4870.19	4888.45	4837.67		19621608	2981397			
7	991014	电器 ¤	7414.18	+8.40	0.11%	0.03%	7405.78	7413.18	7431.17	7373.33		11044266	1918029			
8	991255	保险	3608.72	+3.77	0.10%	-0.03%	3604.95	3620.50	3622.61	3596.20		369278	116716			
9	991027	机械 ¤	4537.93	+16.26	0.36%	0.05%	4521.67	4525.58	4542.33	4507.63		20127624	3116180			
10	991018	旅游酒店	4984.28	+2.85	0.06%	-0.03%	4981.42	4979.39	4996.03	4959.33		1541282	255628			
11	991135	通信 ¤	3232.52	+5.18	0.16%	0.01%	3227.34	3235.55	3238.00	3204.98		10184880	1896967			
12	991006	电子信息 ¤	3742.55	+3.76	0.10%	0.05%	3738.79	3739.01	3746.93	3712.18		35798064	6154985			
13	991028	医药 ¤	6673.03	+3.96	0.06%	0.05%	6669.07	6674.02	6679.53	6634.31		14318883	2857300			
14	991256	非银金融	2936.91	-3.31	-0.11%	-0.01%	2940.22	2942.87	2945.83	2925.33		1448703	170112			
15	991034	有色金属 ¤	4950.48	-0.86	-0.02%	0.07%	4951.34	4953.64	4984.75	4925.88		25321628	2889130			
16	991032	教育传媒	4159.29	-3.02	-0.07%	0.03%	4162.31	4162.39	4171.64	4130.40		6443596	1368024			
17	991011						4673.02	4673.19	4676.11	4640.06		27066496	4149155			
18	99102[illegible]						4368.81	4369.28	4370.47	4340.03		7760192	1155510			
19	99101[illegible]						2376.76	2379.47	2381.32	2368.57		6332183	482860			
20	99102[illegible]						4687.19	4680.00	4688.81	4657.14		5571864	818183			
21	991031	外贸		-12.43	-0.19%	0.05%	6471.61	6470.50	6471.90	6431.89		2227152	350079			
22	991002	工程[illegible]	3904.19	-6.93	-0.18%	-0.02%	3911.11	3912.90	3916.70	3888.13		9427871	1298167			
23	991009	钢铁 ¤	2296.55	-6.17	-0.27%	-0.03%	2302.72	2301.31	2301.56	2287.25		6994607	577901			
24	991010	供[illegible]	4420.67	-4.14	-0.09%	0.04%	4424.81	4427.28	4428.63	4392.83		3064359	355983			
25	991003	电[illegible] ¤	2903.80	-5.49	-0.19%	0.01%	2909.30	2907.42	2909.82	2893.55		7866885	578445			

图 4－15 【行业板块】选项卡

例如，国家相关政策即将对某一行业板块实行政策倾斜，但还没有下发正式的文件，此时该板块同步启动，那么说明该板块的炒作行情已经启动了。到了文件正式下发时，该板块可能已经上涨一段时间了，尽管以后还可能会上涨，也大多属于庄家拉升出货阶段了。

（2）判断股市涨跌有无持续性。目前，在我国沪深股市中，权重股的走势对整个大盘走势有着重要的影响，而权重股又大部分集中在金融、钢铁、石油等行业。也就是说，当这些行业板块上涨时，整个大盘上涨的概率就高；反之，则很低。如果这些板块启动了一波上升走势，并进而推动整个市场上涨，则说明整个股市上涨的持续性较强。

4.2.3 概念板块

在【板块监控】功能界面，点击底部【概念板块】选项卡，系统将向投资者展示各概念、主题板块的报价信息，如图 4－16 所示。

【概念板块】是一个比【行业板块】划分更细、更精准的股票集合体。借助【概念板块】选项卡，投资者可以查看以下几个方面的信息。

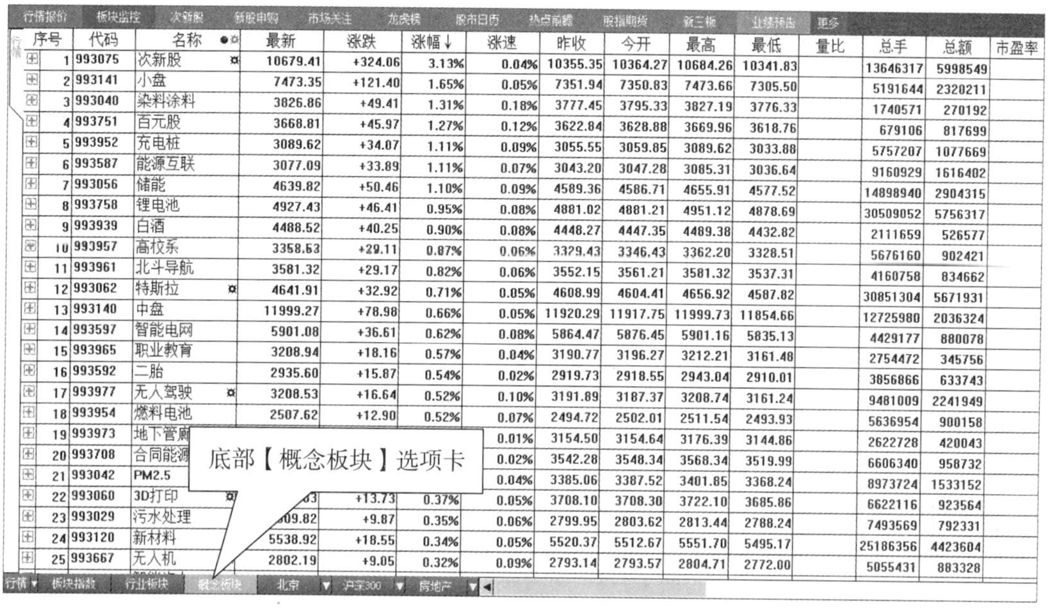

序号	代码	名称	最新	涨跌	涨幅↓	涨速	昨收	今开	最高	最低	量比	总手	总额	市盈率
1	993075	次新股	10679.41	+324.06	3.13%	0.04%	10355.35	10364.27	10684.26	10341.83		13646317	5998549	
2	993141	小盘	7473.35	+121.40	1.65%	0.05%	7351.94	7350.83	7473.66	7305.50		5191644	2320211	
3	993040	染料涂料	3826.86	+49.41	1.31%	0.18%	3777.45	3795.33	3827.19	3776.33		1740571	270192	
4	993751	百元股	3668.81	+45.97	1.27%	0.12%	3622.84	3628.88	3669.96	3618.76		679106	817699	
5	993952	充电桩	3089.62	+34.07	1.11%	0.09%	3055.55	3059.85	3089.62	3033.88		5757207	1077669	
6	993587	能源互联	3077.09	+33.89	1.11%	0.07%	3043.20	3047.28	3085.31	3036.64		9160929	1616402	
7	993056	储能	4639.82	+50.46	1.10%	0.09%	4589.36	4586.71	4655.91	4577.52		14898940	2904315	
8	993758	锂电池	4927.43	+46.41	0.95%	0.08%	4881.02	4881.21	4951.12	4878.69		30509052	5756317	
9	993939	白酒	4488.52	+40.25	0.90%	0.08%	4448.27	4447.35	4489.38	4432.82		2111659	526577	
10	993957	高校系	3358.63	+29.11	0.87%	0.06%	3329.43	3346.43	3362.20	3328.51		5676160	902421	
11	993961	北斗导航	3581.32	+29.17	0.82%	0.06%	3552.15	3561.21	3581.32	3537.31		4160758	834662	
12	993062	特斯拉	4641.91	+32.92	0.71%	0.05%	4608.99	4604.41	4656.92	4587.82		30851304	5671931	
13	993140	中盘	11999.27	+78.98	0.66%	0.05%	11920.29	11917.75	11999.73	11854.66		12725980	2036324	
14	993597	智能电网	5901.08	+36.61	0.62%	0.08%	5864.47	5876.45	5901.16	5835.13		4429177	880078	
15	993965	职业教育	3208.94	+18.16	0.57%	0.04%	3190.77	3196.27	3212.21	3161.48		2754472	345756	
16	993592	二胎	2935.60	+15.87	0.54%	0.02%	2919.73	2918.55	2943.04	2910.01		3856866	633743	
17	993977	无人驾驶	3208.53	+16.64	0.52%	0.10%	3191.89	3187.37	3208.74	3161.24		9481009	2241949	
18	993954	燃料电池	2507.62	+12.90	0.52%	0.07%	2494.72	2502.01	2511.54	2493.93		5636954	900158	
19	993973	地下管廊	[illegible]	[illegible]	[illegible]	0.01%	3154.50	3154.64	3176.39	3144.86		2622728	420043	
20	993708	合同能源	[illegible]	[illegible]	[illegible]	0.02%	3542.28	3548.34	3568.34	3519.99		6606340	958732	
21	993042	PM2.5	[illegible]	[illegible]	[illegible]	0.04%	3385.06	3387.52	3401.85	3368.24		8973724	1533152	
22	993060	3D打印	[illegible]	+13.73	0.37%	0.05%	3708.10	3708.30	3722.10	3685.86		6622116	923564	
23	993029	污水处理	[illegible]	+9.87	0.35%	0.06%	2799.95	2803.62	2813.44	2788.24		7493569	792331	
24	993120	新材料	5538.92	+18.55	0.34%	0.05%	5520.37	5512.67	5551.70	5495.17		25186356	4423604	
25	993667	无人机	2802.19	+9.05	0.32%	0.09%	2793.14	2793.57	2804.71	2772.00		5055431	883328	

图 4－16 【概念板块】选项卡

（1）了解热点概念。与行业板块相似，概念板块排名也可以清楚地告诉投资者哪些概念属于热点，哪些概念属于冷门。投资者在查看热门概念时，最好能够将最近政策面、消息面的信息结合起来分析。比如，2016 年 3D 打印概念、机器人概念、无人机概念就经常成为资金炒作的热点。

（2）了解资金关注的方向。通常情况下，资金推动一些股票价格上涨时，并不仅仅是某一概念板块内的股票在上涨，而是与该概念相关的板块同时上涨。投资者可以借助相关概念板块的上涨情况，判断资金流入的重点方向或领域，以便调整自己的交易计划。例如，每年的 6 月初，二胎概念、高校系、职业教育板块都会因一年一度的高考而全线上升。对于喜欢短线炒作的投资者来说，在 5 月下旬提前布局与高考有关的概念股，就是一个不错的选择。

4.2.4 地域板块

在【板块监控】功能界面，点击底部【北京】（或其他地域名称）选项卡，系统将向投资者展示该地域板块内的股票报价信息。例如，点击底部【北京】选项卡，在快捷菜单中选择【天津】，则会看到天津上市企业的股票报价信息，如图 4－17所示。

在大多数时间，地域板块各只股票的联动性并不是很强。不过，若国家出台一系列针对某一地区的扶持政策，或者地方政府出台一些经济刺激政策，有可能引发某一地域板块内股票的集体上攻行情。

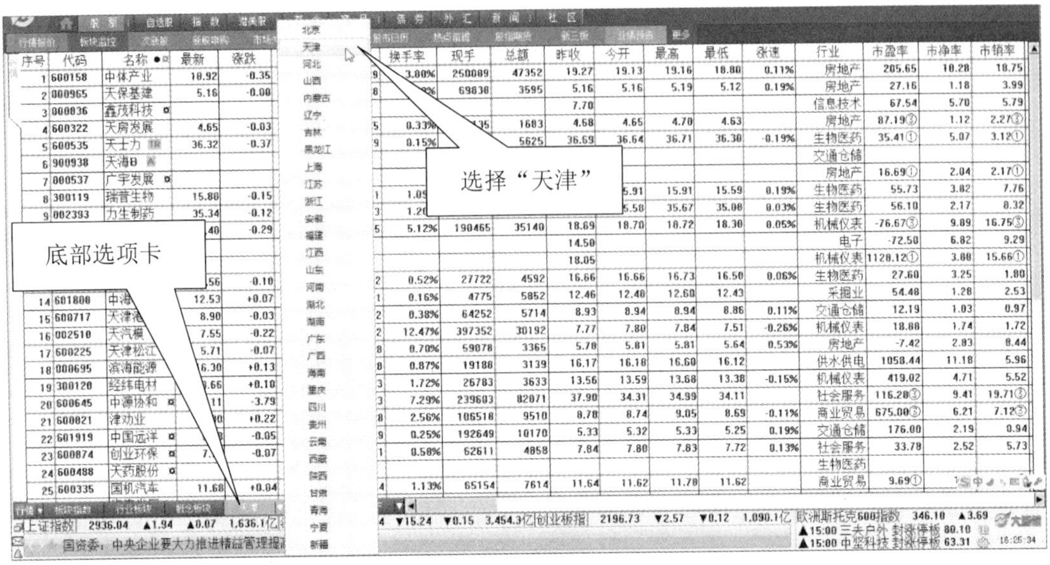

图 4-17 【地域板块】选项卡

4.2.5 指数板块

在【板块监控】功能界面，点击底部【沪深 300】选项卡，系统将向投资者展示该指数板块股票的报价信息。例如，点击底部【沪深 300】选项卡，在快捷菜单中选择【上证 180】，则会看到上证 180 指数板块内 180 只成份股的股票报价信息，如图 4-18 所示。

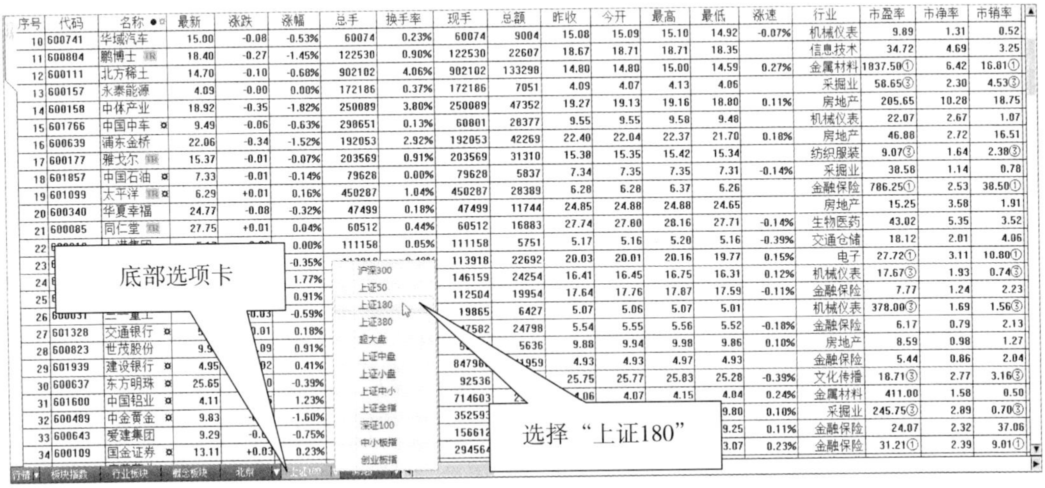

图 4-18 【指数板块】选项卡

指数板块有助于投资者了解某一指数成份股的构成以及走势情况。不过，对于普通投资者来说，了解各成份股以及成份股的走势并无太大的意义。

4.3 新股申购

新股申购是【股票】窗口下属二级菜单栏的第四个功能。

新股是指刚刚上市发行的股票。新股上市第一天往往都会被热炒，涨幅也都非常可观。正因如此，很多股民和机构都会参与网上申购新股（俗称“打新”）。

新股发行主要包括网上申购、网下发行和市值配售等三种形式，普通投资者能够参与的主要是网上申购。

网上申购新股主要包括以下几个步骤，如图 4－19 所示。

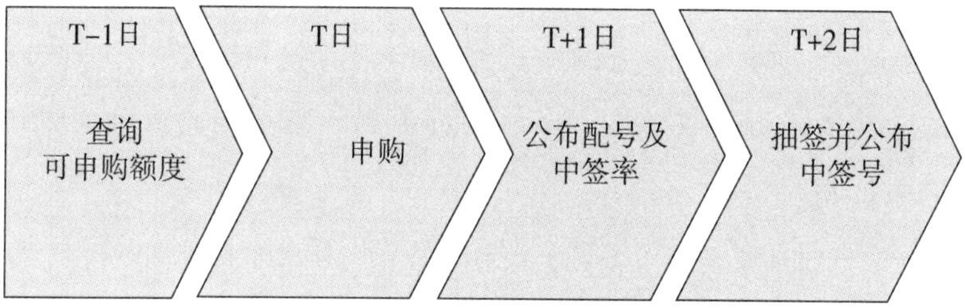

图 4－19　网上申购新股的步骤

第一步：申购（T 日，即新股申购日）。按照相关规定，填报申购股票代码以及申购数量。

申购新股时，需要注意以下几点。

（1）新股申购数量只能是申购单位的整数倍，其中沪市每 1000 股为一个申购单位，深市每 500 股为一个申购单位。

（2）T－2 日（含）前 20 个交易日日均持有 1 万元非限售 A 股市值才可申购新股，上海、深圳市场分开单独计算。投资者申购的新股数量不得超过按持股市值核算的申购限度，且不得超过社会公众股总量的千分之一。

（3）客户同一个证券账户多处托管的，其市值合并计算。客户持有多个证券账户的，多个证券账户的市值合并计算。融资融券客户信用证券账户的市值合并计算。每个客户只能申购一次，如果多次申购，将以第一次申购为准，其他申购为无效申购。

（4）申购时间：上海 9:30－11:30/13:00－15:00，深圳 9:15－11:30/13:00－15:00。

（5）T 日申购结束后，主承销商对有效申购连续配号，并将配号发送至各证券营业部。其中，沪市每 1000 股发放一个配号，深市每 500 股发放一个配号。例如，投资者申购了 2000 股深市发行的新股，将获得 4 个连续的配号，如 1000111

~1000114。

第二步：公布中签率（T+1）。

T+1 日，主承销商公布中签率，组织摇号抽签，形成中签结果。上交所于当日盘后向证券公司发送中签结果，原 T+1 日申购资金验资环节取消。

第三步：公布发行价格及中签结果（T+2）。

T+2 日，主承销商公布发行价格及中签结果，投资者也可以向其指定交易的证券公司查询中签结果。中签的投资者应依据中签结果履行资金交收义务，确保其资金账户在 T+2 日日终有足额的新股认购资金。

第四步：资金交收（T+3）。

T+3 日 15:00 前，结算参与人向中国结算申报其投资者放弃认购数据；16:00，中国结算对认购资金进行交收处理，将认购资金划入主承销商资金交收账户。

4.3.1 新股申购

【新股申购】选项卡是【新股申购】功能的默认选项卡，即当投资者点击【股票】|【新股申购】时，默认打开的是【新股申购】选项卡，如图 4-20 所示。

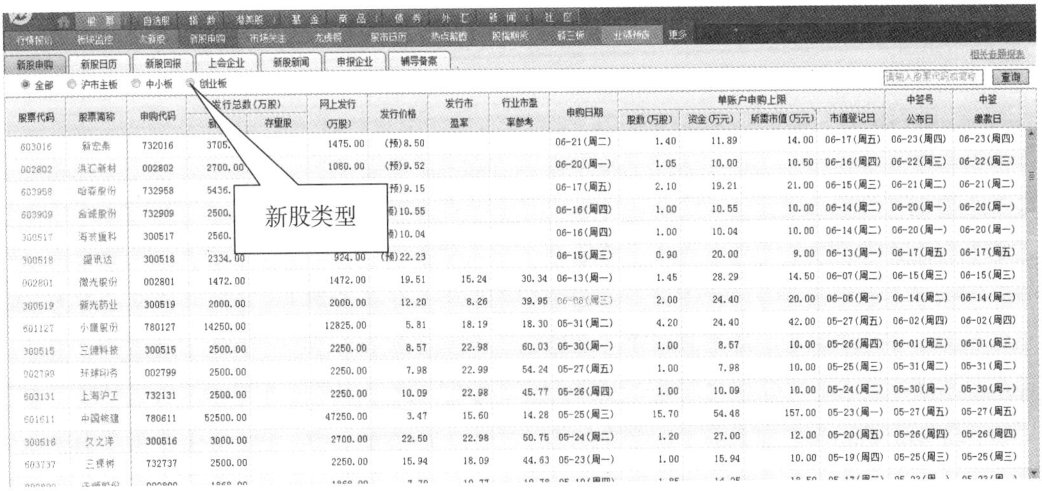

图 4-20 【新股申购】选项卡

在【新股申购】页面，投资者可以获得以下几个方面的信息。

（1）新股申购时间、价格以及申购限额等信息。这些信息对投资者来说非常重要，投资者必须在指定的时间并在限额内申购新股，否则将被视为无效申购。

（2）中签号公布日期和缴款日。投资者申购新股后，必须在中签号公布日缴款，否则中签号将作废。

（3）查看新股类别。投资者可以通过点击页面上方的选择按钮，选择自己关注的股票类别，例如沪深 A 股、中小板或创业板。

4.3.2 新股日历

在【新股申购】功能页面点击【新股日历】选项卡，系统将向投资者提供近期新股上市、询价、路演等活动的时间，如图 4－21 所示。

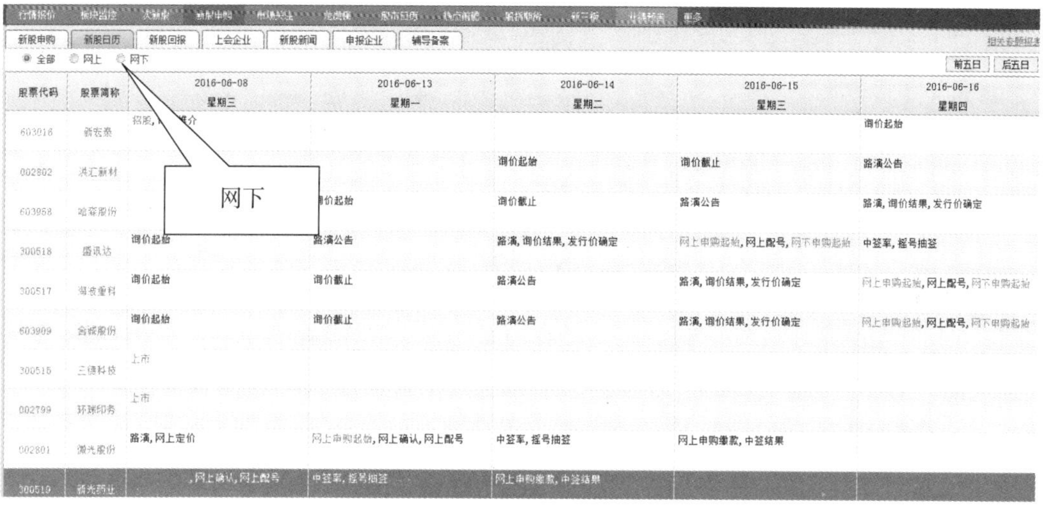

图 4－21 【新股日历】选项卡

在【新股日历】页面，可以获得以下几方面的信息。

（1）了解目前处于新股发行流程中的股票。大智慧【新股日历】提供的股票如无特殊情况，最后都将进入申购环节，因而投资者可以提前了解有哪些股票即将进入申购环节，以便提前做好打新股的准备。

（2）分别查看新股网上和网下发行进程。通常情况下，网上进程与投资者关系更为密切一些。投资者可点击页面上方的“网下”按钮来查看新股发行的进程。

4.3.3 新股回报

在【新股申购】功能页面点击【新股回报】选项卡，系统将向投资者提供近期上市新股的中签率、回报率以及超额认购倍数等信息，如图 4－22 所示。

在【新股回报】页面，投资者可以获得以下几个方面的信息。

（1）了解新股中签率信息。中签率反映了投资者打新股有多大的成功概率。通常情况下，每一阶段的中签率都会趋于一致。也就是说，某一阶段可能中签率会高一些，另外一些时段中签率可能会低一些。不过中签率高的时候，打新股的收益可能会降下来。

对于资金雄厚的投资者或机构来说，打新股玩的是一场概率游戏，即多申请配号，总会有一些中签。对于资金较少的散户来说，打新股就如同买彩票，中了当然

新股申购 | 新股日历 | 新股回报 | 上会企业 | 新股新闻 | 申报企业 | 辅导备案 相关专题报表

申购回报 | 新股上市后回报 ◉全部 ○沪市主板 ○中小板 ○创业板 查询

股票代码	股票简称	上市日期	发行价格(元)	发行数量(万股)	网上					网下					报价
					中签率(%)	回报率(%)	有效申购数(万股)	冻结资金(亿元)	超额认购倍数	获配比例(%)	回报率(%)	有效申购量(万股)	冻结资金(亿元)	超额认购倍数	
002796	世嘉科技	05-10(周二)	12.95	2000.00	0.0206	0.0091	9710880.35		4855.44						
300510	金冠电气	05-06(周五)	12.30	2180.00	0.0391	0.0172	5014502.55		2555.81	0.01	0.0044	2219050.00		10179.13	
603101	汇嘉时代	05-06(周五)	8.81	6000.00	0.0605	0.1265	8932100.50		1654.09	0.01	0.0209	6062030.00			
300511	雪榕生物	05-04(周三)	16.82	3750.00	0.0475	0.0209	7107549.35		2105.94	0.01	0.0044	3865620.00		10308.32	
603528	多伦科技	05-03(周二)	9.45	5168.00	0.0588	0.3692	7916568.80		1702.05	0.01	0.0628	5784270.00			
300507	苏奥传感	04-29(周五)	24.92	1667.00	0.0221	0.0097	7533539.25		4519.22						
002795	永和智控	04-28(周四)	14.85	2500.00	0.0349	0.0153	6444565.20		2864.25	0.10	0.0440	2618310.00		10473.24	
603822	嘉澳环保	04-28(周四)	11.76	1835.00	0.0239	0.0105	7690260.60		4190.88						
603029	天鹅股份	04-27(周三)	8.93	2334.00	0.0448	0.1394	4691548.60		2233.43	0.01	0.0311	2718710.00		11648.29	
300509	新美星	04-25(周一)	13.22	2000.00	0.0246	0.0108	8120338.95		4060.17						
603726	朗迪集团	04-21(周四)	11.73	2368.00	0.0422	0.1311	5049933.80		2369.53	0.01	0.0311	2487420.00			
300508	维宏股份	04-19(周二)	20.08	1182.00	0.0319	0.0140	3337152.95		3137.01	0.02	0.0088	1441695.00		4036.10	
603868	飞科电器	04-18(周一)	18.03	4360.00	0.0633	0.1517	6201531.40		1580.41	0.01	0.0240	4038230.00			
002793	东音股份	04-15(周五)	11.97	2500.00	0.0369	0.0162	6103350.55		2712.60	0.01	0.0044	2708150.00	3241.6556	10832.60	
603701	德宏股份	04-12(周二)	13.50	1960.00	0.0271	0.1076	7225364.00		3686.41						

首页 上一页 1 /2 下一页 尾页

图 4－22 【新股回报】选项卡

欢喜，不中也没有什么可惜的。尤其是在打新股后缴费的规则下，只要有申购新股的配额，还是要尽量申购，万一中签，上市后一般都会获得不错的收益。

（2）了解申购回报率信息。申购回报率信息反映了投资者投入资金打新股最后获得收益的比率。2015 年以前，打新股是要预先缴费的。也就是说，若想申购 1000 股股票，必须先把买入这 1000 股的资金冻结，几个交易日后若没有中签，证券公司再把资金解冻，这样每次打新都有一个资金占用的问题。回报率就是基于这种缴费制度设计的一项参考指标。目前，打新预先缴费制度已经取消，所以计算打新回报率的意义就不大了。

（3）了解新股上市后的回报率信息。点击【新股回报】选项卡页面上方的【新股上市后回报】按钮，即可进入【新股上市后回报】页面，如图 4－23 所示。

新股申购 | 新股日历 | 新股回报 | 上会企业 | 新股新闻 | 申报企业 | 辅导备案 相关专题报表

申购回报 | 新股上市后回报 ◉全部 ○沪市主板 ○中小板 ○创业板 查询

股票代码	股票简称	上市日期	发行价格(元)	发行市盈率(倍)	行业参考市盈率(倍)	上市至今							上市首日		
						交易天数(天)	炒新回报(%)	涨跌幅(%)	最新收盘价(元)	区间最高收盘价(元)	成交均价(元)	均价涨跌幅(%)	开盘价(元)	收盘价(元)	涨跌幅
603131	上海沪工	06-07(周二)	10.09	22.98	45.77	1	0.00	44.0000	14.53	14.53	14.53	44.00	14.53	14.53	
601611	中国核建	06-06(周一)	[illegible]	15.60	14.28	2	10.00	58.5000	5.50	5.50	4.98	43.52	4.16	5.00	
603737	三棵树	06-03(周五)	[illegible]	[illegible]	[illegible]	3	21.05	74.2800	27.78	27.78	22.95	43.98	22.95	22.95	
300516	久之洋	06-02(周四)	[illegible]	[illegible]	[illegible]	4	33.09	91.6400	43.12	43.12	32.17	42.98	27.00	32.40	
002800	天顺股份	05-30(周一)	[illegible]	[illegible]	[illegible]	7	77.19	155.1900	19.65	19.65	11.00	42.86	9.24	11.09	
300513	恒泰实达	05-30(周一)	11.73	22.98	88.31	7	77.15	155.0700	29.92	29.92	16.81	43.31	14.08	16.89	
300512	中亚股份	05-26(周四)	20.91	22.96	50.78	9	114.35	208.6600	64.54	64.54	29.96	43.28	25.09	30.11	
002798	帝王洁具	05-25(周三)	10.57	22.98	55.07	10	135.81	239.5500	35.89	35.89	15.06	42.48	12.68	15.22	
603339	四方冷链	05-19(周四)	10.19	18.99	54.85	14	245.40	397.2500	50.67	50.67	14.67	43.96	14.67	14.67	
603959	百利科技	05-17(周二)	6.03	22.96	50.44	16	318.09	501.8200	36.29	36.29	8.68	43.95	8.68	8.68	
603779	威龙股份	05-16(周一)	4.61	22.45	25.15	17	358.89	560.9500	30.47	30.47	6.64	44.03	6.64	6.64	
002797	第一创业	05-11(周三)	10.64	22.99	28.14	20	154.57	266.5400	39.00	39.00	15.24	43.23	12.77	15.32	
002796	世嘉科技	05-10(周二)	12.95	22.33	49.76	21	241.55	391.8900	63.70	63.70	18.59	43.55	15.54	18.65	
300510	金冠电气	05-06(周五)	12.30	22.99	31.78	23	243.82	395.0400	60.89	60.89	17.60	43.09	16.24	17.71	
603101	汇嘉时代	05-06(周五)	8.81	22.98	38.26	23	131.76	233.8300	29.41	29.41	12.69	44.04	12.69	12.69	

新股上市后回报

图 4－23 【新股上市后回报】页面

通过【新股上市后回报】页面，投资者可以查看近期上市新股的炒新回报，并估算未来炒新的回报情况。

4.3.4 上会企业

在【新股申购】功能页面，点击【上会企业】选项卡，系统将向投资者提供近期上会企业相关的各类信息，如图 4－24 所示。

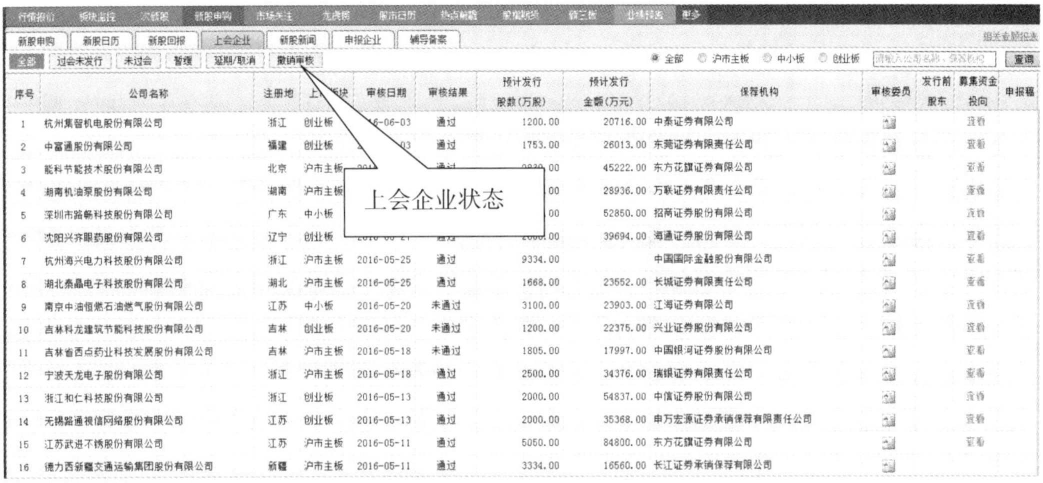

图 4－24 【上会企业】选项卡

通过【上会企业】选项，投资者可以查看近期上会企业的审核状态，提前了解自己感兴趣企业的情况。也可以通过切换页面上方的按钮，筛选处于各类状态中的企业。

4.3.5 新股新闻

在【新股申购】功能页面，点击【新股新闻】选项卡，系统将向投资者提供与新上市企业、即将上市企业相关的各类信息，如图 4－25 所示。

通过【新股新闻】页面，投资者可以查看近期上市企业、即将上市企业以及拟上市企业的动态信息。

4.3.6 申报企业

在【新股申购】功能页面，点击【申报企业】选项卡，系统将向投资者提供近期提出申报的企业名单以及审查进度，如图 4－26 所示。

通过【申报企业】功能，投资者可以查看近期提出申报的企业名录及其审查状态。

4.3.7 辅导备案

在【新股申购】功能页面，点击【辅导备案】选项卡，系统将向投资者提供近期备案企业的名单以及备案状态，如图 4－27 所示。

图 4－25　【新股新闻】选项卡

图 4－26　【申报企业】选项卡

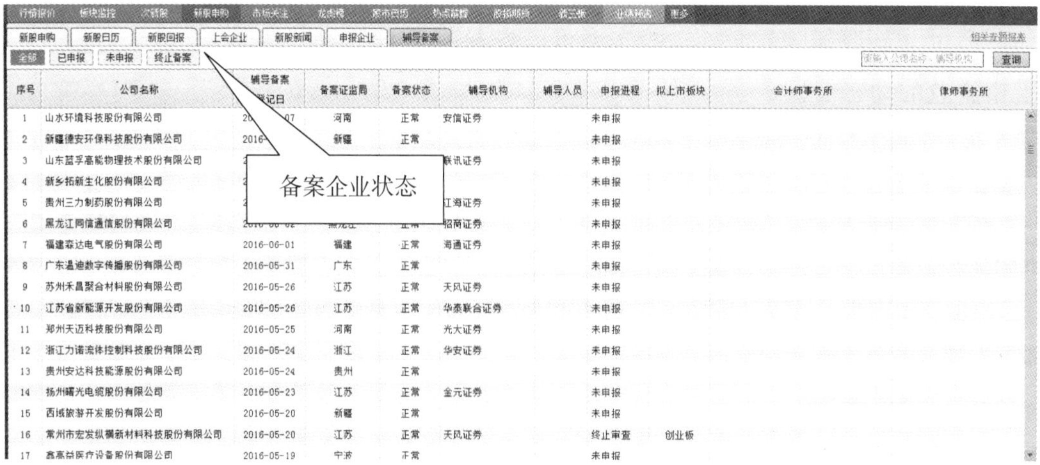

图 4－27　【辅导备案】选项卡

通过【辅导备案】功能，投资者可以查看近期备案企业名录以及备案状态。若某备案企业的申报状态转为“已申报”，则意味着进入图 4－26 所示的申报企业名录。

总之，对于普通投资者来说，在新股的相关信息中，以新股申购日期、申购限额等信息更为重要，至于上会企业、申报企业以及辅导备案等内容，只需稍加了解即可。

4.4 市场关注

市场关注，是【股票】窗口下属二级菜单栏的第五个功能。借助本功能，投资者可以查看市场上投资者和机构资金重点关注的板块和股票。点击【股票】｜【市场关注】即可进入此页面，如图 4－28 所示。

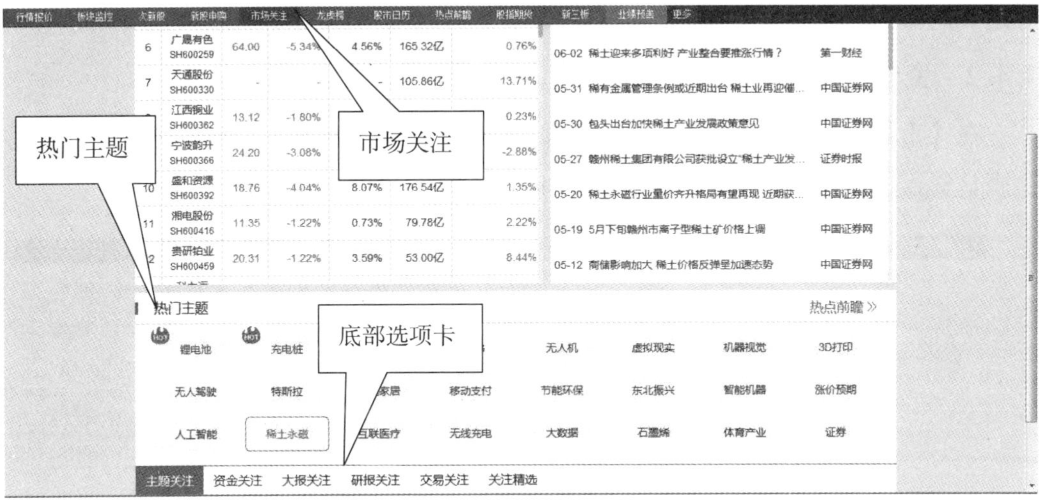

图 4－28 【股票】｜【市场关注】

4.4.1 主题关注

【主题关注】选项卡，是【市场关注】功能的默认选项卡，即当点击【股票】｜【市场关注】时，系统就默认打开了【主题关注】选项卡，如图 4－29 所示。借助【主题关注】选项卡，可以查看以下几个方面的信息。

(1) 市场热门主题。【主题关注】页面排名比较靠前的股票，都属于市场热门股票，其所属的板块同样也是热门板块。通常情况下，市场关注程度高的股票，都属于交易活跃的股票，也是波动幅度较大的股票。换句话说，这些热门股票的上涨或下跌，可能比其他股票更容易。

(2) 投资者还可以点击【热门主题】中的标签，查看自己感兴趣主题中的热门

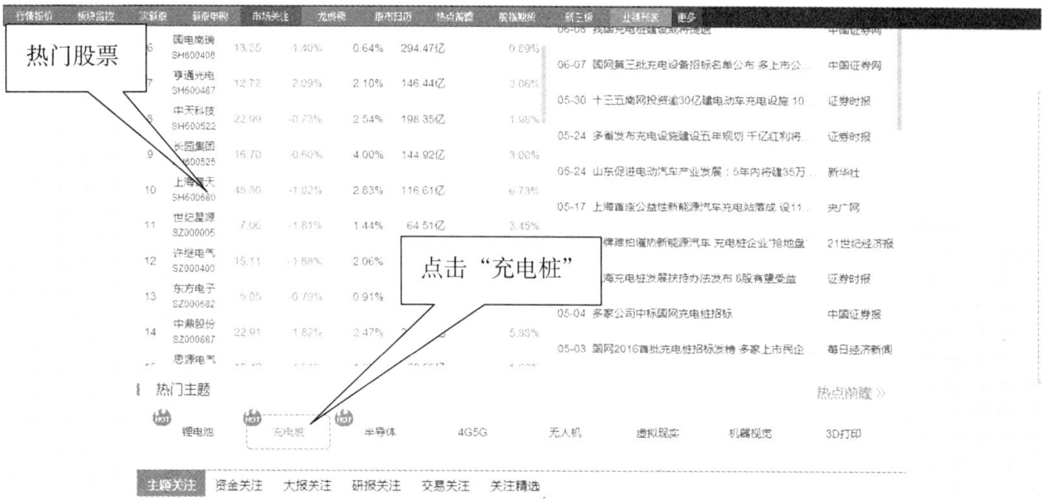

图 4－29　“充电桩”概念股

股票。例如，点击“充电桩”，系统会给出该主题的热门股票，如图 4－29 所示。

4.4.2　资金关注

在【市场关注】功能页面，点击底部【资金关注】选项卡，系统将向投资者提供当日资金重点关注的股票名录，如图 4－30 所示。

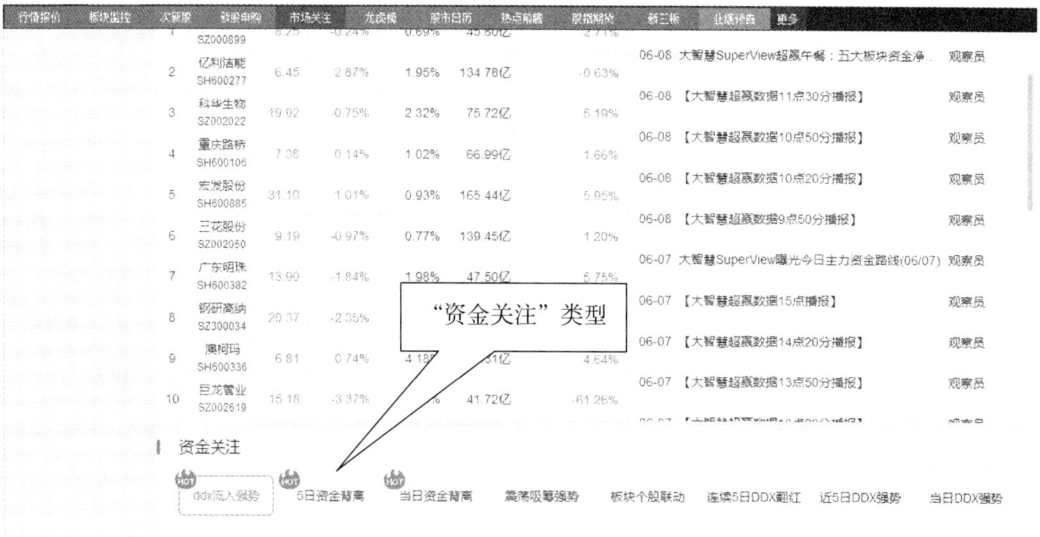

图 4－30　【资金关注】选项卡

借助【资金关注】选项卡，投资者可以查看以下几个方面的信息。

（1）资金流向股票。借助【资金关注】选项卡，可以查看受到资金重点关注的股票。通常情况下，这些股票都是当时市场上的热门股票，其价格波动幅度也会比较大。这些股票往往是短线和超短线投资者的最爱。

(2) 通过页面底部的选项卡，可以分别查看“5 日资金背离”“当日资金背离”等内容。不过，大智慧对免费用户提供的数据仅限于股票名称、涨幅等内容。若是收费用户，还能看到更加详尽的资金数据。

4.4.3 大报关注

在【市场关注】功能页面，点击底部【大报关注】选项卡，系统将向投资者提供当日各大证券报纸重点关注的股票名录，如图 4－31 所示。

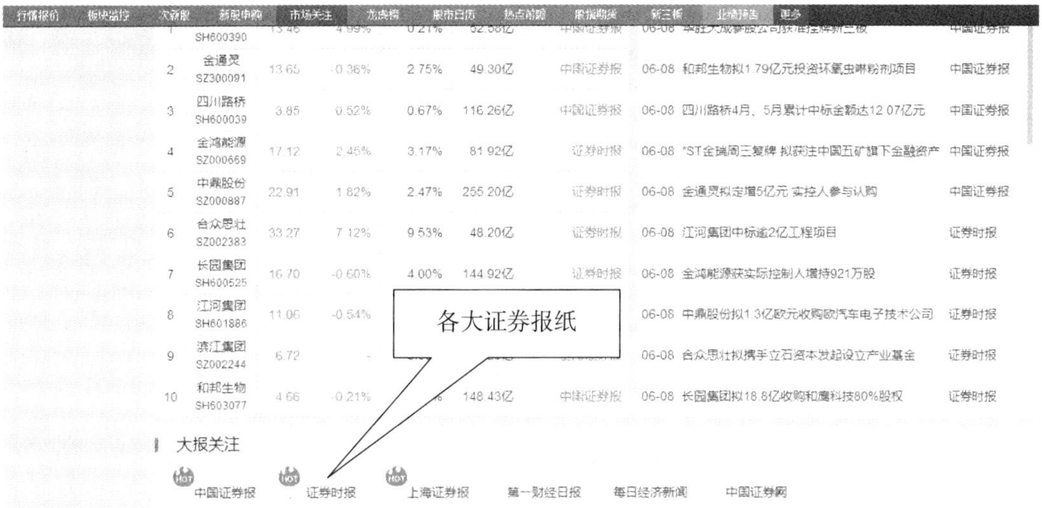

图 4－31 【大报关注】选项卡

这些大报在投资市场拥有巨大的影响力，因而它们关注的股票往往都会出现一波剧烈的震荡。如果因利好因素提及某些股票，那么很可能会引发这些股票上涨；如果因利空因素提及某些股票，那么很可能会引发这些股票下跌。不过投资者还需要注意一点：有时候利好因素兑现即利空，利空因素兑现后又可能变为利好。总之，操作股票时不能过于机械。

4.4.4 研报关注

在【市场关注】功能页面，点击底部的【研报关注】选项卡，系统将向投资者提供投资研究报告、调研访谈以及评级调整信息，如图 4－32 所示。

相比各大证券报纸的文章，投资研报更有针对性，也更加专业。一些投研机构发布的研究报告，对市场有更加重要和深远的影响。其中一些大型研究机构给出的股票评级，更是被投资者看成股票有无投资价值的重要参考依据。通常情况下，一只评级被调高的股票，往往会受到更多的资金关注，走势向好的概率也更高；评级降低的股票，则刚好与之相反。

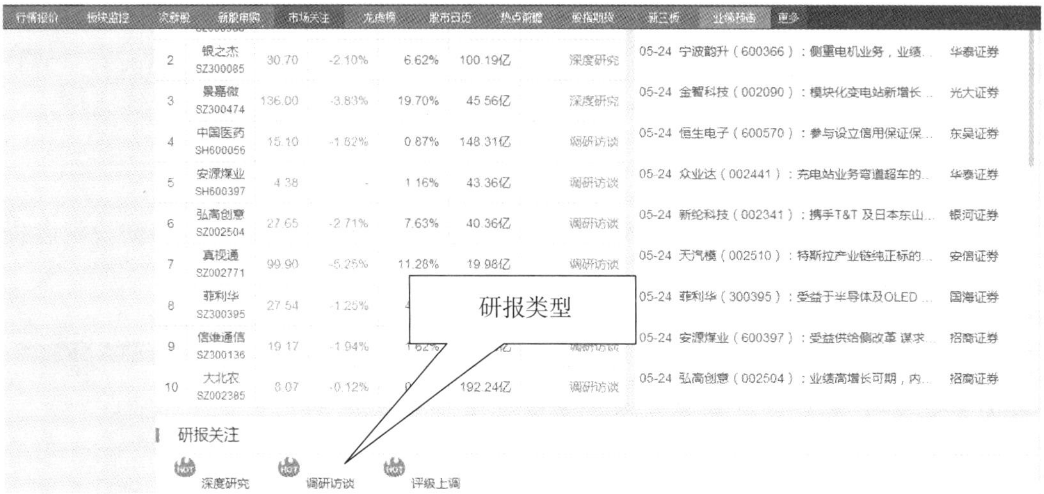

图 4－32 【研报关注】选项卡

4.4.5 交易关注

在【市场关注】功能页面，点击底部的【交易关注】选项卡，系统将向投资者提供机构席位、游资席位关注度较高的股票名单，如图 4－33 所示。

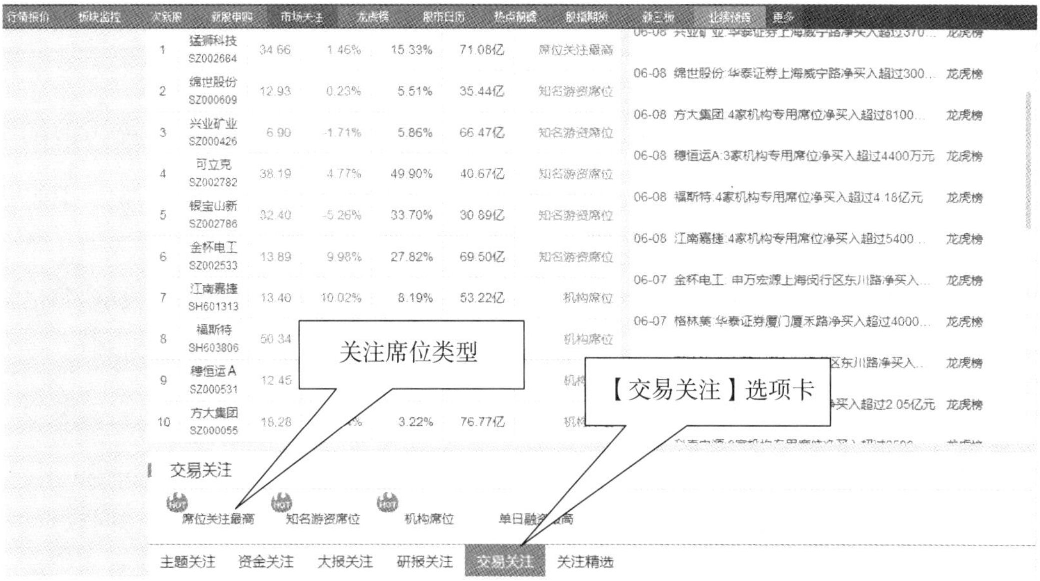

图 4－33 【交易关注】选项卡

借助【交易关注】选项卡查看交易关注信息时，需要注意以下两点。

（1）机构席位。受到机构席位重点关注的股票，往往属于热门品种。这些股票大多数都是机构前期已经完成建仓，即将或正在拉升的股票。若是股价刚刚启动上涨，投资者少量跟进也是一种不错的追涨策略。

（2）游资席位。游资席位关注的股票，往往是时下最热门、涨势最好的股票。游资操作的股票往往具有涨势凶猛、涨跌波动幅度巨大、持续时间短等特点。历史上，江浙游资曾多次参与暴涨妖股的炒作。不过，被游资热炒的股票，一旦热度下降，很多都会出现股价腰斩的情况。因此，投资者要想跟着游资操作股票，一定要注意防控风险。

4.4.6 关注精选

在【市场关注】功能页面，点击底部【关注精选】选项卡，系统将向投资者提供主力资金异动、日内横盘突破、高开个股、开盘快速拉升、低位反弹等类别的代表性股票，如图 4－34 所示。

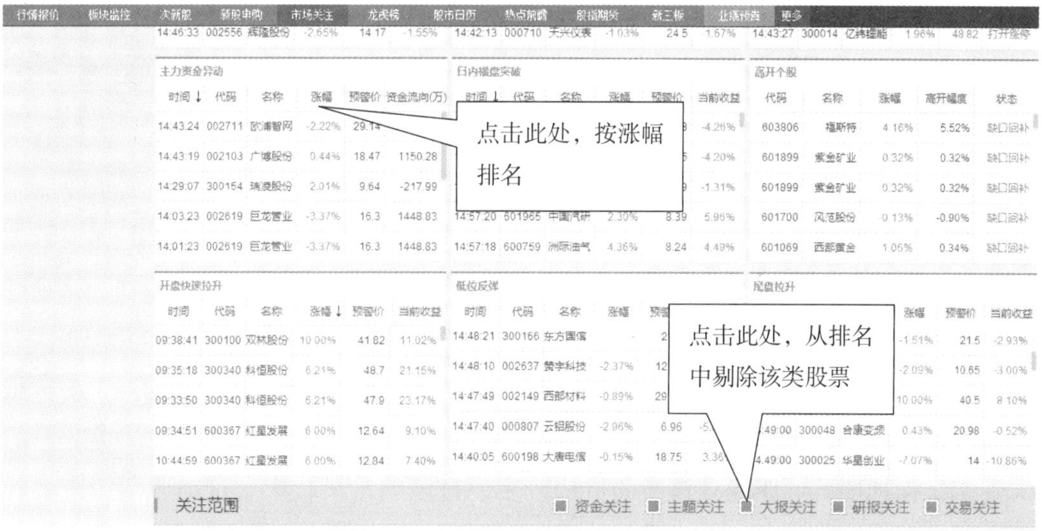

图 4－34 【关注精选】选项卡

系统默认给出的各类股票排名，是以时间先后顺序为基准的，投资者可以通过点击各类股票标签名称更改排名顺序。同时，也可以点击关注类型前的方框，取消该类股票参与排名。

4.5 龙虎榜

龙虎榜是指沪深两市涨幅较大、换手率较高的股票由高到低的排名榜单，从中还可以看到成交金额较大的营业部。龙虎榜数据对于投资者判断异动个股资金进出情况和操盘主力有非常重要的参考价值。

4.5.1 最新龙虎榜

【最新龙虎榜】选项卡是【龙虎榜】功能默认的选项卡。点击【股票】｜【龙虎榜】，就默认打开了【最新龙虎榜】选项卡，如图 4－35 所示。

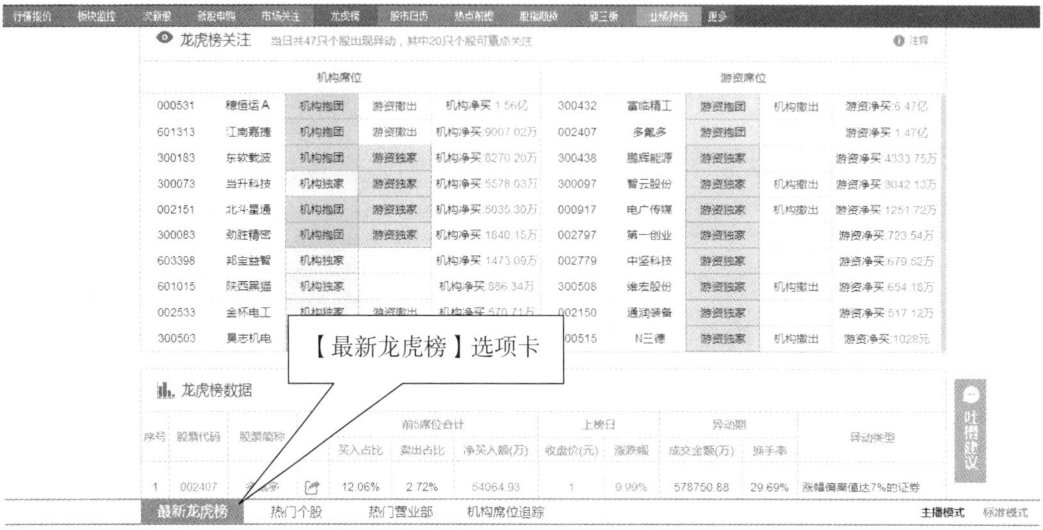

图 4－35　【最新龙虎榜】选项卡

借助【最新龙虎榜】选项卡，可以获得以下几个方面的信息。

（1）买入与卖出席位信息。能够登上龙虎榜的股票，必然是资金进出规模较大的股票。也只有机构或一些游资，才有把股价拉到龙虎榜这样的资金实力。资金净买入越高，说明市场大资金对股票的后期走势越看好。

（2）机构情况。龙虎榜会给出“机构抱团”“机构独家”“游资独家”“游资抱团”等项说明。

①机构抱团。说明建仓该股的机构较多，且该股盘子较大。这类股票的走势往往比较平稳，同时也是一些长线持股的投资者的首选。

②机构独家。说明该股由一家持股占比较高的机构担当庄家的角色，在很大程度上，庄家的意愿将决定股价的走势方向。投资者想操作这类股票，必须了解一些跟庄的技术，与庄家保持同步。机构独家持股的股票，股价走势与庄家的操盘风格有关，有的庄家比较有耐心，会在几年内安心持股，反复地进行建仓、拉升、出货操作，以从中获得利润。有的庄家则很难坚持太长的时间，只要短期获利就会出货了结。

③游资独家。与机构独家相似，是由一家游资控盘并担当庄家的角色。不过，与机构独家不同，游资一般来说不会长期驻守一只股票。游资炒作都是有资金成本的，它们进驻每只股票都是暂时的，只是为了获得短期利益。一旦成功获利，就会迅速撤出，毫不留恋。这些被游资获利了结并抛弃的股票，在很长的时间内都难以恢复元气。

④游资抱团。与机构抱团不同，游资之间很难达成一致，它们抱团只是一种暂时的利益结合，多见于短线热门股票。建仓时，这些游资会争先恐后地买入该股，

导致股价短期内暴涨，并且基本不会出现震荡走势。到了出货时，它们又会凶猛砸盘。一些暴涨之后又出现暴跌的股票，大多是游资抱团炒作的股票代表。

4.5.2　热门个股

在【龙虎榜】功能页面，点击底部【热门个股】选项卡，系统将向投资者提供当日资金重点关注的股票名录，如图 4－36 所示。

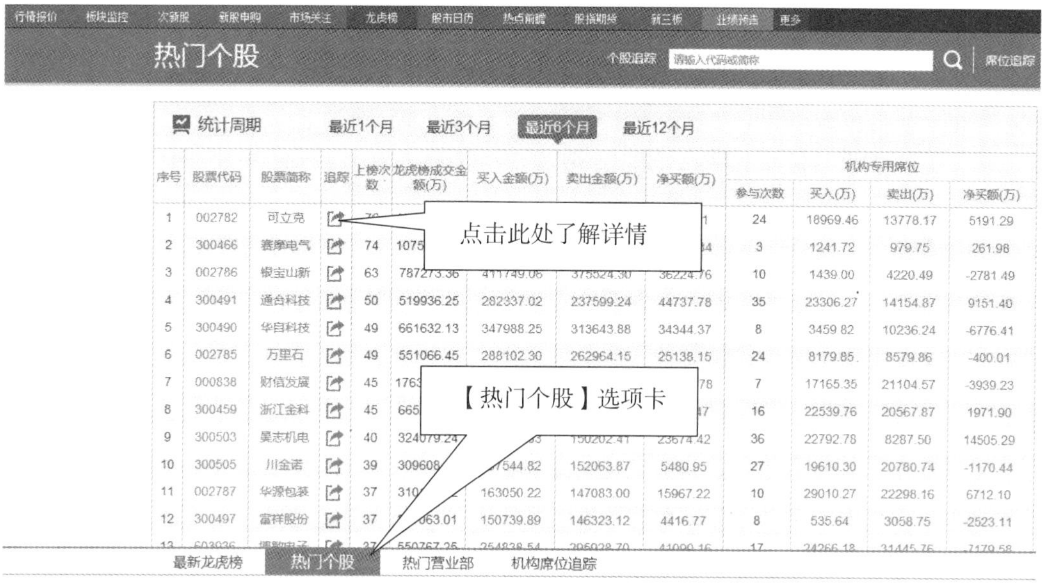

图 4－36　【热门个股】选项卡

借助【热门个股】选项卡，投资者可以获得以下几个方面的信息。

（1）买入与卖出金额最大的股票及其金额。【热门个股】功能为投资者提供了最近 1 个月、3 个月、6 个月和 12 个月的资金买入与卖出信息。资金买入、资金卖出、资金净买入三项数据都较高的股票，往往属于热门股票，资金买入、资金卖出较高，资金净买入较低的股票，则可能是庄家已经完成炒作的股票，投资者不宜再介入了。资金买入、资金净买入较高，资金卖出较低的股票，则可能是处于建仓或拉升期的股票，投资者可以密切关注。

（2）投资者若对某只股票比较关注，可点击【热门个股】页面的“追踪”图标，查看该股最近一段时间的资金流入与流出情况。例如，想查看可立克的详细资金信息，可以点击股票名称后面的“追踪”图标，系统会进入【个股资金】界面，如图 4－37 所示。

在查看个股龙虎榜数据时，需要特别关注以下两点。

（1）买入与卖出机构名称。若买入与卖出数据较大的机构相同，则有可能存在

买入金额最大的前5名

买入金额前 5 名

序号	席位名称	买入金额(万)	买入占比	[illegible]	[illegible]	净买入金额(万)
1	国海证券股份有限公司济宁邹城市兴石街证券营业部	4175.22	2.04%	[illegible]	[illegible]	4175.22
2	中信证券股份有限公司杭州四季路证券营业部	2457.42	1.20%	4063.36	1.99%	-1605.94
3	华泰证券股份有限公司宁波柳汀街证券营业部	2134.18	1.04%	21.85	0.01%	2112.33
4	方正证券股份有限公司深圳别墅路证券营业部	2100.33	1.03%	[illegible]	[illegible]	2076.67
5	平安证券有限责任公司深圳深南东路罗湖商务中心证券营业部	1448.05	0.71%	[illegible]	[illegible]	884.28

卖出金额前 5 名

卖出金额最大的前5名

序号	席位名称	买入金额(万)	买入占比	卖出金额(万)	卖出占比	净买入金额(万)
1	华泰证券股份有限公司浙江分公司	1.53	0.00%	6001.63	2.93%	-6000.10
2	中信证券股份有限公司杭州四季路证券营业部	2457.42	1.20%	4063.36	1.99%	-1605.94
3	国海证券股份有限公司济南历山路证券营业部	137.42	0.07%	3784.75	1.85%	-3647.33
4	华泰证券股份有限公司上海天钥桥路证券营业部	1294.88	0.63%	3340.65	1.63%	-2045.77
5	国泰君安证券股份有限公司顺德大良证券营业部	323.14	0.16%	3138.98	1.53%	-2815.84
	总合计(买入前5名与卖出前5名)	16529.58	0.81%	25001.99	1.22%	-8472.41

最新龙虎榜　热门个股　热门营业部　机构席位追踪

图 4－37　个股历史数据

主力自买自卖行为，宜谨慎对待。

（2）多日买入与卖出机构对比。若连续几日都是某一机构大力买入股票，则说明该主力有更大的操盘计划。若股价前期涨幅不大，投资者可以考虑追涨操作。

4.5.3　热门营业部

在【龙虎榜】功能页面，点击底部【热门营业部】选项卡，系统将向投资者提供历史上登录龙虎榜次数最多的营业部名录，如图 4－38 所示。

借助【热门营业部】选项卡，投资者可以获得以下几个方面的信息。

（1）上榜次数最多的营业部。一个营业部上榜次数较多，说明该营业部有主力资金或游资驻守，这样的营业部往往能够成为投资者追踪热门股的风向标。一旦经常处在排名榜前列的营业部出现在某只股票的龙虎榜数据单上，则意味着主力开始行动了，投资者可以考虑跟随操作。

从以往的交易经验来看，驻守每个营业部的主力或游资，往往有各自的操盘手法。例如，有的游资驻守的营业部，其资金在操盘上以攻势凌厉著称；有的主力驻守的营业部，其资金在操盘上则以稳健为主要风格。

（2）借助搜索条，查找营业部信息。利用【热门营业部】页面的搜索条，可以查询某一营业部最近的上榜数据。例如，在搜索条中输入“杭州四季路”，并点击搜索图标，系统就会给出如图 4－39 所示的页面。

图 4－39 给出了中信证券杭州四季路证券营业部近期登上龙虎榜的数据，以及

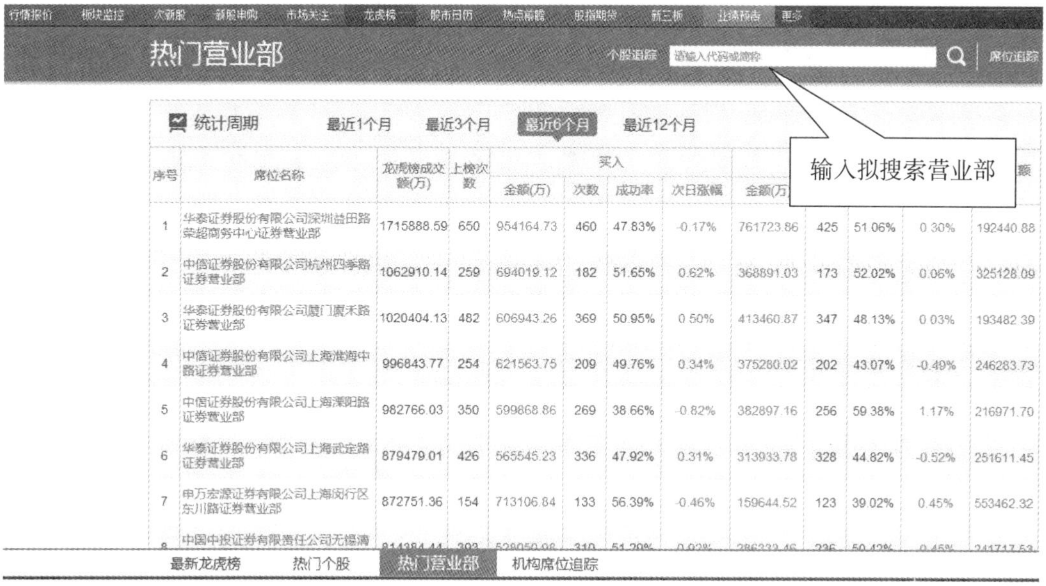

图 4－38 【热门营业部】选项卡

图 4－39 追踪营业部数据

所操作的股票名称、异动类型等内容。

4.5.4 机构席位追踪

在【龙虎榜】功能页面，点击底部【机构席位追踪】选项卡，系统将向投资者提供龙虎榜中出现机构席位的股票名单，如图 4－40 所示。

点击股票名称后面的“追踪”图标，就可以看到机构席位信息了。例如，点击邦宝益智后面的“追踪”图标，系统将给出如图 4－41 所示的页面。

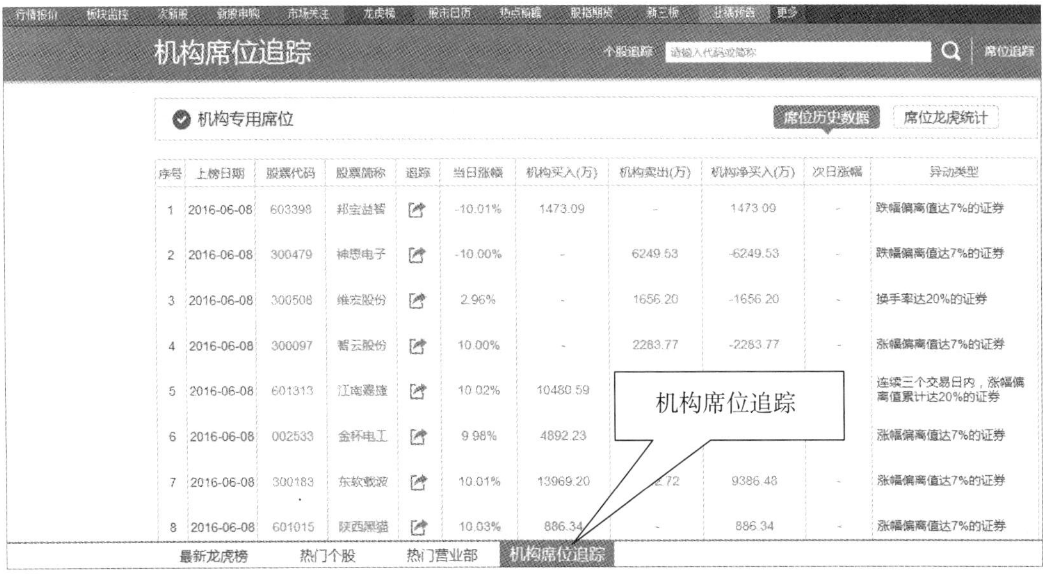

图 4－40 【机构席位追踪】选项卡

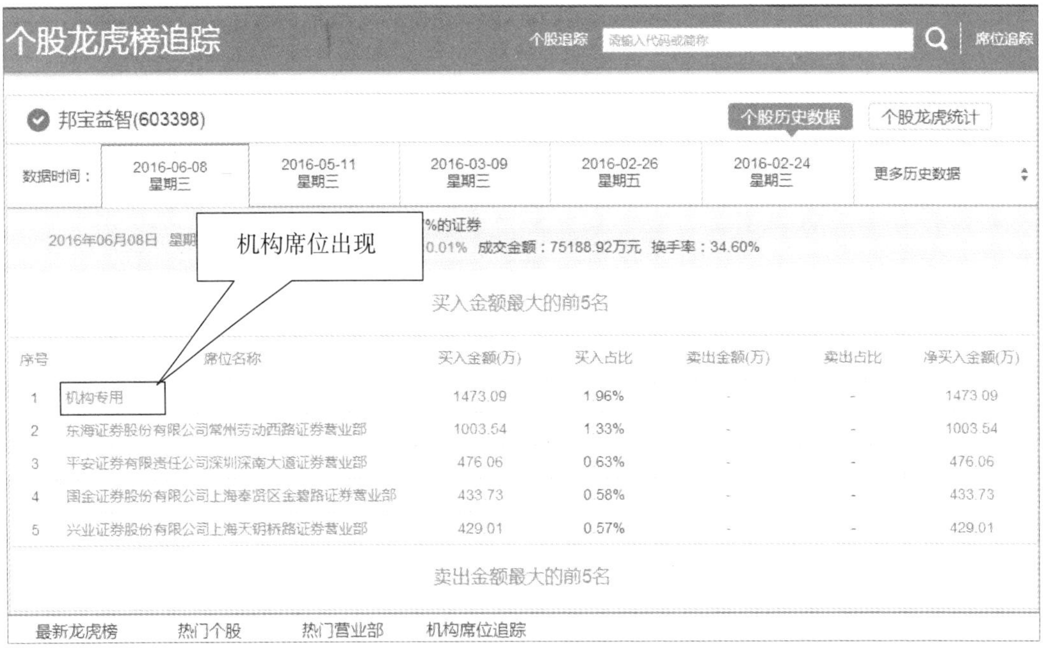

图 4－41 追踪机构席位

机构席位是指基金专用席位、券商自营专用席位、社保专用席位、券商理财专用席位、保险机构专用席位、保险机构租用席位、QFII 专用席位等机构投资者买卖证券的专用通道和席位。这些席位都是市场上影响力非常大的机构使用的交易通道，因而具有重要的交易导向作用。当机构席位大量买入时，说明这些机构非常看好该股的未来走势；反之，若机构席位正在卖出股票，则说明机构看淡后市，投资者不宜买入。

4.6 其他功能

在大智慧【股票】窗口下，还有多个二级功能菜单，这里简单作一下介绍。

4.6.1 次新股

次新股，泛指上市时间较短的股票，通常为上市一年以内的股票。

【次新股】是【股票】窗口下属二级菜单栏的第三个功能，借助本功能，投资者可以查看市场上所有次新股的报价信息。点击【股票】|【次新股】，即可进入此功能，如图 4－42 所示。

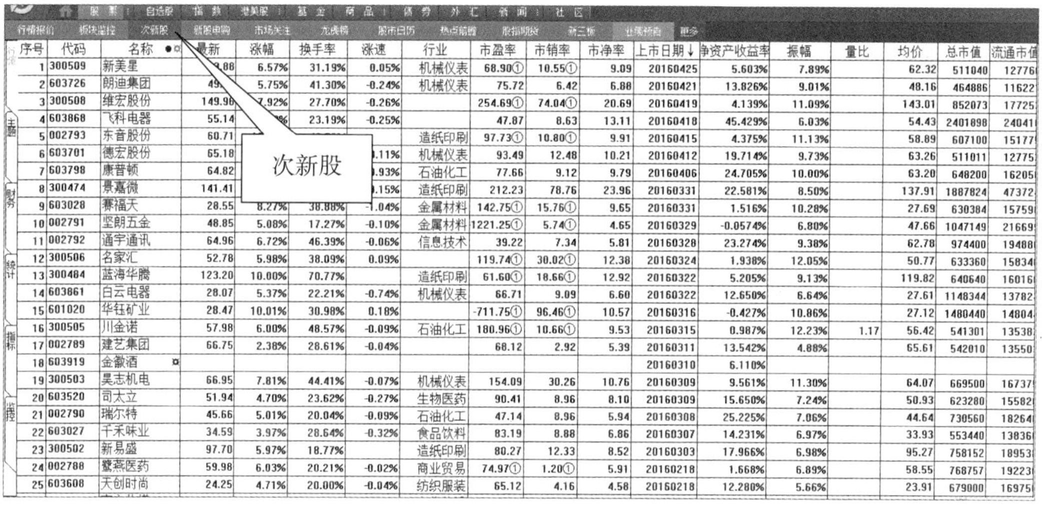

图 4－42 【股票】|【次新股】

借助【次新股】选项卡，可以查看以下几个方面的信息。

（1）次新股报价信息。包括板块涨幅、成交量等信息。

（2）了解次新股的热度。事实上，每隔一段时间，市场上就会出现一波炒作次新股的行情。当然，这种行情持续的时间并不固定，有时持续几个交易日，有时只能持续不到一个交易日。

4.6.2 股市日历

【股市日历】提供了当前有重要公告事项的股票名单。这些事项包括停复牌公告、回购与增持、新股/增发/配股/分红、财报披露、收购兼并、股东大会以及其他事项等。点击【股票】|【股市日历】，即可进入此功能，如图 4－43 所示。

借助【股市日历】选项卡，可以查看以下几个方面的信息。

（1）有重大事项公告的股票。当前时间段内有重大事项公告的股票，都会在这

图 4－43 【股票】｜【股市日历】

个页面上有所反映。投资者也可以根据需要点击页面底部的选择按钮，筛选自己所要查找的股票。

（2）查看股市日历时，尤其应该注意有收购兼并、回购与增持、新股/增发/配股/分红等事件公告的股票，这些股票有可能成为市场关注的热点。

4.6.3 热点前瞻

【热点前瞻】，提供了本月或更长时间段内股市投资的热点题材。点击【股票】｜【热点前瞻】，即可进入此功能，如图 4－44 所示。

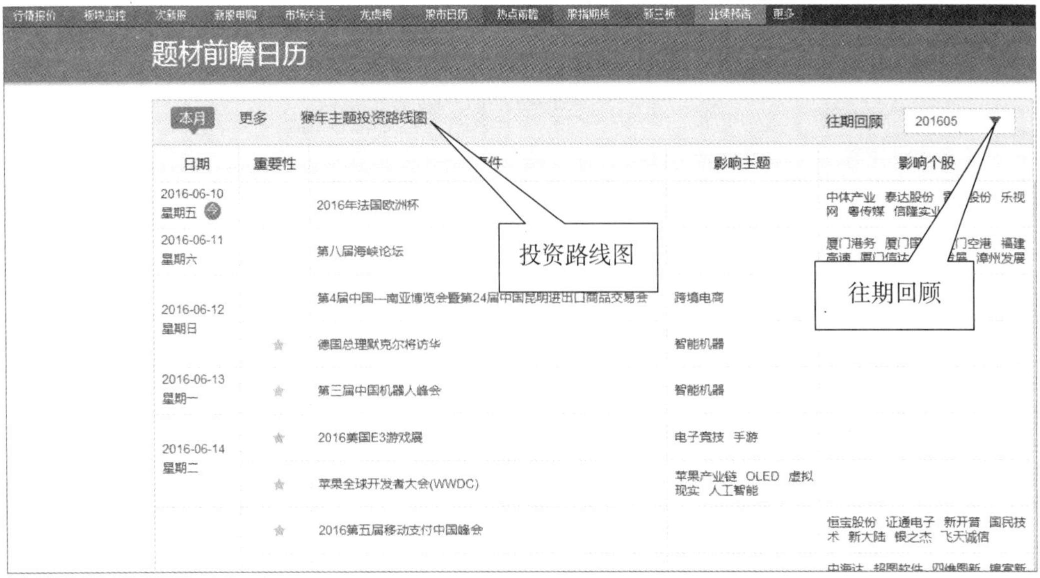

图 4－44 【股票】｜【热点前瞻】

通过【热点前瞻】选项卡，可以查看以下几个方面的信息。

（1）查看近期投资主题。该页面可以查看本月、下月乃至年内可能成为市场关注的热点主题，以便提前做好交易准备。通常情况下，主力资金都是在主题开始炒作前介入目标股票的，当市场大力追捧时，这些主力资金则会悄悄退出。散户无法知晓主力资金何时会介入、是否介入、何时撤出以及是否撤出热点主题的股票，正因如此，提前查看近期投资主题，散户可以做到在股价刚刚启动时介入，在股价连续拉升时择机撤出。

（2）查看全年投资主题。【热点前瞻】页面还提供了全年的主题投资路线图，以便投资者提前做好炒作准备。点击【猴年主题投资路线图】，即可看到 2016 年可能被市场炒作的热门主题，如图 4－45 所示。

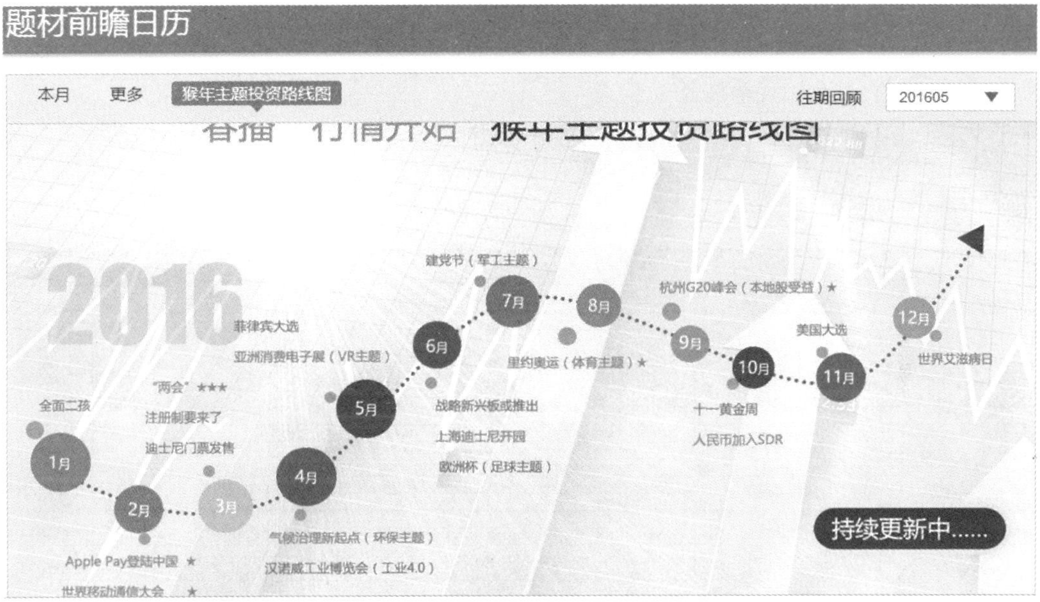

图 4－45　猴年主题投资路线图

如图 4－45 所示，系统提供了猴年可能会被热炒的主要题材以及时间。

4.6.4　股指期货

点击【股票】｜【股指期货】，可以查看股指期货报价信息，如图 4－46 所示。

股指期货内容将在【商品】一节中详细讲解，这里不再赘述。

4.6.5　新三板

"新三板"原指中关村科技园区非上市股份有限公司进入代办股份系统进行转让试点，因为挂牌企业不同于原三板转让系统内的退市企业，而是均为高科技企业，故形象地称为"新三板"。2013 年底，新三板方案突破国家试点高新区限制，

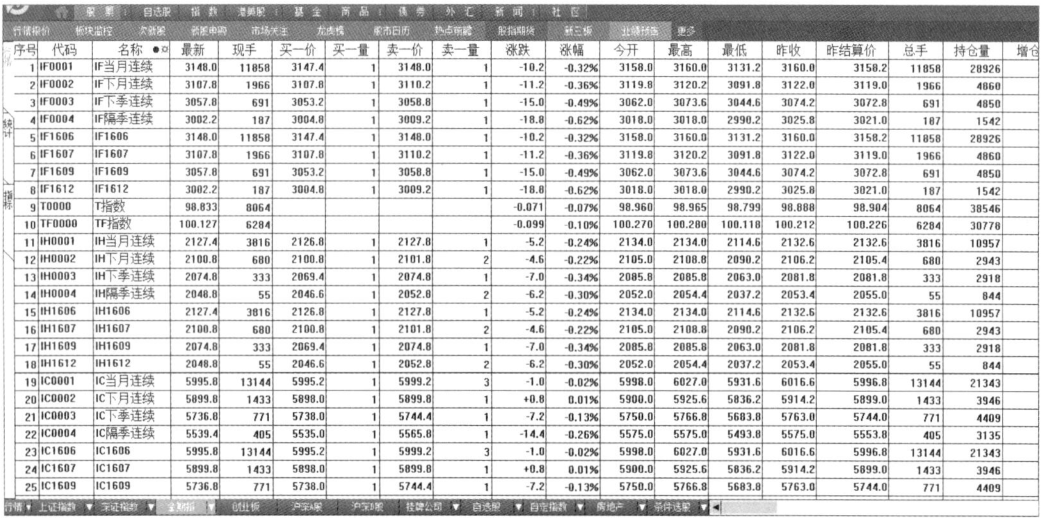

序号	代码	名称	最新	现手	买一价	买一量	卖一价	卖一量	涨跌	涨幅	今开	最高	最低	昨收	昨结算价	总手	持仓量	增仓
1	IF0001	IF当月连续	3148.0	11858	3147.4	1	3148.0	1	-10.2	-0.32%	3158.0	3160.0	3131.2	3160.0	3158.2	11858	28926	
2	IF0002	IF下月连续	3107.8	1966	3107.8	1	3110.2	1	-11.2	-0.36%	3119.8	3120.2	3091.8	3122.0	3119.0	1966	4860	
3	IF0003	IF下季连续	3057.8	691	3053.2	1	3058.8	1	-15.0	-0.49%	3062.0	3073.6	3044.6	3074.2	3072.8	691	4850	
4	IF0004	IF隔季连续	3002.2	187	3004.8	1	3009.2	1	-18.8	-0.62%	3018.0	3018.0	2990.2	3025.8	3021.0	187	1542	
5	IF1606	IF1606	3148.0	11858	3147.4	1	3148.0	1	-10.2	-0.32%	3158.0	3160.0	3131.2	3160.0	3158.2	11858	28926	
6	IF1607	IF1607	3107.8	1966	3107.8	1	3110.2	1	-11.2	-0.36%	3119.8	3120.2	3091.8	3122.0	3119.0	1966	4860	
7	IF1609	IF1609	3057.8	691	3053.2	1	3058.8	1	-15.0	-0.49%	3062.0	3073.6	3044.6	3074.2	3072.8	691	4850	
8	IF1612	IF1612	3002.2	187	3004.8	1	3009.2	1	-18.8	-0.62%	3018.0	3018.0	2990.2	3025.8	3021.0	187	1542	
9	T0000	T指数	98.833	8064					-0.071	-0.07%	98.960	98.965	98.799	98.888	98.904	8064	38546	
10	TF0000	TF指数	100.127	6284					-0.099	-0.10%	100.270	100.280	100.118	100.212	100.226	6284	30778	
11	IH0001	IH当月连续	2127.4	3816	2126.8	1	2127.8	1	-5.2	-0.24%	2134.0	2134.0	2114.6	2132.6	2132.6	3816	10957	
12	IH0002	IH下月连续	2100.8	680	2100.8	1	2101.8	2	-4.6	-0.22%	2105.0	2108.8	2090.2	2106.2	2105.4	680	2943	
13	IH0003	IH下季连续	2074.8	333	2069.4	1	2074.8	1	-7.0	-0.34%	2085.8	2085.8	2063.0	2081.8	2081.8	333	2918	
14	IH0004	IH隔季连续	2048.8	55	2046.6	1	2052.8	2	-6.2	-0.30%	2052.0	2054.4	2037.2	2053.4	2055.0	55	844	
15	IH1606	IH1606	2127.4	3816	2126.8	1	2127.8	1	-5.2	-0.24%	2134.0	2134.0	2114.6	2132.6	2132.6	3816	10957	
16	IH1607	IH1607	2100.8	680	2100.8	1	2101.8	2	-4.6	-0.22%	2105.0	2108.8	2090.2	2106.2	2105.4	680	2943	
17	IH1609	IH1609	2074.8	333	2069.4	1	2074.8	1	-7.0	-0.34%	2085.8	2085.8	2063.0	2081.8	2081.8	333	2918	
18	IH1612	IH1612	2048.8	55	2046.6	1	2052.8	2	-6.2	-0.30%	2052.0	2054.4	2037.2	2053.4	2055.0	55	844	
19	IC0001	IC当月连续	5995.8	13144	5995.2	1	5999.2	3	-1.0	-0.02%	5998.0	6027.0	5931.6	6016.6	5996.8	13144	21343	
20	IC0002	IC下月连续	5899.8	1433	5898.0	1	5899.8	1	+0.8	0.01%	5900.0	5925.6	5836.2	5914.2	5899.0	1433	3946	
21	IC0003	IC下季连续	5736.8	771	5738.0	1	5744.4	1	-7.2	-0.13%	5750.0	5766.8	5683.8	5763.0	5744.0	771	4409	
22	IC0004	IC隔季连续	5539.4	405	5535.0	1	5565.8	1	-14.4	-0.26%	5575.0	5575.0	5493.8	5575.0	5553.8	405	3135	
23	IC1606	IC1606	5995.8	13144	5995.2	1	5999.2	3	-1.0	-0.02%	5998.0	6027.0	5931.6	6016.6	5996.8	13144	21343	
24	IC1607	IC1607	5899.8	1433	5898.0	1	5899.8	1	+0.8	0.01%	5900.0	5925.6	5836.2	5914.2	5899.0	1433	3946	
25	IC1609	IC1609	5736.8	771	5738.0	1	5744.4	1	-7.2	-0.13%	5750.0	5766.8	5683.8	5763.0	5744.0	771	4409	

图 4－46　【股票】｜【股指期货】

扩容至所有符合新三板条件的企业。

点击【股票】｜【新三板】，即可查看新三板股票的报价信息，如图 4－47 所示。

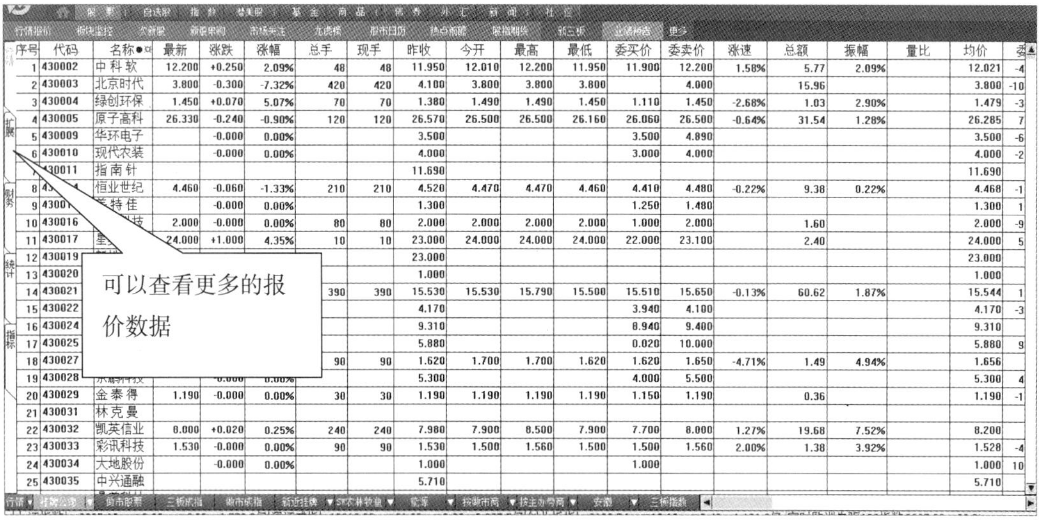

序号	代码	名称	最新	涨跌	涨幅	总手	现手	昨收	今开	最高	最低	委买价	委卖价	涨速	总额	振幅	量比	均价	委
1	430002	中科软	12.200	+0.250	2.09%	48	48	11.950	12.010	12.200	11.950	11.900	12.200	1.58%	5.77	2.09%		12.021	-4
2	430003	北京时代	3.800	-0.300	-7.32%	420	420	4.100	3.800	3.800	3.800		4.000		15.96			3.800	-10
3	430004	绿创环保	1.450	+0.070	5.07%	70	70	1.380	1.490	1.490	1.450	1.110	1.450	-2.68%	1.03	2.90%		1.479	-3
4	430005	原子高科	26.330	-0.240	-0.90%	120	120	26.570	26.500	26.500	26.160	26.060	26.500	-0.64%	31.54	1.28%		26.285	7
5	430009	华环电子		-0.000	0.00%			3.500				3.500	4.890					3.500	-6
6	430010	现代农装		-0.000	0.00%			4.000				3.000	4.000					4.000	-2
[illegible]	[illegible]	指南针						11.690										11.690	
8	[illegible]	恒业世纪	4.460	-0.060	-1.33%	210	210	4.520	4.470	4.470	4.460	4.410	4.480	-0.22%	9.38	0.22%		4.468	-1
9	[illegible]	[illegible]		-0.000	0.00%			1.300				1.250	1.480					1.300	1
10	430016	[illegible]	2.000	-0.000	0.00%	80	80	2.000	2.000	2.000	2.000	1.000	2.000		1.60			2.000	-9
11	430017	[illegible]	24.000	+1.000	4.35%	10	10	23.000	24.000	24.000	24.000	22.000	23.100		2.40			24.000	5
12	430019	[illegible]	[illegible]	[illegible]	[illegible]	[illegible]		23.000										23.000	
13	430020	[illegible]	[illegible]	[illegible]	[illegible]	[illegible]		1.000										1.000	
14	430021	[illegible]	[illegible]	[illegible]	[illegible]	390	390	15.530	15.530	15.790	15.500	15.510	15.650	-0.13%	60.62	1.87%		15.544	1
15	430022	[illegible]	[illegible]	[illegible]	[illegible]	[illegible]		4.170				3.940	4.100					4.170	-3
16	430024	[illegible]	[illegible]	[illegible]	[illegible]	[illegible]		9.310				8.940	9.400					9.310	
17	430025	[illegible]	[illegible]	[illegible]	[illegible]	[illegible]		5.880				0.020	10.000					5.880	9
18	430027	[illegible]	[illegible]	[illegible]	[illegible]	90	90	1.620	1.700	1.700	1.620	1.620	1.650	-4.71%	1.49	4.94%		1.656	
19	430028	[illegible]		[illegible]	[illegible]			5.300				4.000	5.500					5.300	4
20	430029	金泰得	1.190	-0.000	0.00%	30	30	1.190	1.190	1.190	1.190	1.150	1.190		0.36			1.190	-1
21	430031	林克曼																	
22	430032	凯英信业	8.000	+0.020	0.25%	240	240	7.980	7.900	8.500	7.900	7.700	8.000	1.27%	19.68	7.52%		8.200	
23	430033	彩讯科技	1.530	-0.000	0.00%	90	90	1.530	1.500	1.560	1.500	1.500	1.560	2.00%	1.38	3.92%		1.528	-4
24	430034	大地股份		-0.000	0.00%			1.000				1.000						1.000	10
25	430035	中兴通融						5.710										5.710	

图 4－47　【股票】｜【新三板】

普通投资者要想投资新三板股票，需要事先到券商处单独开立账户。新三板对于参与交易的投资者的要求也与主板不同，目前具体要求包括以下两点。

（1）个人投资者必须具备两年以上股票投资经验，或具有会计、金融、投资等专业背景。

（2）投资者在开通新三板前一交易日，个人证券类资产不低于 300 万元。

对于普通投资者来说，炒作新三板的风险太高，还是少参与或不参与为好。

4.6.6 业绩预告

业绩预告，是指在年报、季报没有正式发布前，企业对经营业绩作出的预先估计。业绩预告的数据可能会与最终的公告数据存在出入，但也可以作为投资者选股时评价企业业绩的参考指标之一。

点击【股票】|【业绩预告】，即可查看个股业绩预告的相关信息，如图4－48所示。

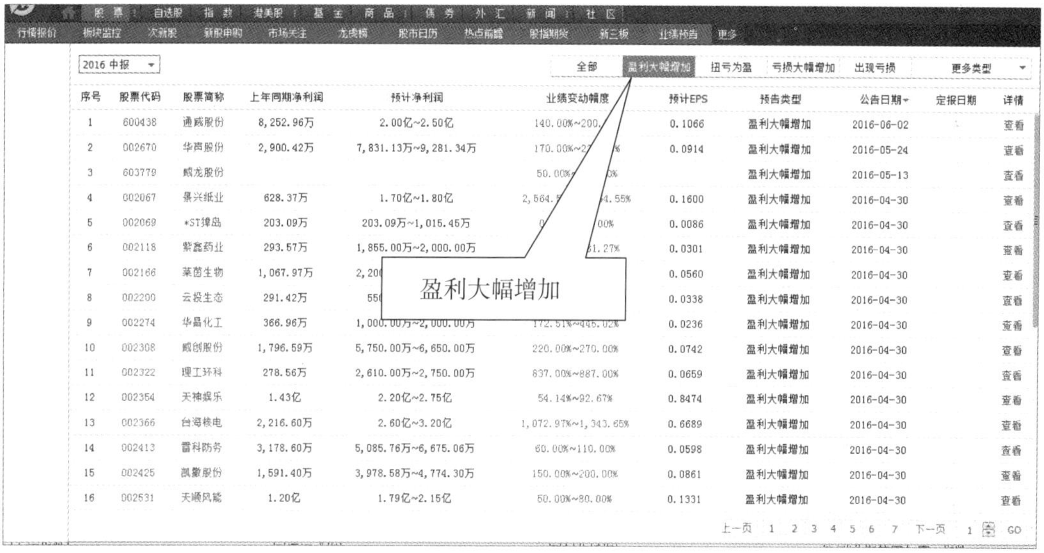

图4－48 【股票】|【业绩预告】

通过【业绩预告】页面，可以查看以下几个方面的信息。

（1）业绩预增的企业及增加幅度。点击页面上方【盈利大幅增加】选项卡，可以看到业绩预告盈利大幅增加的企业。若想查看盈利预增较多的企业名单，可以点击"业绩变动幅度"，按降序排名来查看预计盈利增加幅度最大的企业。

（2）寻找最有投资价值的企业。通常情况下，一家企业的利润持续大幅增加，意味着投资价值也会随之增加，股价将会大幅上涨。不过，有时候这种利润的增加是一种不可持续的行为，如变卖企业资产、上年当季度利润过低、财务数据特别处理等。总之，投资者若想长线投资某家利润增加的企业，需要对其利润增加的原因进行详细分析；若想短线投资，则只需关注股价走势、技术形态以及当前利好是否已经透支即可。

4.6.7 融资融券

融资融券业务，是指在证券交易所或者国务院批准的其他证券交易场所进行的证券交易中，证券公司向客户出借资金供其买入证券，或者出借证券供其卖出，并由客户交存相应担保物的经营活动。对于投资者而言，融资融券交易主要分为融资业务和融券业务两类。

融资交易是指投资者以资金或证券作为质押，向证券公司借入资金用于买入证券，并在约定的期限内偿还借款本金和利息。投资者向证券公司融资买进证券，称为“买多”。

融券交易是指投资者以资金或证券作为质押，向证券公司借入证券卖出，在约定的期限内买入相同数量和品种的证券归还券商，并支付相应的融券费用。投资者向证券公司融券卖出，称为“卖空”。

参与融资融券交易，投资者必须满足一定的条件，并重新到具备融资融券资质的证券公司营业部开户。2013 年 4 月，多家券商将两融最新门槛调整为客户资产不低于 10 万元，证券交易开户满 6 个月。

每日收盘后，大智慧软件会公布当日的融资融券余额数据。

融资融券余额数据具体计算方法如下。

本日融资余额（元）= 前日融资余额+本日融资买入−本日融资偿还额

本日融券余量（股）= 前日融券余量+本日融券卖出量−本日融券买入量−本日现券偿还量

本日融券余额（元）= 本日融券余量×本日收盘价

本日融资融券余额（元）= 本日融资余额+本日融券余额。

点击【股票】菜单，可在二级菜单中选择【更多】，此时系统会弹出一个功能选择页面，如图 4－49 所示。

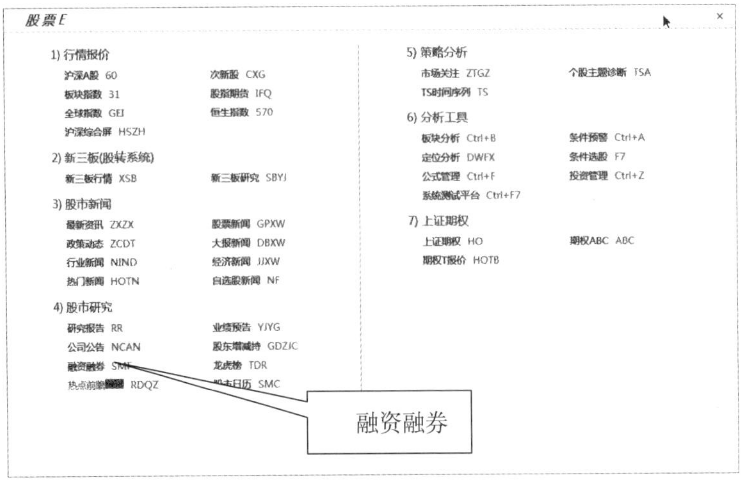

图 4－49　进入【更多】页面

点击【更多】页面中的【融资融券】标签，或直接在大智慧搜索条输入“SMF”，即可进入【融资融券】页面，如图 4－50 所示。

即使投资者不参与融资融券业务，查看一下融资融券余额数据，也有助于制定投资决策。

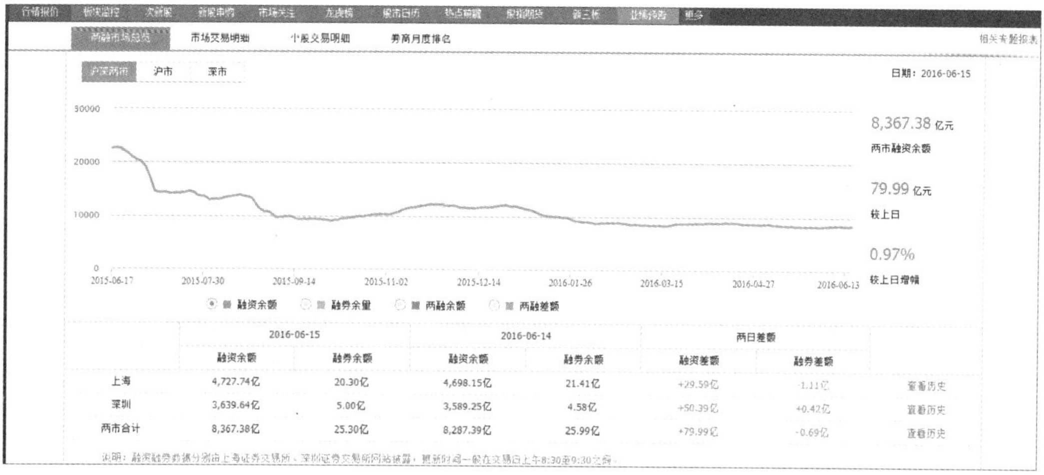

图 4－50 【融资融券】页面

融资融券可供参考的信息包括但不限于以下三个方面。

（1）融资余额变动。融资余额数据反映了市场做多的氛围情况。若融资余额持续攀升，说明市场看多力量较强，普遍看好后市；反之，若融资余额持续走低，则说明市场做多力量较弱，普遍看淡后市。

（2）融券余额变动。融券余额数据，反映了市场做空的氛围情况。若融券余额持续攀升，说明市场看空力量较强，普遍看淡后市；反之，若融券余额持续走低，则说明市场做空力量较弱，普遍看好后市。

（3）融资融券数据变动。融资融券数据本身也反映了市场上投资者对交易的态度。若融资融券余额持续走低，说明市场交易清淡，大多数投资者处于观望状态，不愿意入场交易；反之，若融资融券余额持续走高，说明市场交易活跃，大多数投资者愿意从事交易。

投资者也可以在【融资融券】页面点击【市场交易明细】【个股交易明细】【券商月度排名】，查看具体的融资融券数据。

第五章

其他报价功能及交易指引

除了股票报价功能外，投资者还可以通过大智慧菜单栏查询指数、港美股、基金、商品、债券、外汇等的报价信息，如图 5－1 所示。

图 5－1　大智慧菜单栏

5.1　自选股

大智慧【自选股】功能菜单包括自选股、自选股公告、自选股新闻、自选股研报、自选股管理、自选股导入、近期浏览等二级菜单。

5.1.1　自选股功能

点击大智慧菜单栏的【自选股】，即可进入【自选股】功能，如图 5－2 所示。

本功能可以帮助投资者查看自选股信息。通过设置自选股，可以很容易地跟踪自己所关注股票的交易信息。如果投资者已经选择了一些自选股，那么每次登陆大智慧系统时，首页都会默认显示自选股列表，如图 5－3 所示。

与查看股票报价相同，投资者也可以通过左侧功能选项卡，查看自选股的主题、财务数据以及交易统计数据等信息。

5.1.2　查询自选股信息

点击【自选股】|【自选股公告】，可以看到关于自选股的相关公告，如图 5－4所示。

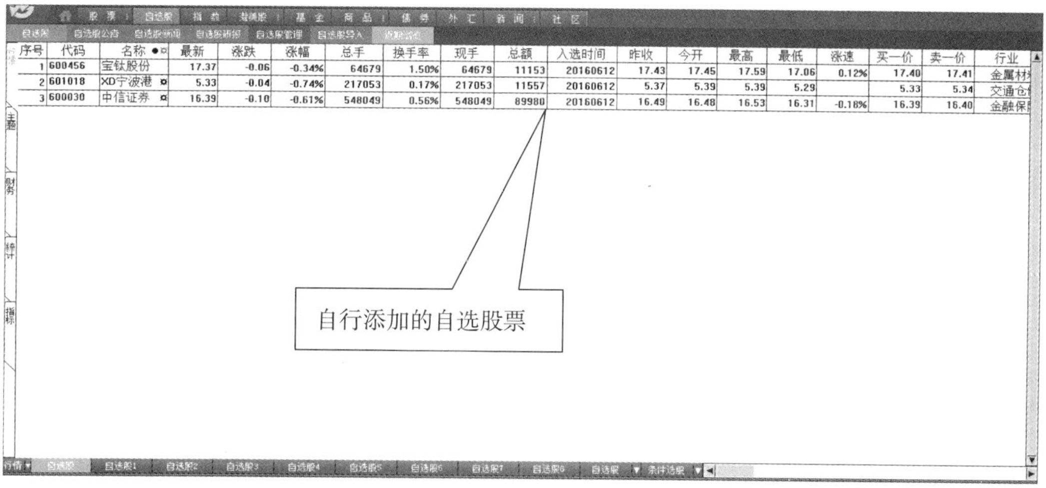

图 5-2 【自选股】页面

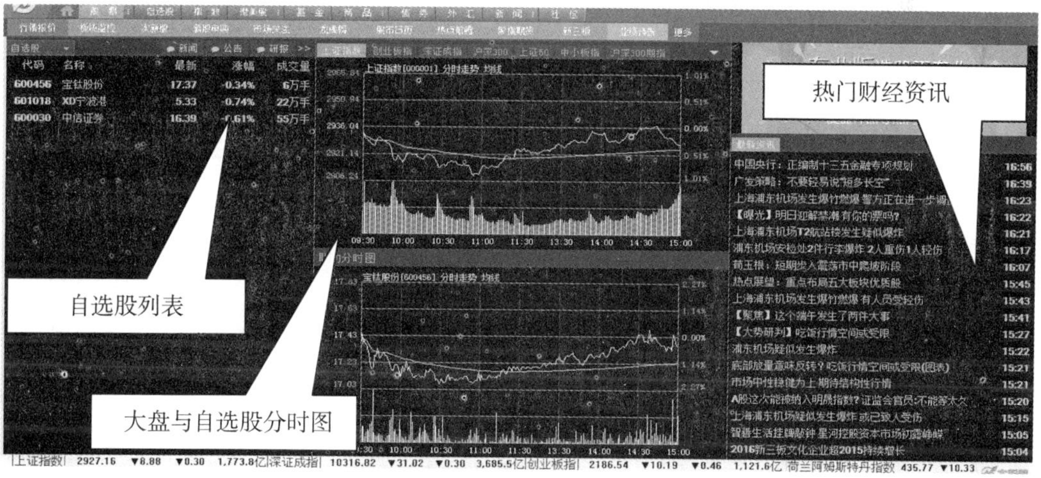

图 5-3 大智慧首页

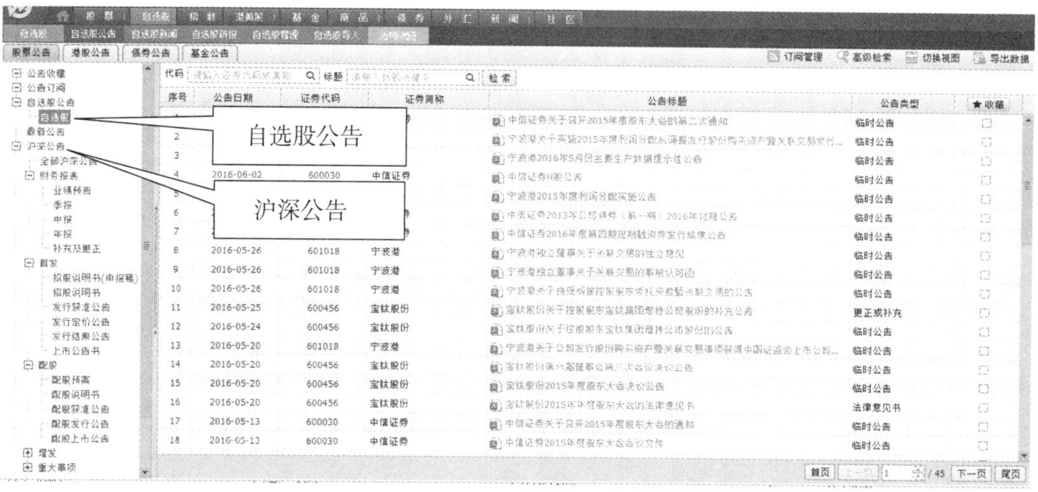

图 5-4 自选股公告

从图 5－4 中，可以看到有关自选股的所有公告。投资者也可以通过点击左侧功能栏“沪深公告”下的相关分类，查看整个沪深市场内其他股票的公告信息。

点击【自选股】｜【自选股新闻】或【自选股】｜【自选股研报】，也可以查询其他相关信息。

5.1.3 添加与删除自选股

1. 添加自选股

投资者若想添加自选股，可通过以下两种途径实现。

（1）查看股票行情或走势时直接添加。在查看股票报价信息或分时信息时，直接点击鼠标右键，并在弹出的快捷菜单中选择【加入自选股】，即可完成自选股添加，如图 5－5 所示。

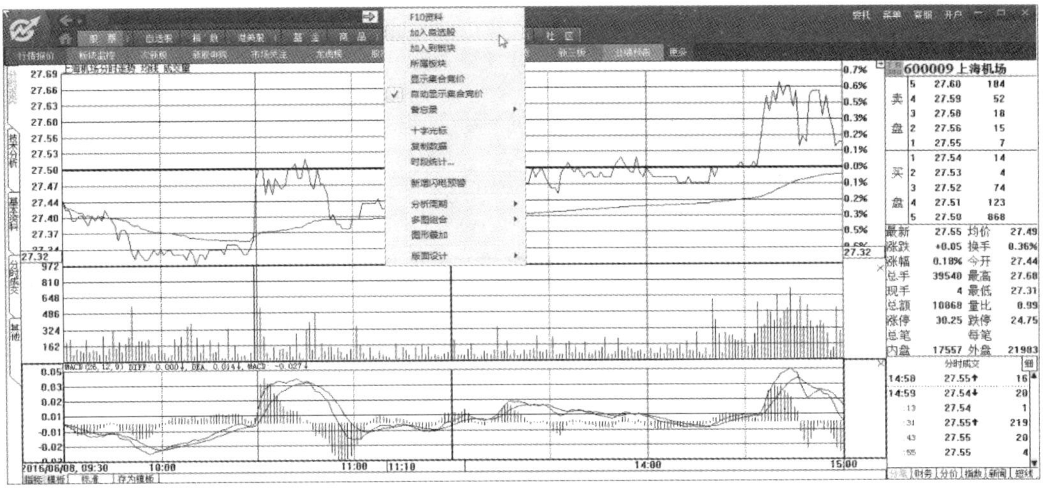

图 5－5 添加自选股方法

（2）借助【自选股管理】功能完成添加。点击【自选股】｜【自选股管理】，系统会弹出【自选股管理】对话框，如图 5－6 所示。

在弹出的【自选股管理】对话框底部“证券输入”框内，输入拟添加的股票代码、拼音首拼，即可完成添加。也可以通过从系统中选择股票的方式完成添加，具体步骤如下。

第一步：点击【自选股管理】对话框右侧【选择成分】按钮，如图 5－7 所示。

第二步：点击【选择证券】选择框内的分类标签，找到感兴趣或拟添加的类别，点击该标签，则系统会给出该类别所有股票，如图 5－8 所示。

第三步：选中拟添加的股票，然后点击单箭头，即可完成添加，如图 5－9 所示。

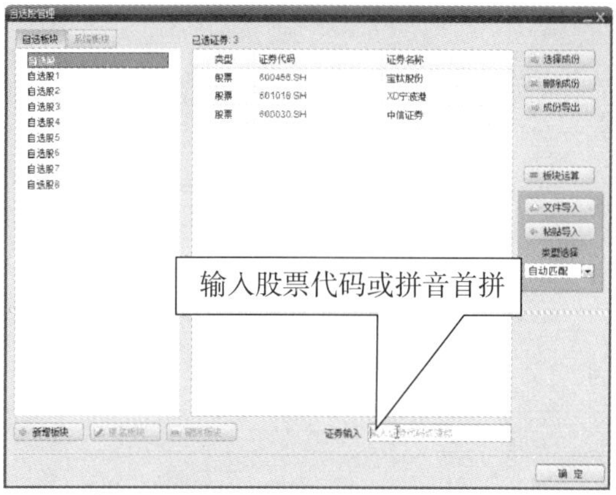

图 5-6　自选股管理

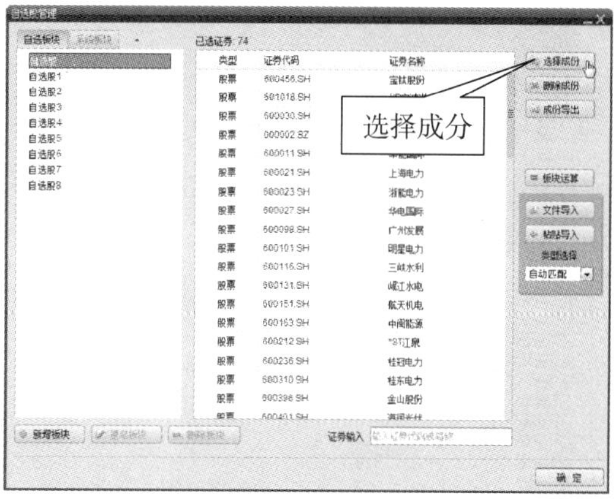

图 5-7　选择成分

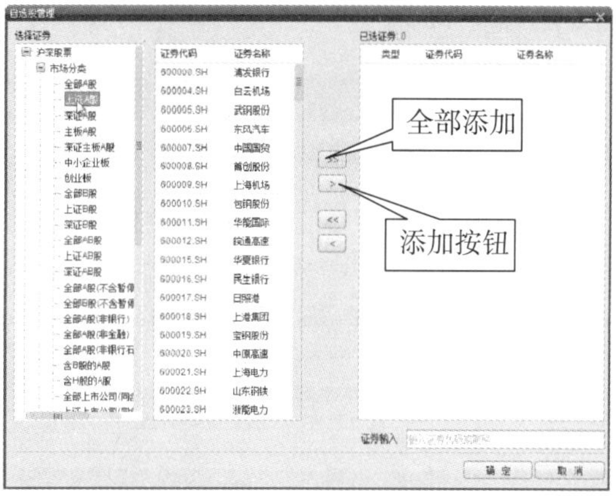

图 5-8　选择股票类别

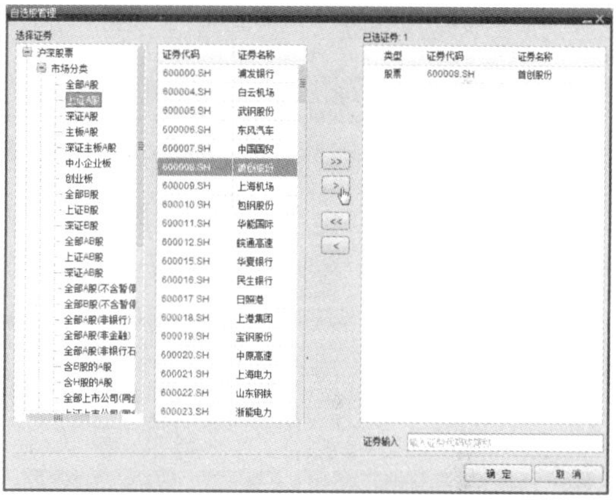

图 5-9　添加股票

点击[>>]图标，可将该类别股票全部添加至自选股。选中“已选证券”选择框内的股票，并点击[<]图标，则会将选中的股票撤回。

2. 删除自选股

删除自选股非常简单，只需在自选股版面内选中拟删除的股票，点击鼠标右键，并在弹出的快捷菜单中选择【从自选股删除】即可，如图 5-10 所示。

5.2　指数

大智慧【指数】功能菜单不仅提供了沪深 A 股市场的各类指数报价，还提供了股指期货、美国市场、亚太市场、欧洲市场的各大股指报价信息。

5.2.1　各大指数报价及其交易含义

点击大智慧【指数】菜单下的【常用指数】二级菜单，可以看到各大股指的报价信息，如图 5-11 所示。

序号	代码	名称	最新	涨跌	涨幅	总手	换手率	现手	总额	入选时间	昨收	今开	最高	最低	涨速	买一价	卖一价	行业
12	600131	岷江水电	9.02	-0.06	-0.66%	53190	1.34%	53190	4772	20160612	9.08	9.08	9.10	8.88	-0.22%	9.01	9.02	供水供
13	600151	航天机电	10.93	-0.21	-1.89%	251464	2.01%	251464	27439	20160612	11.14	11.00	11.13	10.76	0.28%	10.93	10.94	机械仪
14	600163	中闽能源	5.57	+0.04	0.72%	131824	1.83%	131824	7311	20160612	5.53	5.52	5.65	5.43	0.36%	5.55	5.57	造纸印
15	600212	*ST江泉								20160612								综合
16	600236	桂冠电力	7.09	+0.03	0.42%	101544	0.90%	101544	7138	20160612	7.06	7.06	7.13	6.91	-0.14%	7.08	7.09	供水供
17	600310	桂东电力	8.56	+0.05	0.59%	274075	3.31%	274075	23191	20160612	8.51	8.56	8.65	8.21	0.23%	8.57	8.58	供水供
18	600396	金山股份	5.26	-0.00	0.00%	117053	1.44%	117053	6180	20160612	5.26	5.26	5.33	5.25	-0.19%	5.25	5.26	供水供
19	600401	海润光伏	2.50	-0.04	-1.57%	630636	1.33%	630636	15736	20160612	2.54	2.52	2.53	2.47		2.49	2.50	电
20	600452	涪陵电力	33.31	+1.77			1.75%	27956	9096	20160612	31.54	31.80	33.53	31.21	-0.12%	33.30	33.34	供水供
21	600483	福能股份	11.11	+0.04			1.43%	41197	4586	20160612	11.07	11.09	11.23	11.03	-0.27%	11.11	11.12	纺织服
22	600505	西昌电力	8.81	+0.05			0.67%	24517	2148	20160612	8.76	8.71	8.85	8.66	-0.11%	8.79	8.80	供水供
23	600509	天富能源	7.21	+0.02			0.41%	36974	2659	20160612	7.19	7.18	7.22	7.16		7.20	7.21	供水供
24	600578	京能电力	4.34	-0.03			0.12%	54592	2369	20160612	4.37	4.37	4.37	4.32	0.23%	4.33	4.34	供水供
25	600642	申能股份	5.80	+0.01			0.16%	70763	4088	20160612	5.79	5.77	5.81	5.76		5.79	5.80	采掘
26	600644	乐山电力	8.22	+0.13			1.47%	48138	3933	20160612	8.09	8.10	8.29	8.05	-0.12%	8.21	8.22	供水供
27	600674	川投能源	8.53	+0.01			0.24%	107803	9191	20160612	8.52	8.54	8.56	8.47		8.53	8.54	供水供
28	600719	大连热电	7.98	+0.28			4.24%	171569	13561	20160612	7.70	7.67	8.14	7.62	-0.37%	7.97	7.98	供水供
29	600726	华电能源	5.09	-0.00			0.42%	64249	3264	20160612	5.09	5.09	5.11	5.05		5.09	5.10	供水供
30	600744	华银电力	5.41	-0.05			1.40%	66363	3602	20160612	5.46	5.47	5.48	5.37	-0.37%	5.41	5.42	供水供
31	600758	红阳能源	10.64	+0.30			5.49%	63120	6663	20160612	10.34	10.34	10.70	10.33	-0.28%	10.63	10.64	供水供
32	600780	通宝能源	5.10	-0.04			0.43%	49352	2511	20160612	5.14	5.15	5.15	5.05	0.20%	5.10	5.11	供水供
33	600795	国电电力	2.94	+0.01			0.28%	558002	16380	20160612	2.93	2.94	2.95	2.92		2.93	2.94	供水供
34	600863	内蒙华电	3.06	-0.03	-0.97%	126997	0.22%	126997	3885	20160612	3.09	3.09	3.09	3.04		3.06	3.07	供水供
35	600864	哈投股份	11.21	-0.08	-0.71%	66221	1.21%	66221	7456	20160612	11.29	11.31	11.35	11.16	-0.09%	11.20	11.22	供水供
36	600868	梅雁吉祥	4.60	-0.05	-1.08%	326263	1.72%	326263	15048	20160612	4.65	4.66	4.67	4.58	-0.22%	4.60	4.61	综合

图 5－10　删除自选股

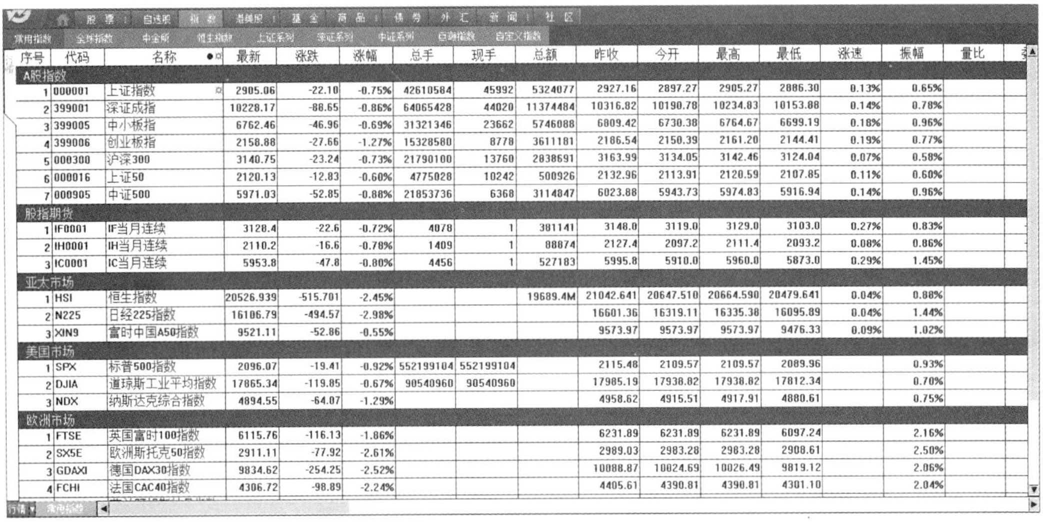

序号	代码	名称	最新	涨跌	涨幅	总手	现手	总额	昨收	今开	最高	最低	涨速	振幅	量比
A股指数															
1	000001	上证指数	2905.06	-22.10	-0.75%	42610584	45992	5324077	2927.16	2897.27	2905.27	2886.30	0.13%	0.65%	
2	399001	深证成指	10228.17	-88.65	-0.86%	64065428	44020	11374484	10316.82	10190.78	10234.83	10153.88	0.14%	0.78%	
3	399005	中小板指	6762.46	-46.96	-0.69%	31321346	23662	5746088	6809.42	6730.38	6764.67	6699.19	0.18%	0.96%	
4	399006	创业板指	2158.88	-27.66	-1.27%	15328580	8778	3611181	2186.54	2150.39	2161.20	2144.41	0.19%	0.77%	
5	000300	沪深300	3140.75	-23.24	-0.73%	21790100	13760	2838691	3163.99	3134.05	3142.46	3124.04	0.07%	0.58%	
6	000016	上证50	2120.13	-12.83	-0.60%	4775028	10242	500926	2132.96	2113.91	2120.59	2107.85	0.11%	0.60%	
7	000905	中证500	5971.03	-52.85	-0.88%	21853736	6368	3114847	6023.88	5943.73	5974.83	5916.94	0.14%	0.96%	
股指期货															
1	IF0001	IF当月连续	3128.4	-22.6	-0.72%	4078	1	381141	3148.0	3119.0	3129.0	3103.0	0.27%	0.83%	
2	IH0001	IH当月连续	2110.2	-16.6	-0.78%	1409	1	88874	2127.4	2097.2	2111.4	2093.2	0.08%	0.86%	
3	IC0001	IC当月连续	5953.8	-47.8	-0.80%	4456	1	527183	5995.8	5910.0	5960.0	5873.0	0.29%	1.45%	
亚太市场															
1	HSI	恒生指数	20526.939	-515.701	-2.45%			19689.4M	21042.641	20647.510	20664.590	20479.641	0.04%	0.88%	
2	N225	日经225指数	16106.79	-494.57	-2.98%				16601.36	16319.11	16335.38	16095.89	0.04%	1.44%	
3	XIN9	富时中国A50指数	9521.11	-52.86	-0.55%				9573.97	9573.97	9573.97	9476.33	0.09%	1.02%	
美国市场															
1	SPX	标普500指数	2096.07	-19.41	-0.92%	552199104	552199104		2115.48	2109.57	2109.57	2089.96		0.93%	
2	DJIA	道琼斯工业平均指数	17865.34	-119.85	-0.67%	90540960	90540960		17985.19	17938.82	17938.82	17812.34		0.70%	
3	NDX	纳斯达克综合指数	4894.55	-64.07	-1.29%				4958.62	4915.51	4917.91	4880.61		0.75%	
欧洲市场															
1	FTSE	英国富时100指数	6115.76	-116.13	-1.86%				6231.89	6231.89	6231.89	6097.24		2.16%	
2	SX5E	欧洲斯托克50指数	2911.11	-77.92	-2.61%				2989.03	2983.28	2983.28	2908.61		2.50%	
3	GDAXI	德国DAX30指数	9834.62	-254.25	-2.52%				10088.87	10024.69	10026.49	9819.12		2.06%	
4	FCHI	法国CAC40指数	4306.72	-98.89	-2.24%				4405.61	4390.81	4390.81	4301.10		2.04%	

图 5－11　常用指数报价信息

经济全球一体化趋势日趋明显，全球各大指数的联动效应同样日趋显著。例如，某日沪深股市开盘前，全球各大股市全面暴跌，若沪深市场未见明显利好，那么沪深指数“低开”的可能性就会非常大。

5.2.2　巨潮指数及其交易含义

巨潮系列指数覆盖沪深两市，以突出投资功能和差异化服务为特色，目前已形成规模指数、行业指数、区域指数和风格指数等多个子系列。点击【指数】|【巨潮指数】，即可查看该系列指数的报价信息，如图 5－12 所示。

若想查看每一指数的详细信息，可用鼠标右键单击该指数，在快捷菜单中选择【F10 基本资料】，如图 5－13、图 5－14 所示。

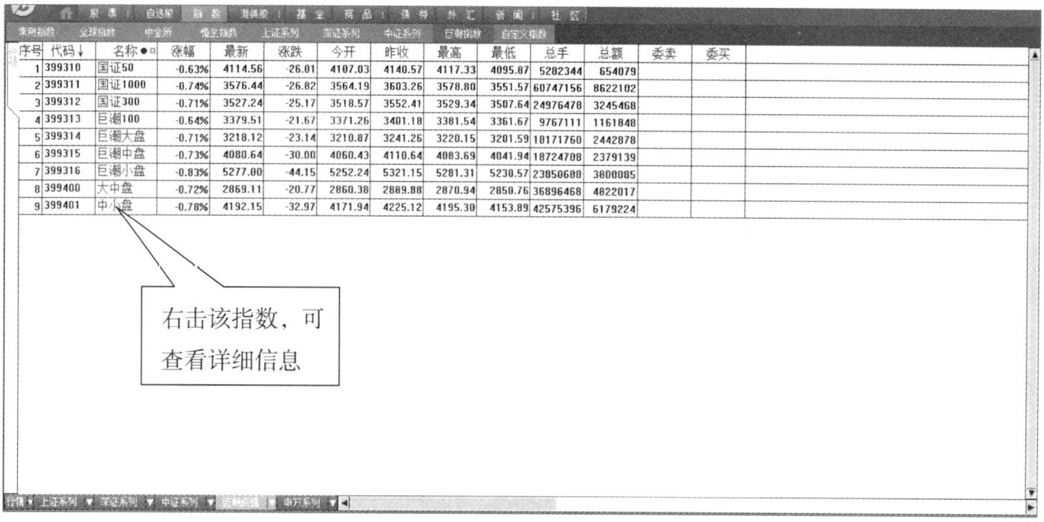

图 5－12　巨潮指数报价信息

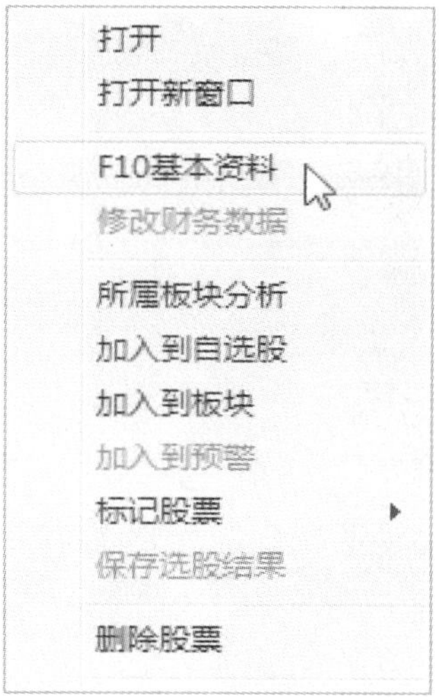

图 5－13　打开【F10 基本资料】

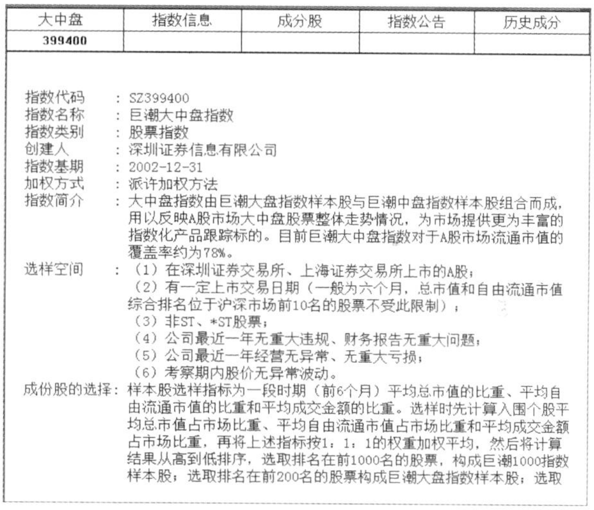

图 5－14　F10 基本资料

5.3　港美股

大智慧【港美股】功能菜单不仅提供了港股和知名美股的报价信息，还提供了沪港通、中概股的报价信息，如图 5－15 所示。

5.3.1　沪港通及交易规则

1. 沪港通的含义

沪港通是“沪港股票市场交易互联互通机制试点”的简称，是指上海证券交易所（简称“上交所”）和香港联合交易所有限公司（简称“联交所”）建立技术连接，使两地投资者通过当地证券公司或经纪商买卖规定范围内的对方交易所上市的股票。

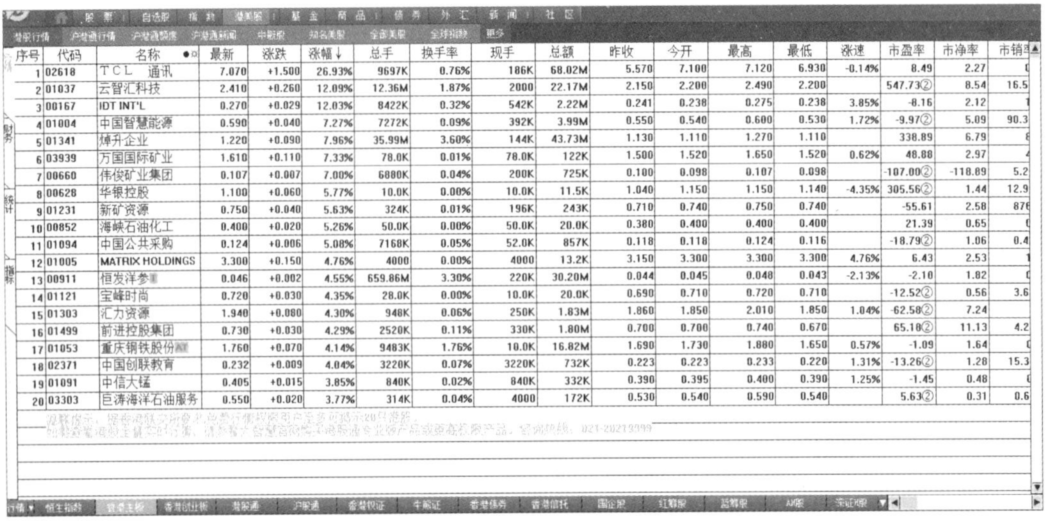

序号	代码	名称	最新	涨跌	涨幅↓	总手	换手率	现手	总额	昨收	今开	最高	最低	涨速	市盈率	市净率	市销率
1	02618	TCL 通讯	7.070	+1.500	26.93%	9697K	0.76%	186K	68.02M	5.570	7.100	7.120	6.930	-0.14%	8.49	2.27	0
2	01037	云智汇科技	2.410	+0.260	12.09%	12.36M	1.87%	2000	22.17M	2.150	2.200	2.490	2.200		547.73②	8.54	16.5
3	00167	IDT INT'L	0.270	+0.029	12.03%	8422K	0.32%	542K	2.22M	0.241	0.238	0.275	0.238	3.85%	-8.16	2.12	1
4	01004	中国智慧能源	0.590	+0.040	7.27%	7272K	0.09%	392K	3.99M	0.550	0.540	0.600	0.530	1.72%	-9.97②	5.09	90.3
5	01341	焯升企业	1.220	+0.090	7.96%	35.99M	3.60%	144K	43.73M	1.130	1.110	1.270	1.110		338.89	6.79	8
6	03939	万国国际矿业	1.610	+0.110	7.33%	78.0K	0.01%	78.0K	122K	1.500	1.520	1.650	1.520	0.62%	48.88	2.97	4
7	00660	伟俊矿业集团	0.107	+0.007	7.00%	6880K	0.04%	200K	725K	0.100	0.098	0.107	0.098		-107.00②	-118.89	5.2
8	00628	华银控股	1.100	+0.060	5.77%	10.0K	0.00%	10.0K	11.5K	1.040	1.150	1.150	1.140	-4.35%	305.56②	1.44	12.9
9	01231	新矿资源	0.750	+0.040	5.63%	324K	0.01%	196K	243K	0.710	0.740	0.750	0.740		-55.61	2.58	876
10	00852	海峡石油化工	0.400	+0.020	5.26%	50.0K	0.00%	50.0K	20.0K	0.380	0.400	0.400	0.400		21.39	0.65	0
11	01094	中国公共采购	0.124	+0.006	5.08%	7168K	0.05%	52.0K	857K	0.118	0.118	0.124	0.116		-18.79②	1.06	0.4
12	01005	MATRIX HOLDINGS	3.300	+0.150	4.76%	4000	0.00%	4000	13.2K	3.150	3.300	3.300	3.300	4.76%	6.43	2.53	1
13	00911	恒发洋参	0.046	+0.002	4.55%	659.86M	3.30%	220K	30.20M	0.044	0.045	0.048	0.043	-2.13%	-2.10	1.82	0
14	01121	宝峰时尚	0.720	+0.030	4.35%	28.0K	0.00%	10.0K	20.0K	0.690	0.710	0.720	0.710		-12.52②	0.56	3.6
15	01303	汇力资源	1.940	+0.080	4.30%	948K	0.06%	250K	1.83M	1.860	1.850	2.010	1.850	1.04%	-62.58②	7.24	
16	01499	前进控股集团	0.730	+0.030	4.29%	2520K	0.11%	330K	1.80M	0.700	0.700	0.740	0.670		65.18②	11.13	4.2
17	01053	重庆钢铁股份	1.760	+0.070	4.14%	9483K	1.76%	10.0K	16.82M	1.690	1.730	1.880	1.650	0.57%	-1.09	1.64	0
18	02371	中国创联教育	0.232	+0.009	4.04%	3220K	0.07%	3220K	732K	0.223	0.223	0.233	0.220	1.31%	-13.26②	1.28	15.3
19	01091	中信大锰	0.405	+0.015	3.85%	840K	0.02%	840K	332K	0.390	0.395	0.400	0.390	1.25%	-1.45	0.48	0
20	03303	巨涛海洋石油服务	0.550	+0.020	3.77%	314K	0.04%	4000	172K	0.530	0.540	0.590	0.540		5.63②	0.31	0.6

图 5-15　港美股报价信息

沪港通包括沪股通和港股通两部分。其中，沪股通是指香港投资者委托香港经纪商，经由联交所设立的证券交易服务公司向上交所进行申报，买卖规定范围内的上交所上市的股票。港股通是指内地投资者委托内地证券公司，经由上交所设立的证券交易服务公司向联交所进行申报，买卖规定范围内的联交所上市的股票。

2. 沪港通的特点

（1）充分借鉴了证券市场互联互通的国际经验，采用较为成熟的订单路由技术和跨境结算安排，为投资者提供便捷、高效的证券交易服务。

（2）双向开放。内地投资者可以通过港股通买卖规定范围内联交所上市的股票，同时，香港投资者也可以通过沪股通买卖规定范围内上交所上市的股票。

（3）对投资者双向采用人民币交收，即内地投资者买卖以港币报价的港股通股票以人民币交收，香港投资者买卖沪股通股票，以人民币报价和交易。

（4）在试点初期实行额度控制。即内地投资者买入港股通股票有总额度和每日额度限制，香港投资者买入沪股通股票有总额度和每日额度限制。2016 年 8 月 16 日，沪港通总额度限制被取消。

（5）两地投资者通过沪港通可以买卖的对方市场股票限于规定的范围。

3. 港股通对投资者的要求

在试点初期，香港证监会要求参与港股通的内地投资者仅限于机构投资者及证券账户或资金账户余额合计不低于人民币 50 万元的个人投资者。

4. 港股通交易买卖规则

内地投资者应当拥有沪市人民币普通股账户。港股通交易也以“手”为买卖单位，不同于内地市场每手为 100 股，香港上市证券的买卖单位由各发行人自行决定，可以是每手 20 股、100 股或 1000 股。

投资者如果想查阅港股通每只证券的买卖单位，可以登录联交所网站，在“投资服务中心”栏目内选择“公司/证券资料”，输入股份代号或上市公司名称查询。

点击【港美股】|【沪港通行情】，即可查看已加入港股通系统的港股报价信息，如图 5-16 所示。

图 5-16　港股通名单

同时，投资者可以通过点击沪港通页面底部的【沪港通受益股】选项卡，查询开通沪港通后的沪深 A 股受益股名单。

5.3.2　沪港通余额

点击【港美股】|【沪港通额度】，即可查看沪港通当日的余额情况，如图 5-17 所示。

通过【沪港通额度】，可以获得以下几个方面的信息。

（1）可供交易的港股通余额数据。目前，港股通的限额为每日 105 亿元，累计限额为 2500 亿元。也就是说，投资者通过港股通每日净买入港股的额度不能超过 105 亿元。若余额曲线位于限额的上方，则说明港股通呈净流出状态，卖出港股的数量多于买入量；反之，则说明港股通呈净流入状态，买入量高于卖出量。图 5-17 中港股通的余额在开盘后直线下降，说明净买入港股的资金量持续放大，这也说明投资者买入港股的热情较高。

（2）可供交易的沪股通余额数据。目前，沪股通的限额为每日 130 亿元，累计限额为 3000 亿元。也就是说，投资者通过沪股通每日净买入沪股的额度不能超过

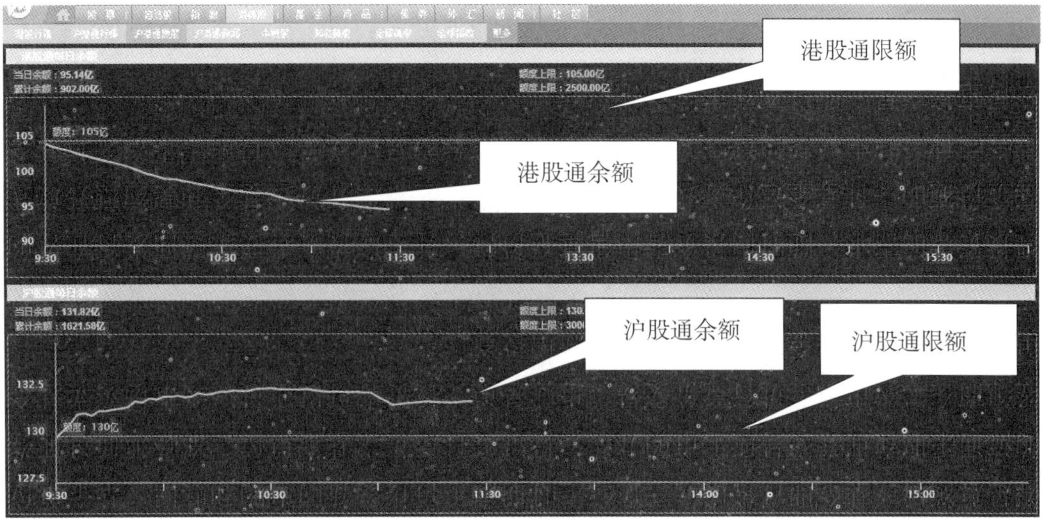

图 5－17　沪港通额度

130 亿元。若余额曲线位于限额的上方，则说明沪股通呈净流出状态，卖出沪股的数量多于买入量；反之，则说明沪股通呈净流入状态，买入量高于卖出量。图 5－17 中沪股通的余额在开盘后呈上升态势，说明净卖出沪股的资金量持续放大，这也说明投资者卖出沪股的热情较高。

5.3.3　美股行情

点击大智慧【港美股】菜单下的【中概股】二级菜单，可以看到在美国证券交易所上市的中国企业股票的报价信息，如图 5－18 所示。

对于不想投资美国股市的投资者来说，除了查看美股重要指数的走势之外，若

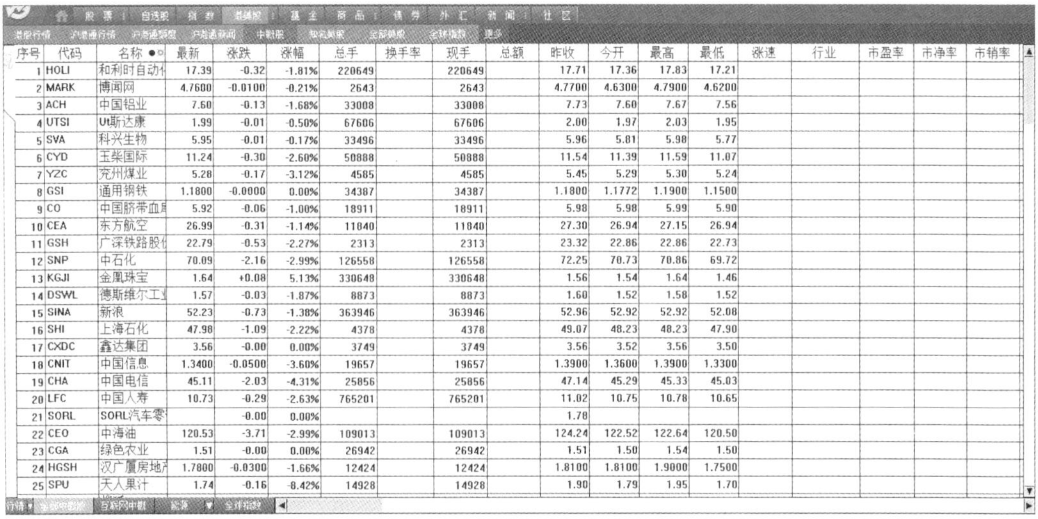

序号	代码	名称	最新	涨跌	涨幅	总手	换手率	现手	总额	昨收	今开	最高	最低	涨速	行业	市盈率	市净率	市销率
1	HOLI	和利时自动化	17.39	-0.32	-1.81%	220649		220649		17.71	17.36	17.83	17.21					
2	MARK	博闻网	4.7600	-0.0100	-0.21%	2643		2643		4.7700	4.6300	4.7900	4.6200					
3	ACH	中国铝业	7.60	-0.13	-1.68%	33008		33008		7.73	7.60	7.67	7.56					
4	UTSI	Ut斯达康	1.99	-0.01	-0.50%	67606		67606		2.00	1.97	2.03	1.95					
5	SVA	科兴生物	5.95	-0.01	-0.17%	33496		33496		5.96	5.81	5.98	5.77					
6	CYD	玉柴国际	11.24	-0.30	-2.60%	50888		50888		11.54	11.39	11.59	11.07					
7	YZC	兖州煤业	5.28	-0.17	-3.12%	4585		4585		5.45	5.29	5.30	5.24					
8	GSI	通用钢铁	1.1800	-0.0000	0.00%	34387		34387		1.1800	1.1772	1.1900	1.1500					
9	CO	中国脐带血库	5.92	-0.06	-1.00%	18911		18911		5.98	5.98	5.99	5.90					
10	CEA	东方航空	26.99	-0.31	-1.14%	11840		11840		27.30	26.94	27.15	26.94					
11	GSH	广深铁路股份	22.79	-0.53	-2.27%	2313		2313		23.32	22.86	22.86	22.73					
12	SNP	中石化	70.09	-2.16	-2.99%	126558		126558		72.25	70.73	70.86	69.72					
13	KGJI	金凰珠宝	1.64	+0.08	5.13%	330648		330648		1.56	1.54	1.64	1.46					
14	DSWL	德斯维尔工业	1.57	-0.03	-1.87%	8873		8873		1.60	1.52	1.58	1.52					
15	SINA	新浪	52.23	-0.73	-1.38%	363946		363946		52.96	52.92	52.92	52.08					
16	SHI	上海石化	47.98	-1.09	-2.22%	4378		4378		49.07	48.23	48.23	47.90					
17	CXDC	鑫达集团	3.56	-0.00	0.00%	3749		3749		3.56	3.52	3.56	3.50					
18	CNIT	中国信息	1.3400	-0.0500	-3.60%	19657		19657		1.3900	1.3600	1.3900	1.3300					
19	CHA	中国电信	45.11	-2.03	-4.31%	25856		25856		47.14	45.29	45.33	45.03					
20	LFC	中国人寿	10.73	-0.29	-2.63%	765201		765201		11.02	10.75	10.78	10.65					
21	SORL	SORL汽车零		-0.00	0.00%					1.78								
22	CEO	中海油	120.53	-3.71	-2.99%	109013		109013		124.24	122.52	122.64	120.50					
23	CGA	绿色农业	1.51	-0.00	0.00%	26942		26942		1.51	1.50	1.54	1.50					
24	HGSH	汉广厦房地产	1.7800	-0.0300	-1.66%	12424		12424		1.8100	1.8100	1.9000	1.7500					
25	SPU	天人果汁	1.74	-0.16	-8.42%	14928		14928		1.90	1.79	1.95	1.70					

图 5－18　中概股报价信息

有精力了解一点美国股市中“中概股”的行情走势也是有益的，尤其是这些股票出现异常震荡的时候，如中概股出现集体暴跌或暴涨行情，可能会影响到国内个股的行情走势。

5.4 基金

大智慧【基金】功能菜单提供了各种基金的报价信息、研报信息和与基金有关的新闻信息，如图 5－19 所示。

序号	代码	名称	最新	涨跌	涨幅	总手	现手	昨收	今开	最高	最低	委买价	委卖价	涨速	总额	振幅
1	502002	500等权B	0.853	[illegible]046	-5.12%	639	613	0.899	0.889	0.889	0.845	0.815	0.859	-1.27%	5.59	4.89%
2	502005	军工B	1.103	[illegible]	[illegible]4.75%	124970	1	1.158	1.141	1.185	1.102	1.102	1.105	-0.45%	1442	7.17%
3	502008	国企改B	0.636	[illegible]	[illegible]	[illegible]	1	0.685	0.676	0.678	0.635	0.636	0.637	-0.63%	365	6.28%
4	502012	证券B	1.185	[illegible]	[illegible]	[illegible]	3	1.284	1.262	1.276	1.183	1.184	1.185	-0.67%	2202	7.24%
5	502015	一带一B	0.392	[illegible]	[illegible]	[illegible]	206	0.424	0.417	0.418	0.390	0.391	0.393	-0.76%	169	6.60%
6	502018	带路B	0.859	[illegible]	[illegible]	[illegible]	1	0.879	0.860	0.862	0.815	0.815	0.861	0.94%	7.09	5.35%
7	502022	国金50B	1.158	-0.033	-2.77%	219	1	1.191	1.160	1.182	1.136	1.101	1.155	1.94%	2.52	3.86%
8	502025	钢铁B	0.603	-0.046	-7.09%	7167	100	0.649	0.638	0.641	0.602	0.602	0.603	-0.17%	44.40	6.01%
9	502028	新丝路B	0.702	-0.008	-1.13%	631	1	0.710	0.685	0.702	0.660	0.660	0.702	6.36%	4.30	5.92%
10	502032	高铁B	0.892	-0.042	-4.50%	1859	10	0.934	0.915	0.915	0.860	0.863	0.892	3.72%	16.67	5.89%
11	502038	网金B	1.094	-0.114	-9.44%	3526	15	1.208	1.185	1.185	1.088	1.088	1.100	-1.00%	40.33	8.03%
12	502042	上50B	0.705	-0.040	-5.37%	1158	100	0.745	0.730	0.742	0.705	0.703	0.705	-3.03%	8.47	4.97%
13	502050	上证50B	1.066	-0.042	-3.79%	21705	40	1.108	1.100	1.100	1.066	1.062	1.068	-0.56%	236	3.07%
14	502055	券商B	0.980	-0.075	-7.11%	62704	250	1.055	1.035	1.050	0.980	0.980	0.981	-0.31%	637	6.64%
15	502058	医疗B	1.059	-0.078	-6.86%	13574	50	1.137	1.121	1.140	1.040	1.059	1.078	0.09%	150	8.80%
16	150009	瑞和远见	0.920	-0.008	-0.86%	147	2	0.928	0.911	0.926	0.895	0.899	0.920	2.34%	1.32	3.34%
17	150013	中证100B	0.939	-0.021	-2.19%	3046	13	0.960	0.958	0.958	0.939	0.939	0.947		28.77	1.98%
18	150017	合润B	1.032	-0.053	-4.88%	10578	354	1.085	1.082	1.082	1.032	1.032	1.040	-0.77%	112	4.61%
19	150019	银华锐进	0.765	-0.049	-6.02%	3281774	85692	0.814	0.796	0.805	0.765	0.764	0.765	-0.52%	25892	4.91%
20	150023	深成指B	0.400	-0.021	-4.99%	1779322	66113	0.421	0.416	0.417	0.400	0.400	0.401	-0.50%	7309	4.04%
21	150029	中证500B	1.186	-0.068	-5.42%	11140	399	1.254	1.250	1.250	1.185	1.185	1.186	-0.34%	136	5.18%
22	150031	中证90B	0.953	-0.049	-4.89%	1764	30	1.002	1.000	1.000	0.953	0.943	0.953		17.22	4.69%
23	150033	多利进取	0.906	-0.015	-1.63%	166	2	0.921	0.912	0.928	0.902	0.900	0.906		1.53	2.82%
24	150037	建信进取	1.349	+0.009	0.67%	12	12	1.340	1.349	1.349	1.349	1.267	1.348		0.16	
25	150040	鼎利B		-0.000	0.00%			1.651				1.648	1.664			

图 5－19 基金报价信息

5.4.1 基金分类及交易规则

投资者可通过【基金】菜单下的各二级菜单切换来查看各分类基金信息。接下来重点介绍【基金】页面提供的各类基金的定义，以便于投资者区分。

（1）封闭式基金：是指基金发起人在设立基金时限定了基金单位的发行总额，筹足总额后，基金即宣告成立，在一定时期内不再接受新的申购和赎回。基金单位的流通采取在证券交易所上市的办法，投资者日后买卖基金单位，都必须通过证券经纪商在二级市场上进行竞价交易。也就是说，投资者可以通过二级市场买卖基金单位，但不能在基金公司申请赎回或新增投资。

（2）开放式基金：是指基金发起人在设立基金时，基金份额总规模不固定，可视投资者的需求，随时向投资者出售基金份额，并可应投资者要求赎回发行在外的基金份额的一种基金运作方式。开放式基金分为上市型开放式基金和契约型开放式基金两种。其中，契约型开放式基金不能在证券交易所交易，只能由投资者与基金公司直接交易，所以不在本书讨论范畴。

上市型开放式基金是指基金单位在证券交易所挂牌交易的证券投资基金，这类基金的交易双方是各个投资者。比如交易型开放式指数基金（ETF）、上市开放式基金（LOF）。

（3）交易型开放式指数基金（ETF）：这是一种在交易所上市交易的、基金份额可变的一种开放式基金。交易型开放式指数基金结合了封闭式基金和开放式基金的运作特点，投资者既可以向基金管理公司申购或赎回基金份额，不过申购赎回必须以一揽子股票换取基金份额或者以基金份额换回一揽子股票，同时又可以像封闭式基金一样在二级市场上按市场价格买卖 ETF 份额，其交易手续与股票完全相同，投资者可以根据交易所当日定时刷新（通常为每间隔 15 秒）提供的基金净值估值变化情况，即时了解基金净值并据此交易。

由于同时存在证券市场交易和申购赎回机制，投资者可以在 ETF 市场价格与基金单位净值之间存在差价时进行套利交易。套利机制的存在，使得 ETF 避免了封闭式基金普遍存在的折价问题。

（4）上市开放式基金（LOF）：是一种既可以用现金通过股票账户买卖，又可以向基金公司申购或赎回的基金。

（5）T+0 货币基金：是一种能够实现当日申请赎回、当日资金到账的基金。这类基金拥有极佳的流动性。

（6）分级基金：又叫结构型基金，是指在一个投资组合下，通过对基金收益或净资产的分解，形成两级（或多级）风险收益表现有一定差异的基金份额的基金品种。它的主要特点是将基金产品分为两类或多类份额，分别给予不同的收益分配。

例如，某一基金品种分为 A、B 两级，其中持有 A 类份额的投资者可以享有约定比例的分红；持有 B 类份额的投资者，将会享有该类基金的投资收益，但也要承担风险。例如图 5－19 给出的基金报价信息，就属于分级基金中的 B 类份额。

5.4.2 分级基金套利

分级基金套利，是指利用分级基金中母基金与基金 A、基金 B 分拆交易过程中产生的折价、溢价进行套利交易。

分级基金套利主要有两个方向：一是基金 A 和基金 B 的市场价格低于母基金的净值，可以考虑在市场内买入同配比的基金 A 和基金 B，然后合并成母基金再赎回；二是基金 A 和基金 B 的市场价格高于母基金的净值，则可以考虑在市场内买入母基金，然后拆分后卖出基金 A 和基金 B。

在进行套利操作时，要考虑以下两个因素。

（1）时间因素。基金的申购与赎回都是有一定时间限制的，至少要 3 个交易日才能完成，而这期间市场是不停地变化的，什么情况都有可能出现。

（2）交易佣金与费用。基金的赎回需要费用，一些基金的申购也需要费用。只有母基金与基金 A 和基金 B 之间的价差高于申购赎回费用时，才有套利操作的空间。

点击【基金】|【基金套利】，即可查看分级基金的报价情况，如图 5－20 所示。

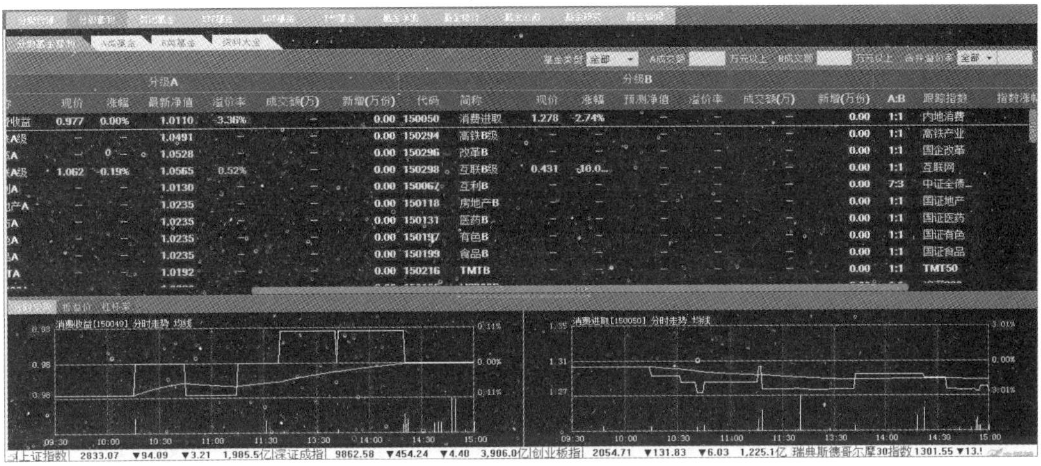

图 5－20　【基金】|【基金套利】

5.5　商品

大智慧【商品】功能菜单不仅提供了各种商品期货的报价信息，还提供了部分海外市场商品期货的报价信息，如图 5－21 所示。

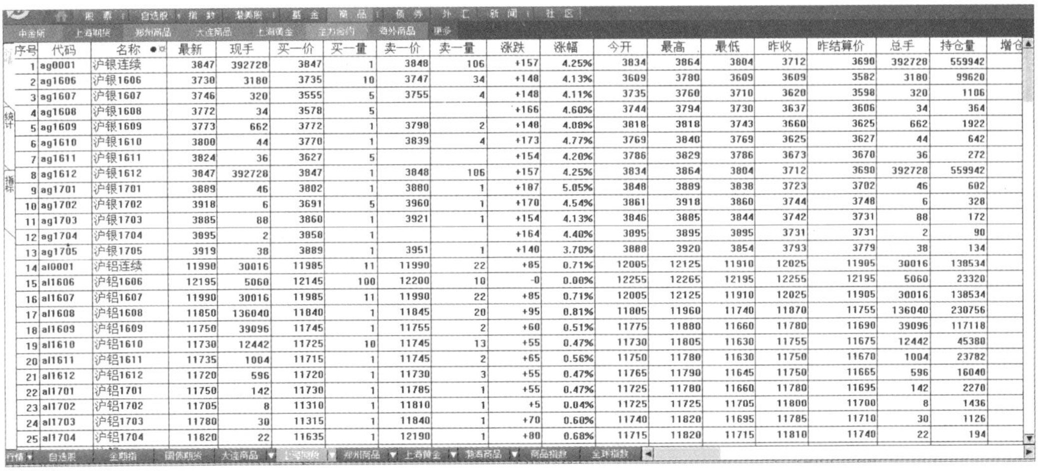

序号	代码	名称	最新	现手	买一价	买一量	卖一价	卖一量	涨跌	涨幅	今开	最高	最低	昨收	昨结算价	总手	持仓量	增仓
1	ag0001	沪银连续	3847	392728	3847	1	3848	106	+157	4.25%	3834	3864	3804	3712	3690	392728	559942	
2	ag1606	沪银1606	3730	3180	3735	10	3747	34	+148	4.13%	3609	3780	3609	3609	3582	3180	99620	
3	ag1607	沪银1607	3746	320	3555	5	3755	4	+148	4.11%	3735	3760	3710	3620	3598	320	1106	
4	ag1608	沪银1608	3772	34	3578	5			+166	4.60%	3744	3794	3730	3637	3606	34	364	
5	ag1609	沪银1609	3773	662	3772	1	3798	2	+148	4.08%	3818	3818	3743	3660	3625	662	1922	
6	ag1610	沪银1610	3800	44	3770	1	3839	4	+173	4.77%	3769	3840	3769	3625	3627	44	642	
7	ag1611	沪银1611	3824	36	3627	5			+154	4.20%	3786	3829	3786	3673	3670	36	272	
8	ag1612	沪银1612	3847	392728	3847	1	3848	106	+157	4.25%	3834	3864	3804	3712	3690	392728	559942	
9	ag1701	沪银1701	3889	46	3802	1	3880	1	+187	5.05%	3848	3889	3838	3723	3702	46	602	
10	ag1702	沪银1702	3918	6	3691	5	3960	1	+170	4.54%	3861	3918	3860	3744	3748	6	328	
11	ag1703	沪银1703	3885	88	3860	1	3921	1	+154	4.13%	3846	3885	3844	3742	3731	88	172	
12	ag1704	沪银1704	3895	2	3858	1			+164	4.40%	3895	3895	3895	3731	3731	2	90	
13	ag1705	沪银1705	3919	38	3889	1	3951	1	+140	3.70%	3888	3920	3854	3793	3779	38	134	
14	al0001	沪铝连续	11990	30016	11985	11	11990	22	+85	0.71%	12005	12125	11910	12025	11905	30016	138534	
15	al1606	沪铝1606	12195	5060	12145	100	12200	10	-0	0.00%	12255	12265	12195	12255	12195	5060	23320	
16	al1607	沪铝1607	11990	30016	11985	11	11990	22	+85	0.71%	12005	12125	11910	12025	11905	30016	138534	
17	al1608	沪铝1608	11850	136040	11840	1	11845	20	+95	0.81%	11805	11960	11740	11870	11755	136040	230756	
18	al1609	沪铝1609	11750	39096	11745	1	11755	2	+60	0.51%	11775	11880	11660	11780	11690	39096	117118	
19	al1610	沪铝1610	11730	12442	11725	10	11745	13	+55	0.47%	11730	11805	11630	11755	11675	12442	45380	
20	al1611	沪铝1611	11735	1004	11715	1	11745	2	+65	0.56%	11750	11780	11630	11750	11670	1004	23782	
21	al1612	沪铝1612	11720	596	11720	1	11730	3	+55	0.47%	11765	11790	11645	11750	11665	596	16040	
22	al1701	沪铝1701	11750	142	11730	1	11785	1	+55	0.47%	11725	11780	11660	11780	11695	142	2270	
23	al1702	沪铝1702	11705	8	11310	1	11810	1	+5	0.04%	11725	11725	11705	11800	11700	8	1436	
24	al1703	沪铝1703	11780	30	11315	1	11840	1	+70	0.60%	11740	11820	11695	11785	11710	30	1126	
25	al1704	沪铝1704	11820	22	11635	1	12190	1	+80	0.68%	11715	11820	11715	11810	11740	22	194	

图 5－21　上海期货交易所报价信息

5.5.1 商品期货报价

点击【商品】功能菜单下的各二级菜单，可以逐项查看中国金融期货交易所、郑州商品交易所、大连商品交易所、上海黄金期货交易所等期货交易所的期货品种报价信息。

期货交易与股票交易不同，很多商品的价格是与国际市场联动的，而且有一些期货商品是夜间开盘的。因交易的期货品种不同，目前从事期货交易的交易所主要包括中金所、津贵所、上期所、大商所、郑商所以及境外期货交易所等。

其实，不光期货投资者需要关注期货报价信息，即使是股票投资者，也需要对期货市场的整体走势有所了解。因为期货市场商品价格的波动，也可能对某些上市公司的股票价格产生影响。例如，钢材期货的价格变化，可能会对钢铁现货价格造成冲击，进而对钢铁板块的个股走势产生一定的影响。

5.5.2 股指期货

股指期货全称是股票价格指数期货，是指以股价指数为标的物的标准化期货合约，双方约定在未来某个特定日期，按照事先确定的股价指数高低进行标的指数的买卖。目前，股指期货的交易时间与股市交易时间基本同步，但股指期货的走势往往会对股市大盘指数造成一定的影响。

以往的经验表明：当股指期货开始拉升时，股市大盘也会随之上涨，反之亦然。对于短线投资者而言，适当关注一下股指期货走势，对于预判大盘走势非常有帮助。尽管股指期货品种较多，但总体走势与股市大盘还是比较一致的。对大盘走势影响最为直接的，往往是距离交割期最近的股指期货合约。

点击【商品】｜【中金所】，即可看到股指期货品种的报价信息，如图 5－22 所示。

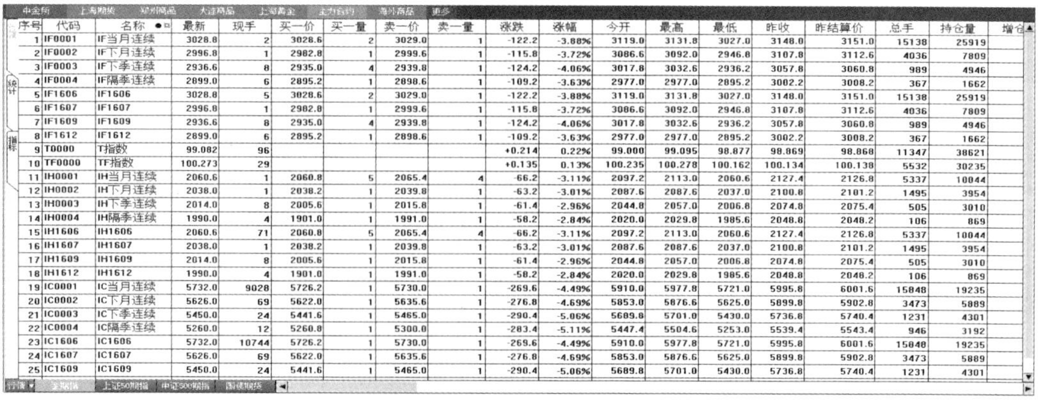

序号	代码	名称	最新	现手	买一价	买一量	卖一价	卖一量	涨跌	涨幅	今开	最高	最低	昨收	昨结算价	总手	持仓量	增仓
1	IF0001	IF当月连续	3028.8	2	3028.6	2	3029.0	1	-122.2	-3.88%	3119.0	3131.8	3027.0	3148.0	3151.0	15138	25919	
2	IF0002	IF下月连续	2996.8	1	2982.8	1	2999.6	1	-115.8	-3.72%	3086.6	3092.0	2946.8	3107.8	3112.6	4036	7809	
3	IF0003	IF下季连续	2936.6	8	2935.0	4	2939.8	1	-124.2	-4.06%	3017.8	3032.6	2936.2	3057.8	3060.8	989	4946	
4	IF0004	IF隔季连续	2899.0	6	2895.2	1	2898.6	1	-109.2	-3.63%	2977.0	2977.0	2895.2	3002.2	3008.2	367	1662	
5	IF1606	IF1606	3028.8	5	3028.6	2	3029.0	1	-122.2	-3.88%	3119.0	3131.8	3027.0	3148.0	3151.0	15138	25919	
6	IF1607	IF1607	2996.8	1	2982.8	1	2999.6	1	-115.8	-3.72%	3086.6	3092.0	2946.8	3107.8	3112.6	4036	7809	
7	IF1609	IF1609	2936.6	8	2935.0	4	2939.8	1	-124.2	-4.06%	3017.8	3032.6	2936.2	3057.8	3060.8	989	4946	
8	IF1612	IF1612	2899.0	6	2895.2	1	2898.6	1	-109.2	-3.63%	2977.0	2977.0	2895.2	3002.2	3008.2	367	1662	
9	T0000	T指数	99.082	96					+0.214	0.22%	99.000	99.095	98.877	98.869	98.868	11347	38621	
10	TF0000	TF指数	100.273	29					+0.135	0.13%	100.235	100.278	100.162	100.134	100.138	5532	30235	
11	IH0001	IH当月连续	2060.6	1	2060.8	5	2065.4	4	-66.2	-3.11%	2097.2	2113.0	2060.6	2127.4	2126.8	5337	10044	
12	IH0002	IH下月连续	2038.0	1	2038.2	1	2039.8	1	-63.2	-3.01%	2087.6	2087.6	2037.0	2100.8	2101.2	1495	3954	
13	IH0003	IH下季连续	2014.0	8	2005.6	1	2015.8	1	-61.4	-2.96%	2044.8	2057.0	2006.8	2074.8	2075.4	505	3010	
14	IH0004	IH隔季连续	1990.0	4	1901.0	1	1991.0	1	-58.2	-2.84%	2020.0	2029.8	1985.6	2048.8	2048.2	106	869	
15	IH1606	IH1606	2060.6	71	2060.8	5	2065.4	4	-66.2	-3.11%	2097.2	2113.0	2060.6	2127.4	2126.8	5337	10044	
16	IH1607	IH1607	2038.0	1	2038.2	1	2039.8	1	-63.2	-3.01%	2087.6	2087.6	2037.0	2100.8	2101.2	1495	3954	
17	IH1609	IH1609	2014.0	8	2005.6	1	2015.8	1	-61.4	-2.96%	2044.8	2057.0	2006.8	2074.8	2075.4	505	3010	
18	IH1612	IH1612	1990.0	4	1901.0	1	1991.0	1	-58.2	-2.84%	2020.0	2029.8	1985.6	2048.8	2048.2	106	869	
19	IC0001	IC当月连续	5732.0	9028	5726.2	1	5730.0	1	-269.6	-4.49%	5910.0	5977.8	5721.0	5995.8	6001.6	15848	19235	
20	IC0002	IC下月连续	5626.0	69	5622.0	1	5635.6	1	-276.8	-4.69%	5853.0	5876.6	5625.0	5899.8	5902.8	3473	5889	
21	IC0003	IC下季连续	5450.0	24	5441.6	1	5465.0	1	-290.4	-5.06%	5689.8	5701.0	5430.0	5736.8	5740.4	1231	4301	
22	IC0004	IC隔季连续	5260.0	12	5260.8	1	5300.0	1	-283.4	-5.11%	5447.4	5504.6	5253.0	5539.4	5543.4	946	3192	
23	IC1606	IC1606	5732.0	10744	5726.2	1	5730.0	1	-269.6	-4.49%	5910.0	5977.8	5721.0	5995.8	6001.6	15848	19235	
24	IC1607	IC1607	5626.0	69	5622.0	1	5635.6	1	-276.8	-4.69%	5853.0	5876.6	5625.0	5899.8	5902.8	3473	5889	
25	IC1609	IC1609	5450.0	24	5441.6	1	5465.0	1	-290.4	-5.06%	5689.8	5701.0	5430.0	5736.8	5740.4	1231	4301	

图 5－22　股指期货报价信息

5.6 债券

本功能旨在向投资者提供各类债券的交易信息，便于投资者参考。点击大智慧【债券】菜单栏，即可进入债券页面，如图 5－23 所示。

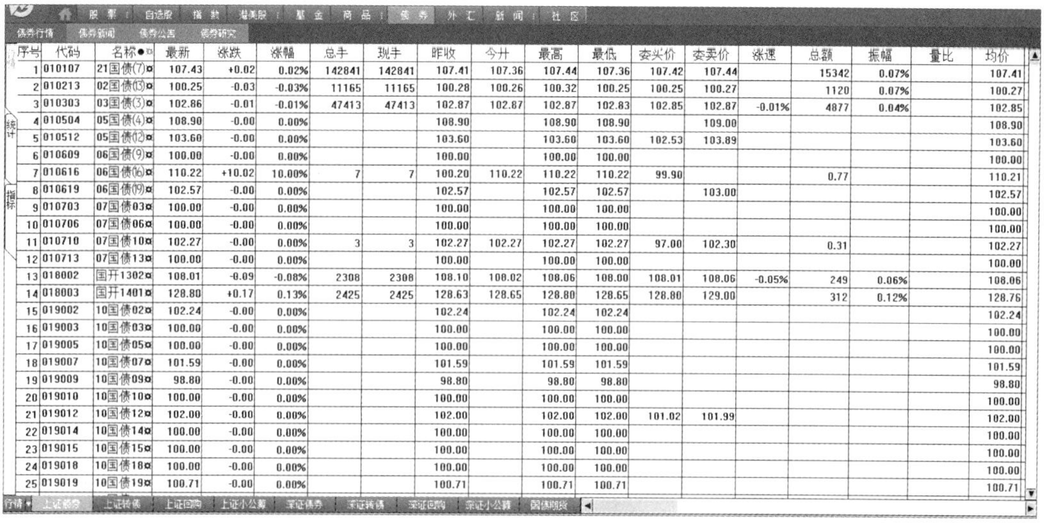

序号	代码	名称	最新	涨跌	涨幅	总手	现手	昨收	今开	最高	最低	委买价	委卖价	涨速	总额	振幅	量比	均价
1	010107	21国债(7)¤	107.43	+0.02	0.02%	142841	142841	107.41	107.36	107.44	107.36	107.42	107.44		15342	0.07%		107.41
2	010213	02国债(13)¤	100.25	-0.03	-0.03%	11165	11165	100.28	100.26	100.32	100.25	100.25	100.27		1120	0.07%		100.27
3	010303	03国债(3)¤	102.86	-0.01	-0.01%	47413	47413	102.87	102.87	102.87	102.83	102.85	102.87	-0.01%	4877	0.04%		102.85
4	010504	05国债(4)¤	108.90	-0.00	0.00%			108.90		108.90	108.90		109.00					108.90
5	010512	05国债(12)¤	103.60	-0.00	0.00%			103.60		103.60	103.60	102.53	103.89					103.60
6	010609	06国债(9)¤	100.00	-0.00	0.00%			100.00		100.00	100.00							100.00
7	010616	06国债(16)¤	110.22	+10.02	10.00%	7	7	100.20	110.22	110.22	110.22	99.90			0.77			110.21
8	010619	06国债(19)¤	102.57	-0.00	0.00%			102.57		102.57	102.57		103.00					102.57
9	010703	07国债03¤	100.00	-0.00	0.00%			100.00		100.00	100.00							100.00
10	010706	07国债06¤	100.00	-0.00	0.00%			100.00		100.00	100.00							100.00
11	010710	07国债10¤	102.27	-0.00	0.00%	3	3	102.27	102.27	102.27	102.27	97.00	102.30		0.31			102.27
12	010713	07国债13¤	100.00	-0.00	0.00%			100.00		100.00	100.00							100.00
13	018002	国开1302¤	108.01	-0.09	-0.08%	2308	2308	108.10	108.02	108.06	108.00	108.01	108.06	-0.05%	249	0.06%		108.06
14	018003	国开1401¤	128.80	+0.17	0.13%	2425	2425	128.63	128.65	128.80	128.65	128.80	129.00		312	0.12%		128.76
15	019002	10国债02¤	102.24	-0.00	0.00%			102.24		102.24	102.24							102.24
16	019003	10国债03¤	100.00	-0.00	0.00%			100.00		100.00	100.00							100.00
17	019005	10国债05¤	100.00	-0.00	0.00%			100.00		100.00	100.00							100.00
18	019007	10国债07¤	101.59	-0.00	0.00%			101.59		101.59	101.59							101.59
19	019009	10国债09¤	98.80	-0.00	0.00%			98.80		98.80	98.80							98.80
20	019010	10国债10¤	100.00	-0.00	0.00%			100.00		100.00	100.00							100.00
21	019012	10国债12¤	102.00	-0.00	0.00%			102.00		102.00	102.00	101.02	101.99					102.00
22	019014	10国债14¤	100.00	-0.00	0.00%			100.00		100.00	100.00							100.00
23	019015	10国债15¤	100.00	-0.00	0.00%			100.00		100.00	100.00							100.00
24	019018	10国债18¤	100.00	-0.00	0.00%			100.00		100.00	100.00							100.00
25	019019	10国债19¤	100.71	-0.00	0.00%			100.71		100.71	100.71							100.71

图 5－23　债券报价信息

【债券】行情页面的查看方式与股票行情相似，如图 5－23 所示，只不过债券买卖交易量为 10 张债券，而不像股票为 100 股（1 手）；债券交易执行“T+0”交易规则，即当日买入，当日可以卖出。

接下来重点介绍【债券】页面提供的各类债券的定义，以便于投资者区分。

（1）债券：是政府、金融企业、工商企业等机构直接向社会借债筹措资金时向投资者发行，承诺按一定利率支付利息并按约定条件偿还本金的债权债务凭证。当债券符合一定的条件，经政府管理部门批准后，可以在交易所上市交易，称为上市债券，也叫挂牌券。因债券交易场所不同，可以分为上证债券、深证债券。

（2）国债：是国家以其信用为基础发行的债券品种，在所有证券品种中具有最高的信用度，被公认为最安全的投资工具。

目前国内可供普通投资者购买的国债有两种。一种是凭证式国债，这种国债不可以买卖交易。投资者购买后，必须持有到期才能得到票面利率对应的利息，提前赎回利息很低，还要支付给银行本金 0.1%的手续费。另一种是记账式国债，这种国债可以自由交易，价格也可以上下浮动。在证券交易所上市的国债都是记账式国债品种。

（3）地方债：除了国债之外，各级地方政府也会发行一些地方政府债券。地方政府债券曾经在 1993 年被叫停，为了应对国际金融危机，从 2009 年 3 月开始，地方政府债券恢复发行。

（4）公司债：是一些大型企业依照法定程序发行的债券品种。与国债不同，企业债以企业信用为担保，投资者在购买时，需要承担公司经营不善而无法偿还或无法按时偿还的风险。企业债的利率一般要高于同期发行、期限相同的国债。

（5）小公募债：是一些企业面向合格投资者依照法定程序发行的债券品种。小公募债作为企业债的一种形式，目前只向各类金融机构和金融资产达到300万元以上的个人投资者发行。

（6）可转债：是指能够转换成股票的企业债券，兼有股票和债券的双重属性。可转债一般会规定转股价格和转股日期。债券持有人可以选择持有债券到期，获取公司支付的本金和利息；也可以选择在转股日期内将债券转换成股票，享受股利分红或资本增值。

（7）回购：主要指国债回购交易，实质上是一种以交易所挂牌国债作为质押拆借资金的信用行为。具体是指交易所挂牌的国债现货持有方（融资者、资金需求方）以持有的证券作为质押，获得一定期限内的资金使用权，期满后归还借贷的资金并按约定支付一定的利息。资金的贷出方（融券方、资金供应方）则暂时放弃相应资金的使用权，从而获得融资方的证券质押权，并于回购期满时归还对方质押的证券，收回融出资金并获得一定的利息。

债券回购有封闭式回购（债券质押式回购）和开放式回购（债券买断式回购）。根据规则，只有机构投资者方可从事债券买断式回购交易，个人投资者可以参与质押式回购（实行标准券制度的债券回购）。

（8）贴债：即贴现债券，是指在票面上不规定利率，发行时按某一折扣率以低于票面金额的价格发行，到期按面额偿还本金的债券。

5.7 外汇

本功能旨在帮助投资者了解国际外汇市场的基本行情。点击大智慧【外汇】菜单栏，即可进入外汇报价页面，如图5－24所示。

汇率的轻微变动，一般对股市不会有实质性的影响。若主要货币汇率出现巨幅波动，则可能会对国际贸易、黄金市场、大宗商品市场产生冲击，进而影响股市走势。

5.8 新闻

借助本功能，投资者可以快速浏览各类财经信息、投资机会等信息。点击大智慧【新闻】菜单栏，即可进入新闻页面，如图5－25所示。

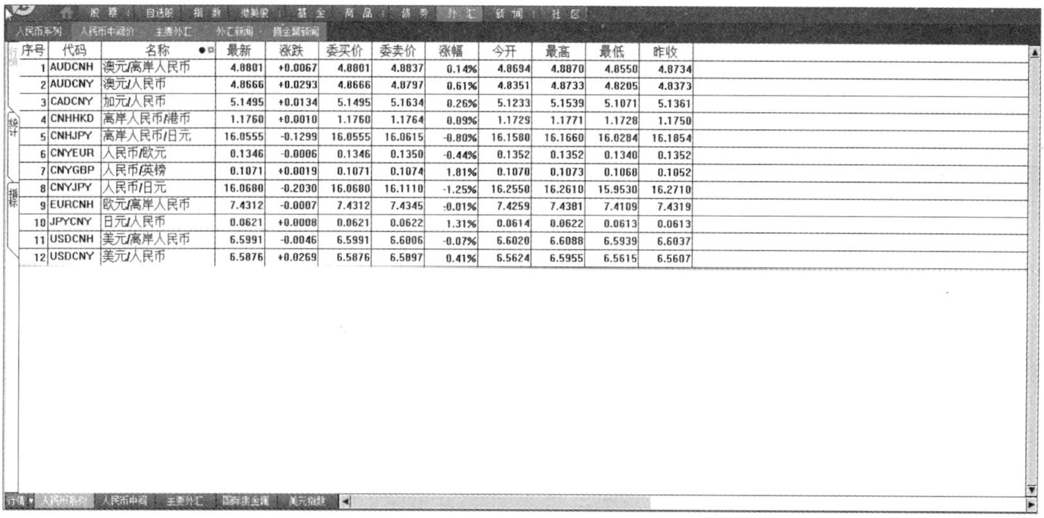

序号	代码	名称	最新	涨跌	委买价	委卖价	涨幅	今开	最高	最低	昨收
1	AUDCNH	澳元/离岸人民币	4.8801	+0.0067	4.8801	4.8837	0.14%	4.8694	4.8870	4.8550	4.8734
2	AUDCNY	澳元/人民币	4.8666	+0.0293	4.8666	4.8797	0.61%	4.8351	4.8733	4.8205	4.8373
3	CADCNY	加元/人民币	5.1495	+0.0134	5.1495	5.1634	0.26%	5.1233	5.1539	5.1071	5.1361
4	CNHHKD	离岸人民币/港币	1.1760	+0.0010	1.1760	1.1764	0.09%	1.1729	1.1771	1.1728	1.1750
5	CNHJPY	离岸人民币/日元	16.0555	-0.1299	16.0555	16.0615	-0.80%	16.1580	16.1660	16.0284	16.1854
6	CNYEUR	人民币/欧元	0.1346	-0.0006	0.1346	0.1350	-0.44%	0.1352	0.1352	0.1340	0.1352
7	CNYGBP	人民币/英镑	0.1071	+0.0019	0.1071	0.1074	1.81%	0.1070	0.1073	0.1068	0.1052
8	CNYJPY	人民币/日元	16.0680	-0.2030	16.0680	16.1110	-1.25%	16.2550	16.2610	15.9530	16.2710
9	EURCNH	欧元/离岸人民币	7.4312	-0.0007	7.4312	7.4345	-0.01%	7.4259	7.4381	7.4109	7.4319
10	JPYCNY	日元/人民币	0.0621	+0.0008	0.0621	0.0622	1.31%	0.0614	0.0622	0.0613	0.0613
11	USDCNH	美元/离岸人民币	6.5991	-0.0046	6.5991	6.6006	-0.07%	6.6020	6.6088	6.5939	6.6037
12	USDCNY	美元/人民币	6.5876	+0.0269	6.5876	6.5897	0.41%	6.5624	6.5955	6.5615	6.5607

图 5－24　外汇报价信息

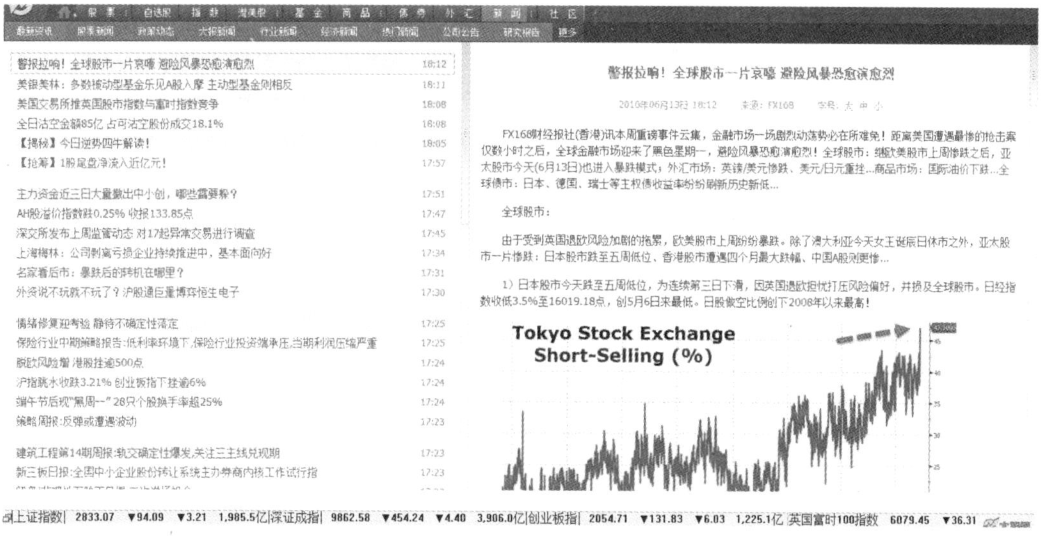

图 5－25　新闻页面

【新闻】功能可以在以下方面支持投资者的投资活动。

（1）重点关注与所关注股票、板块相关的财经信息。

（2）快速浏览当天的财经要闻，了解国内、国际经济动态。

（3）掌握对股市或大盘可能有影响的重要信息。

5.9　社区

大智慧的【社区】功能菜单主要包括【社区】和【财富俱乐部】两项子功能。

5.9.1 社区

点击大智慧【社区】菜单，系统默认进入【社区】子功能菜单，如图 5 – 26 所示。

图 5 – 26 大智慧【社区】菜单

通过【社区】功能，投资者可以获得以下几个方面的信息。

(1) 其他投资者或专业投资者对于市场、板块、个股的观点和看法。系统会将有代表性或专业性的观点、文章推荐至首页位置，以便于投资者阅读。

(2) 提供跟踪专业作者的途径。投资者可利用【社区】页面右侧【推荐关注】功能，查看各专业作者的文章并将其列为关注对象。

投资者若想发表个人的见解或看法，可以点击【社区】页面顶部的【个人中心】按钮，如图 5 – 27 所示。

在【个人中心】页面，投资者可以在微博区域编写微博并点击发送，这与通过其他平台发布微博的方法相同。同时，新发布的微博会显示在【社区】页面下面的最新微博区域。若投资者发布的内容超过了 140 个字，则可点击微博编写框下方的【长微博】按钮，这样就可以发表更多字数的微博了。

5.9.2 财富俱乐部

点击大智慧【社区】|【财富俱乐部】，系统会转入如图 5 – 28 所示的页面。

【财富俱乐部】页面向投资者提供了多种学习、提升功能，这些功能包括如下几类。

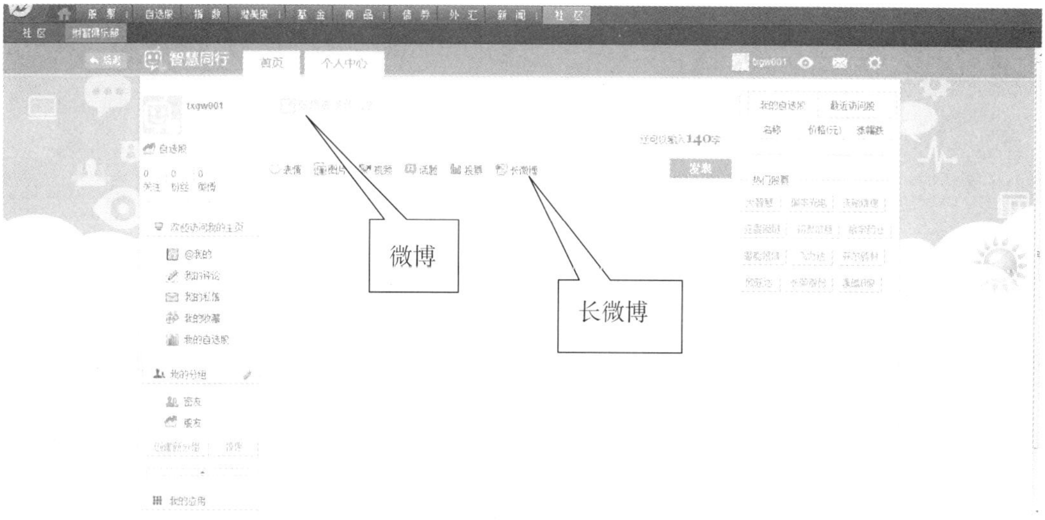

图 5－27 【社区】|【个人中心】

图 5－28 【社区】|【财富俱乐部】

（1）学习投资知识。投资者可以通过点击【新手入门】【视屏教学】【高手训练营】【名师讲堂】等按钮，学习各板块的相关知识。

（2）了解个股的【路演】信息。路演，这里是指借助网络向投资者展示投资理财产品、拟上市公司投资价值的一种互动方式。在路演进行时，投资者可以借助大智慧路演功能向在场嘉宾提问，如图 5－29 所示。

（3）疑问处理。投资者可以通过查询大智慧【常见问题】，自行解决在使用大智慧软件时遇到的一些常见问题。

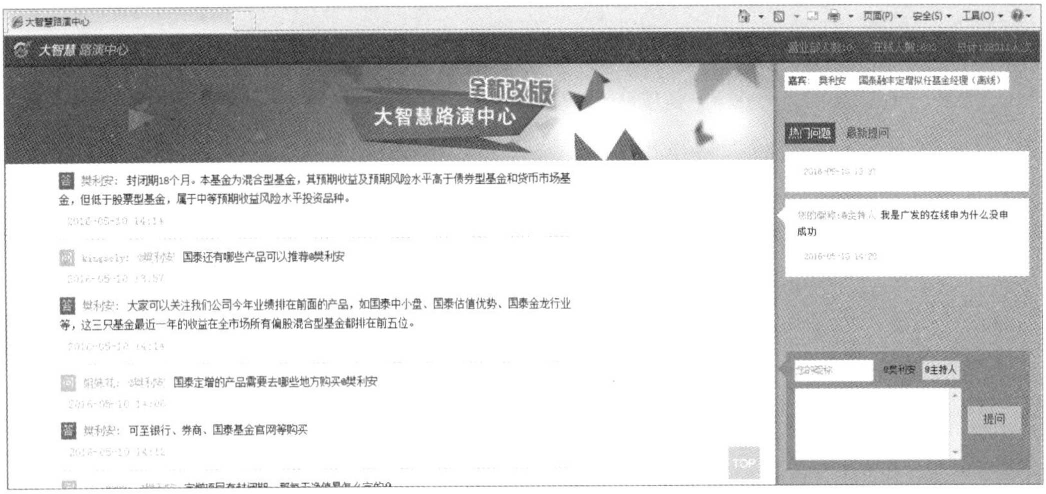

图 5－29　大智慧路演中心

第六章

技术分析工具

大智慧软件提供了多种技术分析工具。进入个股【技术分析】页面后，将鼠标移至页面顶部位置，可以查看技术分析快捷工具条，如图 6－1 所示。

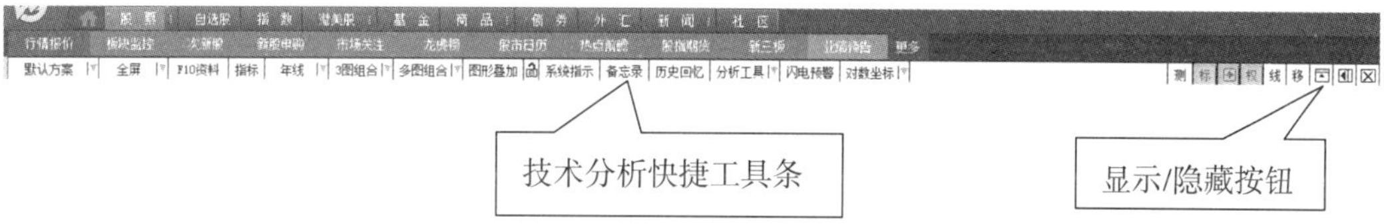

图 6－1　技术分析快捷工具条

系统默认该快捷工具条为隐藏设置。也就是说，未经修改设置之前，投资者需要将鼠标移至 K 线图顶部位置，该快捷工具条才会显示出来，否则该快捷工具条处于隐藏状态。点击快捷工具条右端的按钮，可以将快捷工具条设置为“显示”状态。

6.1　技术分析

点击大智慧快捷工具条的【技术分析】下拉菜单，将会看到大智慧系统提供的各类技术分析方法，如图 6－2 所示。

在“默认方案”状态下，系统将会提供分时走势、技术分析、基本资料、主题诊断、成交明细、逐笔成交、分价表、ABH 对比、全屏、分时成交等子功能。若投资者将系统默认方案设置成“LeveL2 默认”，将会从【技术分析】的下拉菜单中看到更多功能。不过，若投资者不是付费用户，这些功能都是无法使用的。分时成交、逐笔成

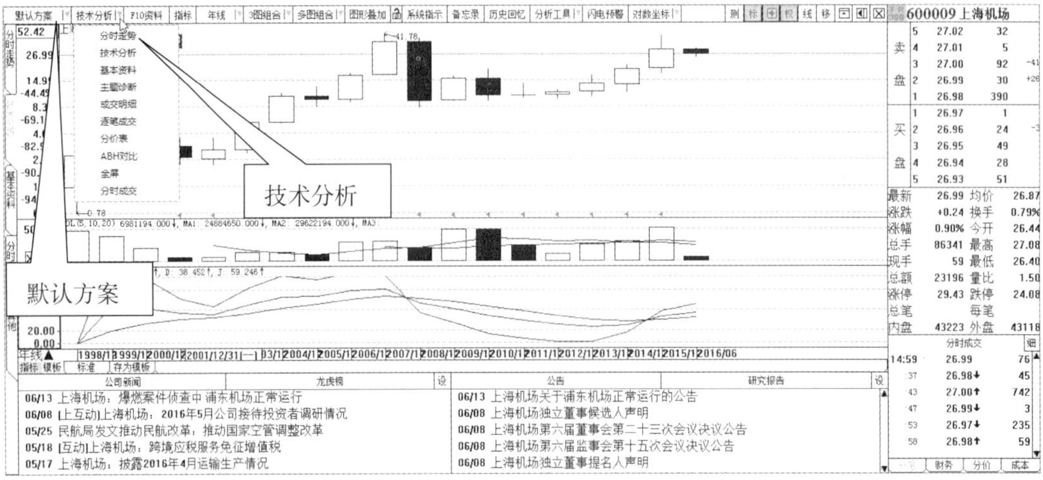

图 6－2　技术分析

交与成交明细在大智慧软件免费版中会指向同一页面，后面不再单独讲述。

6.1.1　分时走势

分时走势是指大盘或个股的动态实时（即时）走势图。分时图可以直观地反映股价与成交量变化的每个瞬间，在股票实战中拥有重要的地位。

进入分时图的方法包括以下三种。

（1）选中某只股票或者在查看某只股票的其他分析信息时，双击该股票名称，或点击鼠标右键并在快捷菜单中选择【打开】，如图 6－3 所示。

（2）查看某只股票的其他分析信息时，点击页面左侧【分时走势】选项卡，或点击快捷工具条中的【技术分析】｜【分时走势】即可，如图 6－4 所示。

图 6－3　【打开】分时走势

图 6－4　【打开】分时走势

（3）在大智慧顶部搜索条内输入股票代码或拼音首拼，然后选中该股，双击或按回车键，就可以进入该股的分时走势界面，如图 6－5 所示。

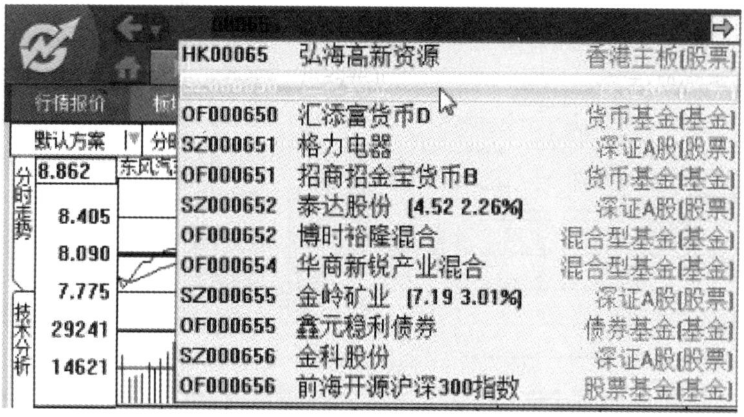

图 6－5　直接输入股票代码或拼音首拼进入【分时走势】界面

分时走势的分析方法和技巧非常多，本书将在后面的“大智慧实战看盘”部分详细讲述。

6.1.2　技术分析

大智慧【技术分析】页面由 K 线图、成交量图、技术指标走势图、消息平台、快捷工具条、盘口以及成交数据等几部分构成，如图 6－6 所示。

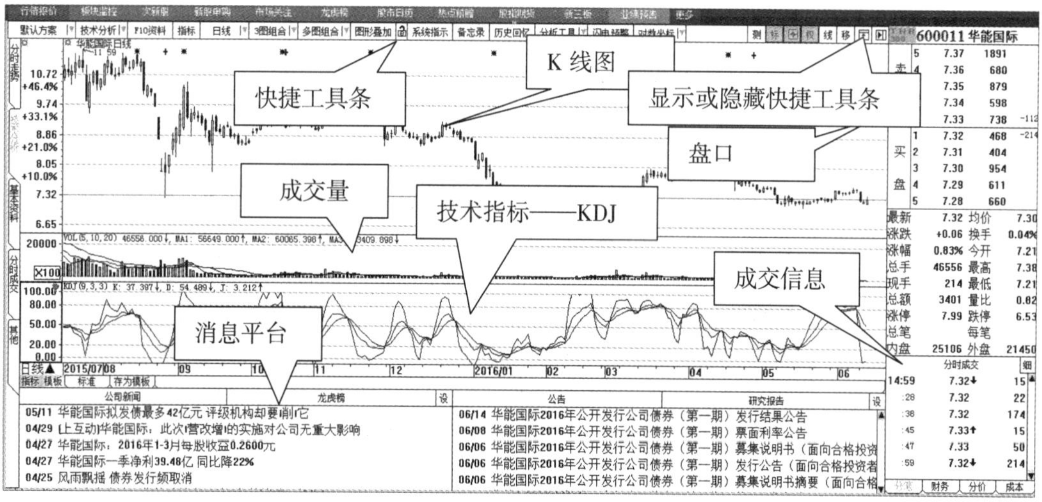

图 6－6　大智慧【技术分析】页面

进入技术分析走势图的方法包括以下两种。

（1）在分时走势图界面点击页面左侧的【技术分析】功能选项卡，如图 6－7 所示。

（2）查看某只股票的其他分析信息时，点击快捷工具条中的【技术分析】即

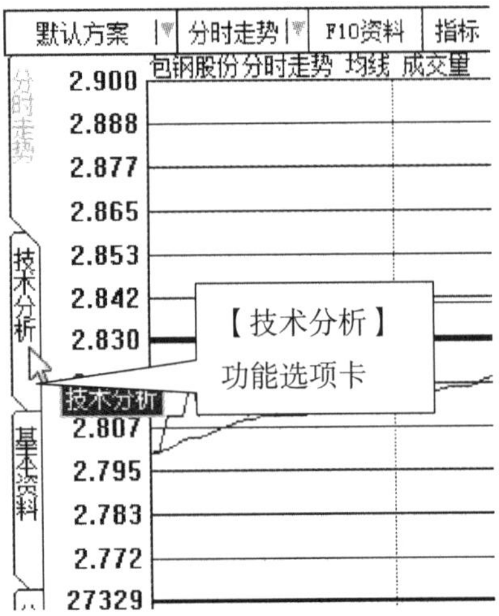

图 6－7　借助功能选项卡进入

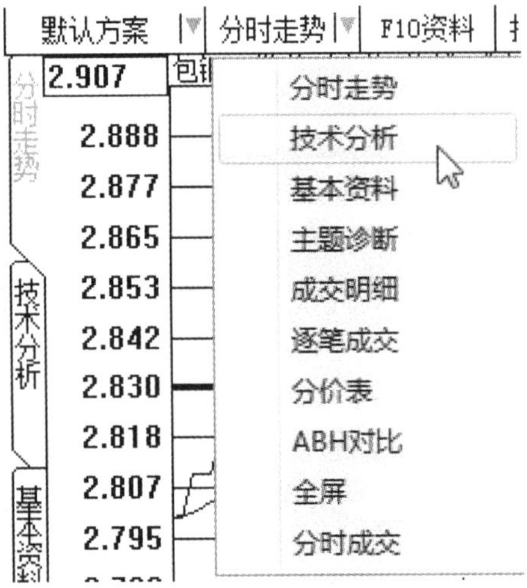

图 6－8　直接点击【技术分析】进入

可，如图 6－8 所示。

技术分析是大智慧软件的核心功能之一，其涵盖的分析方法和技巧非常多，本书将在后面的“大智慧技术分析”部分详细讲述。

6.1.3　主题诊断

大智慧【主题诊断】页面由主题分析、主题新闻、主题板块、个股报价等几个部分组成。投资者可在分时走势图或技术分析图界面点击快捷工具条【技术分析】，在下拉菜单中选择【主题诊断】进入本功能，如图 6－9、图 6－10 所示。

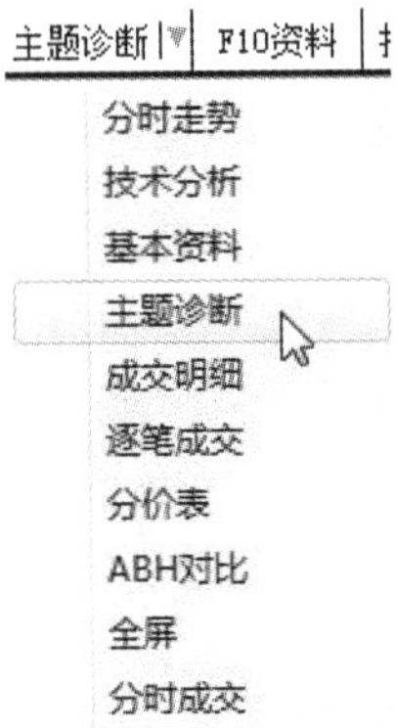

图 6－9　主题诊断

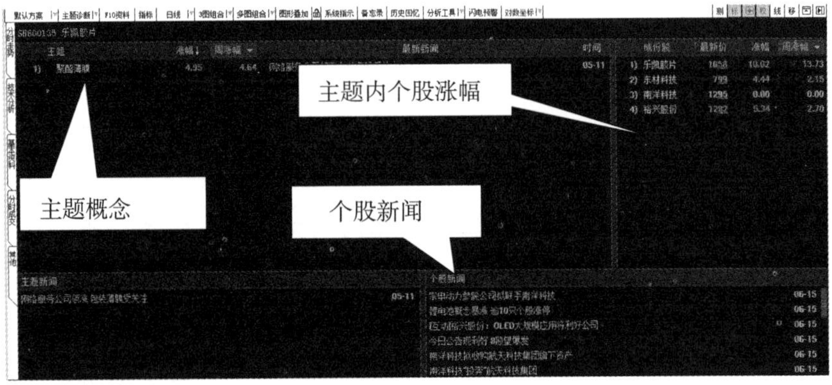

图 6－10　【主题诊断】页面

股市中主题炒作、概念炒作、板块炒作非常流行，因此投资者尤其是短线投资者在买入股票之前，还是要考虑一下个股所属的主题。【主题诊断】页面展示该股属于哪些概念题材，并进行了相应的说明。主题板块内个股的报价信息，可以让投资者了解所查看个股在板块内部的表现情况。

强者恒强，是股市永恒的定律。投资者如果因某一主题买入个股，则要考虑拟购入股票在主题板块内是否属于龙头股或领涨股。当然，某日的涨幅情况也许并不能反映该股是否属于领涨股，但若在一周内的涨幅明显大于板块内其他个股，则可以帮助判断该股属于领涨股。

6.1.4 成交明细

本功能可以向投资者提供每笔交易的时间、数量、价格等信息。投资者选中某只股票或者在查看某只股票的其他分析信息时，点击快捷工具条【技术分析】，在下拉菜单中选择【成交明细】，即可进入该页面。或者在分时走势、技术分析界面点击左侧【分时成交】选项卡，如图 6－11、图 6－12 所示。

图 6－11 成交明细

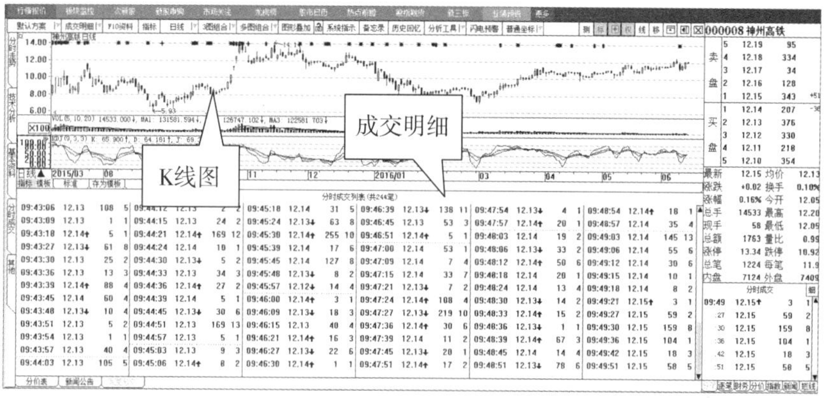

图 6－12 成交明细页面

通过向下或向上滚动鼠标，可以反复查看当天该股的详细成交明细。【成交明细】可以帮助投资者查看当天的交易细节。查看成交明细时，特别要重视大单尤其是超级大单的成交信息，仔细确认这些大单出现的时间、价格以及成交手数等信息。

对于投资者来说，【成交明细】功能有如下两点价值。

（1）帮助投资者回顾每个交易细节。投资者可以通过滚动鼠标来查看每个交易细节。

（2）研判股价与成交量异动的关键环节。投资者在看盘时，若发现某一时段某只股票的股价和成交量出现异常，可以借助【成交明细】功能回顾该时段的详细交易信息，尤其是大单成交信息，研判股价异动背后的成交情况。

6.1.5 分价表

本功能以价格为核心，向投资者展示当日交易的价格、成交量分布信息，这一功能在某种程度上与筹码分布相似。投资者选中某只股票或在查看某只股票的其他分析信息时，可以点击快捷工具条【技术分析】，在下拉菜单中选择【分价表】进

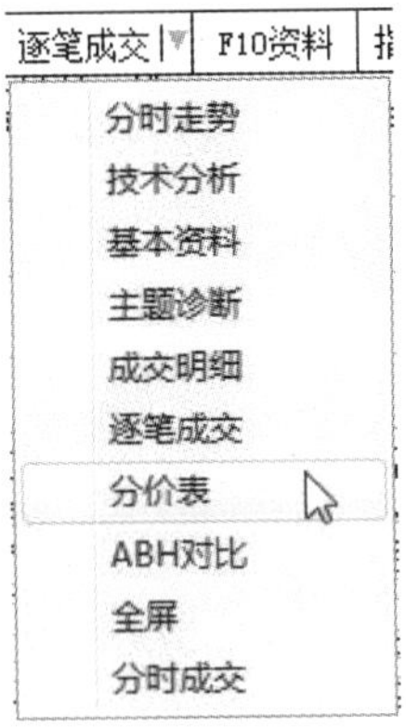

图 6－13　分价表

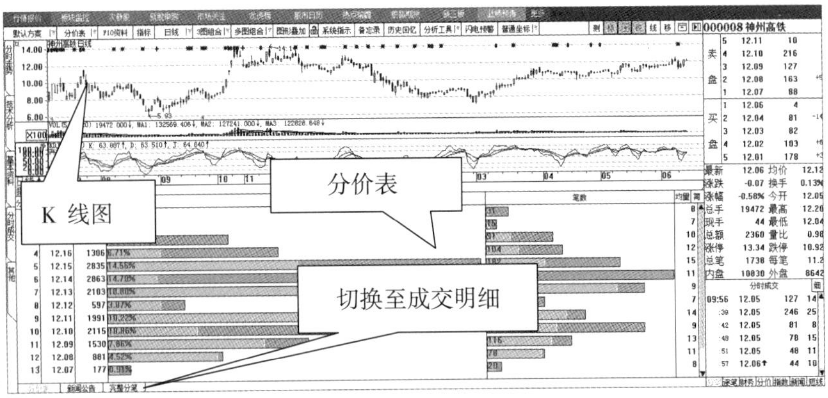

图 6－14　分价表页面

入该页面，如图 6－13、图 6－14 所示。

对于投资者来说，【分价表】具有如下三项价值。

（1）掌握买入与卖出占比。图 6－14 中，每行条形图反映了该价位成交量占总成交量的比重，其中绿颜色部分表示以卖盘价成交所占的比重，红颜色部分表示以买盘价成交所占的比重。红色与绿色区域在条形图中所占的比重，反映了当日买盘与卖盘实力的对比。若红色区域占比较大，则说明买盘实力强劲，反之则说明卖盘实力强劲。

（2）掌握当天筹码分布情况。某一价位以及相近价位的成交占比较高，该价位就是当天的密集成交区，该成交区对股价未来走势可能会产生阻力或支撑作用。也就是说，若当天股价最终收盘价位于密集成交区的上方，则说明未来股价上涨的可能性较大；反之，若收盘价位于密集成交区的下方，则说明未来股价下跌的可能性较大。

（3）可以了解自己买入的筹码所处的位置。若当天投资者进行了交易操作，那么通过这张"价量分布图"，可以清晰地了解自己的成交价格在当天整个成交价中所处的位置。若买价低于大多数成交价格，那么意味着未来获利的概率会高一些；反之，则低一些。

6.1.6　ABH 对比

市场上有一些公司不仅在沪深 A 股市场发行股票，还在 B 股或香港 H 股市场发行股票并上市交易。这些上市公司在不同市场上的股票价格波动尽管趋于一致，但由于所处市场不同，交易氛围和投资者不同，其价格还是存在很大区别的。有时候，这种区别也可以作为考察一只股票是否具备投资价值的依据。

本功能向投资者同时展示某只股票在 A 股、B 股和 H 股市场的价格走势，以便投资者参考。选中某只股票并进入分时走势或技术分析界面时，点击快捷工具条【技术分析】，在下拉菜单中选择【ABH 对比】即可进入该页面，如图 6－15、图 6－16 所示。

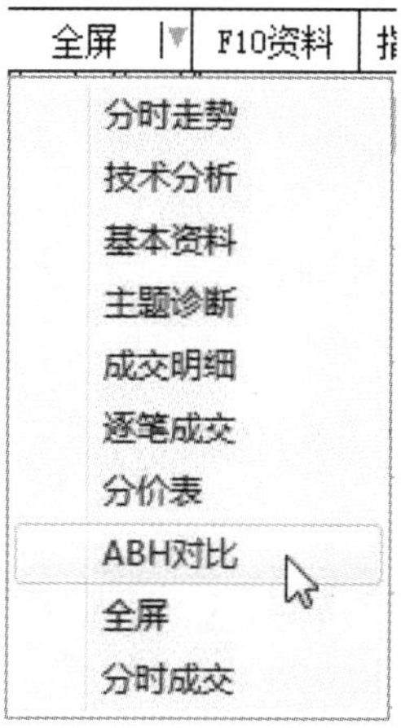

图 6－15　ABH 对比

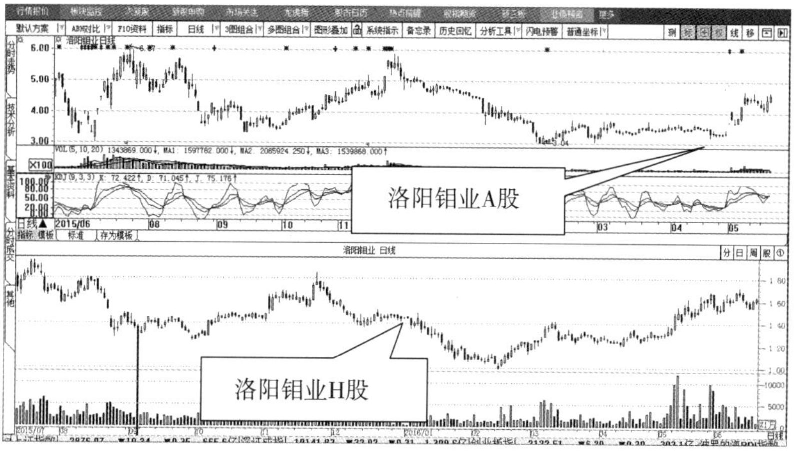

图 6－16　洛阳钼业 A 股与 H 股走势对比

这里有一点需要注意：只有上市公司在 A 股和 H 股同时发行股票，系统才会给出 A 股和 H 股的对比走势图。若该上市公司仅在 A 股或 B 股市场发行股票，那么图 6－16 下半部区域显示的走势图，就会变成 B 股走势图；若该公司只在 A 股发行股票，没有在 B 股或 H 股发行股票，则下半部显示的走势图仍是 A 股走势图。

B 股市场的交易比较清淡，投资人群也比较特殊，大多数情况下，在对比股票时，投资者更倾向于选择 A 股与 H 股的价格走势对比。相比较而言，H 股的投资者更加成熟，股票的估价也更合理。若 A 股价格明显低于 H 股价格，则说明 A 股更具投资价值；反之，则说明 H 股更具投资价值。不过，在对比 A 股与 H 股的价格时，投资者还要考虑汇率的问题，即 A 股是以人民币报价的，而 H 股是以港币报价的。

6.1.7　全屏

点击快捷工具条【技术分析】，在下拉菜单中选择【全屏】功能，可以让分时走势图或 K 线图铺满整个屏幕，盘口与交易信息将被隐藏，如图 6－17、图 6－18 所示。

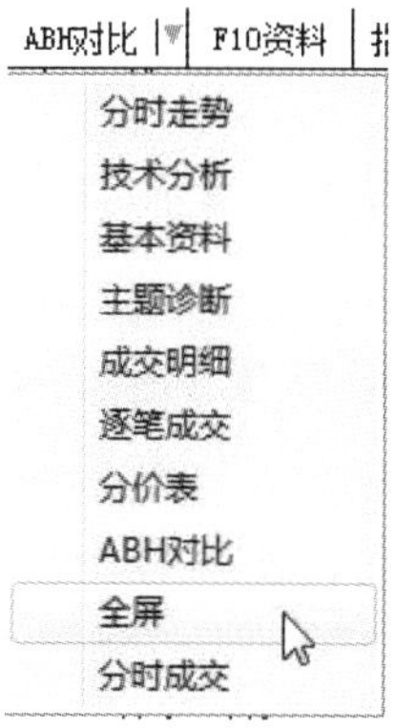

图 6－17　全屏

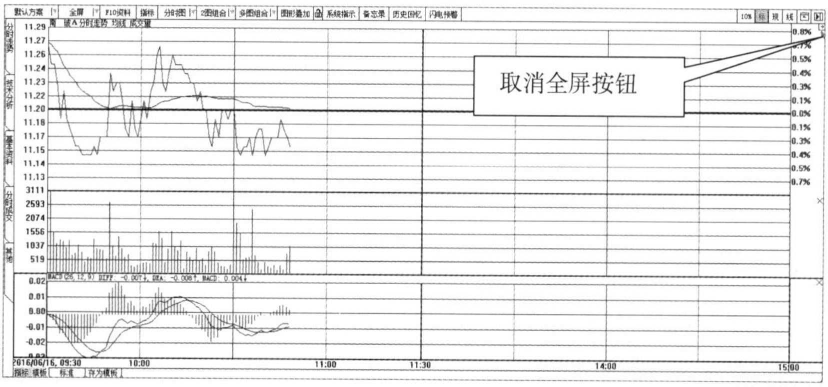

图 6－18　全屏界面

若想恢复以前的设置，取消全屏，点击分时图右上角的按钮即可。

6.2　F10 资料

本功能旨在帮助投资者快速了解上市公司的情况。无论短线投资者还是中长线投资者，都可以通过个股资料页面获得有价值的信息。在分时走势或技术分析页面下键入“10+Enter”或者 F10 键，或者点击快捷工具条【F10 资料】，即可查看个股的详细资料，如图 6－19 所示。

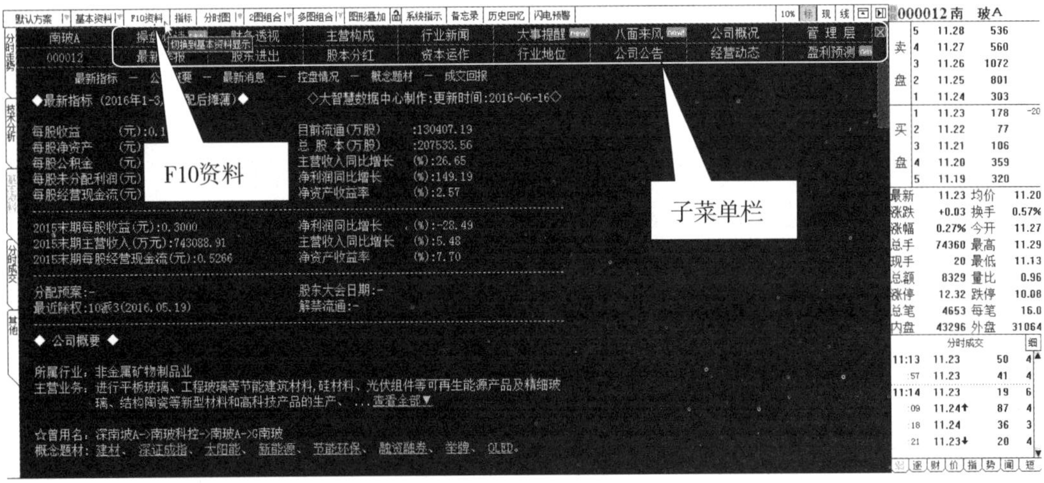

图 6－19　F10 资料

【F10 资料】页面由操盘必读、财务透视、主营构成、行业新闻、大事提醒、八面来风、公司概况、管理层、最新季报、股东进出、股本分红、资本运作、行业地位、公司公告、经营动态、盈利预测等 16 项菜单构成。

6.2.1　操盘必读

点击【F10 资料】界面上方的菜单栏，可切换至【操盘必读】页面。通常情况下，进入【F10 资料】页面，系统默认的也是【操盘必读】页面，如图 6－20 所示。

进入【F10 资料】|【操盘必读】后，可以通过滚动鼠标查看各个子标题内容。查看【操盘必读】时，需要特别留意以下几点。

（1）近期重要事件。这些重要事件可能会对股价短期或中长期走势造成重要的影响，诸如收购与重组、分红与配股、签订重要合同等。这些事件中，有一些同时从属于其他菜单，但一般都会在“最新消息”栏目中出现，供投资者快速查看。

（2）控盘情况。【控盘情况】栏目下，系统给出了股东总数及变动情况，如图 6－21 所示。

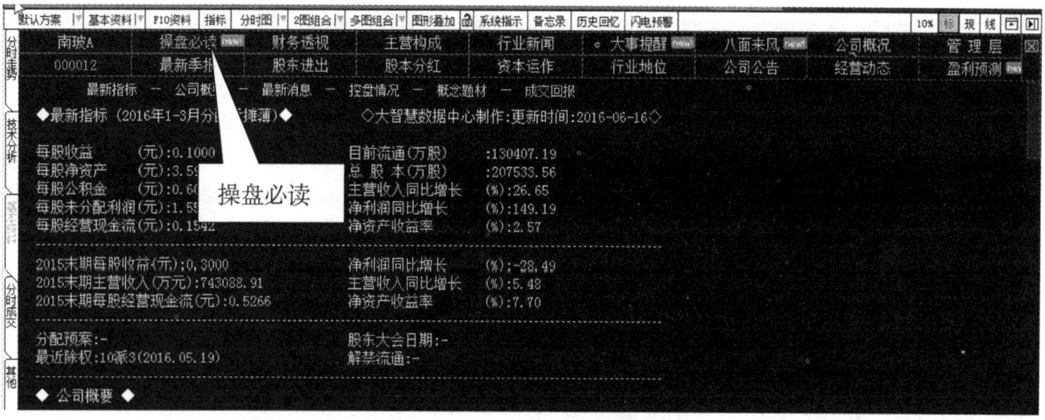

图 6-20 操盘必读页面

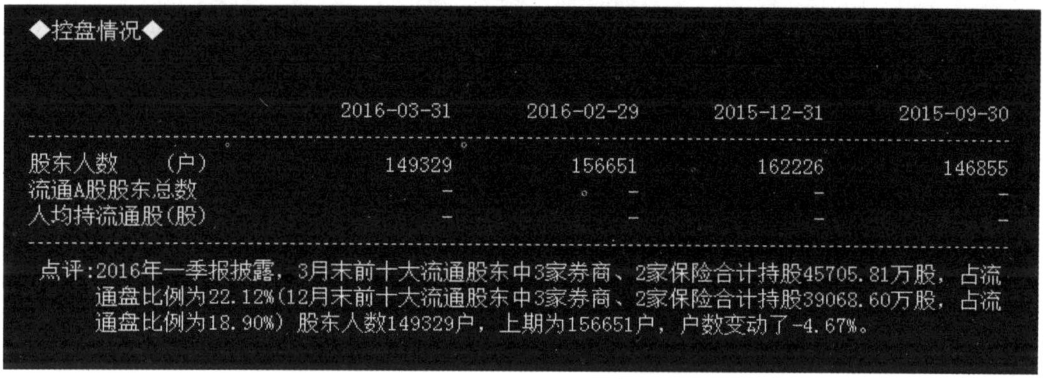

图 6-21 【F10 资料】|【操盘必读】|【控盘情况】

控盘情况显示的是机构入驻该股的情况。一般来说，股东人数越少，人均持股数越高，则说明该股的机构持股越多，也就是筹码集中度越高。

投资者在实战应用中要注意，由于股东人数是在每期财务报表中披露报告期内的股东人数，因此具有很大的滞后性。很可能在披露日和报告截止日期间，股东人数已经发生了很大的变化。如果该股在这期间成交量没有发生大的变化，那么披露的股东人数可信程度较高。如果出现放量情况，那么很可能股东人数已经发生了重大变化，这一点投资者应高度注意。

（3）题材要点。由于股市中概念炒作、板块炒作非常流行，因此概念题材是股市交易中必须要考虑的一个内容。【概念题材】标示出了该股属于哪些概念题材，并进行了一些相应的说明。如图 6-22 所示。

投资者可以根据这些概念及说明，了解某只股票属于何种概念，以及个股在该板块中的地位，为寻找具体投资品种提供依据。

（4）龙虎榜。沪深两市每日涨跌幅和换手率达到一定程度，证券交易所就会公布这些股票当日买入、卖出金额最大的 5 家会员营业部或交易单位名称，以及各自

◆概念题材◆

大智慧板块：建材概念、深证成指概念、太阳能概念、新能源概念、节能环保概念、融资融券概念、举牌概念、OLED概念。

【主营亮点--节能玻璃+光伏产业】公司是中国玻璃行业和太阳能行业最具竞争力和影响力的大型企业集团，主营业务为平板玻璃、工程玻璃等节能建筑材料，硅材料、光伏组件等可再生能源产品，及精细玻璃等新型材料和高科技产品产销。下属四大事业部——平板玻璃事业部、工程玻璃事业部、精细玻璃事业部以及太阳能事业部。公司未来的发展战略是巩固和确立公司在节能玻璃领域和太阳能光伏领域的技术优势和市场地位，精心打造和提升公司在玻璃行业、显示器件行业及光伏太阳能行业的核心竞争力及可持续发展能力。

【最新关注--B转H股】2015年4月，截至2015年3月19日，公司已发行的境内上市外资股(B股)总计7.63亿股。本次方案拟申请将上述B股转换上市地，以介绍方式在香港联交所主板上市及挂牌交易，变更为在香港联交所上市的境外上市外资股(H股)。公司B股股东，可在指定时间按照规定的方式及程序选择申报行使现金选择权，将其持有的部分或全部南玻B股转让给提供现金选择权的第三方；也可选择继续持有并保留至股票在香港联交所挂牌上市，其继续持有的股份性质将由B股变更为H股。现金选择权的具体的价格为6.42港币/股。

图 6－22 【F10 资料】｜【操盘必读】｜【概念题材】

的买入、卖出金额。

登上龙虎榜的股票，需要满足以下几个条件。

①当日涨跌幅超过±7%的前 5 只股票。

②当日价格振幅超过 15%的前 5 只股票。

③当日换手率超过 20%的前 5 只股票。

图 6－23 为南玻 A 在 2016 年 2 月 29 日登上龙虎榜的数据。

◆成交回报(单位:万元)◆　　看个股历史成交回报数据

交易日期:2016-02-19 披露原因:涨跌幅偏离值

成交量（手）:276799.00 成交金额（万）:32059.1…

涨幅偏离值达到7%

买入金额最大的前5名

营业部或交易单元名称	买入金额(万元)	卖出金额(万元)
华鑫证券有限责任公司常州晋陵中路证券营业部	2337.10	0.00
华泰证券股份有限公司南京广州路证券营业部	1400.01	14.01
兴业证券股份有限公司福州湖东路证券营业部	1191.18	2.59
天风证券股份有限公司上海芳甸路证券营业部	1178.00	0.00
国泰君安证券股份有限公司上海威海路证券营业部	1177.88	0.00

买入总计：7283 万元

卖出金额最大的前5名

营业部或交易单元名称	买入金额(万元)	卖出金额(万元)
海通证券股份有限公司深圳分公司华富路证券营业部	3.44	652.93
招商证券股份有限公司深圳益田路免税商务大厦证券营业部	3.33	625.30
国信证券股份有限公司杭州文一西路证券营业部	0.00	530.51
机构专用	0.00	484.63

图 6－23 【F10 资料】｜【操盘必读】｜【龙虎榜】

一只股票登上龙虎榜，意味着主力存在异动的情况。投资者需要密切关注股价的变化，以准确预判其后期走势。

6.2.2 财务透视

点击【F10 资料】界面上方的菜单栏，可切换至【财务透视】页面，如图6－24所示。

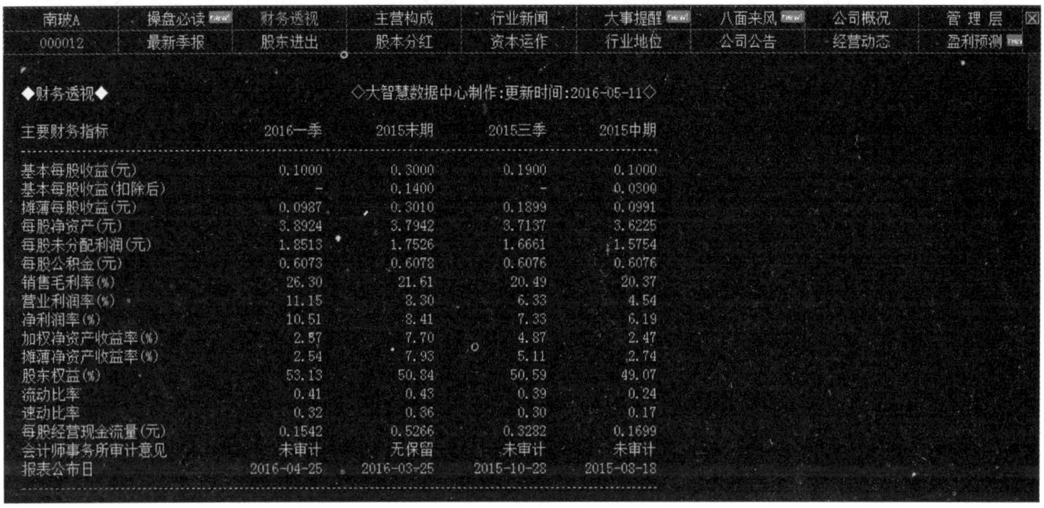

主要财务指标	2016一季	2015末期	2015三季	2015中期
基本每股收益(元)	0.1000	0.3000	0.1900	0.1000
基本每股收益(扣除后)	-	0.1400	-	0.0300
摊薄每股收益(元)	0.0987	0.3010	0.1899	0.0991
每股净资产(元)	3.8924	3.7942	3.7137	3.6225
每股未分配利润(元)	1.8513	1.7526	1.6661	1.5754
每股公积金(元)	0.6073	0.6078	0.6076	0.6076
销售毛利率(%)	26.30	21.61	20.49	20.37
营业利润率(%)	11.15	8.30	6.33	4.54
净利润率(%)	10.51	8.41	7.33	6.19
加权净资产收益率(%)	2.57	7.70	4.87	2.47
摊薄净资产收益率(%)	2.54	7.93	5.11	2.74
股东权益(%)	53.13	50.84	50.59	49.07
流动比率	0.41	0.43	0.39	0.24
速动比率	0.32	0.36	0.30	0.17
每股经营现金流量(元)	0.1542	0.5266	0.3282	0.1699
会计师事务所审计意见	未审计	无保留	未审计	未审计
报表公布日	2016-04-25	2016-03-25	2015-10-28	2015-08-18

图 6－24 【F10 资料】|【财务透视】

在【财务透视】页面，系统提供了一年内多项财务数据指标，以便投资者参考。通过观察这些财务指标的变动，投资者一方面可以发现自己感兴趣的财务指标的变动情况，另一方面可以进一步了解主要财务指标的变动原因。

在运用财务指标对个股进行分析研判时，应注意以下两个问题。

(1) 综合判断。有些变化是因为某些突发的客观因素造成的，并不具备持续性。

(2) 炒股炒的是预期。财务指标毕竟只是代表了过去，而投资者最需要关注的是将来。

6.2.3 主营构成

点击【F10 资料】界面上方的菜单栏，可切换至【主营构成】页面，如图 6－25 所示。

在【主营构成】页面，投资者要重点关注上市公司的主营业务情况。

对于中长线投资者来说，了解一家上市公司主营业务收入构成是非常有必要的。通常情况下，一家企业的经营情况与主营业务的利润情况直接相关，投资者可以根据这些企业的主营产品来判断其未来的盈利能力与发展趋势。如果一家企业的

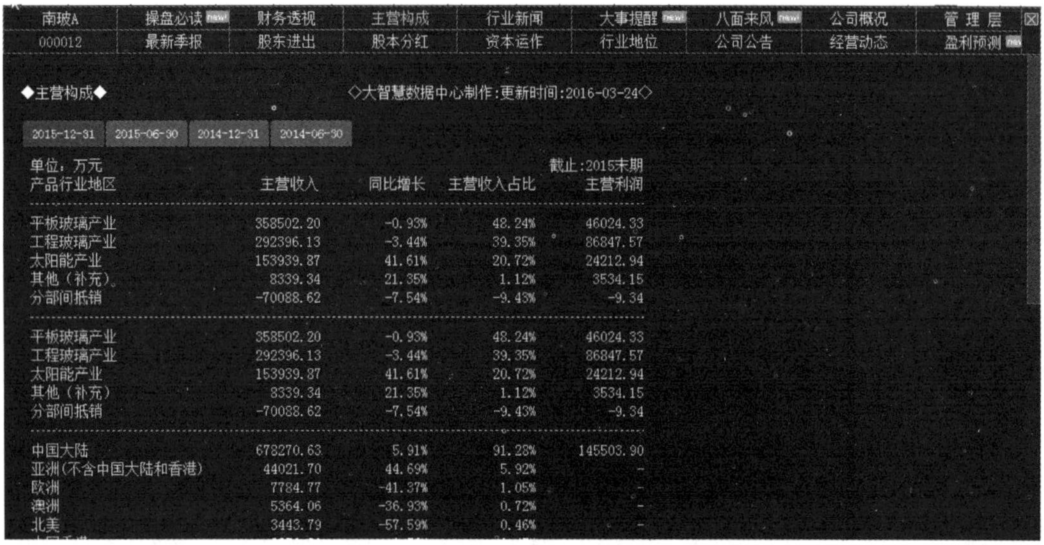

产品行业地区	主营收入	同比增长	主营收入占比	主营利润
平板玻璃产业	358502.20	-0.93%	48.24%	46024.33
工程玻璃产业	292396.13	-3.44%	39.35%	86847.57
太阳能产业	153939.87	41.61%	20.72%	24212.94
其他（补充）	8339.34	21.35%	1.12%	3534.15
分部间抵销	-70088.62	-7.54%	-9.43%	-9.34
平板玻璃产业	358502.20	-0.93%	48.24%	46024.33
工程玻璃产业	292396.13	-3.44%	39.35%	86847.57
太阳能产业	153939.87	41.61%	20.72%	24212.94
其他（补充）	8339.34	21.35%	1.12%	3534.15
分部间抵销	-70088.62	-7.54%	-9.43%	-9.34
中国大陆	678270.63	5.91%	91.28%	145503.90
亚洲(不含中国大陆和香港)	44021.70	44.69%	5.92%	-
欧洲	7784.77	-41.37%	1.05%	-
澳洲	5364.06	-36.93%	0.72%	-
北美	3443.79	-57.59%	0.46%	-

图 6－25　【F10 资料】|【主营构成】

主营产品市场在国外，那么还要考虑国际贸易中的各类风险，如汇率变动、贸易保护政策、社会安定因素等。

6.2.4　行业新闻

点击【F10 资料】界面上方的菜单栏，可切换至【行业新闻】页面，如图 6－26所示。

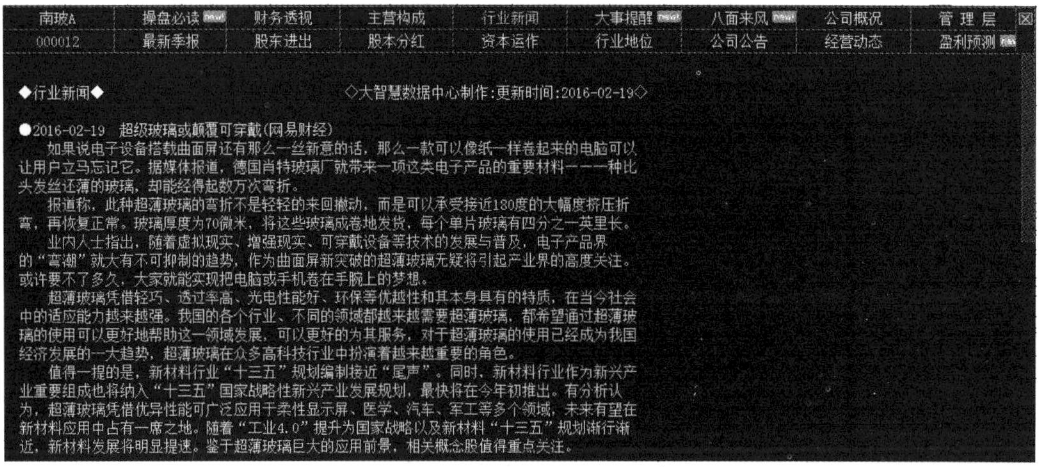

图 6－26　【F10 资料】|【行业新闻】

在【主营构成】页面，大智慧软件收集了近期各大门户网站、财经网站发表的关于该股所属行业的分析文章。相比较而言，这些文章质量较高，影响力较大，投资者应该重点关注。

在这些文章中，若内容涉及以下三方面，可能会对行业或个股产生较大的影响。

（1）国家发布的某些产业规划或产业扶持政策。

（2）行业内新技术、新材料的研发、推广与应用。若该企业能站在新技术推广的前沿，且该技术又是未来的重点发展方向，则股价上涨的概率很高。很多时候大家会发现，一些个股的基本面并不好，效益也很差，但却经常获得一些大资金的青睐，其实这就与股票所处的行业有关。

（3）国际贸易相关政策信息。由于国际贸易日趋增多，相关国家的一些贸易政策，可能会对行业产生重要的影响。例如，有关国家设置贸易壁垒，则会削弱企业的国际竞争力，降低利润水平。

6.2.5 大事提醒

点击【F10资料】界面上方的菜单栏，可切换至【大事提醒】页面，如图6－27所示。大智慧【大事提醒】页面的内容由融资融券、机构持仓统计、大宗交易、股东增减持、高层持股变动等几部分组成，这些内容都可能对股价短期或中长期走势带来重要的影响。

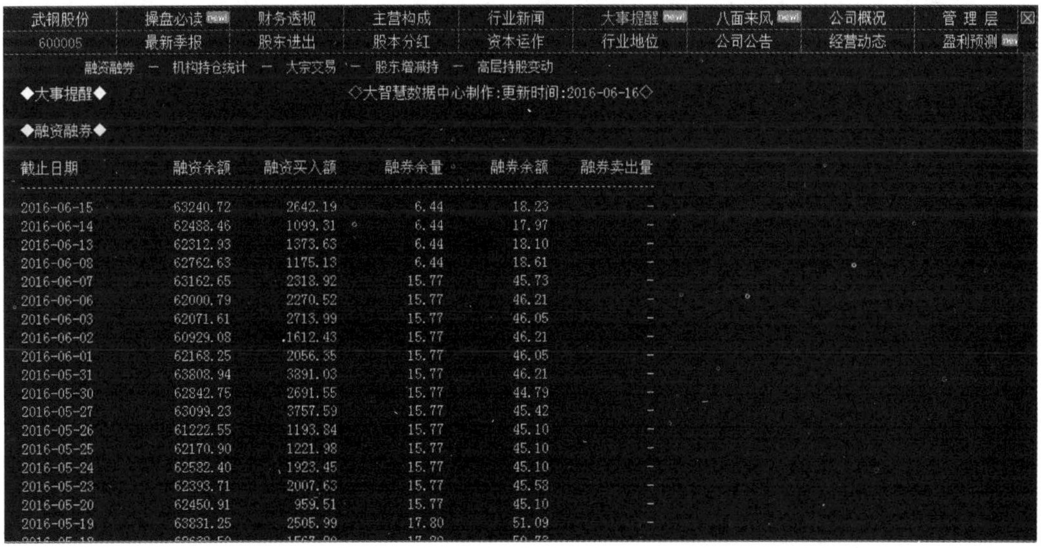

截止日期	融资余额	融资买入额	融券余量	融券余额	融券卖出量
2016-06-15	63240.72	2642.19	6.44	18.23	-
2016-06-14	62488.46	1099.31	6.44	17.97	-
2016-06-13	62312.93	1373.63	6.44	18.10	-
2016-06-08	62762.63	1175.13	6.44	18.61	-
2016-06-07	63162.65	2318.92	15.77	45.73	-
2016-06-06	62000.79	2270.52	15.77	46.21	-
2016-06-03	62071.61	2713.99	15.77	46.05	-
2016-06-02	60929.08	1612.43	15.77	46.21	-
2016-06-01	62168.25	2056.35	15.77	46.05	-
2016-05-31	63808.94	3891.03	15.77	46.21	-
2016-05-30	62842.75	2691.55	15.77	44.79	-
2016-05-27	63099.23	3757.59	15.77	45.42	-
2016-05-26	61222.55	1193.84	15.77	45.10	-
2016-05-25	62170.90	1221.98	15.77	45.10	-
2016-05-24	62582.40	1923.45	15.77	45.10	-
2016-05-23	62393.71	2007.63	15.77	45.58	-
2016-05-20	62450.91	959.51	15.77	45.10	-
2016-05-19	63831.25	2505.99	17.80	51.09	-

图6－27 【F10资料】|【大事提醒】

【大事提醒】页面的内容可能带来的影响包括以下几个方面。

（1）影响投资者的信心。通常情况下，若机构、高层、股东增持该公司股票，表示他们对公司的发展前景非常看好，那么普通投资者也会增强对该股后续走势的信心；反之，则会信心不足。其实，这也是发生股灾时很多公司高管主动增持本公司股票的原因。

（2）对股价走势构成事实上的冲击。由于机构持仓量较大，若机构抛售股票，那么势必会对股价走势产生消极的影响。

（3）制定投资决策。若该股融资买入量持续增加，则说明市场上做多该股的力量强大，普通投资者也可以追涨买入该股；若该股融券卖出量持续增加，则说明市场做空该股的力量强大，投资者宜空仓观望。

6.2.6 八面来风

点击【F10资料】界面上方的菜单栏，可切换至【八面来风】页面，如图6－28所示。

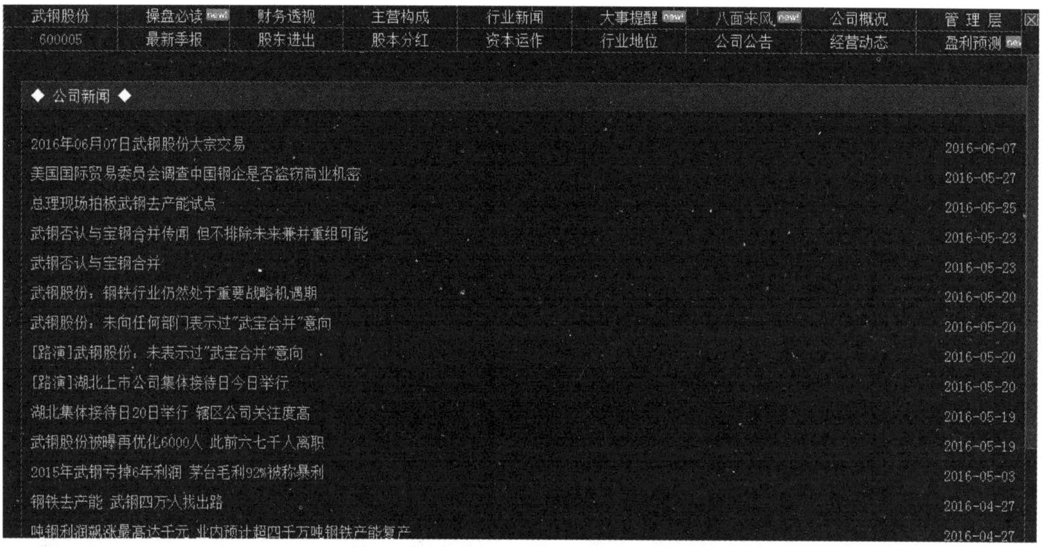

图6－28 【F10资料】|【八面来风】

【八面来风】页面提供的内容多是与该股有关的新闻消息。这些消息可能来自于上市公司网站，也可能来自于其他财经报刊。总之，消息来源不一，可信度也不同。这些消息只能用于一般性的参考，若想据此制定投资决策，还需要进一步的验证。

6.2.7 公司概况

点击【F10资料】界面上方的菜单栏，可切换至【公司概况】页面，如图6－29所示。

【公司概况】页面提供的信息只作为一般性了解即可，对于制定投资决策并无多大的意义。

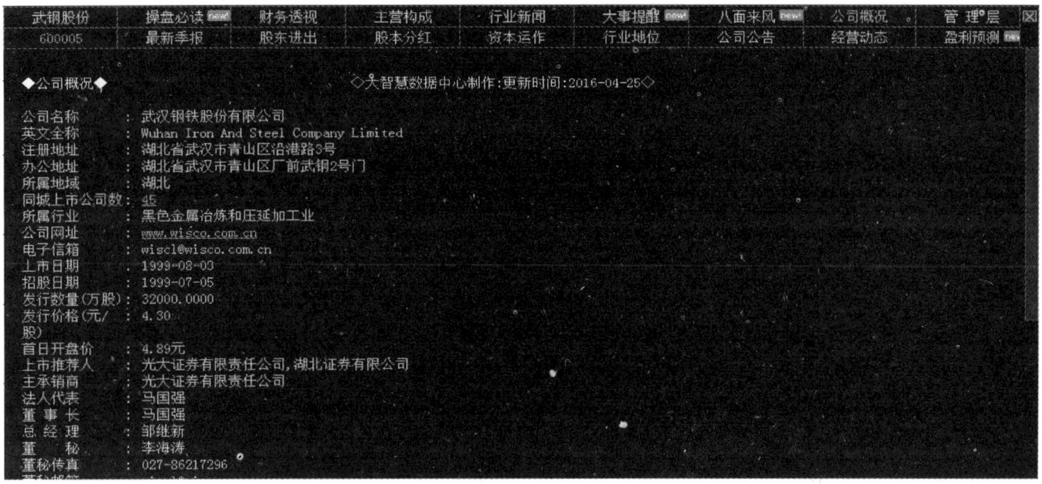

图 6－29 【F10 资料】｜【公司概况】

6.2.8 管理层

点击【F10 资料】界面上方的菜单栏，可切换至【管理层】页面，如图 6－30 所示。

对于长线投资者来说，了解上市公司的高管团队是很有必要的。股神巴菲特就将高管团队列为评价一家企业发展前景的重要指标。投资者若想长期持有某家公司的股票，不妨对其高管团队进行一番深入的了解。

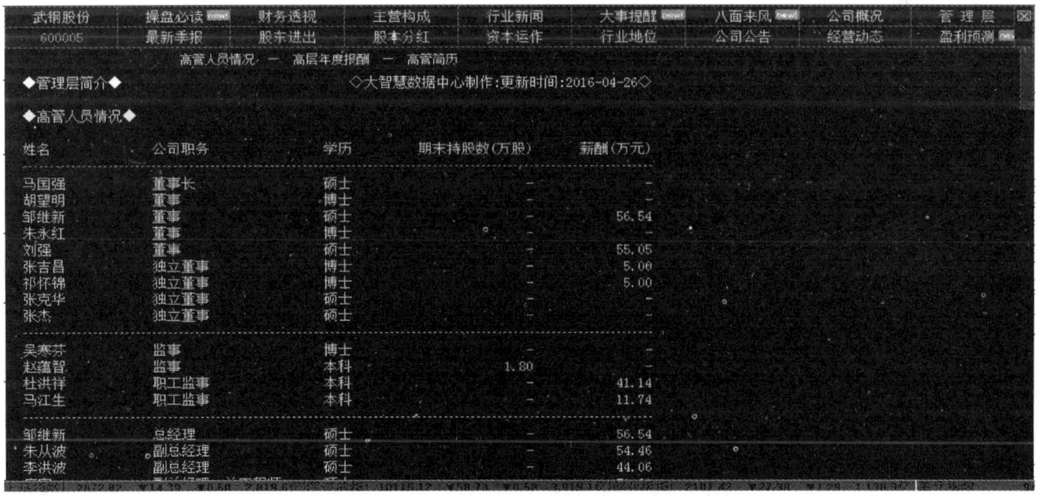

图 6－30 【F10 资料】｜【管理层】

6.2.9 最新季报

点击【F10 资料】界面上方的菜单栏，可切换至【最新季报】页面，如图 6－31所示。

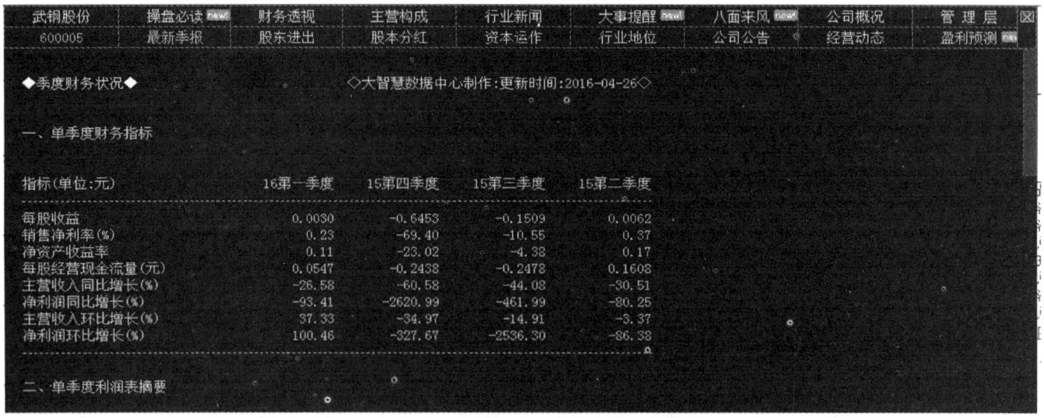

图 6－31 【F10 资料】｜【最新财报】

最新季报能够反映一家企业最近一个季度的经营效益情况。不过，大部分企业的季报若没有特别的表现，都不会引起股价的异常变化。当然，若季报显示某企业的净利润出现大幅度增长或大幅度下降，则可能会造成股价的上涨或下跌走势。

这里要注意一点，即利好兑现或利空兑现的问题。若最新季报显示净利润上涨若干倍，而在季报公布之前，股价已经出现了一波上涨，则说明该利好已经被事先兑现，季报公布时可能就是利好兑现之日，该股随后可能出现回调。利空兑现也存在同样的问题。正因如此，投资者在具体操作股票时，决不能机械地按照某一原则买入或卖出股票，以免陷入主力或庄家制造的陷阱。

6.2.10 股东进出

点击【F10 资料】界面上方的菜单栏，可切换至【股东进出】页面，如图 6－32所示。

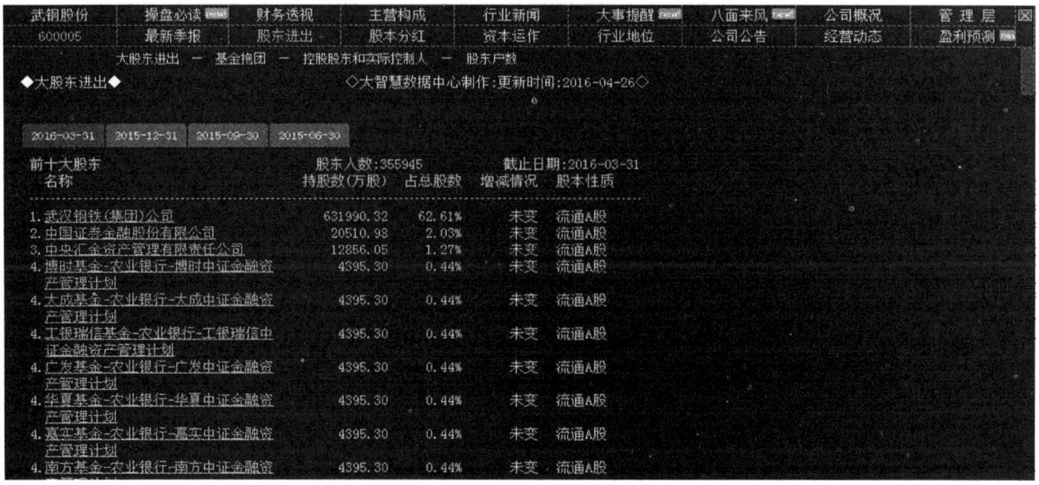

图 6－32 【F10 资料】｜【股东进出】

查看【股东进出】页面时，投资者需注意以下几点。

（1）十大流通股股东累计持股占比变化情况。如果累计持股占比减少，说明有大股东减持行为，这也意味着这些股东对股价未来走势并不看好。

（2）控股股东持股变动情况。若控股股东增持股份，则说明其对公司未来发展充满信心；若控股股东减持股票，则说明未来公司发展存在不确定性。

（3）社保基金持股情况。如果一只股票有大量社保基金持股，并且入驻的社保基金数量在增加，说明股价走势向好的可能性较高；反之，则较低。

6.2.11 股本分红

点击【F10资料】界面上方的菜单栏，可切换至【股本分红】页面，如图6－33所示。

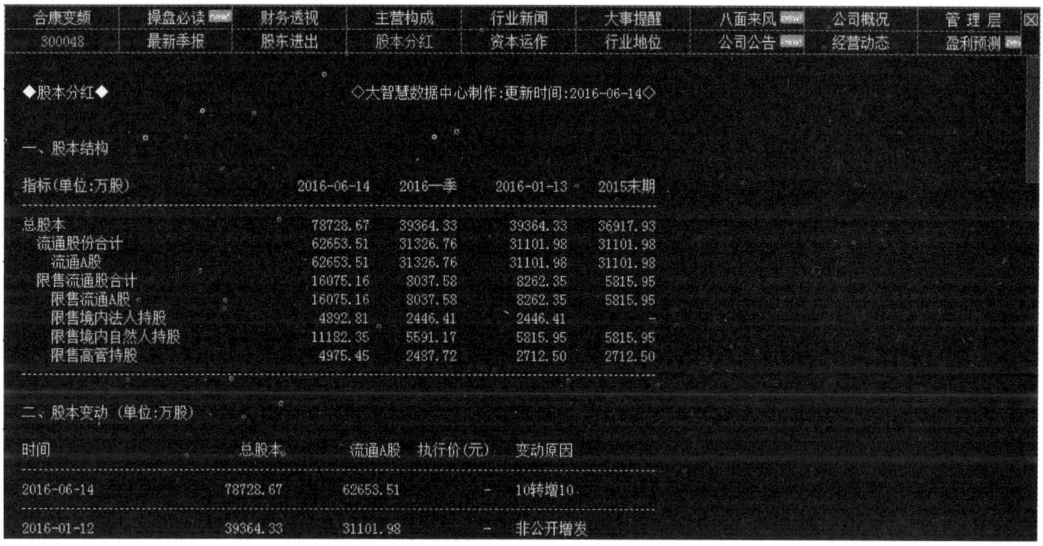

合康变频	操盘必读	财务透视	主营构成	行业新闻	大事提醒	八面来风	公司概况	管理层
300048	最新季报	股东进出	股本分红	资本运作	行业地位	公司公告	经营动态	盈利预测

◆股本分红◆　◇大智慧数据中心制作:更新时间:2016-06-14◇

一、股本结构

指标(单位:万股)	2016-06-14	2016一季	2016-01-13	2015末期
总股本	78728.67	39364.33	39364.33	36917.93
流通股份合计	62653.51	31326.76	31101.98	31101.98
流通A股	62653.51	31326.76	31101.98	31101.98
限售流通股合计	16075.16	8037.58	8262.35	5815.95
限售流通A股	16075.16	8037.58	8262.35	5815.95
限售境内法人持股	4892.81	2446.41	2446.41	-
限售境内自然人持股	11182.35	5591.17	5815.95	5815.95
限售高管持股	4975.45	2487.72	2712.50	2712.50

二、股本变动（单位:万股）

时间	总股本	流通A股	执行价(元)	变动原因
2016-06-14	78728.67	62653.51	-	10转增10
2016-01-12	39364.33	31101.98	-	非公开增发

图6－33　【F10资料】｜【股本分红】

查看【股本分红】页面时，投资者需注意以下两点。

（1）分红。股票交易本身是一种投资行为，既然是投资行为，就需要有所回报，而兑付红利则是投资活动最基本的回报方式。一只股票历史分红记录良好，则意味着投资者买入该股至少不会赔钱。当然，目前市场上大多数股票的分红十分有限，投资者要想靠取得红利来收回投资，基本上是不可能的。但买入分红记录较好的股票，对于长线投资者来说也是一个不错的选择。

（2）限售股解禁。限售股解禁，意味着这些股票将可以不再受限制地自由买卖。由于原持有人购入股票的价格往往都大幅低于市场价，因而每次解禁时，都会有股票持有人抛售股票。正因如此，近期面临限售股解禁的股票，往往都会承受较重的抛压，未来走势的不确定性较大；但限售股终会在将来的某一天解禁，因此投资者需要特别关注限售股以及限售股解禁的情况。

目前很多股票都已进入全流通，不存在限售股解禁的问题。对于这类股票，投资者则无需关注其股本结构。

6.2.12 资本运作

点击【F10 资料】界面上方的菜单栏，可切换至【资本运作】页面，如图 6-34所示。

在【资本运作】页面，投资者要重点关注近期公司的收购与兼并情况，尤其是一些可能对企业未来发展产生重大影响的收购与兼并。很多上市公司都是通过收购与兼并介入一些新的业务领域的，因此也就有了一些新的炒作题材与概念。

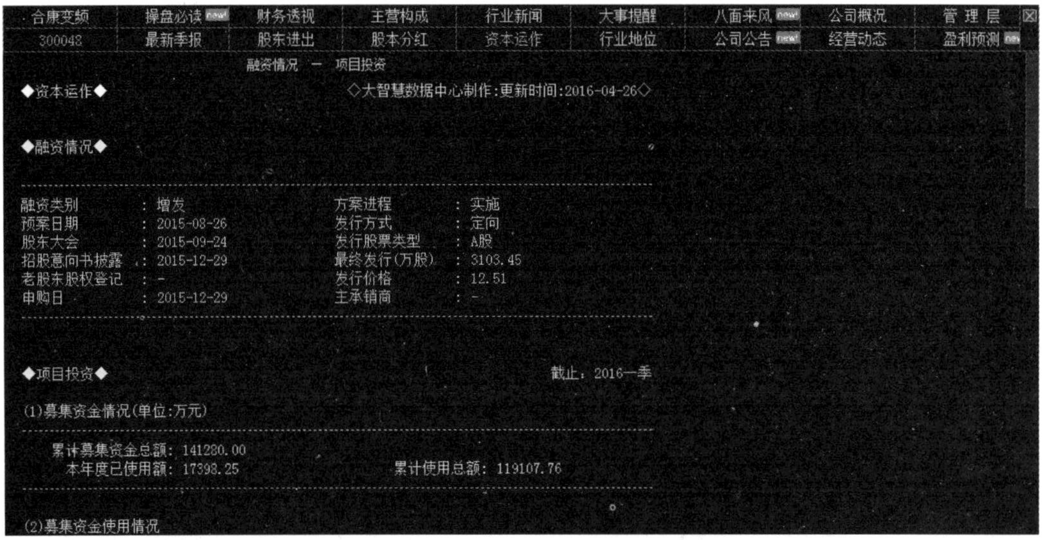

图 6-34 【F10 资料】|【资本运作】

6.2.13 行业地位

点击【F10 资料】界面上方的菜单栏，可切换至【行业地位】页面，如图 6-35所示。

在【行业地位】菜单中，罗列了同板块的所有股票。罗列的股票根据股本、营业收入、每股收益等各项指标进行排名，投资者从中可以找出行业内的龙头企业。

如果某只股票在各类排名都位居前列，最好有一些指标排名居首或次席，则说明该股票属于行业内的龙头股票。通常情况下，在一波行情启动时，龙头股都是跑得最快、上升势头最猛的股票。

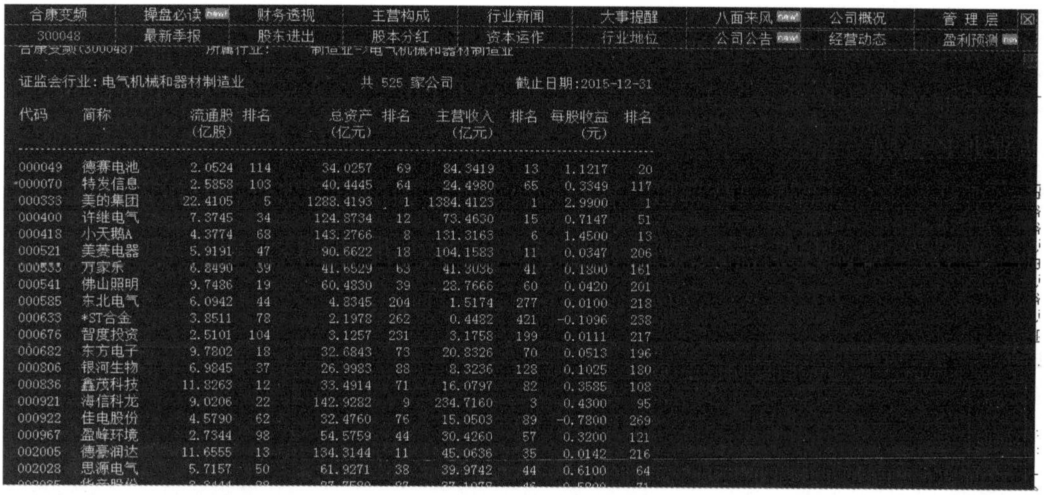

代码	简称	流通股（亿股）	排名	总资产（亿元）	排名	主营收入（亿元）	排名	每股收益（元）	排名
000049	德赛电池	2.0524	114	34.0257	69	84.3419	13	1.1217	20
000070	特发信息	2.5858	103	40.4445	64	24.4980	65	0.3349	117
000333	美的集团	22.4105	5	1288.4193	1	1384.4123	1	2.9900	1
000400	许继电气	7.3745	34	124.8734	12	73.4630	15	0.7147	51
000418	小天鹅A	4.3774	68	143.2766	8	131.3163	6	1.4500	13
000521	美菱电器	5.9191	47	90.6622	18	104.1583	11	0.0347	206
000533	万家乐	6.8490	39	41.6529	63	41.3036	41	0.1800	161
000541	佛山照明	9.7486	19	60.4830	39	28.7666	60	0.0420	201
000585	东北电气	6.0942	44	4.8345	204	1.5174	277	0.0100	218
000633	*ST合金	3.8511	78	2.1978	262	0.4482	421	-0.1096	238
000676	智度投资	2.5101	104	3.1257	231	3.1758	199	0.0111	217
000682	东方电子	9.7802	18	32.6843	73	20.8326	70	0.0513	196
000806	银河生物	6.9845	37	26.9983	88	8.3236	128	0.1025	180
000836	鑫茂科技	11.8263	12	33.4914	71	16.0797	82	0.3585	108
000921	海信科龙	9.0206	22	142.9282	9	234.7160	3	0.4300	95
000922	佳电股份	4.5790	62	32.4760	76	15.0503	89	-0.7800	269
000967	盈峰环境	2.7344	98	54.5759	44	30.4260	57	0.3200	121
002005	德豪润达	11.6555	13	134.3144	11	45.0636	35	0.0142	216
002028	思源电气	5.7157	50	61.9271	38	39.9742	44	0.6100	64

图 6-35 【F10 资料】|【行业地位】

6.2.14 公司公告

点击【F10 资料】界面上方的菜单栏，可切换至【公司公告】页面，如图 6-36所示。

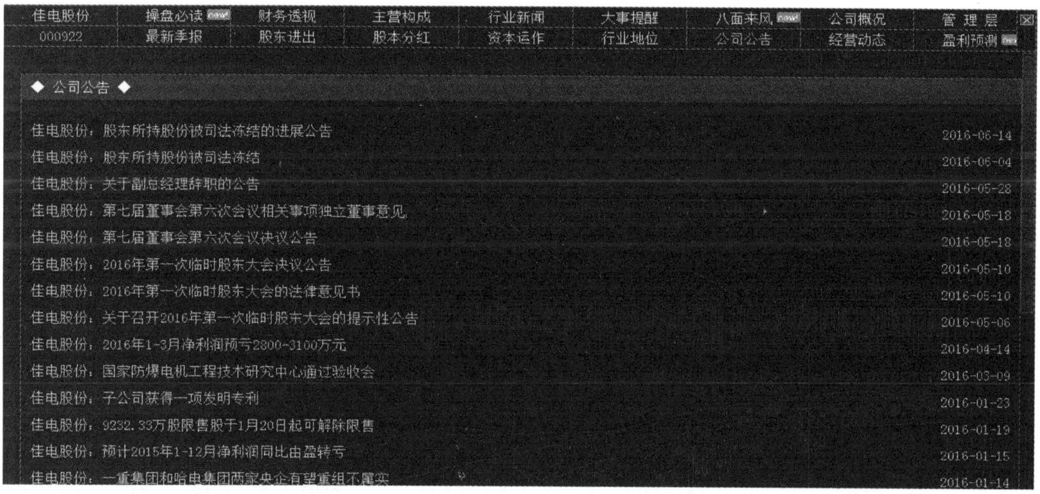

图 6-36 【F10 资料】|【公司公告】

【公司公告】页面提供的大多是财务报告、各类重大事项进展公告、股东大会公告、辞职任职公告等正式性公告。这些公告可以作为投资者制定投资决策的参考资料。同时，这些公告中影响较大的公告，也会在【F10 资料】首页【操盘必读】页面显示。

6.2.15 经营动态

点击【F10 资料】界面上方的菜单栏，可切换至【经营动态】页面，如图

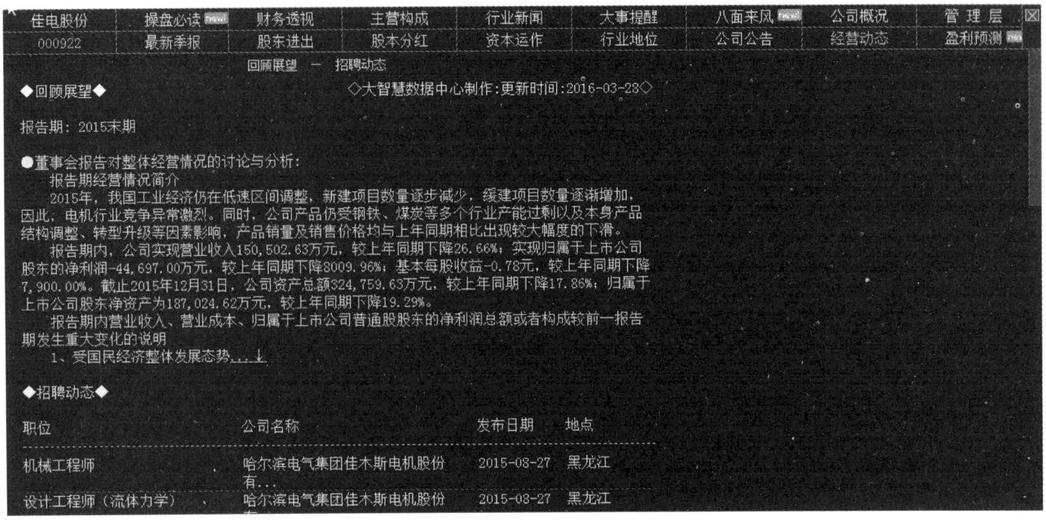

佳电股份 000922 | 操盘必读 最新季报 | 财务透视 股东进出 | 主营构成 股本分红 | 行业新闻 资本运作 | 大事提醒 行业地位 | 八面来风 公司公告 | 公司概况 经营动态 | 管理层 盈利预测

回顾展望 — 招聘动态

◆回顾展望◆ ◇大智慧数据中心制作:更新时间:2016-03-28◇

报告期：2015末期

●董事会报告对整体经营情况的讨论与分析：
报告期经营情况简介
2015年，我国工业经济仍在低速区间调整，新建项目数量逐步减少，缓建项目数量逐渐增加，因此，电机行业竞争异常激烈。同时，公司产品仍受钢铁、煤炭等多个行业产能过剩以及本身产品结构调整、转型升级等因素影响，产品销量及销售价格均与上年同期相比出现较大幅度的下滑。
报告期内，公司实现营业收入150,502.63万元，较上年同期下降26.66%；实现归属于上市公司股东的净利润-44,697.00万元，较上年同期下降8009.96%；基本每股收益-0.78元，较上年同期下降7,900.00%。截止2015年12月31日，公司资产总额324,759.63万元，较上年同期下降17.86%；归属于上市公司股东净资产为187,024.62万元，较上年同期下降19.29%。
报告期内营业收入、营业成本、归属于上市公司普通股股东的净利润总额或者构成较前一报告期发生重大变化的说明
1、受国民经济整体发展态势……↓

◆招聘动态◆

职位	公司名称	发布日期	地点
机械工程师	哈尔滨电气集团佳木斯电机股份有...	2015-08-27	黑龙江
设计工程师（流体力学）	哈尔滨电气集团佳木斯电机股份	2015-08-27	黑龙江

图 6－37 【F10 资料】｜【经营动态】

6－37所示。

【经营动态】页面中提供的"董事会报告对经营情况的讨论与分析"，是投资者了解上市公司以及上市公司所属行业面临的竞争态势的一个窗口。对于想长线持有该股的投资者来说，这种分析是非常有价值的。

6.2.16 盈利预测

点击【F10 资料】界面上方的菜单栏，可以切换至【盈利预测】页面，如图6－38所示。

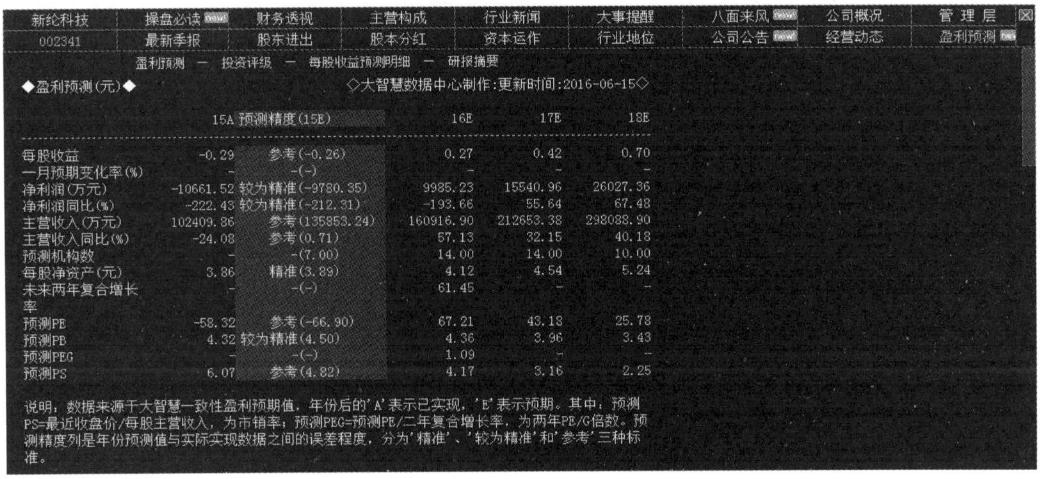

新纶科技 002341 | 操盘必读 最新季报 | 财务透视 股东进出 | 主营构成 股本分红 | 行业新闻 资本运作 | 大事提醒 行业地位 | 八面来风 公司公告 | 公司概况 经营动态 | 管理层 盈利预测

盈利预测 — 投资评级 — 每股收益预测明细 — 研报摘要

◆盈利预测(元)◆ ◇大智慧数据中心制作:更新时间:2016-06-15◇

	15A	预测精度(15E)	16E	17E	18E
每股收益	-0.29	参考(-0.26)	0.27	0.42	0.70
一月预期变化率(%)	-	-(-)	-	-	-
净利润(万元)	-10661.52	较为精准(-9780.35)	9985.23	15540.96	26027.36
净利润同比(%)	-222.43	较为精准(-212.31)	-193.66	55.64	67.48
主营收入(万元)	102409.86	参考(135853.24)	160916.90	212653.38	298088.90
主营收入同比(%)	-24.08	参考(0.71)	57.13	32.15	40.18
预测机构数	-	-(7.00)	14.00	14.00	10.00
每股净资产(元)	3.86	精准(3.89)	4.12	4.54	5.24
未来两年复合增长率	-	-(-)	61.45	-	-
预测PE	-58.32	参考(-66.90)	67.21	43.18	25.78
预测PB	4.32	较为精准(4.50)	4.36	3.96	3.43
预测PEG	-	-(-)	1.09	-	-
预测PS	6.07	参考(4.82)	4.17	3.16	2.25

说明：数据来源于大智慧一致性盈利预期值，年份后的'A'表示已实现，'E'表示预期。其中：预测PS=最近收盘价/每股主营收入，为市销率；预测PEG=预测PE/二年复合增长率，为两年PE/G倍数。预测精度列是年份预测值与实际实现数据之间的误差程度，分为'精准'、'较为精准'和'参考'三种标准。

图 6－38【F10 资料】｜【盈利预测】

在【盈利预测】页面，投资者要重点关注机构为股票下一年度做出的盈利预测数据。尽管这些盈利数据并不一定准确，但可以在一定程度上反映机构投资者对这

些股票未来走势的观点和看法。

预测的未来盈利数值较高，说明机构对该股的未来走势是看好的。也有一些股票没有任何机构为其做盈利预测，这从侧面说明机构对其关注不足，也说明该股受到机构投资者的冷落。

6.3 技术指标

点击大智慧快捷工具条的【指标】按钮，将会看到大智慧系统提供的各类技术指标，如图 6－39 所示。

点击图 6－39 中的【技术指标】图标，将会看到大智慧系统提供的各类技术指标。点击“分组”标签，将会看到各个技术指标，如图 6－40 所示。

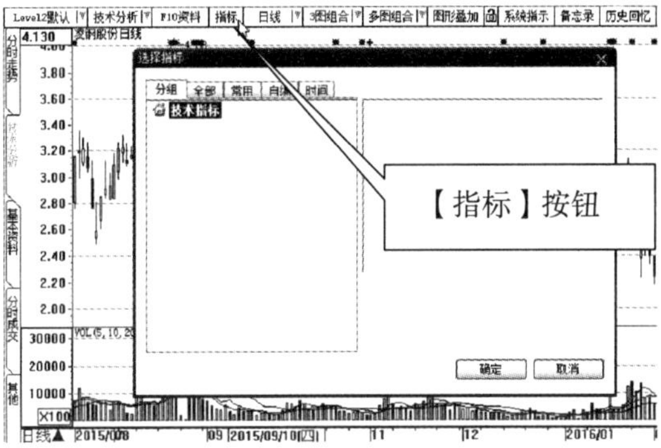

图 6－39 大智慧【指标】功能

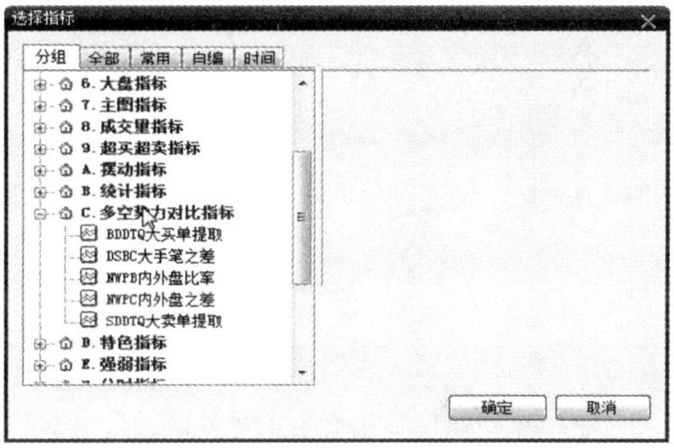

图 6－40 技术指标分类

6.3.1 技术指标的调用

技术指标的调用包括两种方式：其一，直接将不常用的技术指标应用于股价走势分析；其二，将技术指标列为常用指标并经常使用。

1. 技术指标直接调用

投资者若想将某一技术指标直接应用于股价走势分析，可在【指标】功能框内找到该技术指标。选中该指标后，点击【指标】功能框右下方的【确定】按钮即可，如图 6－41、图 6－42 所示。

2. 设置常用指标

若想将某一非常用技术指标设置为常用指标，可在【指标】功能框内找到该技术指标，鼠标右键点击该指标，在弹出的快捷菜单中选择【设为常用】。此后，投资者在 K 线图副图位置点击鼠标右键，点击【常用指标】就能看到该指标，如图 6－43、图 6－44 所示。

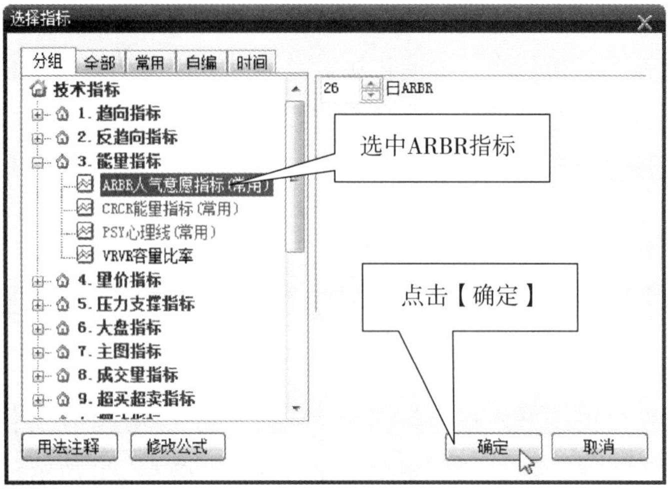

图 6－41　选择指标

图 6－42　应用指标

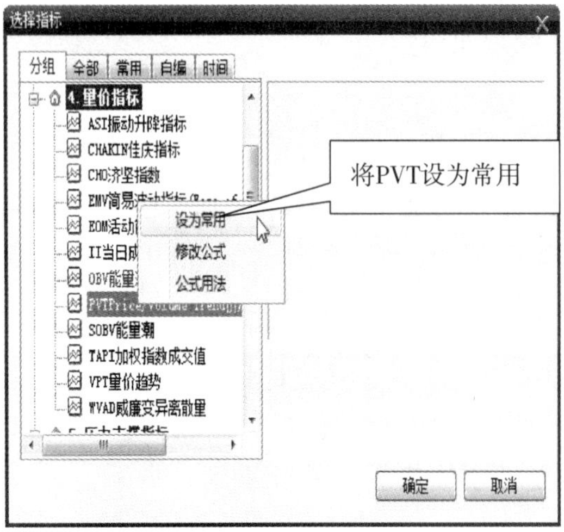

图 6－43　设为常用指标

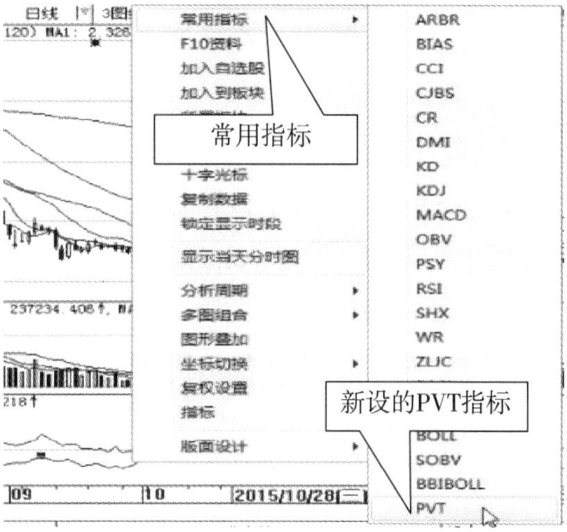

图 6－44　调用常用指标

6.3.2 技术指标的用法

在使用技术指标时，若对技术指标的用法不太了解，可以在技术指标区域点击鼠标右键，并在快捷菜单中选择【指标用法注释】，如图 6－45、图 6－46 所示。

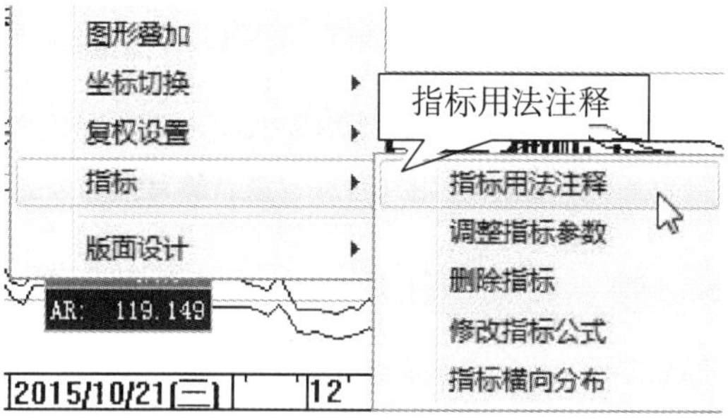

图 6－45 选择指标注释

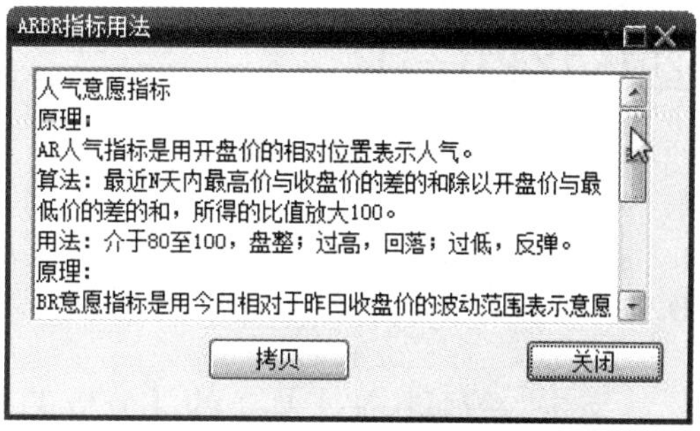

图 6－46 查看指标注释

6.3.3 修改技术指标参数

投资者在使用技术指标时，若对技术指标的参数设置不太满意，可以通过一系列修改操作，重新设置技术指标的参数。

具体操作如下：右键点击技术指标区域，在弹出的快捷菜单中选择【调整指标参数】，如图 6－47、图 6－48 所示。

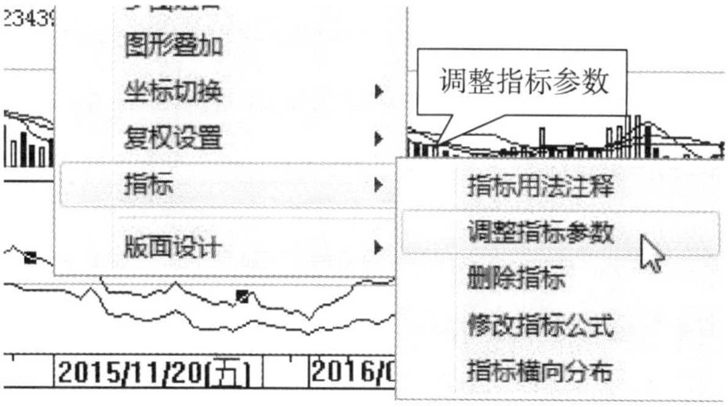

图 6－47 调整指标参数

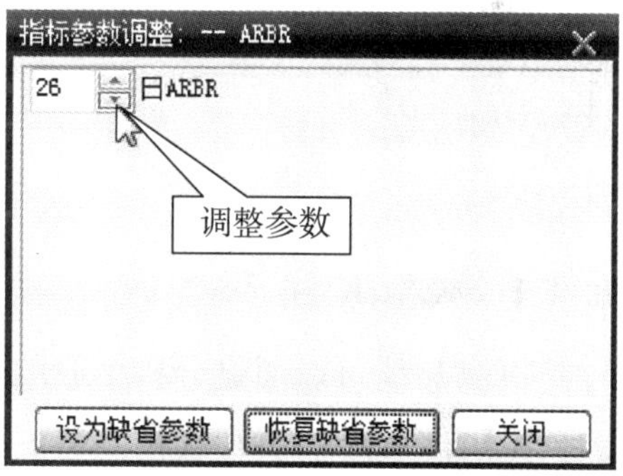

图 6－48 修改指标参数

6.3.4 修改技术指标公式

投资者在使用技术指标时，若对技术指标的编写程序不太满意，可以通过一系列修改操作，重新编写技术指标的程序。

具体操作如下：右键点击技术指标区域，在弹出的快捷菜单中选择【修改指标公式】，如图 6－49、图 6－50 所示。

投资者若无编写公式的经验，最好不要修改系统给出的公式。

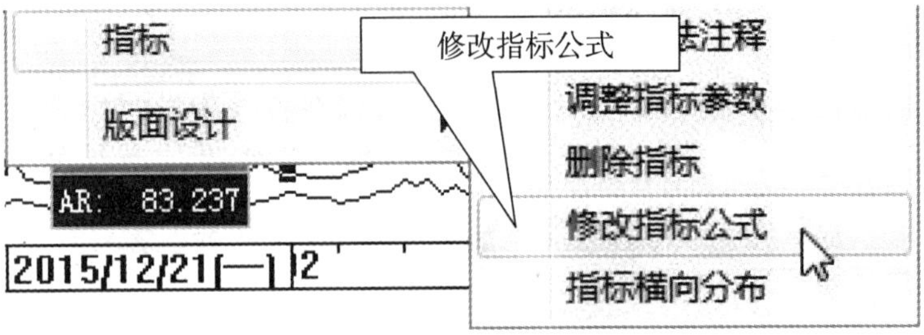

图 6－49　调整指标公式

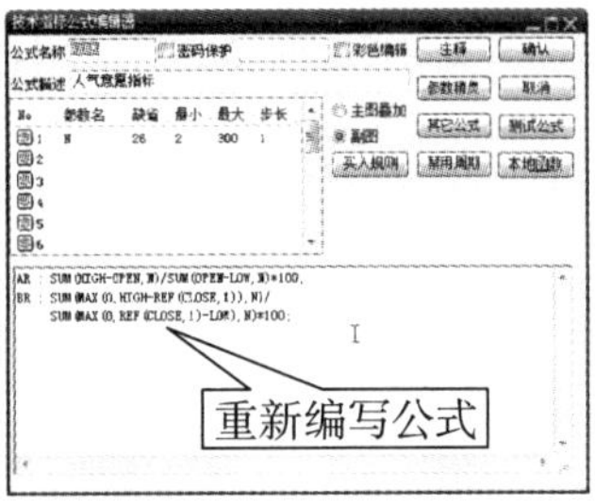

图 6－50　重新编写指标公式

6.4　分析工具

点击大智慧快捷工具条的【分析工具】下拉菜单，将会看到大智慧系统提供的各类分析工具，如图 6－51 所示。

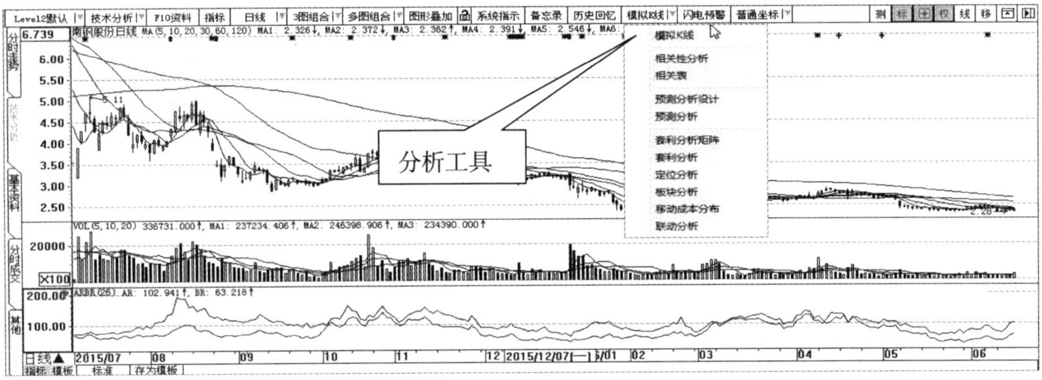

图 6－51　分析工具

6.4.1　模拟 K 线

模拟 K 线可以通过分析个股的历史 K 线走势（系统默认为 40 个交易周期），智能模拟出该股的未来 K 线图走势供用户参考。当然，若投资者对系统给出的模拟 K 线不满意，还可以自行设置模拟的 K 线走势。

点击【分析工具】下拉菜单【模拟 K 线】，系统会自动弹出【模拟 K 线】设置页面，并提示“是否将最后 40 天数据添加到模拟 K 线”，如图 6－52 所示。

这一步投资者需要注意：若点击【是】，系统将默认以当日向前 40 个交易日的 K 线作为基准，向后模拟 40 个交易日的 K 线走势；若点击【否】，系统将不再提供 40 个交易日的模拟 K 线，而是由投资者自行设置模拟 K 线。

点击【是】后，系统将给出三种可供选择的模拟 K 线模式，即沿时间反向、上下反向和平滑连接三种，如图 6－53 所示。

模拟 K 线三种连接方式的具体区别如下。

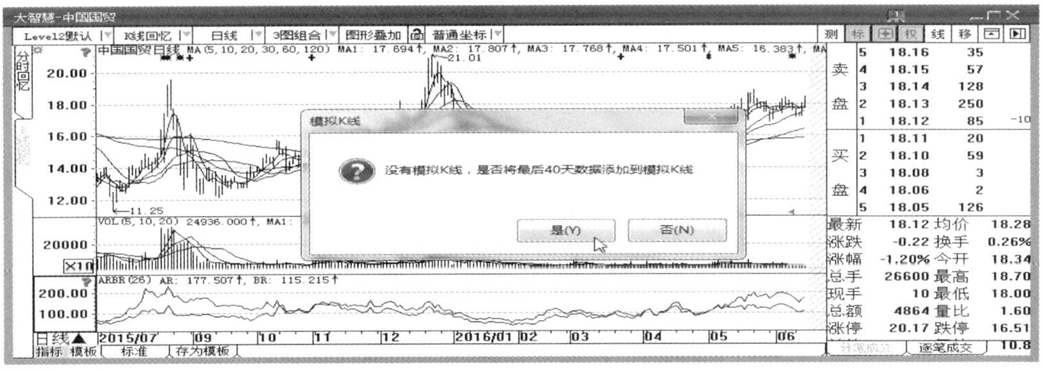

图 6－52 【模拟 K 线】设置

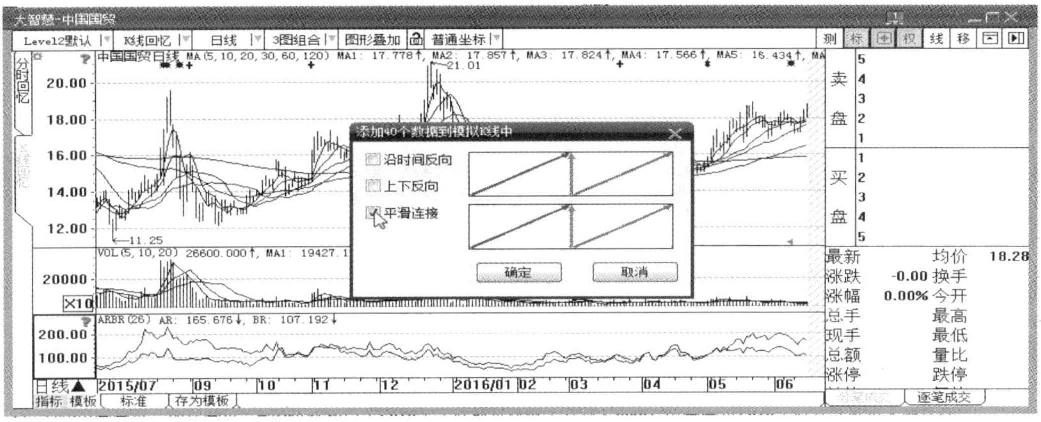

图 6－53 模拟 K 线连接模式

（1）平滑连接。即将模拟出来的 K 线平滑地连接到当前 K 线的后面。若不使用平滑连接，那么模拟出来的 K 线可能会与当前 K 线之间出现巨大的缺口。投资者若想使用其他两种连接方式时，也要选中“平滑连接”，否则模拟 K 线将失去意义。

平滑连接是系统默认的选项，投资者若不修改，系统将按照时间先后顺序将 40 个交易日内的 K 线平移至当日 K 线后面，形成模拟 K 线，如图 6－54 所示。

从图 6－54 可以看出，模拟 K 线的走势是基准区域的一个复制版。不过，均线系统和技术指标则与基准区域走势不同。

（2）沿时间反向连接。即模拟 K 线的第一根 K 线与当前 K 线相同，第二根 K 线与前一交易日 K 线相同，以此类推。使用该连接方式，投资者将看到一个与之前 40 个交易日 K 线走势方向相反的 K 线走势图，如图 6－55 所示。

从图 6－55 可以看出，模拟 K 线的走势与之前的 K 线走势呈对称排列。均线系统和技术指标则与基准区域走势不同。

（3）上下反向连接。即将原 K 线的开盘价与收盘价对调后平滑地连接到当前 K 线的后面，如图 6－56 所示。

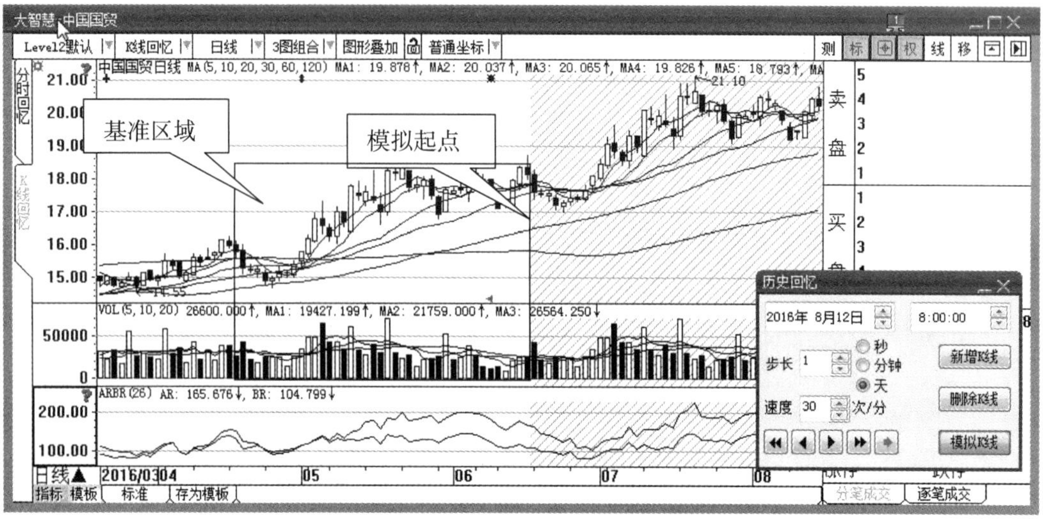

图 6-54　模拟 K 线：平滑连接

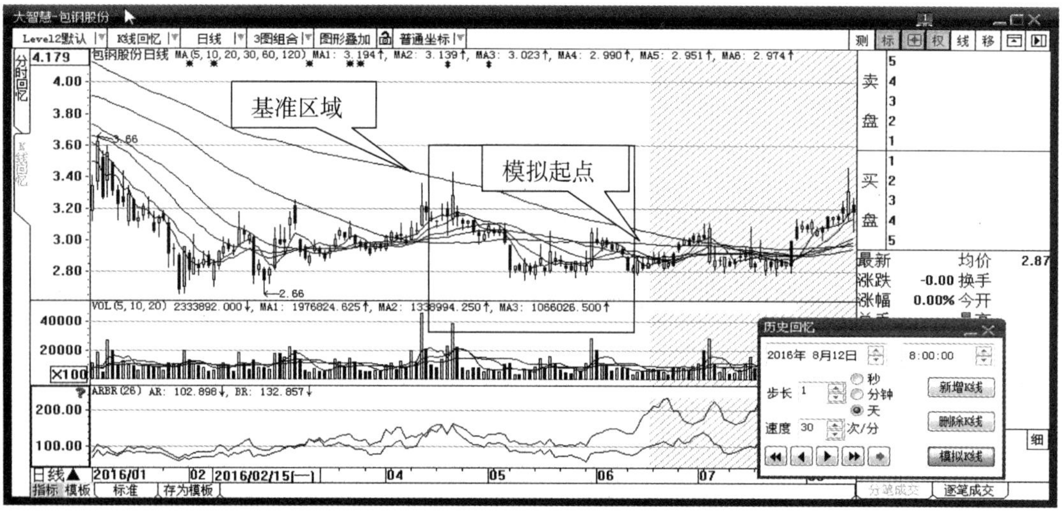

图 6-55　模拟 K 线：反向连接

从图 6-56 可以看出，模拟 K 线的走势也是按照时间顺序平移的前 40 个交易日 K 线走势，不过开盘价与收盘价、最高价与最低价颠倒后，很难再看出模拟 K 线与原基准 K 线的关系了。

在进入模拟 K 线设置时，若投资者点击【否】后，系统将给出【历史回忆】设置对话框，如图 6-57 所示。

投资者可通过点击【新增 K 线】来设置自己的模拟 K 线。投资者每点击一次【新增 K 线】按钮，系统将给出一根与模拟 K 线设置前最后一个交易日 K 线相同的 K 线，如图 6-58 所示。

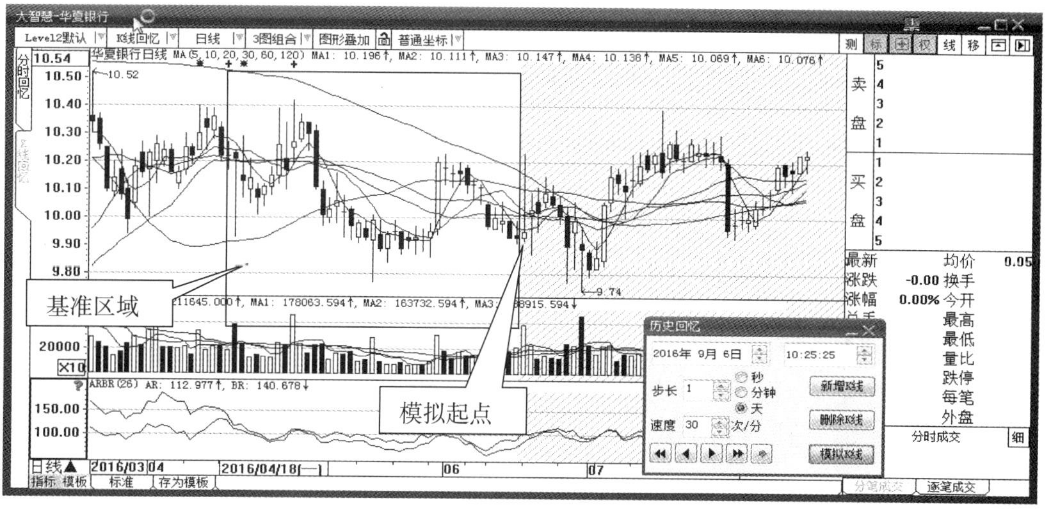

图 6－56　模拟 K 线：上下反向连接

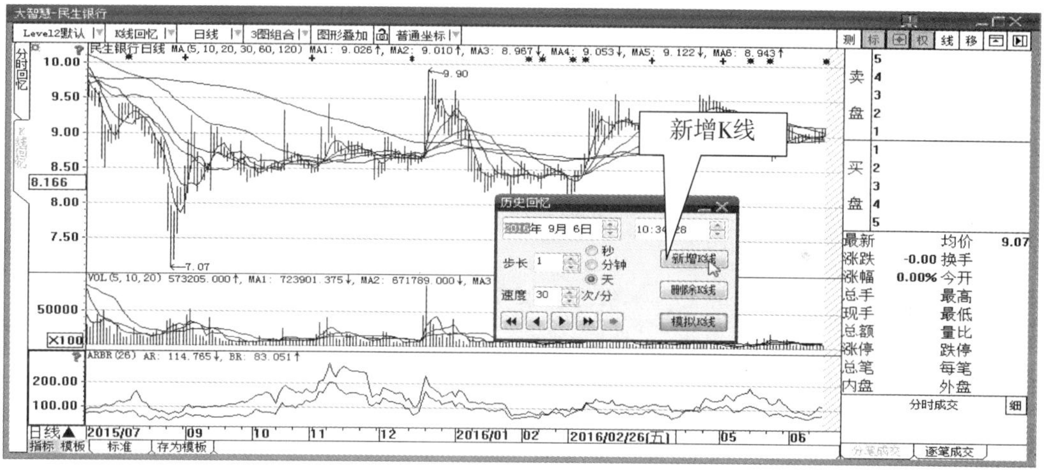

图 6－57　【历史回忆】设置对话框

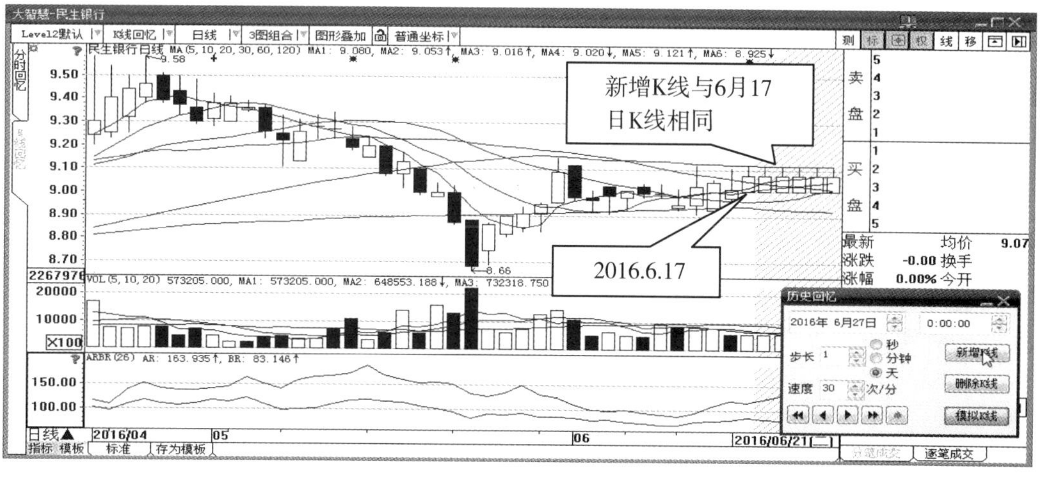

图 6－58　新增模拟 K 线

用十字光标选中新增的模拟 K 线，点击鼠标右键，选择【修改模拟 K 线】，如图 6－59 所示，系统会自动给出模拟 K 线修改对话框，如图 6－60 所示。

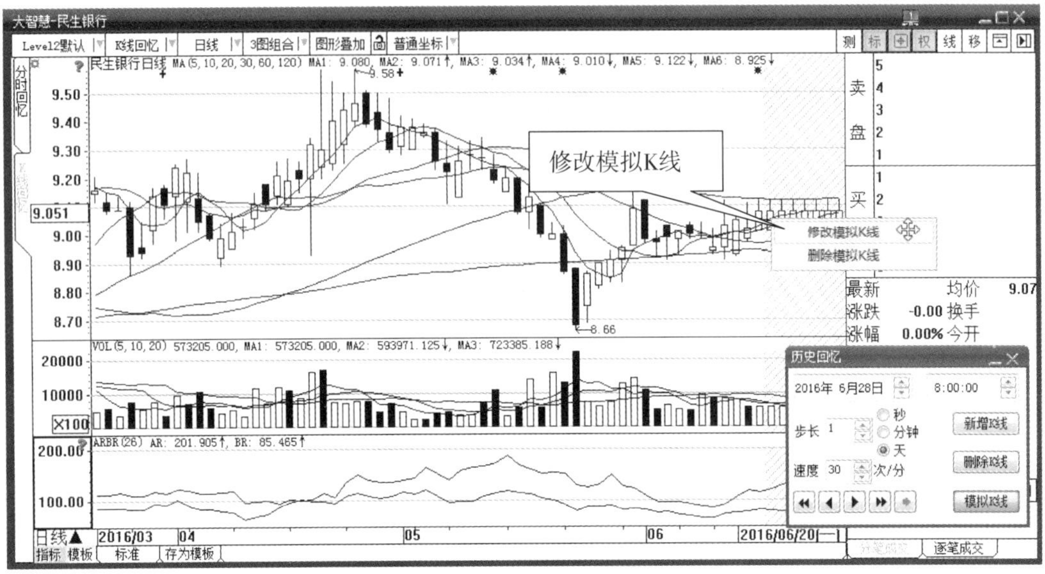

图 6－59 修改模拟 K 线

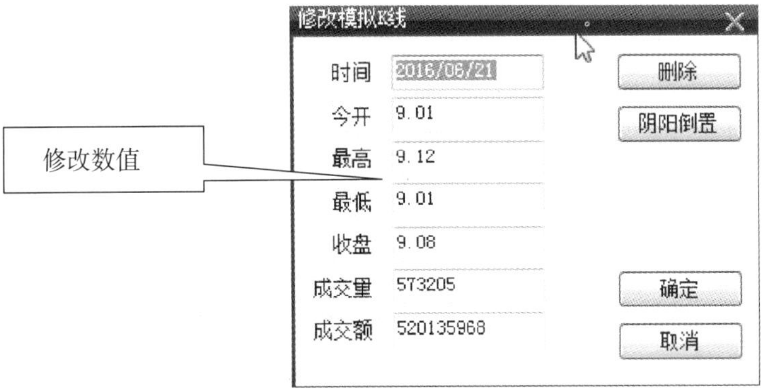

图 6－60 重新设置模拟 K 线

投资者可根据自己对股价走势的预测，输入具体的开盘价、收盘价、最高价、最低价数值，之后系统就会以该数值为基础形成新的模拟 K 线。若投资者对该 K 线不满意，也可以尝试选择【阴阳倒置】。

其实，投资者即使使用了系统给出的 40 个交易日的模拟 K 线，也可以通过如上方法对模拟 K 线进行修改或删除。

总之，通过【模拟 K 线】功能，投资者可以对股价走势进行预测，之后再与实际走势进行对比，以判断自己预测的准确度。若能长期坚持下去，对走势预测的准确度就会逐渐提高，自己的炒股水平也会逐步提升。

6.4.2 相关性分析

相关性分析，是用量化的方法诠释股票与股票或指数之间的关系。借助相关性分析，投资者可以找到与某只股票在某些方面相似程度较高的股票。

点击【分析工具】下拉菜单，选择【相关性分析】，系统会自动弹出【相关性分析】设置页面，如图 6－61、图 6－62 所示。

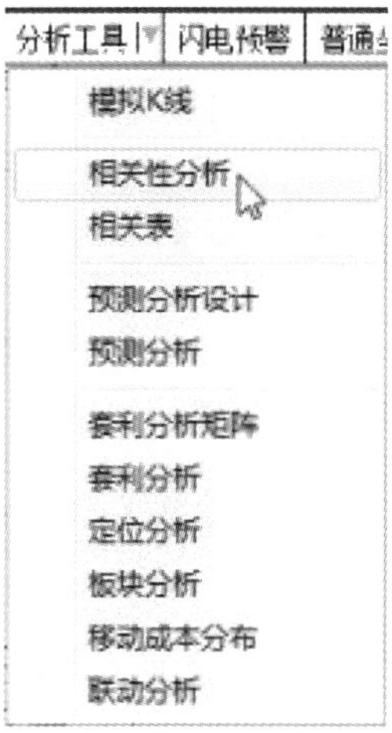

图 6－61 【分析工具】丨【相关性分析】

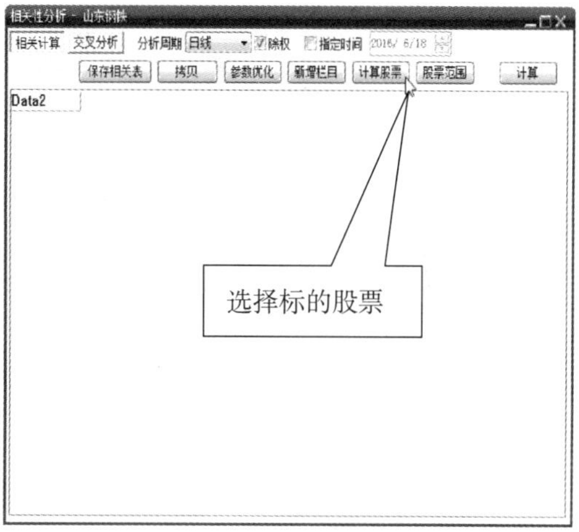

图 6－62 【相关性分析】设置

第一步：确认分析标的股票。

图 6－63 【选择股票】对话框

若投资者事先没有确定相关性分析的标的股票，那么进入【相关性分析】页面时，当前页面的股票将成为默认的标的股票，投资者可从【相关性分析】对话框顶部名称栏看到该股票名称。若投资者想对其他股票展开分析，可以点击【计算股票】按钮，系统会弹出【选择股票】对话框，如图 6－63 所示。

在图 6－63 所示的对话框中选择标的股票或指数，如白云机场，然后点击【确定】，即可退出该对话框。

第二步：选择分析项目。

点击【相关性分析】对话框中的【新增项目】后，系统会弹出【选择指标】对话框。此时，投资者可在指标选择框内找到“相关性分析公式”，如图 6－64、图 6－65 所示。

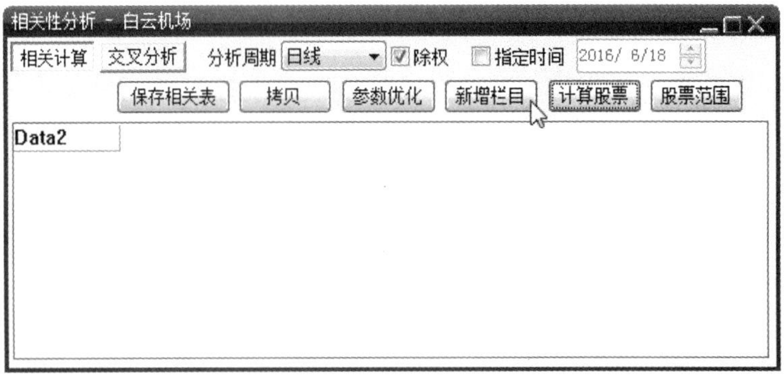

图 6 - 64　点击【新增项目】

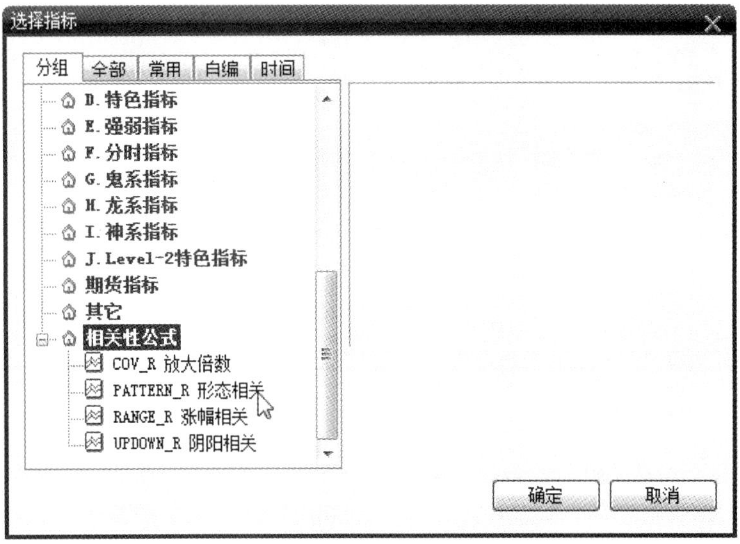

图 6 - 65　【选择指标】对话框

目前，可供投资者进行相关性分析的项目包括四类：放大倍数、形态相关、涨幅相关、阴阳相关等。

(1) 放大倍数：是指标的股票对其他股票的影响系数。

(2) 形态相关：是指其他股票与标的股票 K 线走势形态的相似度情况。

(3) 涨幅相关：是指其他股票与标的股票单日涨幅的相似度情况。

(4) 阴阳相关：是指其他股票与标的股票在分析周期内同步出现阴线、阳线的情况。

例如，投资者将“形态相关”列为分析项目，只需用鼠标选中该公式，并点击【确定】退出即可，如图 6 - 66 所示。投资者也可以多选或将四项全部选中进行分析。

第三步：确认分析股票范围。

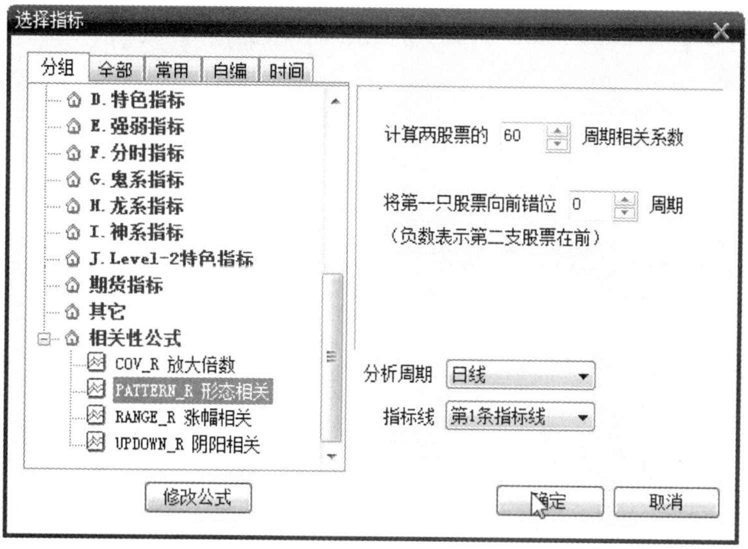

图 6－66　选中【形态相关】

点击【相关性分析】对话框中的【股票范围】后，再点击【新增】按钮，然后可以选择与标的股票进行相关性分析的股票或指数。例如，投资者可将某只、某几只甚至整个板块股票列为分析范围，如图 6－67、图 6－68 所示。

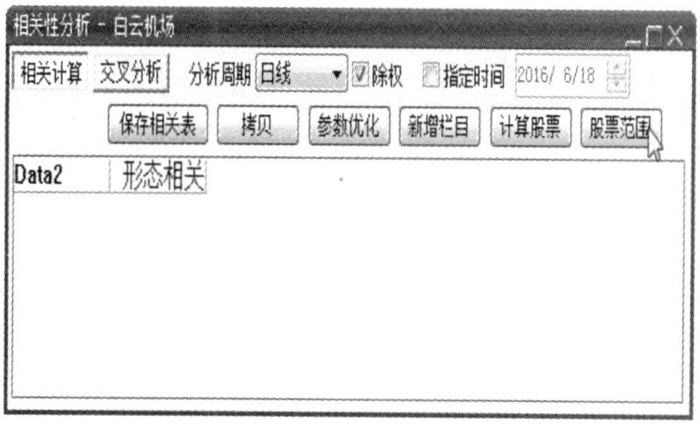

图 6－67　点击【股票范围】

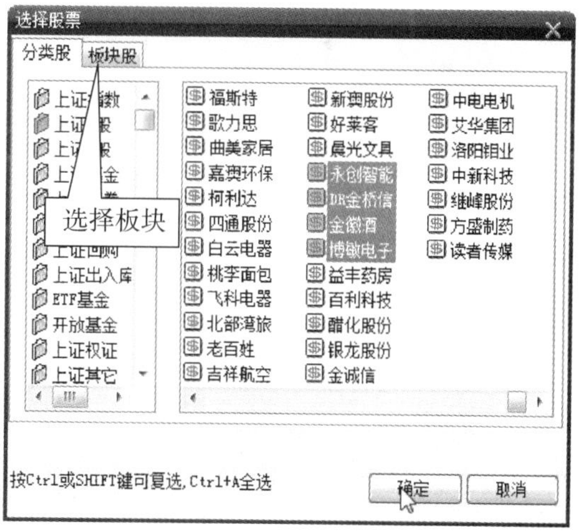

图 6－68　【选择股票】对话框

投资者可借助“CTRL”键选中多只股票，即按下“CTRL”键后，用鼠标选中多只目标股票。也可以点击【板块股】选项卡，选择某一板块内部的股票，然后再全部选中或部分选择某些股票。选中的股票将会出现在【选择股票】对话框中，如图 6－69 所示。

投资者若想新增股票的话，还可以继续点击【新增】按钮添加股票；若要删除某只股票，只需用鼠标选中该股，然后点击【删除】按钮即可。确定分析范围后，

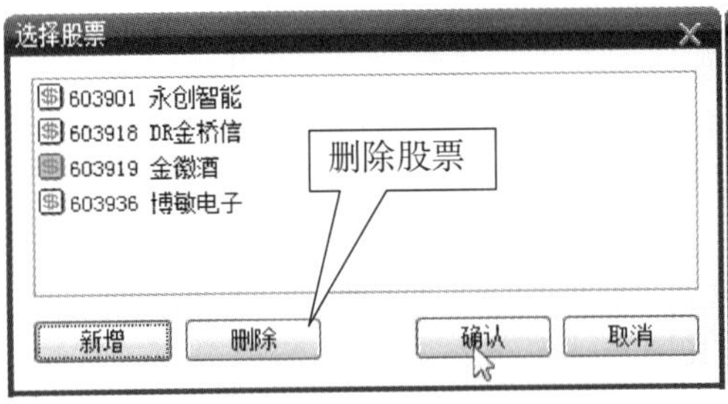

图 6－69　【选择股票】对话框

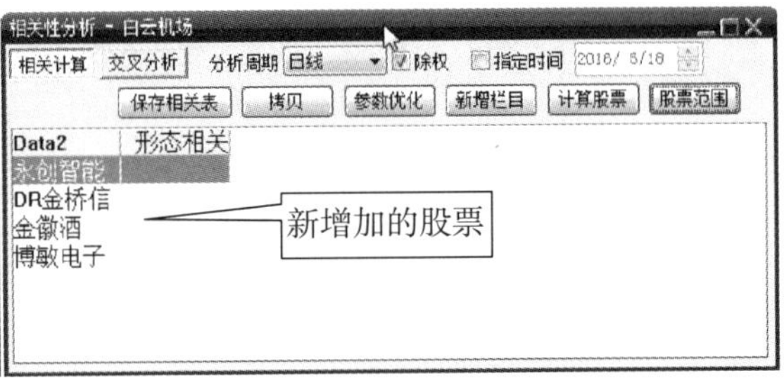

图 6－70　返回相关性分析

点击【确认】退出，如图 6－70 所示。

第四步：计算相关性。

点击【相关性分析】对话框中的【计算】按钮后，系统将自动给出相关性分析数据，如图 6－71、图 6－72 所示。

图 6－71　【计算】

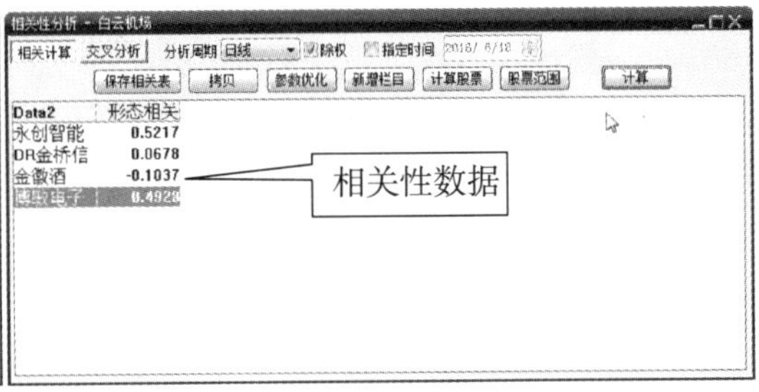

图 6－72　【形态相似】相关性分析结果

投资者可点击“形态相关”标签，按照数值大小对股票进行排名。相关性分析数值在-1 到 1 之间，正值越大，说明相关性越大。从图 6－72 所示的分析结果来看，所选的几只股票与标的股之间形态相似度较低，相关性数值最大的永创智能，也不过 0.52。

第五步：交叉分析。

除了计算各只股票与标的股票的相关性外，还可以对各只股票进行交叉分析，也就是各只股票互相成为标的股票，然后计算其他股票与其相关性的数值。

在【相关性分析】对话框上部点击【交叉分析】按钮，如图 6－73 所示，然后再点击【计算】按钮，系统就会给出交叉分析的计算结果，如图 6－74 所示。

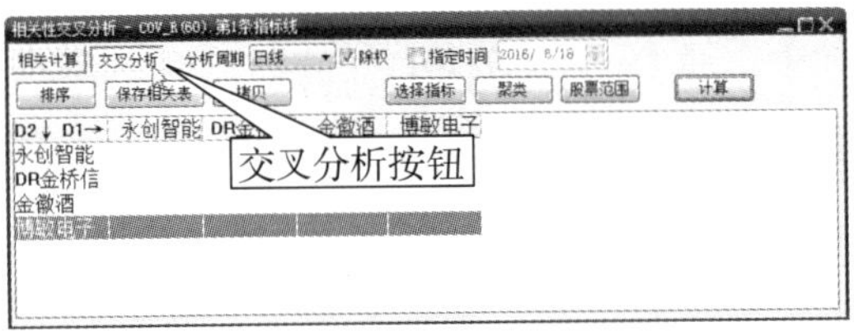

图 6－73　点击【交叉分析】按钮

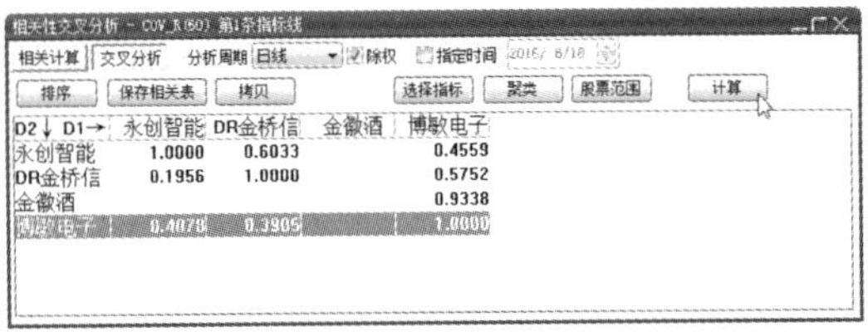

图 6－74　计算【交叉分析】结果

第六步：保存数值。

点击【相关性分析】对话框中的【保存相关表】后，系统会将相关性分析数据保存起来，如图 6－75、图 6－76 所示。

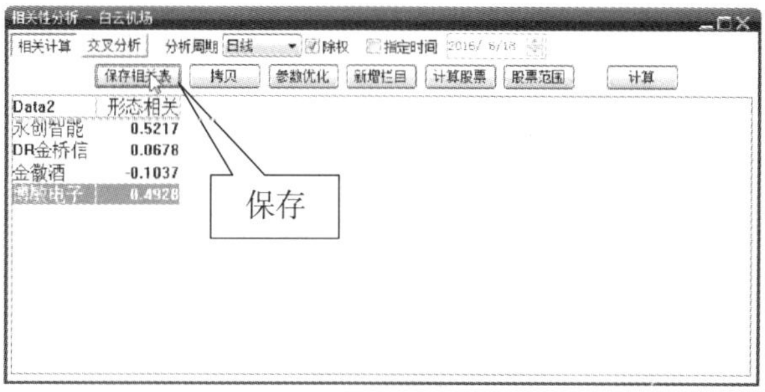

图 6－75　【保存相关表】

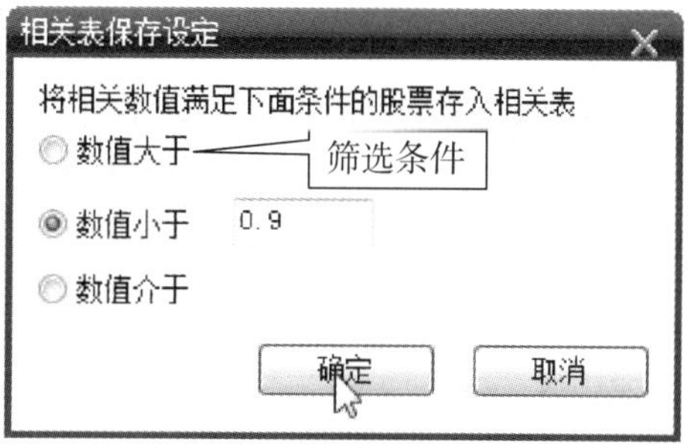

图 6－76　保存条件设置

若需要保存的股票较多，可对筛选条件进行一定的调整，例如数值“大于 0.7”或“大于 0.9”等。数值设置取决于相关性分析结果，若分析结果中数值“大于 0.7”的股票较多，只有少部分大于 0.9，那么可以直接选择将“大于 0.9”的股票保存起来。

6.4.3　相关表

若某只股票曾作为标的股进行相关性分析，并将分析结果保存至相关表，那么当投资者打开这只股票的 K 线图时，可以随时查看该股的【相关表】功能。

例如，投资者进入白云机场 K 线图界面后，点击快捷工具条中的【分析工具】|【相关表】，系统会自动给出已保存的【相关表】，如图 6－77、图 6－78 所示。

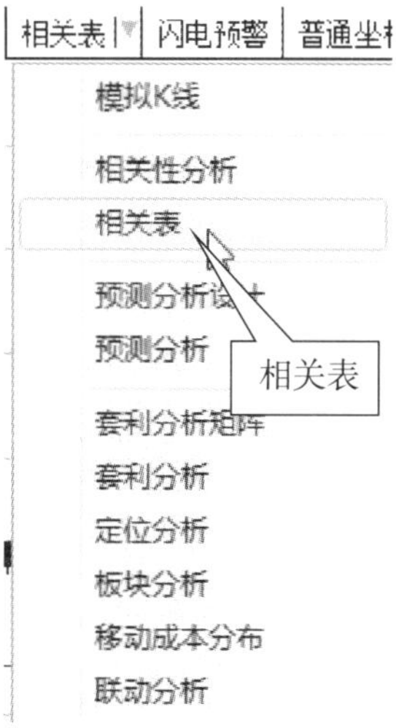

图 6－77　点击【相关表】

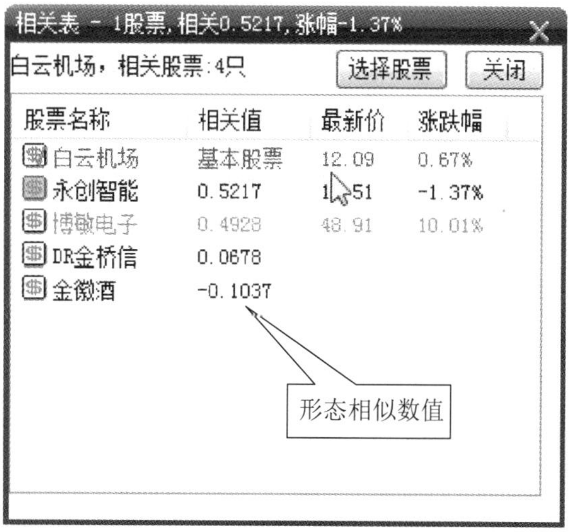

图 6－78　形态相似【相关表】

投资者用鼠标双击【相关表】中的任一股票（标的股除外），系统会自动将该股票与标的股的走势叠加在一起。例如，双击永创智能，K线图就会如6－79所示。

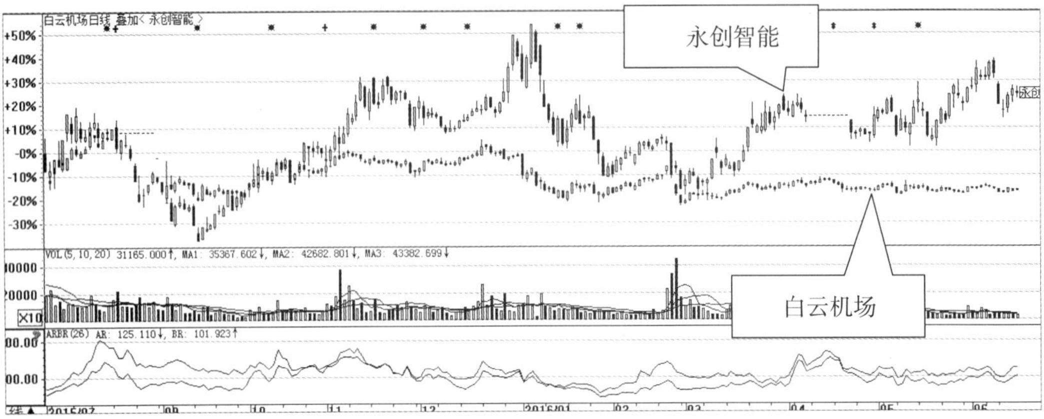

图6－79　白云机场与永创智能叠加K线走势图

6.4.4　预测分析设计

预测分析设计，顾名思义，是指对股票走势预测分析而进行的分析设计。投资者可借助本功能设计几套预测分析模式保存起来，以供预测股票走势时使用。预测分析设计是基于投资者选定的股票范围，用指定时段的历史数据，按照某一条件筛选出相应的股票，并根据这些股票的走势分布区域建立一个预测图。其后，当某只股票的走势符合设定的条件时，就可以调出预测图，研判其未来的走势方向。

预测分析设计的步骤如下。

第一步：点击大智慧快捷工具条【分析工具】|【预测分析设计】，如图6－80、图6－81所示。

第二步：设置预测条件。点击【预测条件】选择框后的【设置】按钮，系统将

图6－80　【分析工具】|【预测分析设计】

图6－81　【预测分析设计】对话框

给出可供选择的条件，如图 6－82 所示。

设置【预测条件】的方法包括以下三种。

（1）借助已有技术指标设置预测条件。投资者可点击【技术指标】标签，并选择心仪的技术指标，如“M1 移动平均线”，如图 6－83 所示。

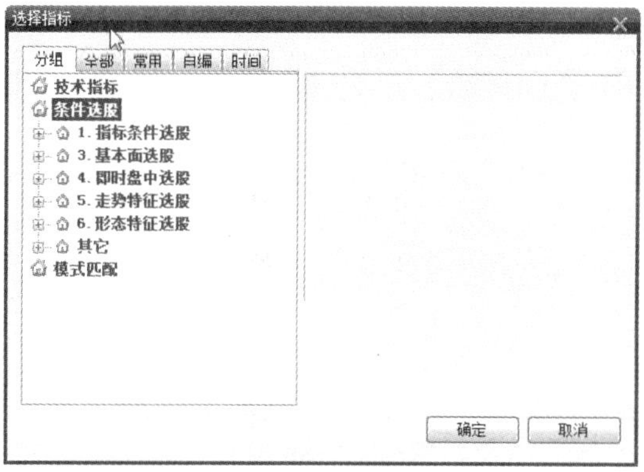

图 6－82　选择指标

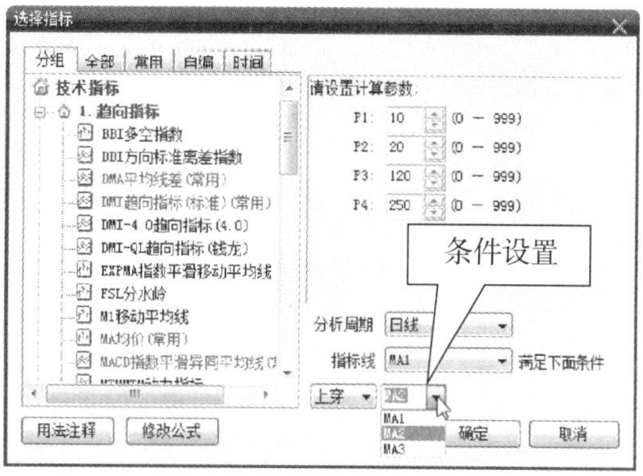

图 6－83　设置指标选择条件

选中技术指标后，需要对技术指标选择股票的条件进行设置。例如图 6－83 中的“M1 移动平均线”指标，投资者可以选择“指标线 MA1‘上穿’‘MA2’”这一条件。

（2）直接利用【条件选股】的方法设置预测条件。即在【选择指标】对话框内点击【条件选股】标签，并选择心仪的条件，如“BAIS 乖离率买入条件股”，如图 6－84 所示。相比借助【技术指标】设置预测条件，直接使用【条件选股】设置预测条件更加简单。

（3）借助【模式匹配】设计预测条件。即在【选择指标】对话框内右键点击【模式匹配】标签，选中【新增模式匹配】，如图 6－85 所示。

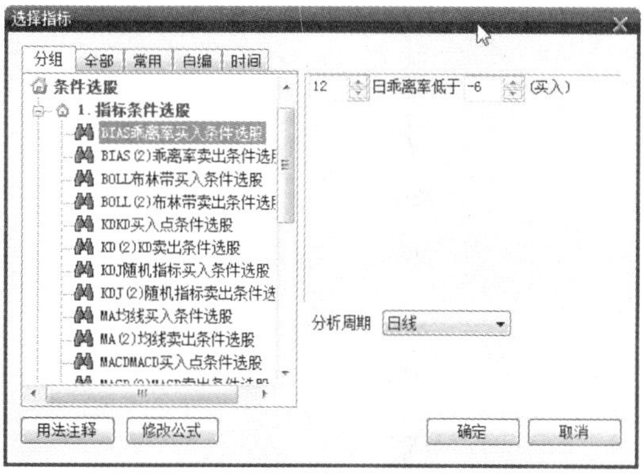

图 6－84　条件选股

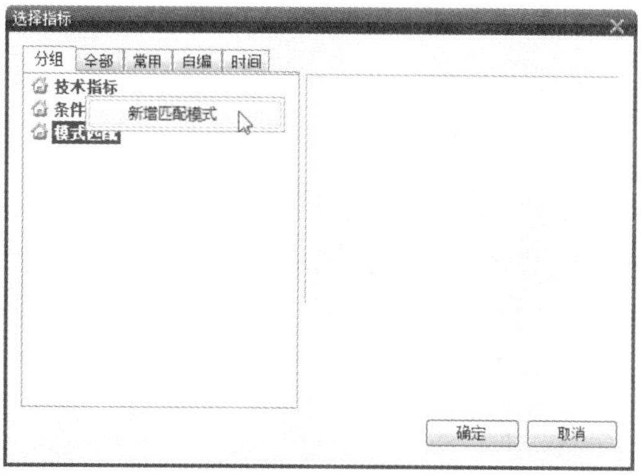

图 6－85　新增模式匹配

在弹出的【模式匹配设计】对话框中，点击【高级】按钮，将看到完成的模式匹配设计情况，如图 6－86 所示。

匹配模式分为“匹配实际 K 线”和“匹配自绘制趋势”两类。若选择匹配实际 K 线，意味着要从股价 K 线的实际走势中选择一种模式作为基准。点击【匹配实际 K 线】后，系统会给出股票选择对话框，如图 6－87 所示。

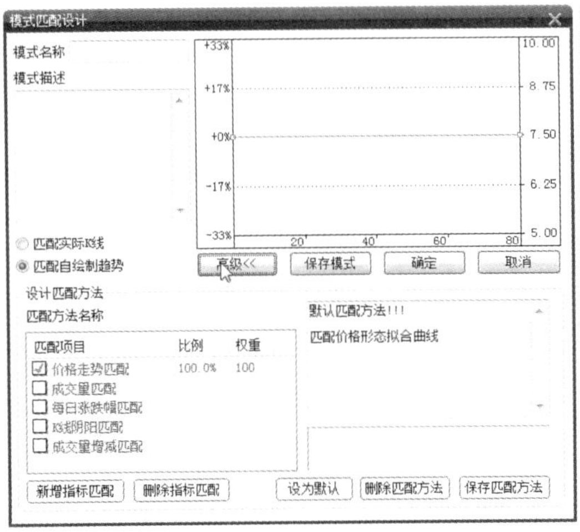

图 6－86　条件选股

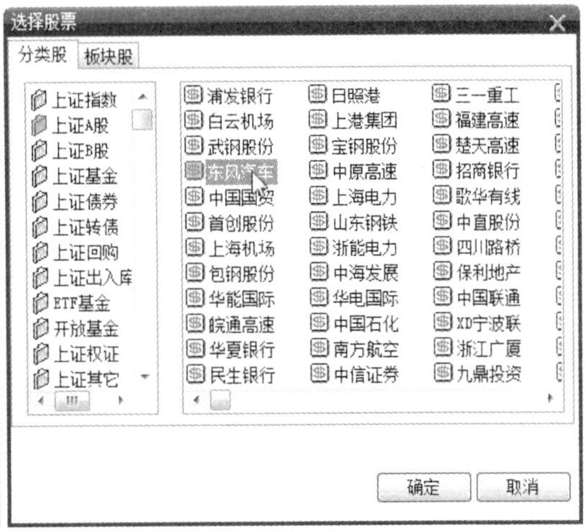

图 6－87　选择股票

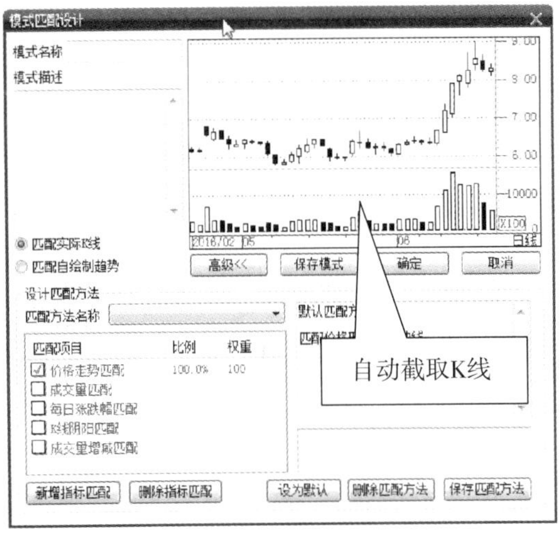

图 6－88　截取 K 线

确定股票或指数后，系统会自动截取该股票或指数的近期 K 线走势作为基准模式，如图 6－88 所示。系统默认给出的是该只股票或指数的日 K 线走势图，若投资者想使用其他分析周期的 K 线图，可以右键点击 K 线图，在弹出的快捷菜单中，另选一个分析周期或重新选择股票，如图 6－89 所示。

投资者还可以将各种匹配方法组合，例如“股价走势匹配”与“成交量匹配”组合，那么这两项指标在整个基准模式中将各占 50%的权重，如图 6－90 所示。

匹配方法设置完成后，可在模式名称栏输入一个自己容易识别的名称，如“价量综合匹配”。输入模式名称后，点击【保存模式】按钮即可。此后，投资者若想使用本模式，可在【选择指标】对话框中的【自编】选项卡内的【模式匹配】标

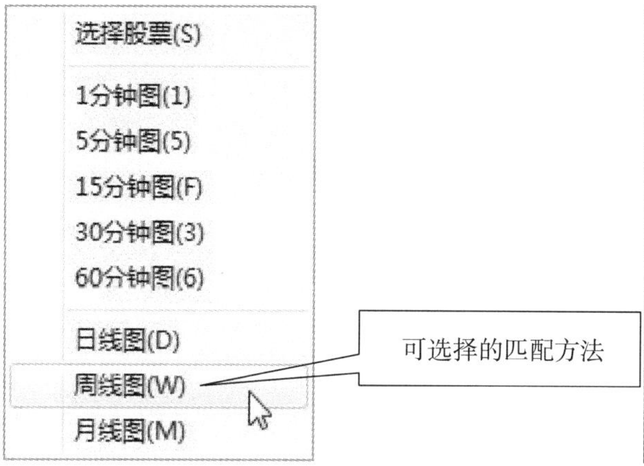

图 6－89　选择分析周期

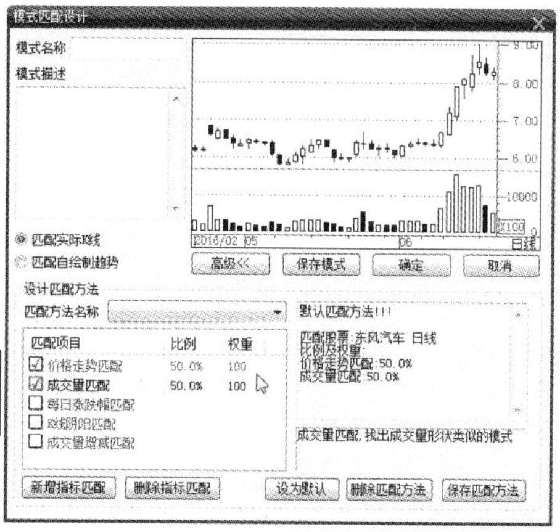

图 6－90　选择匹配方法

签下找到该模式，如图 6－91 所示。

投资者若选择【匹配自绘制趋势】设置，则只需在右侧的绘图框内拖动鼠标，绘制一幅自己满意的趋势图，然后输入名称后，点击【保存模式】即可，如图 6－92所示。

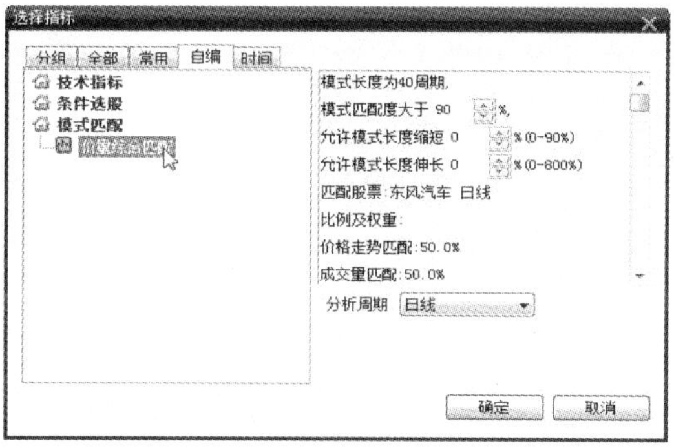

图 6－91　模式匹配

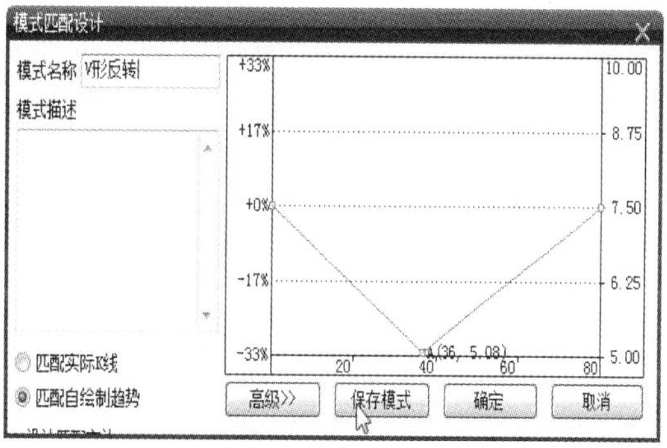

图 6－92　截取 K 线

第三步：设置【统计范围】。统计范围是指在多长的时间范围内寻找给定类型走势的股票。这个时间范围要尽量长一些，例如一年或两年。时间太短，筛选出的股票会很少，预测效果也会大打折扣。

第四步：设置【预测长度】。预测长度即 K 线数量。若分析周期为日线，预测长度为 50，也就是说系统会给出筛选出来的符合该模式的股票其后 50 个交易日的 K 线走势图。系统默认步长为 50，投资者可以根据个人偏好适当调整，如图 6－93 所示。

第五步：选择【目标股票】。点击【预测分布设计】对话框中的【新增】按钮，确定筛选的目标股票，投资者可以设置一只或多只股票。出于提升预测准确度的考量，最好设置多只股票，甚至将沪深 A 股全部选中也可以。图 6－94 中选中了“有色金属”板块。

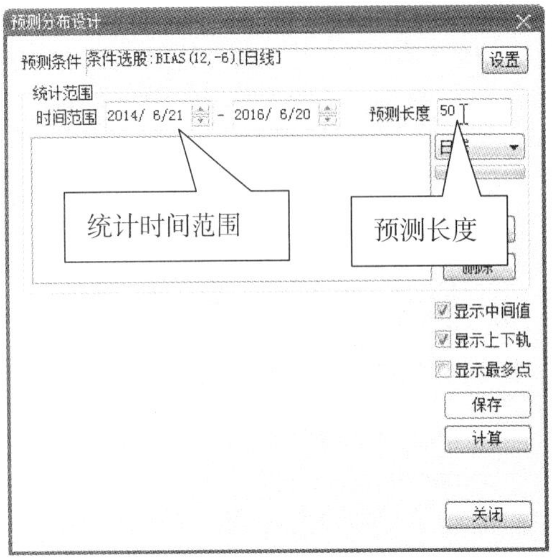

图 6－93　统计范围

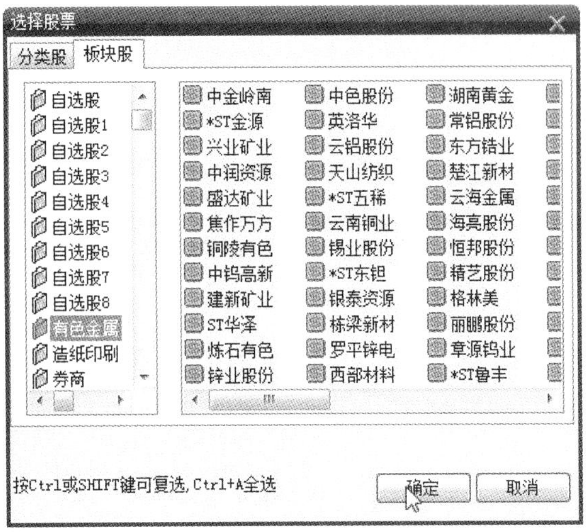

图 6－94　选择目标股票

第六步：开始计算。点击【计算】按钮，系统会给出由符合筛选条件的股票的K线走势图构成的预测图，点击【保存】，即完成了基于“BIAS买入条件”的预测图，如图6－95、图6－96所示。

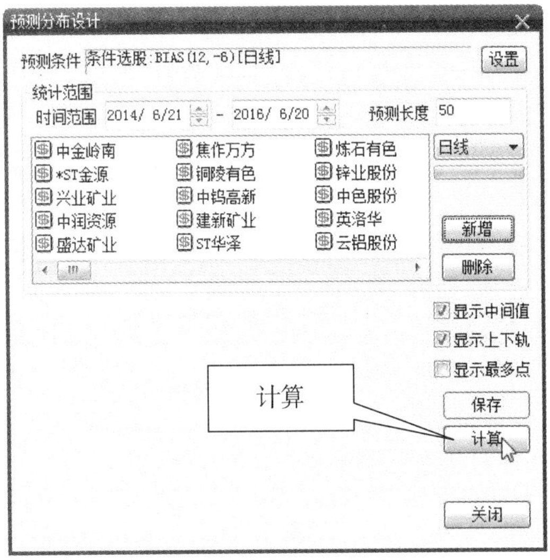

图 6－95　计算

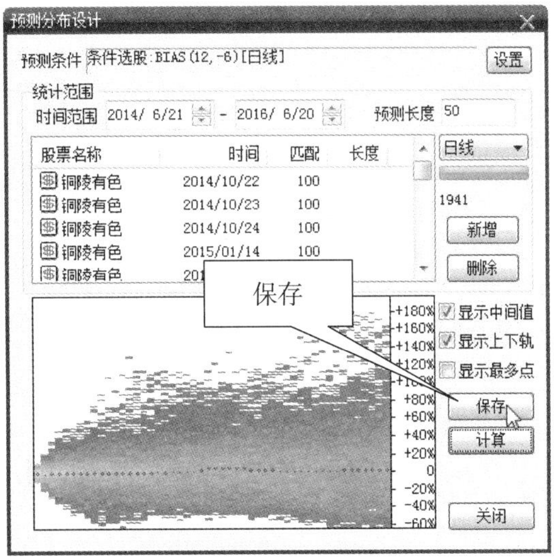

图 6－96　预测图

投资者可以重复预测分析设计的步骤，多设计几套预测图，以供未来预测分析时使用。

6.4.5　预测分析

预测分析，是指借助已经设置好的预测分析设计图来预测某只股票以后的走势。通常情况下，投资者想看某只股票的预测分析时，只需进入该只股票的K线图界面，然后点击快捷工具条中的【分析工具】｜【预测分析】，系统会给出已经保

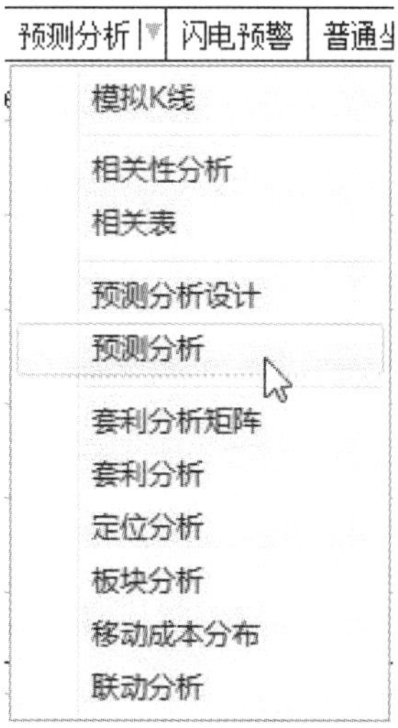

图 6－97　预测分析

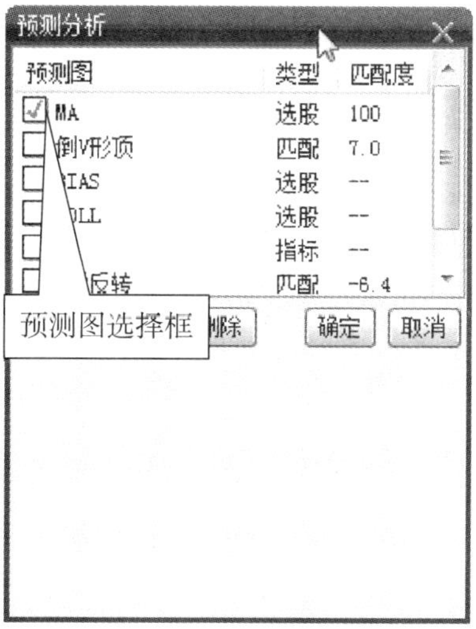

图 6－98　选择预测图

存好的预测图，如图 6－97、图 6－98 所示。

选择预测图时需要注意以下几点。

（1）尽量选择匹配度高的预测图。匹配度越高，说明当前股票的 K 线形态与预测图越一致，预测的准确度也越高；反之，若匹配度过低，则预测走势的意义就不大了。

（2）为了确保找到高匹配度的预测图，投资者最好在预测分析设计时多保存一些预测图，诸如基于均线、布林线、V 形底、倒 V 形顶等条件的预测图。图 6－98 中有 6 种预测图可供选择。

确定预测图后，点击【预测分析】对话框中的【确定】按钮，系统会给出当前股票的未来走势预测图，如图 6－99 所示。

图 6－99　古越龙山预测走势图

图 6－99 所示的预测走势区域中，上下轨之间的区域属于最可能的走势区域，而中轨线则是最大概率走势线。

6.4.6 套利分析矩阵

期货合约之间存在这样的关系：同一品种合约之间的价差与合约到期时间的长短相关。合约间到期时间越长，价差越大，也就越存在套利的可能。大智慧的套利分析矩阵功能，可以为投资者提供各类期货品种合约不同到期时间之间的价差，从而为投资者进行套利操作提供方便。

例如，投资者认定股票市场后期向好，预计未来的长期股指期货合约与短期股指期货合约之间的价差会越来越大，可以选择卖出价格较低的股指期货合约，买入价格较高的股指期货合约。此后，若股市上扬，长期股指期货合约与短期股指期货合约价差增大，投资者可以将两份股指期货合约全部平仓。投资者买入价格较低的股指期货合约平仓时，会因股市上扬而出现小幅亏损；卖出价格较高的股指期货合约平仓时，会因股市上涨而出现较大幅度的盈利。这个盈利不仅足以弥补亏损合约的亏损数额，还会产生一定的盈余，这个盈余就是价差变大所产生的利润。

相对于单纯的期货交易操作，套利操作最显著的优点就是，即使判断错误出现亏损，那么损失的也仅仅是价差缩小造成的亏损，而不是整个期货合约下跌形成的亏损。运用套利操作产生的利润或亏损，要比单纯的期货交易少很多，这对于不愿意承担较大风险的投资者而言是一个不错的选择。

投资者进入任一股指期货合约的【技术分析】页面，点击快捷工具条中的【分析工具】|【套利分析矩阵】，即可查看相关股指期货品种的套利分析矩阵，如图6-100、图6-101所示。

图 6-100 进入【套利分析矩阵】

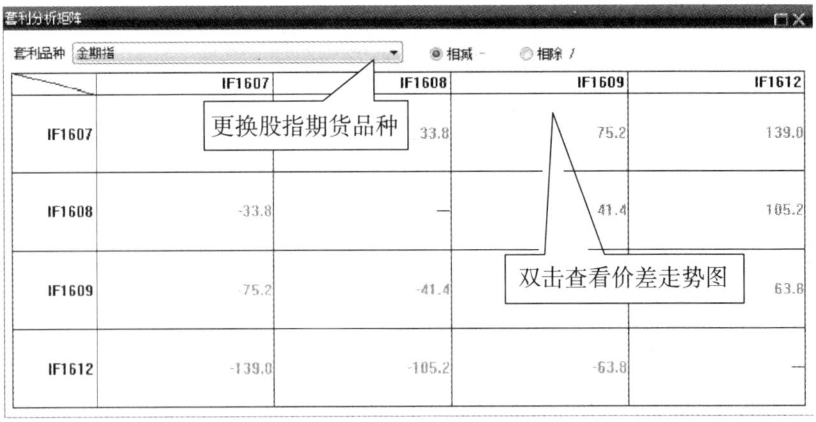

图 6-101 套利分析矩阵

还可点击【套利分析矩阵】中的价差区域，如图6-101所示，进入股指期货品种价差分析图界面，如图6-102所示。

从图6-102中可以看到IF1607合约的价格要高于IF1609合约的价格。投资者

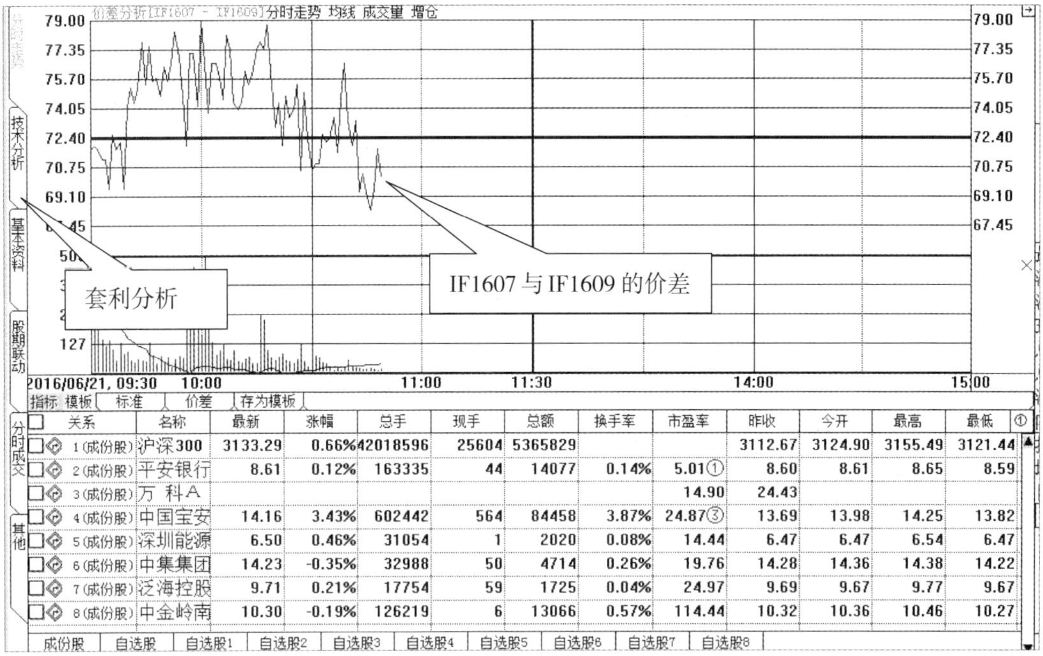

图 6－102　价差分析即时走势图

若认为股市将继续上扬，价差进一步扩大，则可考虑买入 IF1607 合约，卖出 IF1609 合约。不过，投资者买入到期日较近的期货合约时，还要考虑交割日的因素。

6.4.7　套利分析

套利分析可以为投资者提供两个品种或同一品种两个时间合约的价差分析。套利分析可以作为套利分析矩阵的一种辅助，即若投资者选定两个套利合约之后，可以借助大智慧的【套利分析】功能跟踪价差的变化。

其实，图 6－102 提供的价差分析即时图，就是套利分析功能之一。投资者可点击图 6－102 中左侧的【技术分析】功能选项卡，进入用 K 线图表示的价差分析图，如图 6－103 所示。

投资者也可以借助此功能分析两个品种之间的价差。先进入拟分析股票中的一只，例如，先进入贵州茅台的【技术分析】页面，然后点击【分析工具】｜【套利分析】，系统会自动弹出【价差分析设定】对话框，如图 6－104 所示。

如图 6－104 所示，系统弹出的【价差分析设定】对话框，给出了第一个分析标的贵州茅台；点击“第二腿”选择框后的 …… 图标，系统会给出一个股票选择框，如图 6－105 所示。

假如投资者选择了“五粮液”并点击【确定】按钮，系统将回到【价差分析设定】对话框，如图 6－106 所示。

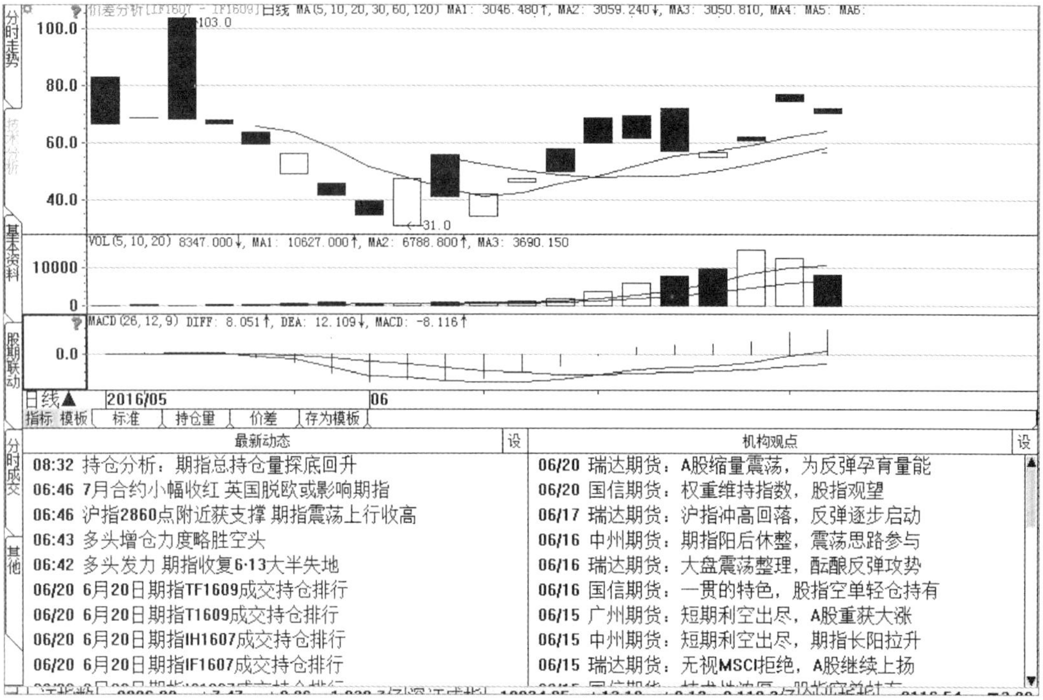

图 6－103 套利分析 K 线走势图

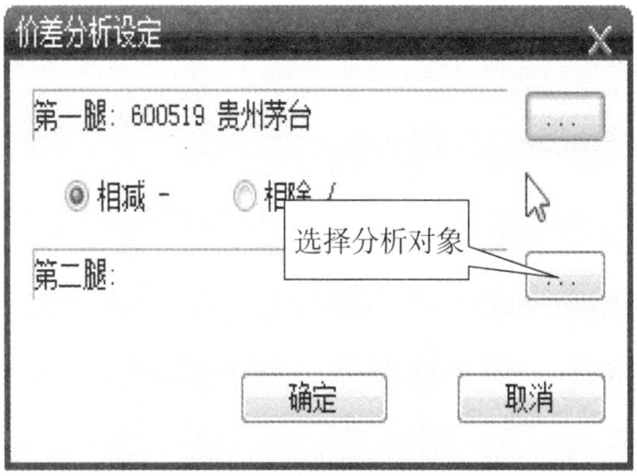

图 6－104 【价差分析设定】对话框

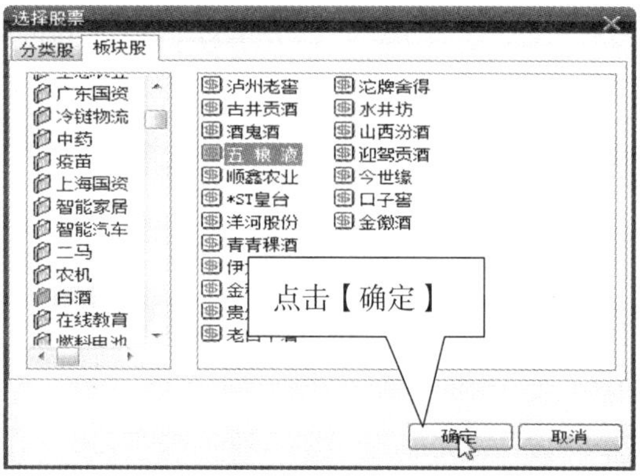

图 6－105 【选择股票】对话框

如图 6－106 所示，点击【确定】按钮后，系统将给出贵州茅台与五粮液的价差日 K 线走势图，如图 6－107 所示。

从图 6－107 可以看出，贵州茅台与五粮液的价差逐步扩大，这说明贵州茅台的走势要远远强于五粮液。投资者若想长线投资的话，贵州茅台无疑是个非常不错的选择。

利用【套利分析】来研判两只股票的走势时，需要注意以下几点。

（1）对比的两只股票最好存在密切的关联，如同一板块、同一题材等。

（2）价差持续扩大，说明价格高的股票走势较强，未来有可能进一步走强；价

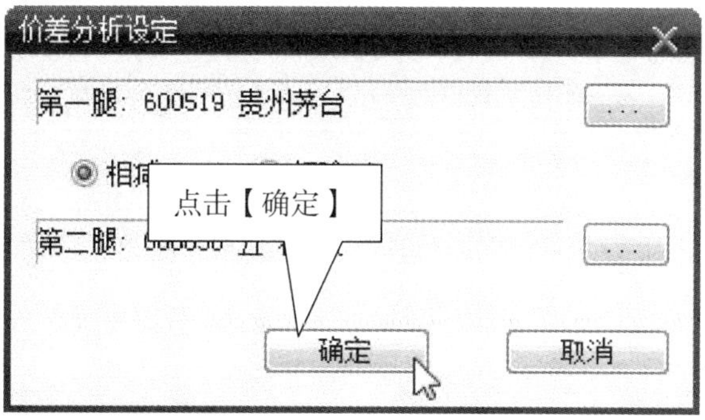

图 6-106 【价差分析设定】对话框

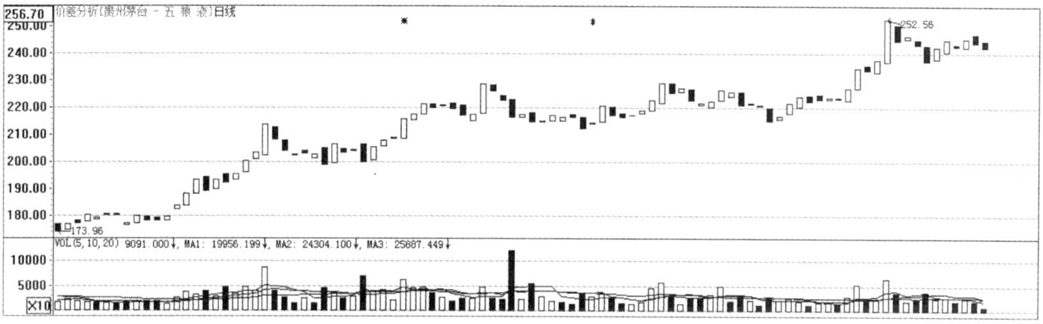

图 6-107 贵州茅台与五粮液的价差日 K 线图

差持续降低，说明价格低的股票走势较强，未来有可能进一步上升。

6.4.8 定位分析

定位分析，是指在指定的股票和时间范围内查找满足定位条件的股票，然后统计这些股票在定位点前后 N 天的数据，并用图形表示出该定位点以前或者以后若干周期内股价走势、任意指标或者条件的分布情况。

定位分析可以帮助投资者了解某一定位条件（诸如股价突破形态、技术指标买入形态等）出现前后的股价运行态势，然后据此推断当某只股票出现这一定位条件时股价可能的运行方向。

1. 【定位分析】设置

【定位分析】功能设置步骤如下。

第一步：打开【定位分析】对话框。进入任一股指期货合约的【技术分析】页面，点击快捷工具条中的【分析工具】|【定位分析】，系统会自动弹出【定位分析】对话框，如图 6-108、图 6-109 所示。

第二步：点击【定位分析】对话框中的【定位条件】按钮，系统将给出【定位条件】对话框，如图 6-110 所示。

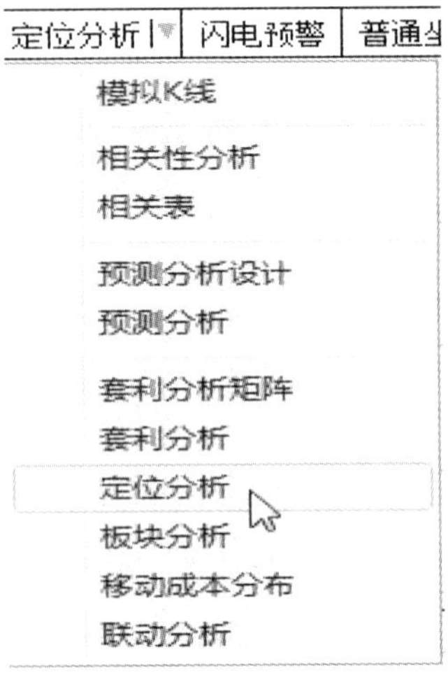

图 6－108 进入【定位分析】

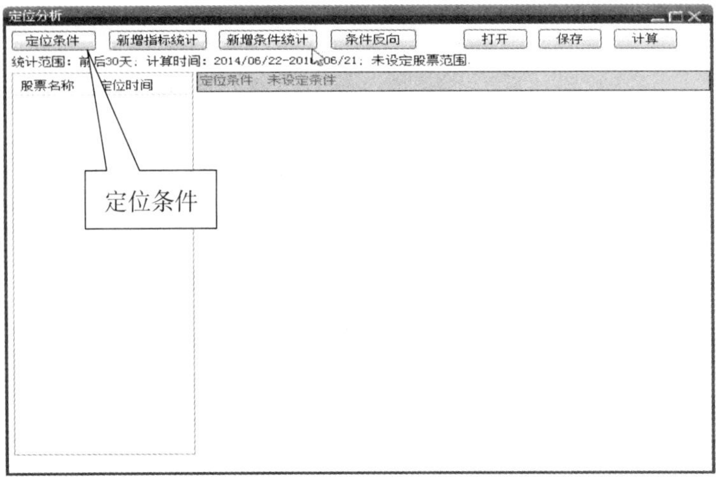

图 6－109 【定位分析】对话框

第三步：点击【定位条件】对话框中的【定位条件】按钮，系统将给出【选择指标】对话框。投资者可从中选择一个定位条件并进行设置，如“M1 移动平均线、MA1 大于 MA2”，如图 6－111 所示。

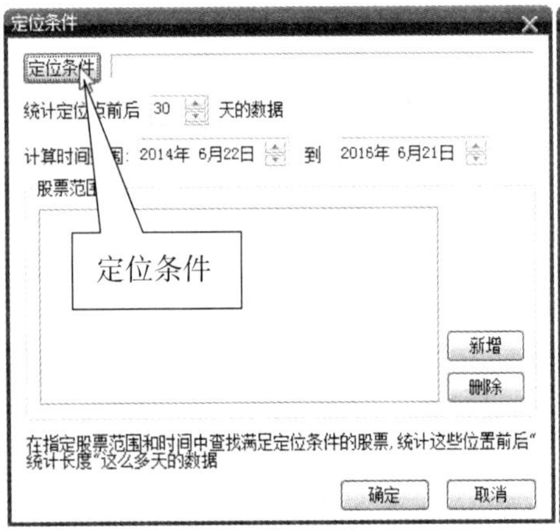

图 6－110 【定位条件】对话框

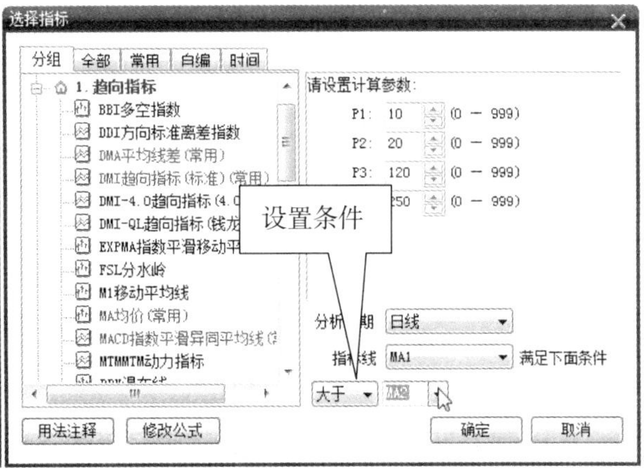

图 6－111 【选择条件】对话框

第四步：在【选择指标】对话框点击【确定】按钮，回到【定位条件】对话框，用鼠标调整定位点前后的时间范围以及统计周期，如图 6－112 所示。

第五步：点击【定位条件】对话框中的【新增】按钮，系统会自动弹出【选择股票】对话框，此时可以确定股票范围，如图 6－113 所示。为了获得尽可能多的定位分析数据，投资者最好多选择一些股票，如某一板块甚至整个沪深 A 股。

第六步：在【选择股票】对话框中点击【确定】按钮，回到【定位条件】对话框。用鼠标点击【定位条件】对话框中的【确定】按钮，将回到【定位分析】对话框，如图 6－114、图 6－115 所示。

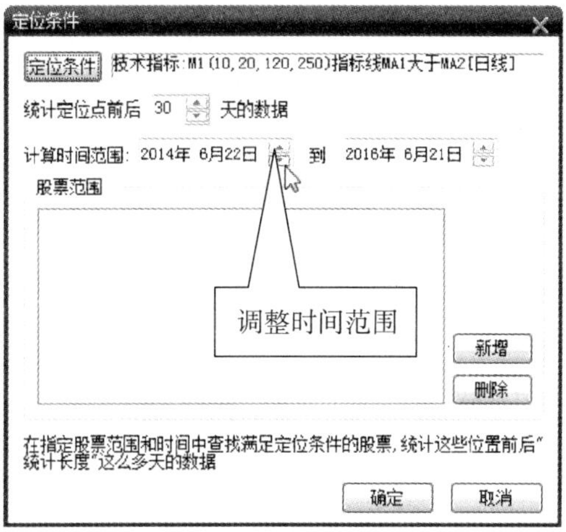

图 6-112 设置时间范围

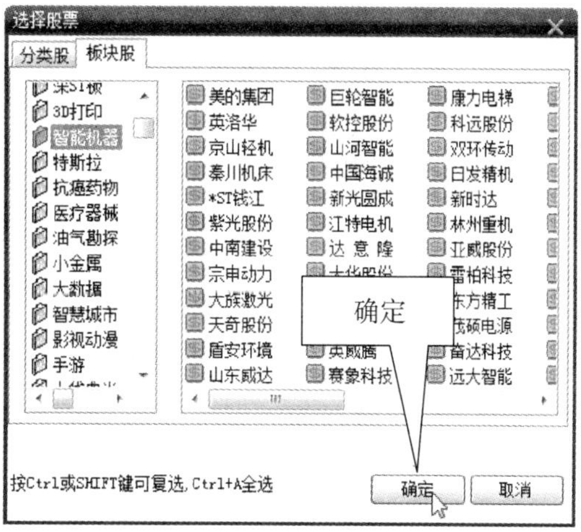

图 6-113 选择股票

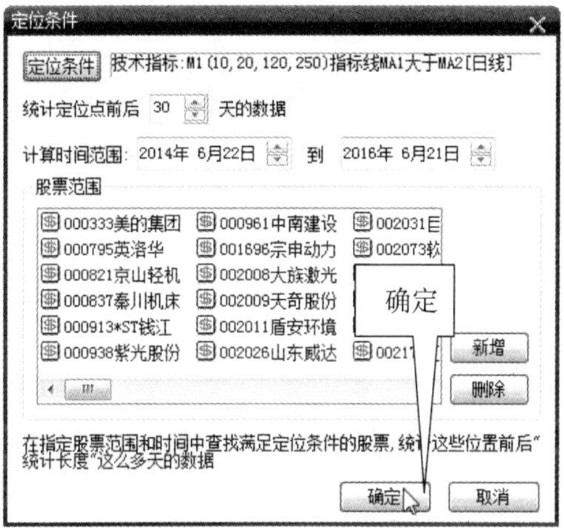

图 6-114 定位条件

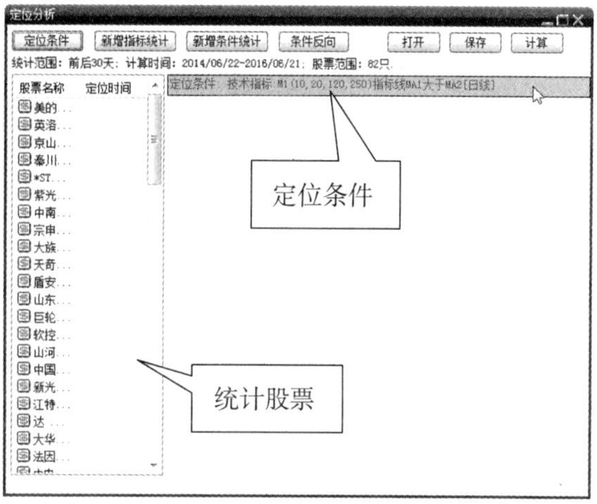

图 6-115 【定位分析】对话框

第七步：点击【计算】按钮，系统将给出定位分析图，如图 6-116 所示。

第八步：投资者若想查看某只股票在某一时间段的走势，可以点击左侧的股票名称。该股票走势图将在右侧的定位分析图中以蓝色线出现，如图 6-117 所示。

2. 【新增指标统计】设置

新增指标统计，是指在原统计周期、统计范围不变的情况下，加入一个新的技术指标，并对该技术指标进行定位分析。

【新增指标统计】操作步骤如下。

第一步：在原有的定位分析框内点击【新增指标统计】，系统会给出【选择指标】对话框，如图 6-118、图 6-119 所示。

第二步：在【选择指标】对话框中点击【确定】按钮，返回【定位分析】对话框。然后点击【计算】按钮，系统会给出一副新的定位分析图，如图 6-120 所示。

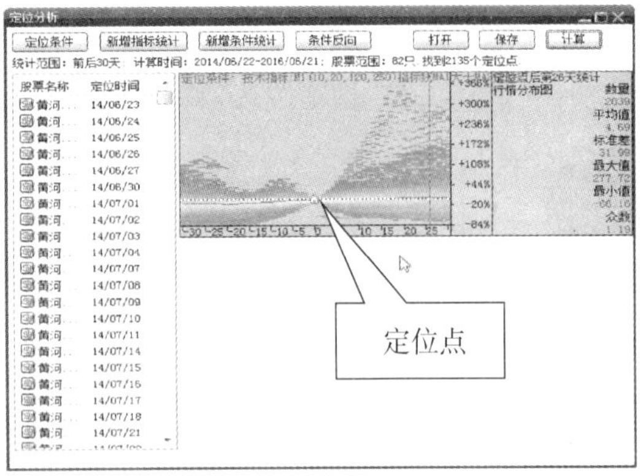

图 6－116　定位分析图

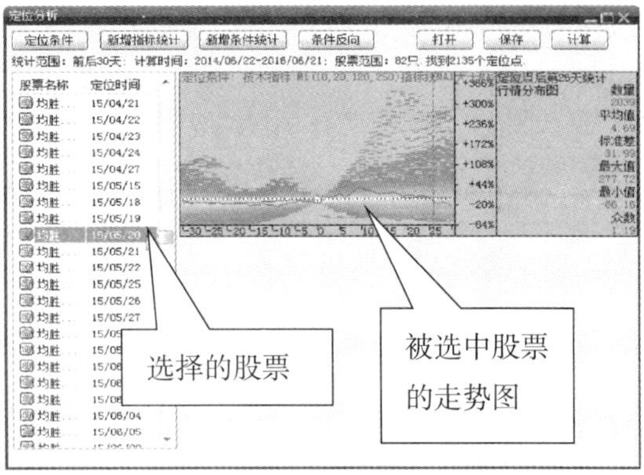

图 6－117　个股走势定位图

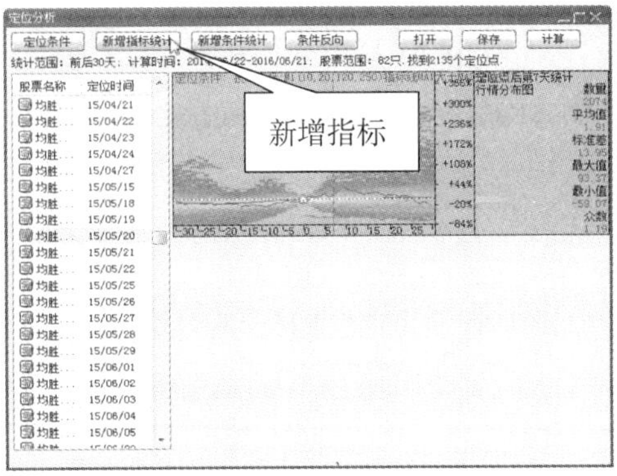

图 6－118　新增指标统计

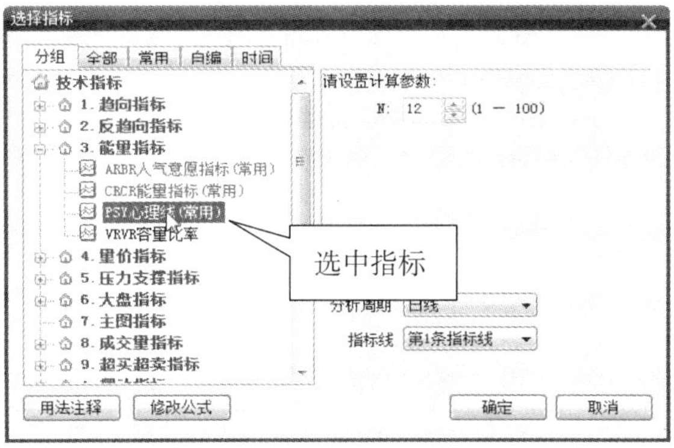

图 6－119　选中指标

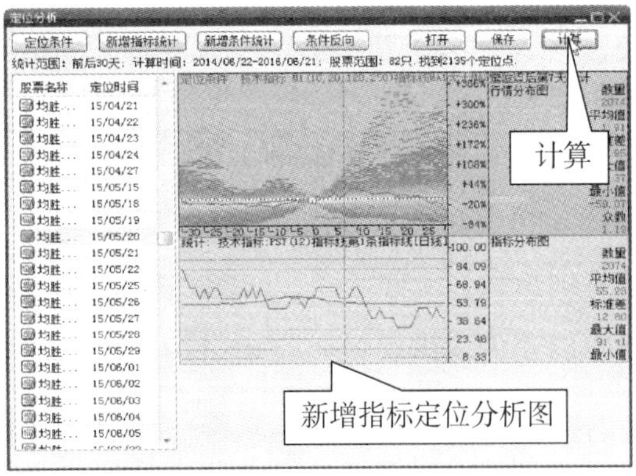

图 6－120　新增指标定位分析图

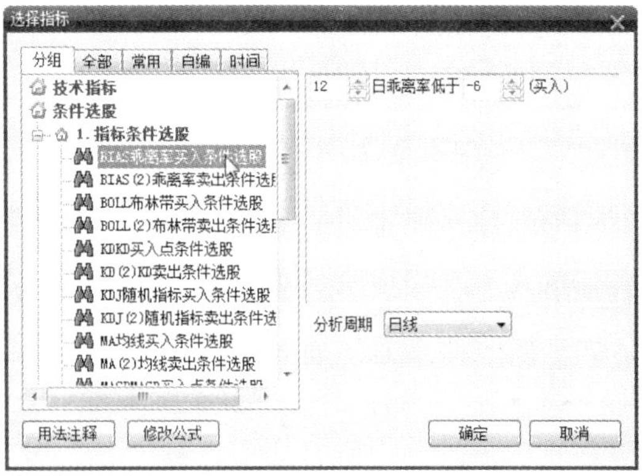

图 6－121　选中条件

3.【新增条件统计】设置

新增条件统计与新增指标统计相似，只是将选择的定位条件由“技术指标”换成了“条件选股”。也就是说，当投资者点击【新增条件统计】时，【选择指标】对话框会多出【条件选股】项目，投资者从中选择拟采用的条件即可，如图 6－121 所示。

新增条件统计与新增指标统计具体操作方法相同，这里不再赘述。

4.【条件反向】设置

条件反向是指将统计条件设定为定位条件，原定位条件自动变为统计条件。用户可实现因果互换，详尽分析各条件的可行性。点击【条件反向】按钮，即可看到相应的变化。

6.4.9 板块分析

板块分析，是指对各个板块从不同维度、不同统计方法进行分析，从而找出具有上涨潜力或表现较佳的板块。

点击快捷工具条中的【分析工具】|【板块分析】，系统会自动弹出【板块分析】对话框，如图 6－122、图 6－123 所示。

大智慧的板块分析功能，由对比分析、关系分析、样本股分析以及交叉分析四类构成。

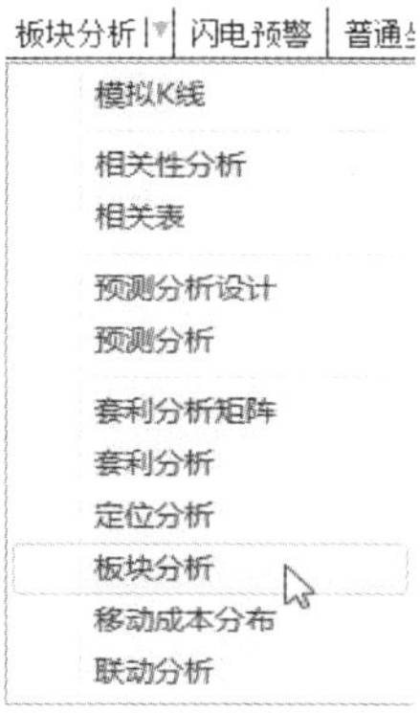

图 6－122　进入【板块分析】

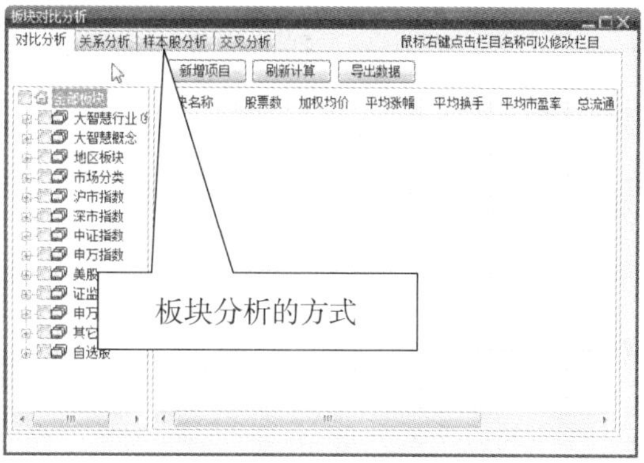

图 6－123　【定位分析】对话框

1. 对比分析

【对比分析】是板块分析的首选项。投资者可以借助本功能对多于两个板块就加权平均价、平均涨幅、平均换手等项目进行对比统计。

投资者可在板块选择框内选择多个板块进行对比。例如，想选择【大智慧概念】标签下的所有板块进行对比分析，可用鼠标单击勾选【大智慧概念】，然后点击【刷新数据】即可，如图 6－124 所示。

若只想选择两个细分板块进行对比，则需要用鼠标点击板块选择框内相关标签前的“+”号，然后勾选自己想对比的细分板块，如图 6－125 所示。

若想增加新的对比项目，可以点击【对比分析】选择框中的【新增项目】按钮，系统会自动弹出【板块分析数据计算方法】选择框，如图 6－126、图 6－127 所示。

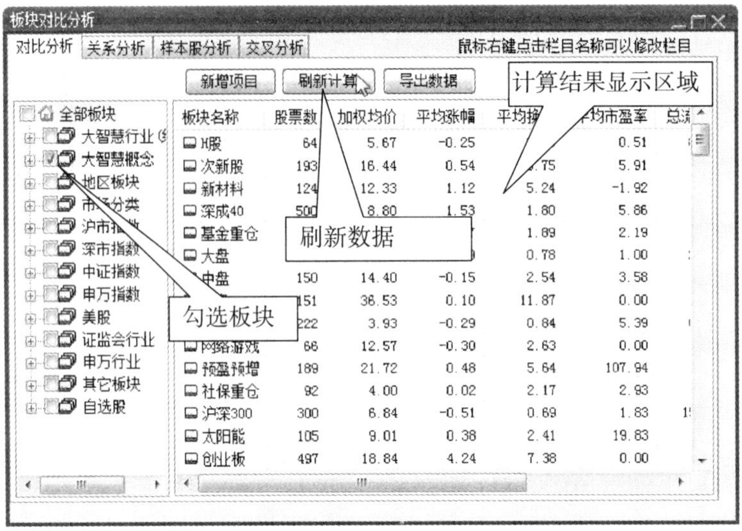

图 6－124　【对比分析】结果显示页面

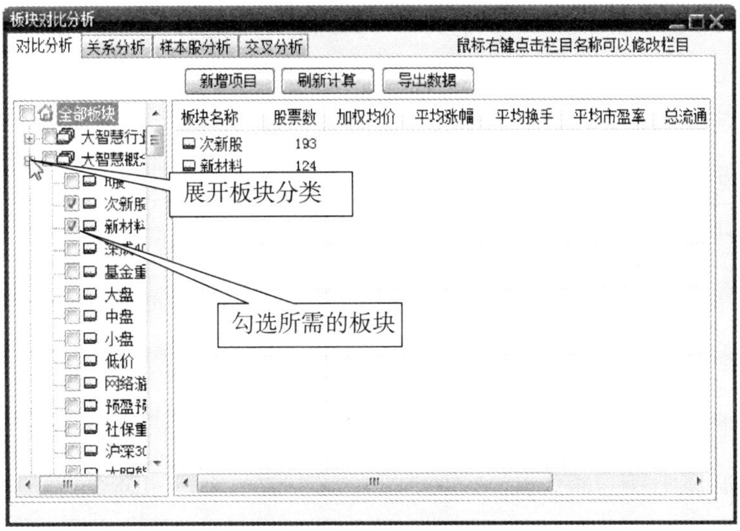

图 6－125　勾选少量板块

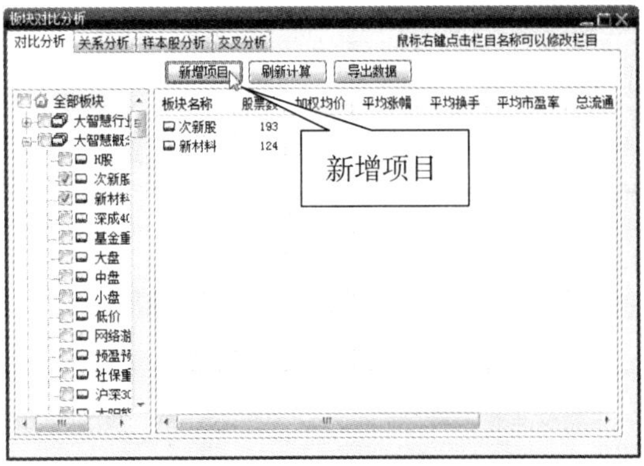

图 6－126　新增项目

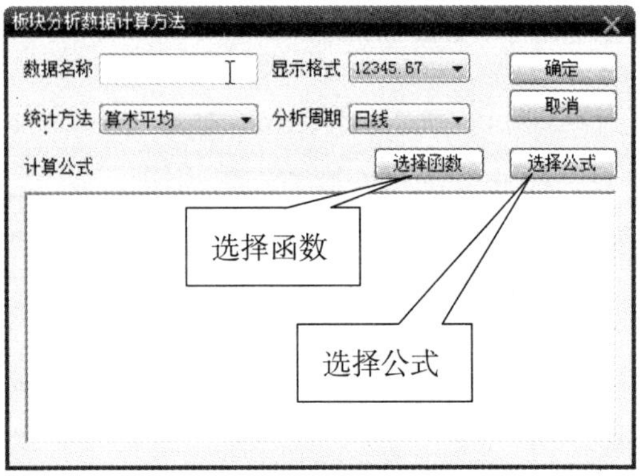

图 6－127　选择计算方法

在【板块分析数据计算方法】选择框内，可以选择两种方式添加新的分析项目：其一，自编公式，即利用系统给出的函数或自己编写的函数，完成一个新的计算公式；其二，引用系统给出的公式。

下面以引用系统给出的公式为例进行讲解。

第一步：点击【板块分析数据计算方法】选择框内的【选择公式】按钮，系统会自动给出【选择指标】对话框，如图 6－128 所示。

第二步：选中指标后，点击【确定】按钮，返回【板块分析数据计算方法】选择框，输入数据名称（如“多空”），再点击【确定】按钮，如图 6－129 所示。

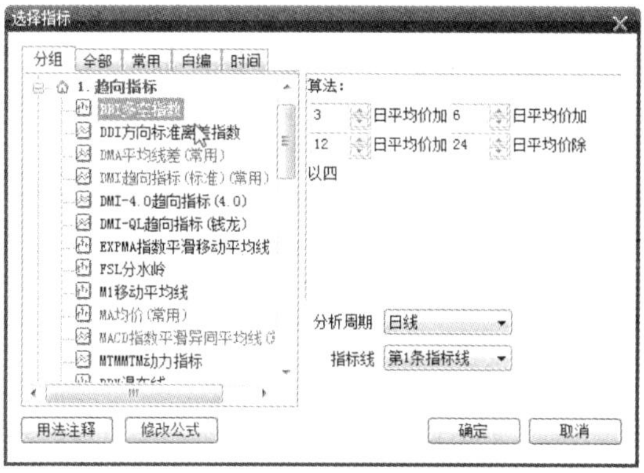

图 6－128　选择指标

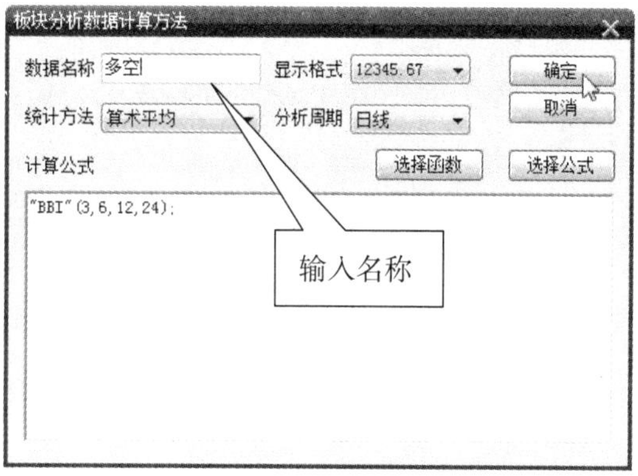

图 6－129　输入名称

第三步：重新选择拟对比的板块，并点击【刷新数据】按钮，如图 6－130 所示。

从图 6－130 中可以看到新增加的项目以及数值。投资者若想将相关数据导出保

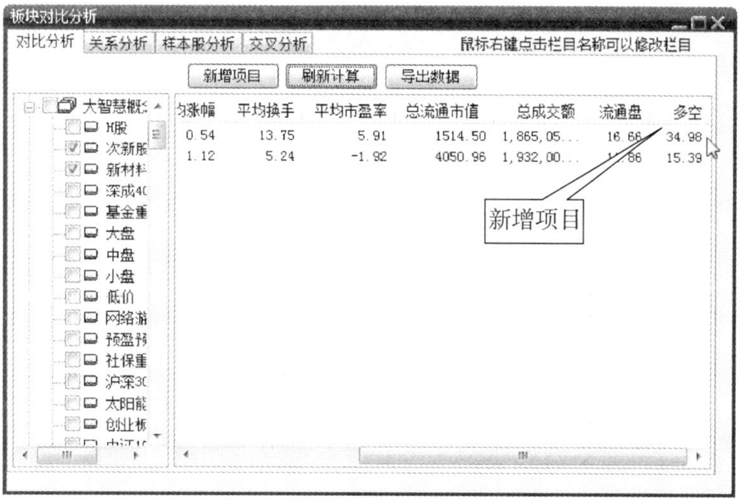

图 6－130　新增项目

存的话，只需点击【导出数据】按钮并确定保存位置即可。

2. 关系分析

关系分析可以帮助投资者查看各个板块之间存在交集、并集和差集的关系。交集，即两个或多个板块都包含的股票；并集，即多个板块所包含的全部股票之和；差集，即一个板块与其他板块集合相减，也就是属于第一个集合但不属于其他集合的股票。

下面以交集为例进行说明。

点击【分析工具】|【板块分析】，在系统弹出的【板块分析】对话框中，选择【关系分析】选项卡，并选择两个或多个板块，如图 6－131、图 6－132 所示。

例如，选中“光学”和“半导体”两个板块，并点击【交集】按钮，系统会给出“光学”和“半导体”两个板块共同包含的股票名称，如图 6－132 所示。

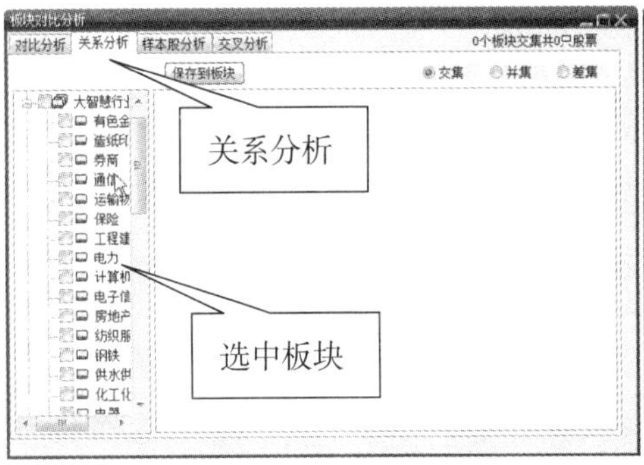

图 6－131　关系分析

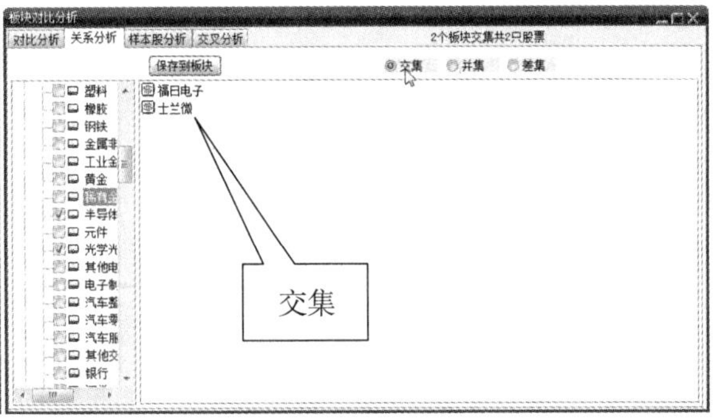

图 6－132　执行分析

3. 样本股分析

样本股分析，是指选定一些股票作为样本，系统会给出该股票在所属板块中所占的市值比例、流通盘比例等。

样本股分析步骤如下。

第一步：点击【分析工具】|【板块分析】，在系统弹出的【板块分析】对话框中选择【样本股分析】选项卡。点击【样本股分析】对话框中的【新增按钮】，系统会弹出【选择股票】对话框，如图 6－133 所示。

第二步：在【选择股票】对话框中，找出拟作为样本股的股票名称。例如选择东风汽车作为样本股，如图 6－134 所示。

第三步，点击【选择股票】对话框中的【确定】按钮，系统会自动给出该只股票所属的板块，以及在所属板块内所占的权重数据，如图 6－135 所示。

4. 交叉分析

交叉分析就是将多个板块进行交叉对比分析，通过不同板块间股票数量的比率

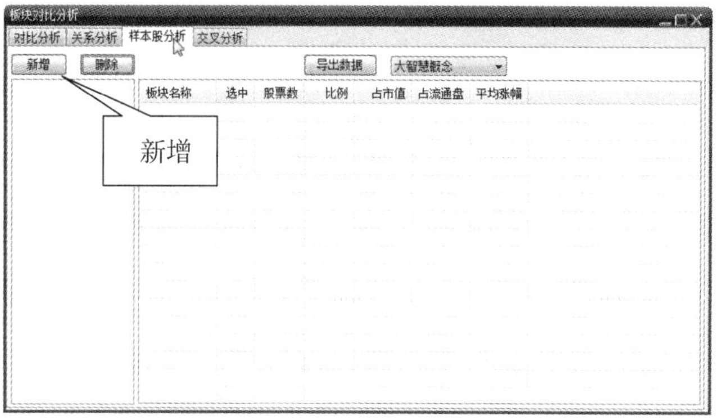

图 6-133　样本股分析

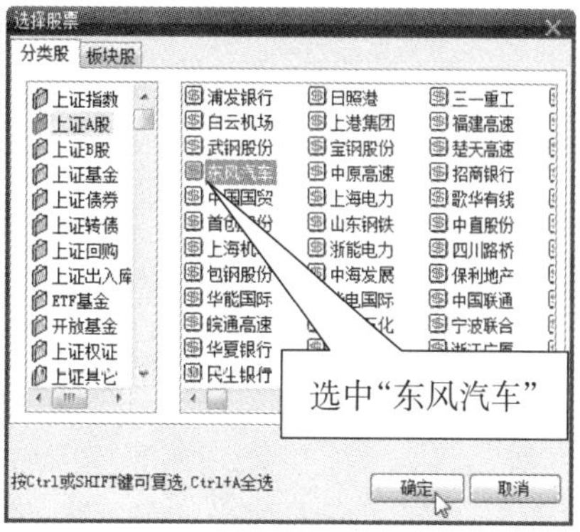

图 6-134　选择股票

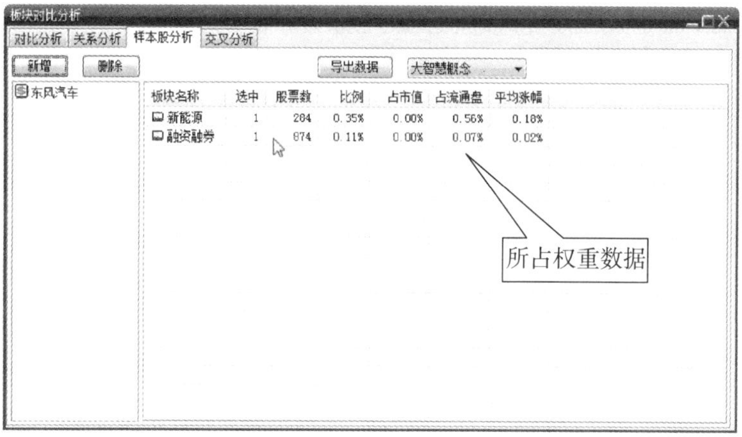

图 6-135　样本股分析结果

来发现板块间的交集情况。

交叉分析的具体操作方法如下。

第一步：点击【分析工具】｜【板块分析】，在系统弹出的【板块分析】对话框中，选择【交叉分析】选项卡，如图 6-136 所示。

第二步：在【交叉分析】对话框中点击【设置行】按钮，从板块列表中选择可以作为行标题的各板块。例如选择“北京”“天津”等地区板块，如图 6-137 所示。

第三步：点击【设置列】按钮后，从板块列表中选择可以作为列标题的各板块，例如选择“山西”“河北”等地区板块，系统会自动给出交叉分析数据，如图 6-138 所示。

6.4.10　移动成本分析

移动成本分析指标，就是将历史上各个价位所有成交量叠加在一起，并借以判断市场上所有流通股的持仓成本。大智慧移动成本分析主要包括移动成本分布和火焰山两个指标。

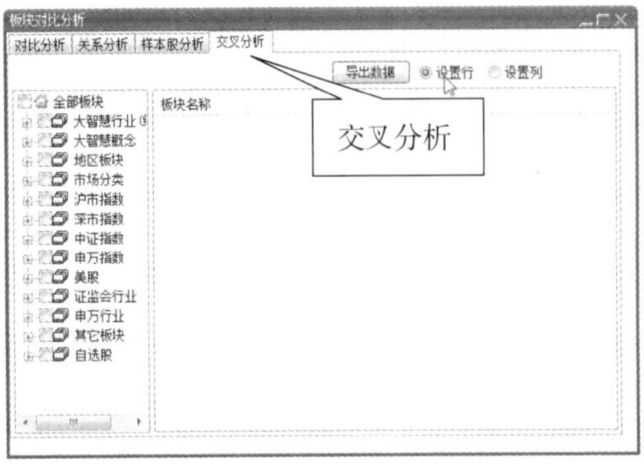

图 6－136　交叉分析

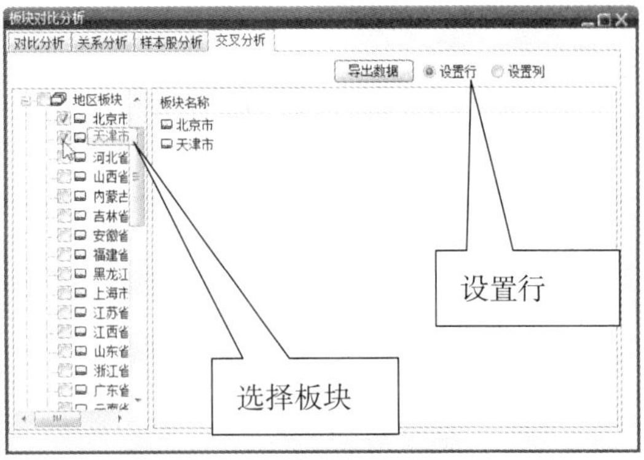

图 6－137　选择股票

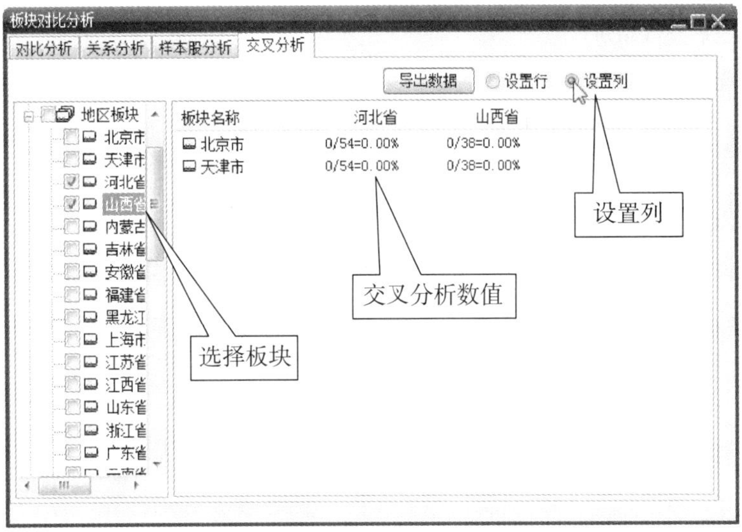

图 6－138　交叉分析结果显示

1. 移动成本分析

进入个股技术分析页面后，点击快捷工具条中的【分析工具】|【移动成本分析】，系统会在K线图右侧给出移动成本分布图，如图6－139、图6－140所示。

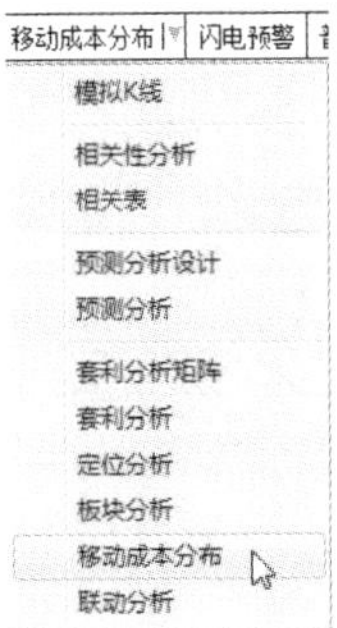

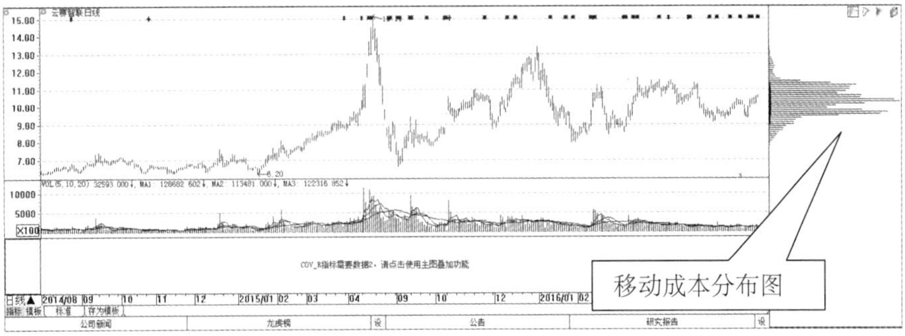

图 6－139　进入【移动成本分析】　　图 6－140　移动成本分布图

移动成本分布图呈现不同的形态，反映了市场上某段时间内的持仓成本情况。具体判断原则如下。

（1）移动成本分布的线条高度反映了价格的高低，线条的长度反映了成交量的大小，光标对应的K线位置，就是该时点的筹码分布形态。

（2）移动成本分布的密集程度，反映了持仓成本的分布情况，即分布的线条越长越密集，说明该价位交易的股票量越大。

（3）移动成本分布区的线条一般呈现两种颜色，且光标对应位置的K线收盘价，就是两种颜色的分界线。该分界线上方的筹码代表亏损筹码，分界线下方的筹码代表的是获利筹码。这一点从移动成本分布图下方的成本数据区可以看得更加清楚，如图6－141所示。

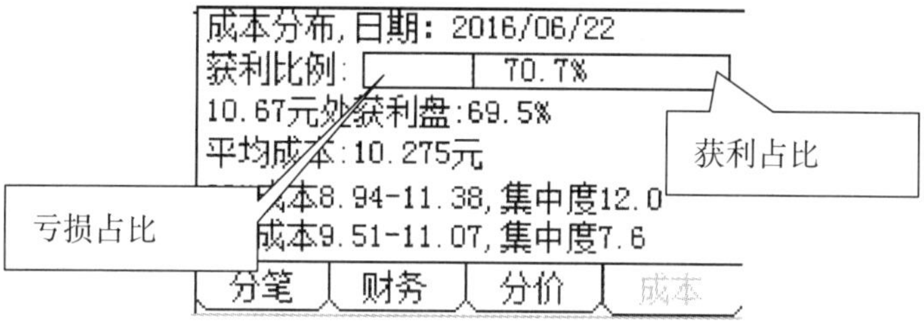

图6－141　移动成本分布数据

图6－141中，红色框表示获利盘，绿色框表示套牢盘，框内数字表示获利盘占比。

××元处获利盘，即买入价低于××元的比例。

平均成本：该指标表示成本分布的平均价格。

90%、70%成本分布，表示成本分布的集中度，百分比越小表示集中度越高。

2. 火焰山指标

点击移动分布图右上方的图标，即可看到该只股票N日前的成本分布火焰山指标。图6－142显示了N日前的成本分布，显示的色彩是由大红色到金黄色。距当前时间越短，颜色越红；时间越长，颜色越黄。

点击移动分布图右上方的图标，即可看到该只股票N日内的成本分布活跃度指标。图6－143显示了N日内的成本分布，显示的色彩是由深蓝到浅绿。距离当前时间越短，颜色越绿；时间越长，蓝色越深。

火焰山指标和活跃度指标不同颜色的分布形态，可以给投资者带来如下几项交易指示。

（1）不同颜色的分布带，反映了不同时间周期的筹码分布情况，如5日筹码分

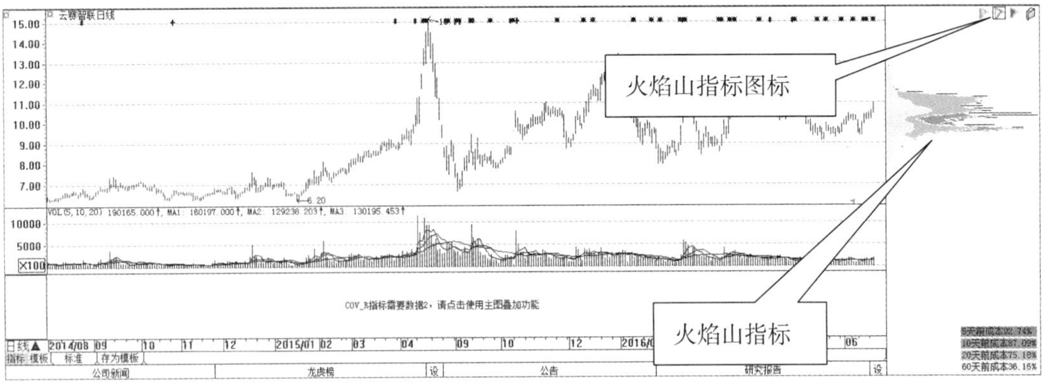

图 6－142　火焰山指标示意图

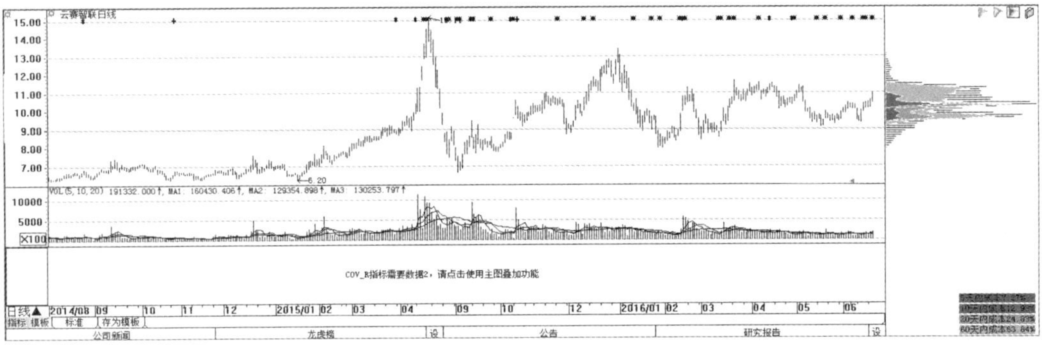

图 6－143　活跃度成本分布示意图

布、10 日筹码分布、30 日筹码分布等。

（2）与筹码分布指标相同，火焰山指标和活跃度指标的筹码分布密集程度，同样反映了持仓成本的分布情况，即分布的线条越长越密集，说明该价位交易的股票量越大。

（3）移动光标，可以看到不同时点的筹码分布状态。

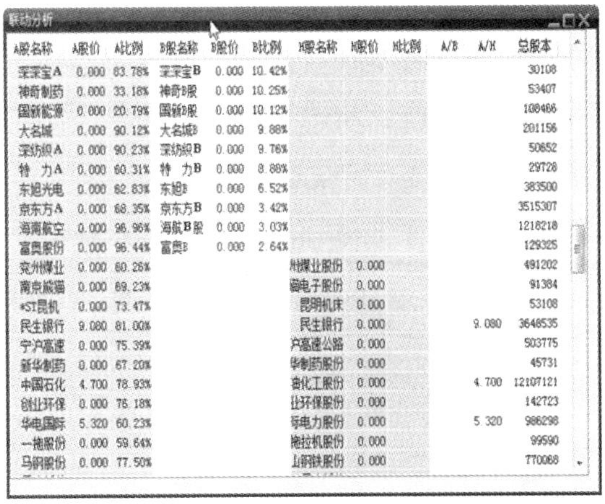

联动分析

A股名称	A股价	A比例	B股名称	B股价	B比例	H股名称	H股价	H比例	A/B	A/H	总股本
深深宝A	0.000	83.78%	深深宝B	0.000	10.42%						30108
神奇制药	0.000	33.18%	神奇B股	0.000	10.25%						53407
国新能源	0.000	20.79%	国新B股	0.000	10.12%						108466
大名城	0.000	90.12%	大名城B	0.000	9.88%						201156
深纺织A	0.000	90.23%	深纺织B	0.000	9.76%						50652
特　力A	0.000	60.31%	特　力B	0.000	8.88%						29728
东旭光电	0.000	62.83%	东旭B	0.000	6.52%						383500
京东方A	0.000	68.35%	京东方B	0.000	3.42%						3515307
海南航空	0.000	96.96%	海航B股	0.000	3.03%						1218218
富奥股份	0.000	96.44%	富奥B	0.000	2.64%						129325
兖州煤业	0.000	60.26%				州煤业股份	0.000				491202
南京熊猫	0.000	69.23%				猫电子股份	0.000				91384
*ST昆机	0.000	73.47%				昆明机床	0.000				53108
民生银行	9.080	81.00%				民生银行	0.000			9.080	3648535
宁沪高速	0.000	75.39%				沪高速公路	0.000				503775
新华制药	0.000	67.20%				华制药股份	0.000				45731
中国石化	4.700	78.93%				石化工股份	0.000			4.700	12107121
创业环保	0.000	76.18%				业环保股份	0.000				142723
华电国际	5.320	60.23%				华电力股份	0.000			5.320	986298
一拖股份	0.000	59.64%				拖拉机股份	0.000				99590
马钢股份	0.000	77.50%				山钢铁股份	0.000				770068

图 6－144　成本分布设置

若想修改移动成本分布指标的设置，可以点击移动成本分布图右上角的图标，系统会自动弹出【成本分布设置】对话框，如图 6－144 所示。

【成本分布设置】对话框提供的选择包括以下几种。

（1）当日成本算法。

①平均分布：将当日的换手筹码在当日的最高价和最低价之间平均分布。

②三角形分布：将当日的换手筹码在当日的最高价、最低价和平均价之间三角形分布。

（2）历史换手衰减系数。

该系数可以确保距离当日越近日期的换手率在成本分布中的价值越大。投资者可以对该系数不作更改。

（3）线条加粗显示。

投资者可以借助此设置决定90%成本集中度小于多少时将线条加粗。

（4）精细计算成本分布。

普通的计算是将所有筹码最高价和最低价之间300等分，而精细计算是精确到每一分。

6.4.11 联动分析

联动分析，是从股价、涨幅、市盈率等多个角度对A股、B股、H股的相关性进行分析。例如，当A股股价上涨时，B股或H股股价能否同步上涨；A股股价与B股、H股股价相比是否更具有投资价值等。

进入个股技术分析页面后，点击快捷工具条中的【分析工具】|【联动分析】，系统会自动弹出与B股、H股存在联动关系的A股名称，如图6－145、图6－146所示。

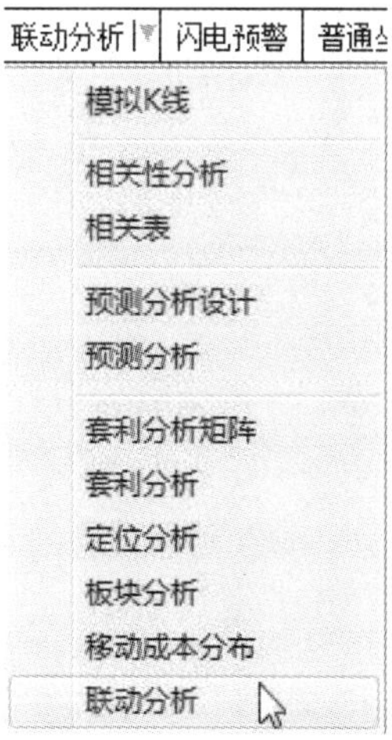

图6－145 进入【联动分析】

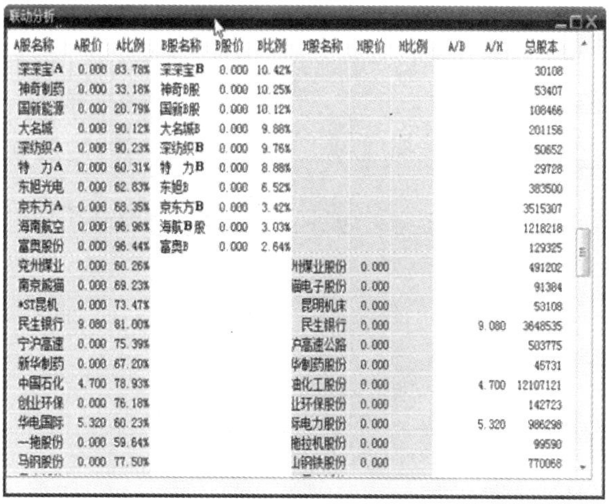

图6－146 联动分析

通过【联动分析】对话框，投资者可以完成以下几项操作。

（1）增删数据列。将鼠标放置在列名称位置，点击鼠标右键，在弹出的快捷菜单中可以添加A股数据、B股数据、H股数据或其他数据，如图6－147所示。

（2）点击各列名称，可以查看按照股价、涨幅等的排名情况。图6－148为按照

A 股股价排名。

（3）双击某只股票，可以看到该股票与其联动 B 股或 H 股的叠加走势图，如图 6－149 所示。

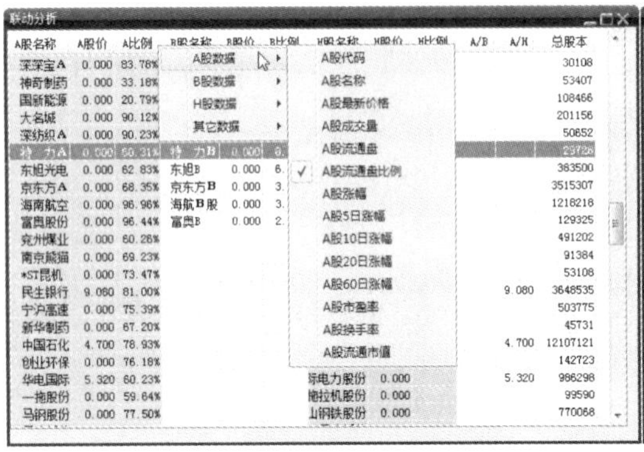

图 6－147　添加数据列

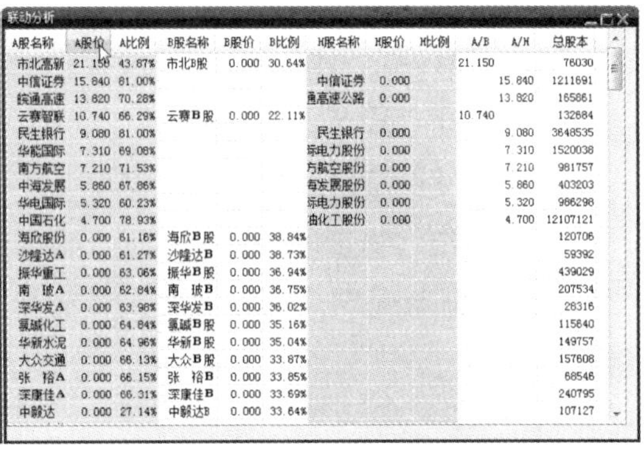

图 6－148　按 A 股股价排名

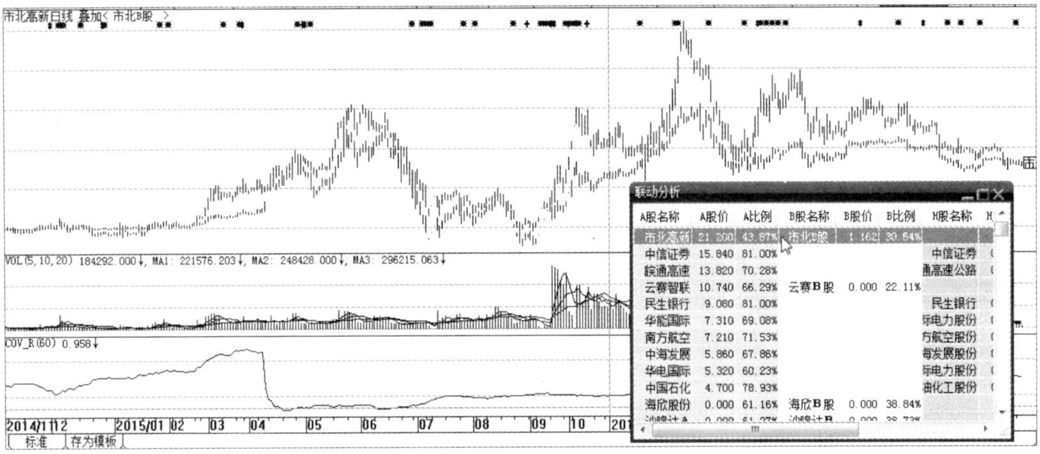

图 6－149　A 股与 B 股叠加走势

第七章

画面管理工具

画面管理工具可以帮助投资者调整大智慧画面的结构和布局，使之更符合个人的偏好。画面管理工具可以通过两种途径调出。

（1）从菜单栏调出。点击大智慧右上角的【菜单】按钮，在下拉菜单中选择【工具】|【画面工具】，即可看到全部画面管理工具，如图 7－1 所示。

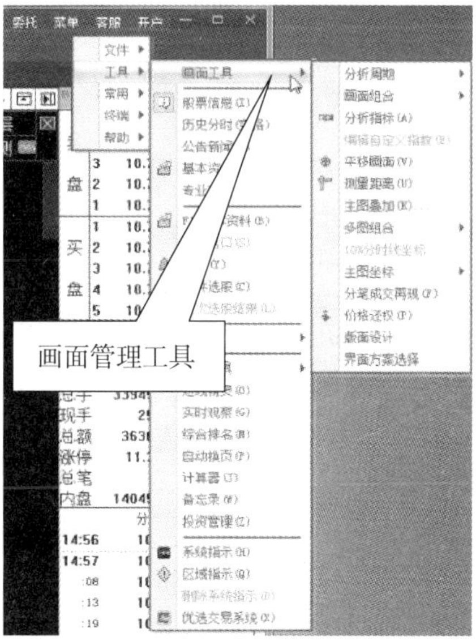

图 7－1　【工具】|【画面工具】

（2）从快捷工具条调用。通过大智慧快捷工具条，投资者可以直接调用所需的画面管理工具，只是快捷工具条提供的画线工具并不全，如图 7－2 所示。

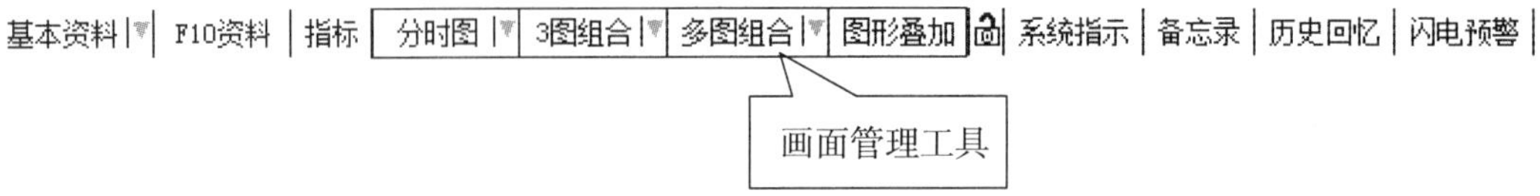

图 7－2　部分画面管理工具

7.1　画面组合

画面组合功能可以将多周期、多股票画面组合或叠加在一起显示。

7.1.1　分析周期

点击大智慧页面右上角【菜单】按钮中的【画面工具】｜【分析周期】，或点击快捷工具条【分时图】，即可看到下拉菜单提供的各种分析周期。除分时图外，其他分析周期都以 K 线图的形式给出。例如，选择的分析周期为“5 分钟”，那么系统将给出 5 分钟 K 线图，如图 7－3、图 7－4 所示。

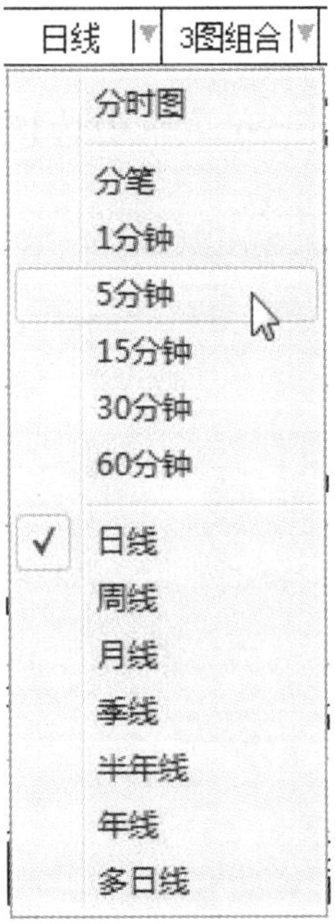

图 7－3　分析周期

图 7－4　5 分钟 K 线图

若想切换分析周期，可以通过如下三种方法完成。

（1）通过点击快捷工具条中分析周期的下拉菜单完成切换，如图 7－3 所示。

（2）在 K 线图上点击鼠标右键，在快捷菜单中选择【分析周期】完成切换，如图 7－5 所示。

（3）点击大智慧页面右上角【菜单】按钮，选择【工具】|【画面工具】|【分析周期】，或【工具】|【画面工具】|【分析周期】|【分析周期切换】完成切换，如图 7－6 所示。

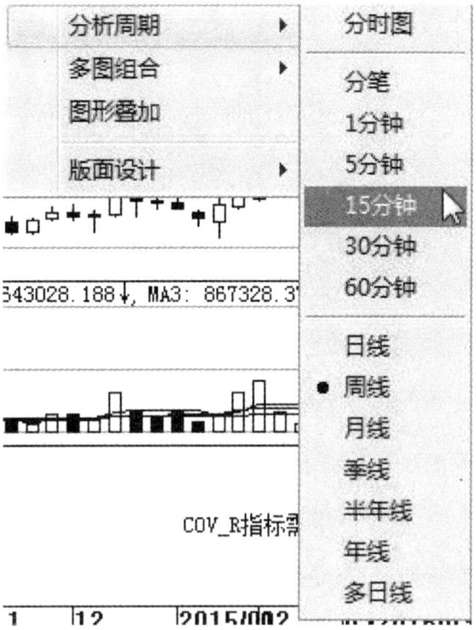

图 7－5　分析周期

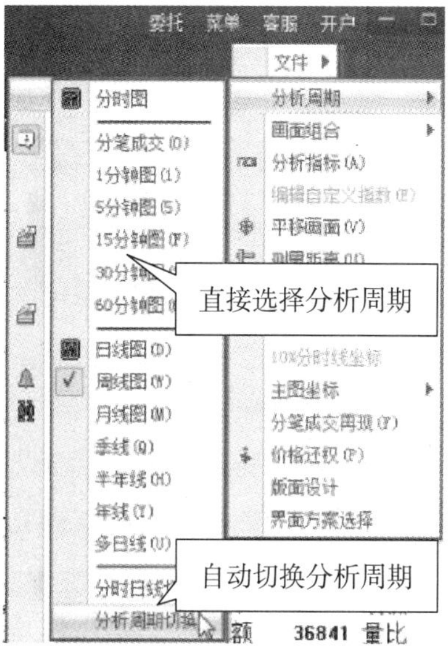

图 7－6　选择 15 分钟图

7.1.2　画面组合

点击大智慧右上角【菜单】按钮，选择【工具】|【画面工具】|【画面组合】或点击快捷工具条的【多图组合】，可以自行选择技术分析页面的画面组合数量。通常情况下，若选择“1 图组合”，则系统只给出 K 线图；选择“2 图组合”，系统会给出“K 线图+成交量”组合；选择“3 图组合”，会给出“K 线图+成交量+KDJ 指标”组合。若选择更多的画面组合，系统会给出更多的技术指标，图 7－7 所示为 4 图组合的画面。

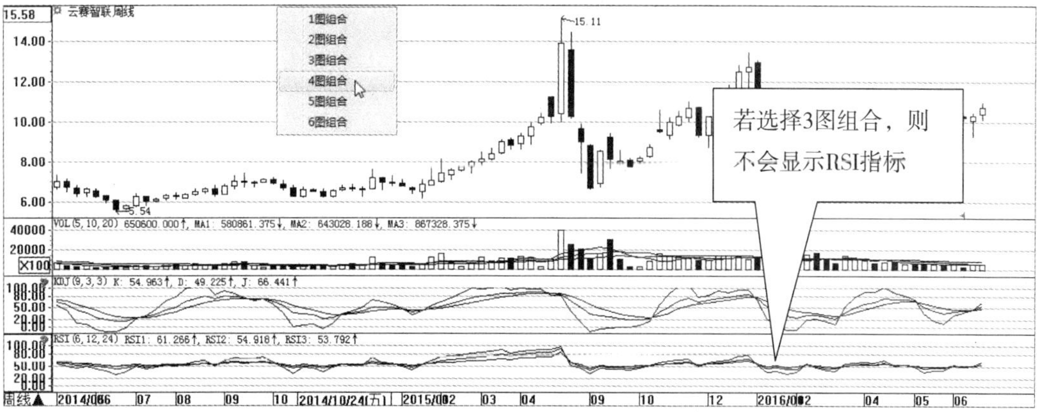

图 7－7　多图组合

若投资者想更换系统给出的技术指标，只需将鼠标右键单击拟更换技术指标所在的区域，并在弹出的快捷菜单【常用指标】中找到想要使用的技术指标即可。例如，若想把 RSI 指标更换为 MACD 指标，即可用鼠标右键单击 RSI 指标所在区域，并在弹出的快捷菜单中选择【常用指标】|【MACD】即可，如图 7－8、图 7－9 所示。

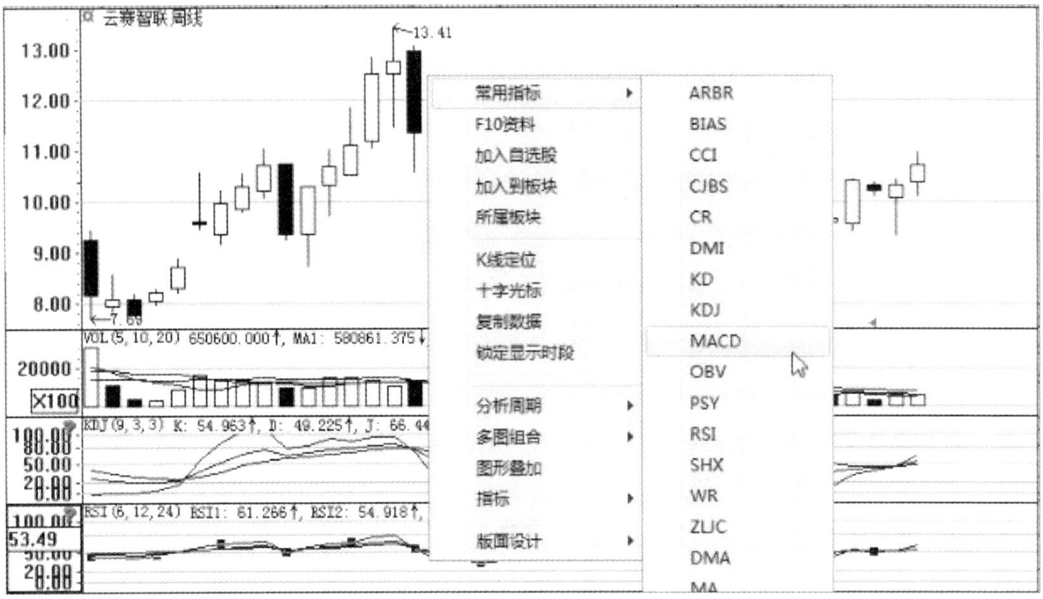

图 7－8　更换技术指标

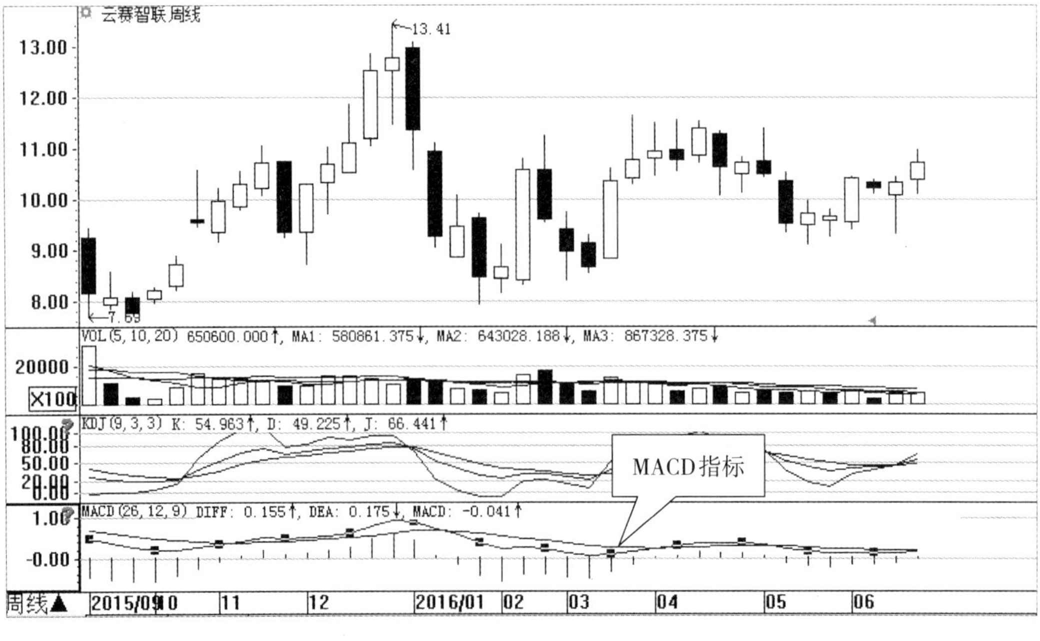

图 7－9　更换后的画面

7.1.3 多图组合

多图组合包括三种类型，即多周期图、多股票图和多分时图。

（1）多周期图，即画面由多张不同分析周期的同一股票 K 线图组成。

（2）多股票图，即画面由多张不同股票的日 K 线图组成。

（3）多分时图，即画面由多张不同日期的同一股票分时走势图组成。

例如，点击快捷工具条中【多图组合】下拉菜单【多周期】，即可看到一只股票多张不同分析周期的 K 线走势图，如图 7－10 所示。

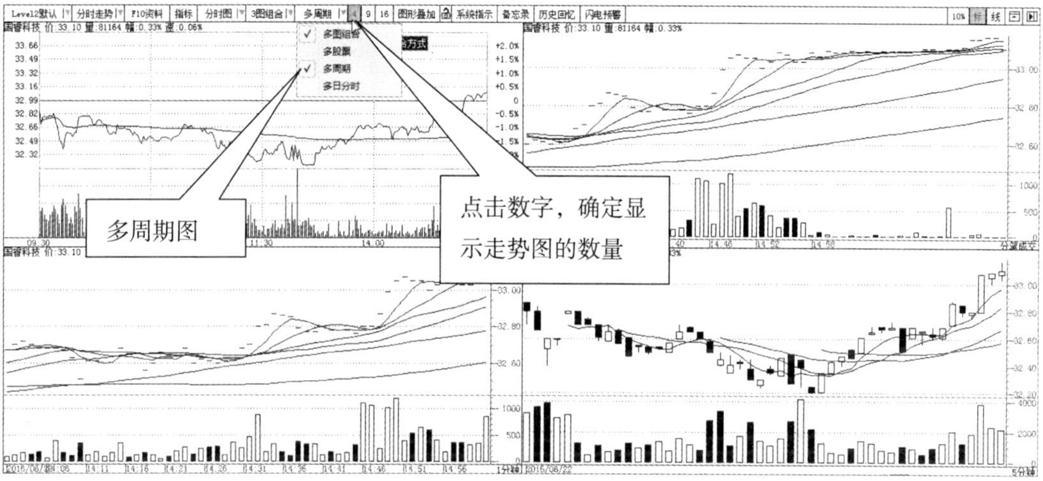

图 7－10　多图组合

7.1.4 图形叠加

除分笔成交图外，其他分析周期都可做主图叠加。主图叠加最多可以进行 8 只股票的叠加。

叠加股票的操作步骤如下。

（1）打开第一张股票走势图（K 线图或分时图均可），然后点击快捷工具条中的【图形叠加】按钮，系统会自动弹出【选择股票】对话框，如图 7－11、图7－12 所示。

（2）在【选择股票】对话框选中要叠加的股票（可多选），系统会自动给出多只股票的叠加走势，如图 7－13、图 7－14 所示。

除了点击快捷工具条的【叠加图形】按钮可以调出此功能外，投资者也可以通过点击鼠标右键，在快捷菜单中选中【叠加图形】来完成叠加股票操作。当然，通过点击大智慧右上角【菜单】按钮中的【画面工具】｜【主图叠加】，也可以完成叠加操作。

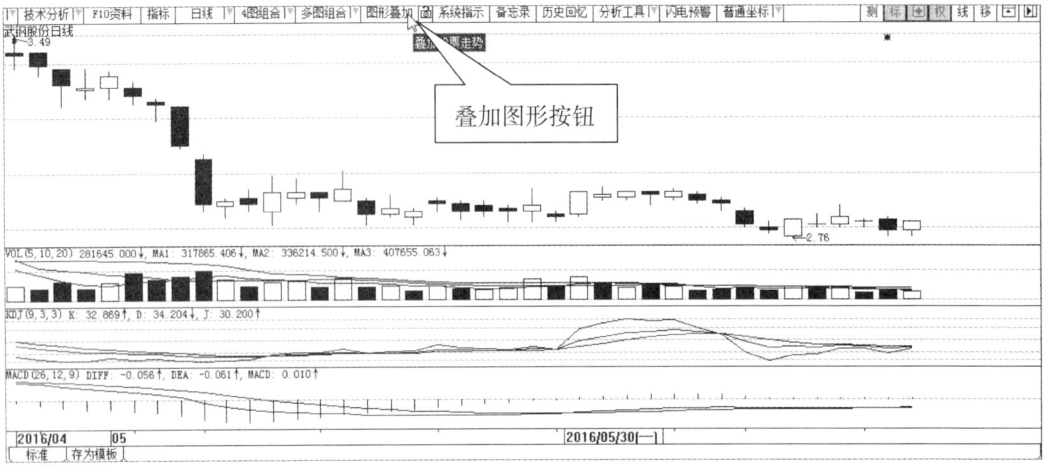

图 7－11　叠加图形

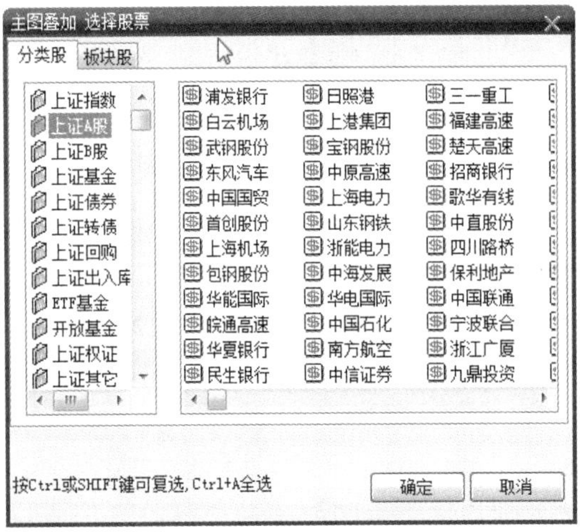

图 7－12　【选择股票】对话框

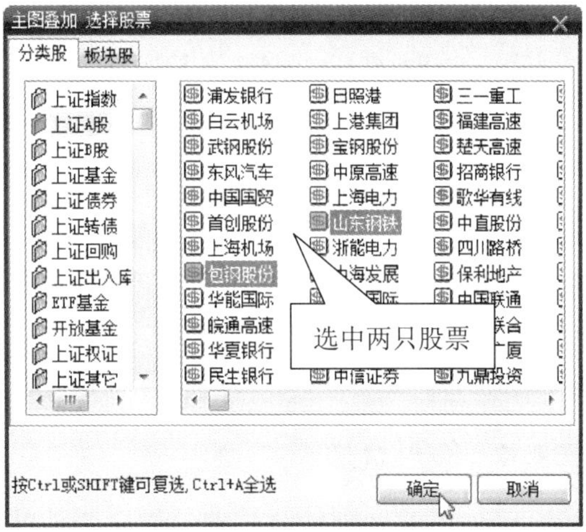

图 7－13　选择股票

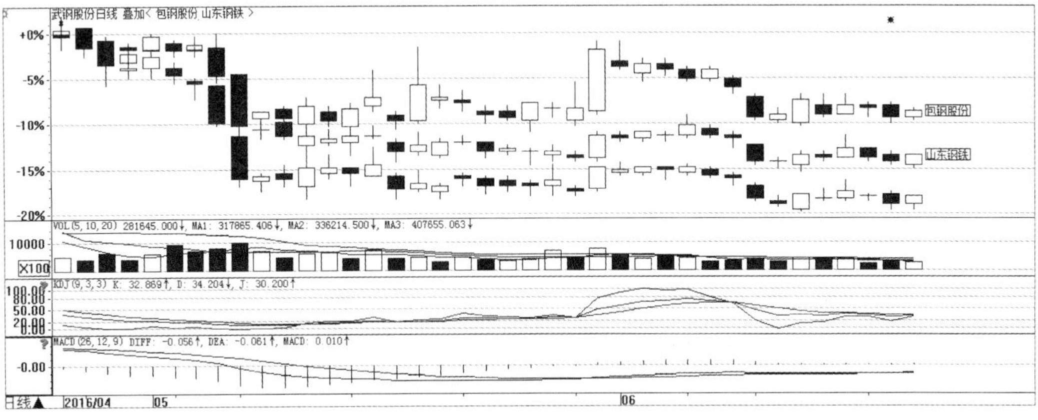

图 7－14　多只股票叠加走势

若想将叠加股票的画面锁定，便于以后继续使用，可以点击大智慧快捷工具条【叠加图形】按钮后的形图标。此时会为投资者提供“锁定叠加图形”“不锁定叠加图形”和“删除叠加股票”三种选择。

7.1.5 平移画面

本功能可以帮助投资者将需要看清的某段 K 线走势放置于合适的位置。其具体操作方法为：点击技术分析页面右上角的【移】按钮，当鼠标变为手形，按住鼠标左键，可以将 K 线图移动至需要的位置，如图 7－15 所示。

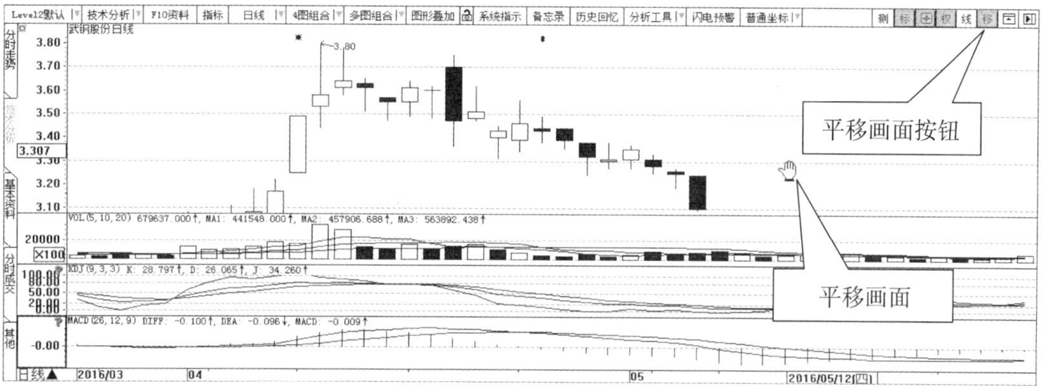

图 7－15　平移图形

点击大智慧右上角【菜单】按钮中的【工具】｜【画面工具】｜【平移图形】，也可以调出此功能。

7.2 其他画面功能

7.2.1 测量距离

【测量距离】功能可以帮助投资者计算某一区间股价经历的交易周期、涨跌数值以及幅度。调出本功能的途径为：点击技术分析页面右上角的【测】按钮，当鼠标变为量尺时，即可进行测量距离操作。

具体测量方法为：点击【测】按钮，当鼠标变为测量尺，将测量尺移至 K 线图中，在统计的起始位置点击鼠标左键并拖动至统计结束位置，系统会自动给出统计数据，如图 7－16 所示。

点击大智慧右上角【菜单】按钮中的【工具】｜【画面工具】｜【测量距离】，也可以调出此功能。

7.2.2 主图坐标

大智慧的主图坐标可以设定为普通坐标、对数坐标或百分比坐标。

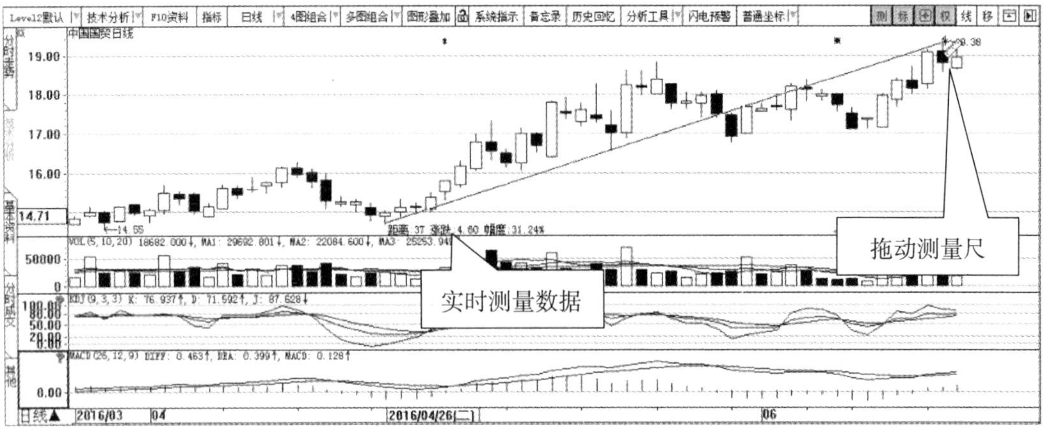

图 7－16 【测量距离】

（1）普通坐标。即系统默认的以实际价格为刻度表示股价的坐标，也就是相同的价格对应相同的刻度。

（2）对数坐标。即以股价的涨幅为刻度表示股价的坐标。也就是说，在对数坐标中，相同涨幅对应相应的高度，而相同的价格则不一定有相同的高度。

（3）百分比坐标。以画面显示的第一天开盘价为基准，其后股价以基准股价的百分比值表示，该坐标对于主图叠加特别有用。也就是说，当投资者应用主图叠加股票技巧时，最好将主图坐标调整为百分比坐标。

点击快捷工具条主图坐标下拉菜单，可以看到以上三种坐标模式，如图 7－17 所示。

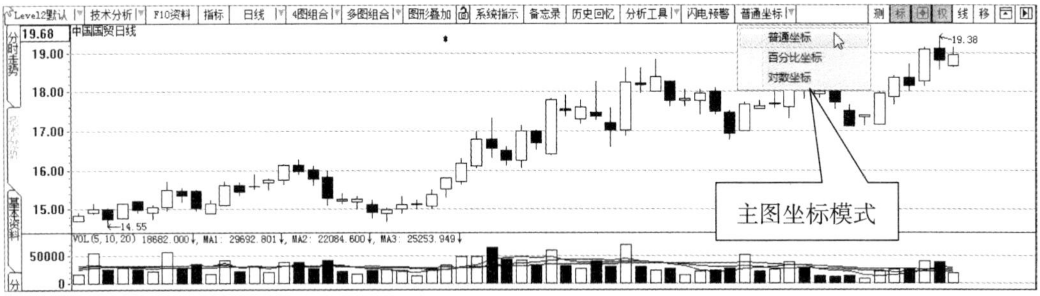

图 7－17 三种主图坐标模式

点击大智慧右上角【菜单】按钮中的【工具】｜【画面工具】｜【主图坐标】，也可以调出此功能。

7.2.3 价格还权

价格还权功能，可以让投资者看到股价复权处理后的价格。不过，具体的复权价格还要根据复权形式而定。在 K 线图页面点击鼠标右键，在快捷菜单中选择【复权设置】，可以看到大智慧提供的三种复权处理方式：向前复权、向后复权和双向除权，如图 7 – 18 所示。

为了让投资者看清三种复权方式的区别，下面以贵州茅台为例进行说明。图 7 – 19 所示为贵州茅台未经复权的日 K 线走势图。

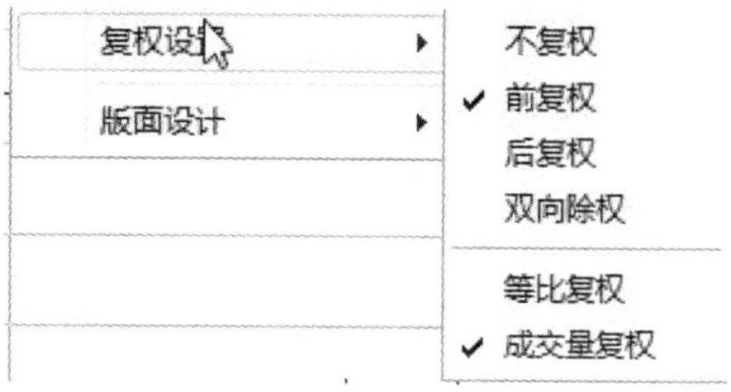

图 7 – 18 【复权设置】

图 7 – 19 贵州茅台日 K 线走势图（未经复权）

如图 7 – 19 所示，贵州茅台 2016 年 6 月 22 日的收盘价为 278. 44 元，其上市日开盘价格为 34. 51 元。

（1）向前复权。向前复权，是以最新价格为基准，向前修复价格和成交量。向前复权的结果是当前价格不变，除权之前的价格会随之降低。

以贵州茅台为例，2016 年 6 月 22 日，该股价格为 278. 44 元，若对其向前复权，其上市日的开盘价格为-19. 93 元，如图 7 – 20 所示。

开盘价为负值，在对股价进行向前复权处理时经常能够看到。这说明股价经过

图 7 – 20 贵州茅台日 K 线走势图（前复权）

多次除权、配股、派息后，该股的初始成本线早已在0元以下了。也就是说，只要投资者在上市当日持有该股，无论如何都能挣到钱了。

（2）向后复权。向后复权，是以上市当日价格为基准，向后修复价格和成交量。向后复权的结果是上市当日价格不变，除权之后的价格会随之升高。

仍以前面所讲的贵州茅台为例。2016年6月22日，该股价格为278.44元，若对其向后复权，其上市日的开盘价格为34.51元，那么2016年6月22日的价格就会变为3594.84元，如图7－21所示。

图7－21　贵州茅台日K线走势图（后复权）

很多股票向后复权的价格都会让投资者感觉很高。其实，通过向后复权的价格与上市当日价格的对比，才能看出每只股票上市之后的表现。很多超级绩优股如万科A、苏宁云商，上市后都上涨了上千倍。当然，也有一些股票涨幅非常有限。放在历史长河中，才能看清谁是真正的英雄，这也是很多投资者青睐绩优股的原因。

（3）双向除权。双向除权是指保持基准点价位不变，将基准点前后的价格逐级增减。当有十字光标时，以十字光标为基准点。没有十字光标时，以窗口左侧为基准点进行双向除权，基准点后面的走势向前复权，基准点前面的走势向后复权。

仍以前面所讲的贵州茅台为例。若选择某一时间点（如2014年1月9日）进行双向除权，那么双向除权后，该时间点（如2014年1月9日）的价格将保持不变，而该时间点前和时间点后的价格将相应地进行复权处理。经过双向除权后，2016年6月22日该股价格变为346.1元，如图7－22所示。

关于“双向除权”，投资者可以根据实际需要选择复权的时间范围和方式。不过，对于普通投资者来说，这种复权方式在实战中应用的并不多。

借助鼠标快捷菜单设置好复权方式之后，以后再需要进行复权操作时，只需点击K线图右上方的【权】按钮，即可完成复权操作。

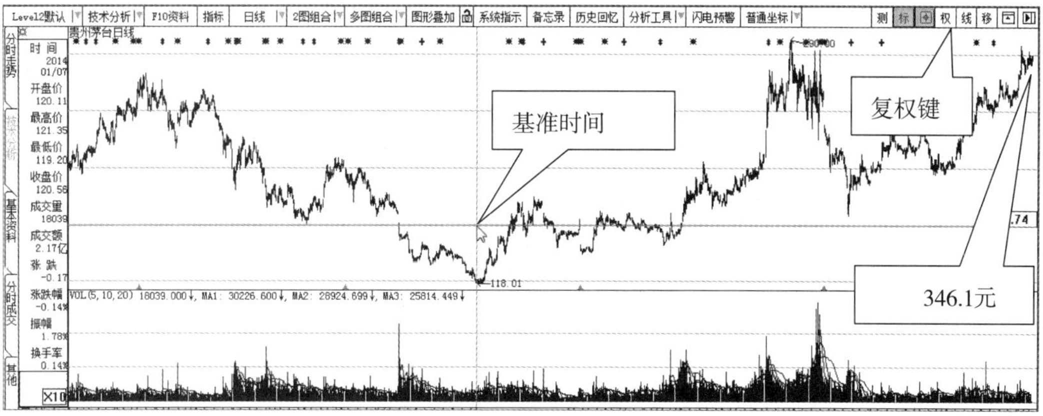

图 7-22　贵州茅台日 K 线走势图（双向除权）

7.3　版面管理

借助大智慧的【版面管理】功能，投资者可以对大智慧提供的界面方案（如窗口布局、分析功能、项目放置位置等）进行调整，或重新设计一套个性化的版面。

7.3.1　界面方案选择

大智慧系统给出了两种可供选择的界面方案，即 Level2 默认和默认方案。点击快捷工具栏的第一个按钮，即可选择所需的界面方案，如图 7-23 所示。

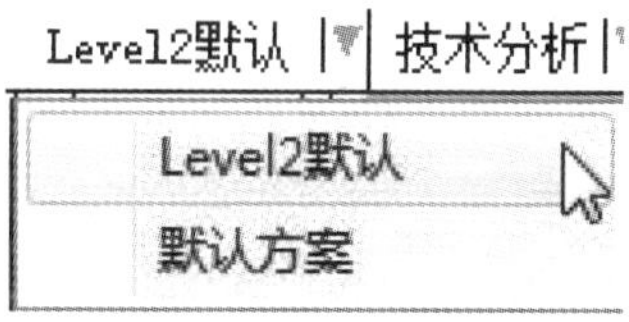

图 7-23　界面方案选择

投资者若需要增加界面方案，可以点击大智慧右上角【菜单】按钮中的【工具】|【画面工具】|【界面方案选择】，系统会给出【选择界面方案】对话框，如图 7-24、图 7-25 所示。

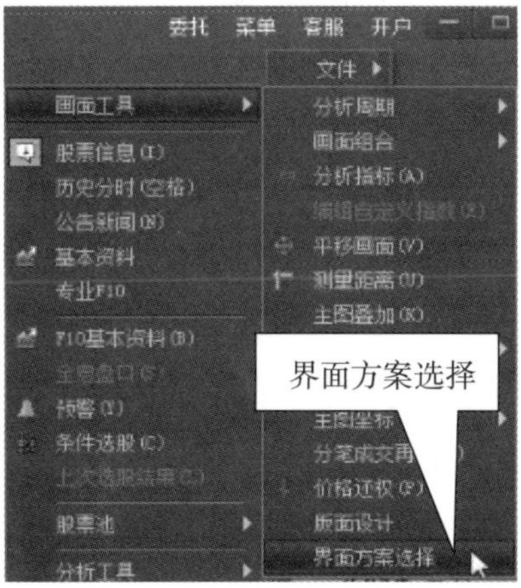

图 7-24　进入【界面方案选择】

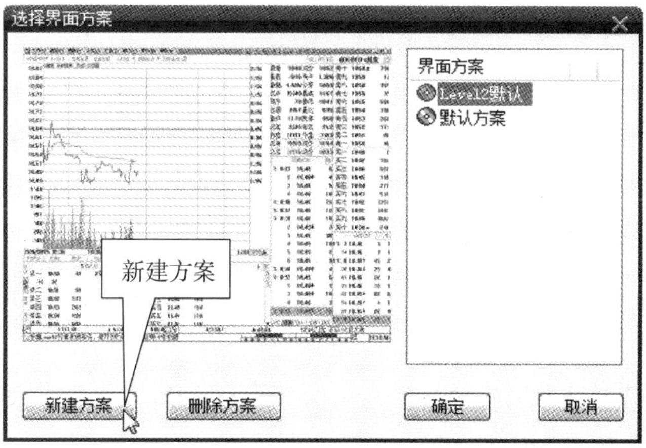

图 7-25　选择界面方案对话框

图 7－25 中给出了系统设置的两种界面方案。投资者若想自行设计界面方案，可以点击【选择界面方案】对话框左侧下方的【新建方案】按钮，系统会给出【新建方案】对话框，如图 7－26、图 7－27 所示。

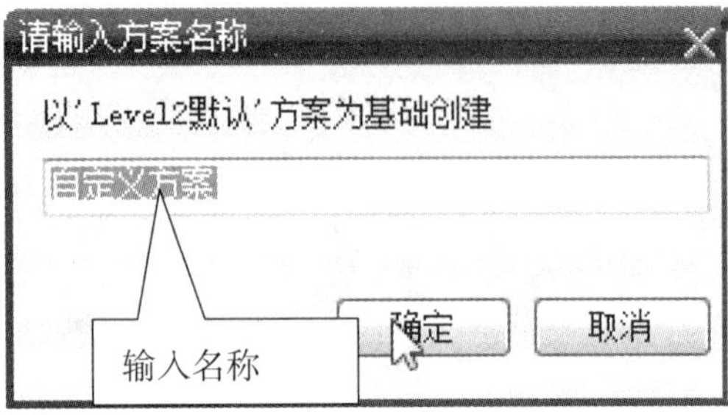

图 7－26　确定界面方案名称

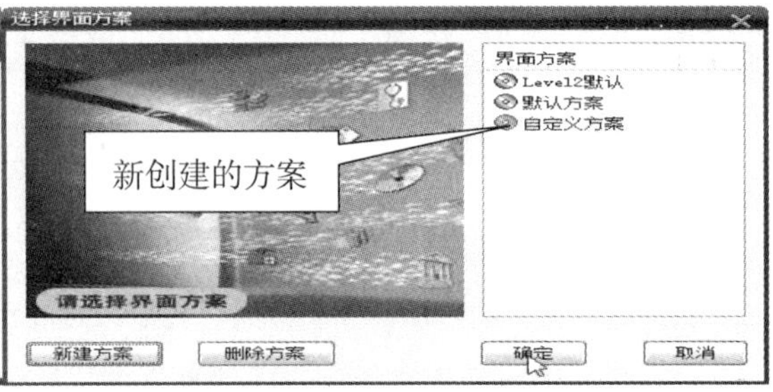

图 7－27　新建方案对话框

图 7－28　界面方案选择

界面方案创建完成后，再次点击快捷工具栏的第一个按钮时，就可以看到如图 7－28 所示的三种界面方案。

自定义方案的默认界面设置与默认方案的界面设置完全相同，投资者若需要按照自己的风格设计界面方案，可在自定义方案下启动大智慧【版面设计】功能。

7.3.2　版面设计

版面设计的步骤包括以下几步。

（1）确定需要设计的界面方案。假如想要对新添加的【自定义方案】界面进行设计，则需要在快捷工具条中选中该方案，如图 7－28 所示。

（2）在【自定义方案】界面，点击大智慧右上角【菜单】按钮中的【工具】|【画面工具】|【版面设计】，系统会给出【窗口布局】对话框，如图 7－29、图 7－30所示。

（3）【窗口布局】对话框提供了大智慧界面方案中应该涵盖的各个功能板块。投资者若想将某一功能板块删除或新建功能板块，可以点击【窗口布局】对话框右侧的【新建】或【删除】按钮。

若想调整某个功能板块的位置，可用鼠标选中该板块，并点击【窗口布局】对话框右侧的【修改】按钮，对该功能板块内部的子功能项目进行布局调整。例如，选择【分时走势】并点击【修改】按钮，系统将会给出【设计页面-分时走势】页面调整对话框，如图 7－31 所示。

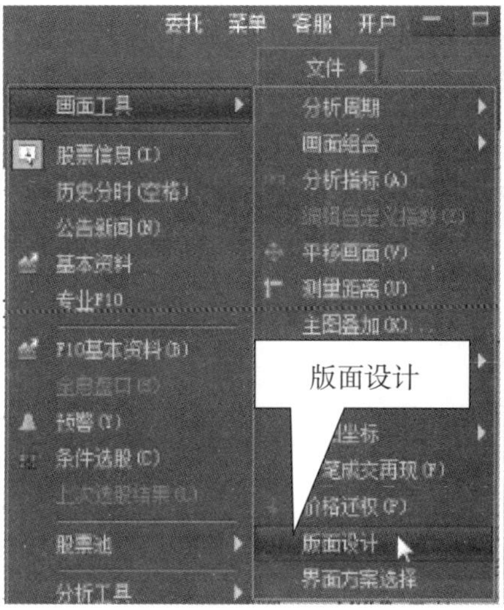

图 7－29　进入【板块设计】

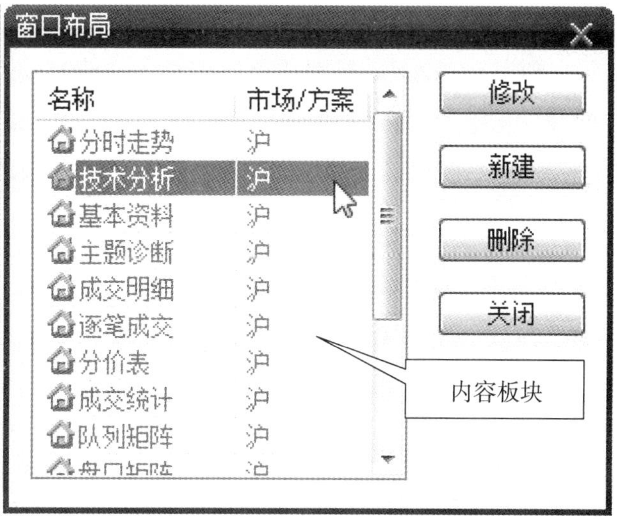

图 7－30　【窗口布局】对话框

（4）如图 7－31 所示，若想将“分笔成交”添加至分时图的右侧，可用鼠标选中“分笔成交”并点击【设计页面-分时走势】对话框右侧的【添加到右侧】按钮，系统将自动在分时图右侧加入“分笔成交”板块，如图 7－32 所示。

投资者也可以用鼠标拖动【设计页面-分时走势】对话框内部的项目到窗口功能区域，

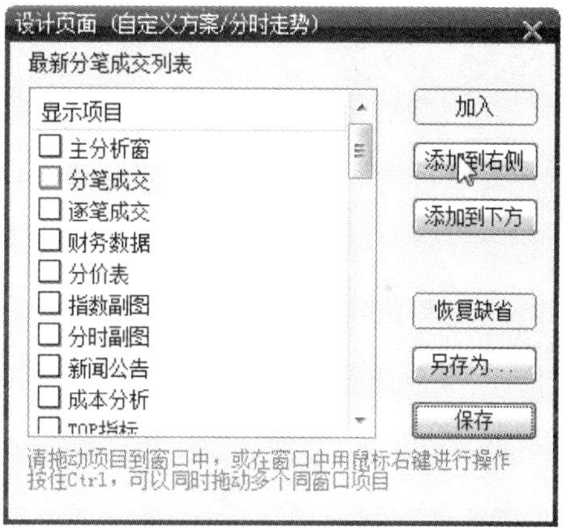

图 7－31　设计页面

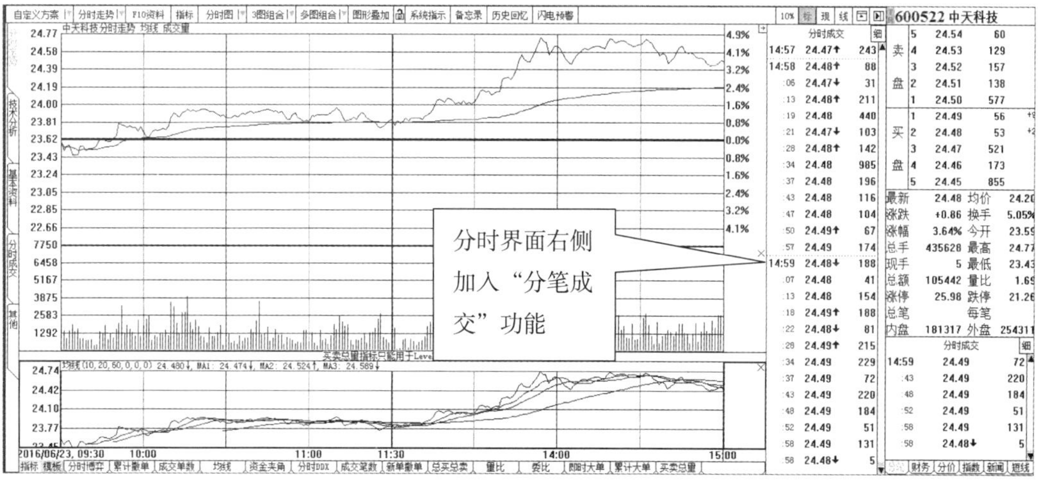

图 7－32　调整之后的界面

即可替换该区域相应的功能。

（5）保存设置。界面调整完成后，点击【设计页面-分时走势】对话框右侧的【保存】按钮，可以将调整后的效果保存至【自定义方案】界面。此后，投资者再次进入【自定义方案】界面，就会看到如图 7－32 所示的分时走势图。

第八章

预警与决策工具

大智慧预警与决策工具，可以为投资者提供选股、预警与投资管理等服务，全面提升投资者的决策水平和投资效果。

8.1 预警

点击大智慧右上角【菜单】按钮中的【工具】|【预警】，系统会自动弹出【预警】对话框，如图 8－1、图 8－2 所示。

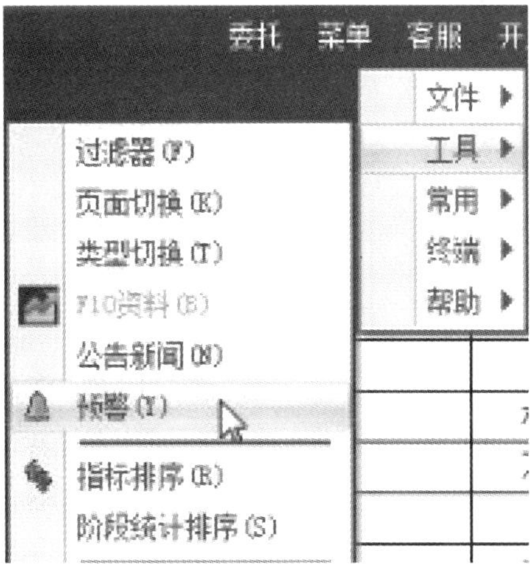

图 8－1 进入【预警】

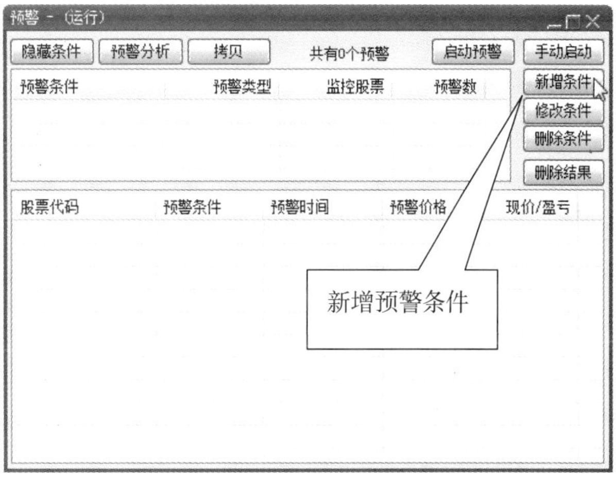

图 8－2 【预警】对话框

该功能支持投资者自行设置预警条件，并在条件出现时向投资者发出预警信号。若投资者已经设置了预警条件或者曾经设置过预警条件，那么打开【股票预警】时，就会看到以前的预警品种、预警条件以及是否达成过预警条件等。若没有设置过预警条件，则需重新点击【新增预警条件】来设置预警条件。

点击图 8-2 中的【新增预警条件】按钮，系统会自动弹出【预警条件设定】对话框，如图 8-3 所示。

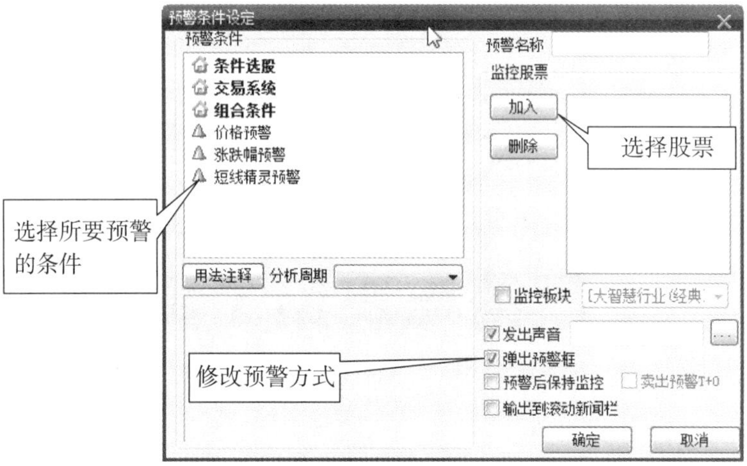

图 8-3 【预警条件设定】对话框

在【预警条件设定】对话框点击【加入】按钮，可以确定所要监控的股票，或勾选“监控板块”选择要监控的板块，如图 8-4 所示。在对话框列出的预警条件中，选中自己所需的条件并修改条件数值。如果选择“价格预警”，那么就需要确定具体的价格定位，如图 8-5 所示。

图 8-4 【预警条件设定】对话框

点击图8－5中的【确定】按钮，即可完成预警功能设置。这个时候再打开【股票预警】功能时，就会看到如下对话框，如图8－6所示。

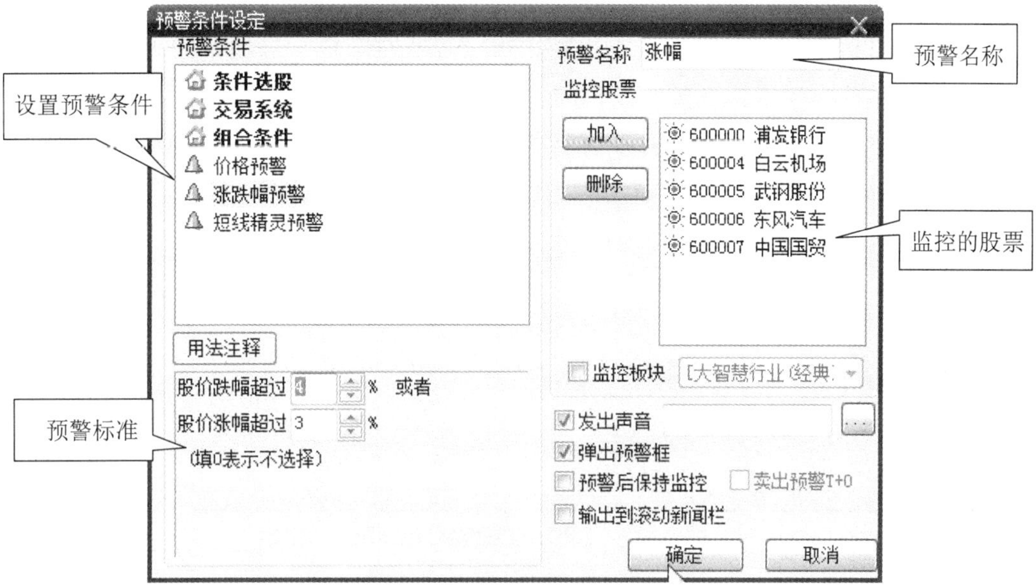

图8－5 【预警条件设定】对话框

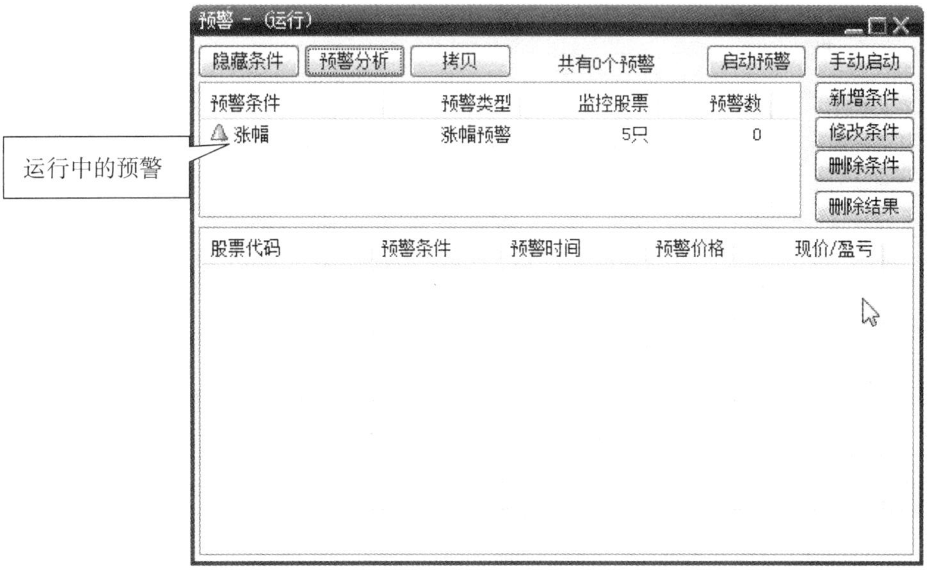

图8－6 【预警】运行中

若达到预警条件时，大智慧软件就会发出相应的预警信号，提醒投资者关注。

【预警】功能可以起到以下几个方面的作用。

(1) 借助系统预警功能，可以减少投资者盯盘的工作量。

(2) 通过设置板块监控，可以减少人工搜索符合条件股票的工作量，同时减少误差。

8.2 闪电预警

大智慧【闪电预警】功能，可以帮助投资者实时跟踪某只股票的走势。一旦该股股价、涨幅或换手率达到某些条件时，系统就会发出警示。

进入股票的技术分析或分时走势页面后，点击快捷工具条中的【闪电预警】按钮，系统将弹出【闪电预警】对话框，如图 8－7 所示。

利用【闪电预警】功能，可以设置“股价达到××元”“涨幅达到××%”“换手率达到××%”时发出提示。

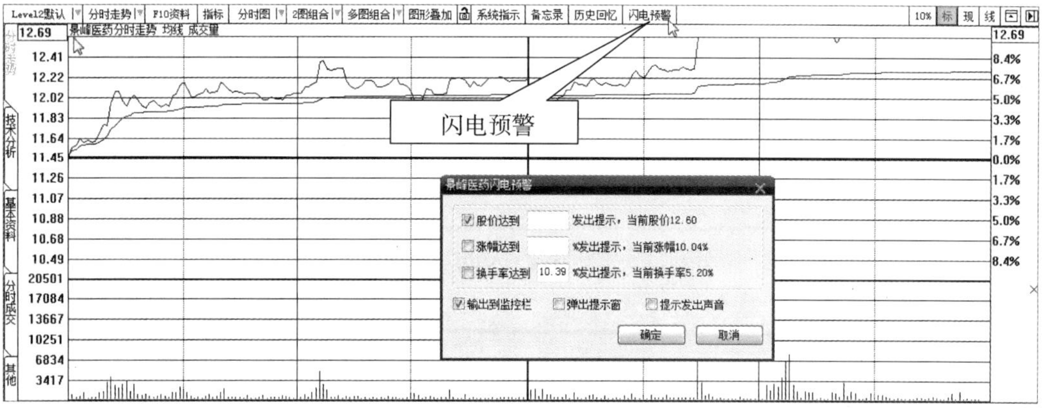

图 8－7　闪电预警

8.3 历史回忆

该功能可以帮助投资者回顾股价分时走势或 K 线走势，让投资者重温股价运动给自己带来的感觉，以便培养投资直觉。投资者首先要选择需要回忆的界面，比如分时走势图或 K 线图界面，然后点击大智慧快捷工具条【历史回忆】按钮，即可进行历史回忆。

若从分时走势图界面启动【历史回忆】，系统就会重演当日的股价分时走势，如图 8－8 所示。

启用【历史回忆】功能前，需要对其进行设置，设置项目包括以下几项。

（1）开始时间。系统给出的是当前时间点，投资者可以将其调整为需要回忆的时间，例如 2016 年 6 月 24 日 9:30。

（2）步长。即每次移动的时间长度。这里需要调整数字和时间刻度两项，例如，可以将步长设置为 5 分钟。

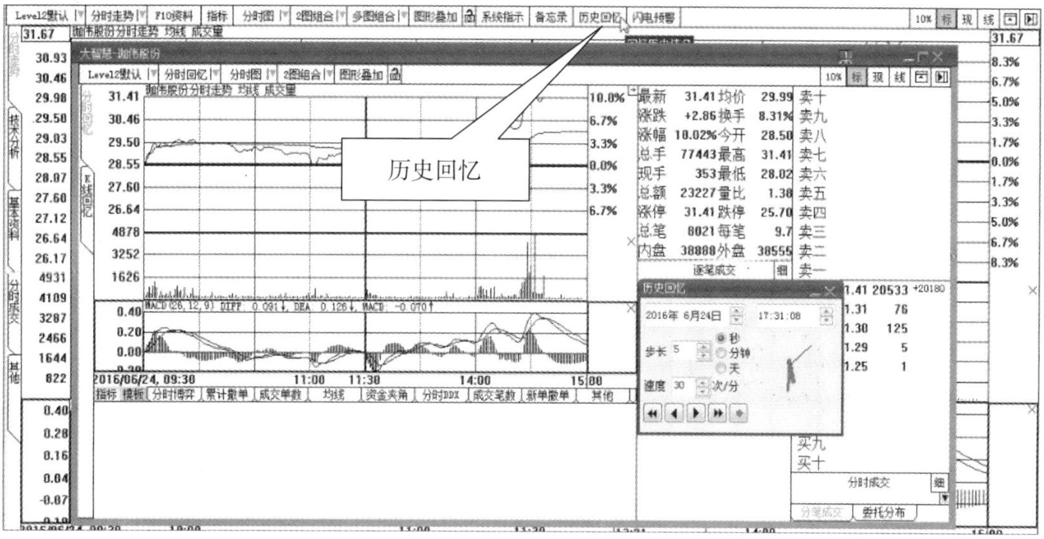

图 8-8　历史回忆

（3）速度。即每分钟移动多少次。系统默认给出的速度是 30 次/分，投资者可以调快或调慢。

（4）前进或后退。点击前进、后退、快进、快退或自动播放键，系统将作出相应的回应。若点击自动播放按钮，系统将自动回忆全天的分时走势，如图 8-9 所示。

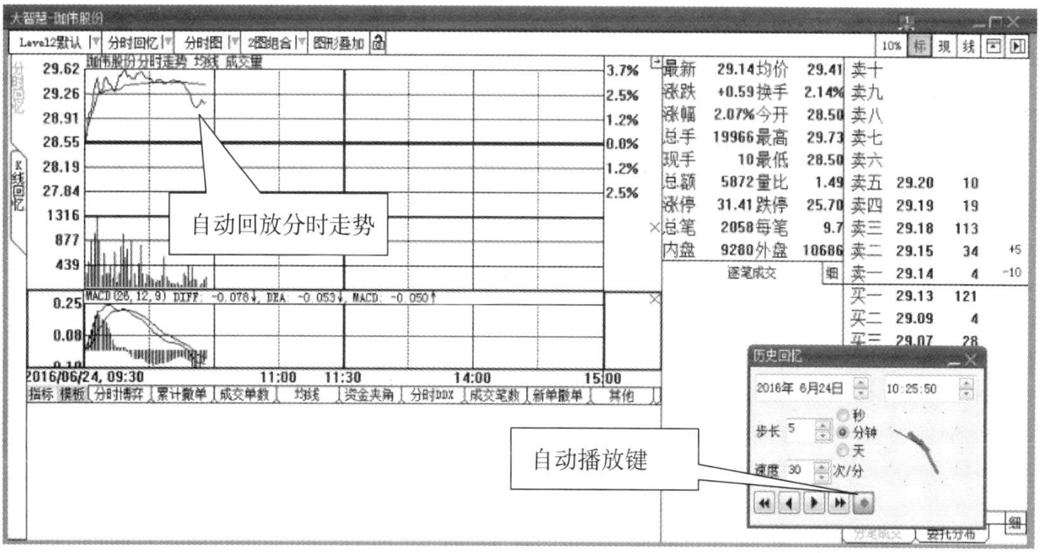

图 8-9　自动回忆全天分时走势

炒股就是炒心理。从某种意义上说，【历史回忆】功能有助于投资者感受股价变动带给自己的心理冲击。

8.4 条件选股

该功能旨在向投资者提供更加丰富的选股方法和公式。点击大智慧【菜单】按钮中的【工具】|【条件选股】，即可调出该功能，如图 8-10、图 8-11 所示。

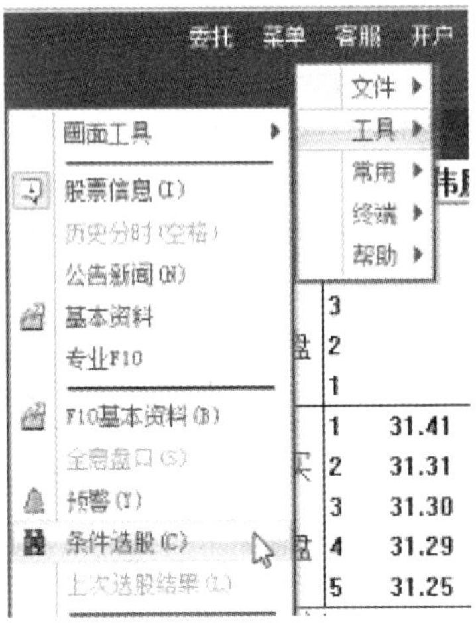

图 8-10 进入【条件选股】

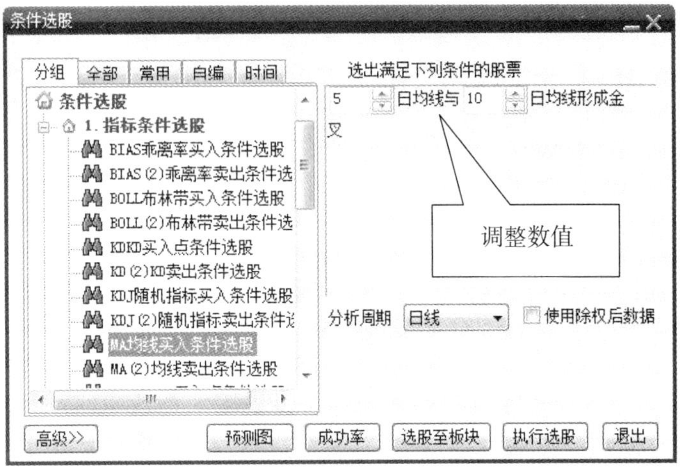

图 8-11 【条件选股】对话框

【条件选股】对话框给出了条件选股、技术指标、交易系统、五彩 K 线、模式匹配、组合条件、基本面条件等多种选股方式。其中，在【模式匹配】标签下，投资者可以看到自行设置的选股模式（【模式匹配】设计方法见第 6 章：分析工具|预测分析设计）。双击【条件选股】左侧条件选择框内所需的选股条件后，该条件就会出现在右侧的空白区域。投资者可根据需要调整选股条件，如图 8-11 所示。

条件设定完成后，点击图 8-11 中的【执行选股】按钮，系统就会给出选股结果，如图 8-12 所示。

图 8-12 【条件选股】选股结果

投资者若对给出的选股条件不满意，可以点击【条件选股】下方的【高级】按钮，然后组合使用多个选股公式，如图 8－13 所示。

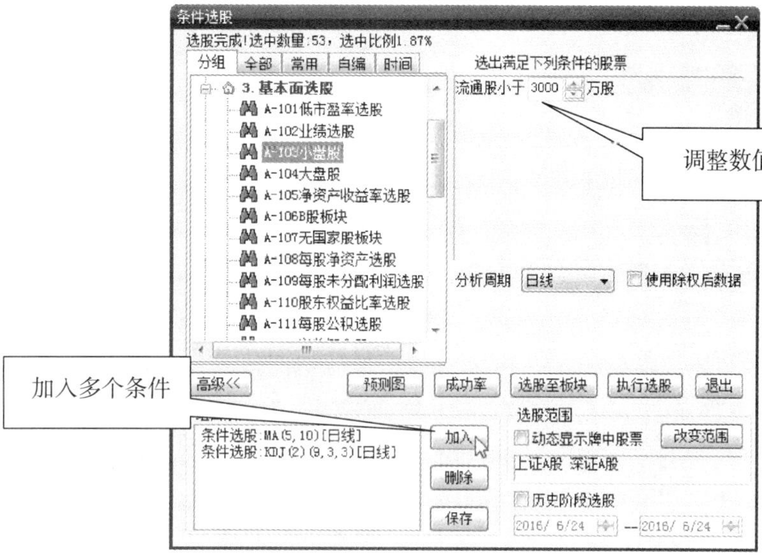

图 8－13 【条件选股】设置

组合条件设置完成后，点击【保存】按钮，系统会提示给组合条件输入一个名字。输入名字后，点击【确定】，该选股公式就会自动进入【自编】选项卡【组合条件】标签下。此后，投资者若使用本公式，可以直接从此处调出，如图 8－14、图 8－15 所示。

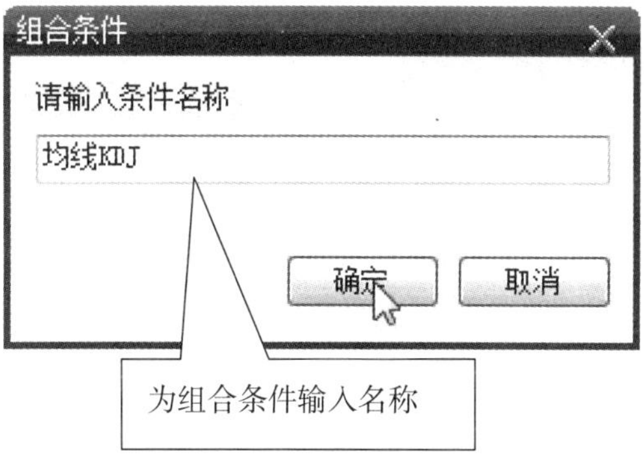

图 8－14 输入组合条件名称

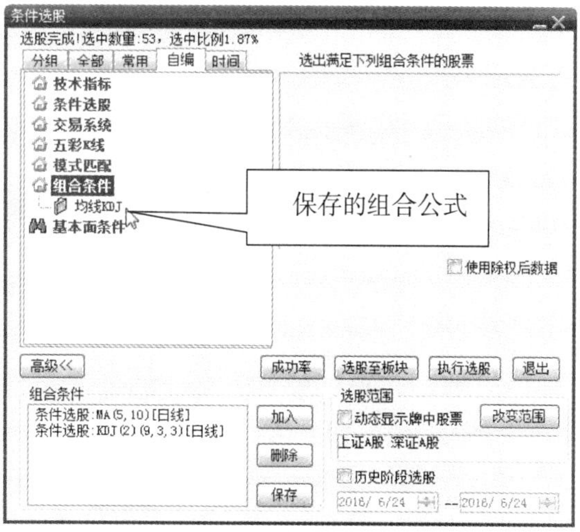

图 8－15 【条件选股】对话框

8.5 短线精灵

本功能旨在提醒投资者在交易过程中可能出现的各种异动股票及异动类型。通过两种途径可以调出【短线精灵】功能。

(1) 点击大智慧【菜单】按钮中的【工具】|【短线精灵】，可以调出该功能，如图 8-16、图 8-17 所示。

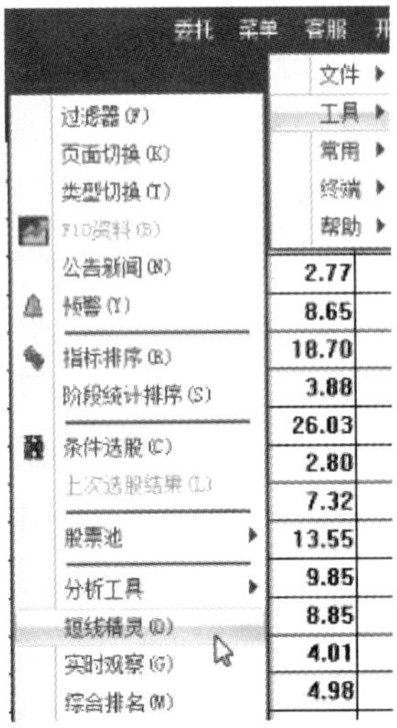

图 8-16 进入【短线精灵】

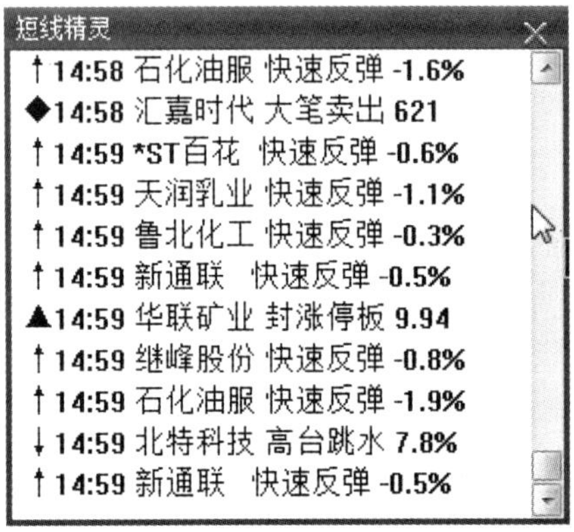

图 8-17 【短线精灵】对话框

(2) 双击大智慧软件右下角图标，也可调出【短线精灵】，如图 8-17 所示。

若需要对短线精灵的异动类型进行设置和调整，可以双击大智慧软件右下角图标，调出【短线精灵过滤】对话框，如图 8-18 所示。

图 8-18 提供了多种可供选择的股票异动项目，投资者可以勾选自己需要提示的异动类型，并取消勾选不必要的异动项目。

在实战中，短线精灵可以为投资者提供以下两方面的支持。

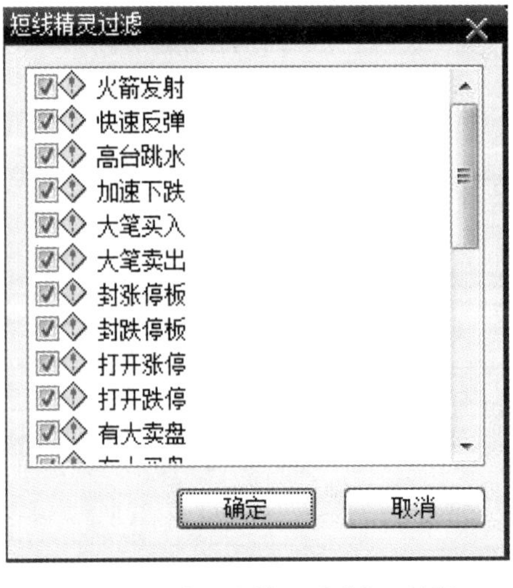

图 8-18 【短线精灵过滤】对话框

（1）及时提供股票异动信息。对于短线投资者来说，时间就是生命。短线精灵可以在瞬间提供异动预警，这就省去了投资者自己寻找异动股票的时间。

（2）根据需要调整所监控股票的异动类型。投资者可以通过设置，专门监控股票的成交量异动或者是价格异动，也可以专门监控涨跌停板异动。

8.6 投资管理

该功能可以对投资者整体投资盈亏、股票交易盈亏进行自动分析并进行汇总，使投资者更方便地了解自己的投资成绩。

点击大智慧【菜单】按钮中的【工具】|【投资管理】，系统将给出登录对话框，如图 8－19、图 8－20 所示。

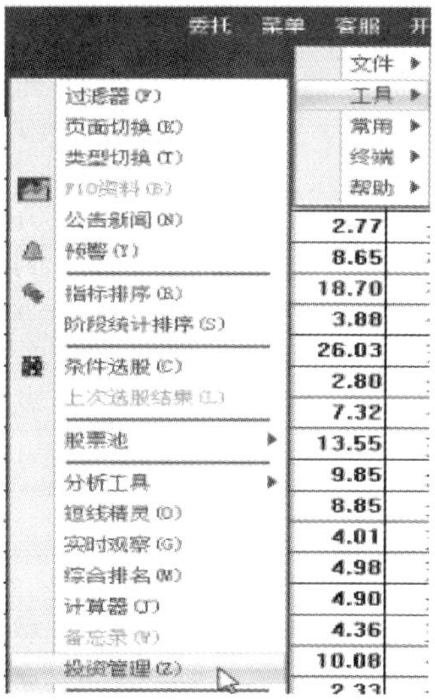

图 8－19　进入【投资管理】界面

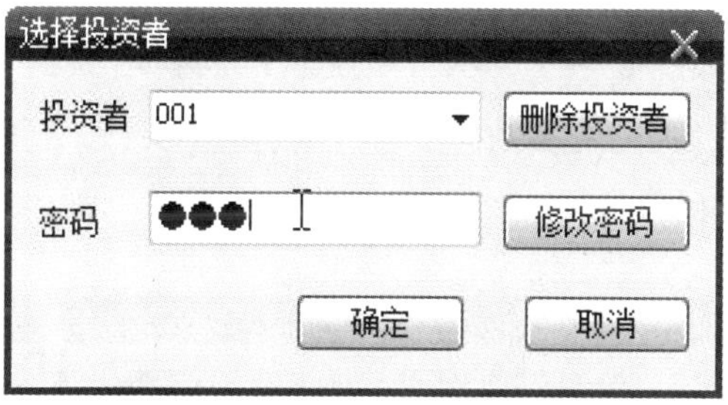

图 8－20　【选择投资者】对话框

投资者若没有建立账户，那么启动该功能时，系统给出的登录对话框中，“投资者”和“密码”框都是空白的。投资者随便输入一个用户名和密码，即可进入该功能页面。不过，这个新输入的用户名和密码，以后将作为正式的登录用户名和密码。

投资者若不想使用已有用户名，还可点击用户名右侧的【删除投资者】按钮并重新建立一个账户。不过，原用户名账户下的投资记录也将被一并删除。

在【选择投资者】对话框中点击【确定】按钮后，就会进入【投资管理】页面，如图 8－21 所示。

进入【投资管理】页面后，投资者将会看到自己所购入股票的盈亏情况以及投资盈亏数据。

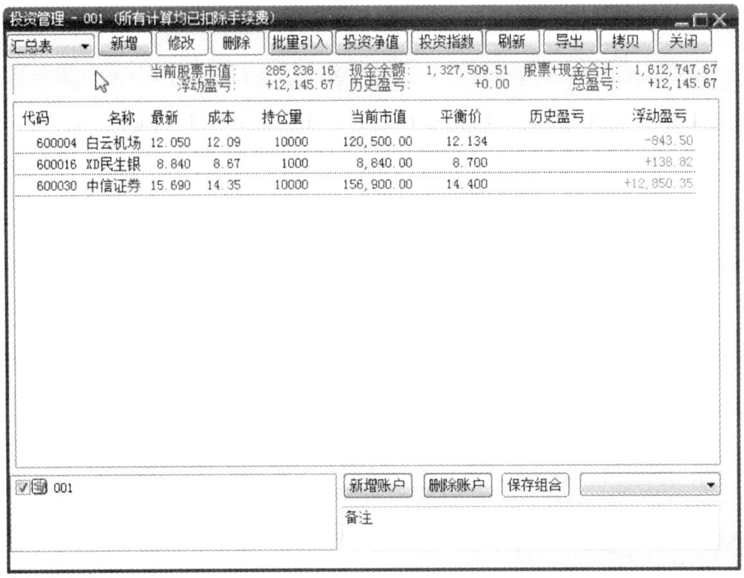

图 8-21 【投资管理】页面

在该页面，投资者可以进行如下几项操作。

(1) 新增投资记录。点击【投资管理】对话框顶部的【新增】按钮，输入新的投资或交易记录，如图 8-22 所示。

如图 8-22 所示，系统默认的新增项目为【投入资金】选项。投资者可以填入自己投入的资金数量，然后点击【买入股票】选项卡，再输入买入股票信息即可，如图 8-23 所示。

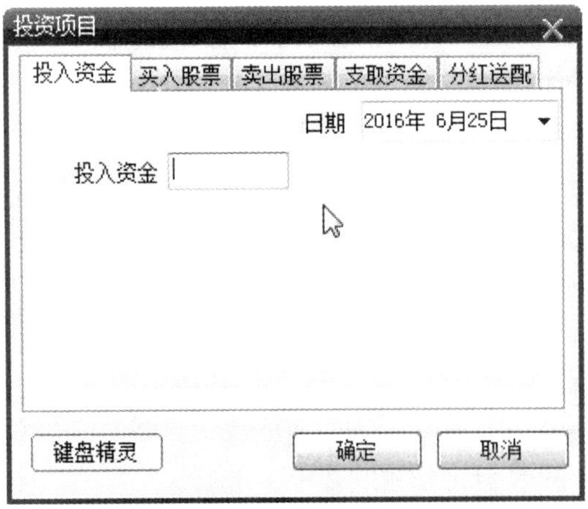

图 8-22 【投入资金】

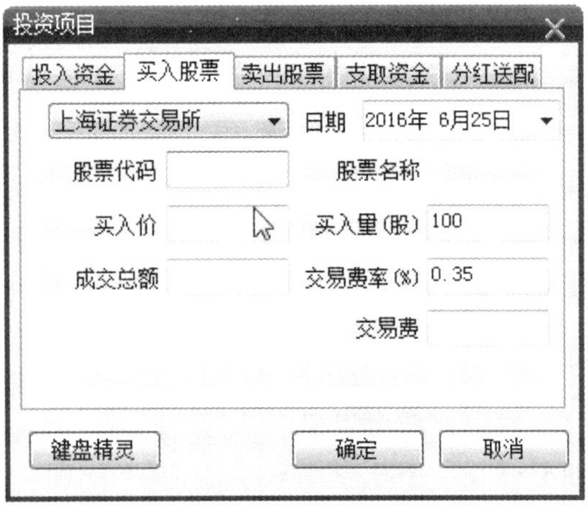

图 8-23 【买入股票】

卖出股票和支取现金的方式，与投入资金和买入股票的操作方式相同，这里不再赘述。

（2）查看实时投资数据信息。【投资管理】对话框顶部的投资数据显示区，会给出最新的资金以及交易盈亏数据，如图 8－24 所示。

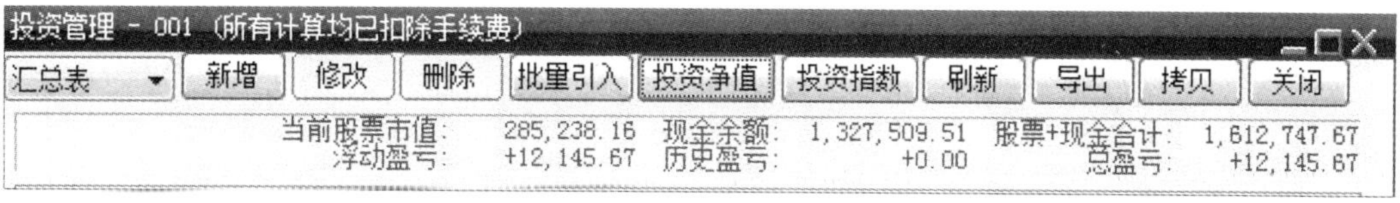

图 8－24　投资盈亏数据

（3）查看投资净值与投资指数信息。投资指数信息，是以投资者所持各只股票的持仓量为权重，以全部初始投资额作为基准值 1000 点计算出来的，因此指数的走势就是投资者当前持股的总市值走势。

点击【投资指数】按钮，大智慧会自动新建或刷新投资指数信息。

资金净值是以投资者账户资产净值（包括股票市值和现金）为标准，随着股价的变动、市值的调整而随时反映资金变动情况的一项指标。

点击【资金净值】按钮，大智慧会自动新建或刷新资金净值信息。

大智慧还以 K 线图和分时图的形式给出了投资指数和资金净值的变动趋势，投资者可以点击大智慧主菜单栏【指数】｜【自定义指数】查看相关信息，如图 8－25 所示。

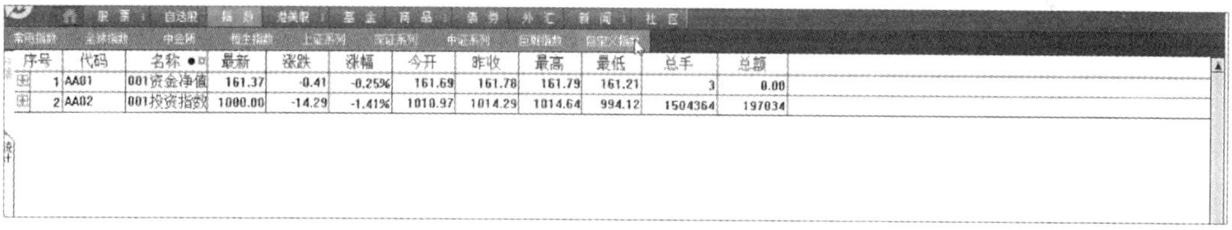

图 8－25　投资指数和资金净值

8.7　实时观察

实时观察采用即时信息发布形式，在盘中定时由不同分析师发布最新的沪深股市动态信息（支持多人同时发布信息）。点击大智慧【菜单】按钮中的【工具】｜【实时观察】，将会看到最新的资讯，如图 8－26、图 8－27 所示。

使用【实时观察】功能时应注意：一旦有解盘信息发布，大智慧软件界面的右下角会自动跳出一个提示框，显示最新的解盘内容，不过弹出的内容很快就会消失。投资者要想查看这些信息，就需要通过【菜单】按钮调出本功能了。

8.8　综合排名

本功能可以为投资者提供全方位的信息排名支持。目前，大智慧在【综合排

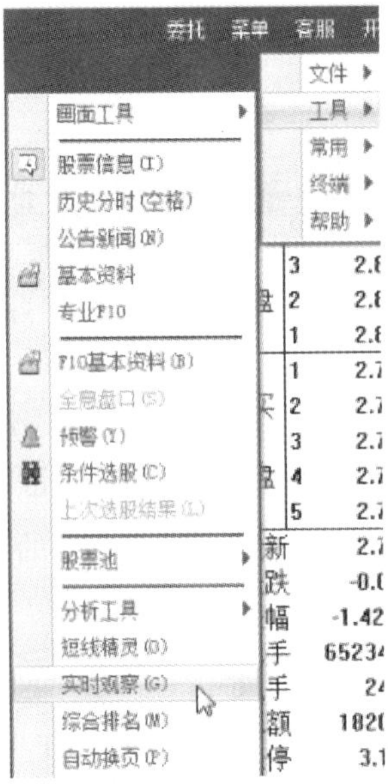

图 8－26　进入【实时观察】

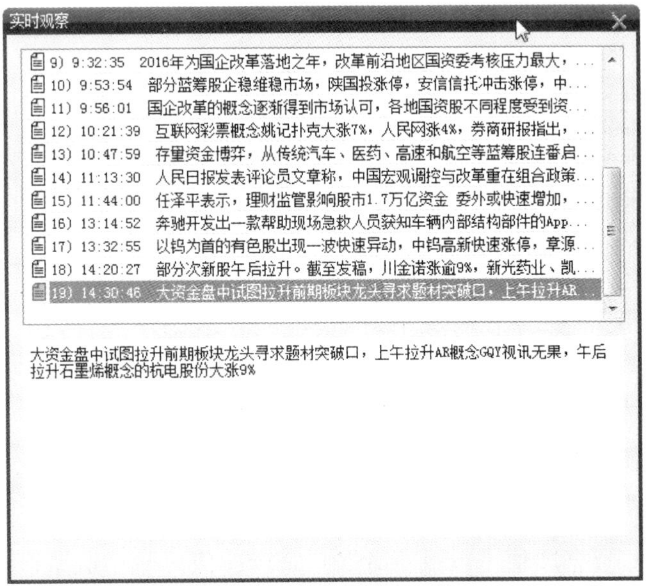

图 8－27　【实时观察】对话框

名】页面可以提供今日涨幅、今日跌幅、今日振幅、快速涨幅、快速跌幅、今日量比、委比正序、委比逆序、今日成交额等 9 类排名，并为每类排名提供靠前的 6 只股票名称。键入数字 81、82、83、84、85、86，可以分别调出上海 A 股、B 股，深圳 A 股、B 股，以及所有 A 股、所有 B 股的综合排名。

点击大智慧【菜单】按钮中的【工具】|【综合排名】，也可以看到最新的上海 A 股交易排名信息，如图 8－28、图 8－29 所示。

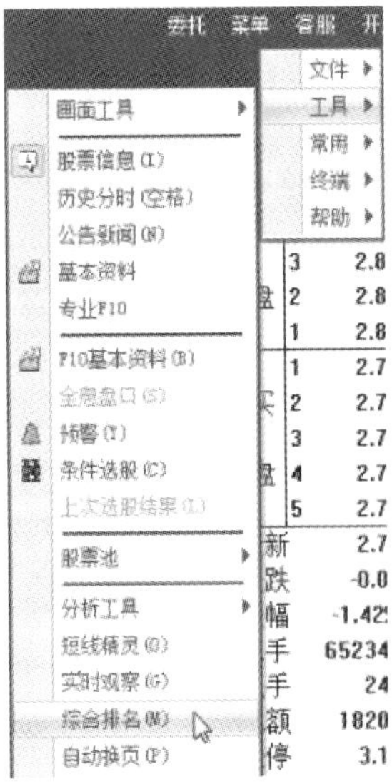

图 8－28　进入【综合排名】

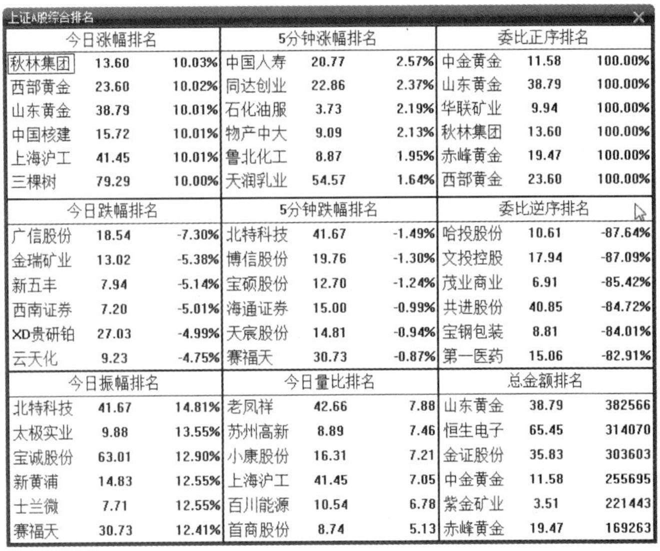
上证A股综合排名

今日涨幅排名			5分钟涨幅排名			委比正序排名		
秋林集团	13.60	10.03%	中国人寿	20.77	2.57%	中金黄金	11.58	100.00%
西部黄金	23.60	10.02%	同达创业	22.86	2.37%	山东黄金	38.79	100.00%
山东黄金	38.79	10.01%	石化油服	3.73	2.19%	华联矿业	9.94	100.00%
中国核建	15.72	10.01%	物产中大	9.09	2.13%	秋林集团	13.60	100.00%
上海沪工	41.45	10.01%	鲁北化工	8.87	1.95%	赤峰黄金	19.47	100.00%
三棵树	79.29	10.00%	天润乳业	54.57	1.64%	西部黄金	23.60	100.00%
今日跌幅排名			**5分钟跌幅排名**			**委比逆序排名**		
广信股份	18.54	-7.30%	北特科技	41.67	-1.49%	哈投股份	10.61	-87.64%
金瑞矿业	13.02	-5.38%	博信股份	19.76	-1.30%	文投控股	17.94	-87.09%
新五丰	7.94	-5.14%	宝硕股份	12.70	-1.24%	茂业商业	6.91	-85.42%
西南证券	7.20	-5.01%	海通证券	15.00	-0.99%	共进股份	40.85	-84.72%
XD贵研铂	27.03	-4.99%	天宸股份	14.81	-0.94%	宝钢包装	8.81	-84.01%
云天化	9.23	-4.75%	赛福天	30.73	-0.87%	第一医药	15.06	-82.91%
今日振幅排名			**今日量比排名**			**总金额排名**		
北特科技	41.67	14.81%	老凤祥	42.66	7.88	山东黄金	38.79	382566
太极实业	9.88	13.55%	苏州高新	8.89	7.46	恒生电子	65.45	314070
宝诚股份	63.01	12.90%	小康股份	16.31	7.21	金证股份	35.83	303603
新黄浦	14.83	12.55%	上海沪工	41.45	7.05	中金黄金	11.58	255695
士兰微	7.71	12.55%	百川能源	10.54	6.78	紫金矿业	3.51	221443
赛福天	30.73	12.41%	首商股份	8.74	5.13	赤峰黄金	19.47	169263

图 8－29　【综合排名】画面

使用【综合排名】功能时，投资者需要注意一点：【综合排名】就如同一个股市仪表盘，投资者特别是短线投资者可以借助综合排名快速发现目标股。例如，有些短线投资者就非常喜欢用快速涨幅排名和委比排名来观察短线拉升的股票，即某只股票若同时出现在快速涨幅排名和委比排名前几名的位置，就可以将该股列为短线操作的备选股。

8.9 系统指示

系统指示是指当K线图满足某种预设条件后，会向投资者发出提示信号。可供投资者设置的系统指示包括技术指标、条件选股、交易系统、五彩K线和组合条件五大类指示。同时，每类系统提示会以不同的信号在股价K线图中给出，具体信号如下。

（1）满足“技术指标”要求的提示信号为“●”。

（2）满足“条件选股”要求的提示信号为“▸”。

（3）满足“交易系统”要求的提示信号为“↑”。

（4）满足“五彩K线”要求的提示信号为“五彩K线形态与其他K线形态的颜色完全不同”。

（5）满足“组合条件”要求的提示信号为“⧗”。

点击快捷工具条【系统指示】按钮或【菜单】按钮中的【工具】|【系统指示】，即可调出本功能，如图8-30、图8-31所示。

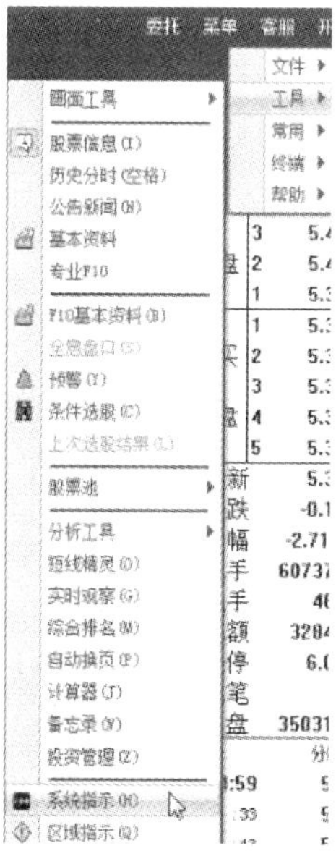

图8-30 进入【系统指示】

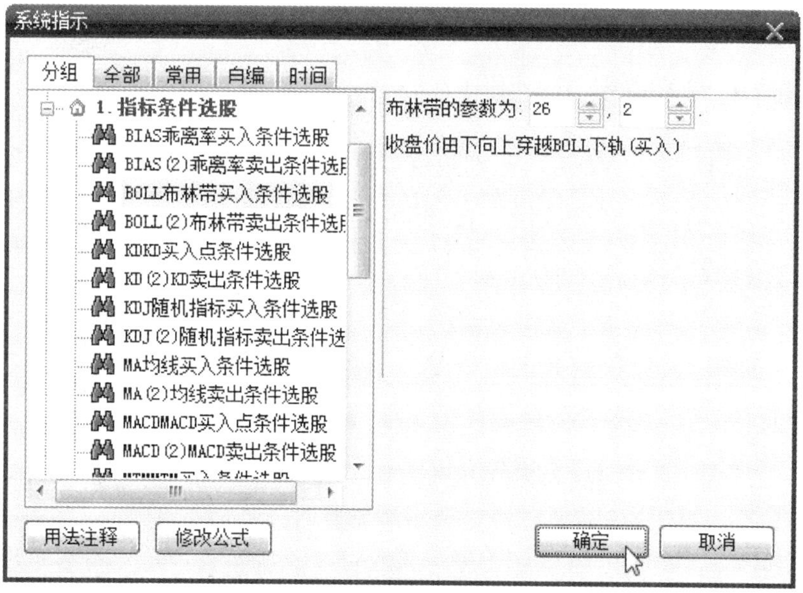

图8-31 【系统指示】对话框

确定提示条件并点击【系统指示】对话框中的【确定】按钮后，可以翻看个股的K线走势图，找到系统指示信号。图8－31中设置了“股价上穿布林线（买入）”这一条件，这样就可以翻看股票K线图来查看相应的系统指示了，如图8－32所示。

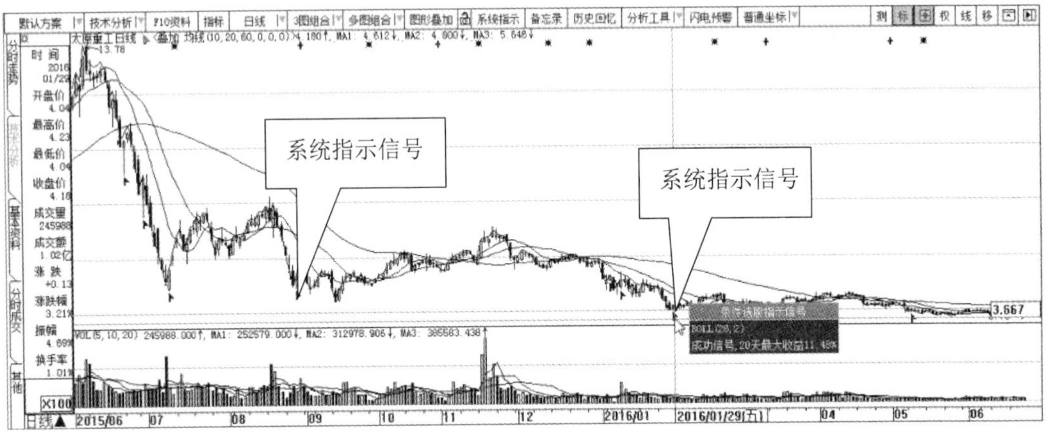

图8－32　系统指示信号

如图8－32所示，系统指示不仅给出了提示信号，而且还给出了该信号是否有效以及信号出现后的股价涨幅。

通过这些提示信号以及其后的走势，投资者可以作出如下判断。

（1）该信号的准确度如何。

（2）若未来该信号再次出现，自己是否应该采取相应的行动。

8.10　区域指示

区域指示功能可以帮助投资者准确定位满足条件的区域。点击【菜单】按钮中的【工具】|【区域指示】，即可调出本功能，如图8－33、图8－34所示。

设置【区域指示】的条件时，需要注意以下几点。

（1）区域指示与系统指示相似，也是当股价走势符合设定条件时发出指示。区别在于，区域指示会指示全部符合条件的区域，而系统指示只提供符合条件的点位。满足设定条件的区域，系统会用斜线标示。

（2）显示位置。系统提供了三个显示区域指示功能的位置，但“主图”是默认选项。如无特殊需要，投资者不需调整。

（3）分析周期。系统默认提供的分析周期是日线。也就是说，投资者应该在股票日K线图上使用区域指示功能。若在其他分析周期图上应用本功能，需要调整【区域指示】功能的“分析周期”。

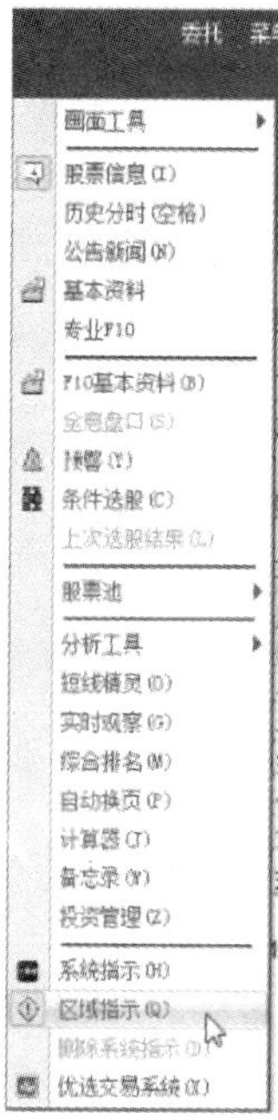

图 8-33 进入【区域指示】

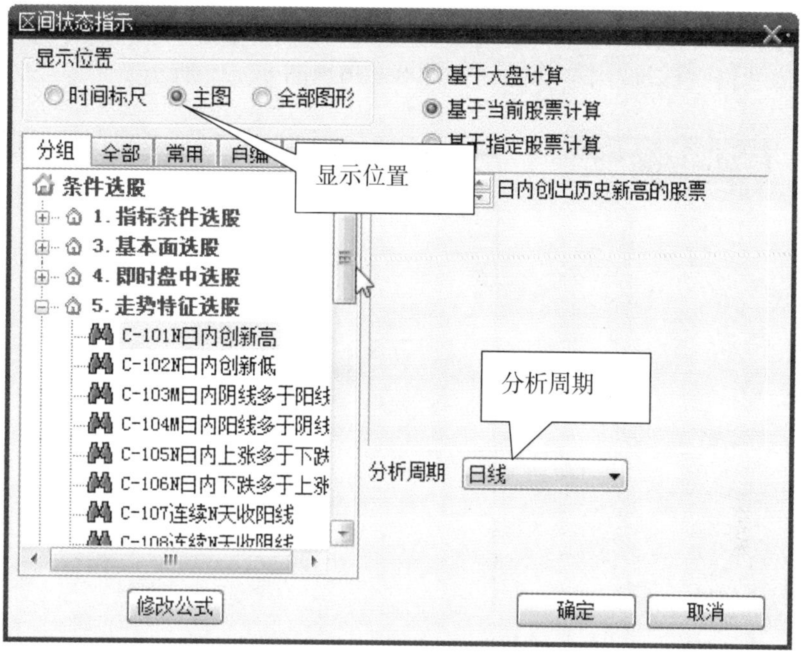

图 8-34 【区域指示】对话框

如图 8-34 所示，设定“3 日创出历史新高的股票”这一条件，点击【确定】按钮，就可以翻看个股日 K 线走势图，查找哪些股票在近期创出了历史新高，如图 8-35 所示。

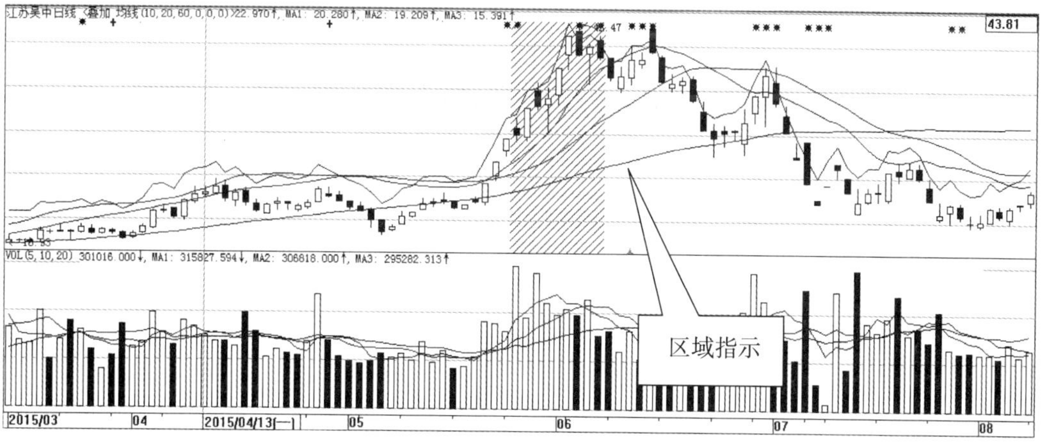

图 8-35 区域指示

8.11 备忘录

该功能可以帮助投资者随时记录与股票有关的事项，并以股票为中心形成一套完整的数据信息库。

点击快捷工具条【备忘录】按钮，或点击【菜单】按钮中的【工具】|【备忘录】，可以调出本功能，如图 8－36、图 8－37 所示。

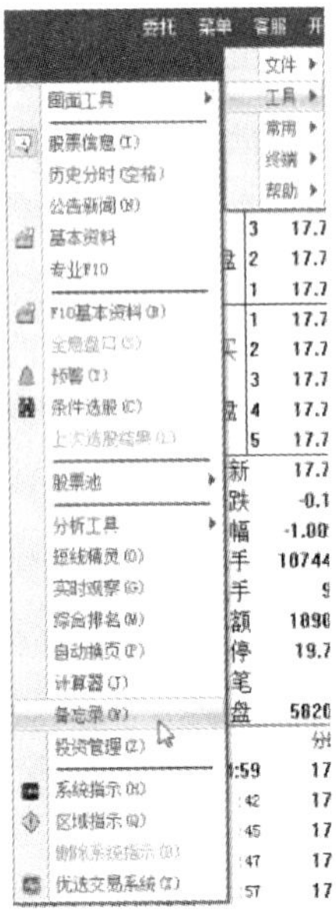

图 8－36　进入【备忘录】

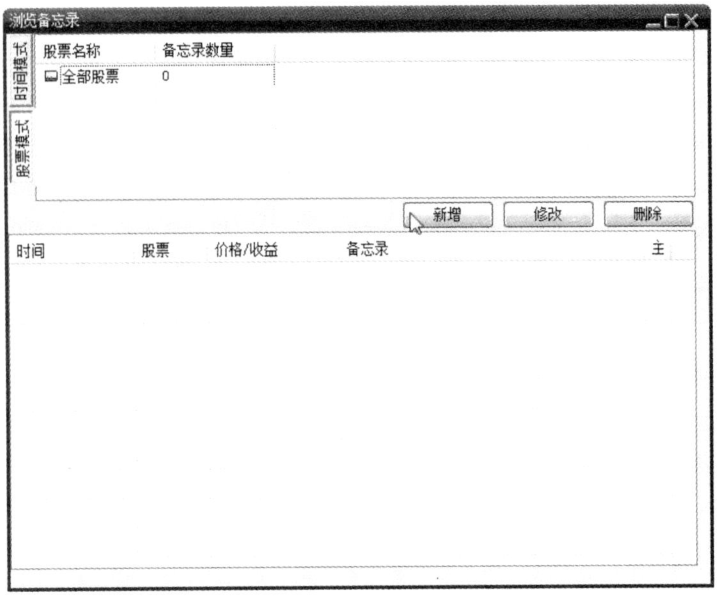

图 8－37　【浏览备忘录】对话框

利用备忘录功能，可以记录自己的交易计划、交易观点、交易提醒事件，或者关于某只股票的信息等。如需编写备忘录，可以点击【浏览备忘录】对话框中的【新增】按钮，系统会弹出【备忘录】对话框，如图 8－38 所示。

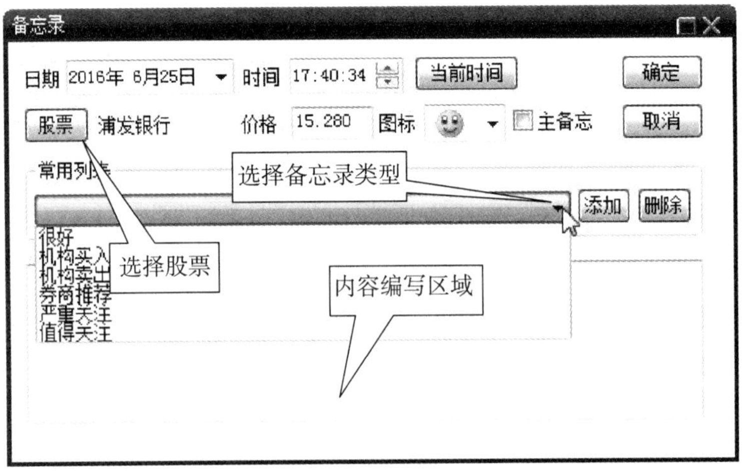

图 8－38　【备忘录】对话框

填写完成相应的信息，点击【确定】按钮，就可以在【浏览备忘录】对话框看到该备忘录了，如图 8－39 所示。

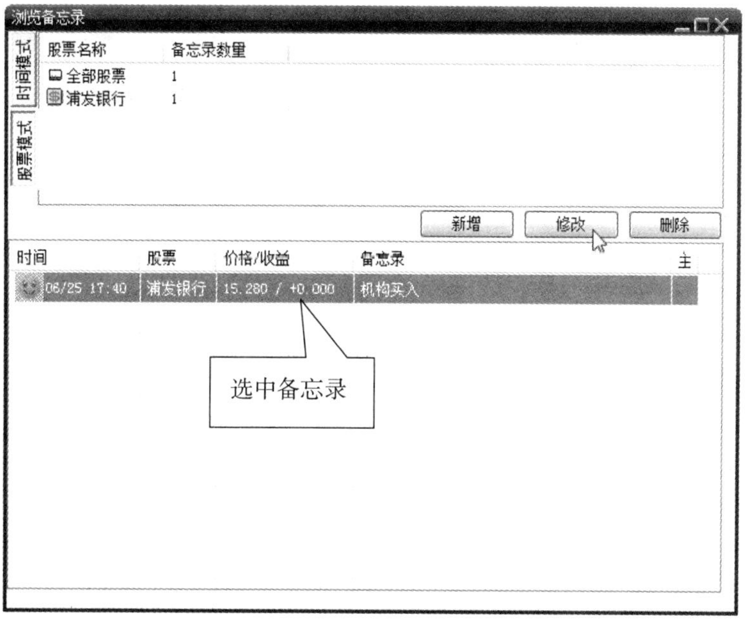

图 8－39　【备忘录】对话框

如果需要修改或删除备忘录，可以先用鼠标选中该“备忘录”，然后再点击【修改】或【删除】按钮即可，如图 8－39 所示。

8.12　优选交易系统

该功能旨在测试同一只股票在不同交易系统发出的交易信号的有效程度。系统可以自动测试之前某一时间段内同一只股票在两个或多个交易系统发出的交易信号的成功率，以供投资者参考。在个股【技术分析】页面，点击【菜单】按钮中的【工具】|【优选交易系统】，即可调出本功能，如图 8－40、图 8－41 所示。

优选交易系统的操作步骤如下。

（1）选择要测试的交易系统。投资者可以勾选拟测试的交易系统，或点击【交易系统全局优选】对话框下方的【全部选中】按钮，将交易系统全部选中，如图 8－42所示。

（2）设置测试时间段后，点击【开始测试】按钮，系统会自动给出测试结果，如图 8－43 所示。

8.13　指标排序

大智慧股票行情报价页面提供了【指标排序】功能（点击【股票】|【行情报价】中的【指标】选项卡），该功能的作用前面已经讲过（见第四章：行情报价

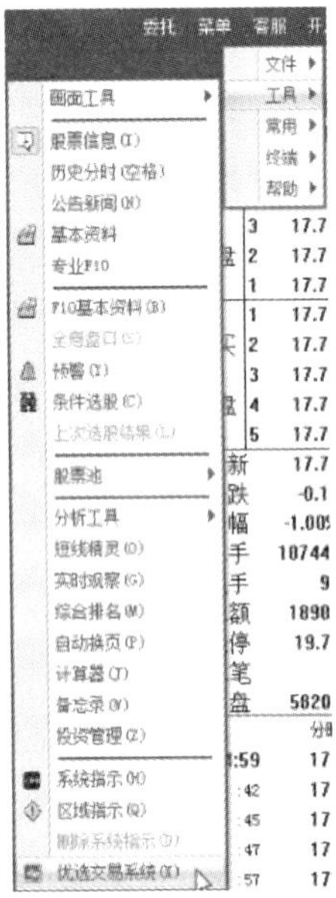

图 8-40 进入【优选交易系统】

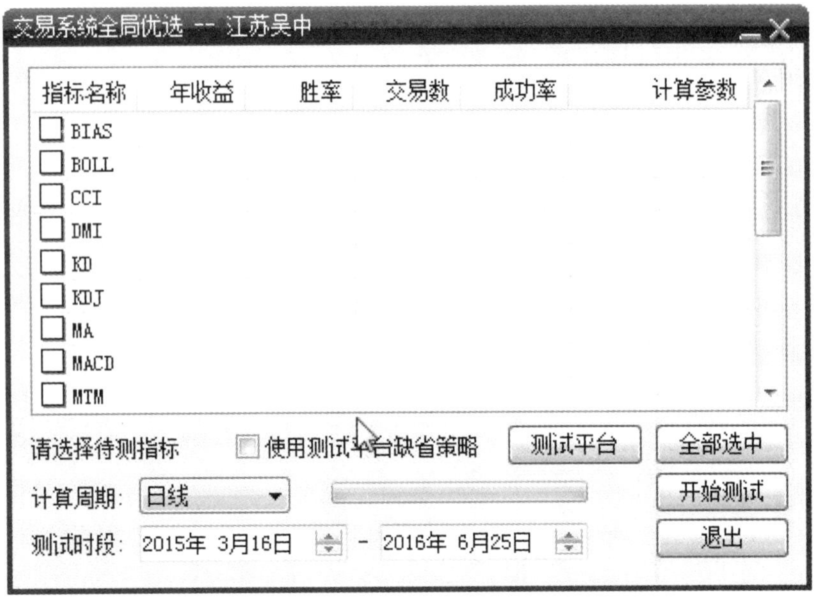

图 8-41 【交易系统全局优选】对话框

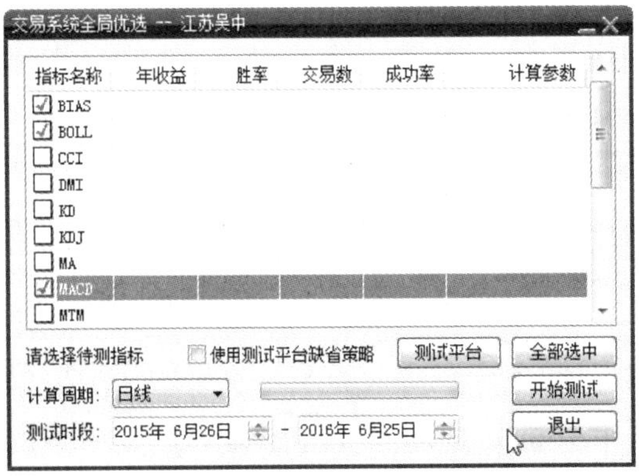

图 8-42 选择拟测试的交易系统

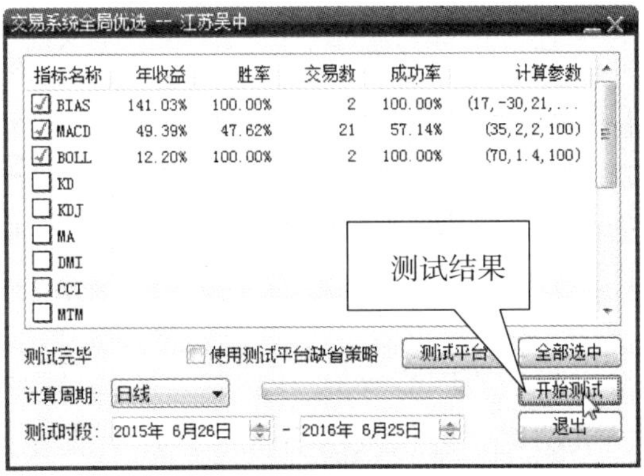

图 8-43 测试结果

| 指标)，这里不再赘述。投资者还可以根据个人偏好，重新选择技术指标并进行排序。

例如，在指标排序中加入“5 日 MA（移动均线）”的数值，具体操作步骤如下。

（1）在股票行情报价页面，点击大智慧【菜单】按钮中的【工具】|【指标排序】，即可调出【选择指标】对话框，如图 8-44、图 8-45 所示。

（2）在【选择指标】对话框中，找到“MA（移动均线）”选项，并选择“5 日均线”，如图 8-46 所示。

设置“5 日均线”时，先确认“分析周期”为“日线”，并在“指标线”选择框内选中“MA1”。

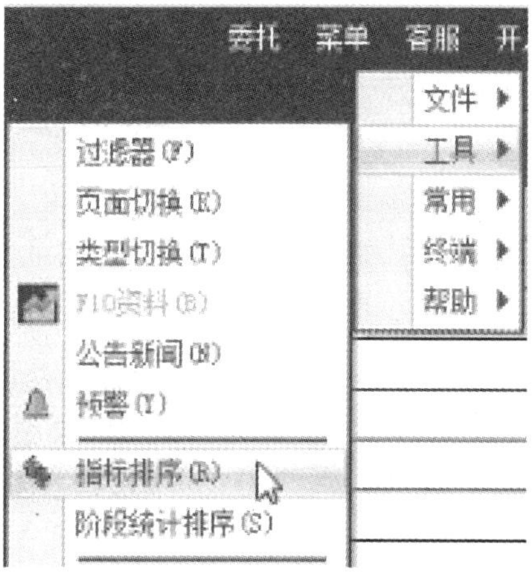

图 8-44　进入【指标排序】

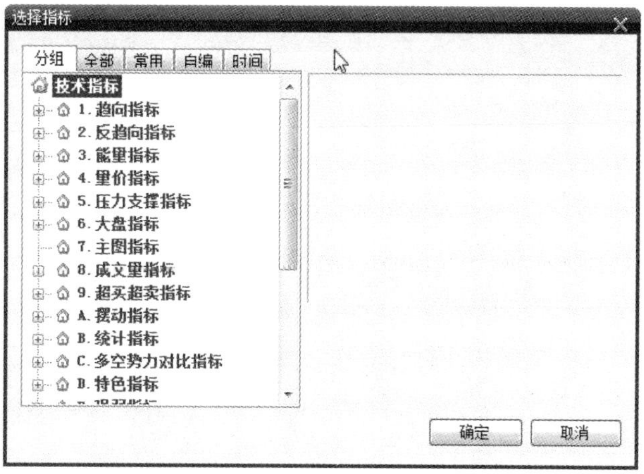

图 8-45　【选择指标】对话框

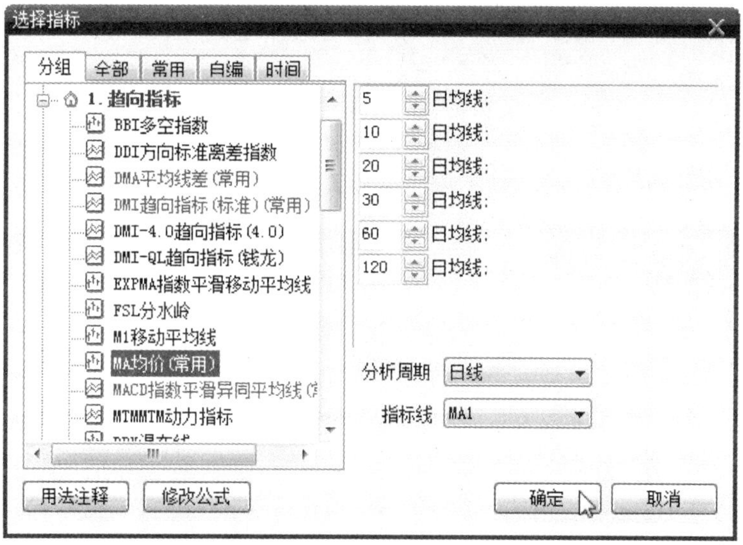

图 8-46　选择"5 日均线"

（3）点击【选择指标】对话框下方的【确定】按钮。此后，若投资者再次点击【股票】|【行情报价】中的【指标】选项卡，就可以看到新增的 MA 指标排序了，如图 8-47 所示。

8.14　阶段统计排序

【阶段统计排序】功能可以帮助投资者计算某一时间段内的股票涨幅、成交量、成交额、振幅等项目的排序情况。

阶段统计排序操作步骤如下。

第一步：在股票行情报价页面，点击大智慧【菜单】按钮中的【工具】|【阶

序号	代码	名称	MA↓	最新	涨幅	总手	BIAS	CCI	RSI	CR	PSY	MACD	KD	W&R
1	600519	贵州茅台	278.824		-0.06%	5111	7.664	242.207	64.885	194.907	50.000	1.106	63.289	5.334
2	300508	维宏股份	99.160			9028	76.954	240.205	84.543	412.398	91.667	15.457	91.310	3.574
3	002558	世纪游轮	28.130			3202	20.771	337.154	64.060	166.023	58.333	4.838	75.020	17.260
4	300512	中亚股份	90.780			23638		119.197	59.532		91.667	8.169	93.158	2.840
5	603508	思维列控	89.804			1921	24.821	250.948	64.139	204.204	75.000	2.316	55.446	5.240
6	603528	多伦科技	88.138	105.80	-1.09%	32302	46.598	266.440	76.390	458.062	66.667	0.019	61.595	8.704
7	002739	万达院线	80.664	73.41	1.05%	16390	-13.172	-128.166	36.969	50.121	50.000	1.088	51.529	87.746
8	603368	柳州医药	79.456	87.01	-0.19%	3831	13.645	209.964	64.808	183.124	66.667	1.157	63.360	4.842
9	603678	火炬电子	71.610	82.40	3.21%	3845	33.828	203.734	73.268	242.087	66.667	3.506	84.523	1.999
10	603729	龙韵股份	70.888	75.83	1.87%	3688	10.526	128.725	55.476	149.504	58.333	1.223	59.209	6.656
11	603918	金桥信息	67.656				20.896	78.719	57.599	109.867	66.667	3.601	83.673	11.158
12	603701	德宏股份	66.370	84.60	1.18%	31956	45.166	354.531	68.562	185.124	66.667	2.443	68.688	11.962
13	000028	国药一致	64.492	67.00	1.98%	7475	6.282	162.369	54.766	101.422	75.000	1.304	62.848	11.377
14	000025	特 力A	61.648	73.92	10.00%	92545	30.946	233.898	65.951	172.823	58.333	4.660	59.480	0.000
15	600259	广晟有色	61.024	56.20	0.45%	28354	-9.431	-182.370	48.803	129.255	50.000	-2.262	39.632	94.237
16	603636	南威软件	60.918	69.70	1.04%	9770	20.324	218.980	61.424	183.112	75.000	1.440	62.482	10.909
17	002594	比亚迪	59.780	59.17	-0.84%	10423	-0.290	-22.389	49.665	108.068	41.667	0.050	56.054	51.465
18	603798	康普顿	57.752	66.40	0.50%	13275	23.385	156.551	59.411	152.497	75.000	0.475	54.536	3.228
19	600419	天润乳业	56.618	54.03	-1.66%	4516	0.105	-127.384	56.016	121.384	33.333	-1.009	58.730	85.286
20	603600	永艺股份	56.574	59.64	-1.96%	12451	23.551	101.085	63.322	193.392	75.000	2.416	84.217	4.538
21	300073	当升科技	54.488	68.30	-3.94%	37157	40.046	361.953	72.404	203.778	50.000	2.110	60.966	10.292
22	300505	川金诺	52.964	61.05	1.92%	15025	37.181	188.676	67.705	159.618	83.333	3.221	85.046	2.414
23	603318	派思股份	50.474	55.18	0.31%	13506	15.317	184.922	57.619	150.452	41.667	0.915	55.385	11.716
24	601021	春秋航空	50.308	49.50	-0.52%	2261	0.044	-5.469	50.209	91.621	58.333	0.129	56.684	52.340
25	603988	中电电机	50.054	52.02	0.29%	3740	5.965	66.983	49.876	77.710	83.333	0.920	48.363	40.951

图 8－47　MA 指标排序

段统计排序】，可以调出【阶段统计】对话框，如图 8－48、图 8－49 所示。

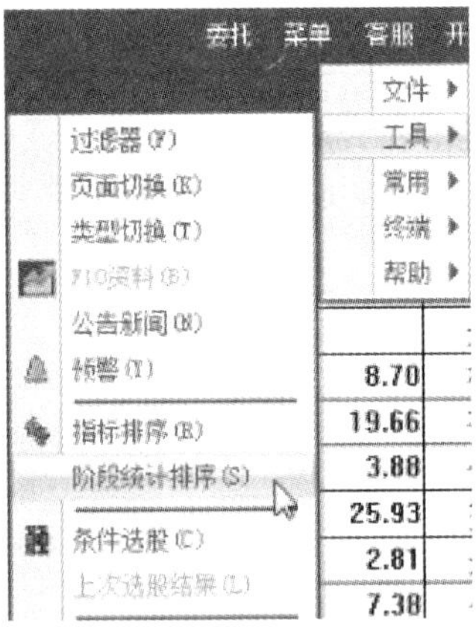

图 8－48　进入【阶段统计】

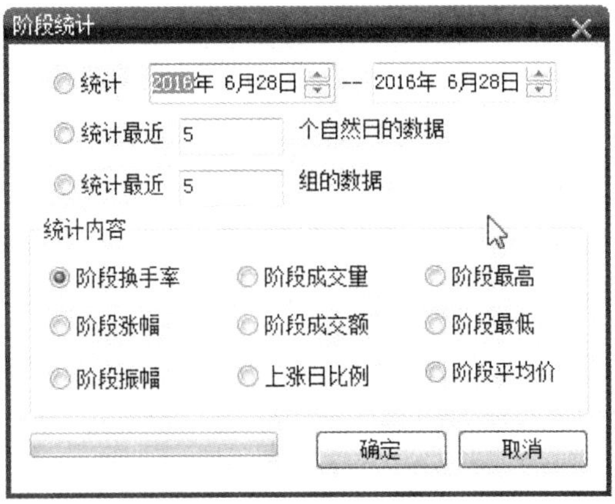

图 8－49　【阶段统计】对话框

第二步：设置阶段统计项目。具体包括以下几个方面。

（1）统计时间范围。可以设置具体的时间段，也可以设置“最近 5 日”。例如，选择“2016. 4. 28—2016. 6. 28”。

（2）统计内容。可以从众多统计项目中选择一项。例如，选择“阶段涨幅”，并点击【确定】按钮，系统会自动生成新的股票排序页面，如图 8－50 所示。

序号	代码	阶段涨幅↓	今开	名称	最新	涨幅	涨跌	换手率	现手	总额	昨收	今开	最高	最低	涨速	买一价	卖一价
1	603528	672.96%	[illegible]	多伦科技	105.20	-1.65%	-1.77		5	63892	106.97	105.01	108.95	104.20	-0.15%	105.20	105.39
2	603779	546.39%	[illegible]	[illegible]	42.92	4.12%	+1.70		103	34774	41.22	41.25	43.00	40.58	0.87%	42.90	42.94
3	002800	511.99%	[illegible]	[illegible]	67.87	10.00%	+6.17		2350	1595	61.70	67.87	67.87	67.87		67.87	
4	300513	511.49%	[illegible]	[illegible]	103.28	10.00%	+9.39		861	890	93.89	103.28	103.28	103.28		103.28	
5	002798	490.93%	[illegible]	[illegible]	89.94	6.78%	+5.71		272	42069	84.23	84.00	89.95	82.80	2.38%	89.85	89.94
6	603959	394.01%	[illegible]	[illegible]	42.88	4.41%	+1.81		37	40008	41.07	41.19	43.96	40.81	0.94%	42.85	42.86
7	300508	384.91%	244.00	维宏股份	248.42	2.34%	+5.68	12.29%	5	35745	242.74	244.00	252.58	241.00	1.12%	248.42	249.00
8	601611	280.40%	19.02	中国核建	19.02	10.01%	+1.73		1	7567	17.29	19.02	19.02	19.02		19.02	
9	603339	272.87%	53.40	四方冷链	54.70	2.19%	+1.17		26	53731	53.53	53.40	55.98	52.72	1.26%	54.70	54.73
10	300340	269.72%	85.92	科恒股份	90.35	6.37%	+5.41	7.99%	3	55197	84.94	85.92	90.80	85.92	1.18%	90.31	90.32
11	603029	251.24%	45.35	天鹅股份	45.17	-1.38%	-0.63		73	13718	45.80	45.35	46.60	44.72		45.16	45.17
12	603131	245.22%	50.16	上海沪工	50.16	10.00%	+4.56		750	301	45.00	50.16	50.16	50.16		50.16	
13	300512	237.76%	99.00	中亚股份	101.70	0.41%	+0.42		89	44822	101.28	99.00	103.80	98.00	1.29%	101.68	101.70
14	002797	155.35%	37.98	第一创业	39.12	3.14%	+1.19		29	131540	37.93	37.98	39.88	37.62	0.08%	39.12	39.14
15	603101	136.49%	29.50	汇嘉时代	30.01	1.45%	+0.43		16	16559	29.58	29.50	30.19	29.22	0.03%	29.99	30.01
16	603726	107.89%	51.50	朗迪集团	51.41	-1.02%	-0.53	10.55%	9	12902	51.94	51.50	52.45	50.86	0.45%	51.44	51.46
17	600870	102.10%	10.45	厦华电子	10.52	-0.85%	-0.09	1.98%	69	10857	10.61	10.45	10.72	10.37	0.29%	10.52	10.53
18	603799	88.18%	37.77	华友钴业	37.14	-2.77%	-1.06	4.17%	365	41496	38.20	37.77	38.64	37.00	-0.43%	37.27	37.28
19	300073	75.94%	70.20	当升科技	68.02	-4.33%	-3.08	5.27%	3	57557	71.10	70.20	70.84	67.00	-0.15%	68.00	68.02
20	600459	69.75%	30.70	贵研铂业	29.22	-1.72%	-0.51	6.70%	3	52444	29.73	30.70	31.16	28.56	0.24%	29.13	29.20
21	600707	57.38%	12.35	彩虹股份	12.18	-0.90%	-0.11	2.40%	108	21679	12.29	12.35	12.50	12.08	0.08%	12.18	12.19
22	603701	54.40%	85.88	德宏股份	85.63	2.42%	+2.02	24.33%	30	41050	83.61	85.88	88.88	83.22	0.53%	85.62	85.63
23	600639	54.37%	25.40	浦东金桥	25.68	-1.23%	-0.32	4.02%	78	68173	26.00	25.40	26.52	25.25	-0.16%	25.67	25.68
24	603678	44.72%	79.21	火炬电子	81.80	2.45%	+1.96	1.35%	5913	8938	79.84	79.21	83.78	78.77	-0.34%	81.85	81.99
25	300505	43.92%	59.18	川金诺	65.41	9.20%	+5.51	19.68%	120	28360	59.90	59.18	65.65	59.15	3.33%	65.21	65.41

图 8－50　阶段涨幅排名

第九章

系统管理工具

系统管理工具可以帮助投资者对大智慧软件提供的公式、数据以及画线工具进行管理。

9.1 公式管理

本功能可以帮助投资者对大智慧软件提供的各类公式进行管理，包括修改、新建以及归类整理等。点击【菜单】按钮中的【终端】|【公式管理】，可以看到本功能及子功能项，如图 9－1 所示。

9.1.1 公式管理

【公式管理】功能将大智慧软件提供的数量众多的各类公式做了系统化的梳理和归类整理，尤其还单列了常用公式和用户自编公式两类。通常情况下，投资者在看盘过程中点击鼠标右键时，快捷菜单中会给出一个“常用指标”选项。借助这一选项，投资者可以将常用指标中涵盖的指标轻松加入分析界面。不过，常用指标只是大智慧系统提供的众多指标中的一小部分，投资者要想将不常用的指标加入常用指标系统，可以执行如下操作。

点击【菜单】按钮中的【终端】|【公式管理】|【公式管理】调出【公式管理器】，如图 9－2 所示。

在指标选择框内，选中拟设为常用的指标，然后点击右侧的【常用】按钮。若该指标名称后面出现“（常用）”字样，则表示已经成功设置为常用指标了。

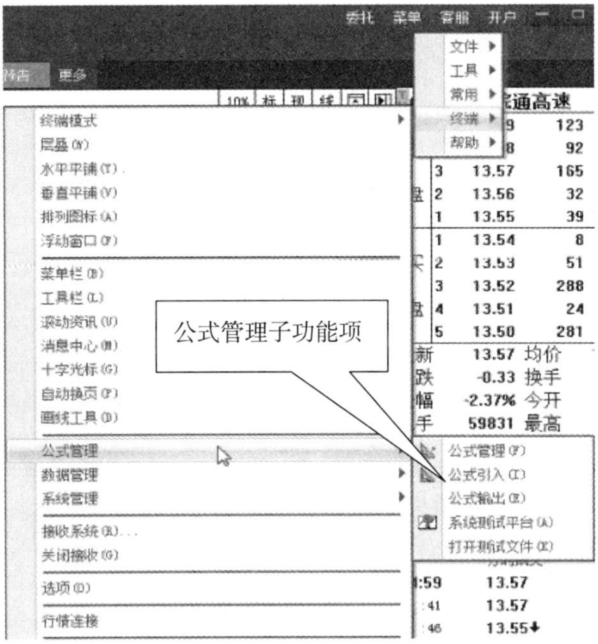

图 9－1　进入【公式管理】

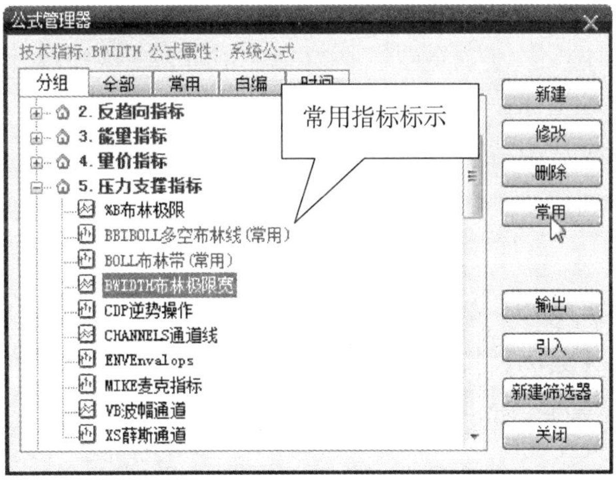

图 9－2　【公式管理器】对话框

若想将某个指标从常用指标中移除，也需要先选中该指标，然后点击右侧【常用】按钮。若该指标名称后面的“（常用）”字样消失，则表示已经成功取消常用设置了。

9.1.2　公式引入与输出

1. 公式引入

公式引入可以按照以下步骤执行。

第一步：点击【菜单】按钮中的【终端】|【公式管理】|【公式引入】，调出【公式引入】对话框，如图 9－3 所示。

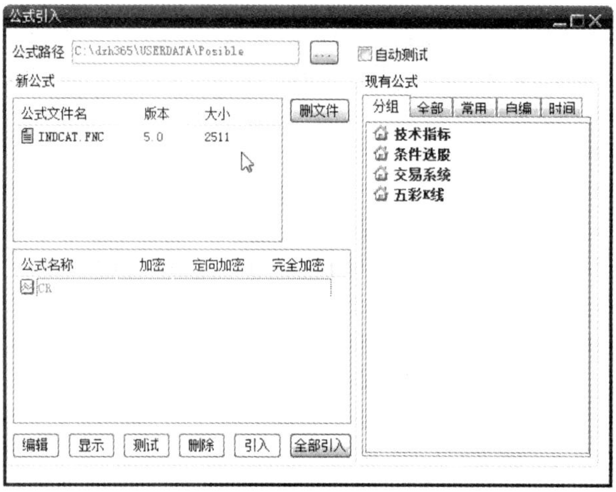

图 9-3　【公式引入】对话框

第二步：选择“公式路径”。若系统自动给出的路径并不是存储公式的路径，可以点击“公式路径”后的...图标，重新选择路径。

第三步：若公式存储的文件夹内还有其他无用的文件，可用鼠标选中这些文件，点击右侧的【删文件】按钮将其删除。

第四步：用鼠标选中待引入的公式后，点击【公式引入】对话框底部的【显示】按钮，会看到该指标在分时图或 K 线图上的走势形态。

第五步：用鼠标选中待引入的公式后，点击【公式引入】对话框底部的【引入】按钮，将会看到该公式已经被加入到右侧的“现有公式”框。

2. 公式输出

公式输出可以按照以下步骤执行。

第一步：点击【菜单】按钮中的【终端】|【公式管理】|【公式输出】，调出【公式输出】对话框，如图 9-4 所示。

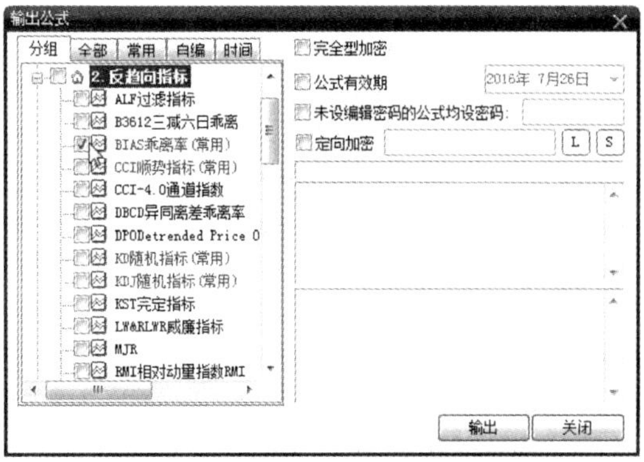

图 9-4　【输出公式】对话框

图 9-5　公式保存路径

第二步：勾选将要输出的公式。图 9－4 中勾选了“BIAS 乖离率（常用）”指标。

第三步：点击【公式输出】对话框底部的【输出】按钮，系统将会弹出一个公式输出路径，如图 9－5 所示。在输出公式时，可以对拟输出的公式加密或设置有效期，这样再次编辑或使用这些公式时，将会受到一定的限制。

9.1.3 系统测试平台

系统测试，就是用历史数据来验证投资方法的正确性。系统测试平台将历史上所有满足买入或卖出条件的位置找出来，计算每一次交易的收益，从而得到采用该投资方法可以得到的准确收益。通过系统测试平台，投资者可以分析每种交易信号的准确性和获利情况。这样一些准确性较高、获利情况良好的信号，就可以作为自己未来设计交易系统的基础和依据。

点击【菜单】按钮中的【终端】|【公式管理】|【系统测试平台】，可以调出【系统测试平台】对话框。

系统测试平台的操作步骤如下。

第一步：选择分析方法。选择分析方法，是进入系统测试平台的首项任务。投资者需要借助本操作确定拟测试的分析方法，如图 9－6 所示。

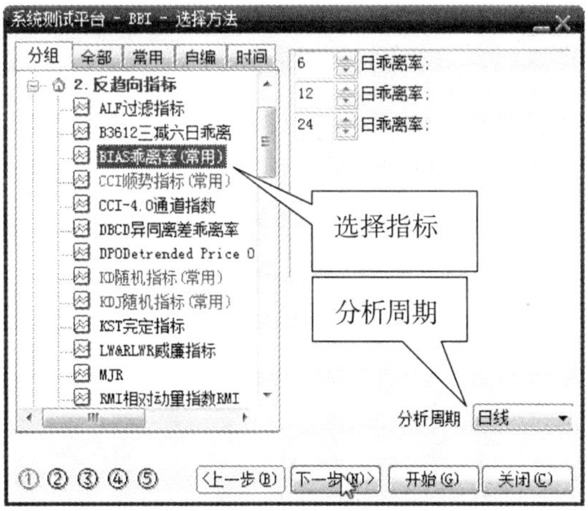

图 9－6 选择分析方法

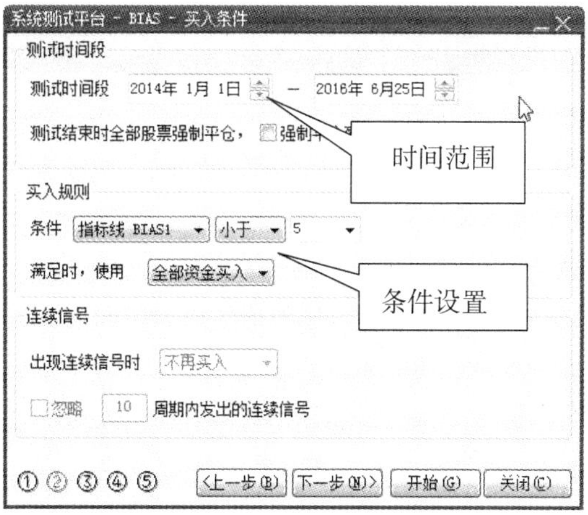

图 9－7 设置条件及时间范围

选定分析方法后，投资者可以就技术指标的参数进行调整，并确认“分析周期”。例如，图 9－6 选中的是“BIAS 乖离率”分析方法以及“日线”这一分析周期。

第二步：设置买入条件及时间范围。

点击【系统测试平台】对话框底部的【下一步】按钮，就进入了“买入条件”

设置选项，如图 9－7 所示。具体设置项目包括以下几项。

（1）测试时间段：尽量选择较长的时间段。若时间段过短，可供测试的样本就会存在太少的可能。

（2）买入规则：系统会给出一个默认的买入条件，投资者也可以适当调整。

（3）仓位控制：点击【全部资金投入】下拉菜单，将会看到“满足条件时，需要投入多少仓位”。若单纯出于测试分析方法的考虑，可对仓位选择项目不作调整。

第三步：设置卖出条件。

点击【系统测试平台】对话框底部的【下一步】按钮，就进入了“卖出条件”设置选项，如图 9－8 所示。

投资者可以通过勾选相应的条件设置平仓条件。

第四步：设置“市场模型”。

点击【系统测试平台】对话框底部的【下一步】按钮，就进入了“市场模型”设置选项，如图 9－9 所示。具体设置项目包括以下两个。

（1）测试模式：选择“单股票测试”还是“全市场测试”。单股票测试，指每个股票账户支持买入一只股票。全市场测试，则是同一账户同时跟踪市场全部股票发出的买入信号，并按照信号发出的先后顺序买入股票。如无特殊需要，选择单只股票测试就能满足测试要求。

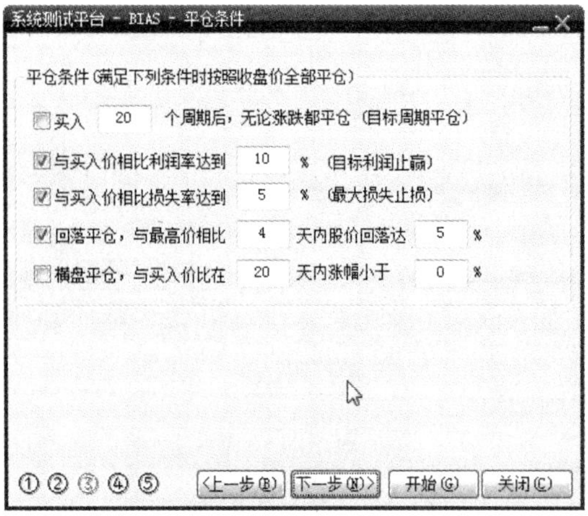

图 9－8　平仓条件

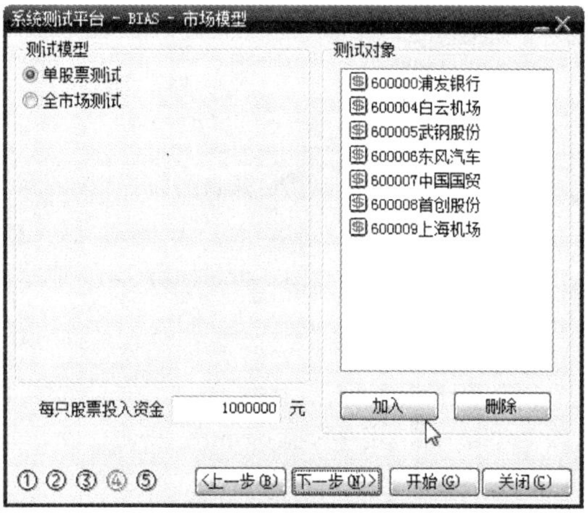

图 9－9　市场模型

（2）测试对象：通过【加入】和【删除】按钮，可以适当增减测试股票的数量。

第五步：启动测试。

点击【系统测试平台】对话框底部的【开始】按钮，系统将会自动完成测试，并给出测试报告，如图9－10所示。

如需保存测试结果，可以点击【系统评价】对话框顶部的【保存】按钮。以后投资者若需要查看测试数据，直接点击【菜单】按钮中的【终端】|【公式管理】|【打开测试文件】即可。

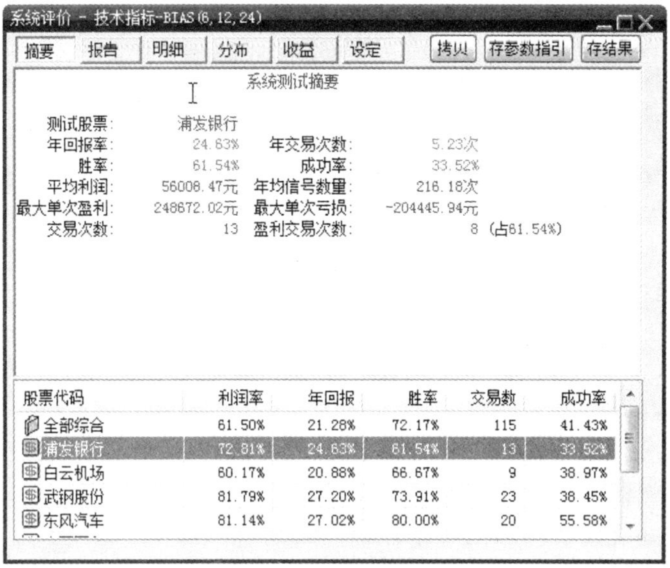

图9－10　系统评价

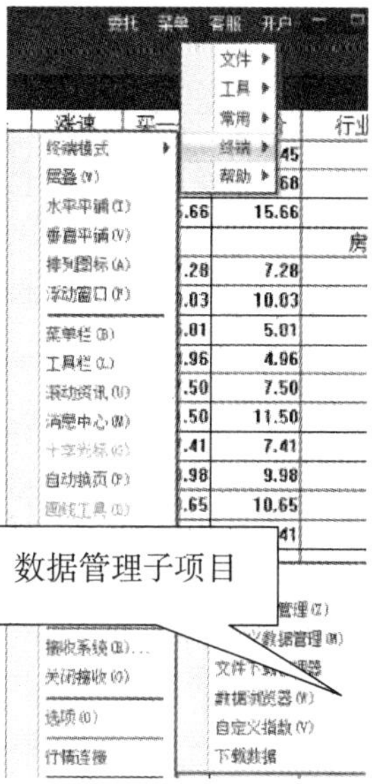

图9－11　【终端】|【数据管理】

9.2　数据管理

大智慧数据管理功能涵盖基本数据管理、扩展数据管理、自定义数据管理、文件下载管理器等项功能。点击【菜单】按钮中的【终端】|【数据管理】，可以看到本功能及子功能项，如图9－11所示。

9.2.1　数据管理

大智慧数据管理功能包括执行收盘作业、维护系统股票代码名称对照表、取补历史数据、手工编辑除权数据、引入除权文件和财务数据文件、历史数据清理等。点击【菜单】按钮中的【终端】|【数据管理】|【数据管理】，即可调出本功能，如图9－12、图9－13所示。

1. 收盘清盘

【收盘清盘】是【数据管理中心】默认的首项子功能，如图9－13所示。该功能主要用于执行收盘清盘数据。每个交易日收盘后，应及时执行收盘清盘操作，将行情信息存入数据库。

投资者可以执行的操作包括以下几项。

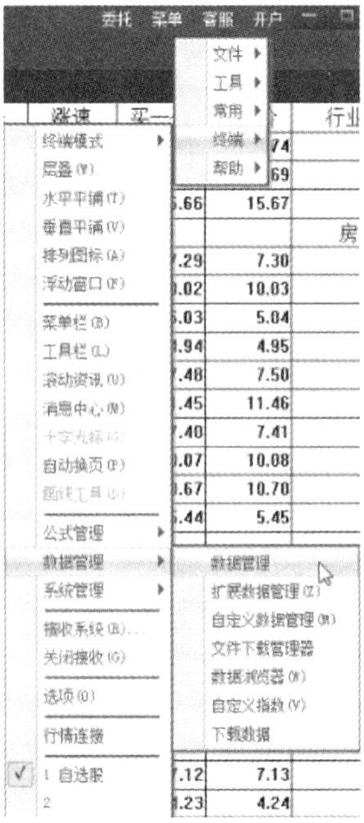

图 9－12 【终端】｜【数据管理】｜【数据管理】

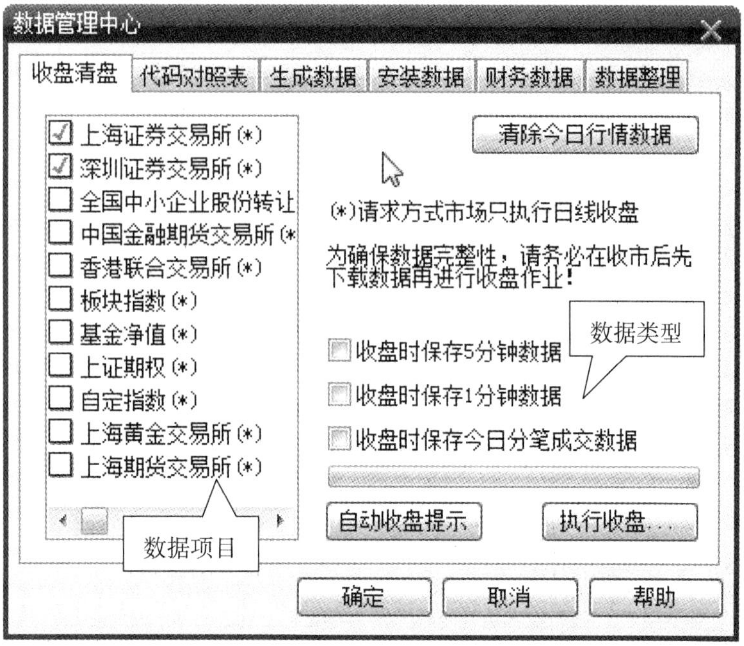

图 9－13 数据管理中心

（1）确定数据项目。投资者可以勾选所需下载的数据项目。为了减少数据量，普通股票投资者只需勾选“上海证券交易所”和“深圳证券交易所”项目即可。

（2）确定数据类型。相比“5 分钟数据”和“1 分钟数据”，“分时数据”更加精细，但需要存储的数据量也非常庞大。投资者可以根据自己的偏好，决定是否下载这几种类型的数据。

（3）清除当日行情数据。若当日行情数据中出现错误或缺失，可以直接点击【清除当日行情数据】，然后再点击【执行收盘】。

2. 代码对照表

点击【数据管理中心】对话框中的【代码对照表】选项卡，可以查看、引用或导出股票代码数据，如图 9－14 所示。

点击【引入代码对照表】或【输出代码对照表】按钮，可以从先前的存储文件中引入股票代码或导出股票代码。正常情况下，若股票代码有变化，如新股票上市或股票退市等，系统会自动更新股票代码相关信息。投资者若发现股票代码未及时更新，或股票代码存在错误，可以点击【新增】【删除】或【编辑】按钮，重新整理股票代码信息。

3. 生成数据

点击【数据管理中心】对话框中的【生成数据】选项卡，点击【执行生成】按钮可生成数据，并将其存储到指定路径，以供脱机使用，如图 9－15 所示。

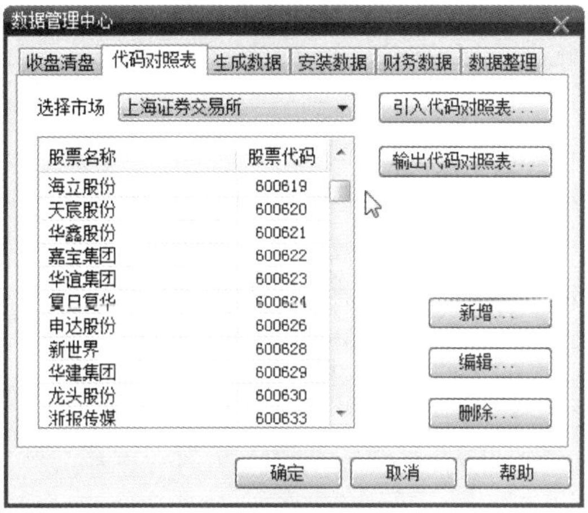

图 9－14【代码对照表】

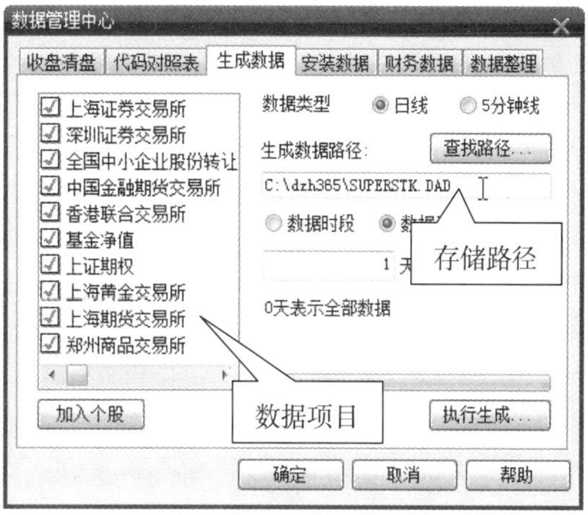

图 9－15　【生成数据】

生成数据可执行的操作包括以下几项。

（1）确定数据项目。投资者可勾选所需生成数据的项目。系统给出的是整个市场的数据，若投资者只需个别股票的数据，则可点击底部的【加入个股】按钮，将所需的股票加入选择框即可。

（2）确定数据类型。系统默认存储的是日线数据，若需要 5 分钟数据，则点击选中“5 分钟线”。

（3）存储路径。系统会给出一个数据存储路径，投资者也可点击【查找路径】按钮，重新选择路径。

（4）数据保存天数。选择生成数据的天数，也可以指定起止日期选择时段。

4. 安装数据

安装数据，是指从系统外部将数据导入本系统之中。当系统缺失某一部分数据时，可以执行本操作，如图 9－16 所示。

确定数据存储路径后，可就数据安装方式进行选择。

（1）覆盖方式安装，即新数据完全覆盖原数据。

（2）补充方式安装，即新数据只是补足原数据缺失的部分。

（3）时段方式安装，即只覆盖某一时段的原数据。

5. 财务数据

财务数据管理功能，是指系统自动对除权股票的相关财务信息进行更新，如图 9－17 所示。

大智慧系统支持手工修改除权数据。选择股票后，点击【新增】【修改】或【删除】按钮，即可对除权数据进行修改。

当然，投资者也可以将除权后的财务数据导出到指定文件，或从系统外部将相

图 9－16　【安装数据】

图 9－17　【财务数据】

关数据引入系统，点击【除权输出】或【除权引入】按钮即可。

6. 整理数据

数据整理是对接收到的有问题的数据进行修正的工具。投资者若发现大智慧系统中存在数据错位、价格小于 0 等错误时，可以启用【数据整理】功能，如图 9－18所示。

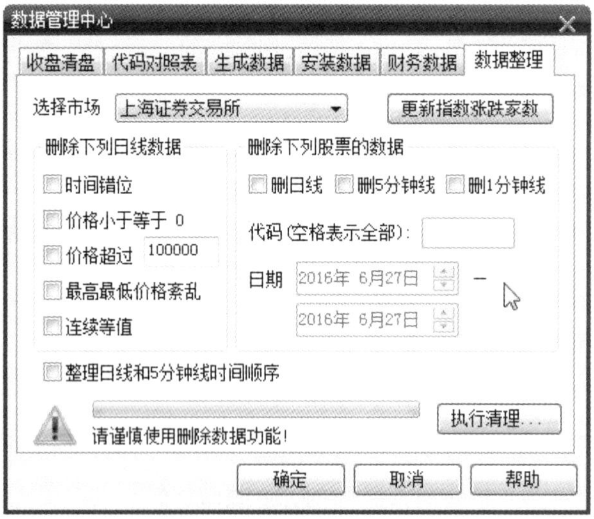

图 9－18　【数据整理】对话框

使用【数据整理】功能时，需要注意一点：“删除 5 分钟线” 和 “删除 1 分钟线” 功能应尽量避免使用。一旦删除这些数据，系统很难再恢复。

9.2.2　扩展数据管理

系统默认的保存数据类型包括每日的开盘价、收盘价、最高价和最低价。若需要保存更多的交易细节数据，则可以考虑通过设置扩展数据管理来实现。大智慧软件是借助技术指标来保存扩展数据的。例如，投资者可以使用“每分钟成交笔数”这一指标，来保存这些“1 分钟成交笔数”数据，具体操作步骤如下。

（1）点击【菜单】按钮中的【终端】｜【数据管理】｜【扩展数据管理】，可以调出本功能，如图 9－19、图 9－20 所示。

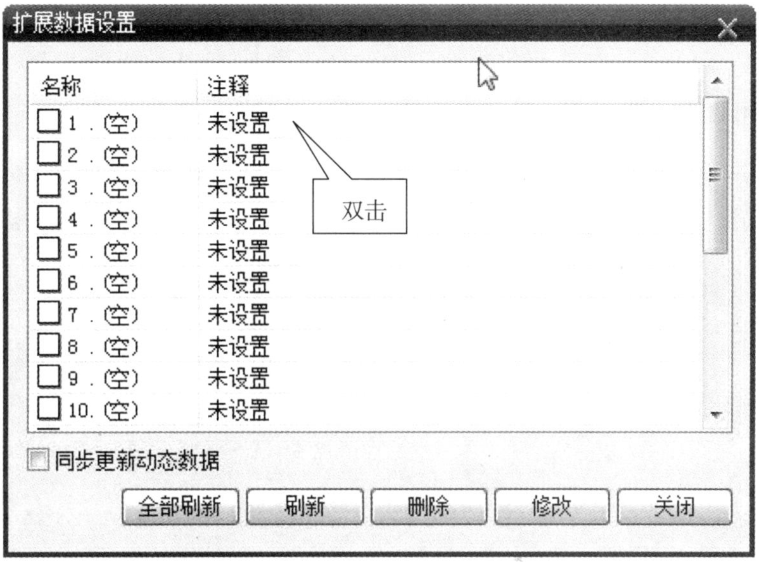

图 9－19【终端】｜【数据管理】｜【扩展数据管理】　　图 9－20　【扩展数据管理】

（2）双击【扩展数据管理】对话框中的“未设置”项目，会自动弹出【扩展数据属性】对话框。在对话框内选中“成交笔数”，然后在右侧计算周期框选中“1 分钟”，如图 9－21 所示。

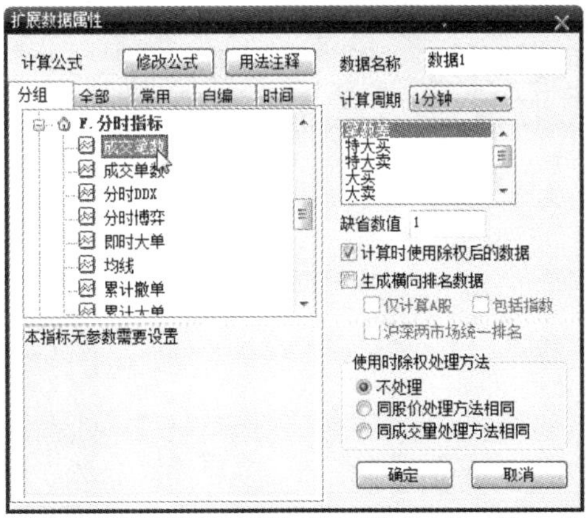

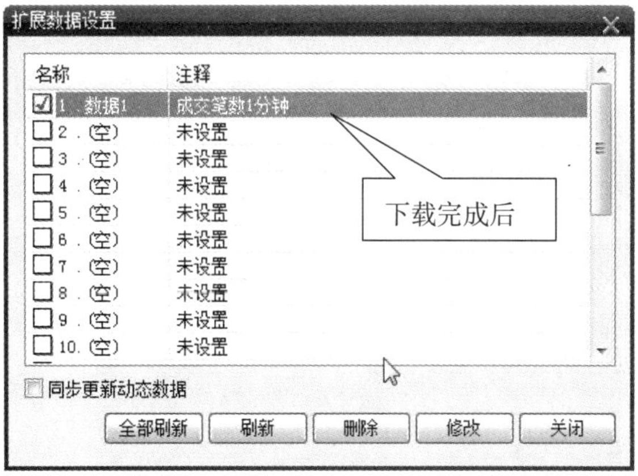

图 9－21　【扩展数据属性】对话框　　　　图 9－22　【扩展数据属性】对话框

（3）点击【确定】按钮，系统将自动下载相关数据，如图 9－22 所示。

（4）扩展数据使用。投资者在编写公式时，若需要引用到扩展数据，只需写入“EXTDATA（N）”N=1？11，用于指明引用第几组扩展数据。

9.2.3 自定义数据管理

自定义数据管理可以根据投资者的需求，将无法直接调用的数据重新采集、整理，形成新的可及时调用的数据。F10 功能下的很多数据，都可以借助本功能进行收集和整理，具体步骤如下。

（1）点击【菜单】按钮中的【终端】|【数据管理】|【自定义数据管理】，可以调出本功能，如图 9-23、图 9-24 所示。

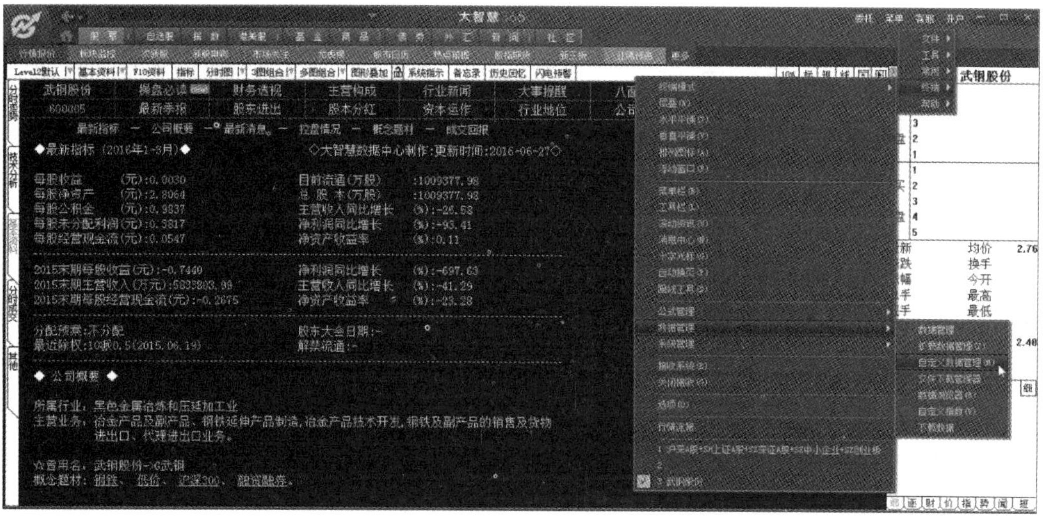

图 9-23 【终端】|【数据管理】|【自定义数据管理】

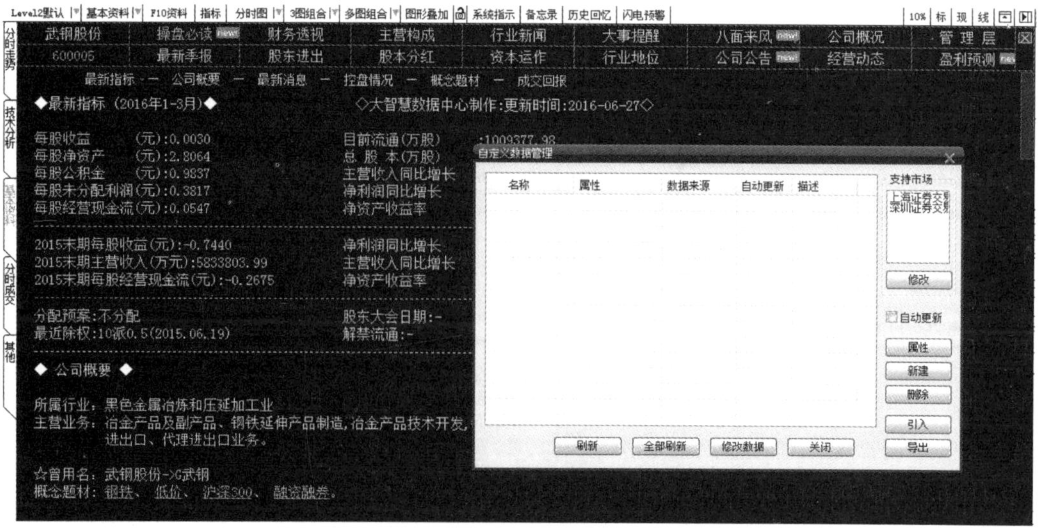

图 9-24 【自定义数据管理】对话框

（2）点击【自定义数据管理】对话框中的【新建】按钮，会弹出【新建自定义数据】对话框，如图 9－25 所示。

在【新建自定义数据】对话框内，需要给定拟新建数据的名称和数据属性。系统给出的数据属性包括单值数值、单值字符串、股票相关序列值和股票无关序列值等。若属性为单值数值或单值字符串，则需要自己输入相关数据。若属性为后两类，则可通过技术指标自动完成数据更新操作。例如，选择“股票相关序列值”后，选择“与指标相关”并点击【指标】按钮。

（3）点击【指标】按钮后，会弹出【自定义数据属性】对话框，此时可再次点击【指标】按钮，选择所需的技术指标，如图 9－26 所示。

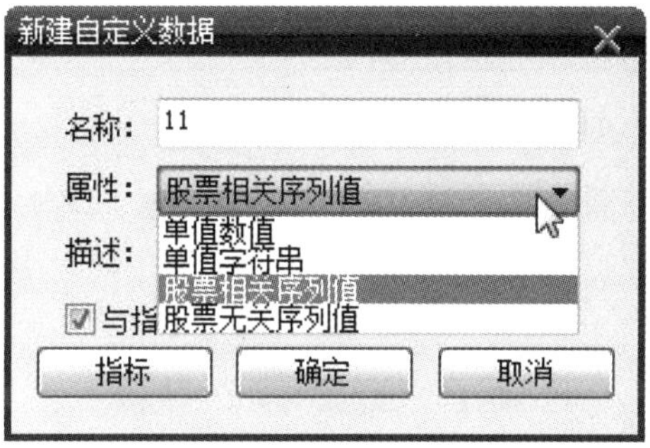

图 9－25 【新建自定义数据】

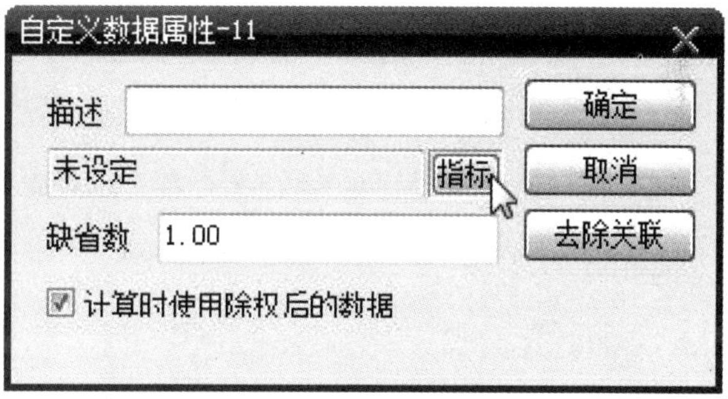

图 9－26 【自定义数据属性】

（4）再次点击【指标】按钮后，会弹出【选择指标】对话框，可从中选择新建数据所需的指标，如图 9－27 所示。

（5）点击【确定】按钮后，将退回至【新建自定义数据】对话框。再次点击【确定】按钮后，将退回至【自定义数据管理】对话框。再次点击【确定】按钮后，完成自定义数据新建，如图 9－28 所示。

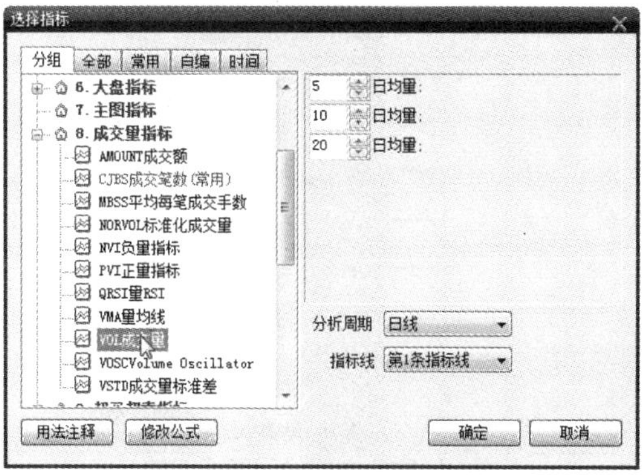

图 9－27 【选择指标】

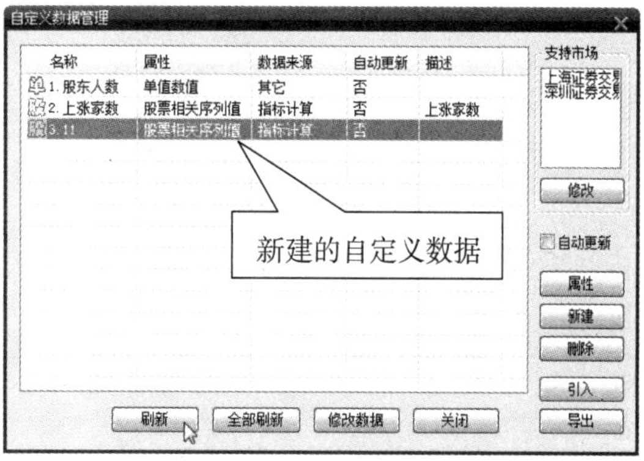

图 9－28 【自定义数据管理】

（6）选中新建的数据，点击底部【刷新】按钮，系统将提示更新数据的方式，如图 9－29 所示。

（7）确定数据更新方式后，点击【确定】按钮，系统将自动完成数据更新，如图 9－30 所示。

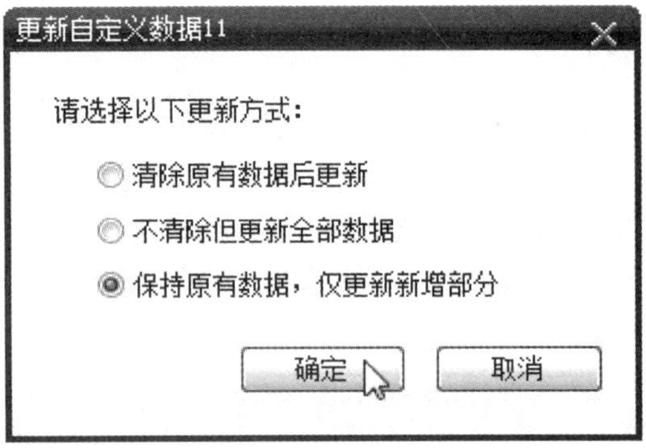

图 9－29【更新数据的方式】

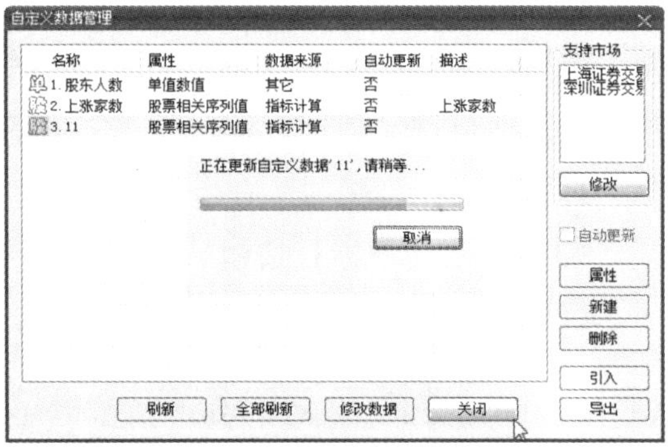

图 9－30　【自定义数据管理】

此后，投资者可以根据个人需要，选择是否需要执行修改数据或导出数据等操作。自定义数据的引用方式为：selfdata（″）和 selfstring（″）。

9.3　画线工具

该功能是投资者进行技术分析时所需的重要辅助工具。在分时走势图界面或 K 线图界面，点击【菜单】按钮中的【终端】｜【画线工具】可以调出本功能，或者直接点击大智慧界面右上角的【线】按钮调出该功能，如图 9－31、图 9－32 所示。

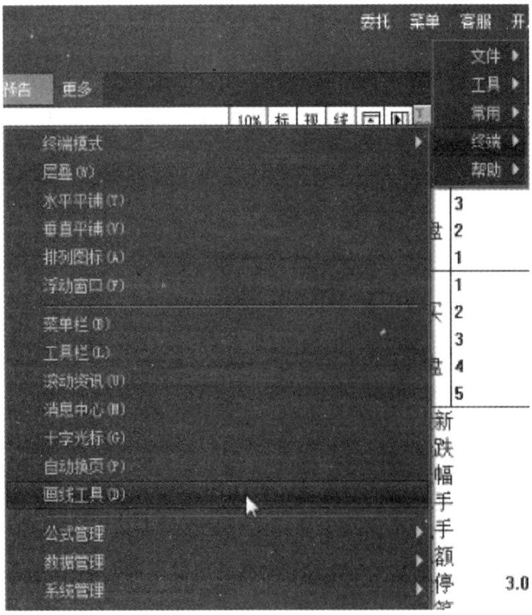

图 9－31【终端】｜【画线工具】

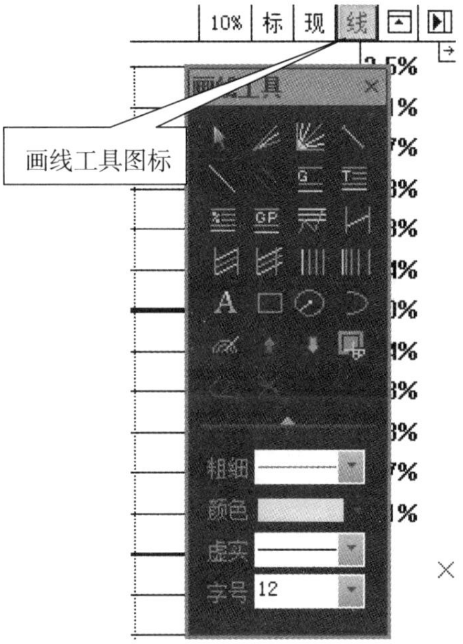

图 9－32　画线工具

需要应用哪种画线工具，只需用鼠标点击该工具，然后将鼠标移到将要画线的区域即可。各种画线工具的实战技法，将在后面进行详细介绍，这里重点介绍一下【画线工具】的设置功能。

9.3.1　画线工具的调用

若想使用某一种画线工具，只需点击【画线工具】中相应的图标，并在所要操作的界面使用该工具即可。例如，使用趋势线工具的操作步骤如下。

（1）打开所需操作的 K 线图界面，如图 9－33 所示。

图 9－33　画线工具操作界面

（2）点击【终端】｜【画线工具】或顶部工具栏的【线】按钮，调出【画线工具栏】，并点击“趋势线”图标，如图 9－34 所示。

（3）回到要画线的界面，按照趋势线的画法绘制出一条趋势线，如图 9－35 所示。

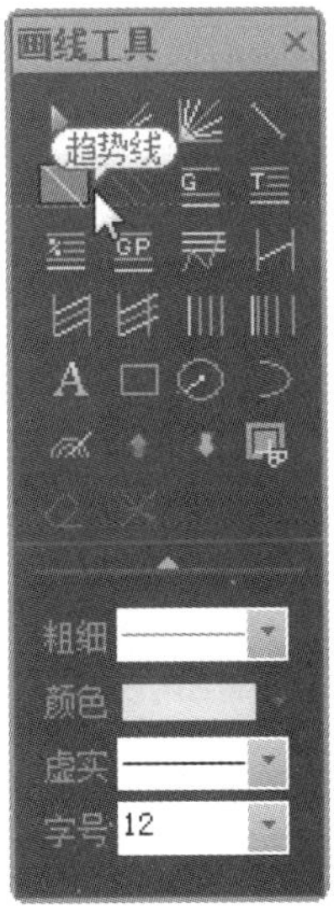

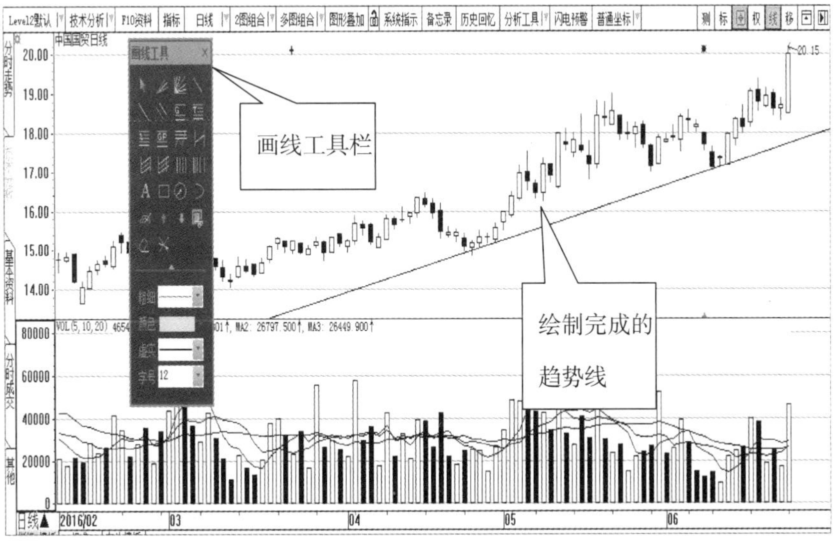

图 9－34　选择画线工具中的“趋势线”　　　　图 9－35　完成画线操作

9.3.2 在画线界面标注文字

在画线界面添加文字的操作步骤如下。

（1）点击【画线工具栏】中的文字图标，如图 9－36 所示。

（2）回到要画线的界面，将书写符号放置在需要输入文字的地方，如图 9－37 所示。

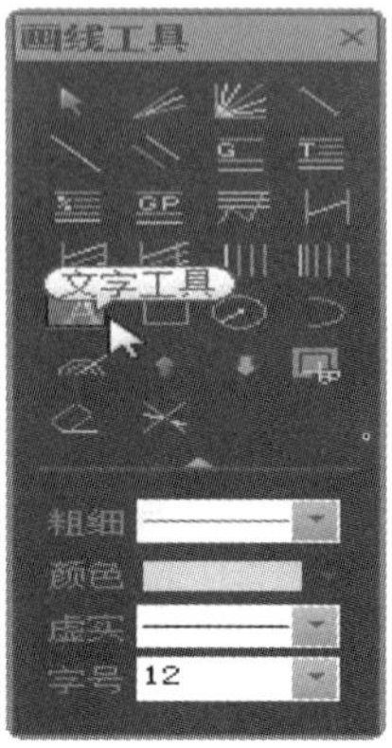

图 9－36　选择画线工具中的“文字”

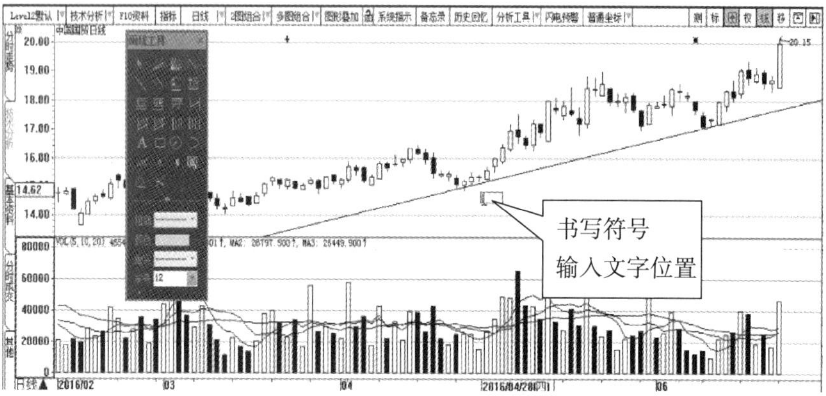

图 9－37　选好文字输入位置

（3）直接在书写框内输入文字即可，如图 9－38 所示。

（4）点击鼠标右键，还可以对文字进行编辑、删除、隐藏等操作，如图 9－39 所示。

图 9－38　输入文字

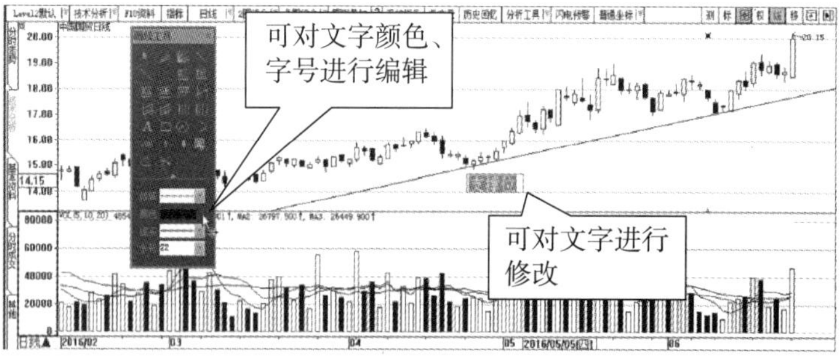

图 9－39　文字编辑

9.4　界面风格设置

大智慧系统支持投资者对界面风格进行调整，具体调整项目包括字体颜色、大小、背景、板块设置、系统参数、快捷键等。点击【菜单】按钮中的【终端】|【选项】，可以调出本功能，如图 9－40、图 9－41 所示。

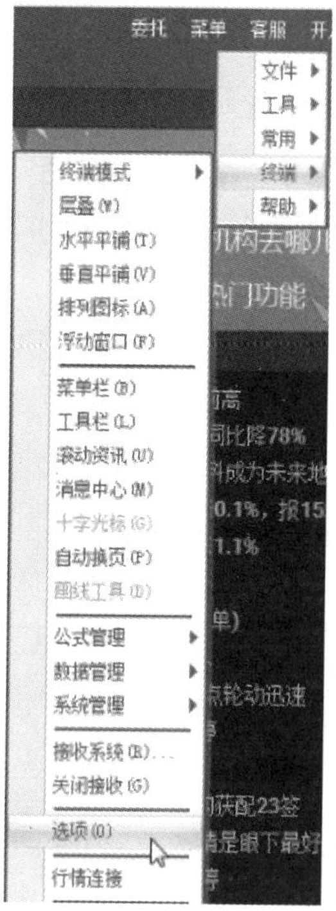

图 9－40 【终端】|【选项】

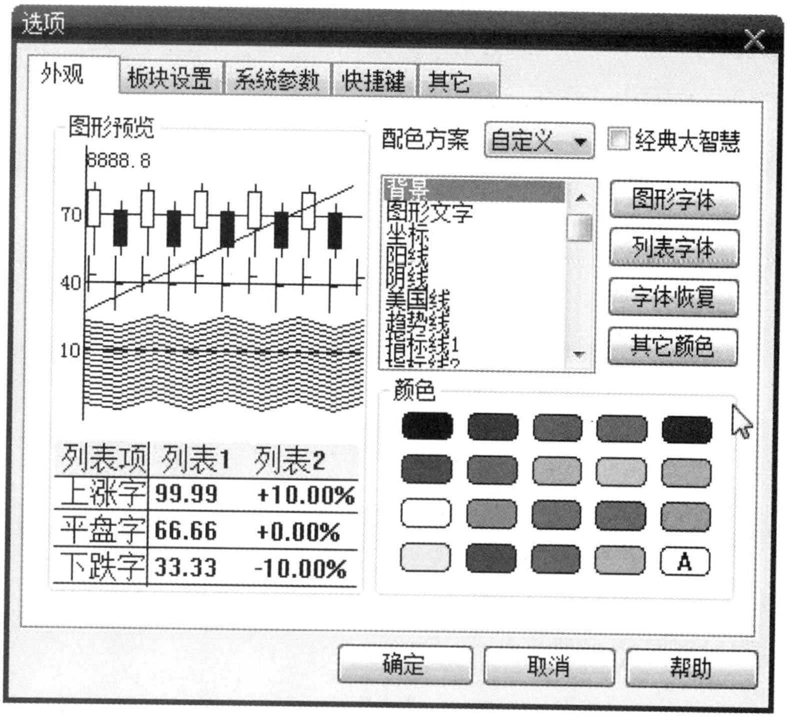

图 9－41 【选项】设置

9.4.1 外观设置

外观设置是【选项】对话框的默认首选项，借助本功能，可以对大智慧软件各窗口使用的字体、背景、颜色进行设置。

设置大智慧软件外观时，需要注意这样几点。

（1）确定配色方案。系统提供了多种配色方案供投资者选择，投资者若对系统提供的配色方案都不满意，可以选择“自定义”方案，并在下面的选择框内逐项选中所需调整的项目，然后一一确定颜色和字体。

（2）调整字体及大小。选中所需调整的项目后，点击选择框右侧的【图形字体】或【列表字体】按钮，系统将弹出【字体】设置对话框，如图 9－42 所示。

9.4.2 板块设置

点击【选项】对话框的【板块设置】选项卡，可对系统给出的板块进行重新设计，如图 9－43 所示。

设置大智慧软件板块时，需要注意以下几点。

（1）点击【板块设置】选择框左侧“证券名称”内的股票时，右侧会自动给出与之对应的板块，有的股票可能从属于多个板块。

（2）点击“板块”列表底部的【新增板块】或【删除板块】按钮，可对系统

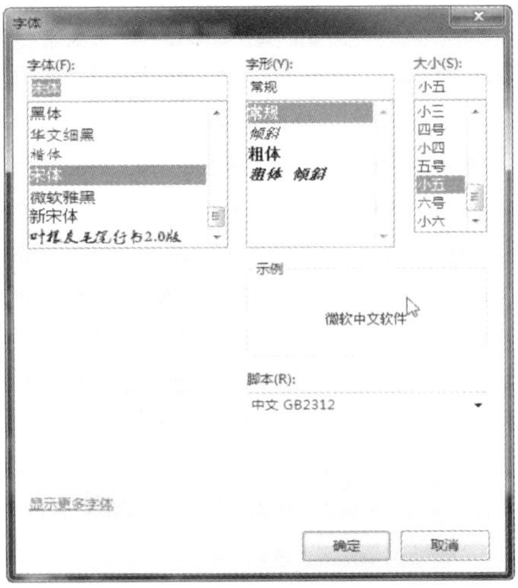

图 9－42　【字体】设置对话框

图 9－43　【板块设置】

给出的板块进行调整。

9.4.3　系统参数

点击【选项】对话框的【系统参数】选项卡，可以对系统参数进行调整，如图 9－44 所示。

若需要调整某个项目的参数，只需点击该项目后面的“数字”区域或下拉菜单，即可重新输入或选择新的参数。不过，如无特殊需要，建议投资者尽量不要随意调整系统参数，毕竟系统参数的设置都是经过很多专业人员验证过的。

9.4.4　快捷键

点击【选项】对话框中的【快捷键】选项卡，可以对系统给出的各快捷键进行适当的调整，如图 9－45 所示。

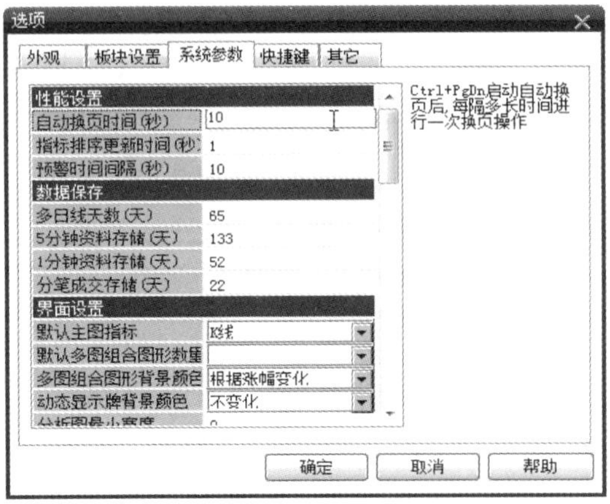

图 9－44　【系统参数】设置对话框

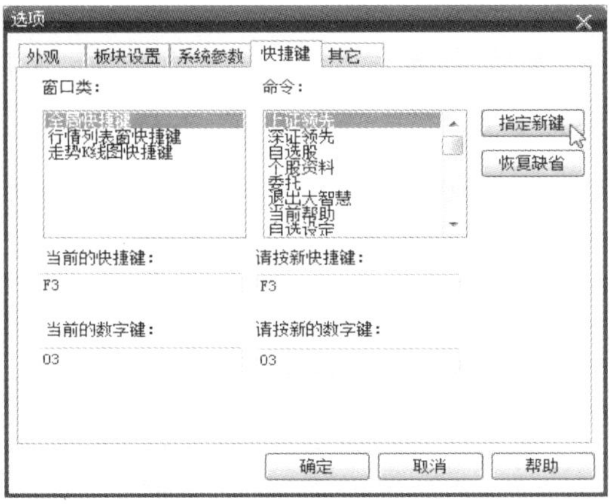

图 9－45　【快捷键】设置

投资者若需调整某一快捷键，可执行以下操作。

（1）从【窗口类】对话框中确定拟调整的快捷键所属的窗口，在右侧选择框选中需要调整的“命令”。

（2）在“请按新快捷键”和“请按新的数字键”数字框内输入新的快捷键。

（3）点击【指定新键】按钮，完成新快捷键的设置。

9.5 窗口布局

大智慧软件提供的窗口布局工具可以帮助投资者对窗口布局进行调整和设置。

9.5.1 层叠

点击【菜单】按钮中的【终端】｜【层叠】，两个以上的窗口就会层叠，如图9－46所示。

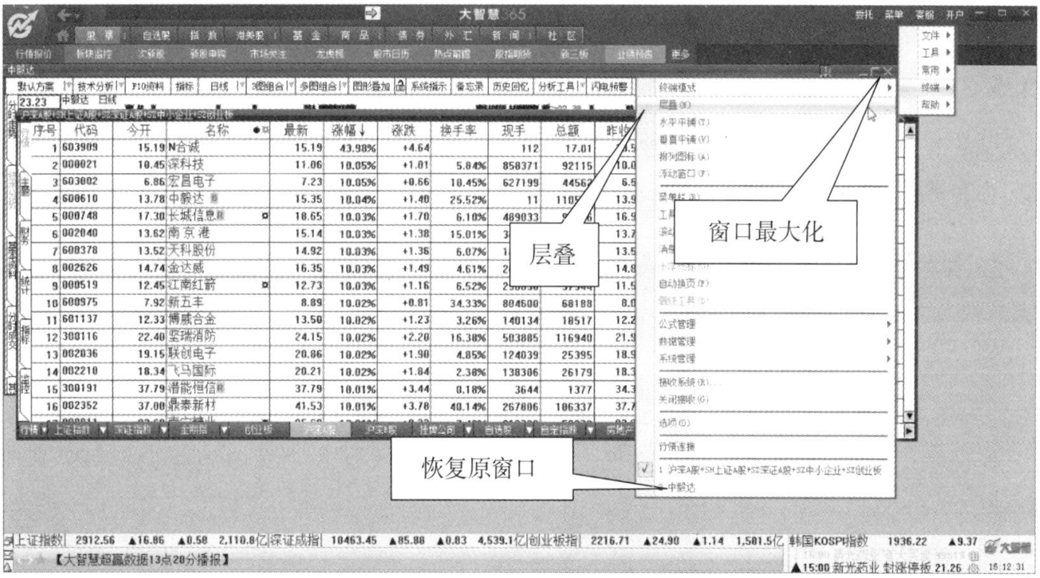

图9－46 【终端】｜【层叠】

若投资者想把其中某个放大至层叠前大小，可以点击【终端】快捷菜单底部的窗口名称，双击该窗口或者直接点击窗口最大化图标。

9.5.2 水平平铺

点击【菜单】按钮中的【终端】｜【水平平铺】，即可看见两个以上的窗口出现了水平平铺状态，如图9－47所示。

若想恢复原窗口，可双击该窗口或直接点击窗口最大化图标，将该窗口铺满整个屏幕。

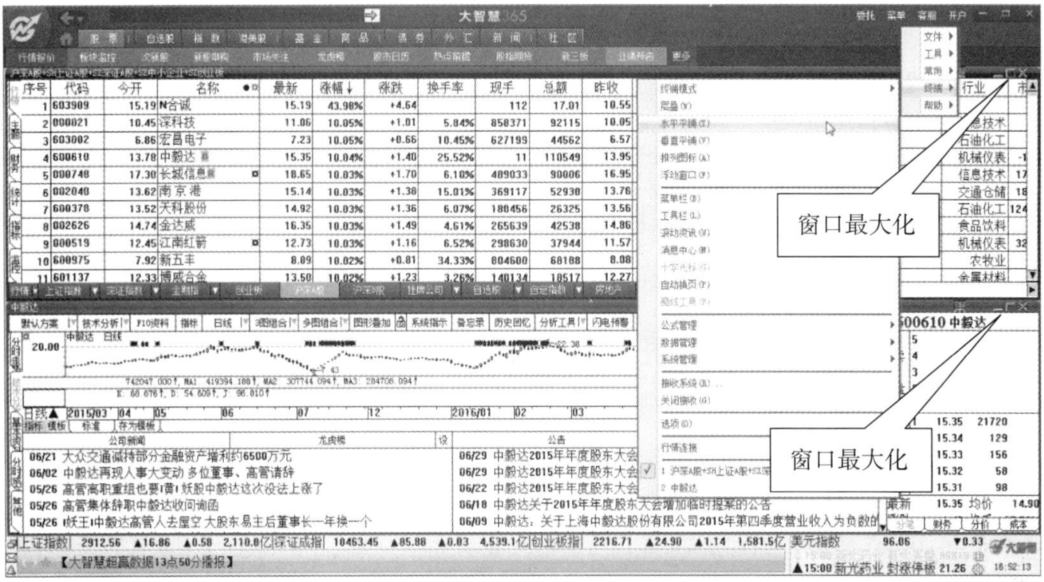

图 9－47 【终端】｜【水平平铺】

9.5.3 垂直平铺

点击【菜单】按钮中的【终端】｜【垂直平铺】，即可看见两个以上的窗口出现了垂直平铺状态，如图 9－48 所示。

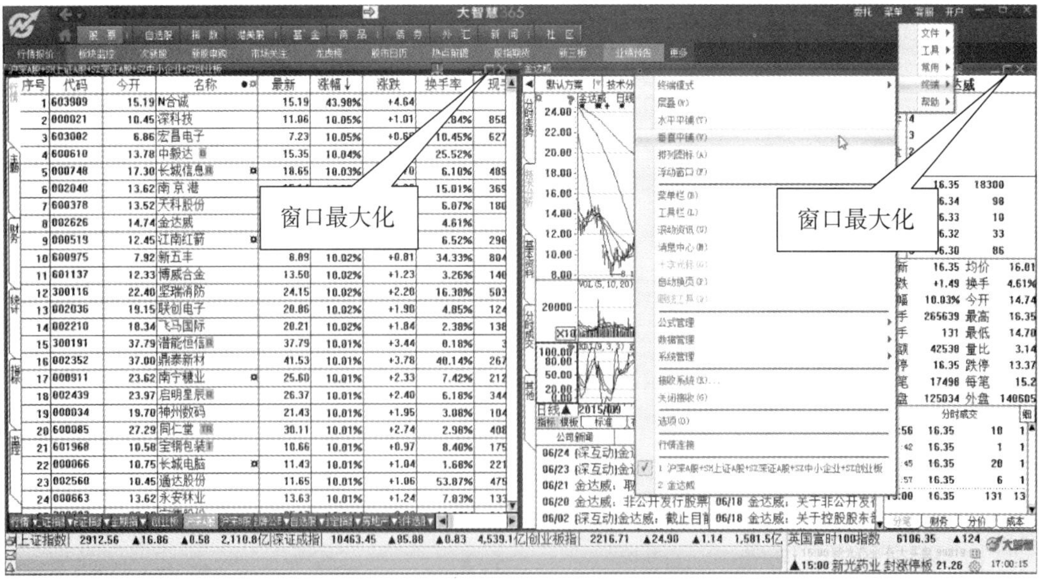

图 9－48 【终端】｜【垂直平铺】

若想恢复原窗口，可双击该窗口或直接点击窗口最大化图标，将该窗口铺满整个屏幕。

9.5.4 字号调整

若需要对大智慧窗口的字号进行调整（例如字号变大、变小），可点击【菜单】按钮中的【终端】|【终端模式】，对字号进行相应的调整，如图 9-49 所示。

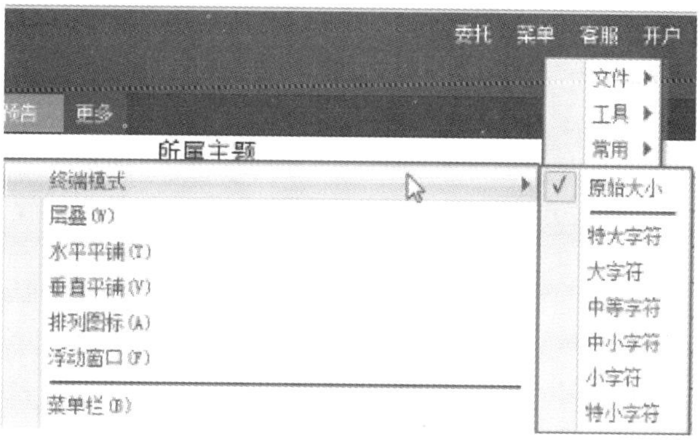

图 9-49 【终端模式】菜单

第三篇

大智慧实战经典应用技术

第十章

大智慧多维解构——大盘

大智慧强大多样的功能设计，可以为投资者全面了解大盘、预测大盘走势提供足够的支持。投资者可从消息面、整体盘面走势、资金面、盘中走势等维度对大盘进行分析，以便得出更加准确的判断。

10.1 消息面信息

消息面信息历来是投资者最为重视的项目。这些信息有的可能会对某一板块走势造成影响，有的可能会对整个大盘短期走势构成影响，有的甚至会对大盘长期走势构成影响。在消息面信息中，要特别注意热点财经资讯、外围股市异动信息以及大盘分析信息等内容。

10.1.1 热点财经资讯解读

热点财经资讯，是投资者洞悉大盘走势的必读项目。可通过查看大智慧【新闻】板块中的【最新资讯】【政策动态】【经济新闻】等子栏目，来查看最新的财经与政策动态。图 10－1 为 2016 年 6 月 27 日【新闻】板块中【政策动态】|【央行】的内容。

如图 10－1 所示，【央行】对于市场所关心的货币政策是收紧还是放松，给出了较为明确的回答。投资者阅读这些信息，就可以对未来大盘资金面偏紧还是偏松有一定的预判，进而对未来大盘走势有一定的认识。

投资者若想对大盘走势做出判断，还可以阅读一下宏观经济分析的内容。股市

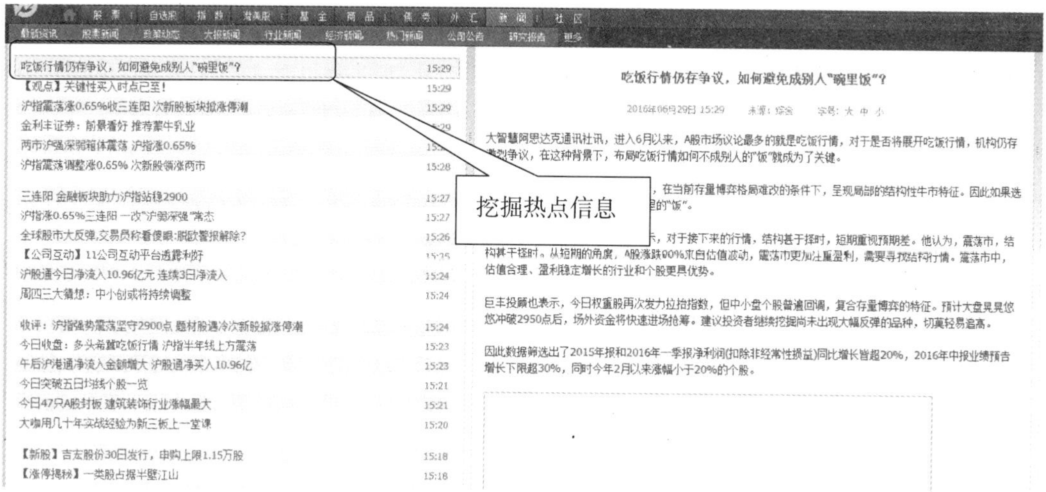

图 11－1 【新闻】｜【最新资讯】

一条非常值得投资者深度挖掘和思考的信息。

（2）注意投资信息的可持续性。投资者重点关注的应该是一些具有可行性的信息，例如工业 4.0、机器人等长期规划类信息。一些短暂的、不可持续的信息，虽然可能短期内会推动股价上涨，但却难以持续。投资者介入这类短线股后，甚至有可能成为高位接盘者。

2. 【新闻】｜【股票新闻】

【股票新闻】每日会向投资者提供各类公司公告信息，还有一些利好、利空信息的解读分析。通常情况下，通过【股票信息】栏目，短线投资者可以分析一些个股上涨或下跌的原因，并拟定下一步的交易策略。【股票信息】主要包括公司公告、利好利空消息、资金异动分析等内容，如图 11－2 所示。

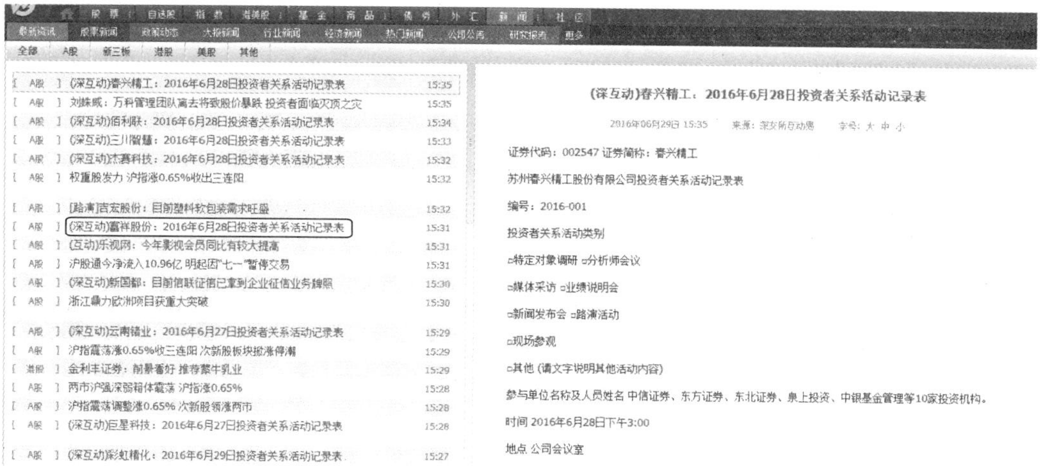

图 11－2 【新闻】｜【股票新闻】

阅读【股票新闻】时需要注意这样几点。

（1）关注自己持有的个股和拟购入股票的利好利空消息。当然，有时候利空消息出现时，未必就是该股最黑暗的时刻，甚至有可能是购入该股的最佳时机。总之，投资者不能机械地见到利好就买入，见到利空就卖出，而要适当地应用反向思维，综合分析，之后再做出交易决策。

（2）机构调研是一个比较有意思的信号。通常情况下，获得机构调研的公司，很可能会被机构买入。不过真实情况却是，机构可能已经先一步买入这些公司的股票了。散户见到机构调研再跟进买入时，就会充当替机构抬升股价、高位接盘的角色。所以说，股市中永远不能寻求一劳永逸的策略，而是要学会随时随地地调整，活学活用。

当然，投资者若有时间和精力，还可以阅读【新闻】板块下的【经济新闻】【公司公告】【研究报告】等栏目。最好能够带着目的阅读这些信息，以便提升阅读效率。

11.1.2 【F10】信息一览

投资者若已经圈定跟踪的目标股票，就需要密切注意个股的动向。F10 是一个非常好的工具，借助 F10，投资者可以将个股最新动态信息一网打尽。

投资者可先选中个股，点击【基本资料】或直接按【F10】键进入该页面，如图 11－3 所示。

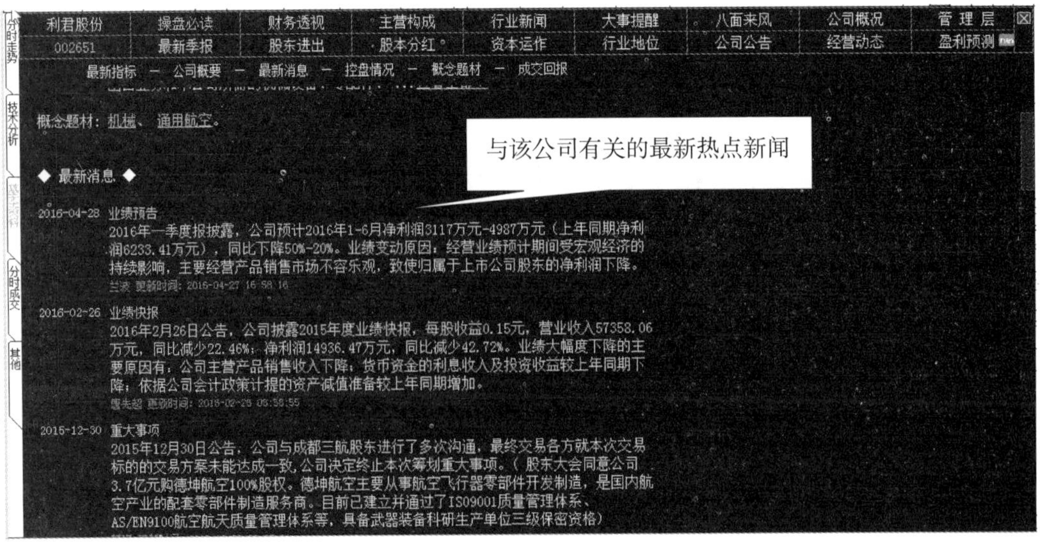

图 11－3 【基本资料】页面

【F10】中的热点新闻，是投资者每日需要重点关注的板块。在这一板块，除了公司临时发布的一些信息外，还有一些投资机构发布的与企业有关的分析信息和投资建议，这些都会对投资者制定交易策略带来帮助。

阅读【F10】信息时，需要注意以下几点。

（1）将客观信息与主观信息区分开来。在这一板块，投资者能够看到一些与企业有关的客观信息，也有一些专家发表的主观看法。客观信息可以作为自己制定投资决策的依据，主观信息只能作为参考，不能作为操作的依据。投资者不能将两者混为一谈。

（2）利好利空消息要与当前股价走势结合起来分析。当利好或利空消息出现时，若股价已经提前反应，则可能出现利好兑现即利空，或利空兑现即利好的走势情况。

11.1.3 从【主题诊断】看股票潜力

很多时候，一只股票的题材将会决定其股价上涨行情能够走多远，尤其是市场呈弱势时，有些题材即使被市场炒作，也可能只是昙花一现。有些题材则可能在未来几年被反复炒作，如机器人概念、高端设备制造概念等。

打开某只股票的分时走势页面，点击快捷工具条中的【分时走势】下拉菜单，选中其中的【主题诊断】，即可进入该页面。例如，在银河磁体的分时走势界面，点击【主题诊断】，即可看到如图 11－4 所示的页面。

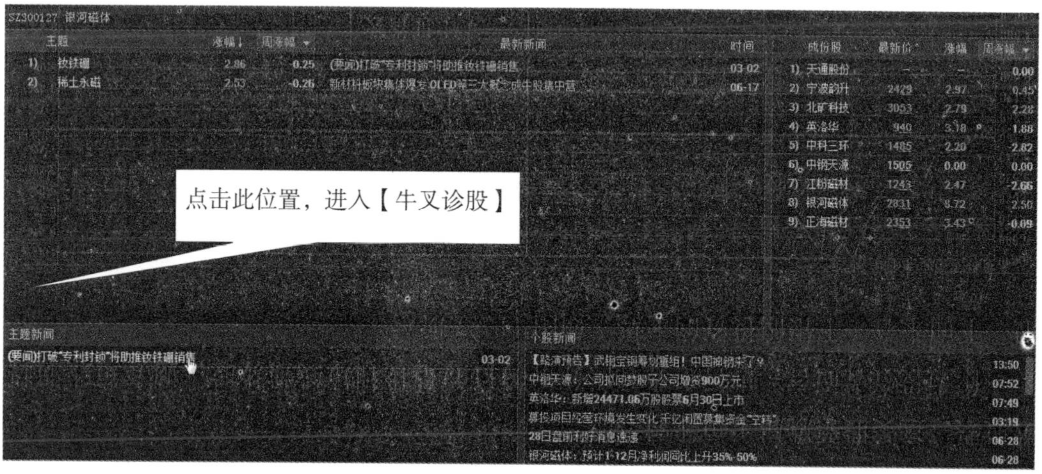

图 11－4　进入【主题诊断】功能

通过【主题诊断】功能，投资者可以了解目标股票所属的概念、概念的深度分析信息，以及与其同属该概念板块的股票的涨幅情况。

阅读【主题诊断】信息时，需要注意以下几点。

（1）通过阅读诊断信息，判断股票所属的概念板块与股票的短线或中长线投资价值。一只股票是否具有投资价值，不能仅看某一指标，而要系统地评估。有些主题概念适合短期跟风炒作，如年报季报行情、摘帽行情或奥运行情等。有些主题概念适合长线投资，如节能环保题材等。

（2）【主题诊断】功能提供的分析项目较多，其分析结论可以作为投资者的一项重要投资参考，但不能作为交易的绝对依据。

11.2 盘面分析

盘面分析主要利用大智慧软件提供的功能对个股盘面分时走势图进行全面的解读。大智慧个股盘面分时走势图如图 11－5 所示。

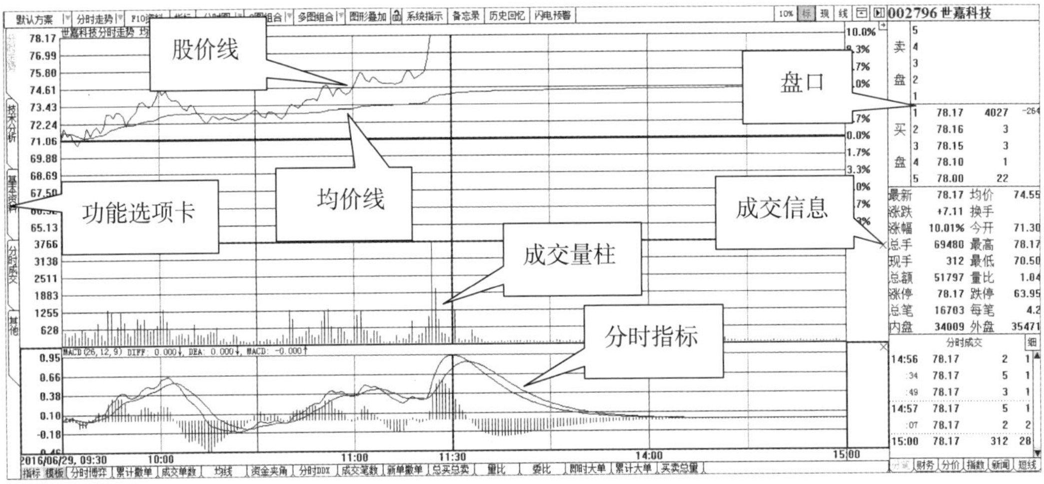

图 11－5　个股盘面分时走势图

图 11－5 为世嘉科技 2016 年 6 月 29 日的分时走势图。图中的股价线代表了世嘉科技的实时价格走势，反映了该股当天股价的变动情况。图中的均价线代表了从开盘到当时时刻的平均价格曲线。买卖挂单信息，就是通常所说的“盘口”。实时交易信息则显示了当天该股的交易情况，包括最高价、最低价、量比等信息。

11.2.1 股价线与均价线对比分析

投资者可以从股价线与均价线的走势看两者之间的关系。

股价线与均价线相互位置关系的研判要点如下。

（1）当股价线运行在均价线上方时，说明当天买入的投资者大部分处于盈利状态，表明股价走势较强。当股价每次下跌到均线位置时，都会有一些投资者认为是一个比较好的买点，于是纷纷买入股票，股价就会止跌向上，即均价线对股价具有支撑作用。

（2）当股价线运行在均价线下方时，说明当天买入的投资者大部分处于亏损状态，股价走势较弱。当股价上涨到均价线位置附近时，有一些投资者会认为此时是一个较好的卖点，于是纷纷卖出股票，股价就会反转向下，这就是均价线对股价的阻力作用。

下面看一下深华发 A 的案例，如图 11 - 6 所示。

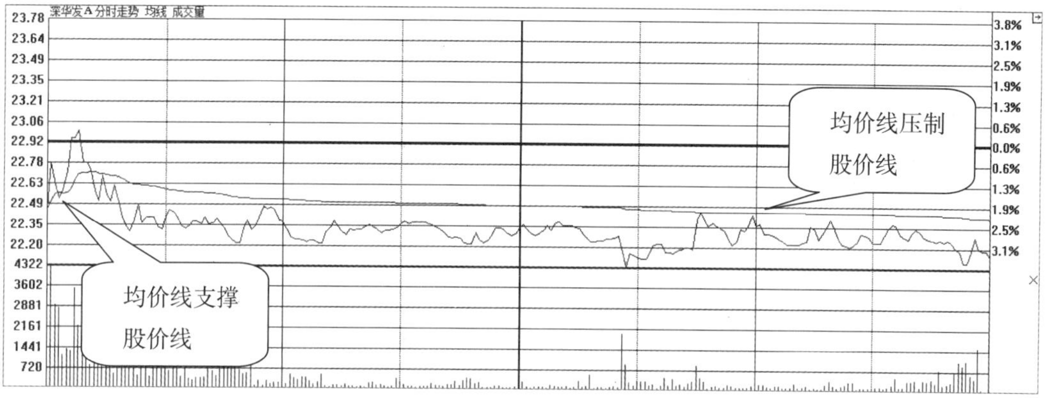

图 11 - 6　深华发 A（000020）分时走势图（2016. 6. 29）

从图 11 - 6 中能够看到，深华发 A 的股价开盘之后一路上涨，股价线一直位于均价线的上方，此时均价线对股价线具有很强的支撑作用，股价下跌到均价线附近，都因为均价线的支撑作用而重新上涨。其后股价线有效跌破均价线，从此均价线对股价线的支撑作用变成阻力作用，股价线几次上涨到均价线的位置，都由于均价线的阻力作用而重新开始下跌。

11. 2. 2　个股股价线与大盘走势对比分析

有比较才会有发现。一只股票的走势强弱，如果单从个股走势来看，可能让人会有一种无所适从的感觉。如果能够将个股走势与大盘指数走势进行一下对比，就不难发现个股走势的强弱了。从长期来看，个股走势都会与大盘走势基本一致。但从短期来看，个股走势也会与大盘走势出现一定的分歧。利用分时走势对比看个股走势强弱，就是从短线的角度来分析的。

投资者可以使用大盘看盘方法中讲述的上证指数与深证成指叠加对比的方法，来完成个股股价线与大盘走势线的叠加操作。在个股分时图界面点击快捷工具条中的【图形叠加】按钮，在弹出的【选择股票】对话框中，选择与之相对应的大盘指数（上证指数或深圳成指），即可在个股分时走势图中叠加大盘指数走势。

利用分时走势对比看个股走势强弱时，要注意以下两点。

（1）当一只股票的分时走势强于大盘指数时，说明该股走势强于市场上的大多数股票，这类股票就属于短线强势股。

(2) 当一只股票的分时走势弱于大盘指数时，说明该股走势弱于市场上的大多数股票，这类股票就属于短线弱势股。

作为投资者而言，进行走势对比分析的目的是找到短线强势股，抛弃短线弱势股。下面来看一下银鸽投资的走势，如图 11-7 所示。

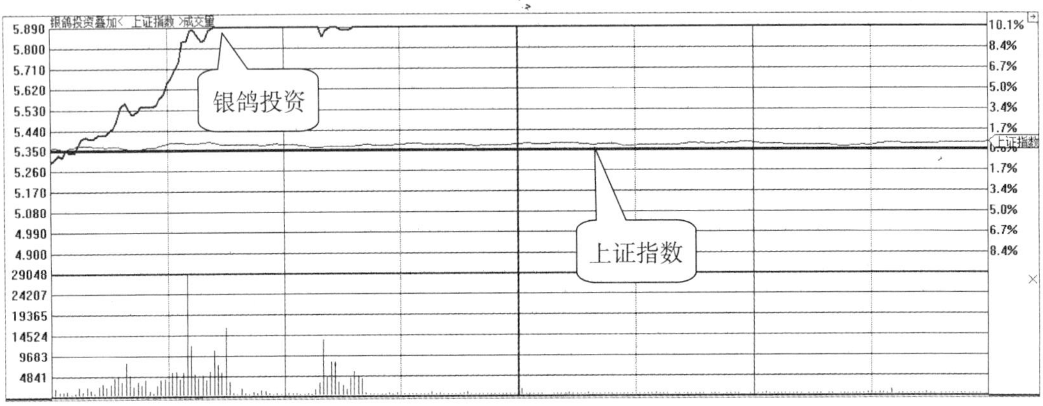

图 11-7　银鸽投资（600069）与上证指数分时走势对比（2016.6.29）

图 11-7 为银鸽投资的股价走势与上证指数走势对比图。从图中可以看出，银鸽投资早盘低开之后迅速上冲，并一路震荡上涨，而上证指数却保持横盘运行。之后银鸽投资与上证指数分时线之间的距离越来越大，这说明银鸽投资的股价走势越来越强于上证指数。也就是说，投资者如果选择短线投资品种，那么银鸽投资是一个不错的选择。

11.2.3 利用均价线判断股价走势强弱

前面介绍了股价线与均价线之间的关系，下面着重介绍一下均价线在判断股价走势强弱方面的作用。

当股价能够保持在均价线的上方，回落时不跌破均价线，就说明当天股价走势比较强劲，同时也预示该股短期内继续走强的概率很大，投资者可以择机买入该股。

当股价跌破均价线后，如果短时间内无法重新回到均价线上方，或者当天一直在均价线下方运行，说明该股走势疲弱，同时也预示该股股价短期内继续走低的概率很大，投资者不宜买入。

利用均价线判断股价走势强弱时，应注意以下两点。

(1) 股价位于均价线上方时，如果股价偶有跌破均价线的情况，但很快又回到均价线上方，说明本次跌破为非有效跌破，均价线对股价的支撑作用不变；股价位于均价线下方时，如果股价偶有突破均价线的情况，但很快又回到均价线下方，说明本次突破为非有效突破，均价线对股价阻力作用不变。

（2）通过均价线判断股价走势强弱，只适用于短期股价走势分析。也就是说，当某一交易日股价走强且一直位于均价线上方时，只能说明该股短期有走强的可能，但并不影响长期走势。

下面来看一下四方冷链的案例，如图 11－8 所示。

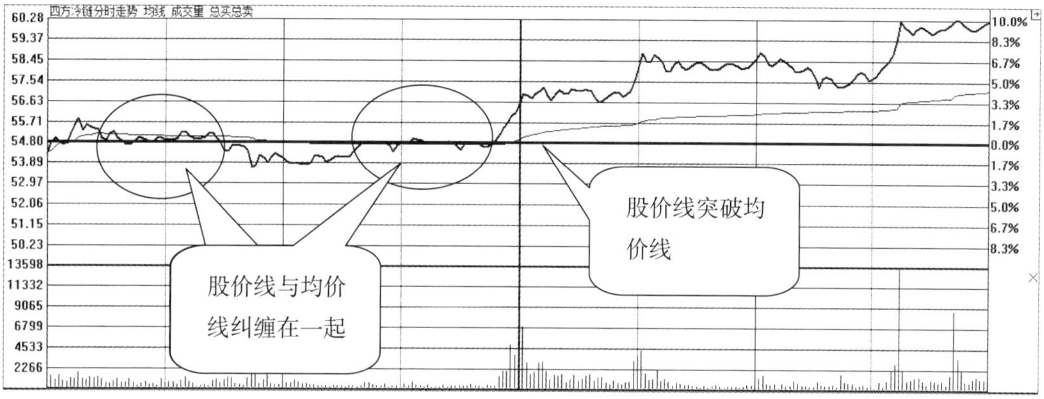

图 11－8　四方冷链（603339）分时走势图（2016.6.29）

如图 11－8 所示，四方冷链的股价 2016 年 6 月 29 日当天平开平走，几乎整个上午都与均价线纠缠在一起，给人一种即将跳水的感觉。临近中午收盘时段，该股股价快速上攻，并一举突破均价线，同时伴随着成交量的放大。此后股价线一直位于均价线上方，且股价回调时从未跌破均价线，这说明该股短期呈现强势，未来仍有可能继续上涨。

11.3　分时图形态解读

分时走势图在某种意义上只是日 K 线走势图的一个缩影，但是分时图的变化相比日 K 线走势图更加激烈。也就是说，分时走势线的上涨和下跌总是十分快速的。正因如此，很多投资者认为，观察分时走势图的意义不大。其实仔细观察分时走势图，也可以发现许多有价值的信息。例如，可以根据分时走势图在盘中的形态变化判断短线买入点。

11.3.1　底部形态

很多投资者都知道，股价的日 K 线走势图、周 K 线走势图或者月 K 线走势图中，经常会出现一些特殊的底部形态，如 W 底形态、三重底形态或头肩底形态等。分时走势图上也会出现这些底部形态。

分时图中遇到这些底部形态时，操作要点如下。

（1）与K线形态相似，如果股价突破了分时走势线构成的底部形态颈线位时，同样意味着买入时机到来，短线投资者可以买入。

（2）股价突破颈线位时，如果有成交量放大的配合，将大大增强突破的有效性。

下面来看一下红阳能源的案例，如图11－9所示。

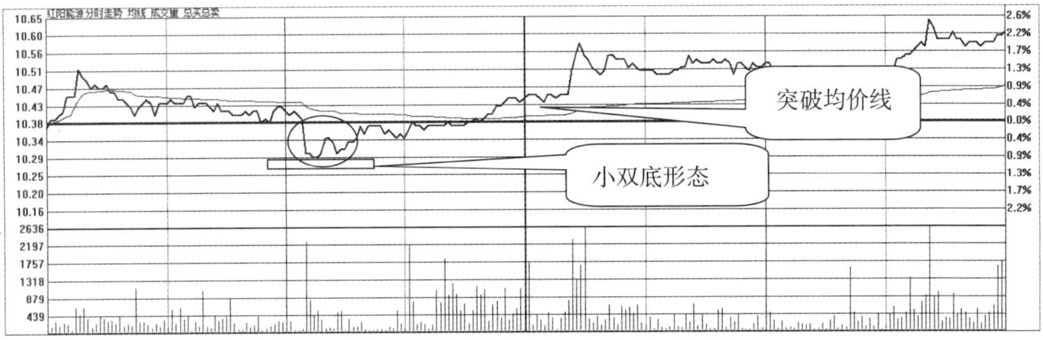

图11－9　红阳能源（600758）分时图

如图11－9所示，红阳能源的股价在2016年6月29日早盘开盘之后震荡走低，并走出了一个W底形态，预示股价将要企稳反弹。随后股价成功突破了W底形态的颈线位，其后又突破了均价线，预示股价将要发动一波上攻行情。此后该股股价一路震荡走高。

11.3.2　突破平台形态

股价在盘中经常会出现横盘整理的震荡走势，此时就会形成一个整理平台。当股价向上突破整理平台时，往往构成买入的时机。

平台突破的具体操作要点如下。

（1）股价线横向整理的时间越长，启动拉升后的涨幅可能越大。

（2）股价线向上突破平台时，往往也会同步突破均价线，此时成交量若能同步放大，意味着股价上涨的概率也较大。

如图11－10所示，建发股份的股价在2016年6月29日早盘低开之后，一直呈横盘震荡状态，股价始终没有大的波动。一个小时以后，股价直线拉升，并迅速突破整理平台，短线投资者可在此时迅速跟进买入股票。此后该股的股价被庄家一气拉升至超过8%的涨幅，该股后市仍有可能呈现强势。

11.3.3　顶部形态

分时走势图上有时也会出现双顶、V顶、头肩顶等顶部形态。出现顶部形态时，

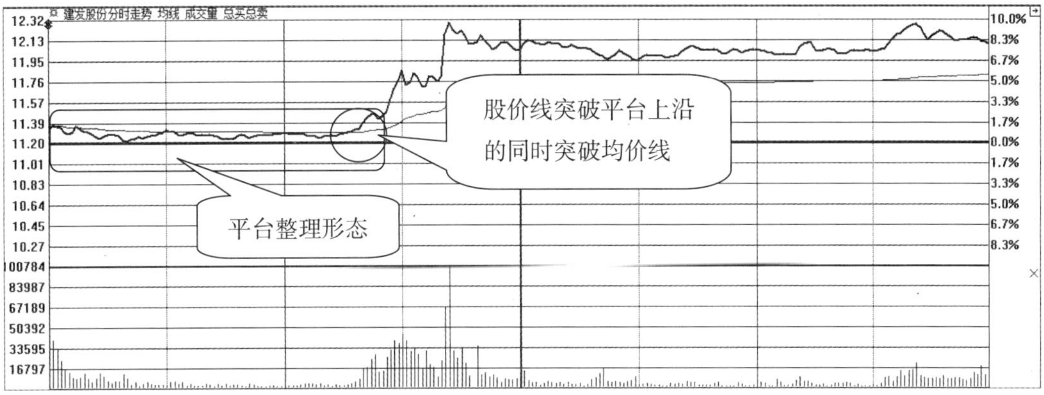

图 11－10 建发股份（600153）分时图（2016.6.29）

其操作要点如下。

（1）与 K 线形态相似，股价线如果上攻过程中形成了顶部形态，而股价线跌破了顶部形态的颈线位时，同样意味着卖出时机到来，短线投资者应卖出。

（2）通常情况下，股价线跌破顶部形态颈线位后会一路下跌。若股价线不能向上突破顶部形态最高点，则意味着股价下跌趋势将持续；若股价线向上突破了顶部形态最高点，则意味着股价线将创下新高，投资者可以考虑追涨买入。

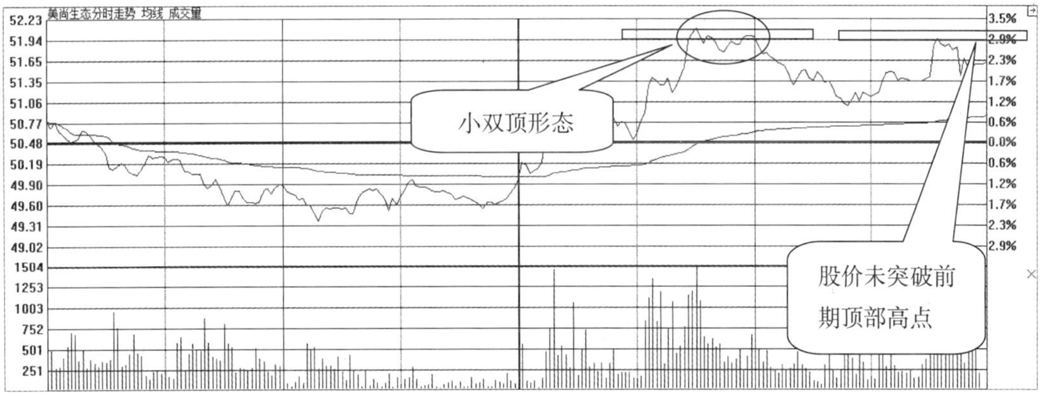

图 11－11 美尚生态（300495）分时图（2016.6.29）

如图 11－11 所示，美尚生态的股价在 2016 年 6 月 29 日午盘开盘之后一路震荡走高，并走出了一个小双顶形态，预示股价将要触顶回落。随后股价跌破了双顶颈线位，预示着股价将发动一波下跌行情，此后该股股价一路震荡走低。临近尾盘时，股价被迅速拉升，给人一种即将上涨的态势，但是股价线还是未能向上突破前期双顶最高点，说明股价上升遇阻，投资者宜谨慎。

11.4 盘口与资金信息解读

盘口是多空双方交战的前沿阵地，多空双方的买入与卖出信息，都是通过盘口的变化传递给投资者的。投资者看盘口不仅要关注买单与卖单的变化，更要注意买单与卖单背后隐含的信息，如图 11－12 所示。

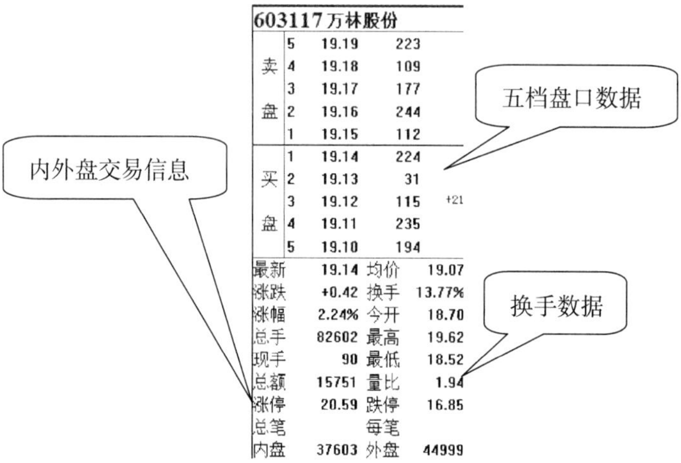

图 11－12 盘口信息

11.4.1 从内外盘看多空力量对比

通过外盘与内盘的对比分析，很多时候能够看出庄家的某些操盘痕迹。

分析外盘与内盘数据时，一般从以下几个角度入手。

（1）股价经过较长时间的下跌后，处于一个比较低的位置，这时成交量开始放大，股价也开始回升。此时出现外盘大于内盘的情况，说明有资金主动进场，后市股价上涨的可能性较大。

（2）股价经过较长时间的上涨后，处于一个比较高的位置，成交量巨大，并且不能再继续放大时，此时内盘数量上升并超过外盘数量，说明资金离场迹象较为明显，后市股价下跌的可能性较大。

（3）在股价下跌过程中，常常出现外盘大于内盘的情况，这种情况并不能表明股价未来会上涨，很有可能是庄家制造的假象。庄家可以先用几笔卖单将股价打到一个比较低的位置，接着在卖一、卖二位置再挂上卖单，最后自己将卖单吃掉，造成股价上升的假象，诱使投资者跟风买入。

（4）在股价上涨过程中，常常会出现内盘大于外盘的情况，这种情况并不能表明股价未来将会下跌，也有可能是庄家制造出来的假象。庄家先用几笔买单将股价拉到一个比较高的位置，接着在买一、买二的位置再挂上买单，最后自己将这几笔买单逐一吃掉，造成股价下降的假象，诱使投资者卖出。

（5）股价有了一个较大的涨幅后，如果某一交易日外盘数量突然大增，股价却不上涨，放大的外盘有可能是庄家制造的假象，投资者应做好出货的准备。外盘数量大增，说明有场外资金入场抢筹，因而一定会引起股价上涨。此时股价并未上涨，说明这些外盘数量并不是真实的，而是庄家刻意制造出来的。

11.4.2 从买卖盘口看庄家意图

股市就是庄家与散户博弈的战场，一方获胜必定以另一方的亏损为前提。对于庄家来说，每一次的挂单都有一定的含义，或者是为了迷惑投资者，或者是为了打压股价等。投资者通过对各种挂单情况的研判，就能发现庄家挂单背后的真正意图。图 11－12 上半部为五档盘口挂单数据。

下面简单介绍几种挂单情况，供投资者参考。

1. 上方挂大卖单

上方挂大卖单，投资者往往会认为卖盘压力较重，股价上涨受到阻力。但是在具体的交易实战中，挂大卖单的情况不同，其代表的含义也不尽相同。

（1）如果股价处于低位，盘口虽然有大卖单，但买盘依旧非常活跃，说明庄家正在吃货，投资者这时可以考虑追随庄家建仓。当股价处于低位时，已经没有多少投资者愿意将自己手中的筹码卖出了，这时的大卖单很可能是庄家自己挂出来迷惑投资者的，让投资者认为股价还将继续下跌，逼其卖出手中的筹码。庄家再利用活跃的买盘将投资者的卖盘全部吃掉，从而完成建仓任务。反之，如果这时的大卖单是真实的，即大卖单不是庄家设下的，那么就不会有活跃的买盘出现了，因为在上方有大卖单的情况下，不会有很多投资者积极买入。

（2）当一只股票开始拉升时，上方立刻出现大卖单，有时甚至是先出现大卖单，之后再出现上涨。出现这种情况时，如果大卖单不能被迅速吃掉，说明庄家吸筹不足，或者不想发动上攻；如果大卖单被慢慢吃掉，而且上攻速度不是很快，说明庄家已经相对控盘，既想上攻，又不想失去太多的筹码。

（3）如果股价逐步下跌，大卖单也接连出现，说明庄家在刻意打压股价。此时投资者需要保持关注，一旦股价调整到位，即可适时跟进。股价逐步下跌，一般有两种可能：一是庄家出货；二是庄家刻意打压股价。在股价下跌过程中，庄家想出货的话，也一定会使用小单向下砸，逐步完成出货。采用大单向下砸的方式是无法完成出货的，因为在股价逐步下跌的过程中，不会有很多投资者愿意买入，因而大卖单是不可能成交的。由此可以推断，这些大卖单是庄家用来刻意打压股价的。

2. 下方挂大买单

下方挂大买单，正常情况下说明下方承接有力，股价将止跌企稳。但是在具体的交易实战中，下方挂大买单的情况不同，其代表的含义也不尽相同。

（1）股价横盘震荡或者下跌时出现大买单，说明庄家很可能在被动护盘，投资者最好不要盲目跟进。很多投资者都有这样的心态：当股价上涨时，会积极买入；当股价下跌时，则选择积极卖出。股价横盘震荡或下跌时，是不会有多少投资者愿意买入的。这时下方接连出现大买单，且这些大买单又不积极向上买入，只能说明庄家是为了阻止股价进一步下跌而采取的护盘行动。

（2）在股价连续上涨过程中出现大买单，同时买盘又比较多，说明庄家在吸引买盘入场。如果此时股价处于刚刚启动阶段，那么庄家很有可能在借力拉升，投资者可以积极买入。如果此时股价已经出现较大涨幅，则有可能是庄家在拉升出货，投资者应当谨慎行事。事实上，拉高出货是庄家惯用的出货手法，投资者应该特别注意。

3. 下跌时没有买单

庄家多在股价下跌过程中吸筹。在股价下跌过程中，如果没有出现大的承接盘，说明买入的都是一些散户，庄家并没有买入股票。出现这种情况有两种可能：一是市场普遍认可了该股的下跌走势，这意味着该股的跌势还将持续，投资者应远离这类股票；二是庄家很有可能已经具备了控盘的能力。有些庄家会利用股价下跌过程适当减仓，以便为进一步拉升做准备。投资者应密切关注股价的走势，一旦股价结束下跌，要立即跟进买入。

下跌过程中没有买单，无论基于何种原因，投资者都不要轻易参与，一定要等股价企稳之后再考虑建仓。

4. 大阳线次日挂单量

一只没有被庄家控盘的股票，在大阳线过后的下一个交易日，会有很多短线投资者选择卖出股票以兑现盈利。同时还会有另一批投资者追高买入，因为他们认为股价还会继续上涨。在这种情况下，买卖盘口会有较多的挂单，成交也会非常活跃，股价波动变化比较大，这也说明多空分歧比较大。

庄家控盘的股票，在大阳线过后的交易日，成交一般都会比较清淡，因为该股大部分筹码早已被庄家锁定，只要庄家不出货，那么买卖盘口的挂单都会比较小，成交量也无法放大。这也说明当时庄家无意派发筹码，后市仍然看涨。

11.4.3 盘中的大买单与大卖单

在看盘过程中，投资者经常会遇到下面这种情况：当买三或买四出现大买单时，突然出现的大卖单将其打掉。正当投资者认为股价可能会向下跌落时，在买三的位置再次出现大买单，随之而来的大卖单将其再次打掉，如此反复。

出现上述情况，只能说明盘口出现了异动，这时投资者需要密切关注盘口动向，并仔细分析这些现象背后的玄机。

投资者如果发现下面所列的几个细节时，需要特别关注。

（1）在卖出盘口挂出的单子都很小。

（2）大买单是先出现在买盘上的。

（3）大卖单只是一到两笔就把买单打掉了。

（4）此类现象反复出现。

不断出现又不断被消化掉的大买单背后，往往都有一双无形的手在操控。无论大买单的数量是多少，总会被几张大卖单给打掉，这说明盘口显示的信息都是庄家刻意而为的。庄家如此操作，一定有自身想要达到的目的，投资者应该有所防备。

对于投资者来说，通过上述四个细节，至少可以判断出以下几点。

（1）买卖盘口挂单很小，说明市场交易非常冷清，所以大买单应该是庄家自己挂出的。

（2）庄家将买单挂在买三，目的是希望投资者能够将单子挂在买一或买二的位置。庄家在买三位置设置大买单，能够达到两个效果：一是告诉投资者该股有大的承接盘，可以放心买入；二是告诉投资者买三位置有大买盘，你要想买入，必须在买一或买二的位置挂单才能成交，将买单挂在买三、买四位置是不可能成交的。

（3）频繁出现大买单，说明大卖单就是庄家自己的。因为如果是别人的大卖单，庄家不会一个接一个地设置大买单。

综合以上分析，可以作出如下判断：庄家希望投资者能够将买单挂在买一、买二的位置，以承接自己的卖单。当买一、买二的挂单数量达到一定程度时，庄家的大卖单就会出现，将买一、买二的单子全部打掉，这时庄家就完成了一次减仓操作。如此反复操作，庄家就会达到高位减仓的目的。

11.4.4 阻截式大单的成因

盘中经常出现这样一种情况：上档卖盘中全部都是大卖单，而下档买盘中的买单都比较小，只有买一位置有一个大单，但上档的大卖单迟迟不下来，买一位置的大单就长时间放在那里。这个在买一位置出现的大买单，就称为“阻截式大单”。

先来看一下北方稀土的案例，如图 11－13 所示。

从图 11－13 中可以看到，在卖一到卖五这五档上积累了大量的卖盘，而买二到买五的买盘比较小，都没有超过 500 手，在买一位置却横着一个 1500 多手的大买单。这个大买单放在这里很久，也没有大卖单将其打下来。

600111 北方稀土			
卖盘	5	13.60	2603
	4	13.59	1181
	3	13.58	3866
	2	13.57	41
	1	13.56	2902
买盘	1	13.55	1512
	2	13.54	350
	3	13.53	393
	4	13.52	354
	5	13.51	401

图 11－13　北方稀土盘口信息

下面对产生这种现象的原因进行一个初步的分析。

（1）想卖出的大单其实并不多。从北方稀土买卖盘口可以看到，大卖单的数量远远超过了买单的数量，如果大卖单向下走，那么大买单是不可能阻截得住股价下跌的。但是买一位置的大单却长久地保持住了，这说明两个问题。

①上面的卖单与下面的买单都是庄家自己设下的。如果上面的卖单是普通投资者的，那么很可能早就砸向买一位置的挂单了，不会长时间让买单挂在买一的位置。

②庄家并不想让股价向下运行。庄家用一个大的买单横在买一的位置，是为了防止股价下行，这个大单这时就起到了护盘的作用。

（2）庄家目标直指卖一。庄家在买一位置设下大买单，其实就是告诉投资者，如果想买入，就直接去卖一上买，因为买一上需要先成交大单之后，才能轮到投资者的小单。投资者为了买入股票，就只能选择主动出击的方式，主动吃掉卖一的卖单。

可以这样说，庄家如此布局，目的就是为了将卖一位置上的卖单出掉。至于卖一位置上有多少是庄家的单子，这一点很难判断。如果卖一位置的单子不断被消化，同时又不断增加，那么就可以断定买一位置的单子是庄家设下的了。

庄家通过设置阻截式大单，将投资者的焦点集中到卖一位置，一般出于以下两种目的。

第一，为了拉升股价。庄家在拉升股价过程中，需要先吸收一定的筹码，因此会在拉升前先降低一下持仓量，这样在拉升过程中才能有足够的资金买入。

第二，为了出货。当市场行情不理想，庄家无法利用拉高股价的方式出货时，通过这种方式出掉卖一位置的抛单，可以最大限度地获得操盘利润。因为用一个大买单拦在买一的位置，可以有效防止股价下滑给自己出货造成的损失。

庄家到底出于何种目的，投资者要考虑当时股价所处的位置以及整体市场气氛。如果股价处于低位，且已经盘整多日，那么庄家向上拉升该股的可能性比较大。反之，如果该股已经有了一定的上涨幅度，那么庄家出货的可能性就比较大。

第十二章

大智慧 K 线分析

K 线分析是股市技术分析中最重要的一环，也是最基础的内容。大智慧系统为投资者提供了全面而准确的数据，以及更加丰富的工具，帮助投资者提升 K 线分析水平。

12.1 K 线研判的角度与方法

1. K 线构成

K 线是柱状的线条，由影线和实体组成，它能够把某一周期内的开盘价、最高价、最低价和收盘价这 4 个价格的情况直观地表现出来。K 线上影线的顶端代表这一交易周期的最高价，下影线末端代表这一交易周期的最低价，实体的上下两端分别代表这一交易周期的开盘价和收盘价，如图 12－1 所示。

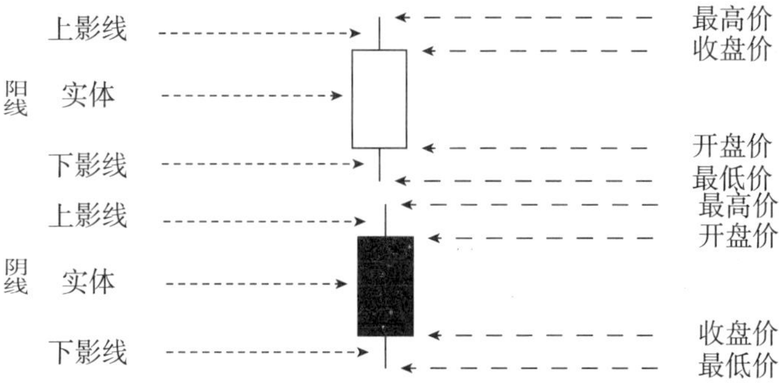

图 12－1　K 线基本形态

（1）开盘价：又称开市价，是指某种证券在证券交易所每个交易周期开盘后的第一笔交易的成交价格，是买卖双方相互交战的楚河汉界。目前国内股票市场采用集合竞价方式来确定每天的开盘价。

（2）最高价：指某种证券在每个交易周期从开盘到收盘的交易过程中产生的最高价格。

（3）最低价：指某种证券在每个交易周期从开盘到收盘的交易过程中产生的最低价格。

（4）收盘价：指某种证券在每个交易周期最后一笔交易的成交价格。收盘价是当前行情的标准，又是下一个交易周期开盘价的依据，代表了买卖双方的力量对比结果，可据以预测未来的市场行情。深市的收盘价与沪市收盘价产生的方式不同，深市收盘价与开盘价一样，也是通过集合竞价产生的。也就是说，深市从14:57开始集合竞价，至15:00产生收盘价。

2. 阳线

根据开盘价与收盘价之间的关系，K线又分为阴线、阳线两种。

阳线是某一交易周期内的收盘价高于开盘价的K线。阳线实体的上端表示收盘价，下端表示开盘价，实体的长短代表收盘价相对于开盘价的涨幅大小，如图12－2所示。

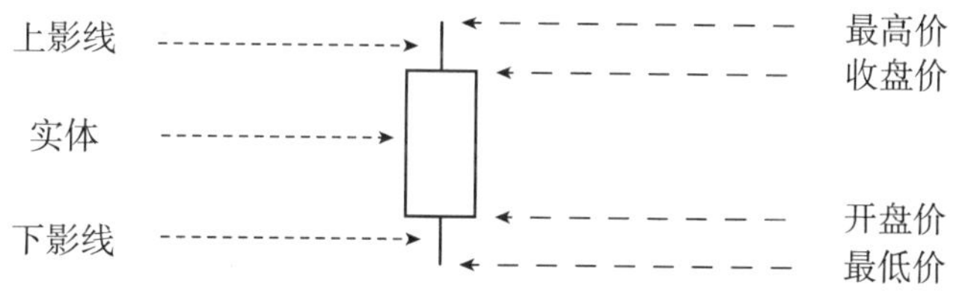

图12－2　阳线基本形态

3. 阴线

阴线是某一交易周期内收盘价低于开盘价的K线。阴线实体的上端表示开盘价，下端表示收盘价，实体的长短代表收盘价相对于开盘价的跌幅大小，如图12－3所示。

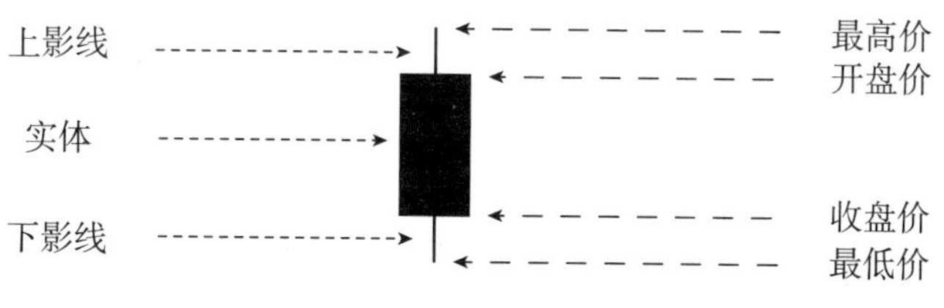

图12－3　阴线基本形态

12.1.1 K线研判的基础技术

K线的解读要素主要包括实体、上下影线以及所处位置等三项。

1. K线实体解读

K线实体有黑白和大小之分，因而对K线实体的解读也从这两个方面入手。

（1）K线实体颜色。K线实体颜色有黑白之分，这主要反映了开盘价与收盘价的相对位置关系。如果开盘价高于收盘价，则K线实体为黑色；如果开盘价低于收盘价，则K线实体为白色。通常意义上来说，K线实体为白色也就是阳线，说明买方力量较强。阳线越大，买方实力越强，股票走势越好。K线实体为黑色也就是阴线，说明卖方力量较强，股票走势较差。

当然，实体为白色并不等同于股价上涨，如果开盘价和收盘价均低于前一交易日的收盘价，且当日开盘价低于收盘价，尽管当日股价相比前一交易日有所下跌，但K线实体仍旧为白色。此K线虽然为阳线，但在技术分析时只能称之为假阳线。

（2）K线实体长短。实体长短反映了股票开盘价与收盘价之间的落差，也是一个交易周期内多空交锋后的结果。实体长短有时确实能够反映买卖双方实力的强弱。出现大阳线，说明买方主力实力强大，如果成交量同步放大，往往会引领一波上涨行情。同样，出现大阴线说明卖方主力实力强大，如果成交量同步放大，股价短期内往往会有非常明显的下跌。

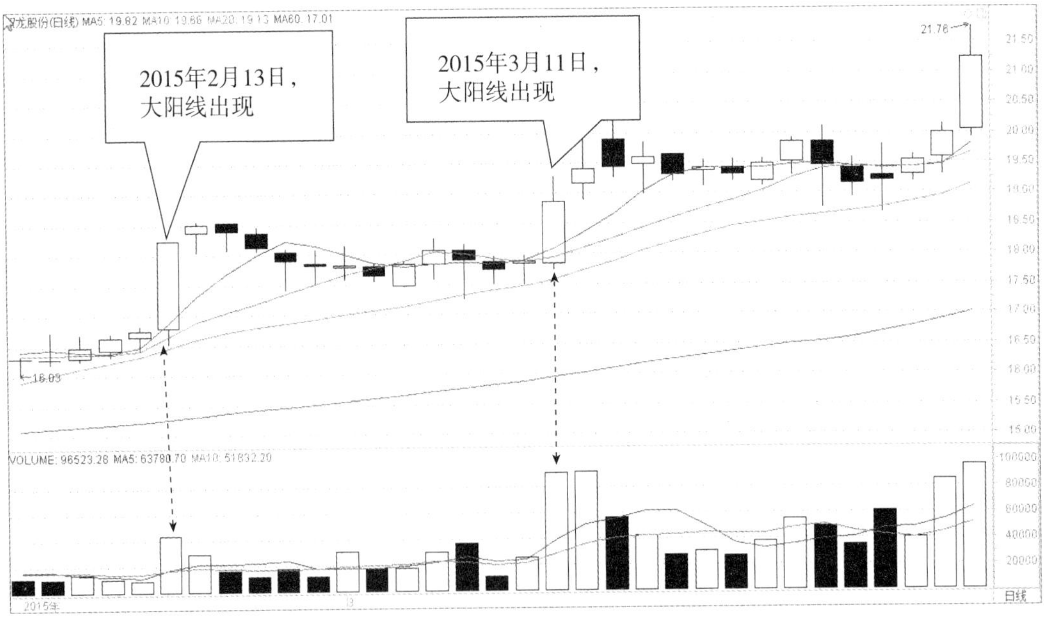

图12－4　双龙股份（300108）日K线走势图

如图12－4所示，双龙股份在2015年2月初走出了一段震荡而缓慢的上涨行情。2月13日，该股高开高走收出一根大阳线，与此同时，成交量也比之前放大了数倍。这说明主力已经开始大幅介入，股价未来上涨的可能性很大。其后，股价虽然经历了震荡回调，但很快重归上涨通道。2015年3月11日，该股再次收出大阳线，这预示该股股价将再上一个新台阶。

当然，无论是大阳线还是大阴线，其发挥作用的方向、大小，还与股价所处的位置、价量关系以及大市坏境有关。投资者不能单靠一根K线发出的信号，就轻易作出买入或卖出决策。

2. K线上下影线解读

上下影线是K线的重要组成部分，尽管其交易指示作用弱于实体，很多交易分析软件并不将其列入分析标的，但它的出现及长短对后市还是具有一定的指导作用的。

上下影线的长度，即股价最高点与最低点之间的距离，反映了当天股价波动的幅度。通常情况下，波动幅度大，说明股票交易活跃，多空之间搏杀激烈。反之，如果上下影线距离较短，则说明多空之间分歧并不严重。

某些情况下，上下影线也能透出主力试盘的动作。例如在股价上涨时，主力有时会突然拉升股价，之后任其自由下跌，借以观察抛盘的情况，这样该日收出的K线必然会留下一根长长的上影线。同样，在股价下跌过程中，主力如果想了解一下下方的承接盘情况，就会连续打压股价，使其短时间内快速下跌，借以观察买盘力度，为未来操盘提供支持，这样当日K线必然会留下一根长长的下影线。

3. 一字线、T字线和十字线

一字线、T字线和十字线，都属于没有实体的K线形态。股票的开盘价与收盘价相同，且最高价、最低价与开盘价相同，则称为一字线；最高价、最低价中的一个与开盘价相同，则称为T字线；最高价、最低价与开盘价不同的，则称为十字线。

通常情况下，出现上述三种形态，都是主力故意为之，预示股价后市必将出现某些异常的走势。例如，在股价上涨过程中，出现涨停一字线和T字线，则意味着股价还将继续上涨。同样，在股价下跌过程中，出现跌停一字线和T字线，则意味着股价还将继续下跌。十字线的出现，则意味着股价有调整或反转的可能。

12.1.2 K线图是如何指导交易的

大智慧软件给出的K线图是按照时间先后顺序排列整齐的一组图形。投资者通过相关提示，可以将其切换为日K线走势图、周K线走势图和月K线走势图等。其中，日K线走势图是使用最频繁的。

通过对K线图的分析，大致可以获得这样几项结果。

1. 交易指示性信号

由于每根K线都是当前交易日多空双方交锋的结果，因而对下一个交易日的股价走势具有很强的指示作用。例如，前一交易日K线收出了光头阳线（没有上影线的阳线），则说明下一交易日高开的可能性非常大。如果前一交易日K线收出了光脚阴线（没有下影线的阴线），则说明下一交易日低开的可能性非常大。

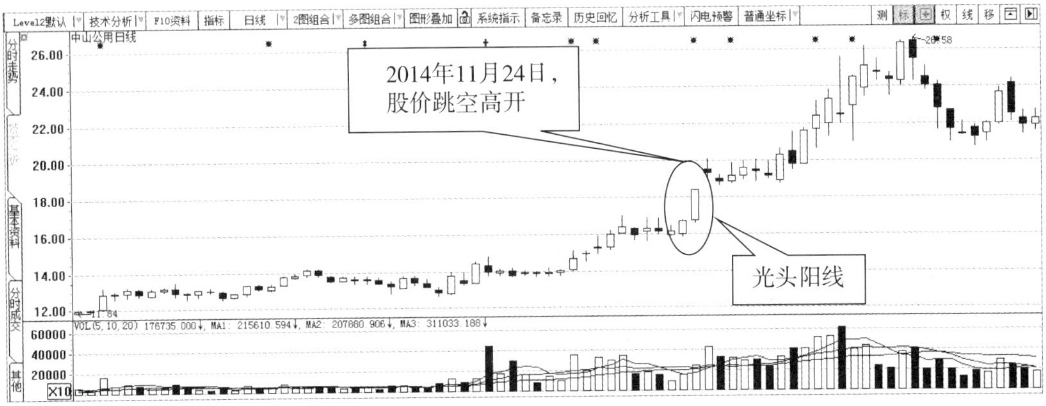

图12－5　中山公用（000685）日K线走势图

图12－5为中山公用的日K线走势图。2014年11月21日，中山公用股价涨停，日K线收出了光头大阳线形态，这预示着下一个交易日股价有可能继续上涨。24日，股价直接跳空开盘，印证了其交易指示作用。

由于我国股市设有10%的涨跌停限制，因此当做多力量还没有完全释放时，股价已经达到了规定的最高限制，这就迫使做多力量不得不在下一交易日开盘时段继续发力，这也是光头阳线次日股价多数高开的原因。

单根K线只反映了某一交易日的多空争夺情况，因而对未来走势的预判准确性并不高。如果能够通过观察一组K线或者结合其他技术指标综合研判，效果则会好很多。

2. 趋势性引导信号

事实上，交易者很难从一根K线预判未来的股价走势，但可以从一组K线的运行态势预测未来的趋势。例如，前几个交易日K线形成了某种典型的反转形态，如早晨之星形态、黄昏之星形态，那么可以预判股价走势可能发生反转。如果以前十几根乃至几十根K线构成了典型的底部形态或顶部形态，那么就可以预判股价在不远的将来将会上涨或下跌。

如图12－6所示，铜陵有色自2014年10月21日起开始了一波下跌走势，其后股价在底部震荡盘整了一个月左右的时间，形成了三重底形态。11月24日，股价突然跳空上涨，突破了三重底形态，成交量也同步放大，这预示着股价将会走出一波上涨行情。

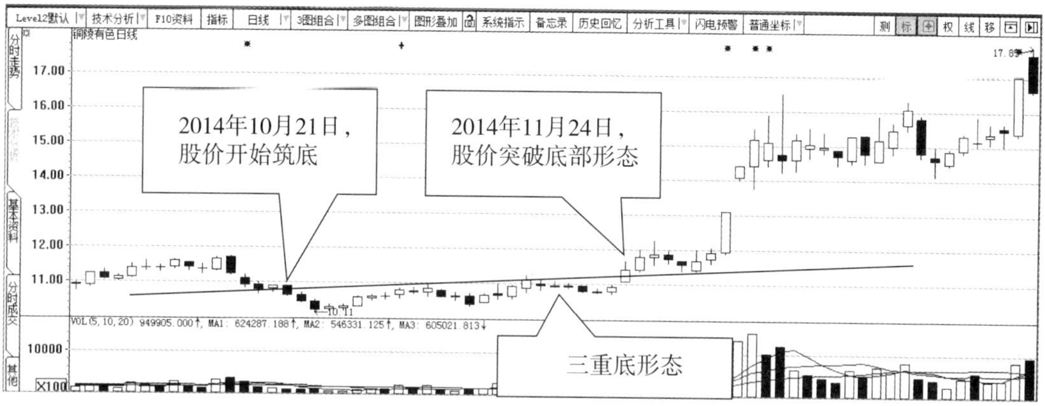

图12-6 铜陵有色（000630）三重底形态走势图

趋势性引导信号并不会直接告诉你明天股价上涨还是下跌，但是它却可以预示未来股价运行趋势的大概率事件，即上涨的概率大还是下跌的概率大。

3. 买卖交易指示性信号

实际上，单纯的K线并不会发出买入或卖出信号。不过，如果能将K线与其他技术分析工具结合，那么K线就可以发出买卖交易指示性信号。例如，K线与均线系统结合，同时辅以成交量作参考，研判股票的买卖点将更为准确。

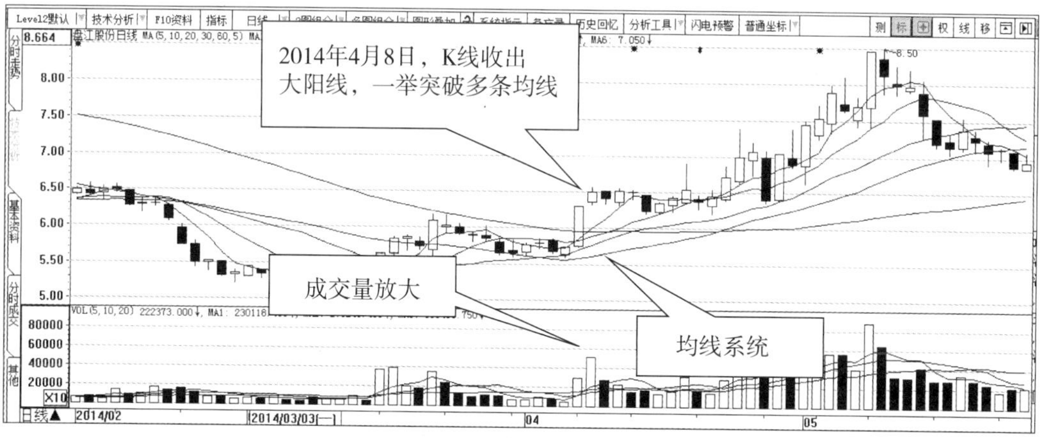

图12-7 盘江股份（600395）日K线走势图

如图12-7所示，盘江股份的股价在2014年4月8日结束了连续多日的盘整，收出了一根光头大阳线，这根阳线一举突破了多条均线的压制。与此同时，成交量相比前一交易日放大了数倍，此时即是该股最佳的买入时机。

通常情况下，K 线上穿均线系统时，如能有成交量放大相配合，那么未来股价上涨的可能性会更高。

买卖交易指示性信号的可靠程度相比单根 K 线或 K 线组合要高很多，不过股市中永远没有绝对的事，投资者还需要结合股价所处的位置、大市环境等综合分析。

12.1.3 大智慧 K 线分析——形态分析

形态分析是 K 线分析最基础的分析方法，是指利用 K 线或 K 线组合表现出来的形态，预测股价未来可能出现的走势。大智慧系统提供的强大数据支持，可以让投资者更方便地对 K 线、K 线组合的形态进行研判。

例如，投资者可以通过某根 K 线走出的低位大阳线形态，结合其表现出来的其他特征，用以研判该股未来的走势。

低位大阳线是指在股价下跌过程中或底部盘整过程中突然出现一根阳线，这根阳线打破了 K 线原来的运行轨迹，如图 12－8 所示。

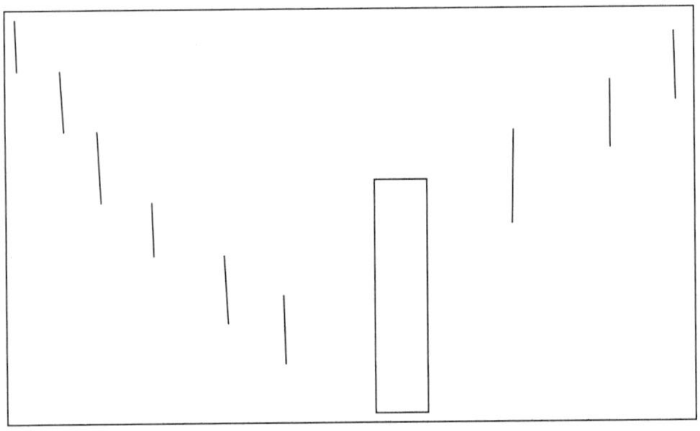

图 12－8 低位大阳线

低位大阳线是一种很极端的 K 线形态，表示开盘时股价开在一个较低的价位，但多方牢牢地控制着盘面，多方攻势明显，步步逼空，并在收盘时将股价稳步抬升至当日的高点。

低位大阳线的实体越长，越接近涨停状态，越表明多方上升力量强大。

1. 操作策略

低位大阳线说明买盘阵容强大，攻击力强，全日股价节节高升，涨势显著。

（1）当大阳线出现在低价位区域或深度下跌之后，预示着股价或将进入上涨行情，投资者可以考虑买入。

（2）当大阳线出现在股价盘整过程中或上涨初期，表明上涨趋势将持续，投资者可以适时进行加仓操作。

（3）大阳线的开盘价是一个重要的点位，一旦股价后期展开的调整跌破这一价位，就说明该股行情有进一步恶化的风险，投资者应考虑卖出止损。

2. 形态综述

一般情况下，在底部盘整之后出现大阳线，如果有成交量放大相配合，通常是主力完成建仓之后的试盘动作，主力需要用一根大阳线测试一下市场买盘与卖盘的情况。如果市场抛盘较大，主力就不会选择立即拉升股价，而会选择震荡向上的方式逐步推高股价。

3. 实战参考

下面看一下士兰微的案例。

如图 12－9 所示，士兰微的股价在 2015 年 1 月初进入底部盘整期。2015 年 1 月 19 日，该股出现了近期最低价 5.60 元。2015 年 1 月 20 日，该股拉出一根实体很长的大阳线，短期涨势确立，这时投资者可以果断跟进。

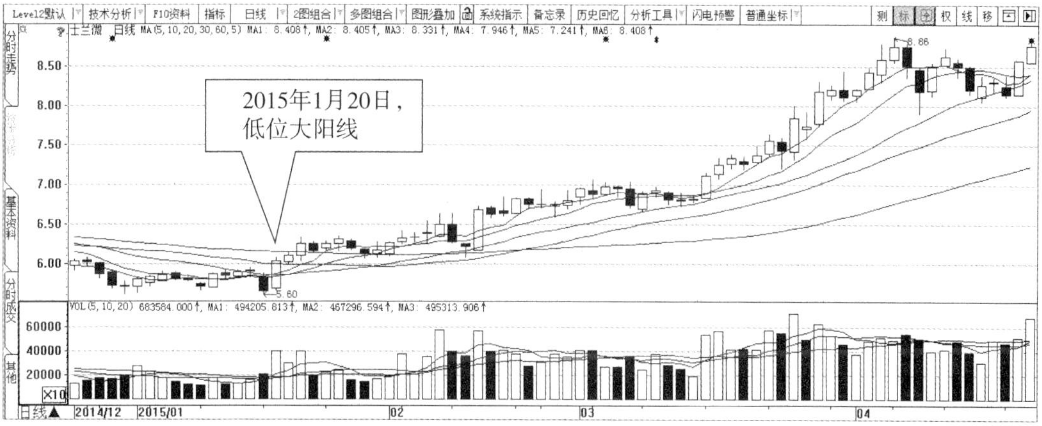

图 12－9　士兰微（600460）日 K 线走势图

12.1.4　大智慧 K 线分析——多维分析

历史经验证明，单独对 K 线形态进行分析，其效果是十分有限的。将 K 线与均线、成交量、技术指标等分析工具结合起来分析，则可大大提升分析结论的准确性。

事实上，在大智慧系统默认的 K 线图界面，K 线并不是单独出现的。投资者打开某只股票的 K 线图，就可以看到这样一个界面，如图 12－10 所示。

如图 12－10 所示，除 K 线图外，大智慧系统中提供的股价走势分析工具还包括以下几类。

（1）均线系统。均线发出的信号包括三类：一是短期均线上穿或跌破长期均线形成的交叉；二是股价对均线完成向上或向下的穿越；三是均线系统的排列方式揭

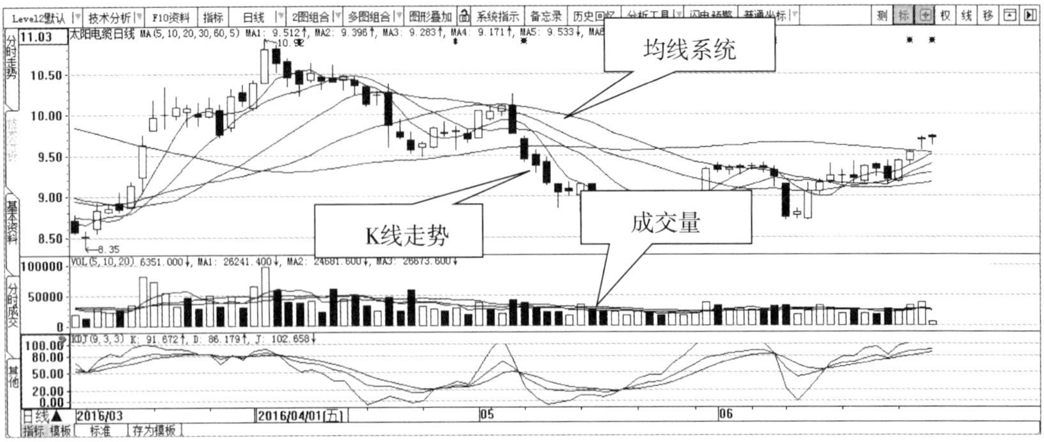

图 12－10　太阳电缆（002300）K 线图

示的股价运行态势。

（2）成交量系统。成交量发出的信号包括两类：一是相对于之前成交量的状况，如放量、缩量、天量、地量等；二是与股价配合的辅助分析功能，如股价向上突破时，放量为确认突破的信号。

（3）技术指标系统。技术指标系统可以独立发出买入或卖出信号，当技术指标信号与 K 线信号同步时，则可增强交易信号的可信度和准确性。例如，K 线发出买入信号时，若技术指标同步发出买入信号，则说明买入信号可信度较高。

大智慧系统提供的技术指标种类非常多，投资者可以根据个人喜好和操作股票标的的类型进行选择。在 K 线图上点击鼠标右键，或通过快捷工具条选择【多图组合】，选中所要选择的图表数量，即可得到多种指标组合。例如，选择“五图组合”，将会看到 KDJ、RSI、MACD 等三个指标同时出现在 K 线图的下方，如图 12－11 所示。

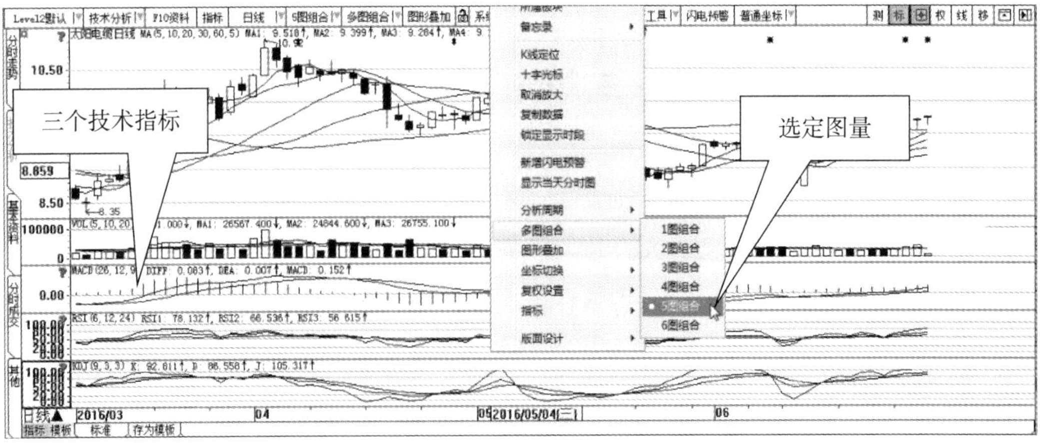

图 12－11　多技术指标组合

投资者若想更换技术指标，只需在想要替换的技术指标的显示位置点击鼠标右键，在快捷菜单中选择【常用指标】，并从中选择拟替换的技术指标即可。

12.1.5 大智慧K线分析——对比分析

对比分析，主要包括叠加对比分析和周期共振分析两种。

1. 叠加对比分析

叠加对比分析，是通过在K线图上叠加其他股票或大盘指数K线走势，借以判断该股票的相对走势强弱。

例如，投资者可在长春经开的股票K线图上叠加一副上证指数走势图。具体添加方法有两种：其一，在K线图上点击鼠标右键，在快捷菜单中选择【叠加图形】，在弹出的【选择股票】对话框中选择“上证指数”即可；其二，点击K线图上方的快捷工具条，选择【叠加图形】按钮，在弹出的【选择股票】对话框中选择“上证指数”即可，如图12－12所示。

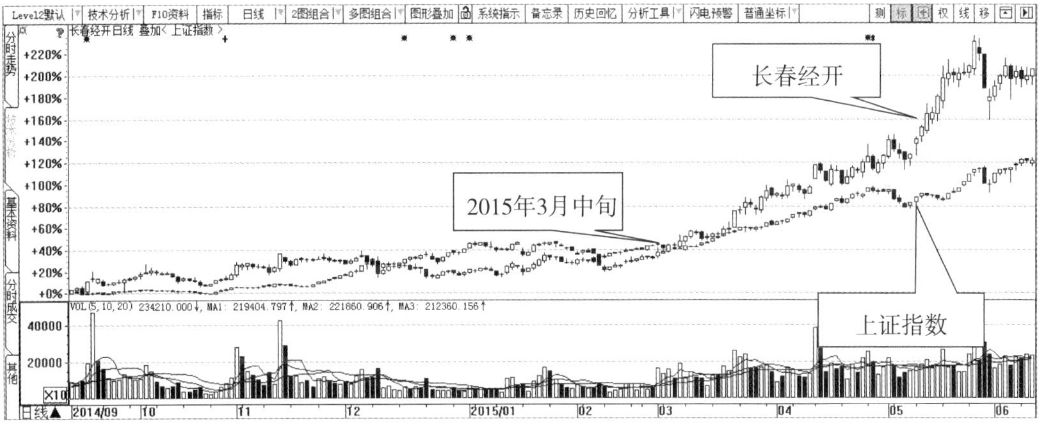

图12－12 长春经开与上证指数走势对比图

如图12－12所示，2015年3月中旬以前，长春经开的股价K线一直运行于大盘指数K线的下方，这说明股价走势弱于大盘，投资者不宜介入该股。

3月中旬，该股股价向上突破大盘指数K线，与大盘指数K线呈开口喇叭形态，且喇叭口越开越大，这说明股价已经步入了快速上涨通道，投资者可以在股价突破大盘指数时买入该股。

叠加对比分析也可以用于选股操作。例如，对同一板块内两只股票的走势进行强弱对比分析，找到走势更强的股票然后买入。

2. 周期共振对比分析

周期共振对比，是指利用大智慧软件的多周期图功能，从不同周期K线走势对当前股价走势作出分析。这种分析方法特别适用于一些需要寻找股价走势关键点的情况，例如判断股价买入点或卖出点等。

下面来看一下金种子酒的案例，投资者可在金种子酒 K 线图界面点击快捷工具条【多周期图】，并选择数字“9”，如图 12－13 所示。

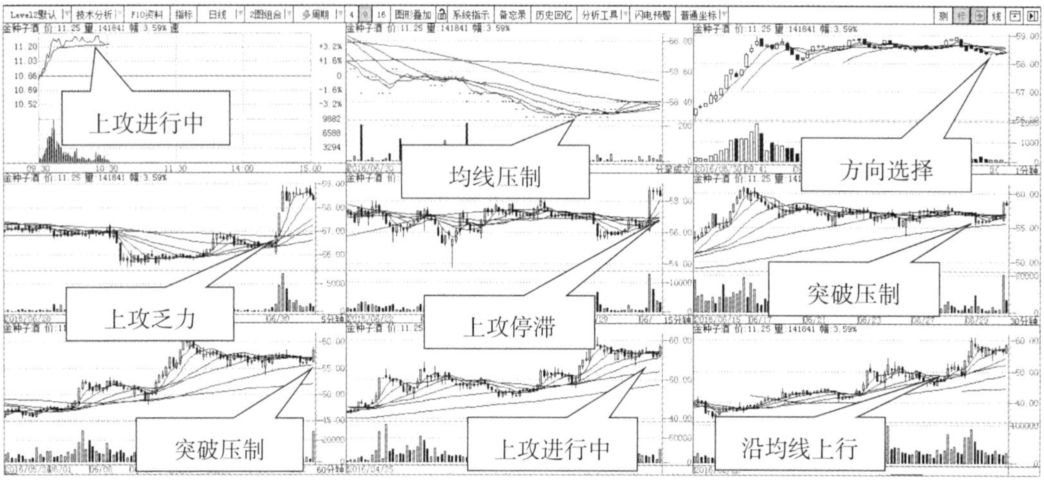

图 12－13　金种子酒（600199）多周期图

图 12－13 是金种子酒在 2016 年 6 月 30 日临近收盘时段的股价多周期 K 线走势图。通过该股的日 K 线走势图，可以发现该股上涨时遇到了一定的阻力，但股价仍位于均线上方，这说明股价短期仍然呈强势。这时再观察一下其他分析周期的 K 线走势图，可以看出股价正沿均线稳步上行，走势较好。

基于以上分析，大致可以看出该股股价短线上攻可能会遇到一定的阻力，但中长线趋势较佳，持仓者可以继续持股，空仓者可在股价回调时少量介入。

12.2　K 线经典形态

这里向读者介绍一些经典 K 线、K 线组合和形态的用法，以便于读者在实战中参考。

12.2.1　十字线

十字线又称十字星，是一种只有上下影线，没有实体或实体可以忽略不计的 K 线形态。当收盘价和开盘价相同或几乎相同时，便会出现这种 K 线形态。十字线收盘价和开盘价之间的波动范围一般小于 1%，如图 12－14 所示。

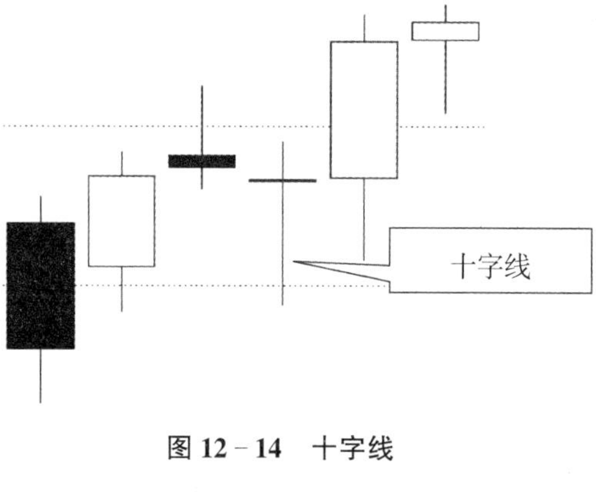

图 12－14　十字线

十字线通常表明市场进入“疲态”，该形态可能是一个趋势的延续，也可能是一个较明显的反转信号。

（1）当十字线出现在连续上涨的高位或相对顶部，之后股价开始一路走低，表明空方开始聚集力量反击，行情有反转向下的可能。尤其是前两日出现动向明显的大阳线或大阴线时，这种转势信号更加明确。投资者应当将其视为“逃顶”的重要参考，坚决卖出并保持空仓。

（2）当十字线出现在连续下跌的低位或相对底部，之后股价开始企稳回升，表明多方开始占据优势，行情有反转向上的可能。尤其是前两日出现动向明显的大阳线或大阴线时，这种转势信号更加明确。投资者应当将其视为“抄底”的重要参考，并采取坚决买入的做多策略。

（3）如果十字线出现在上涨途中，之后股价又迅速突破十字线的顶端（最高价），表明多方仍占据主动，后市仍旧看涨。投资者不要急于卖出变现，只需继续关注即可。

（4）如果十字线出现在下跌途中，之后股价又迅速跌破十字线的末端（最低价），表明空方仍占据着主动，后市仍旧看跌。投资者不要急于吸纳买入，应继续持币观望。

（5）十字线的上下影线长短变化很大。上下影线越长，十字线的信号就越强。上下影线较长的十字线称为大十字线，表示多空双方争夺激烈；上下影线较短的十字线是小十字线，表明多空双方小心接触，市场上的交易并不活跃。此外，十字线的上影线越长，表示卖压越重；下影线越长，表示买盘越旺盛。

12.2.2　一字线

一字线是一种既没有实体，也没有上下影线的非常特别的K线形态。它代表多空双方中的某一方占据着绝对优势，股价从开盘到收盘一直被死死地钉在涨停或跌停的位置上。如图12－15所示。

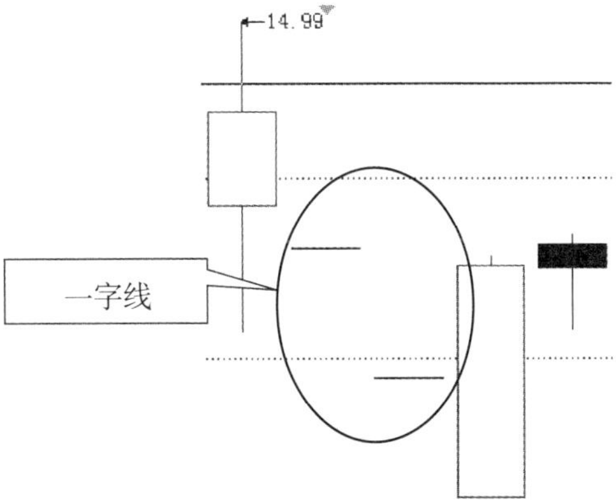

图12－15　一字线

一字线的开盘价、收盘价、最高价和最低价这4个价格是相同的。它既可能出现在上涨行情中，也可能出现在下跌行情中。

一字线具有特别的意义，投资者应该对其给予重点关注。

（1）如果一字线出现在低价位区域或

上涨过程的初期，往往表示该股有重大利好，已经被一些提前获得消息的“先知先觉者”捷足先登，多头能量凸显，后市行情看涨。投资者如果在当天没有买入，可以在第二天追涨买入。

（2）如果一字线出现在高价位区域或下跌过程的初期，往往表示该股有重大利空或股价偏离理性，主力开始出逃，空头能量凸显，后市行情看跌，投资者应当坚决斩仓卖出以规避风险。

（3）如果在上涨或下跌过程中连续出现多根一字线，为了防止风险，投资者不宜再继续追涨或杀跌，应保持观望。

12.2.3 缺口

缺口意味着股票在交易过程中存在一个价格空白地带。也就是说，缺口的形成是股价直接“跳过”了某个价格区域，在这个区域没有产生过交易。通过研究发现，向上的跳空缺口带来涨停板的概率要远远超过普通的 K 线。

缺口一般是由以下两个原因造成的。

（1）交易双方都极度缺乏交易的意愿。这种情形往往发生在市场横盘震荡区间，此时市场运行方向不明朗，多空双方都处于观望之中，缺乏入场交易的意愿。

（2）市场交易中的一方极度缺乏交易的意愿，这样价格就会按照另一方的意愿前进。这一情形表明市场将按照缺口的方向发展。

缺口主要分为两类：一是向上跳空缺口，这类缺口往往会对股价向下运行起到重要的支撑作用；二是向下跳空缺口，这类缺口往往会对股价向上运行起到重要的阻力作用。

1. 缺口的支撑

当出现向上跳空的缺口后，股价经常会再次回落到缺口位置附近，此时会出现两种可能的走势。

（1）缺口不回补，或者不完全回补。此时缺口就会对股价产生支撑作用，而后股价继续原来的上涨行情。

（2）缺口被完全回补。股价出现向上跳空缺口之后，如果出现回补缺口的情形，此时若股票抛盘消失，那么股价会重新开始上涨；若抛盘仍大量涌出，则股价有继续下跌的可能，如图 12－16 所示。

向上跳空缺口反映出在多空双方的力量对比中，多方占据了明显优势，这就给很多投资者一定的心理暗示：股价还会继续上涨。于是，越来越多的买盘就会跟进买入股票，从而推动股价进一步上涨。

当股价出现回调并下跌到缺口附近时，多方会将此形态看成股价的暂时回调，

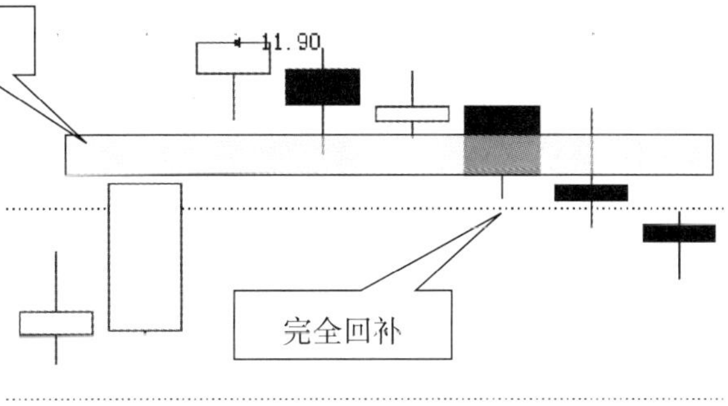

图 12－16　向上跳空缺口形态

很多看好后市的投资者都会趁此机会买入股票，从而推动股价延续之前的上涨，这样缺口的支撑作用就显现出来了。

2. 缺口的阻力

当出现向下跳空的缺口后，股价经常会再次上涨到缺口位置附近，此时会出现两种可能的走势。

（1）缺口不回补，或者不完全回补。此时缺口会对股价产生阻力作用，之后股价继续原来的下跌行情。

（2）缺口被完全回补。股价出现向下跳空缺口之后，如果出现回补缺口的情形，此时若股票的买盘消失，那么股价会重返下跌之路；若股票买盘大量出现，则股价有上涨的可能。如图 12－17 所示。

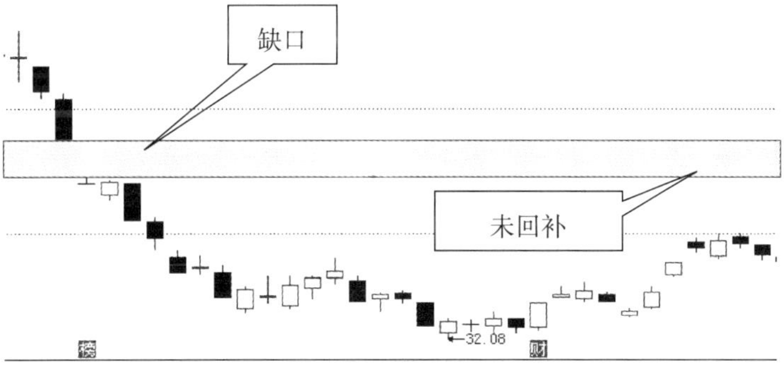

图 12－17　向下跳空缺口形态

向下跳空缺口反映出在多空双方的力量对比中，空方占据了明显的优势，这会给很多投资者一定的心理暗示：股价还会继续下跌。于是越来越多的卖盘就会跟进卖出股票，从而推动股价进一步下跌。

当股价出现反弹并上涨到缺口附近时，空方会将此形态看成股价的一次反弹，很多不看好后市的投资者都会趁此机会卖出股票，从而推动股价延续之前的下跌，这样缺口的阻力作用就显现出来了。

12.2.4 包线

包线，又称怀抱线、穿头破脚、吞噬形态，由两根K线组成，前一根K线实体较短，后一根K线实体相对较长一些，且将前一根K线实体完全包住。也就是说，前一根K线的最高价与最低价均处于后一根K线最高价与最低价的波动范围内。这两根K线为一阴一阳，可以是阴线在前，阳线在后，也可以是阳线在前，阴线在后。

包线出现在一段持续的下跌走势之后，前一根K线是阴线，后一根K线是阳线，则称之为阳包阴或多头吞噬。该形态表示之前强势的空方力量趋于衰竭，多方开始占据主动并已压倒空方，是常见的见底信号，如图12－18所示。

包线出现在一段持续的上涨走势之后，前一根K线是阳线，后一根K线是阴线，则称之为阴包阳或空头吞噬。该形态表示之前强势的多方力量趋于衰竭，空方开始占据主动并已压倒多方，是常见的见顶信号，如图12－19所示。

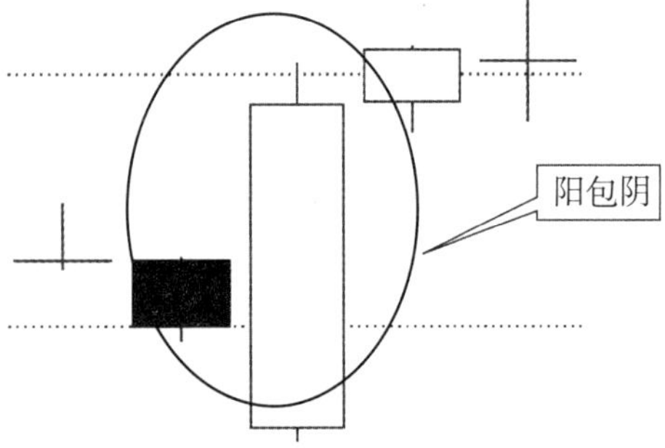

图12－18 阳包阴

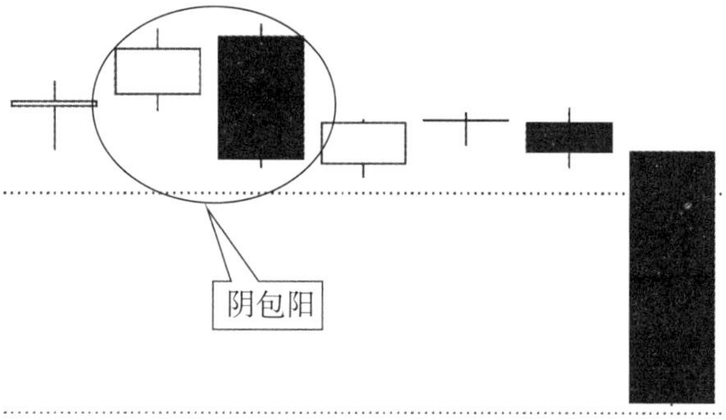

图12－19 阴包阳

包线说明原本占据优势的空方（多方）力量几乎被完全消耗，多方（空方）已经成为主导力量，市场有发生反转的可能。

（1）在连续上涨走势中出现阴包阳形态，表明卖盘力量已经明显强过买盘力量，是股价即将见顶回落的信号，投资者宜在次日采取逢高卖出的做空策略。

（2）在连续下跌走势中出现阳包阴形态，表明买盘力量已经明显强过卖盘力量，是股价即将触底回升的信号，投资者宜在次日采取逢低吸纳的做多策略。如果投资者依照该形态买入股票，应将止损位设在阳包阴形态中阳线的最低价位置。一旦股价跌破该价位，投资者应尽快卖出止损。

（3）操作中需要注意的是，在识别包线信号时，应该看两根K线实体部分是否“吞噬”，即后一根K线的实体部分是否包住了前一根K线的实体部分，不要将上下影线计算在内，否则会引发错误的操作。

（4）发生吞噬的当天，如果伴随着成交量放量的配合，则可确认为转势信号。

如果第二根K线实体能吞噬前面好几天的K线实体，则表明反转的力量很大。

12.2.5 孕线

孕线又称母子线、身怀六甲、孕育形态，由于形态看上去好像一个怀孕的母亲而得名。孕线由两根K线组成，前一根K线实体较长，后一根K线实体相对来说短一些，且“隐藏”在前一根K线实体内，即后一根K线最高价与最低价均处于前一根K线最高价与最低价的波动范围内。这两根K线为一阴一阳，可以是阴线在前，阳线在后，也可以是阳线在前，阴线在后。

当孕线出现在一段持续的下跌走势之后，前一根K线是阴线，后一根K线是阳线，则称之为阴孕阳或多头母子。该形态表示之前处于强势的空方力量趋于减弱，多方开始发力，通常表示见底信号，如图12－20所示。

当孕线出现在一段持续的上涨走势之后，前一根K线是阳线，后一根K线是阴线，则称之为阳孕阴或空头母子。该形态表示之前处于强势的多方力量开始减弱，空方开始发力，通常表示为见顶信号，如图12－21所示。

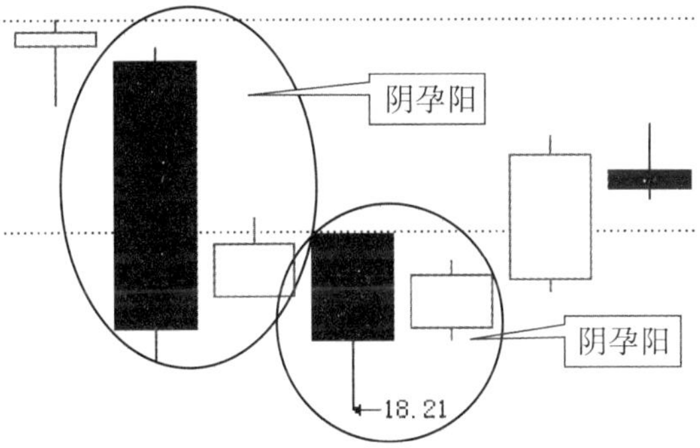

图12－20 阴孕阳

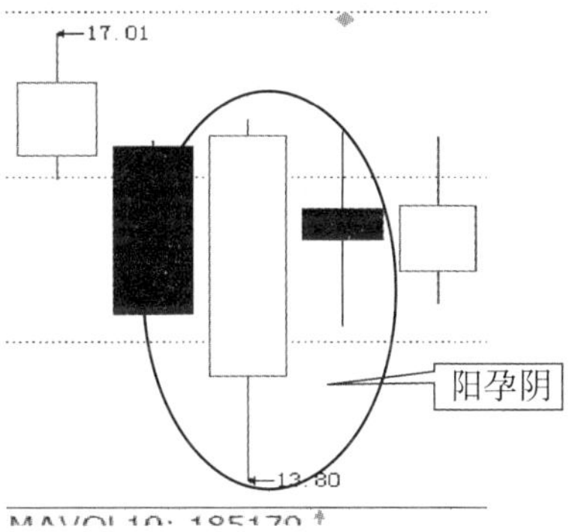

图12－21 阳孕阴

出现孕线表明在市场中存在一种犹豫心理，具有一定的趋势反转含义，但其反转信号的强度不如包线。从实体的长度来说，孕线的两根K线实体越长，行情发生反转的可能性越大。

（1）在连续下跌走势中出现阴孕阳形态，表示卖盘力量减弱，股价可能即将见底或继续下跌的空间很小。这时投资者不宜轻举妄动，而应耐心观察。当有其他信号证明股价将上涨时，再进行买入操作。

（2）在连续上涨走势中出现阳孕阴形态，表示买盘力量减弱，股价可能即将见顶或继续上涨的空间很小。这时投资者可以卖出部分股票，轻仓观望。

（3）尽管第二根K线实体并不长，但其收盘价也能从侧面反映反转的可能性。阴孕阳形态中，后一根阳线相对于前一根阴线收盘价越高，则反转向上的可能性越大。

阳孕阴形态中，后一根阴线相对于前一根阳线收盘价越低，则反转向下的可能性越大。

12.2.6 旭日东升

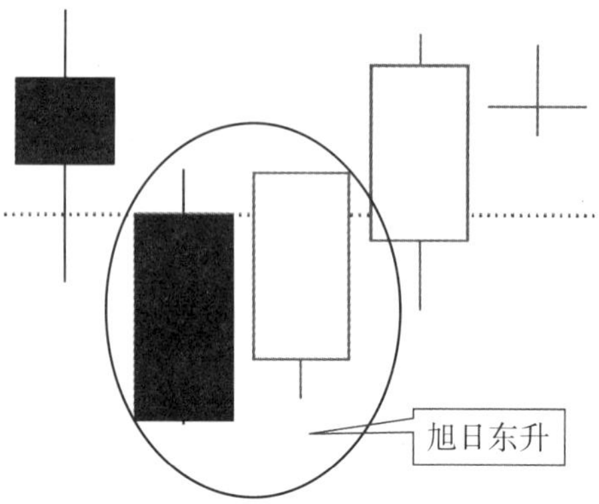

图 12－22 旭日东升

旭日东升通常出现在一轮显著的下跌行情之后，是由一阴一阳两根 K 线组成的。先是收出一根大阴线或中阴线，接着又收出一根高开高走的大阳线或中阳线，且这根阳线的收盘价高于前一根阴线的开盘价，如图 12－22 所示。

只有黑暗过后才可能会旭日东升，即股价前期必须经历过一段长时间的下跌。旭日东升的第一根阴线表示原来下跌趋势延续，不过这一天空方几乎将能量释放殆尽。第二根高开高走的阳线表示一开盘多方就占据主动，空方因无力抵抗而节节败退，最终多方以绝对的优势取得胜利。

旭日东升预示行情由阴转晴，未来变得一片光明，是较为强势的看涨信号。

（1）在连续下跌之后出现旭日东升形态时，投资者不宜继续看空，而应转变思维，寻找合适的机会逢低买入，积极做多。

（2）出现旭日东升形态后，如果股价不升反降，则表示形态失败，投资者应以持币观望为宜。

（3）以旭日东升形态为标准买入股票，应该将该形态第一根阴线的最低价设为止损位。当股价跌破该位置时，投资者应进行止损操作。

（4）旭日东升形态中，第二根阳线的实体部分越大，收盘价越高，则后市上涨的力度越大。在收出阳线这一天，如果同时伴随着成交量放大，则看涨信号更为强烈。

12.2.7 乌云盖顶

乌云盖顶一般出现在上涨行情中，由一阳一阴两根 K 线组成；先是收出一根大阳线或中阳线，接着又收出一根跳空高开的大阴线或中阴线，且这根阴线收盘价所处的位置在前一日阳线实体的中部以下。如图 12－23 所示。

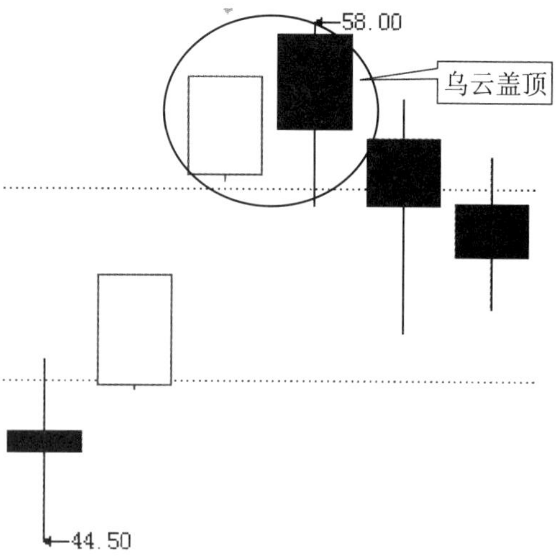

图 12－23 乌云盖顶

乌云盖顶的第一根阳线表示上涨趋势延续，第二根阴线表示开盘初始多方仍占据优势，因而开盘价与前一根阳线的收盘价之间有一定的跳空。之后空方开始发力，不仅补上了这一跳空缺口，还在收盘时将股价打压至前一日阳线实体 1/2 以下位置，好像要将前一日的阳线覆盖，因而乌云盖顶又被称为覆盖线。

乌云盖顶预示着股价已经触到天花板，行情将见顶回落。

（1）乌云盖顶比喻晴朗的天空突然乌云密布，是看跌信号。该形态表明股价至少是阶段性筑顶成功，投资者遇到这种形态，应在次日择高卖出以规避风险。

（2）乌云盖顶形态出现后，如果股价马上进入下降通道，往往相应的下跌力度并不大。相反，如果有一个短暂的调整期，则会在蓄势之后爆发出强劲的下跌力量。

（3）乌云盖顶形态中，第二根阴线的实体部分越大，收盘价越低，则后市下跌的力度越大。收出阴线这一天，如果同时伴随着成交量放大，则进一步证明后市将下跌。

（4）需要注意的是，第二根阴线实体部分应扎入前一日阳线实体部分一半以上，乌云盖顶形态才会有意义。

（5）无论乌云盖顶出现在高位还是低位，都是非常危险的信号，投资者应保持警觉，以抛售出局为宜。不过在低位出现乌云盖顶，极有可能是庄家设的局，所以股票卖出后，投资者还应及时跟踪该股走势。如果发现下跌停滞，有反弹迹象，可以考虑补回。

12.2.8　早晨之星

早晨之星，又称晨星、启明星、希望之星，一般出现在下跌行情结束时。它由三根 K 线组成，第一根为大阴线或中阴线，第二根为跳空低开的小阳线或小阴线，第三根为大阳线或中阳线，且其收盘价必须位于第一根阴线的中部以上位置。如图 12－24 所示。

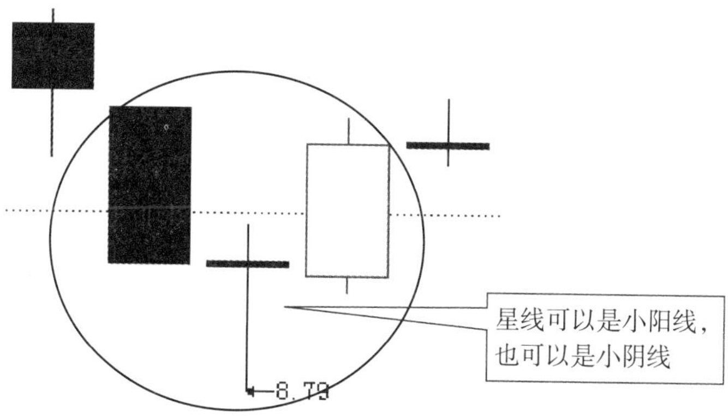

图 12－24　早晨之星

早晨之星，也就是启明星，通常出现在黎明之前最黑暗的时候，可以视为黑夜与白昼的分界点。在不确定的状态下，该形态却有着确定的含义，说明股价已经到达谷底，行情将摆脱下跌的阴影，重现光明。

出现早晨之星形态，表示多空双方的力量对比发生了转换，行情由空方主导转变成多方主导，后市看涨。

（1）早晨之星是常见的见底回升信号，其信号意义较为明显。投资者看到这种形态，应该考虑买入。

（2）买入的时机可以选择在早晨之星第三根阳线形成当日。如果当日没有买入，可以选择次日建仓。

（3）中间的星线实体越小，其与第一根阴线之间的跳空幅度越大，那么反转的可能性越大。第三根阳线的收盘价越高，则买入信号越强烈。

（4）以早晨之星为标准买入股票的投资者，应该将止损位定在中间星线的最低价位置。

12.2.9 黄昏之星

黄昏之星又称暮星、迟暮之星，一般出现在上涨行情结束时。它由三根 K 线组成，第一根为大阳线或中阳线，第二根为跳空高开的小阳线或小阴线，第三根为大阴线或中阴线，且其收盘价必须位于第一根阳线的中部以下位置。如图 12－25 所示。

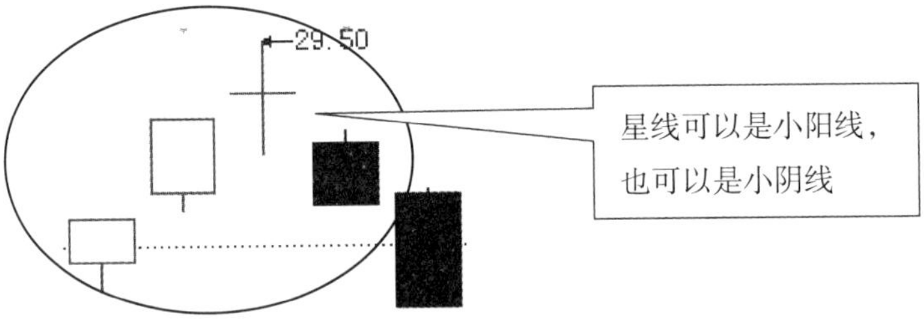

图 12－25　黄昏之星

黄昏之星形态是通过“夜幕降临，明星出现”暗喻股价已经到达顶峰，市场将进入黯淡的下跌行情。

出现黄昏之星表示多空双方的力量对比发生了转换，行情由多方主导转变成空方主导，后市看跌。

（1）黄昏之星是常见的见顶回落信号，其信号意义较为明显。投资者看到这种形态，就应该考虑将手中的股票卖出。

（2）可以将卖出时机选择在黄昏之星第三根阴线形成的当日。如果当日没有卖出，可以选择次日离场。

（3）中间的星线实体越小，其与第一根阳线之间的跳空幅度越大，那么反转的可能性越大。第三根阴线的收盘价越低，卖出信号越强烈。

12.2.10 红三兵

红三兵又称前进三兵，既可以出现在下跌行情中，也可以出现在上涨行情中。该形态由三根股价连续创新高的小阳线组成，这三根小阳线有无上下影线均可，如图12－26所示。在红三兵形态中，后一根K线的收盘价均高于前一日的收盘价，形成稳步上升态势。

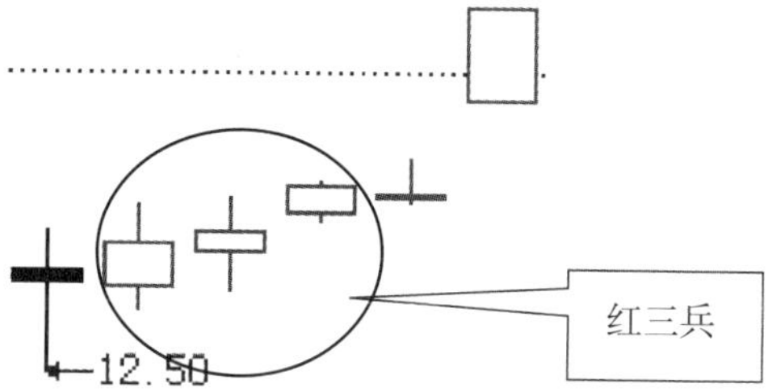

图12－26 红三兵

红三兵形态表现的是一种上涨态势，说明市场上做多力量正在不断增强，形成了市场共识，并一起推动股价不断上升。

（1）红三兵出现在低位区域或深度下跌之后，表明主力或多数投资者认为股价已经到了自己能够接受的价位，于是开始积极买入。这时红三兵具有强烈的反转含义，持币的投资者应该选择买入，持股待涨。

（2）如果红三兵出现在上涨途中，并且伴随着成交量放大，则说明众多投资者在积极跟进，后市将继续上涨。看到这种形态后，投资者仍应看多并积极追涨。

（3）买入时机应该选择在股价突破红三兵形态最高点时。在买入的同时，还应把红三兵形态的最低点设为止损位。

12.2.11 黑三兵

黑三兵既可以出现下跌行情中，也可以出现在上涨行情中。该形态由三根股价连续创新低的小阴线组成，三根小阴线有无上下影线均可，如图12－27所示。在黑三兵形态中，后一根K线的收盘价均低于前一日的收盘价，形成稳步下降态势。

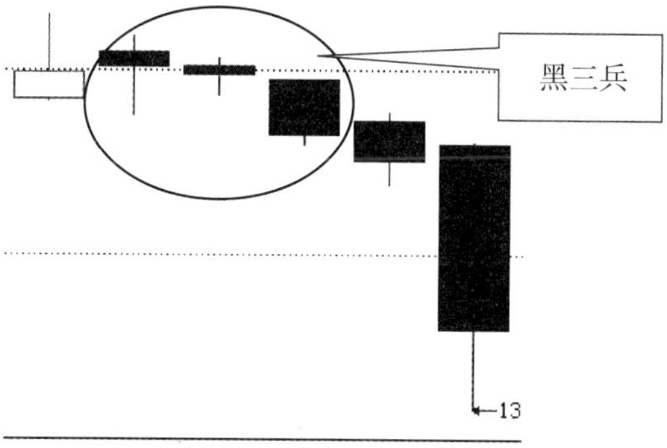

图12－27 黑三兵

黑三兵形态表现的是一种下跌态势，但其在不同的位置代表的含义也有所不同。投资者应根据其所处的具体位置采取不同的操作策略。

（1）当黑三兵出现在高位区域或一段大幅上升趋势后，暗示行情将有反转的可能，投资者应将手中的股票变现，出局观望。

（2）当黑三兵出现在低价位区域或大幅下跌、连续急跌之后，则表示行情有可能探底，不日或有止跌反弹的可能，投资者应多加关注，并在涨势确立后考虑做多。

（3）当黑三兵出现在下跌初期或途中，则是中继形态，后市依然看跌，这时仍然持股的投资者应果断卖出。

12.2.12 空方炮

空方炮又称两阴夹一阳、两黑夹一红。根据后面的两种称呼可以知道，这种形态是由两根实体较大的阴线和一根实体较小的阳线组成的，三者的中轴基本处于同一位置上，阳线被左右两根阴线紧紧地夹在中间，且其实体部分几乎被两根阴线的实体完全覆盖。如图12－28所示。

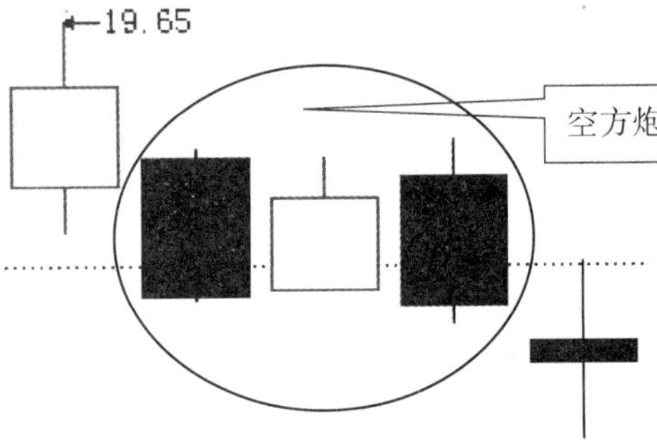

图12－28　空方炮

空方炮形态中，中间阳线的开盘价一般高于其前后两根K线的收盘价，收盘价通常低于其前后两根K线的开盘价。该形态既可以出现在下跌行情中，也可以出现在上涨行情中。

空方炮形态并不表示空方占据优势，也不意味着空方一直压制多方，股价必然连连下跌。它的市场含义还需要根据具体的位置来进行研判，毕竟任何形态都不具有确定性，空方炮也有哑火的时候。

（1）空方炮常出现在庄家出货的过程中，因此当这种形态出现时，只要不是在低价位区域或大幅度下跌之后，就有强烈的看跌意义，投资者应降低仓位或清空仓位，以免被套牢。

（2）在上涨行情中，尤其是大幅上涨之后出现空方炮形态，表示空方开始向多方开炮，走势应在多空双方的激战后发生变化，股价会停止上升的脚步或见顶回落。这时投资者应将手中的股票迅速卖出，坚决做空。

（3）在下跌初期或下跌途中出现空方炮形态是中继信号，股价经过短暂休整后，可能会继续下跌。这时持币的投资者最好不要介入，持股的投资者应该果断杀跌。

（4）在低价位区域或股价已经大幅下跌之后出现空方炮形态，投资者不宜再割肉止损，因为这种空方炮有可能是庄家为了吸筹设置的空头陷阱，股价之后或将进入盘整或上涨行情。当出现反转信号时，投资者可以买入股票，弥补之前的损失。

12.2.13 多方炮

多方炮又称两阳夹一阴、两红夹一黑。根据后面的两种称呼可以知道，这种形态是由两根实体较大的阳线和一根实体较小的阴线组成的，三者的中轴基本处于同一位置上，阴线被左右两根阳线紧紧地夹在中间，且其实体部分被两根阳线实体完全覆盖。如图 12－29 所示。

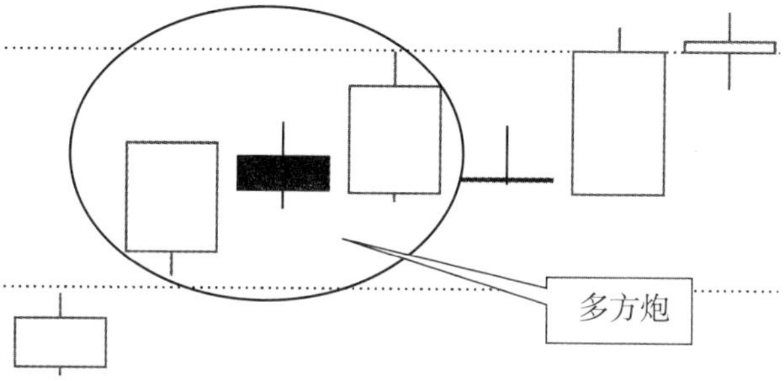

图 12－29 多方炮

多方炮形态中，中间阴线的开盘价一般低于其前后两根 K 线的收盘价，收盘价通常高于前后两根 K 线的开盘价。该形态既可以出现在上涨行情中，也可以出现在下跌行情中。

多方炮形态并不一定表示多方发动攻击后空方就节节败退，空方也有可能压制住多方的进攻，从而反败为胜。只有在关键位置出现，多方炮才有开炮取胜的可能性，投资者需要根据其出现的具体位置进行操作。

（1）多方炮常出现在庄家洗盘过程中。如果收出阴线的同时成交量萎缩，之后一日又温和放量，则说明洗盘效果明显，后市看涨信号更为强烈。为了避免被清洗出局，投资者应该保持警惕，不要轻易卖出股票。

（2）在下跌行情中，尤其是大幅下跌之后出现多方炮形态，表示多方开始向空方开炮，走势应在多空双方的激战后发生变化，股价会止跌反弹或见底回升。投资者可以买入适量股票，持股待涨。

（3）在上涨初期或上涨途中出现多方炮形态是中继信号，表明股价经过短暂休整后，仍有继续上升的空间，投资者可以适度追涨。

（4）在高价位区域或股价已经大幅上涨之后出现多方炮形态，投资者应注意风险，因为股价之后或将进入盘整或下跌行情，这时的多方炮有可能成为多头陷阱。如果反转趋势确立，投资者应该选择合适的时间卖出股票，持币观望。

12.2.14 上涨分离

上涨分离又称上涨分手，一般出现在上涨行情中，由一阴一阳两根 K 线组成。

先是收出一根阴线，接着又收出一根阳线，两根 K 线的开盘价相同或者接近。如图 12－30 所示。

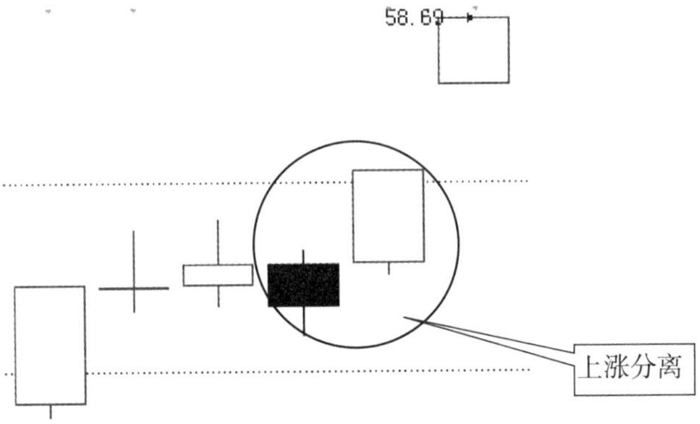

图 12－30　上涨分离

上涨分离的第一根阴线表现了与之前相反的趋势，使多头开始紧张起来。第二天开盘时，股价又回到了前一日开盘价附近的位置，投资者重拾信心，并使股价重新呈现出上涨趋势。

上涨分离通常是一种中继信号，不过当它出现在高价位区域时，投资者应保持警觉。

（1）当上涨分离形态出现在低价位区域或上涨初期时，表示多方重新夺回了主动权，股价将继续上行。这时已经买入的投资者可以继续持股，空仓的投资者可以适当做多。

（2）当上涨分离形态出现在高价位区域时，预示着顶部可能出现，投资者应保持警觉。一旦股价有向下的趋势，应毫不犹豫地卖出股票。

（3）投资者以上涨分离形态为参照买入股票，应将止损位设置在上涨分离形态第一根阴线的最低价上，一旦股价跌破该位置，就要果断止损。

12.2.15　下跌分离

下跌分离又称下跌分手，一般出现在下跌行情中，由一阳一阴两根 K 线组成。先是收出一根阳线，接着又收出一根阴线，两根 K 线的开盘价相同或者接近，如图 12－31 所示。

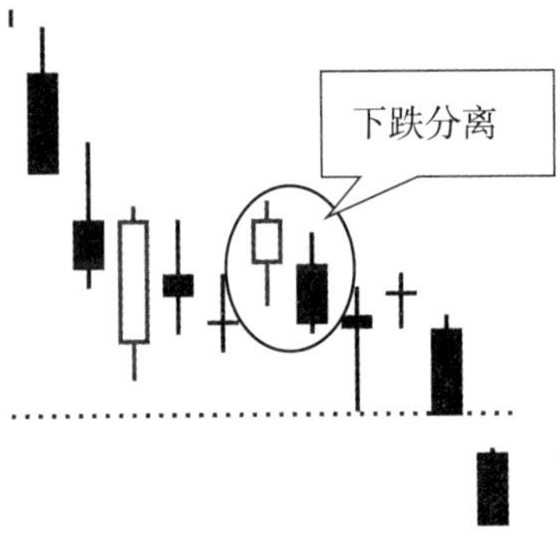

图 12－31　下跌分离

下跌分离的第一根阳线表现出与之前相反的趋势，表明多方发力将股价拉升。第二天开盘时，股价又回到了前一日开盘价附近的位置，表明投资者信心受挫，依然看淡后市，股价重新呈现下跌趋势。

下跌分离通常是一种中继信号，不过当它出现在低价位区域时，投资者应保持关注。

（1）当下跌分离形态出现在高价位区域或下跌初期，表示空方重新夺回了主动权，股价将继续下行。这时空仓的投资者以持币观望为宜，持股的投资者应果断卖出。

（2）当下跌分离形态出现在低价位区域时，预示着底部可能出现，这时投资者可对该股多加关注。一旦后期走势企稳回升，投资者可适时介入。

12.2.16　W 底形态

W 底又称双重底，出现在一段下跌行情的末尾。该形态有两个明显的价格低谷，且两个低谷的最低点大致处于同一价位上，形状就像是一个英文字母“W”，如图 12－32 所示。

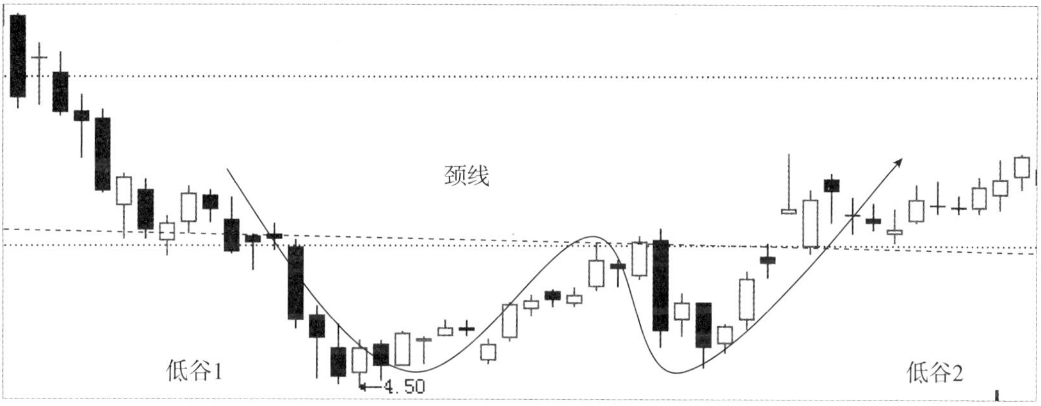

图 12－32　W 底

W 底的形成经历了这样的过程：

股价下跌到一定的价位水平后，由于股价太低，持股的投资者不愿割肉，一些持币的投资者受到低价吸引尝试买入，因而股价出现技术性反弹，形成了第一个低谷。

股价上涨一定幅度之后，短期获利的投资者及时获利回吐，前期不愿割肉的投资者也趁机卖出，之后股价再次下跌，因而反弹并没有持续多长时间。

再次下跌的股价回落到上次低点附近时获得支撑，重新开始上涨，吸引了越来越多的投资者跟进买入，股价冲破前一次反弹的高点，形成了第二个低谷。

通过第一个反弹高点画一条水平直线，就得到了 W 底的颈线。股价突破该颈线，才能视为 W 底形态正式构筑完成。

W 底是一种转势形态，出现该形态预示着跌势告一段落，行情将走入上升通道。

(1) W 底形态是较为可靠的看涨信号，投资者看到此形态后，应考虑买入股票。

(2) W 底形态尚未形成，一些经验丰富的投资者便从中找到了买入良机。当股价第二次探底，且所探得的低点高于前一个低谷的低点时，称为二次探底不破底价。激进的投资者可以把握时机，适量买入，并把前一个低谷的低点设为止损点。

(3) W 底第一个明确的买入时机出现在股价突破颈线位置时，这表明 W 底基本形成，投资者可以积极买入，同时将止损位设在颈线位置。

(4) 在股价突破颈线时，应该伴随着成交量放大；如果成交量太小，则突破的效果会大打折扣，后市极有可能出现横盘震荡走势。

(5) W 底两个低点相隔的周期越长，说明在底部的换手越充分，后市上涨的可能性就越大。

(6) 在 W 底形成的过程中，如果第二个低谷的成交量小于第一个低谷的成交量，第二个低点高于第一个低点，则看涨的信号更加强烈。

(7) W 底的最低点与颈线之间的垂直距离越大，通常表示未来股价上涨的幅度越大。

12.2.17 M 顶形态

M 顶又称双重顶，出现在一段上涨行情的末尾。该形态有两个明显的价格高峰，且两个高峰的最高点大致处于同一价位，形状就像是一个英文字母“M”，如图 12-33 所示。

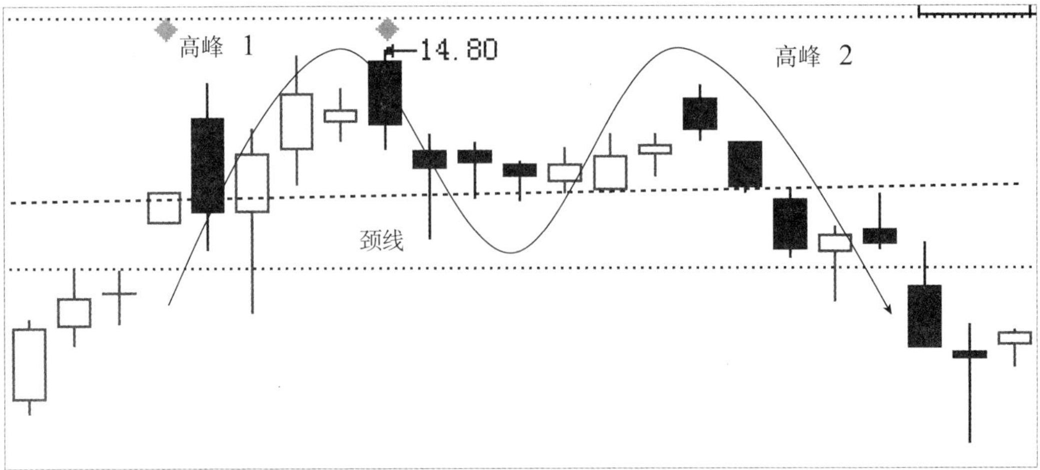

图 12-33 M 顶

M 顶的形成经历了这样的过程：

股价上涨到一定的价位水平后，由于股价太高，持股的投资者纷纷获利了结，很多持币的投资者也望而却步，因而股价出现技术性回调，形成第一个高峰。

但下跌并没有持续多长时间，短线投资者在股价跌到一定程度时开始买入，造成股价反弹，股价再次回升到前期高点附近。

这时短线投资者获利回吐，股价重新开始下跌。这次下跌引发大量抛盘，股价跌破了前一次回落的低点，形成了第二个高峰。

通过第一个回落低点画一条水平直线，就得到了 M 顶的颈线。股价跌破该颈线，才能视为 M 顶形态正式构筑完成。

M 顶是一种转势形态，出现这一形态，预示着涨势告一段落，行情将走入下跌通道。

（1）M 顶形态是较为可靠的看跌信号，投资者看到此形态后，应考虑卖出股票。

（2）M 顶形态尚未形成，一些经验老到的投资者便提前嗅出危险，并将手中的股票沽出。形成第一个高峰之后，如果股价出现较大幅度的下跌，其后股价再度上升到前期高点附近，但又无法突破前期高点，同时成交量较前期明显减少，则有形成 M 顶的可能。这时投资者应先卖出部分股票，轻仓观望。

（3）M 顶第一个明确的卖出信号出现在股价突破颈线位置时，这表明 M 顶基本形成，投资者应把握时机，尽快卖出股票。

（4）M 顶两个顶点的相隔周期越长，在顶部的成交量越大，后市下跌的可能性就越大。

（5）在 M 顶形成的过程中，如果第二个高峰的成交量小于第一个高峰的成交量，第二个顶点低于第一个顶点，则看跌信号更为强烈。

（6）M 顶的最高点与颈线之间的垂直距离越大，通常表示未来股价下跌的幅度越大。

12.2.18 头肩底形态

头肩底出现在下跌行情中，由三个低谷组成，左右两个低谷相对较浅，基本处在同一水平位置上。中间一个低谷的低点明显低于左右两个低谷的低点，其形态就像一个倒立的人的头部和两肩。如图 12－34 所示。

头肩底形态是这样形成的：

股价下跌到一定位置后开始反弹，反弹到一定高度后出现回调，形成了“左肩”。接着股价再度下跌，创出新低后回升，构筑了“头部”。之后股价再次反弹，

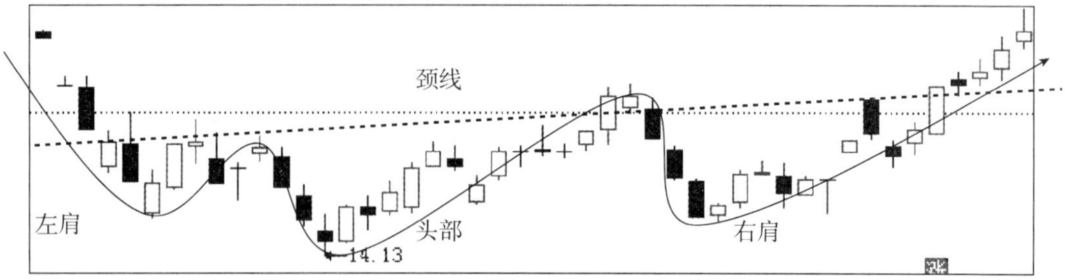

图 12－34　头肩底

上涨到前一次反弹的高度附近再次回调。这次回调的低点高于头部的低点，于是形成了“右肩”。在两次反弹过程中，股价基本在同一价位受阻回落，经过双肩价位的直线就是颈线。

头肩底形态是一种较为强烈的反转形态，表示空方力量不断被消耗，多方重新焕发生机。

（1）头肩底形态是较为可靠的转势信号，此形态出现之后，常常会出现一波较为可观的上涨行情。投资者看到头肩底形态后，应果断买入股票，持股待涨。

（2）股价冲破阻力线（颈线）位置，表示头肩底形态构筑完成，这是头肩底形态的第一个买入信号，此时投资者可以果断买入。突破颈线时，必须要有成交量激增的配合，否则可能是一个虚假突破。但是如果在突破后成交量逐渐增加，形态也可以确认。

（3）股价完成向上突破后，原来的阻力位就变成了支撑位。参照头肩底形态买入股票的投资者，应将止损位设在头肩底的颈线位置上。

（4）成交量是代表头肩底形态信号强弱的一个重要指标。在形成左肩和头部的过程中，如果成交量极度萎缩，冲破颈线形成右肩的过程中成交量却显著放大，看涨信号的可靠性更高。

（5）一般来说，头肩底形态较为平坦，需要较长的时间来完成。形成头肩底所用的时间越长，后市上涨的空间也越大。

（6）头肩底形态可能演变成多个头部或多个肩部形态，但是其基本的技术含义并没有改变，不影响作为头肩底形态来进行研判。

12.2.19　头肩顶形态

头肩顶出现在上涨行情中，由三个高峰组成，左右两个高峰相对较低，基本处在同一水平位置上，中间一个高峰的高点明显高于左右两个高峰的高点，其形态就像一个人的头部和两肩。如图 12－35 所示。

头肩顶形态是这样形成的：

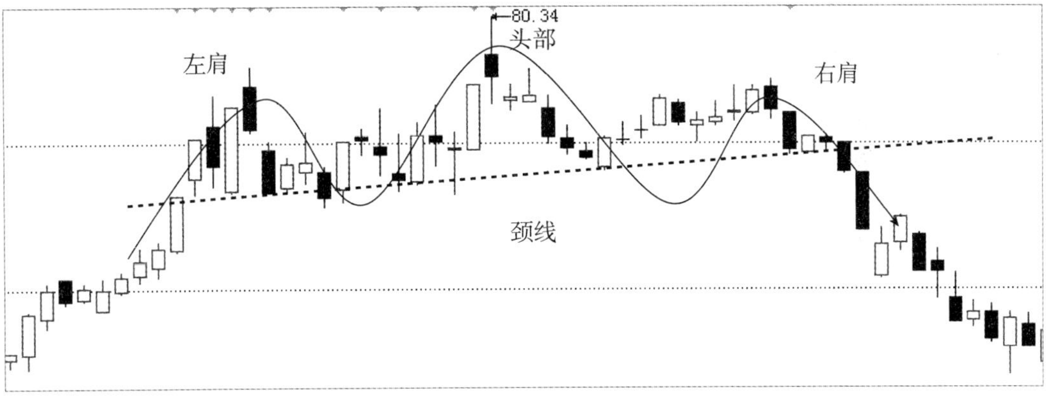

图 12－35　头肩顶

股价上涨到一定高度后开始回落，下降到一定程度后又出现回调，于是形成了“左肩”；接着股价再度上冲，创出新高后回落，构筑了“头部”；之后又下跌到前一次回调的位置附近，再次反身向上，这次回升的高点低于头部的高点，形成了“右肩”。在两次回调的过程中，股价基本在同一价位受到支撑，通过两个谷底价位的直线就是颈线。

头肩顶形态是一种较为强烈的反转形态，表示多方力量不断被消耗，空方逐渐占据主动。

（1）头肩顶形态是较为可靠的熊市信号，此形态出现之后，常常会出现一波较为显著的下跌行情。投资者看到头肩顶形态后，应果断卖出股票，持币观望。

（2）如果第二个高点的成交量较第一个高点大幅缩减，就暗示有形成头肩顶的可能性，“先知先觉”的投资者可以在右肩形成过程中卖出股票。

（3）当股价跌破支撑线（颈线）位置，表示头肩顶形态构筑完成，这是头肩顶形态第一个较为明确的卖出信号。如果颈线向下倾斜，表示后市下跌的可能性更大，投资者更应该选择离场。

（4）股价完成向下突破后，原来的支撑位就变成了阻力位。当股价上升到这一位置时，投资者应加倍小心。

（5）成交量是判断头肩顶形态信号强弱的一个重要指标。形成左肩和头部的过程中，如果成交量显著放大，在冲破颈线形成右肩的过程中成交量却出现萎缩，说明看跌信号的可靠性更高。

（6）一般来说，头肩顶形态较为平坦，需要较长的时间来完成。形成头肩顶所用的时间越长，后市下跌的空间可能越大。

12.2.20　上升楔形整理形态

上升楔形又称上倾楔形，通常出现在下跌行情中。

该形态表现为在股价下跌过程中出现了一小段向上的震荡整理行情。将反弹的高点和回落的低点分别用直线相连，两条直线方向相同且呈收敛状，从而形成一个向上倾斜的楔形形态。如图 12－36 所示。

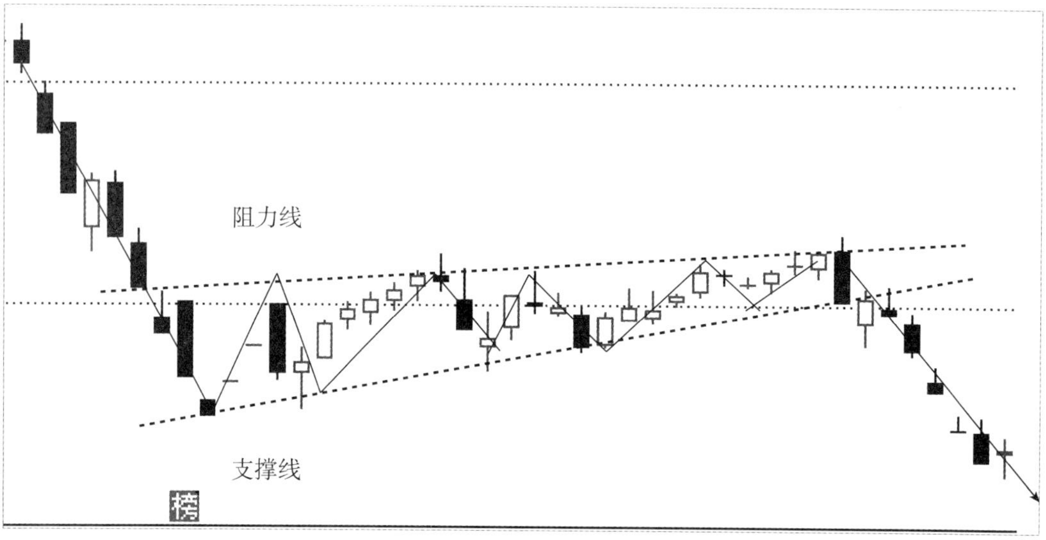

图 12－36　上升楔形

与三角形形态相同，上升楔形形态的股价走势也是逐渐收敛的。不同的是，楔形的上下两条边线的方向相同，而三角形的上下两条边线的方向并不一致。

上升楔形虽然是向上倾斜的，似乎说明上方抛压并不严重，但新的反弹较前面的反弹波幅呈缩小的态势，表示买盘力量正在被消化。同时成交量逐渐萎缩，也有效证明多方上攻意愿不强。因此，可以认为这种形态只是下跌途中的一种技术性反弹，并没有强力的多头想要抬升股价。

有时候，上升楔形会成为庄家制造诱多陷阱的一种手段。庄家会利用这一形态故意拉高股价，诱骗散户投资者买入，以达到出货的目的。

在下跌行情中出现上升楔形，大多是投资者低位补仓或短线操作所致，一般不会影响下跌趋势的发展，因此该形态通常表现为下跌中继信号。

（1）在上升楔形形成的前半阶段，投资者可以按照楔形的上下边线进行高抛低吸操作，即在股价跌到下边线时买入，股价涨到上边线时卖出。但是到了后半阶段，股价波动幅度已经很小，这时投资者最好不要进行波段操作。

（2）股价逐渐接近顶点时，成交量也越来越少，这种价升量减的背离现象说明上涨势头不会持久。看到这种情形，持股的投资者可以考虑逢高卖出股票。

（3）当股价跌破上升楔形下边线时，表明上升楔形正式形成，投资者应该尽快将手中的股票抛空。

（4）上升楔形完成向下突破后，股价往往会急速下跌，但有时也会出现向上的回抽动作。出现回抽时，空仓的投资者不宜介入，仍然持股的投资者则应抓住这一机会，将剩余的股票全部卖出。

（5）在上升楔形形成过程中，成交量一般呈持续萎缩状态。向下突破时可能会有成交量的配合，也可能不会。在股价上升的过程中，如果成交量持续放大，则不能看作是上升楔形，而应视为反转形态。

（6）上升楔形形成的时间较长，一般至少需要三周（15 个交易日），有时甚至会持续 3~6 个月。持续的时间越长，下跌信号的可靠性越高，之后股价下跌的力度也会越大。

12. 2. 21　下降楔形整理形态

下降楔形又称下倾楔形，通常出现在上涨行情中。

该形态表现为在股价上升过程中出现了一小段向下的震荡整理行情。将反弹的高点和回落的低点分别用直线相连，两条直线方向相同且呈收敛状，从而形成一个向下倾斜的楔形形态。如图 12－37 所示。

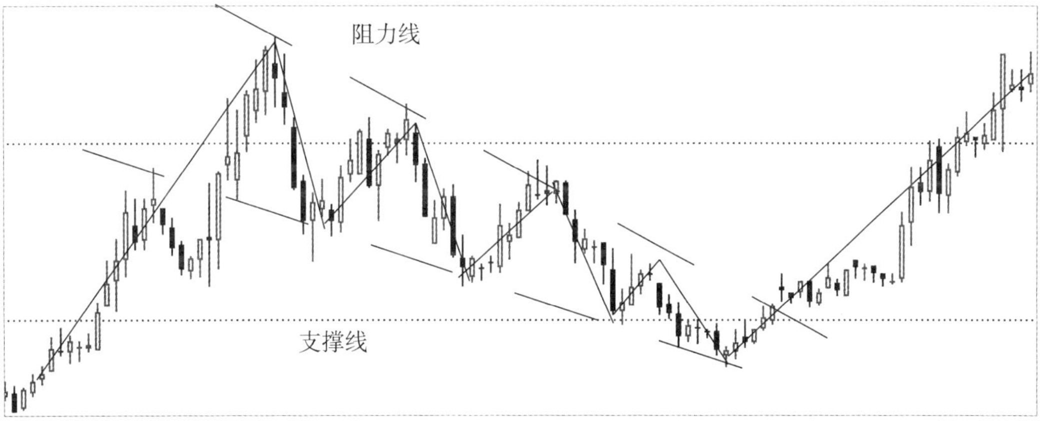

图 12－37　下降楔形

下降楔形虽然是向下倾斜的，似乎说明市场的承接力度不强，但新的回落较前面的回落波幅呈缩小的态势，说明卖盘力量正在被消化。同时，成交量逐渐萎缩也有效证明上方的抛压在减弱。因此可以认为这种形态只是上涨行情中的获利回吐，并没有强力的空头想要打压股价。

有时候，下降楔形会成为庄家制造诱空陷阱的一种手段。庄家会利用这一形态清洗市场中的浮筹，将大部分股票集中在自己手中，以达到为拉升股价夯实基础的目的。

在上涨行情中出现下降楔形，大多是前期获利的投资者卖出行为所致，一般不会影响上升趋势的发展，因此该形态通常表现为上涨中继信号。

（1）在下降楔形形成的前半阶段，投资者可以按照楔形的上下边线进行高抛低吸操作，即在股价涨到上边线时卖出，等股价跌到下边线时买入。但是到了后半阶段，股价波动幅度已经很小，投资者就必须捂牢股票了。

（2）在下降楔形的后半阶段，也就是形态快要完成之前，投资者无论是持股还是持币，都应保持观望的态度，最好不要轻举妄动。日后，一旦发现股价突破下降楔形的上边线，投资者便可以积极买入。

（3）下降楔形完成向上突破后，可能会出现一次向下的回抽。如果股价在楔形的上边线位置获得支撑，则证明突破有效，投资者可以再度买入股票。如果股价跌破这一位置，投资者需要考虑斩仓止损。

（4）参照下降楔形买入股票的投资者，应该将止损位定在楔形的上边线位置。

（5）在下降楔形形成过程中，成交量一般会呈持续萎缩状态。但是在突破上涨时，应该有成交量放大的配合，否则会影响到看涨信号的可靠性。

（6）下降楔形的形成时间较上升楔形稍短一些，但是至少也需要两周（10 个交易日）的时间。

12.2.22 矩形整理形态

矩形整理又称箱型整理，是股市中最典型的整理形态，可以出现在任何行情中。

该形态表现为股价在一定的价位区间内上下波动，将上涨的高点和下跌的低点分别相连，就形成了两条平行的水平直线。如图 12－38 所示。

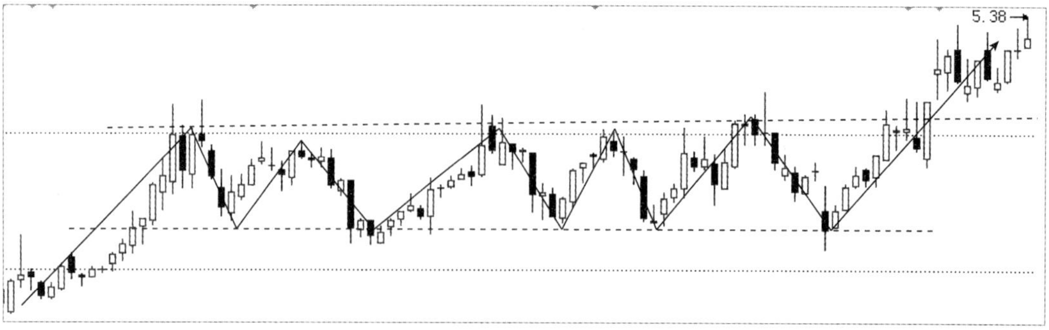

图 12－38 矩形整理

矩形整理的形成经历了这样的过程：

股价在上涨或下跌了一段时间之后出现横向移动。当股价上涨到某一高点时遇到阻力而回落，下跌到某一低点时获得支撑而回升，然后每次回升到前一个高点附近都会受阻回落，每次回落到前一个低点附近时又会止跌反弹。如此反复，便形成了一条水平的整理通道。

矩形是一种冲突均衡的整理形态，显示多空双方虽然互不相让，你争我夺，但由于双方实力相当，所以基本在这一范围内达到了均衡状态。当然，出现这种形态有时也可能是庄家为了吸筹或出货有意控制价格波动幅度。

矩形的上边线是股价的阻力线，下边线是股价的支撑线。一旦股价有效突破了其中任意一条线，都标志着矩形形态构筑完成。

出现矩形整理，表示多空双方在战斗中互有胜负，保持着势均力敌的僵持局面。如果某一方力量削弱，而另一方力量加强，这种僵局便会打破。

（1）绝大多数情况下，矩形表现为一种中继形态，表示股价经过整理后，仍然会按照原来的趋势运行。但是矩形整理形态出现后，投资者仍需要根据股价的历史走势和其他技术指标，判断其是否有演变成反转形态的可能。

（2）矩形整理常常是庄家强行洗盘形成的，上边的阻力线是庄家预定的洗盘位置，下方的支撑线是护盘底线。该形态出现在上涨途中的概率较高，也是最具有价值的。

（3）当矩形整理形态出现在深跌之后的低价位区域，通常表现为反转形态，是潜伏底的变形。

（4）在矩形整理没有形成有效突破之前，如果矩形的上下边线距离较远，那么投资者可以在前期采取高抛低吸的波段操作策略；但如果矩形的波动幅度较小，那么投资者最好保持观望姿态。

（5）经过一段时间的横向整理后，当股价向上有效突破矩形的上边线时，表示多方开始占据优势，投资者可以考虑买入股票，并将止损位设在矩形的上边线上方；当股价向下有效突破矩形的下边线时，表示空方开始占据优势，投资者应考虑卖出股票。

（6）股价形成有效突破的标准是，股价突破边界线后的涨幅或跌幅不小于3%，或者股价连续3天没有重新回到矩形区域之内。

（7）在矩形整理形成的过程中，成交量应该不断减少。特别是从高点回落时，成交量必须呈现逐渐萎缩的态势。

（8）股价向上突破矩形的上边线时，必须伴随成交量的放大才有意义；向下突破时，则不必有成交量的配合。

（9）根据经典理论，矩形整理完成之后，股价的上升或下跌空间至少应该等于矩形的高度，但实战操作中会有一定的出入。不过可以确信的是，这一高度越高，后面的上涨或下跌空间越大。

（10）矩形整理的形成时间要比三角形、旗形等整理形态长，通常会超过 4 周（20 个交易日）。矩形整理的周期越长，完成突破后上涨或下跌的幅度相应也会越大。

12.3　大智慧五彩 K 线分析

五彩 K 线是按照一定的规则将普通 K 线标示成不同的颜色，并突出某些特定形态的 K 线的一种功能。五彩 K 线可以帮助投资者从一副或多幅 K 线走势图中快速找到自己需要的 K 线形态。

12.3.1　五彩 K 线的使用

第一步：进入某只股票的 K 线图界面，点击【菜单】按钮，选择【工具】|【条件选股】，系统会给出一个【条件选股】对话框，如图 12－39 所示。

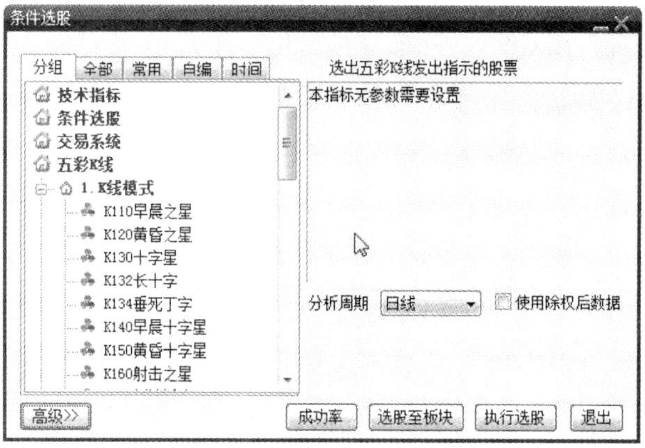

图 12－39　【条件选股】对话框

第二步：如图 12－39 所示，点击“五彩 K 线”标签后，再选中所需的 K 线模式，就会看到各种 K 线形态，例如选中“倒转锤头”后点击下方的【执行选股】按钮。

第三步：系统会给出出现该 K 线形态的股票列表，如图 12－40 所示。

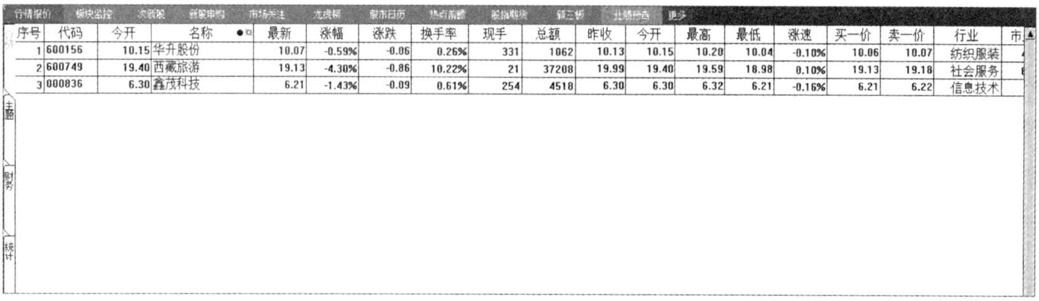

序号	代码	今开	名称	最新	涨幅	涨跌	换手率	现手	总额	昨收	今开	最高	最低	涨速	买一价	卖一价	行业
1	600156	10.15	华升股份	10.07	-0.59%	-0.06	0.26%	331	1062	10.13	10.15	10.20	10.04	-0.10%	10.06	10.07	纺织服装
2	600749	19.40	西藏旅游	19.13	-4.30%	-0.86	10.22%	21	37208	19.99	19.40	19.59	18.98	0.10%	19.13	19.18	社会服务
3	000836	6.30	鑫茂科技	6.21	-1.43%	-0.09	0.61%	254	4518	6.30	6.30	6.32	6.21	-0.16%	6.21	6.22	信息技术

图 12－40　“倒转锤头”选股结果

第四步：点击选股结果列表中的股票，就可以很容易地找到“倒转锤头”形态。例如，投资者想查看华升股份的“倒转锤头”形态，可双击该股名称进入技术分析页面，如图 12－41 所示。

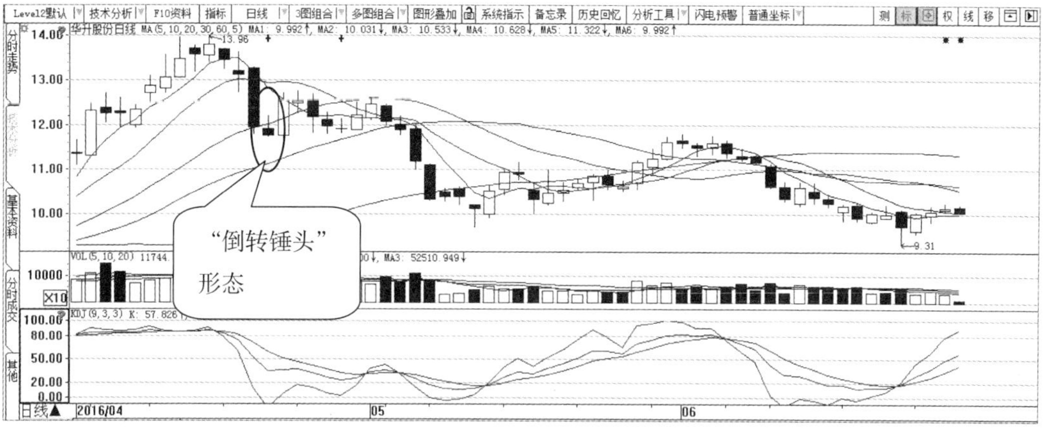

图 12－41　倒转锤头形态

12.3.2　五彩 K 线的添加与修改

第一步：点击大智慧【菜单】按钮，选择【终端】｜【公式管理】｜【公式管理】，系统会给出一个【公式管理器】对话框，如图 12－42 所示。

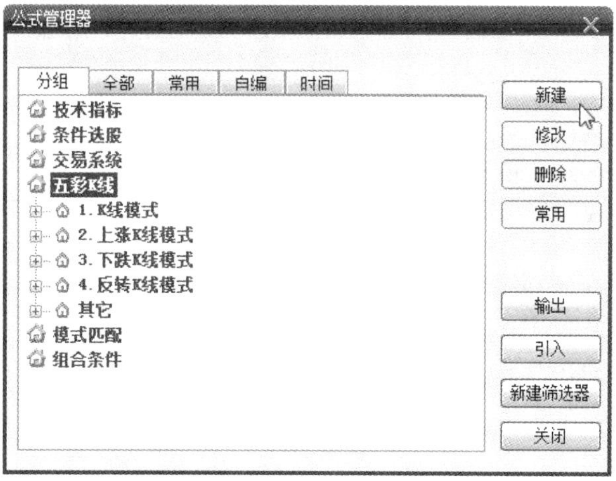

图 12－42　新建五彩 K 线

第二步：点击【公式管理器】对话框右侧【新建】按钮，系统会自动弹出【编辑】选择框，如图 12－43 所示。

第三步：编辑完成，点击对话框顶部【保存】按钮后，系统会自动保存公式。再次点击【终端】｜【公式管理】｜【公式管理】，就可以看到新添加的五彩 K 线，如图 12－44 所示。

图 12－43　编辑对话框

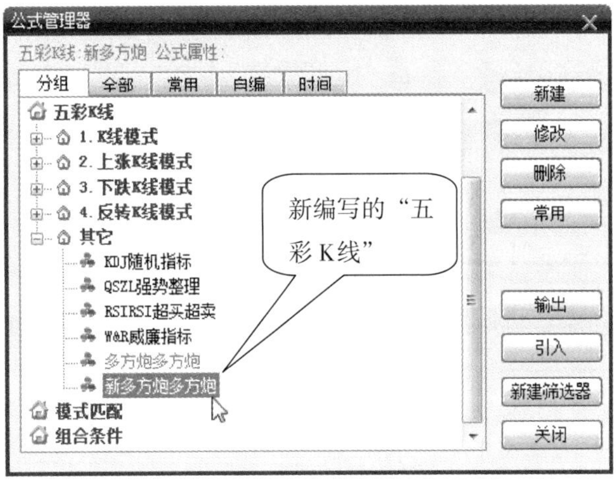

图 12－44　新编写的五彩 K 线

12.4　K 线辅助系统——均线

均线堪称 K 线最完美的搭档。K 线对均线的每次有效突破，都可能对股价短期走势产生重要的影响。

均线全称移动平均线，英文简称为 MA。该指标是以“平均成本概念”为理论基础，采用统计学中的“移动平均”原理，将某一段时间内的股价平均值画在坐标上连成曲线，用来显示股价的历史波动情况，进而反映股价未来的发展趋势，为投资者提供操作的依据，如图 12－45 所示。

移动平均线是在某段期间股价平均成本的基础上，配合每日收盘价的变化，分析这段时间内多空双方的强弱，以研判股价可能的变化。均线的计算又分为算术移动平均线、加权移动平均线、指数平滑移动平均线等多种，其中最常用的是算术移

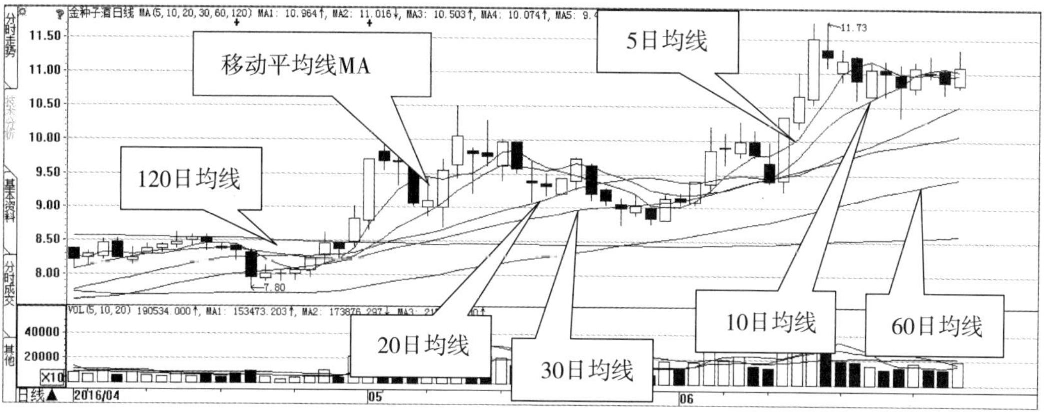

图 12-45　移动平均线（MA）

动平均线，这也是炒股软件中最基本、最常用的均线指标。

大智慧软件默认的均线为 MA5、MA10、MA20、MA30、MA60、MA120，也就是常说的 5 日均线、10 日均线、20 日均线、30 日均线、60 日均线、120 日均线，如 12-45 所示。

均线的周期参数是可以修改的，投资者可以根据需要自行设定和增减。实战应用中，可以单独使用某一条均线来进行研判，也可以采取均线组合的方式进行研判。

均线最基本的思想是消除股价变动的偶然因素，反映股价在一段时间内变动的基本趋势，因而它具有以下几个方面的作用。

（1）揭示股价趋势。均线能够揭示股价的趋势方向，所以具有趋势的性质。当均线向上运行时，表示行情趋势向好；当均线向下运行时，表示行情趋势向淡。如果从 K 线图上能够画出明显的上升或下降趋势线，那么均线的发展方向与趋势线是一致的，能消除股价在这个过程中出现的起伏波动。

（2）反映市场平均成本。均线是近期收盘价平均值的连线，因而它能有效揭示当前市场的平均成本。比如，某只个股在某一交易日内的 10 日均线位对应的数值，代表了该股近 10 个交易日内的平均持股成本。通过对平均成本的分析，能够准确认识市场目前的成本结构，进而判断自己的买入价位是否处于有利的位置。平均成本是市场操作特别是跟踪庄家踪迹的重要依据。

（3）助涨和助跌作用。在一个较大的趋势中，均线会朝着一个方向移动，通常持续一段时间后才会转向。因而均线在上涨行情中通常是多头的防线，具有助涨的作用；在下跌行情中通常是空头的防线，具有助跌的作用。当股价向上突破或向下跌破均线时，往往还有向突破方向再进一步的愿望，这也表现了均线的助涨和助跌作用。

（4）支撑和阻力作用。移动平均线在股价走势中会起到支撑线和阻力线的作用。股价在均线上方运行时，均线会对股价形成支撑；股价在均线下方运行时，均线会对股价形成阻力。均线被突破，实际上是支撑线或阻力线被突破。

（5）给出明显的交易信号。均线能够为投资者提示适当的交易时机。比如，当周期较短的均线由下向上穿越周期较长的均线时，称为黄金交叉（金叉），此为买入信号；反之，当周期较短的均线由上向下穿越周期较长的均线时，称为死亡交叉（死叉），此为卖出信号。

12.4.1 均线的基本用途

1. 股价运行趋势判断

均线与K线结合预判股价运行趋势的方法主要包括以下几种。

（1）均线方向。通常情况下，均线的倾斜方向与股价运行的大趋势是吻合的，即短期均线方向向上，则股价短期处于或即将进入上涨趋势；短期均线方向向下，则股价短期处于或即将进入下降趋势。

如图12-46所示，华能国际的5日均线、10日均线和20日均线在2015年3月出现拐头向上的走势，且股价K线一直位于均线上方，这预示着股价将在中短期出现一波上涨走势。

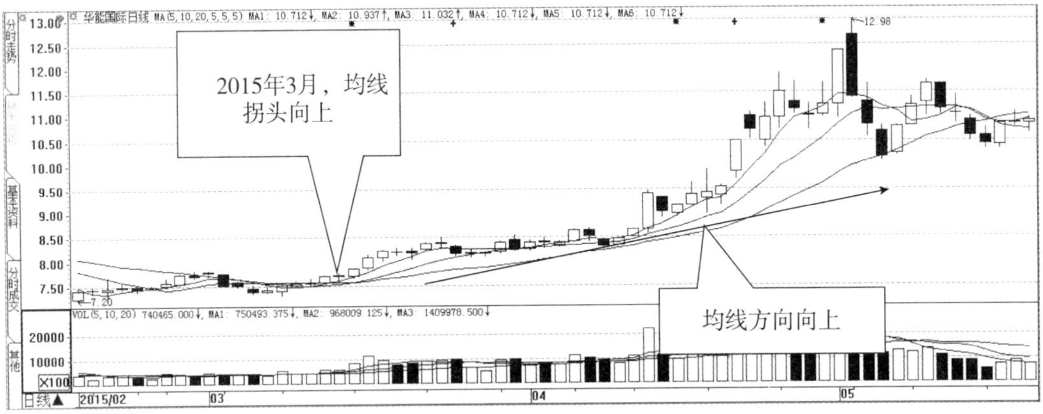

图12-46 华能国际（600011）日K线走势图

运用均线和K线判断股价运行趋势时，以下两点需要注意。

①均线的选择。短期均线走势能够对股价短期内的趋势进行预判，中长期均线同样能够对股价中长期趋势进行预判。使用何种均线，主要取决于投资策略的选择。

②通常情况下，若均线方向向下倾斜，则预示着股价将下行，此时投资者应尽量避免买入交易。

（2）K 线与均线的相对位置。K 线位于均线上方，表示股价高于均线对应周期内的大多数投资者的持仓成本，也就意味着股价上涨相对比较容易；反之，则下跌比较容易。

如图 12 – 47 所示，黄山旅游自 2015 年 3 月 4 日走出震荡区间后，股价 K 线一直位于均线上方，且均线方向向上，意味着股价将持续上涨走势。期间股价曾几次回调至均线附近，均因受到均线的支撑而重新上涨。

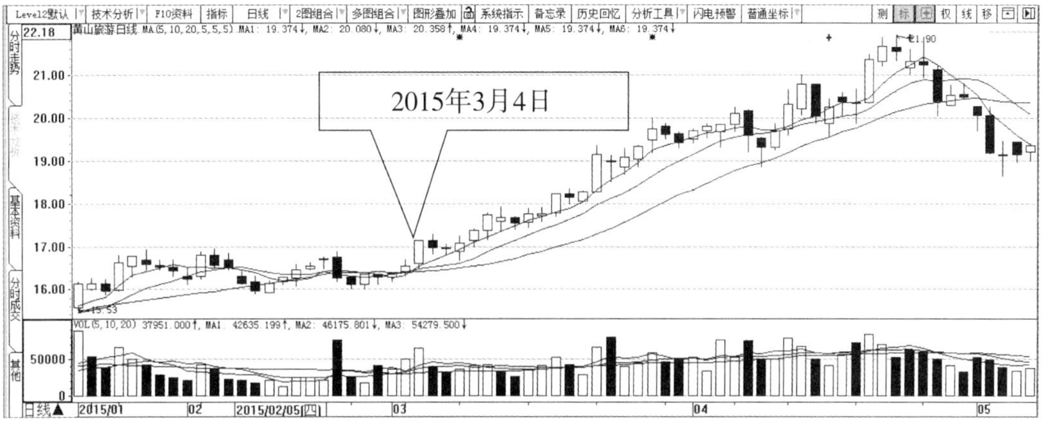

图 12 – 47　黄山旅游（600054）日 K 线走势图

运用 K 线和均线相对位置关系判断股价运行趋势时，需要重点关注均线的方向。均线方向向上，且股价位于均线上方，说明股价处于上涨趋势中；均线方向向下，且股价位于均线下方，则说明股价处于下跌趋势。

（3）均线的排列方式。大多数时间，各条均线都是纠缠在一起的。但是出现明显的下跌或上涨行情时，均线排列就会出现比较经典的组合方式。

①多头排列。多头排列是指短期均线、中期均线和长期均线按照自上而下的顺序排列，三条均线呈现向上倾斜。均线多头排列表示多方力量强大，股价进入了一个稳定的上升期，通常是中线进场的机会。

如图 12 – 48 所示，2015 年初，古越龙山处于盘整阶段。2015 年 3 月 3 日，该股放量上涨，5 日均线、10 日均线和 20 日均线形成了多头排列形态，此时投资者可以果断进场。

之后，股价和均线都呈现逐步上升势头。从图中可以看出，10 日均线是股价的较强支撑线，股价回落到该线附近不久就会重新上涨。在此过程中，多头排列的基本走势没有改变，投资者可以加仓买入。

根据均线多头排列进行操作时，应该注意以下几点。

第一，当均线呈多头排列时，投资者可以在前期和中期积极做多，尤其是多头

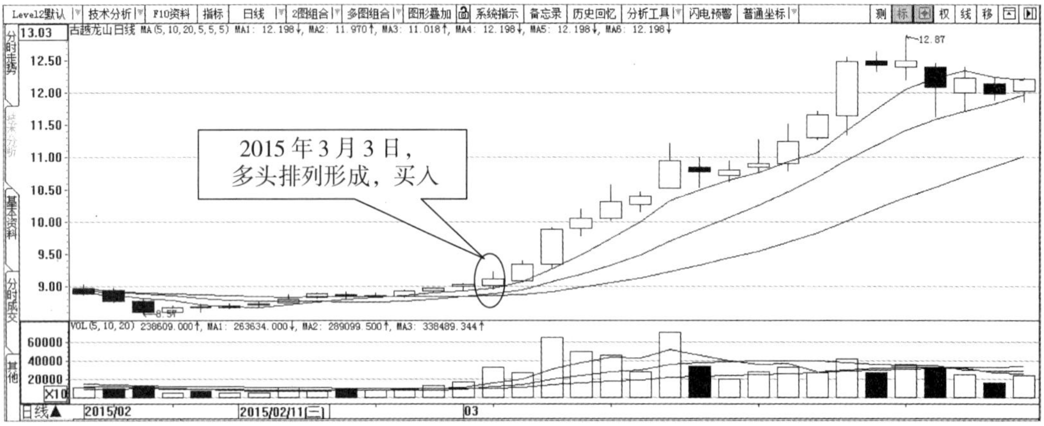

图 12－48　古越龙山（600059）日 K 线走势图

排列刚形成的首个交易日，是最佳的介入时机。

第二，均线如呈多头排列，股价往往会在短期均线之上运行。如果股价回落，并在某条均线附近获得支撑再度上涨，投资者仍可适量买入。

第二，当股价上涨到高位后，均线虽然仍呈多头排列，但是已经有走平或掉头向下的迹象时，投资者应该对买入持谨慎态度。

②空头排列。空头排列是指长期均线、中期均线和短期均线按照自上而下的顺序排列，三条均线呈现向下倾斜。均线空头排列表示空方力量强大，股价进入了一个持续的下跌期，通常是中线离场的信号。

如图 12－49 所示，2015 年 6 月中旬，处于筑顶阶段的海信电器出现滞涨现象，随后股价进入下跌走势。2015 年 6 月 18 日，股价跳空跌破 5 日、10 日和 20 日均线，投资者应及早卖出。

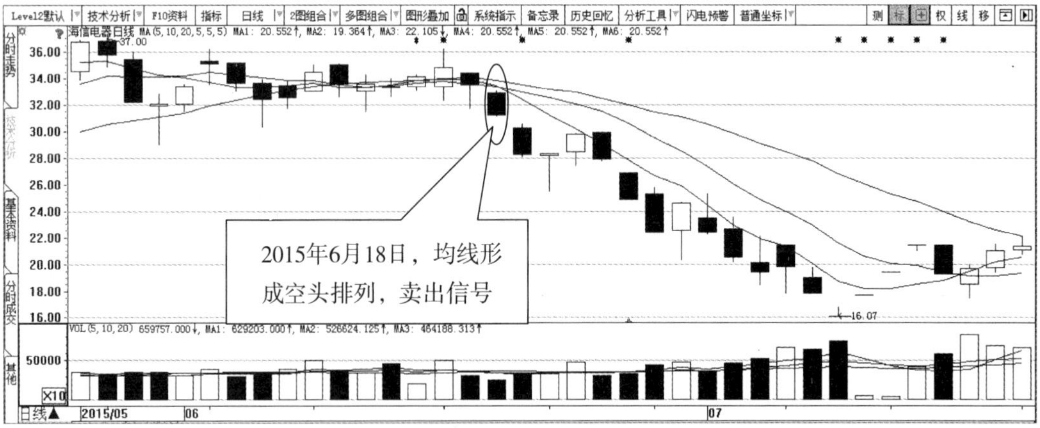

图 12－49　海信电器（600060）的日 K 线图

此后，20 日均线、10 日均线、5 日均线以及股价形成了空头排列。看到这种情形，投资者应该果断卖出。此后，股价和均线都呈现逐步下降的走势，在此过程中投资者应保持空仓。从图中可以看出，10 日均线是该股重要的阻力线。

根据均线空头排列进行操作时，应该注意以下几点。

第一，当均线呈空头排列时，投资者可以在前期和中期积极做空，尤其是空头排列刚形成的首个交易日，是最佳的卖出时机。

第二，均线如呈空头排列，股价大多会处于短期均线之下运行。如果股价反弹，并在某条均线附近遇到阻力再度下跌，持股者应果断卖出。

第三，当股价下跌到低位后，均线虽然仍呈空头排列，但是已经有走平或掉头向上的迹象时，投资者不应再盲目割肉。

2. 股价支撑位与阻力位判断

均线所处的位置，本身就是多空力量强弱的分界线，因而股价 K 线每次向均线靠拢时，多空双方都会经历一番激烈的争斗。

（1）股价支撑位判断。当股价自上而下回落到某条均线位置时，如果获得支撑开始回升，那么可以认定此位置为股价的支撑位，且具有一定的支撑能力。

如图 12－50 所示，南京高科的股价在 2014 年 6 月 20 日自下而上穿越 30 日均线后，股价一直在均线上方运行。2014 年 7 月 22 日，股价跌到 30 日均线附近时，股价因受到 30 日均线的支撑重新开始上涨。

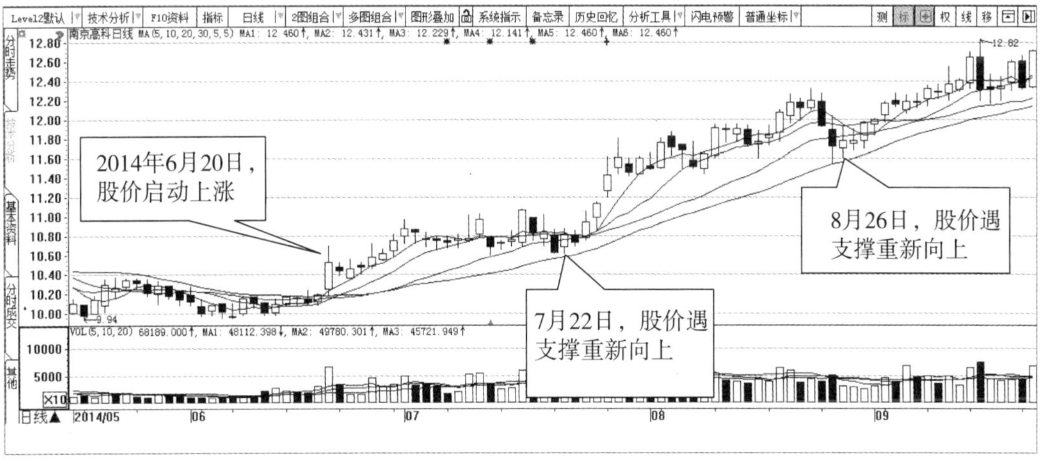

图 12－50　南京高科（600064）日 K 线走势图

2014 年 8 月 26 日，股价再次跌到 30 日均线附近，又一次受到 30 日均线的支撑转而上涨。由此可见，30 日均线对股价有强烈的支撑作用。

研判均线支撑位及其支撑作用时，需注意以下几点。

第一，股价 K 线自上而下回调到均线位置时，要确保股价 K 线没有跌破均线，或者跌破均线后立即回到均线之上。

第二，股价 K 线自上而下回调到均线位置时，成交量要同步出现萎缩的态势。当股价遇到均线的支撑重新上涨时，成交量最好能够放大。

第三，均线方向要保持向上倾斜的姿态。均线方向如果向下倾斜，则不应买入股票。

（2）股价阻力位判断。当股价自下方上涨到某条均线位置时，如果遇到阻力开始回落，就意味着此位置为股价的阻力位，且具有一定的阻力。

如图 12－51 所示，浙江东日在 2013 年 10 月 15 日股价收出一根大阴线，并跌破了 30 日均线，随即股价出现了一波下跌行情。几个交易日之后，该股出现震荡反弹的走势。

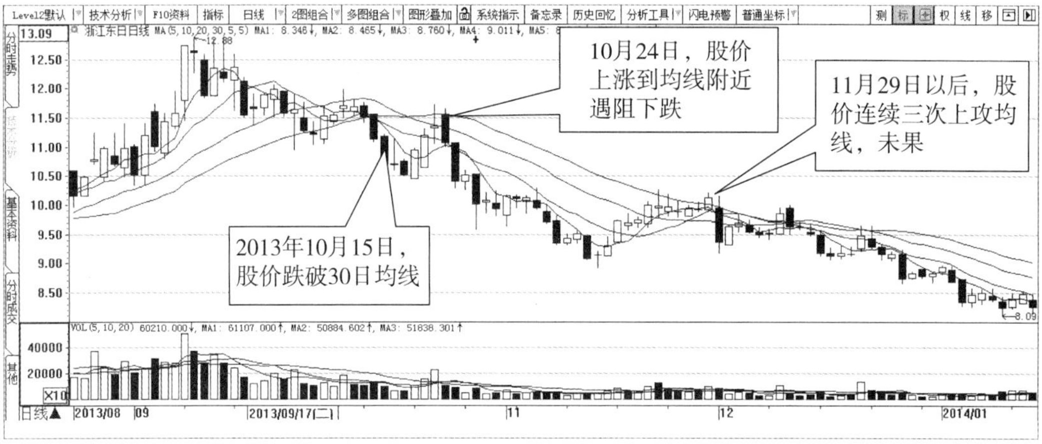

图 12－51　浙江东日（600113）日 K 线走势图

2013 年 10 月 24 日，股价上涨到 30 日均线附近时，因受到 30 日均线的阻力重新开始下跌。2013 年 11 月 29 日及以后，股价三次上涨到 30 日均线附近，均受到 30 日均线的阻力转而下跌。由此可见，30 日均线对股价具有阻力作用。

利用均线研判股价阻力位及其阻力作用时，需要注意以下几点。

第一，股价 K 线上涨到均线位置时，股价 K 线没有突破均线，或者突破均线后立即回到了均线下方，说明均线阻力较强。

第二，股价 K 线上涨到均线位置时，如果成交量同步出现放大的态势，投资者需要保持观望，因为量价齐升时有成功突破均线的可能。

第三，均线方向如果是向下倾斜的，那么均线对股价的阻力作用会更强。

3. 股价买卖点判断

利用 K 线与均线综合研判股价买卖点的方法包括以下几种。

(1) 突破。事实上，K 线与均线相对位置关系的每次转换，都有可能构成一次买入或卖出的契机。只不过投资者是否扣动交易的扳机，还需要综合其他因素。

K 线突破均线主要包括两种形式：其一，自上而下跌破均线支撑位；其二，自下而上突破均线阻力位。

①自上而下跌破均线支撑位。当股价自上而下跌破某条均线时，预示着股价趋势开始向下，卖出信号出现。

如图 12 – 52 所示，东睦股份的股价从 2015 年 12 月 28 日开始大幅下跌。该日股价 K 线低开低走并一举跌破 5 日均线、10 日均线和 20 日均线，均线方向也开始拐头向下，这预示着该股短期内将出现一波下跌行情，投资者可以选择短线卖出。

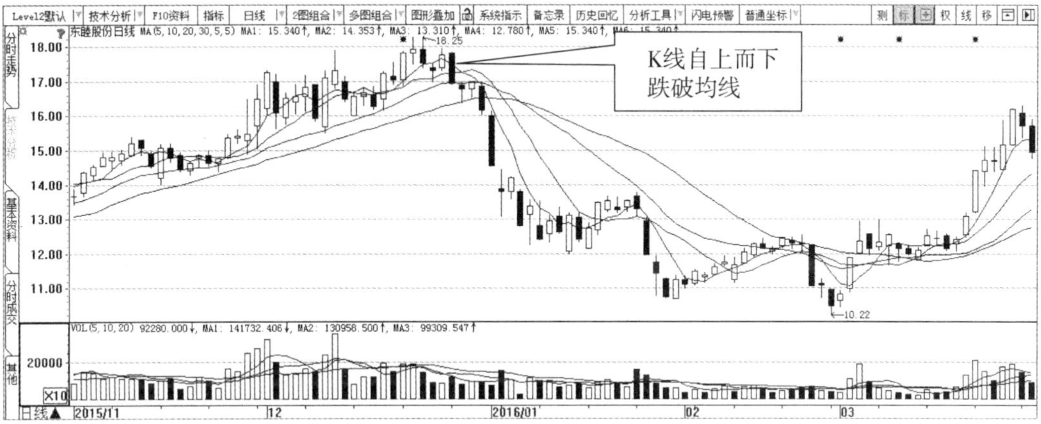

图 12 – 52　东睦股份（600114）日 K 线走势图

投资者在实战操作中需要注意以下三点。

第一，越是长期的均线，股价对其向下跌破时发出的交易信号就越可靠。周期很短的均线如 3 日均线或 5 日均线，跌破时交易信号的准确度就较差。

第二，股价跌破均线支撑位时，如果能有成交量放大相配合，将大大增强突破的有效性。

第三，股价跌破均线支撑位时，均线方向要出现拐头向下的趋势。

②股价自下而上突破均线阻力位。当股价自下而上突破某条均线时，预示着股价趋势开始向上，买入信号出现。

如图 12 – 53 所示，浪莎股份的股价从 2016 年 3 月初开始震荡回升，股价不再下跌。3 月 14 日，该股股价 K 线一连突破了 3 条均线，且成交量同步出现放大，均线方向也开始拐头向上，这预示着该股将启动一波上涨行情，投资者可以短线买入。该股阻力位位于前期高点附近，如果股价能够突破前期高点，投资者可以加仓买入。

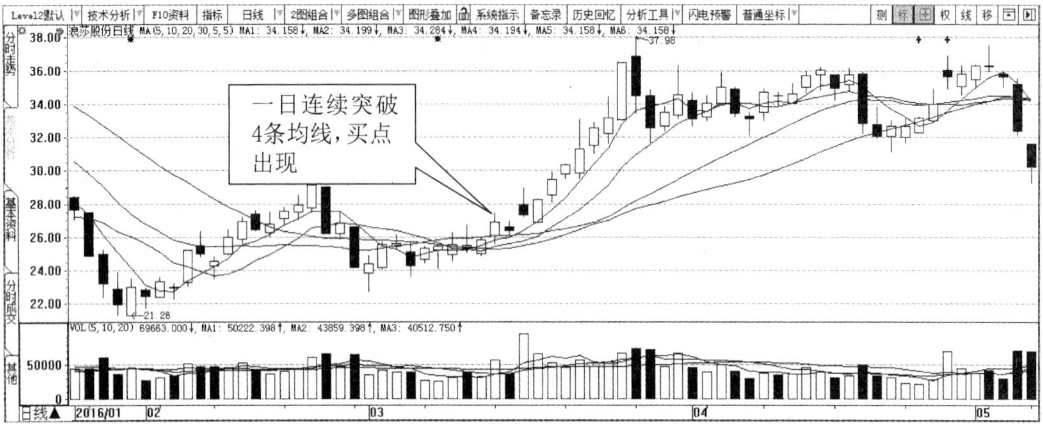

图 12－53　浪莎股份（300081）日 K 线走势图

实战中投资者需要注意以下四点。

第一，越是长期的均线，股价对其向上突破时，发出的交易信号就越可靠。周期很短的均线如 3 日均线或 5 日均线，突破时交易信号的准确度较差。

第二，股价突破均线阻力位时，如果能有成交量放大相配合，将大大加强突破的有效性。

第三，股价突破均线阻力位时，均线方向要出现拐头向上的趋势。

第四，短线交易者判断股价突破均线位时，一般以 10 日均线为准。当股价突破 30 日均线时，可以加仓买入。

（3）反弹与回调。股价 K 线因受到均线支撑或阻力而发生反弹或回调，也可以构成股票的买卖点。

①股价 K 线遇到均线支撑的买点。当股价自上而下跌至某条均线位时，因受到均线的支撑作用而重新上涨，那么该反弹位就构成一次短线买入点。

如图 12－54 所示，三七互娱的股价自 2015 年 1 月初启动一波上涨行情，2 月 4 日，股价在到达阶段高点后出现回落。2 月 10 日，股价下跌至 20 日均线位置，遇均线支撑出现反弹迹象。2 月 11 日，该股股价放量上涨，此时该股买入信号正式形成。

实战中投资者需要注意以下三点。

第一，越是周期较长的均线，支撑作用越显著，股价下跌至该均线位置反弹的可能性就越大。

第二，股价遇均线支撑反弹向上时，如能有成交量放大相配合，将增强买入信号的有效性。

第三，投资者据此信号买入股票时，一定要等到股价确实已经开始反弹再买

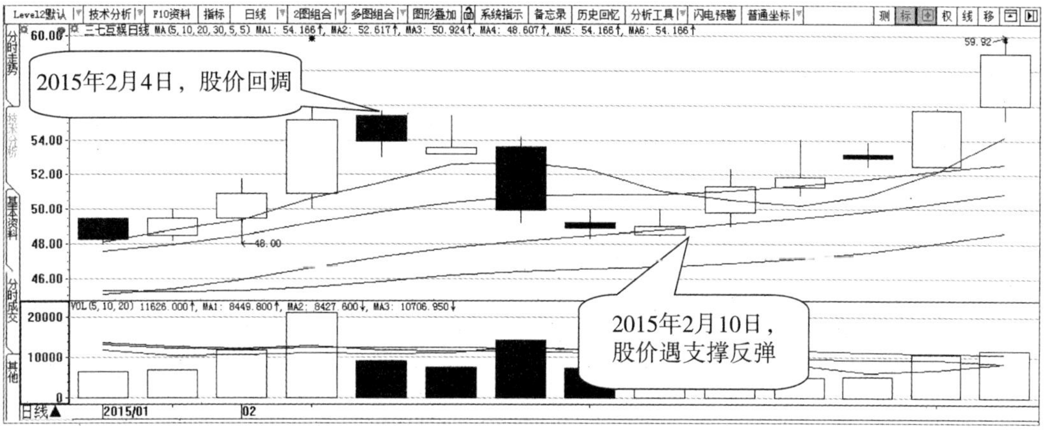

图 12-54　三七互娱（002555）日 K 线走势图

入，切忌提前介入，以免被套。

②股价 K 线反弹遇均线阻力的卖点。当股价自下而上涨至某条均线位时，因受到均线的阻力作用而重新下跌，那么该回调位就构成了一次短线卖出点。

如图 12-55 所示，科大智能的股价经历一波上涨后，在 2014 年 12 月初开始下跌，并陆续跌破了几条重要均线。2014 年 12 月 10 日，该股股价开始反弹。12 月 17 日，股价 K 线反弹至 20 日均线位置时，因受到均线的阻力上攻乏力，在 K 线图上留下一根长上影阳线，投资者需要密切关注次日的走势。12 月 18 日，该股股价低开低走，说明该股可能会重归下跌通道，投资者宜清空手中的股票。

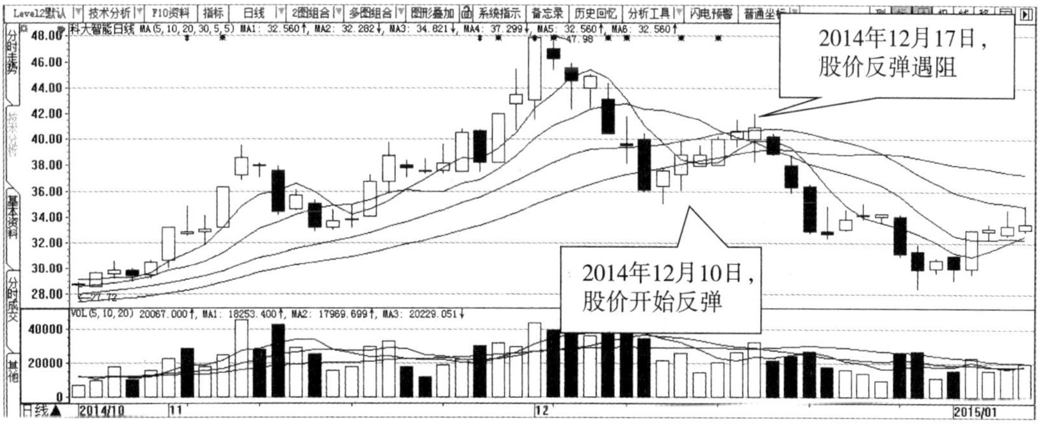

图 12-55　科大智能（300222）日 K 线走势图

实战中，投资者需要注意以下几点。

第一，越是周期较长的均线，阻力作用越显著，股价上涨至该均线位置回落的可能性就越大。

第二，股价遇均线阻力回调时，如成交量放大，则意味着下跌速度将加快。

第三，投资者应尽量避免购入股价 K 线位于均线下方的股票，以免被套。

12.4.2 均线的设置与修改

投资者在应用均线分析 K 线时，也可以根据个人需要重新设置或修改均线。

1. 均线的设置

重新设置均线的步骤如下。

第一步：用鼠标选中任一均线后，点击鼠标右键，并在快捷菜单中选择【指标】|【修改指标参数】，如图 12－56 所示。

第二步：系统会弹出的【指标参数调整－MA】对话框，如图 12－57 所示。

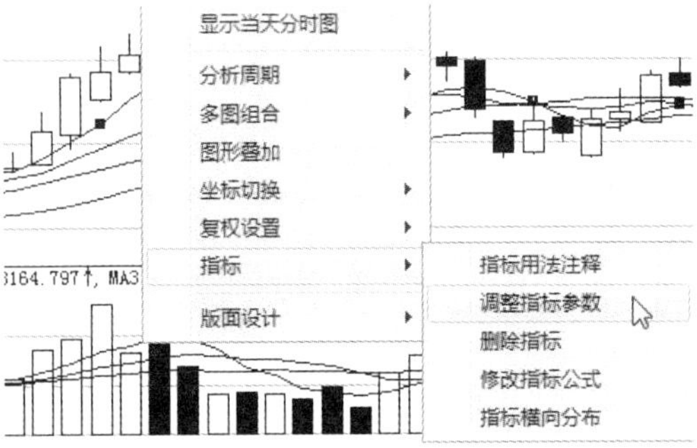

图 12－56 选择【修改指标参数】

图 12－57 技术指标参数设置

第三步：在【指标参数调整】对话框内，用鼠标点击均线前的按钮，可以调整均线周期；也可以通过点击底部均线数据按钮，来设置在 K 线图中显示的均线数量，如图 12－58 所示。设置完成后，点击【关闭】即可完成设置。

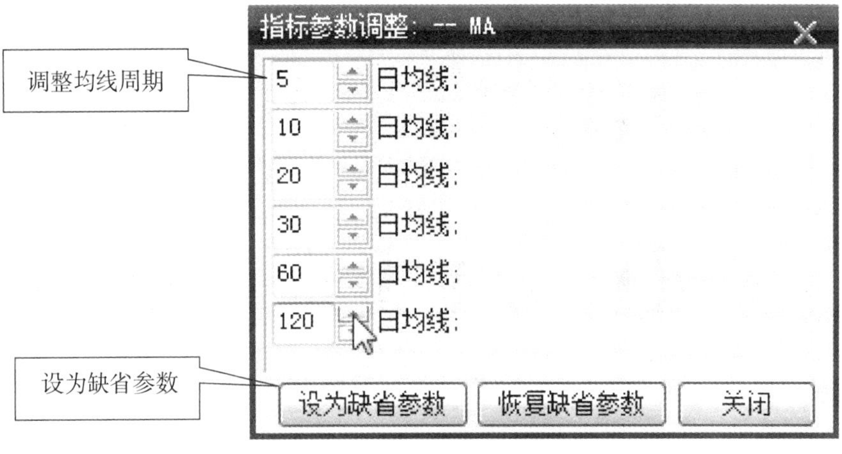

图 12－58 均线参数设置

2. 均线的修改

选中均线后，点击鼠标右键，在快捷菜单中选中【指标】|【修改指标公式】

选项，如图 12－59 所示。系统就会自动弹出【技术指标公式编辑器】对话框，如图 12－60 所示。

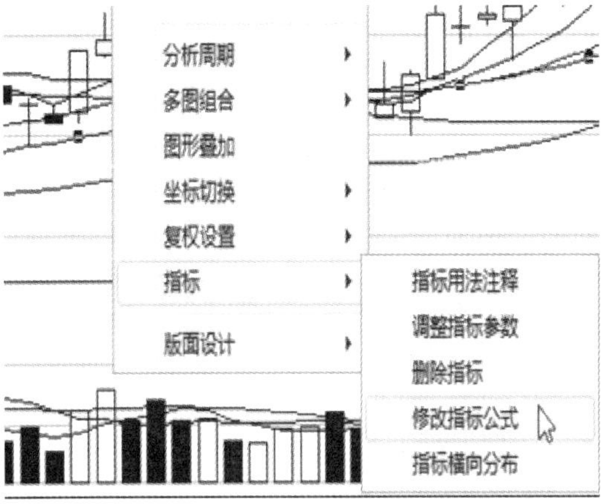

图 12－59　选择【修改指标公式】

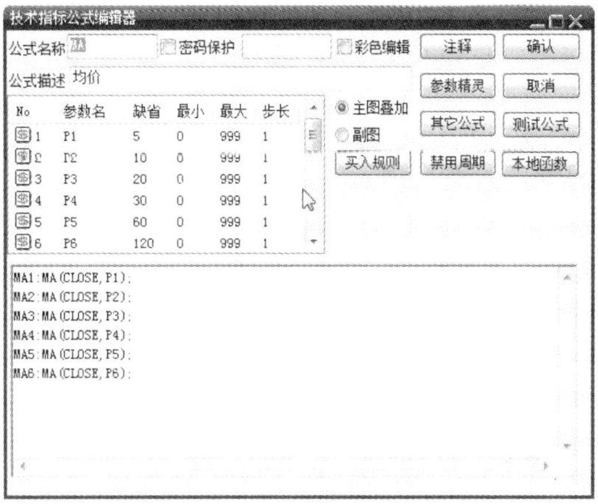

图 12－60　技术指标公式编辑器

借助【技术指标公式编辑器】功能，投资者可以实现的修改包括以下几个方面。

第一，调整均线周期。直接选中拟调整的均线周期进行修改即可。

第二，删除或新增均线。需要增加某条均线，只需在默认栏目下输入需要的周期数，然后点击【测试公式】按钮。测试通过后，点击【确认】即可，如 15 日、3 日均可。

12.5　K 线辅助系统——成交量

成交量是市场供需关系的量化表现——当股票供不应求，投资者纷至沓来，都要买进时，成交量自然会放大；反之，当股票供过于求，市场门可罗雀，交易者寥寥无几时，成交量势必会出现缩减。

在技术分析当中，成交量具有极其重要的地位。在分析股票走势时，成交量是必须要考虑的指标，它对分析投资者的行为提供了重要依据。通常情况下，成交量大且价格上涨的股票趋势向好；成交量持续低迷时，市场一般处于熊市或盘整阶段，趋势向淡。

12.5.1　量柱：股市的温度计

量柱是指 K 线图上反映当期成交量大小的柱形图，是成交量的直接表现形式。量柱的高低不仅能够说明资金变动的趋势，更透露了庄家或主力的某种意图。正因如此，量柱被很多投资者习惯性地称为“股市温度计”。

根据量柱之间的对比关系，可以将量柱分为放量量柱、缩量量柱和平量柱三类。

1. 放量量柱

放量量柱是指K线图上成交量量柱呈现依次递增关系的几根量柱（不少于两根）。只要当前量柱高于前一根量柱，就可以认定为放量量柱。出现放量量柱，说明股票的成交量依次递增，市场对股价未来走势存在分歧，交易活跃。

出现放量量柱，可以在一定程度上确认K线信号是否成立。一般情况下，放量量柱主要有以下两种用途。

（1）助涨确认。股价K线发出买入信号时，如果能够出现放量量柱，无疑可以增加买入信号的准确性。

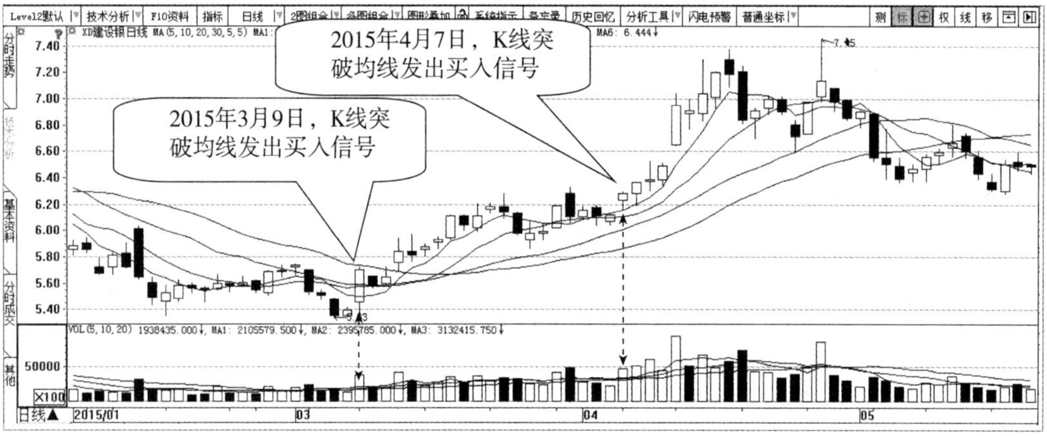

图 12-61　建设银行（601939）日K线走势图

如图12-61所示，2015年3月9日，建设银行的股价收出一根大阳线，且这根阳线一举上穿多条均线，发出买入信号。在此过程中，成交量曾两次明显放大，该日成交量量柱相比前一交易日放大了数倍，这属于后市看涨信号，投资者可以在阳线出现的次日买入股票。

2015年4月7日，建设银行的股价K线经过几个交易日的调整，再次突破均线系统。与此同时，成交量量柱再次出现放量状态，这预示着股价还将继续上涨，投资者可以加仓买入该股股票。

通过成交量量柱和K线综合研判买点时，需要注意以下两点。

第一，K线或K线组合发出买入信号时，后一根量柱的高度最好能超过前一根量柱的两倍以上。

第二，通常情况下，股价上涨成交量放大属于非常健康的价量关系。但如果放量过大，创下天量，则有可能意味着股价短期高点来临。

如图12－62所示，中国石化的股价从2015年3月开始启动了一波上涨行情。与此相对应，成交量量柱也逐步走高。2015年4月28日，该股股价创出近期新高9.27元后回落，此时成交量量柱达到了近期最高值，即天量柱。这说明该股后续上涨动力可能不足，将会有一波调整走势。

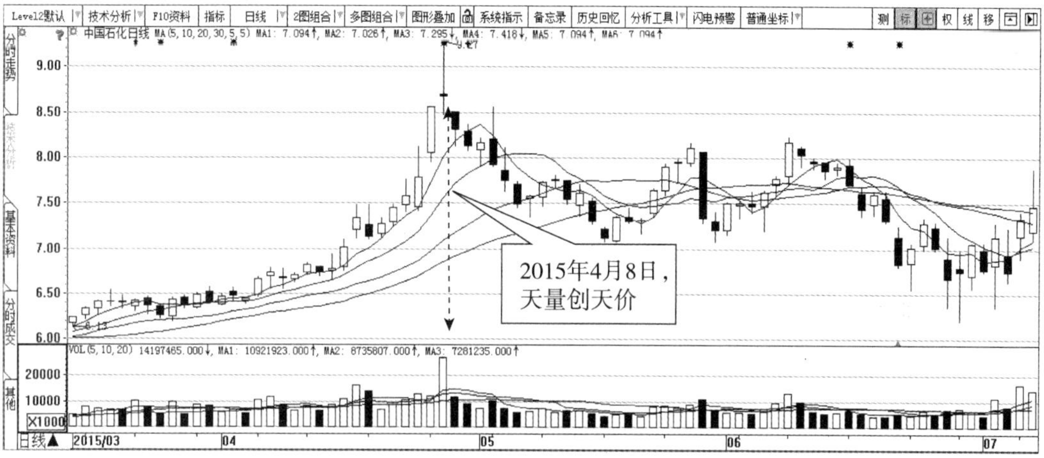

图12－62　中国石化（600028）日K线走势图

（2）助跌确认。股价K线发出卖出信号时，如果出现放量量柱，投资者应强化卖出的决心。

如图12－63所示，长城汽车的股价经过一段时间的震荡上涨后，出现了上攻乏力的情况。2015年4月28日，该股K线跌破多条均线支撑，预示股价有可能进一步走低。与此同时，成交量量柱高于前一交易日，说明在股价下跌时资金流出加速，未来还将进一步下跌。此时，投资者宜卖出股票。

通过成交量量柱和K线综合研判卖点时，需要注意以下两点。

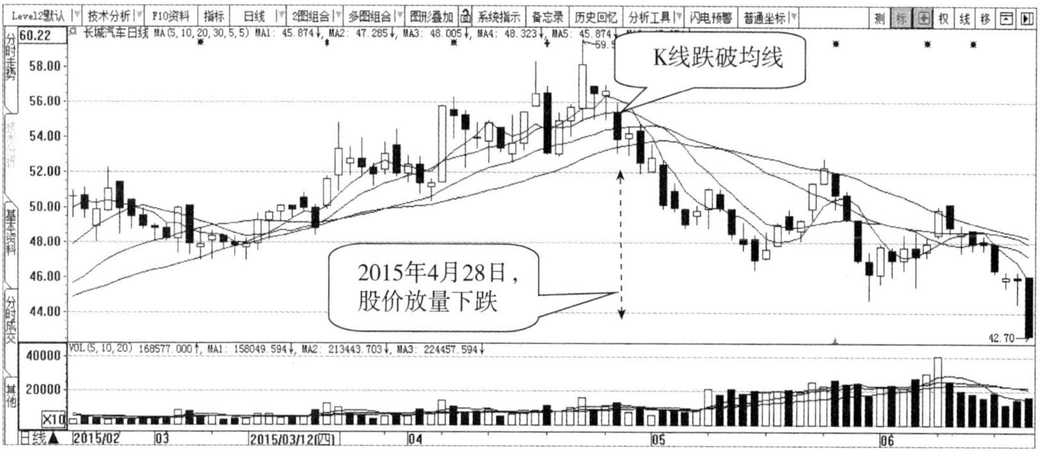

图12－63　长城汽车（601633）日K线走势图

第一，K 线或 K 线组合发出卖出信号时，如后一根量柱的高度超过前一根量柱的两倍以上，则股价下跌速度可能会加快。

第二，K 线连续拉出阴线，股价步步走低时，如果成交量量柱出现异常放大，则需注意观察，股价随时有止跌上涨的可能。

2. 缩量量柱

缩量量柱，是指 K 线图上成交量量柱呈现依次递减关系的几根量柱（不少于两根）。只要当前量柱低于前一根量柱，就可以认定为缩量量柱。出现缩量量柱，说明股票的成交量依次减少，市场对股价未来走势判断趋向一致，交易清淡。通常情况下，出现缩量量柱表示股价当前运行的趋势还将持续，投资者保持原有状态即可。

如图 12－64 所示，中国建筑的股价从 2015 年 3 月初开始启动了一波上涨行情。上涨过程中，股价 K 线曾数度拉出阴线。与此相应，成交量量柱全部为缩量量柱，这预示着股价将延续上涨态势，投资者可以耐心持股。投资者如想加仓，可在股价回调至均线位置时买入。

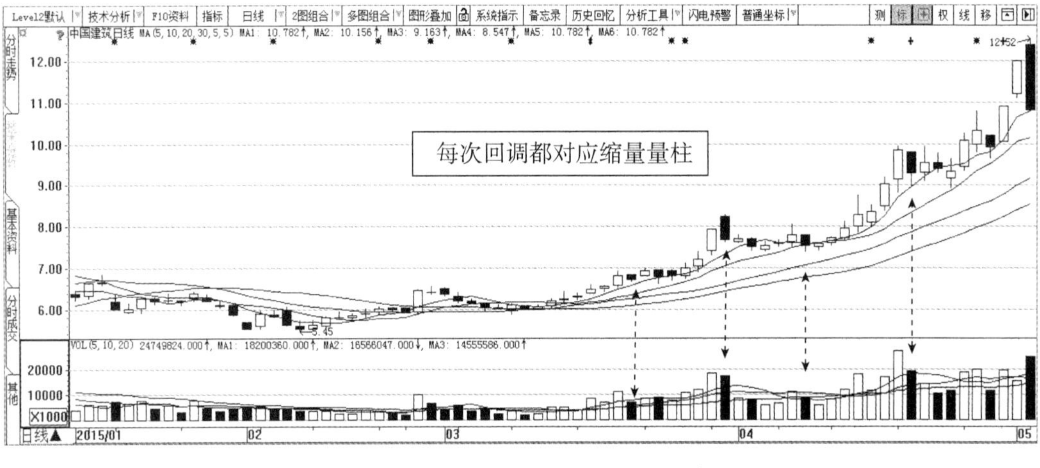

图 12－64 中国建筑（601668）日 K 线走势图

庄家或主力通过对敲等手段，能够将成交量量柱做高，但却无法将量柱做短。正因如此，缩量量柱往往具有更大的研究价值，尤其是缩到极点的地量量柱。地量量柱是指在一段时间内某种股票最低成交量对应的量柱。地量量柱的出现，往往意味着股价将启动一波新的上涨行情（因涨停板或跌停板产生的地量量柱除外）。

如图 12－65 所示，2015 年 2 月初，风范股份的股价经过短暂调整之后，股价 K 线回落至均线支撑位置，且 5 日均线、10 日均线和 20 日均线出现黏合状态，这说明该股股价正在选择突破的方向。

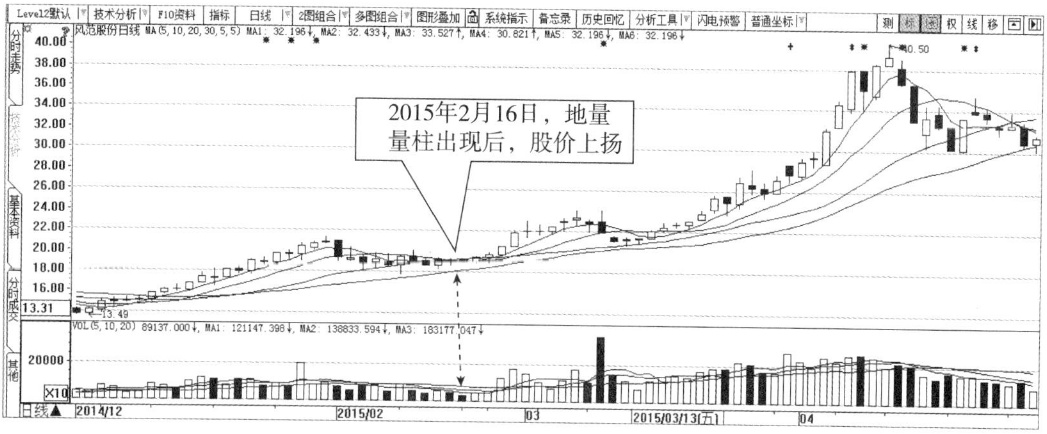

图 12－65　风范股份（601700）日 K 线走势图

2015 年 2 月 16 日，该股股价 K 线收出一根小十字线。与此同时，成交量创下了近期的最低值。2 月 17 日股价回升，成交量量柱升高，这说明 2 月 16 日成交量量柱可能会成为近期的地量量柱，股价有可能重新上涨，投资者可于 2 月 18 日买入该股。

12.5.2　换手率：周期内股票流动性的指南针

换手率是一定时间内买卖的频率，是成交量的比率关系。它是研究量价关系的重要工具，投资者利用这一指标可以判断个股的活跃程度，找到“放量”与“缩量”的客观标准，用以判断股价未来的走势。换手率在庄股中的应用更为充分，在主力吸筹、拉升和出货阶段，可以用它来测算庄家持有的筹码（股票）数量。

通常情况下，成交量显示区给出的数值是成交总手数的数据，投资者若想将其换成换手率，可在进入技术分析页面后，在大智慧顶部搜索条输入“HSL（换手率）”，如图 12－66 所示。此后，K 线图成交量显示区就会显示每日的换手率情况，

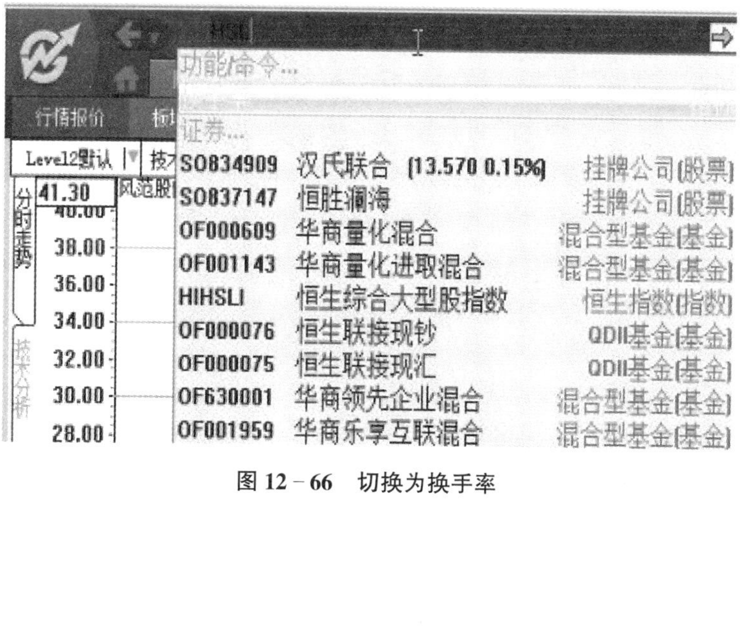

图 12－66　切换为换手率

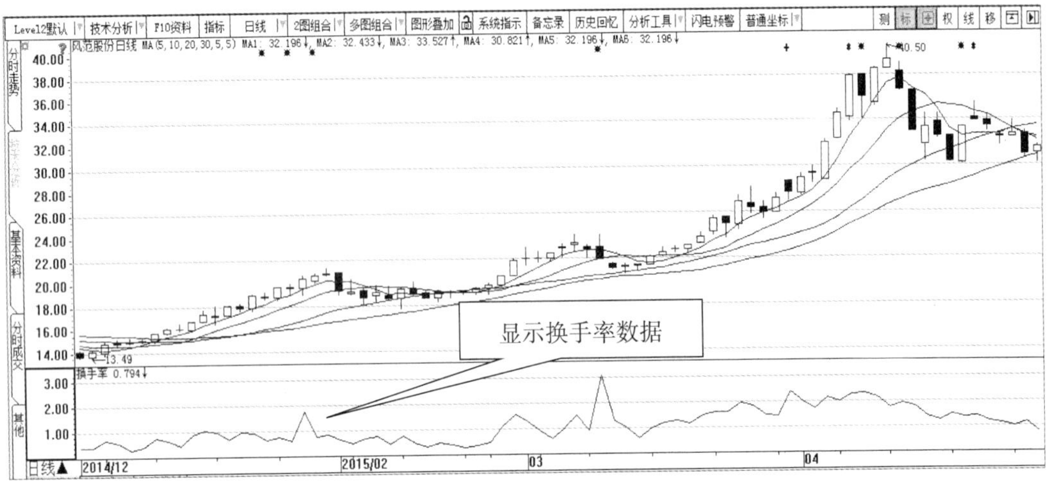

图 12－67 切换为换手率后的页面

如图 12－67 所示。

换手率的计算公式如下：

换手率＝（某一段时期内的成交股数/流通总股数）×100%

按照时间参数的不同，换手率分为月换手率、周换手率、日换手率以及特定周期（如 5 天、10 天）的换手率。长期换手率适合于长线操作，短期换手率适合于短线操作。投资者也可以将不同周期的换手率结合起来使用，这样更有利于发现成交量与趋势之间的变化。

1. 换手率的意义

（1）个股的换手率很高，说明买卖该只股票的人非常多，交投异常活跃，那么该股就属于热门股；个股的换手率很低，说明买卖该只股票的人非常少，交投较为清淡，那么该股就属于冷门股。

（2）换手率高通常意味着股票具有较好的流通性，投资者的交易非常活跃，在市场上很容易买到股票，也很容易卖出股票。由于具有良好的变现能力，所以换手率高的股票常常是投资者追逐的目标。这种股票波动性较大，具有较高的短线收益性，但同时也存在较大的风险。

2. 换手率的级别

由于换手率具有横向比较的特性，所以在判断股票流动性和活跃程度时，通常使用的是换手率而不是成交量。一般来说，个股的日换手率达到 5%以上，才会使股价表现活跃。以这一数值为中心值，并根据数值的大小，可以将换手率分为不同的级别，由低到高分别是：极低换手率、较低换手率、低换手率、一般换手率、高换手率、较高换手率、极高换手率和怪异换手率，如表 12－1 所示。

表 12-1 换手率的不同级别

级别	名称	范围值	含义
1	极低换手率	低于 1%	市场已经冷到了极点，地量出现，股价有回升希望
2	较低换手率	1%~2%	市场较为清淡，表现为无量阴跌或减速下跌
3	低换手率	2%~3%	成交量较为温和，多出现在下跌途中或上涨初期
4	一般换手率	3%~7%	股票相对较为正常，在上涨和下跌行情中经常出现
5	高换手率	7%~10%	股价高度活跃，会加速上涨，多发生于强势股
6	较高换手率	10%~15%	庄家在密集操作，常出现在拉升或下跌的开始阶段
7	极高换手率	15%~20%	在上涨中持续多日的话，有可能成为黑马股
8	怪异换手率	超过 20%	成交量剧增，股价暴涨，如无特殊利好，则为见顶信号

3. 对换手率的观察

在进行量价分析时，不但要分析成交量的大小和换手率的高低，更要看高换手率出现在什么位置，持续了多长时间，以及之前的股价趋势和成交量有什么变化。

对换手率的观察主要看以下几种情况。

（1）低换手率。市场上的投资者对后市的走势判断分歧较小，都认为股价会按照原有趋势继续运行。低换手率多出现在下跌途中或横盘整理过程中，有时也会发生在上涨的初始阶段。

（2）高换手率。市场上的投资者对后市的判断产生了较大的分歧，有的投资者认为后市向好而买进，有的投资者则急于变现而卖出。高换手率只要能够维持，那么股价也会持续上涨。

（3）“过度”的换手率。任何指标都应该有个度，换手率也不例外。投资者需要关注换手率过低或过高的情况。过高和过低的换手率，在很多时候是股价变盘的先兆。一般而言，当股价处于高价区，日换手率高于 20%，往往是前期获利的投资者正在大量变现，因此容易引发阶段性高点；当股价处于低价区，周换手率低于 2%，往往表示多空双方都处于观望之中，空方力量基本释放完毕，股价有筑底的可能。

（4）低位高换手率。如果个股在低位（或长期下跌之后）出现了持续几日的高换手率，那么可以认为有新的资金介入，多方力量在不断加强，股价随时都有上涨的可能。这种情况也称为“底部放量”，是较为可靠的看涨信号。在底部换手越充分，未来上涨的力度也就越大。

（5）高位高换手率。如果个股在高位（或长期上涨之后）出现了持续几日的高换手率，则很有可能是股价下跌的先兆。这种情况多发生在利好出台之前，前期获利的投资者和庄家借机完成出货，将一批接盘的中小投资者套牢。在高位出现高换手率时，投资者应注意变盘风险，最好实施减仓操作。尤其是在连续数日换手率超过10%时，投资者更应该保持警觉。

（6）长期高换手率。很多时候，庄家由于持仓较重，往往陷在一只股票中很难脱身，他们常常一面委托买入，一面委托卖出，利用对敲的方式造成持续较高的换手率，并缓慢拉升股价，以吸引跟风的投资者接盘。投资者要对那些长期处于高换手状态，但涨幅又不是很大的股票保持较高的警惕。

（7）长期低换手率。当股市处于长期熊市当中时，个股也同样会陷入低迷，这个时候往往会出现长期低换手率。如果跌幅已经较深，那么庄家会在底部悄悄吸货，行情之后会被迅速拉升。不过投资者还是不宜在此阶段介入，因为毕竟股价上涨要看庄家的脸色，如果跟进的人多了，庄家会通过震仓洗盘动摇持股人的心理防线。最好的买进时机应该是上涨行情明朗之后。

12.5.3 均量线：反映周期内交易情况的技术指标

均量线是一种反映一定时期内市场平均成交情况亦即交投趋势的技术性指标，它是将一定时期内的成交量相加后平均所形成的较为平滑的曲线，如图12－68所示。

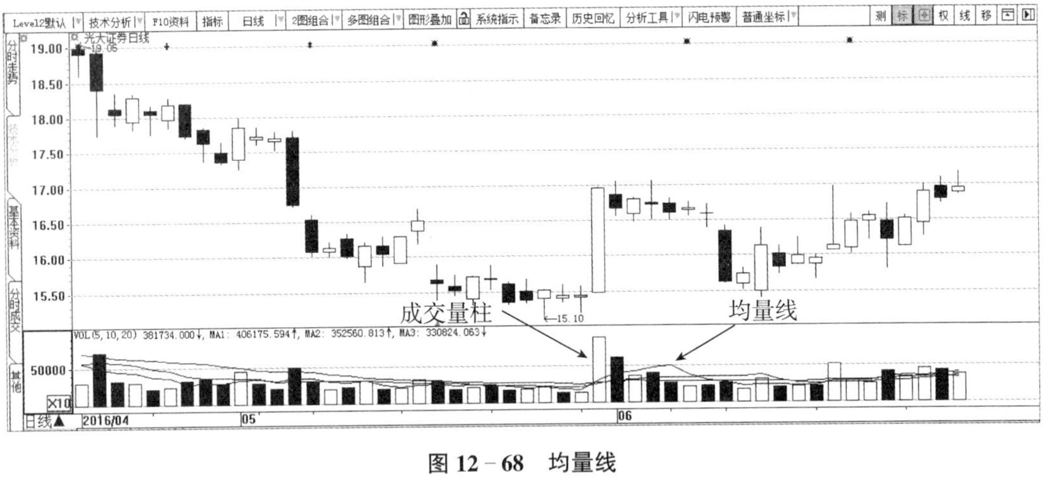

图12－68 均量线

均量线反映的是一定时期内市场成交量的主要趋向，对于判断未来股价变动的大势起到重要的辅助作用，但是并不提供所谓程式买卖中的买进或卖出信号。在具体操作时，最好和均价线等其他技术指标搭配使用。

1. 均量线的时间参数

均量线都有一定的时间周期，也称时间参数。N日均量线表示当前交易日向前推算N天的成交量平均数。

在股票分析中，使用较多的均量线通常有以下几种。

（1）表示短期成交量变化趋势的均量线：5 日均量线，10 日均量线。

（2）表示中期成交量变化趋势的均量线：20 日均量线、30 日均量线、40 日均量线、60 日均量线。

（3）表示长期成交量变化趋势的均量线：90 日均量线、120 日均量线、135 日均量线。长期均量线在分析时运用得相对较少。

大智慧系统默认的均量线为 5 日均量线、10 日均量线和 20 日均量线。当然，投资者可以根据个人需要进行调整，调整方法如下。

第一步：选中均量线后点击鼠标右键，在快捷菜单中选择【修改指标参数】，如图 12－69 所示。

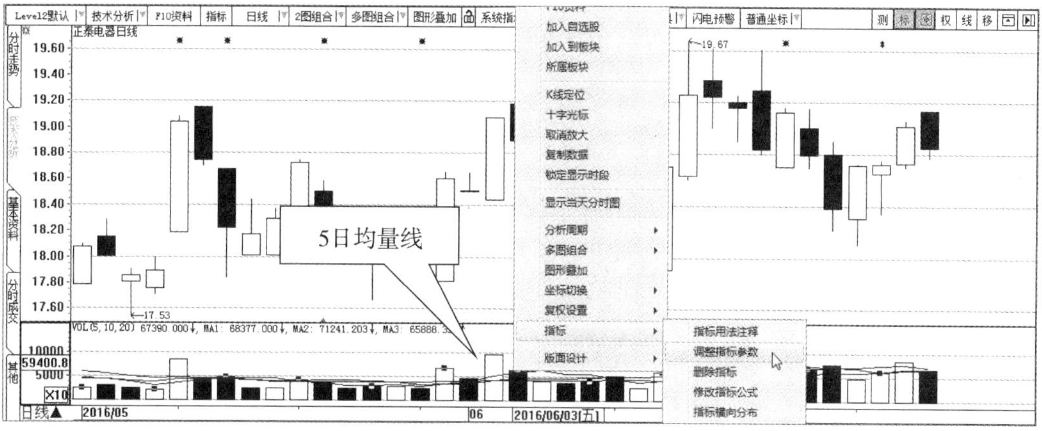

图 12－69　调整均量线

第二步：系统会自动弹出【指标参数调整—成交量】对话框，如图 12－70 所示。

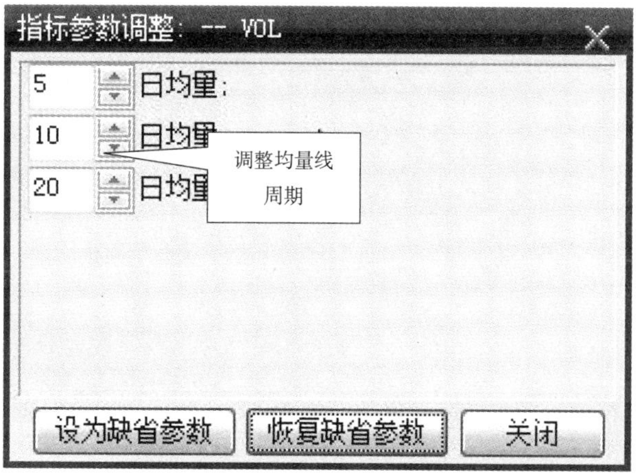

图 12－70　调整均量线设置

投资者还可在【技术指标参数设置—成交量】对话框中修改均量线的分析周期和均量线显示的数量。大智慧系统默认显示数量为 2 条，投资者可以根据需要增加或减少。

2. 均量线的运用原则

均量线尽管不能给出明确的买卖点，却能让投资者看清行情未来的发展趋势，从而更加坚定地进行操作。在 K 线图上，可以看到几条均量线在成交量的柱条图之间穿梭波动，它们影响着股价的变动趋向。

在上涨行情中，均量线一般会随着股价的上涨而呈现上升态势，显示出由于投资者的不断涌入，市场中聚集了大量的人气。人气的上涨同时反过来活跃市场的交易氛围，进一步推高股价。

到了上涨末尾时，尽管股价处于上升趋势中，但是均量线却没有再创新高，而是走平或略有下降，从而形成价量背离现象。这说明趋势已接近或到达顶峰，即将出现横盘或反转行情。

在下跌行情中，均量线一般会随着股价的下跌而呈现下降态势，显示出投资者不断离场，市场中人气涣散，从而进一步压低股价。

到了下跌行情末尾时，尽管股价仍不断创出新低，但是均量线却出现走平或上升的迹象，也形成了价量背离。这说明趋势已经接近或到达底部，即将出现底部震荡或上涨行情。届时，投资者可以参考 K 线形态和其他技术指标，找到合适的买入机会果断建仓。

第十三章

大智慧技术指标分析

技术指标是证券市场中的专有名词，是人们通过对市场规律性的研究分析，依据一定的统计方法，运用复杂的数学模型或计算公式，通过计算机系统生成的某种指标值或图形曲线。它不仅是股市技术分析的研究成果，也是预测股价未来走势、指导投资者买卖的重要工具。通过技术指标研判股价未来趋势的方法，称为技术指标分析法。

技术指标是对某些原始数据的部分或全部进行整理加工，使之成为一些新颖的数据信号。不同的数据类型和处理方式，会产生不同的技术指标。通过复杂计算产生的技术指标，反映了股市某一方面的深层内涵，这些内涵单凭原始数据是无法看出来的。但是，由于技术指标属于统计学范畴，所以它常常会滞后于行情走势。

大智慧软件为了支持投资者进行各类投资分析，提供了数量众多的技术指标。同时，也支持投资者自行编写和设计技术指标。

13.1 技术指标的基本分类与功能

13.1.1 技术指标的基本分类

大智慧软件中提供了大量的技术分析指标，根据分析方法和对象的不同，技术指标可以大致分为以下 6 种类型，如表 13－1 所示。

表 13-1 技术指标的 6 种类型

序号	指标类型	用途	包含的主要指标	
1	趋向指标	又叫趋势跟踪类指标，主要用于跟踪并预测股价的发展趋势	◎移动平均线（MA） ◎指数平滑异同移动平均线（MACD） ◎趋向指标（DMI） ◎瀑布线（PBX）	◎平均线差（DMA） ◎动力指标（动量线，MTM） ◎指数平滑移动平均线（EXPMA） ◎宝塔线（TWR）
2	反趋向指标	又叫反趋势类指标，主要用于捕捉趋势的转折点	◎随机指标（KDJ） ◎变动速率（ROC） ◎威廉指标（W&R） ◎相对强弱指标（RSI）	◎乖离率（BIAS） ◎顺势指标（CCI） ◎震荡量（变动速率，OSC） ◎动态买卖人气指标（ADTM）
3	量能指标	通过成交量的大小和变化研判趋势变化	◎容量比率（VR） ◎能量指标（CR） ◎人气意愿指标（ARBR）	◎量相对强弱（VRSI） ◎量变动速率（VROC） ◎成交量标准差（VSTD）
4	量价指标	通过成交量与股价的变动关系分析未来趋势	◎振荡升降指标（ASI） ◎能量潮指标（OBV） ◎主力进出指标（ABV）	◎价量趋势（PVT） ◎量价趋势（VPT） ◎威廉变异离散量（WVAD）
5	压力支撑指标	主要用于分析股价目前受到的压力和支撑	◎布林带（BOLL） ◎抛物线转向（SAR）	◎麦克指标（MIKE） ◎薛斯通道（XS）
6	大盘指标	通过涨跌家数研究大盘指数的走势	◎涨跌比率（ADR） ◎绝对幅度指标（ABI） ◎新三价率（TBR）	◎腾落指数（ADL） ◎广量冲力指标（BIT） ◎指数平滑广量（STIX）

13.1.2 技术指标的基本功能

技术指标的最终目的是指导投资者进行操作。每种指标都有其特有的形成原理和使用规范，以其特有的信号方式向投资者发出买卖信号。投资者应严格遵循“充分条件买入，必要条件卖出”的交叉控制原则，以增强信号的可靠性。

技术指标发出信号的方式主要包括：背离信号、交叉信号、数值信号、形态信号、超买超卖信号等多种信号体系。

1. 背离信号

技术指标与股价之间的冲突叫做背离。在背离的情况下，指标走向与股价走势出现了不同步的现象。背离分为顶背离和底背离两种情况。

如果股价一浪比一浪高，而技术指标却一浪比一浪低，即股价上涨时指标越来越弱，这种情况叫做顶背离。

如果股价一浪比一浪低，而技术指标却一浪比一浪高，即指标先于股价触底回升，这种情况叫做底背离。

背离信号往往标志着一波行情结束和新的一波行情开始，它需要通过价格趋势的突破来确认。

2. 交叉信号

交叉是指两条周期不同的指标线或指标线与指标均线发生了相交现象。正如前面提到的均线交叉一样，技术指标的交叉也分为金叉和死叉两种。

当短期指标线由下向上穿越长期指标线，或者指标线由下向上穿越指标均线时，称为金叉，通常是买入点。

当短期指标线由上向下穿越长期指标线，或者指标线由上向下穿越指标均线时，称为死叉，通常是卖出点。

3. 数值信号

数值信号是以某个具体的数值来表示指标的买卖信号。在指标的数值关系中，存在大于、等于和小于三种情况。比如乖离率（BIAS）指标，就是典型的数值信号。

BIAS 可以是正值，也可以是负值。当它为正值时，表示股价在均线之上；当它为负值时，表示股价在均线之下；当它为 0 时，表示股价与均价相等。BIAS 数值随着股价的涨跌围绕 0 轴上下波动，BIAS 指标线离 0 轴越远，表示股价与均线之间的距离越大。

4. 形态信号

与价格形态类似，技术指标同样具有标准的形态，如矩形、三角形、头肩底、三重顶等，价格形态的分析规则同样适用于指标形态。在指标线的波动过程中，指标形态一般不会经常出现。但当它们出现时，投资者必须引起注意，因为它们通常会导致有价值的运动。

需要强调的是，指标线的反转形态只是指标的反转，而非股价走势的反转。但当它被股价对某条重要的支撑线或阻力线的突破验证后，可以确认信号有效。

5. 超买超卖信号

有的技术指标由一个极端走向另一个极端的时候，都具有一种振荡特征。这里的“极端”就体现了超买超卖现象。

超买现象的出现，意味着对股票过度买入，暗示触顶风险正在加大，一般是卖出的机会；超卖现象的出现，意味着对股票过度卖出，暗示股价可能即将触底，一般是买入的机会。

比如，威廉指标（W&R）就是典型的超买超卖指标。当指标值小于 20 时，显示为超买；当指标值大于 80 时，显示为超卖。

下面向投资者介绍几种常用的技术分析指标。

13.2 MACD 指标的研判角度与方法

MACD 指标是大智慧系统默认的技术分析指标。也就是说，投资者进入 K 线图界面后，系统会默认给出 MACD 指标，如图 13-1 所示。

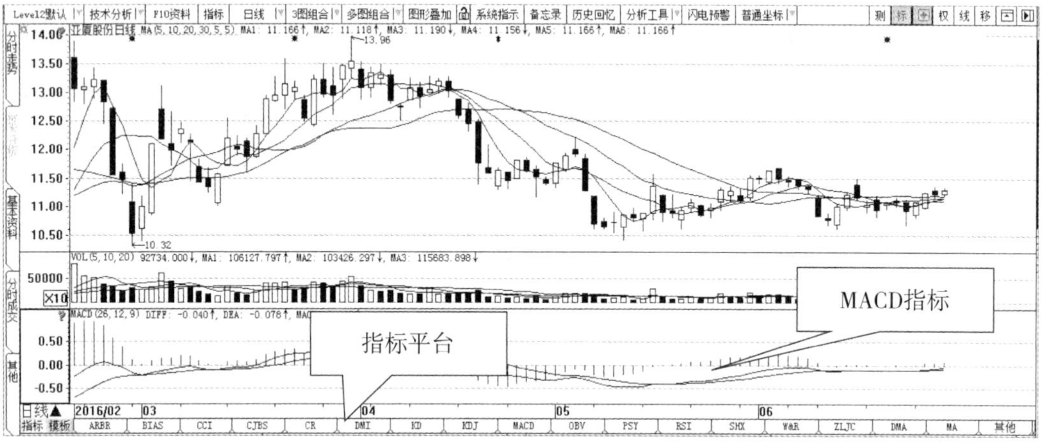

图 13-1 MACD 指标

MACD 指标主要由 DIFF 快线、DEA 慢线、MACD 柱线、0 轴等四部分构成。

DIFF 是快速平滑移动平均线（EMA1）与慢速平滑移动平均线（EMA2）之间的差值。快慢只是时间参数不同，快速是短期的，慢速则是长期的。

DEA 是 DIFF 的移动平均，也就是连续一段时间内 DIFF 的算术平均值，因此 DEA 有自己独自的时间参数，即平滑的天数（M）。

根据经验，一般将快速移动平均线的时间参数（短期参数）设为 12 天，将慢速移动平均线的时间参数（长期参数）设为 26 天，将平滑的天数（M）设为 9 天。这三个参数也是大智慧软件中的默认参数。

概括起来，MACD 指标具体有以下几项特性。

（1）DIFF 线的变动较为灵敏，是快速平滑移动平均线；DEA 线则较为平缓，是慢速平滑移动平均线；两条线都围绕 0 轴上下波动。

（2）MACD 指标显示的两条曲线都不是市场价格的移动平均线，而是两条移动平均线差距的平滑移动平均线。它能克服移动平均线假信号频繁的缺点，又保留了均线的诸多优点。

(3) MACD 柱状线即 BAR 线，表示 DIFF 线与 DEA 线之间的偏离程度。BAR 线越长，说明 DIFF 线距离 DEA 线距离越远。BAR 为正值，柱状线显示为红色，表示 DIFF 线在 DEA 线之上；BAR 为负值，柱状线显示为绿色，表示 DIFF 线在 DEA 线之下。

13. 2. 1 MACD 指标的基本功能

在实际交易过程中，MACD 指标发出的交易信号主要包括突破、交叉与背离三类。

1. MACD 指标对 0 轴的突破

(1) MACD 指标向上突破 0 轴。当 DIFF 线由下向上突破 0 轴，表明多头行情即将悄然形成，是中长线第一个较为安全的买入点，投资者可以逢低吸纳。当 DEA 线由下向上突破 0 轴，表明多头行情逐渐加强，是中长线第二个较为安全的买入点，此时投资者可以追涨买入。

(2) MACD 指标向下突破 0 轴。当 DIFF 线由上向下跌破 0 轴，表明空头行情即将悄然形成，是中长线第一个较为合适的卖出点，投资者应坚决择高派发。当 DEA 线由上向下突破 0 轴，表明空头行情逐渐变强，是中长线第二个较为合适的卖出点，此时投资者应该将仓位沽空。

2. MACD 指标金叉与死叉

(1) MACD 指标金叉。当 DIFF 和 DEA 均为正值，DIFF 线向上突破 DEA 线，在 0 轴上方形成金叉，表示市场上买盘非常踊跃，上涨行情仍将继续，此时投资者可以追涨买入。

当 DIFF 和 DEA 均为负值，DIFF 线向上突破 DEA 线，在 0 轴下方形成金叉，表示市场上的做空气氛有所缓解，持币者有低位吸纳的意愿，股价可能止跌反弹。此时投资者需要借助其他技术指标，分析是否可以买入。

总而言之，MACD 指标在 0 轴上方形成金叉才是可靠的买入信号。

(2) MACD 指标死叉。当 DIFF 和 DEA 均为负值，DIFF 线向下跌破 DEA 线，在 0 轴下方形成死叉，表示市场上做空力量十分强大，下跌行情仍将持续，此时投资者应该杀跌卖出。

当 DIFF 和 DEA 均为正值，DIFF 线向下跌破 DEA 线，在 0 轴上方形成死叉，表示市场上的做多氛围有所松懈，持股者有高位回吐的想法，股价可能滞涨回落。此时投资者需要借助其他技术指标，分析是否应该卖出。

总而言之，MACD 指标在 0 轴下方形成死叉才是可靠的卖出信号。

3. MACD 指标的背离

（1）MACD 指标与股价顶背离。当股价创出新高时，MACD 的两线数值却未能同时创出新高，这就形成了顶背离现象，是卖出信号。顶背离的卖点较难把握，这是因为有时出现一次顶背离后，股价就会下跌；有时则在出现两三次顶背离后，股价才开始下跌。投资者可以在每次顶背离时分批减仓，待发现股价滞涨下跌时再清仓出局。

（2）MACD 指标与股价底背离。当股价创出新低时，MACD 指标的两线数值却未能同步创出新低，这就形成了底背离现象，是买入信号。在底背离出现时，激进的投资者可以分批建仓。为了安全起见，稳健的投资者应耐心等待股价止跌回升后再买入。

13.2.2 MACD 指标的调整

大智慧软件默认的时间参数是（12,26,9），有些投资者根据个人的喜好，将其换成（13,34,5）（10,20,5）等。如何调整 MACD 指标的时间参数呢？

具体调整方法为：

第一步，将鼠标移至 MACD 指标线的位置，DIFF 快线或 DEA 慢线均可。

第二步，点击鼠标右键，在弹出的快捷菜单中选择“修改指标参数”选项。

第三步，在弹出的【参数设置】对话框中，重新设置指标参数，如图 13－2、图 13－3 所示。

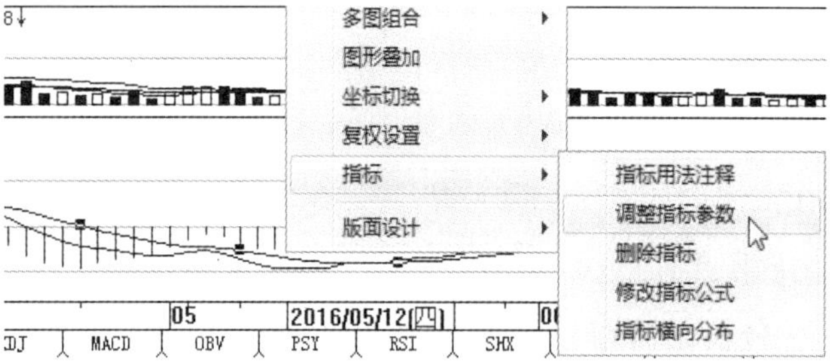

图 13－2 修改指标参数

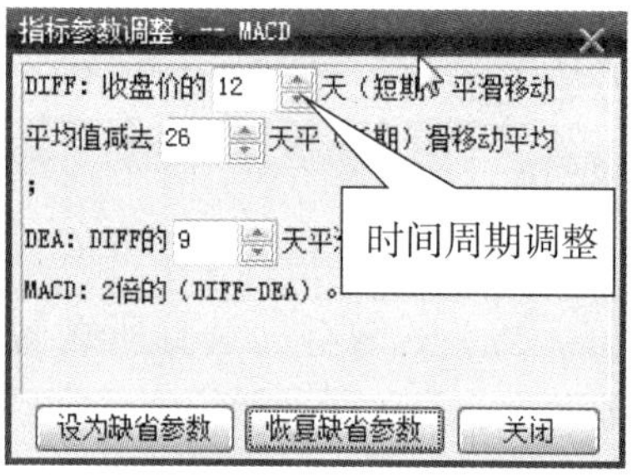

图 13－3 参数调整

13.3 KDJ 指标的研判角度与方法

随机指标，英文简称为 KDJ，是一种中短线分析工具，主要用来反映市场上买卖力量的强弱和超买超卖现象，它能够在股价尚未上升或下降趋势之前发出准确的买卖信号。

KDJ 指标由乔治・兰恩博士首创，是根据统计学原理，将某个周期内出现过的最高价、最低价及最后一个收盘价作为基本数据，来计算最后一个计算周期的未成熟随机值 RSV，然后根据平滑移动平均的方法来确定 K 值、D 值与 J 值，并绘制成相应的曲线图来研判行情走势。

在 K 线图界面底部的指标平台中，点击 KDJ 指标选项卡即可调出该指标，如图 13－4 所示。

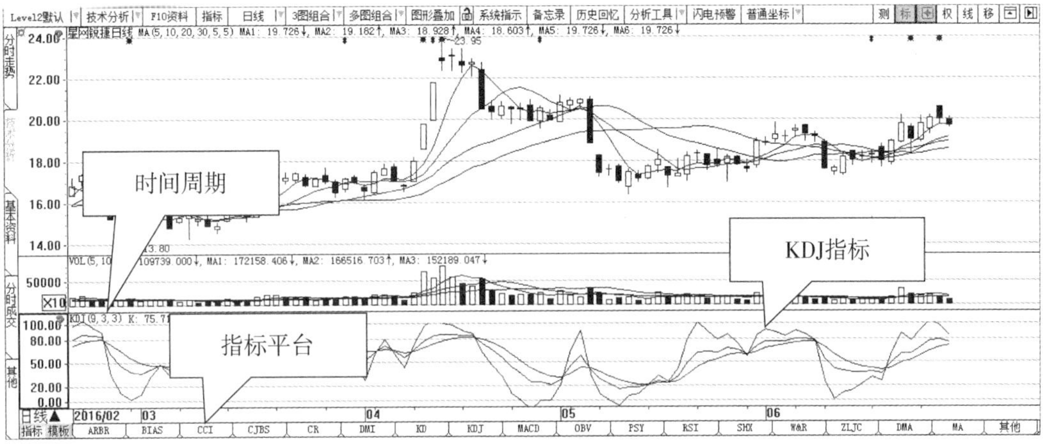

图 13－4　KDJ 指标

大智慧软件中，KDJ 指标的默认参数通常为 9 日、3 日、3 日，表示 RSV 值统计的是 9 日内的最高价、最低价及收盘价等情况，K 线为 RSV 值的 3 日移动平均线，D 线为 K 线的 3 日移动平均线。J 值本意为 D 值与 K 值之间的乖离，通常作为辅助指标出现。

概括起来，KDJ 指标具有如下几项特性。

（1）KDJ 指标由 K、D、J 三条曲线组成。其中波动最快的为曲线 J，其次是曲线 K，而曲线 D 最为平滑，安全性也最好。

（2）K 值和 D 值的取值范围均在 0~100 之间，50 是 KDJ 指标值的多空分界线。当 KDJ 指标处于 50 中轴线之上时，表示市场处于多头行情中；当 KDJ 指标处于 50 中轴线之下时，表示市场处于空头行情中。

（3）KDJ 指标也是非常重要的超买超卖指标。当 K 值<10 或 D 值<20 时，为超卖状态；当 K 值>90 或 D 值>80 时，为超买状态。

（4）当 J 值>100 时，曲线 J 会接触到顶部，表示曲线 K 已远高于曲线 D，股价短期内见顶的概率增加；当 J 值<0 时，曲线 J 会接触底部，表示曲线 K 已远低于曲线 D，股价短期内见底的概率增加。

（5）由于 K、D 的数值永远处于 0~100 的区间内，所以就有可能产生钝化的现象。当 K、D 的数值已经到顶而无法超越 100，或是已经触底而无法低于 0 时，此时行情虽然依旧激烈地变化着，但 KDJ 指标却无法给出正确的指示。

13.3.1 KDJ 指标的基本功能

在实际交易过程中，KDJ 指标发出的交易信号主要包括超买超卖、交叉与背离三类。

1. KDJ 指标超买超卖

（1）KDJ 指标超买。当股价在高价位区域波动，这时 KDJ 指标线（尤其是曲线 D）进入 80 以上的超买区，投资者要注意风险。当 KDJ 指标线在超买区发生转折时，投资者应考虑卖出。

（2）KDJ 指标超卖。当股价在低价位区域波动，这时 KDJ 指标线（尤其是曲线 D）进入 20 以下的超卖区，投资者应加大关注力度。当 KDJ 指标线在超卖区发生转折时，激进的投资者可适时建仓。

2. KDJ 指标的背离

（1）KDJ 指标与股价出现底背离。当股价再次下跌时创出新低，而 K、D 值再次下降时却没有创出新低，称为底背离。这种现象暗示股价的下跌行情即将结束，为买入信号。

（2）KDJ 指标与股价出现顶背离。当股价再次上升时创出新高，而 K、D 值再次上升时却没有创出新高，称为顶背离。这种现象暗示股价的上涨行情即将结束，为卖出信号。

3. KDJ 指标金叉与死叉

（1）KDJ 指标低位金叉。当 K 值和 D 值均小于 30，曲线 K 从下向上穿越了曲线 D，则 KDJ 指标形成低位金叉，表示短期内人气聚集，股价有上涨的可能，是买入信号。在低位时，曲线 K 和曲线 D 可能会重复金叉多次。短时间内形成金叉的次数越多，买入信号越强烈。

（2）KDJ 指标高位死叉。当 K 值和 D 值均大于 70，曲线 K 从上向下穿越曲线 D，则 KDJ 指标形成高位死叉，表示短期内人气涣散，股价有下跌的可能，是卖出信号。在高位时，曲线 K 和曲线 D 可能会重复死叉多次。短时间内形成死叉的次数越多，卖出信号越强烈。

13.3.2 KDJ 指标的调整

图 13-4 中，KDJ（9,3,3）指的是以 9 个交易日为基础计算最低价和最高价，并以 3 个交易日为限分别计算平滑移动平均数。当然，投资者也可以根据个人的需要和经验修改 KDJ 指标的参数设计，具体方法如下。

（1）将鼠标移至 KDJ 指标线的位置，曲线 K、D、J 均可。

（2）点击鼠标右键，在弹出的快捷菜单中选择“修改指标参数”选项。

（3）在弹出的【参数设置】对话框中重新设置指标参数，如图 13－5、图13－6所示。

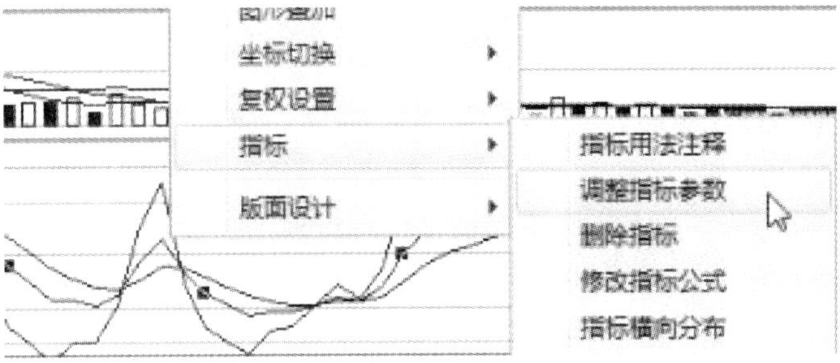

图 13－5　修改指标参数

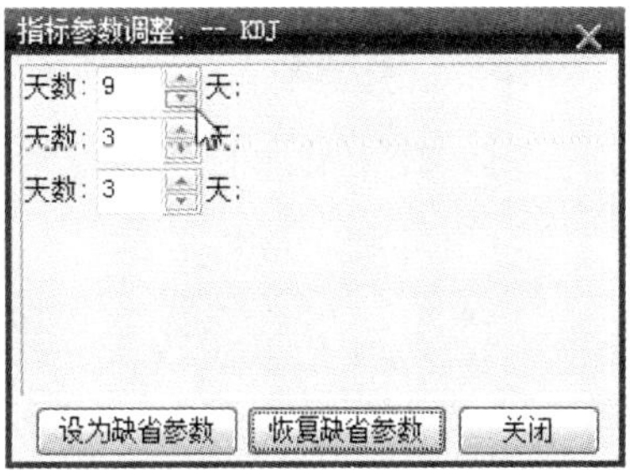

图 13－6　参数调整

13.4　RSI 指标的研判角度与方法

相对强弱指标（RSI）以某一时间段内的大盘指数或某只个股的涨跌平均值作为衡量供需双方力量对比的尺度，并以此作为预测未来股价变动的依据。其最重要的作用是能够显示当前市场的基本态势，指明市场是处于强势、弱势还是盘局行情。

相对强弱指标又称力度指标，英文简称为 RSI，是由美国技术分析大师威尔斯·威尔德创立的。该指标通过比较一段时期内的收盘涨幅和总波动幅度之间的比值来分析市场的买卖意向和实力，从而对未来市场走势作出预测。

其基本原理是，在一个正常的股市中，多空买卖双方的力量必须均衡，股价才能稳定。投资者在 K 线图界面底部的指标平台中，点击 RSI 指标选项卡，即可调出该指标，如图 13－7 所示。

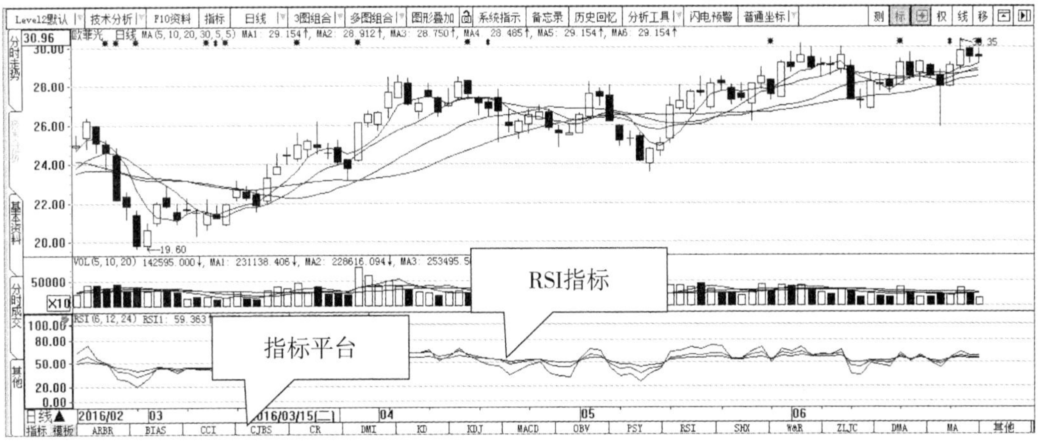

图 13－7　RSI 指标

走势图上出现的RSI指标，通常是由三条不同周期的RSI曲线组成的，分别是6日RSI线、12日RSI线和24日RSI线，其中6日RSI的波动最为频繁，12日RSI次之，24日RSI的波动最缓慢。在实际应用时，常常观察6日RSI来判断买卖点，因为在反映市场短线背离现象方面，6日RSI线比较灵敏。

RSI指标具有如下几项特性。

（1）RSI指标的波动较为频繁，但实用性较强，常用来研判中短期趋势，预测阶段性顶部和阶段性底部。

（2）RSI指标是对向上和向下两种力量进行比较，若向上的力量较大，则RSI曲线上升；若向下的力量较大，则RSI曲线下降。由此可以测算出市场走势的强弱。

（3）6日RSI指标是一个短线技术指标，适合分析较短周期内的股价走势。如果要分析较长周期的股价走势时，可以参考12日RSI线和24日RSI线。

（4）RSI指标的取值范围在0~100之间，RSI=50为强势市场与弱势市场的分界点。RSI曲线由上向下突破50位置，代表市场已经转弱；RSI曲线由下向上突破50位置，代表市场开始走强。

（5）对于超买超卖区的界定，投资者可以根据市场的具体情况而定。在一般市场行情中，RSI数值（通常以6日RSI来判断）在80以上可以认为是超买，在20以下可以认为是超卖。但在牛市中，超买区可定为90以上，超卖区可定在30以下；在熊市中，超买区可定为70以上，超卖区可定为10以下。

（6）由于设计上的原因，RSI指标在进入超买或超卖区后会出现钝化问题，这时尽管股价波动较大，但RSI的波动却非常缓慢。比如，在牛市中，RSI值经常会上升至90以上；在熊市中，RSI值经常会降到10以下。所以，在较强的牛市或熊市中，如果VR等指标显示股价为强势，那么投资者应该放弃使用RSI指标。

13.4.1 RSI指标的基本功能

在实际交易过程中，RSI指标发出的交易信号主要包括超买超卖、交叉与背离三类。

1. RSI指标的超买超卖

（1）RSI值大于80，超买。当6日RSI进入80以上区域时，说明市场进入了超买状态，市场有短期回档的风险，投资者可先行减仓。当6日RSI向下跌破80位置时，投资者应果断卖出。

（2）6日RSI值小于20，超卖。当6日RSI进入20以下区域时，说明市场进入了超卖状态，市场有短期反弹的机会，投资者要密切关注股价的动向，并可适当建仓。当6日RSI向上突破20位置时，投资者可以短线买入。

2. RSI 指标低位金叉和高位死叉

（1）RSI 指标低位金叉。如果短期 RSI 线在低位（通常为 50 以下）向上突破长期 RSI 线，则 RSI 指标形成金叉，为重要的买入信号。若金叉出现在 20 以下的超卖区，则信号更为可靠。当金叉出现在 50 以上的高位时，虽然也是看涨信号，但这种情况下股价上涨的空间十分有限，投资者不宜介入。

（2）RSI 指标高位死叉。如果短期 RSI 线在高位（通常为 50 以上）向下跌破长期 RSI 线，则 RSI 指标形成死叉，为重要的卖出信号。若死叉出现在 80 以上的超买区，则信号更为可靠。当死叉出现在 50 以下的低位时，虽然也是看跌信号，但在这种情况下卖出的话，可能会卖在低价上。

3. RSI 指标与股价的背离现象

（1）RSI 指标与股价发生底背离。RSI 指标位于 50 以下的低位，RSI 曲线形成两个依次上升的低谷，而股价却还在下跌，意味着 RSI 指标与股价发生底背离，这是较为强烈的买入信号。

（2）RSI 指标与股价发生顶背离。RSI 指标位于 50 以上的高位，RSI 曲线形成两个依次下降的高峰，而股价却还在上涨，意味着 RSI 指标与股价发生底背离，这是较为强烈的卖出信号。

13.4.2 RSI 指标的调整

RSI 指标技术参数的调整与 KDJ 指标相似，主要是对时间周期进行调整，即对（6,12,24）所代表的短期、中期、长期时间周期进行调整。投资者可以根据个人的需要和经验，修改 RSI 指标的参数设计，具体方法如下。

（1）将鼠标移至 RSI 指标线的位置，任意一条均可。

（2）点击鼠标右键，在弹出的快捷菜单中选择“修改指标参数”选项。

（3）在弹出的【参数设置】对话框中重新设置指标参数，如图 13－8、图13－9 所示。

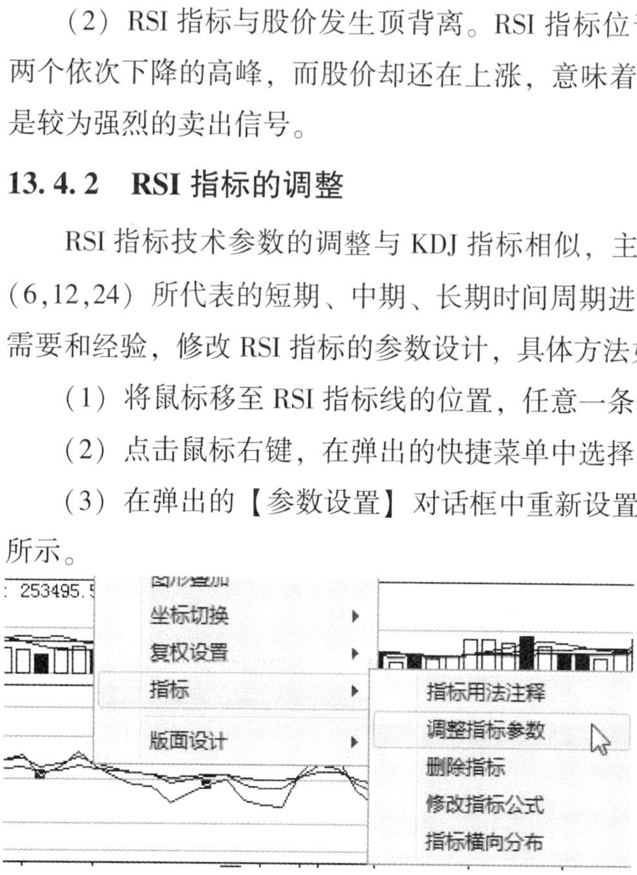

图 13－8　修改指标参数

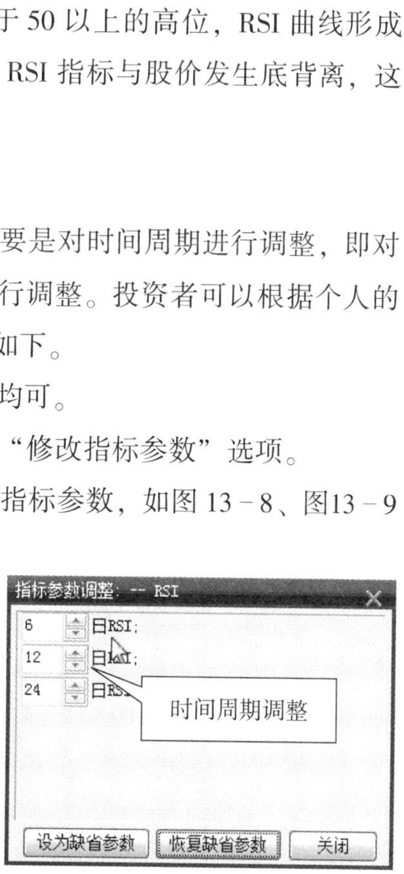

图 13－9　参数调整

13.5 BOLL 指标的研判角度与方法

布林线（BOLL）又称布林带，是根据统计学中的标准差原理设计出来的技术指标。其设计原理是，股价总是围绕某个中轴线在一定的范围内波动，这一波动范围体现在 K 线图中，就是一条将股价包裹在中间的带状区间（波带）。

布林线是由约翰·布林格先生创造并以其名字命名的，该指标根据统计学中的标准差原理，先求出股价的信赖区间，从而确定股价的波动范围及未来走势，并利用波带显示股价安全的高低价位。

布林线由三条曲线组成，分别是上轨线、中轨线和下轨线。其中上轨线和下轨线之间的区域构成了布林线指标的价值通道，中轨线为股价波动的中轴线。投资者在 K 线图界面底部的指标平台中，点击布林线指标选项卡，即可调出该指标，如图 13－10 所示。

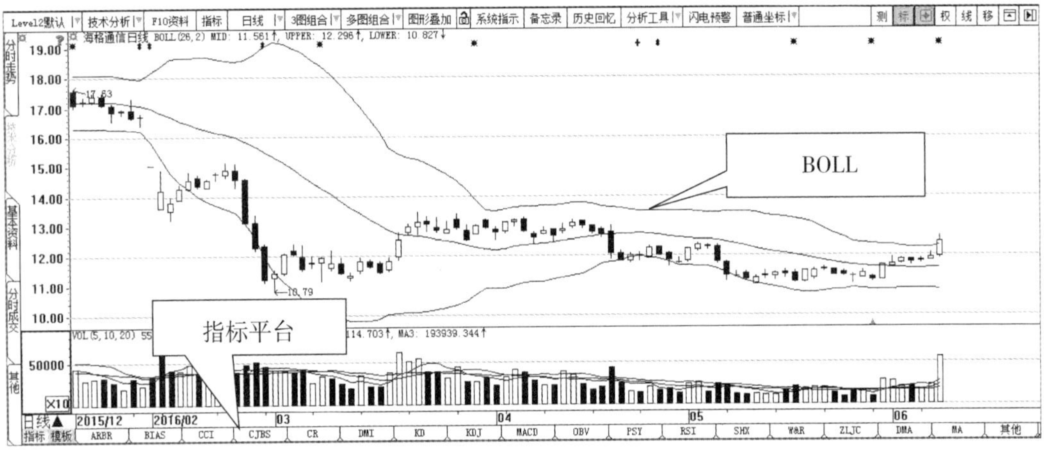

图 13－10　BOLL 指标

13.5.1　BOLL 指标的设置

大智慧系统默认给出的布林线与股价 K 线是分离的，如图 13－11 所示。

在具体的实战交易中，大多数投资者更倾向于将布林线与 K 线图直接叠加组合在一张图中。

投资者可直接选中布林线指标并拖动鼠标，将布林线指标直接拖到 K 线图区域，如图 13－12 所示。

将布林线指标拖动至 K 线图区域后，布林线指标区域自动被删除。投资者若不需要将布林线指标与 K 线图叠加显示，可点击鼠标右键，在快捷菜单中选择【指标】|【删除指标】即可，如图 13－13 所示。

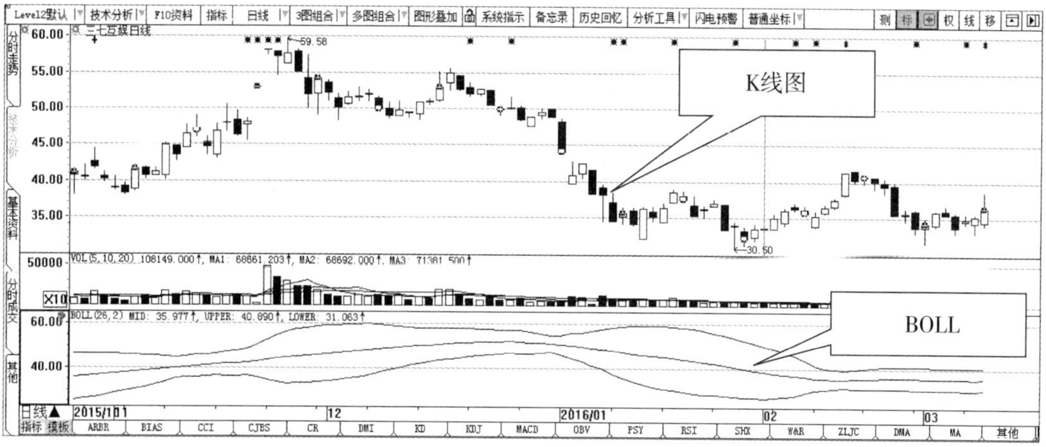

图 13－11　BOLL 指标与 K 线图分离形态

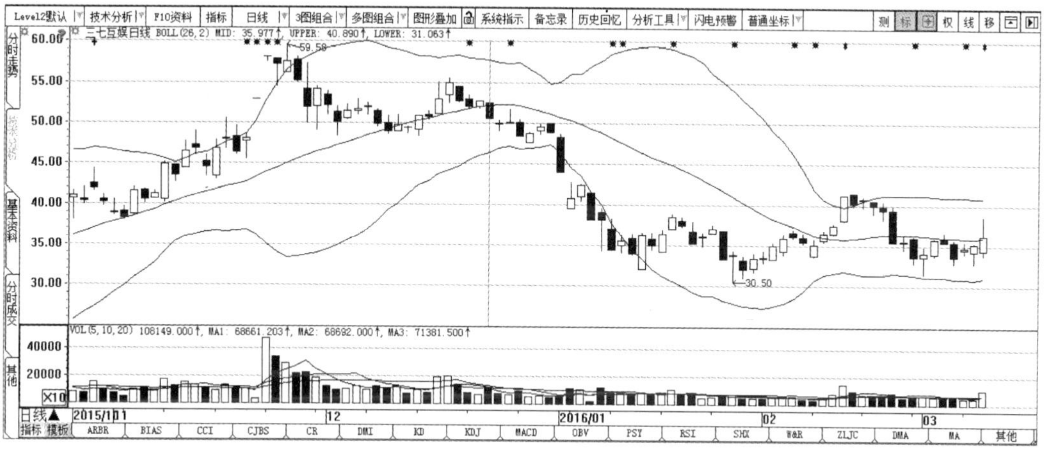

图 13－12　拖动布林线至 K 线图

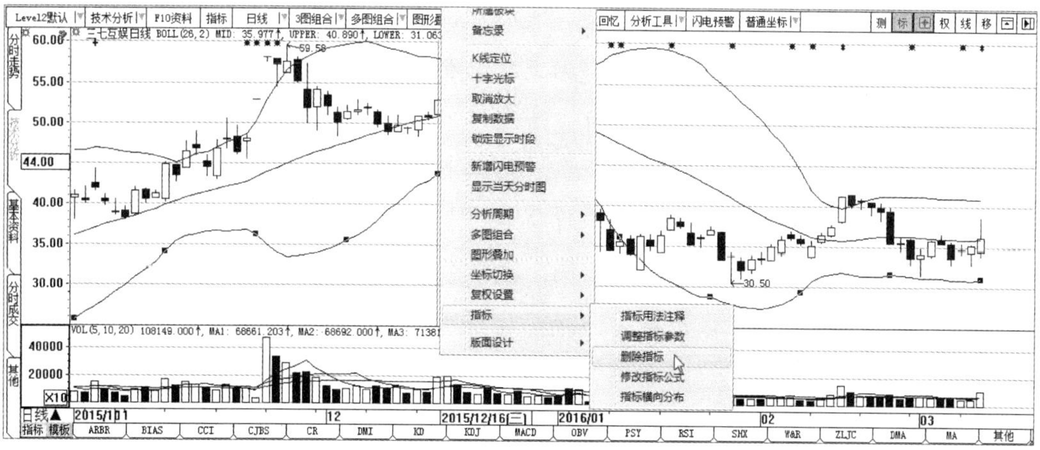

图 13－13　删除布林线指标

布林线指标的参数设定比较灵活，在不同的炒股软件中，可能会有不同的默认值。大智慧软件默认为 26 日均线、2 倍标准差（N＝26、P＝2），也有的默认为 20 日均线、2 倍标准差（N＝20、P＝2）。在实际操作中，投资者只要将均线周期设定在 20～30 之间，通常都能起到中期趋势线的指示作用。

BOLL 指标具有如下几项特性。

（1）布林线属于路径指标，股价在布林线上轨和下轨之间的带状区域内波动，其上下轨之间的范围并不固定，随着股价的波动而变化。股价涨跌幅度加大时，布林线的带状区变宽；涨跌幅度狭小或盘整时，布林线的带状区则变窄。

（2）布林线的上下轨线显示股价安全运行的最高价位和最低价位。下轨线对股价有支撑作用，上轨线对股价有阻力作用。中轨线有时可能是支撑线，有时可能是阻力线。

（3）BOLL 指标可以显示超买和超卖，股价向上突破上轨线就进入了超买区，股价向下跌破下轨线就进入了超卖区。

（4）BOLL 指标能够准确地反映市况的波动性，并能有效捕捉震荡市的买卖机会。

13.5.2 BOLL 指标的基本功能

在实际交易过程中，BOLL 指标能够根据市场变化发出买入或卖出信号。

1. 震荡行情中 BOLL 指标的应用

股价穿越布林线边线时，会马上回到波带内，因此在震荡整理行情中，如果股价穿越下轨线（支撑线），投资者应考虑买入；如果股价穿越上轨线（阻力线），则应考虑卖出。需要特别说明的是，这两种穿越都是由下向上的穿越。

2. 单边行情中 BOLL 指标的应用

（1）上涨行情中 BOLL 指标的应用。在上涨行情中，股价会沿着中轨线和上轨线形成的通道上升，这时投资者应持股待涨。当股价不能再触及上轨线时，表示上涨趋势减弱；一旦股价向下跌破中轨线，表示下跌趋势已经形成，投资者应进行减仓操作。如果布林带的三条曲线也同时向下，则更能确认下跌趋势。

（2）下跌行情中 BOLL 指标的应用。在下跌行情中，股价会沿着中轨线和下轨线形成的通道下降，这时投资者应选择空仓观望。当股价不能再触及下轨线时，表示下跌趋势减弱；一旦股价向上突破中轨线，表示上涨趋势已经形成，投资者可以考虑买入股票。如果布林带的三条曲线也同时向上，则更能确认上涨趋势。

3. BOLL 指标的敞口和缩口

（1）BOLL 指标敞口。当布林带逐渐敞开时，BOLL 指标的上轨线会向上移动，下轨线会向下移动，呈现敞口喇叭形态，表示股价的波动幅度正在增大，会引发一波较大的行情。

此时，投资者应注意观察中轨线的方向，如果中轨线向上翘头，表示股价进入上涨行情，是买入信号；如果中轨线向下滑落，表示股价进入下跌行情，是卖出信号。

（2）BOLL 指标缩口。当布林带逐渐收缩，即 BOLL 指标的上轨线向下移动，下轨线向上移动，呈现缩口喇叭形态时，表示股价的波动幅度正在缩小，行情即将进入盘整阶段。

如果这种缩口现象出现在股价大幅上涨之后的高位，投资者应及早获利了结；如果这种缩口现象出现在股价大幅下跌之后的低位，投资者不宜再盲目止损，可等待行情转势时适量买入。

13.5.3 BOLL 指标的调整

BOLL 指标技术参数的调整与其他指标相似，也是对时间周期进行调整。修改 BOLL 指标的参数设计方法如下。

（1）将鼠标移至 BOLL 指标线的位置，任意一条即可。

（2）点击鼠标右键，在弹出的快捷菜单中选择【指标】|【调整指标参数】。

（3）在弹出的【指标参数调整】对话框中重新设置参数，如图 13－14、图 13－15所示。

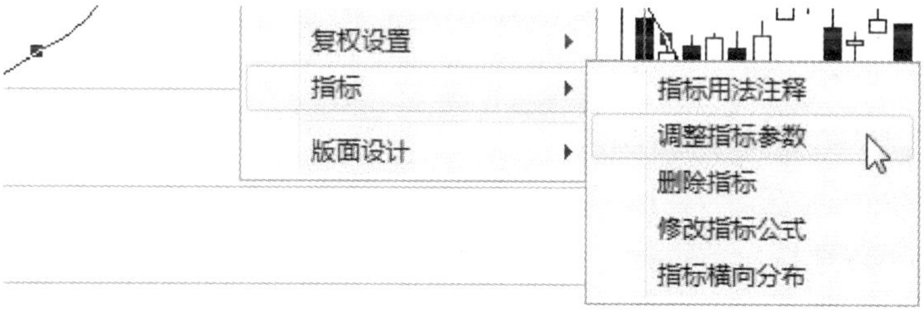

图 13－14　修改指标参数

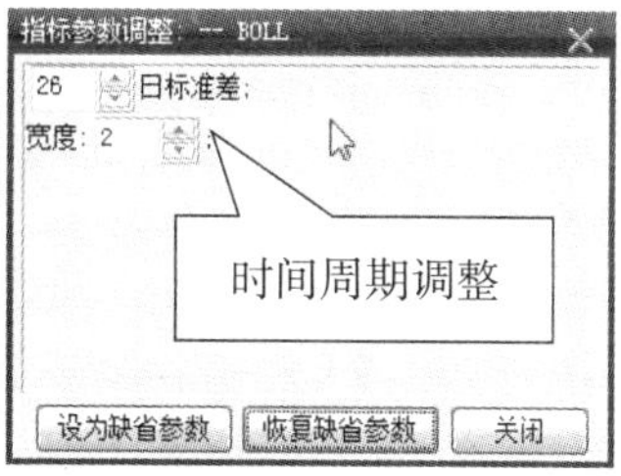

图 13－15　参数调整

13.6　CCI 指标的研判角度与方法

顺势指标（CCI）是一种重点研判股价偏离程度的技术分析工具，该指标以+100和-100 作为分界线。指标值高于+100 或低于-100，说明股价进入到一个非常态走势，因此能够有效描述股价的异常波动。

顺势指标英文简称为 CCI，由美国股市分析家唐纳德·兰伯特所创。该指标将目前股价的波动程度和常态分布范围进行比较，用于市场超买、超卖的研判，以捕捉趋势的反转点。

CCI 指标看起来非常简单，仅仅由一条指标线构成。与很多波动范围在 0～100 之间的超买超卖指标（如 KDJ、RSI 等）不同，CCI 指标的运行区域没有限制，可以是从负无穷大到正无穷大之间的任何数值。

在分析图界面底部的指标平台中，点击 CCI 指标选项卡，即可调出该指标，如图 13－16 所示。

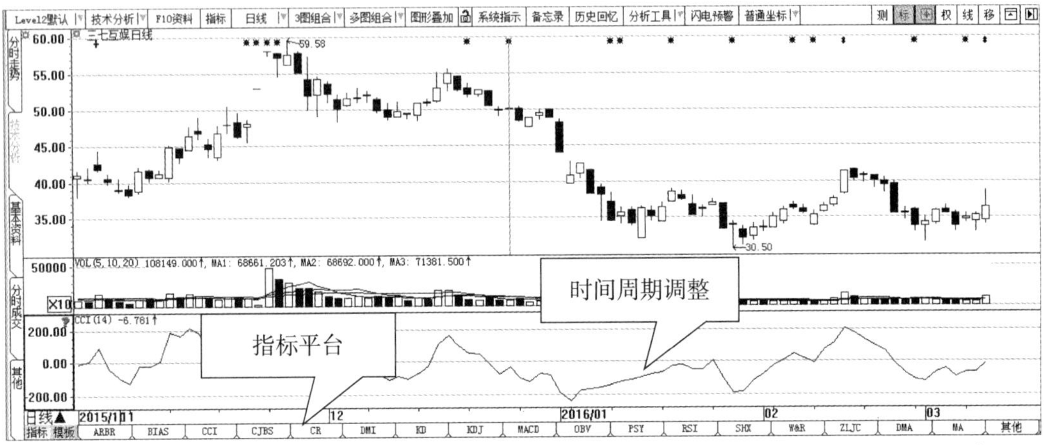

图 13－16　CCI 指标

CCI 指标具有如下几项特性。

（1）CCI 指标有一个相对的技术参照区域：+100 和-100。CCI 指标运行到+100 以上时，进入超买区；CCI 指标运行到-100 以下时，进入超卖区；CCI 指标在-100 到+100 之间运行时，表示股价处于震荡区，这时该指标基本处于失效状态。因此，+100 是 CCI 的“天线”，-100 是 CCI 的“地线”。

（2）作为一种中短线的超买超卖型指标，CCI 指标具有自己的独特之处。如果行情是超乎寻常的强势，走势不停地持续前进，很多超买超卖指标会突然失去方向，出现钝化现象。CCI 指标由于没有取值范围限制，所以一般不会出现钝化现象，对于持续上涨或下跌的非常态行情，特别是那些短期内暴涨暴跌走势的研判非常有效。

（3）CCI 指标适用于股价突破后的连续上涨或者连续下跌行情。当股价在一个区间内连续反复震荡时，CCI 指标难以发出有效的买卖信号。

13.6.1　CCI 指标的基本功能

1. CCI 指标对+100 位置的穿越

（1）CCI 指标向上突破+100。当 CCI 指标由下向上突破+100 线进入非常态区间，表明股价脱离常态，进入异常波动的非常态走势，投资者可以实施中短线买入策略。如果股价同时在成交量放量配合下出现较大幅度的涨升，则买入信号更为可信。

（2）CCI指标向下跌破+100。当CCI指标从上向下跌破+100线重新进入常态区间，表明股价的上涨阶段可能结束，将进入盘整或下跌行情，投资者应及时逢高派发。

2. CCI指标对-100位置的突破

（1）CCI指标向上突破-100。当CCI指标从下向上突破-100线，重新进入常态区间时，表明股价的探底阶段可能结束，又将进入一个上涨行情，投资者可以适量买入。

（2）CCI指标向下跌破-100。当CCI指标从上向下跌破-100线，进入非常态区间时，表明股价已经结束盘整，重新步入下跌之路。这将进入一个较长的探底过程，投资者应以空仓观望为主。

3. CCI指标与股价的背离现象

（1）CCI指标与股价底背离。CCI曲线处于-100之下的非常态区间，在股价与CCI同时创出新低后，如果股价再次创出新低而CCI指标却止跌企稳，就形成底背离，这是行情见底的信号，投资者可以适量买入股票。在底部区域，一般要反复出现几次底背离才能确认趋势转向。

（2）CCI指标与股价顶背离。CCI曲线处于+100以上的非常态区间，在股价与CCI同时创出新高后，如果股价再次创出新高，而CCI指标却出现回落，就形成顶背离。顶背离是行情见顶信号，投资者应尽快卖出股票。

13.6.2　CCI指标的调整

CCI指标技术参数的调整与KDJ指标相似，主要是对时间周期进行调整，即对（14）所代表的时间周期进行调整。

投资者可以根据个人的需要和经验，修改CCI指标的参数设计，具体方法如下。

（1）将鼠标移至CCI指标线的位置。

（2）点击鼠标右键，在弹出的快捷菜单中选择【指标】|【调整指标参数】。

（3）在弹出的【调整指标参数】对话框中重新设置参数，如图13-17、图13-18所示。

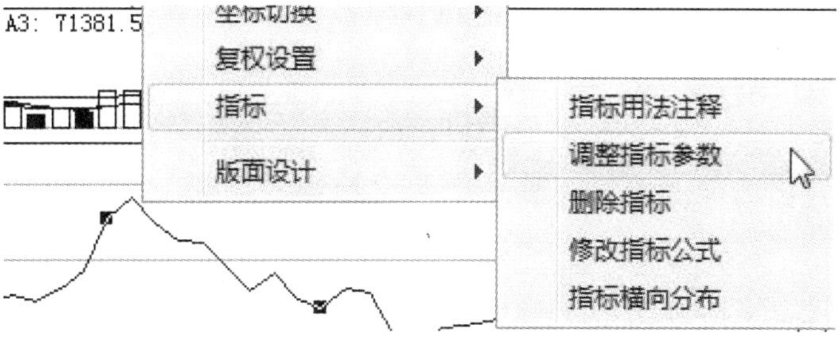

图13-17　调整指标参数

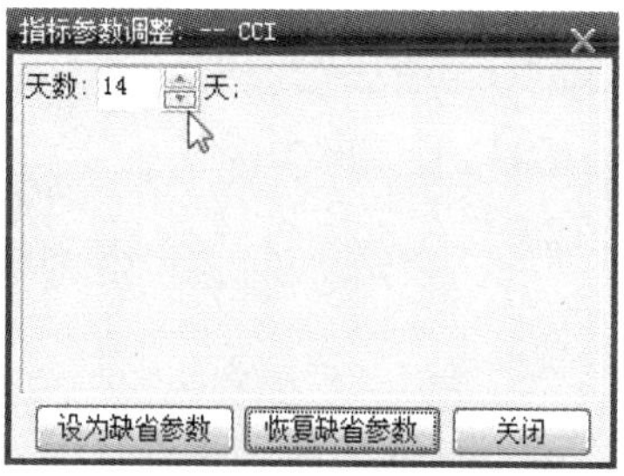

图13-18　参数调整

第十四章

大智慧画线技术应用

大智慧软件提供了非常丰富的画线工具，以供投资者使用。投资者可以通过两种方式调出【画线】功能：其一，直接点击大智慧快捷工具条的【线】字按钮；其二，点击大智慧【菜单】按钮，通过【终端】｜【画线工具】调出本功能，如图 14－1 所示。

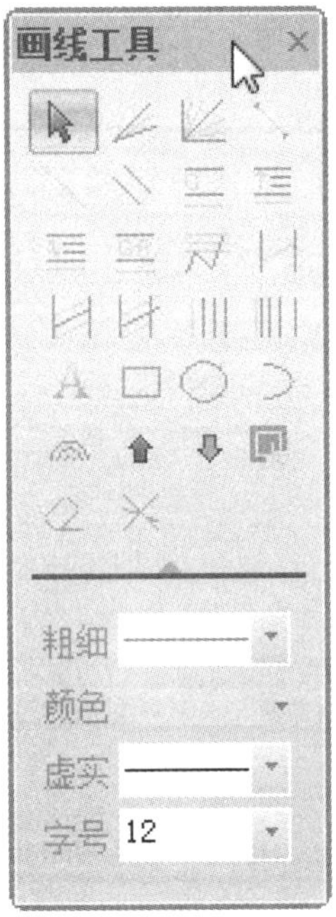

图 14－1　画线工具

14.1　趋势线画法及分析技术

趋势线是以道氏理论为基础演化而来的，由交易者根据当前股价运行状态画出一条能够对未来股价运行趋势作出预判的直线。

在股价运动当中，如果其包含的波峰和波谷都相应地高于前一个波峰和波谷，那么就称为上涨趋势；相反，如果其包含的波峰和波谷都低于前一个波峰和波谷，那么就称为下跌趋势；如果后面的波峰与波谷都基本与前面的波峰和波谷持平的话，那么称为振荡趋势或横盘趋势，或者称为无趋势。

在实战画线时，投资者可直接借助【画线工具】中的“趋势线”选项来绘制趋势线。

趋势线主要包括上升趋势线、下降趋势线和横向趋势线三类，由于横向趋势出现的概率较低，本书不做深入讨论。

14.1.1 上升趋势线画法及分析技术

1. 上升趋势线画法

画上升趋势线时，需要掌握以下几点要领。

（1）上升趋势线是以两个回调低点为关键点位所画的直线，因而投资者选择的第二个低点必须高于第一个。通常情况下，这两个下跌低点应该是股价两次回调后重新上涨的转折点。

（2）两个下跌低点之间必须有一定的距离，不能是两个紧紧相邻的低点。

（3）通过两个上升低点连线所画的上升趋势线，必须经过第三个高点确认方可。

（4）画上升趋势线时，必须以 K 线实体为出发点，即以阳线的开盘价或阴线的收盘价为基点。

下面以天龙集团为例进行说明，如图 14－2 所示。

图 14－2 上升趋势线绘制

画上升趋势线时，还需注意以下几个要点。

（1）上升趋势线画好后，可能会穿越一根或多根 K 线实体，只要该 K 线没有完整地位于趋势线以下，就可以认定该趋势线是有效的。事实上，股价在回调过程中形成的短期底部，往往相邻的几根 K 线价格趋近，这时选择其中的最低价与其他低点相连时，不可避免地会穿越某根 K 线实体。

（2）绘制上升趋势线时，还要考虑股价的除权除息等问题。如果一只股票近期（即绘制趋势线所跨越的周期）出现除权或除息时，投资者在绘制股价上升趋势线前，应该将其复权，然后再绘制上升趋势线。

（3）为了保险起见，针对一波上涨行情，投资者可以画出多条上升趋势线，之后再随着股价的变动不断修正、取舍，直至确认趋势线对股价确有支撑作用为止。

2. 上升趋势线分析技术

一条上升趋势线可以告诉投资者以下几项内容。

（1）股价处于上涨趋势中，投资者可以选择一直持股，也可以选择波段操作，即股价出现回调时卖出，股价回调至上升趋势线位置后反弹向上时买入。

（2）股价沿趋势线上升时，到了趋势线末端，往往会有一段加速上涨行情，即股价回调低点要远远高于上升趋势线预设的价位，此时投资者可以持股待涨，避免操作。

（3）股价沿趋势线上升时，如果波段范围不大，投资者应耐心持股，避免频繁交易。

（4）股价沿趋势线上升时，如果股价有效跌破趋势线，则必须及时卖出。

14.1.2 下降趋势线画法及分析技术

1. 下降趋势线画法

画下降趋势线时，需要掌握以下几项要领。

（1）下降趋势线是以两个反弹高点为关键点位所画的直线，因而投资者选择的第二个高点必须低于第一个。通常情况下，这两个反弹高点应该是股价两次反弹后重新下跌的转折点。

（2）两个反弹高点之间必须有一定的距离，不能是两个紧紧相邻的高点。

（3）通过两个下降高点的连线所画的下降趋势线，必须经过第三个高点确认方可。

（4）画下降趋势线时，必须以 K 线实体为出发点，即以阳线的收盘价或阴线的开盘价为基点。

下面以华夏银行为例进行说明，如图 14－3 所示。

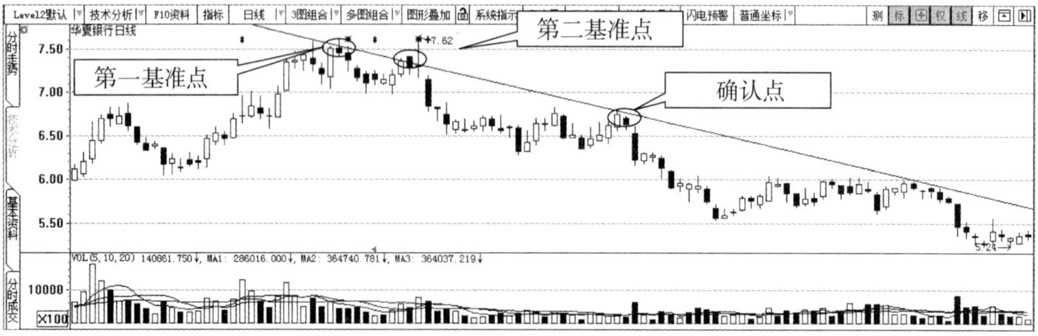

图 14－3 下降趋势线绘制

画下降趋势线时，还需注意以下几项要点。

(1) 与上升趋势线相似，下降趋势线画好后，可能会穿越一根或多根K线实体，但只要该K线实体没有完整地位于趋势线以上，就可以认定该趋势线是有效的。事实上，股价在反弹过程中形成的短期顶部，往往相邻的几根K线价格相近，这时选择其中的最高价与其他高点相连时，不可避免地会穿越某根K线的实体。

(2) 绘制下降趋势线时，还要考虑股价的除权除息等问题。如果一只股票近期(即绘制趋势线跨越的周期) 出现除权或除息时，投资者在绘制股价下降趋势线前，应该将其复权，然后再绘制下降趋势线。

(3) 为了保险起见，针对一波下降行情，投资者可以画出多条下降趋势线，之后再随着股价的变动不断修正、取舍，直至确认趋势线对股价确有阻力作用为止。

2. 下降趋势线分析技术

一条下降趋势线可以告诉投资者以下几项内容。

(1) 股价处于下降趋势中，投资者最好空仓观望。如果股价波动范围较大，投资者可以考虑轻仓超短线交易，并设置好止损位，但持仓时间不可过久，以免被套。

(2) 股价沿趋势线下降，在趋势线末端往往会有一段加速下跌行情，即股价反弹高点要远远低于下降趋势线预设的价位，此时投资者可保持观望，股价不久即将见底。

(3) 股价沿趋势线下跌时，如果没有特别强大的外力作用，股价下跌将会非常容易，而且还会有加速的现象。投资者必须学会耐心等待，不能见到股价偏离趋势线距离较大时，便盲目进场交易，博取短期收益，因为这可能仅仅是股价加速下跌的信号。

(4) 股价沿趋势线下跌时，如果放量突破趋势线的压制，可以认定股价有改变运行趋势的可能。投资者宜密切关注股价动向，在合适的时机买入股票。

14.2 水平线画法及分析技术

水平线，是指与水平面平行的直线，在股市K线图中，是指以某一关键点位为核心绘制的水平直线。投资者可以借助大智慧【画线工具】中的“线段”工具完成水平线的绘制，如图14-4、图14 5所示。

14.2.1 上升趋势中的水平线画法及分析技术

在上升趋势中，水平线所起的作用主要是对股价的阻力作用，因而这样的水平线也可以称为阻力线。

1. 上升趋势中的水平线画法

很多投资者买入股票后，对于股价在什么位置会遇到阻力以及什么时候卖出股

图 14－4　调出【水平线】

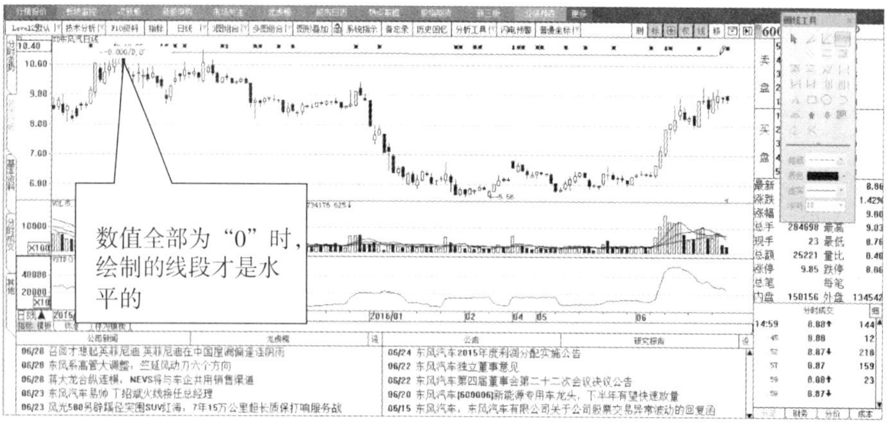

图 14－5　绘制【水平线】

票拿捏不准，这时就可以借助水平线来分析决策。

股价启动上涨时，前期高点和低点都可能对股价上涨造成一定的压力，因此画出水平线有利于投资者的实战操作。点击【画线工具】|【线段】工具后，将鼠标放置于股价前期走势的各个关键点位置，如前期高点、回调低点、反弹高点等，然后拉长线段，并确保线段角度为 0，即可画出水平线，如图 14－6 所示。

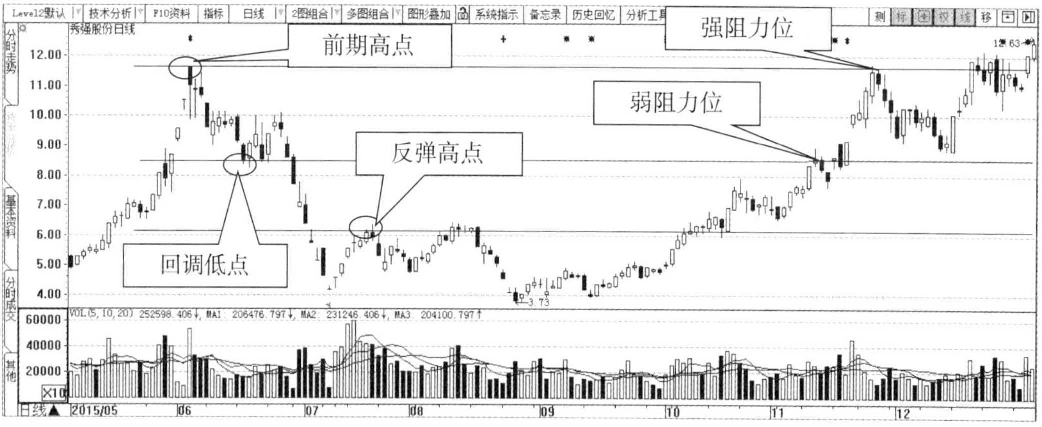

图 14－6　上升趋势中的水平线

绘制上升趋势中的水平线时，应注意以下几个问题。

（1）趋近原则。越是近期形成的高点或低点，对股价上行的压力越大，因而由这些关键点位构筑的水平线，对股价的阻力作用会更大。

（2）趋同原则。前期高点或低点中，相差不大的点位可以看成同一点位。

（3）要点优先。如果股价在前期运行中形成了数个高点或低点，那么可以按照这些点位的重要性排序，选择其中比较重要的点位，并据此绘制水平线。

重要性筛选可参看这样几条：其一，股价在此位置数次遇阻或遇支撑；其二，该点位的成交量是否足够大；其三，该点位是否为整数点位，如10元、20元、30元位置等；其四，该点位为前期最高价。

2. 上升趋势水平线分析技术

利用水平线进行股票投资交易时，应注意观察以下几点。

（1）力量强弱。如果股价突破某一阻力线遇到的阻力较强，最终成功突破，则该阻力线转换为支撑线后，也会具备较强的支撑力量。

（2）突破遇阻。如果股价突破某一阻力线遇阻下跌，且下跌时成交量放大，投资者需考虑暂时卖出股票以回避风险。

（3）突破成功。如果股价携量突破某一阻力线成功，投资者可以考虑加仓。

（4）防范假突破。如果股价突破某一阻力线后迅速回落至阻力线下方，则视为突破失败或假突破，投资者宜做好准备，随时清仓。

14.2.2 下降趋势中的水平线画法及分析技术

股票价格自高点下跌后，很多投资者就会产生抄底的想法，但却对股价是否到底或股价是否会产生反弹存在疑惑。如果能够在股价下降趋势中准确地绘制出水平线，并巧妙地加以运用，就可以解除这一疑惑。

1. 下降趋势中的水平线画法

股价启动下跌时，前期高点和低点都有可能对股价下跌构成一定的支撑力，因此画出水平线有利于投资者的实战操作。点击【画线工具】|【线段】工具后，将鼠标放置于股价前期走势的各个关键点位置，如前期高点、回调低点、反弹高点等，拖动线段，并确保角度为0，系统即可自动生成水平线，如图14－7所示。

图14－7 下降趋势中的水平线

绘制下降趋势中的水平线，应注意的问题与绘制上升趋势中的水平线相似，也包括以下几个方面。

（1）趋近原则。越是近期形成的高点或低点，对股价的支撑作用越大。

（2）趋同原则。前期高点或低点中，相差不大的点位可以看成同一点位。

（3）要点优先。如果股价在前期运行中形成了数个高点或低点，可以按照这些点位的重要性排序，选择其中比较重要的点位并据此绘制水平线。

重要性筛选可以参看这样几条：其一，股价在此位置数次遇阻或遇支撑；其二，该点位的成交量是否足够大；其三，该点位是否为整数点位，如 10 元、20 元、30 元位置等；其四，该点位为前期最低价。

2. 下降趋势水平线分析技术

利用下降趋势水平线进行股票投资交易时，应注意观察以下几点。

（1）力量强弱。股价下跌至某一支撑线，且经过若干次激烈交锋未见分晓。最终该支撑线未能支撑股价，该支撑线转变为阻力线后，其阻力作用将会非常强大。

（2）下跌遇强支撑。如果股价下跌至某一支撑线附近因该线支撑作用而重新上涨，且下跌时成交量萎缩，上涨时成交量放大，则可认定支撑有效，投资者可以短线买入该股。

（3）支撑失败。如果股价携量跌破某一支撑线，则该股股价还将进一步下跌。

（4）避险法则。如果股价处于下降趋势中，投资者应尽量避免买入股票。在下降趋势中搏反弹，风险远远大于收益。

14.3 通道线画法及分析技术

通道线又称平行线或平行通道线，是在达韦斯·尼古拉创立的股票箱理论基础上演变而来的。通道线以趋势线为核心，由相互平行的阻力线和支撑线组成一组直线。

股价在运行过程中，下跌的低点总是在支撑线上，上涨的高点也总是在阻力线上，且支撑线和阻力线大致呈平行状态，这就说明股价运行于一个特定的通道内。

利用大智慧【画线工具】按钮，选择“平行线”图标，可以完成通道线的绘制。或者点击【画线工具】|【平行线】，也可以调出本工具，如图 14-8 所示。

14.3.1 上升通道线画法及分析方法

上升通道由处于上升趋势中的阻力线和支撑线组成，是一组以支撑线为核心的向右上方倾斜的平行线。股价在上涨过程中遇到通道线上轨后下跌，跌至通道线下轨时反弹向上，如此反复。

1. 上升通道线的画法

上升通道线的绘制与上升趋势线的画法相似，主要包括以下三个步骤。

（1）点击【趋势线】工具后，在 K 线图中选择上升趋势中的两个关键低点画一条直线，这条直线是上升通道线的下轨，也就是股价的上升趋势线。

（2）移动鼠标至股价上升的高点，并以股价上升的关键高点为基点点击【平行线】，画一条与上升趋势线平行的直线，这条直线就是上升通道线的上轨。

（3）如有必要，可以通过点击通道线上的修改标志，适当调整趋势线的角度和位置，形成更完美的上升通道，如图 14－9 所示。

图 14－8　调出【平行线】

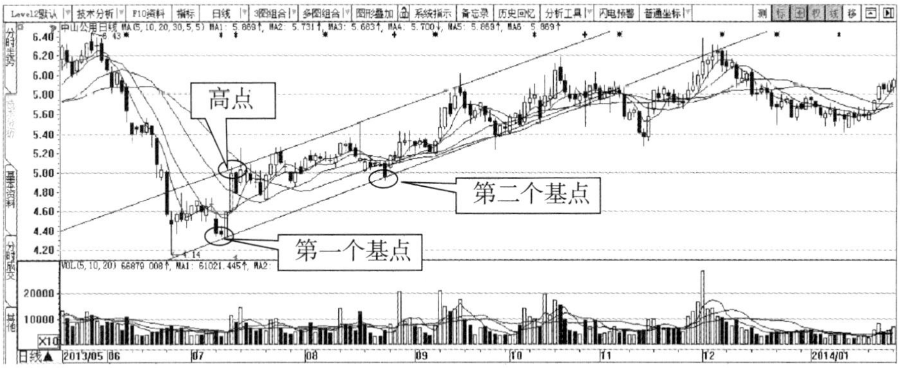

图 14－9　上升通道线

绘制上升通道线时应注意下面两个问题。

（1）上升通道线的下轨必须严格按照上升趋势线的画法绘制。

（2）上升通道线的上轨，需要选择已经出现的比较具有代表性的高点，且选择此高点所画的与下轨平行的直线能够恰好通过已经形成的其他高点。

2. 上升通道线的分析方法

利用上升通道线进行股票投资交易时，应注意观察以下几点。

（1）股价 K 线是否能够与通道线切合。也就是说，只有股价上涨时遇到通道线上轨后出现回落，股价下跌时遇到下轨线支撑转为上涨，才能认定该通道线具有显著的支撑与阻力作用。

（2）向上突破通道线。股价向上突破通道线，说明股价有加速上涨的可能，投资者可以考虑加仓。

（3）向下突破通道线。如果股价向下跌破通道线，说明股价有偏离上升通道的可能，但并不意味着股价一定会下跌。

（4）防范假突破。股价突破通道线后，如果迅速回至通道线区域内，则视为突破失败或假突破，投资者可以继续按原计划操盘。

14.3.2　下降通道线画法及分析方法

下降通道由处于下降趋势中的阻力线和支撑线组成，是一组以阻力线为核心的向右下方倾斜的平行线。股价在下跌过程中，跌至通道线下轨时反弹向上，遇到通道线上轨后再度下跌，如此反复。

1. 下降通道线的画法

下降通道线的绘制与上升通道线的画法相似，主要包括以下三个步骤。

（1）点击【趋势线】工具后，在 K 线图中选择下降趋势中的两个关键反弹高点画一条直线，这条直线是下降通道线的上轨线，也就是股价的下降趋势线。

（2）移动鼠标至股价反弹的低点，并以股价反弹的关键低点为基点点击【平行线】，画一条与下降趋势线平行的直线，这条直线就是下降通道线的下轨线。

（3）如有必要，可以通过点击通道线上的修改标志，适当调整趋势线的角度和位置，形成更完美的上升通道，如图 14－10 所示。

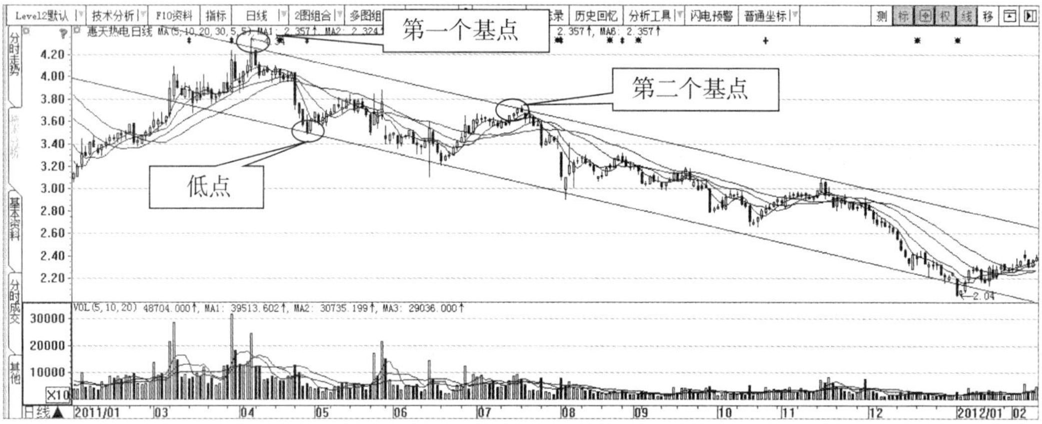

图 14－10　下降通道线

绘制下降通道线时，应注意下面两个问题。

（1）下降通道线的上轨必须严格按照下降趋势线的画法绘制。

（2）画下降通道线的下轨时，需要选择已经出现的具有代表性的低点，且选择此低点所画的与上轨平行的直线，能够恰好通过已经形成的其他低点。

2. 下降通道线的分析方法

利用下降通道线进行股票投资交易时，应注意观察以下几点。

（1）理论上，当股价处于下降行情中时，应避免买入股票。即使逆势交易可能存在一定的利润，也要尽量避免交易，毕竟这样操作的风险和收益是不成比例的。

（2）向上突破通道线。股价向上突破通道线，说明股价有结束下降趋势的可能，投资者宜保持关注。

（3）向下突破通道线。如果股价向下跌破通道线，说明股价有加速下跌的可能。

（4）防范假突破。如果股价突破通道线后迅速回至通道线区域内，则视为突破失败或假突破，投资者可继续保持观望。

14.4 黄金分割线画法及分析技术

黄金分割线是股市中最常见、最受欢迎的切线分析工具之一。在实际操作中，主要运用黄金分割来揭示上涨行情的调整支撑位或下跌行情中的反弹压力位。

黄金分割线是以黄金分割理论为基础发展而来的，即把一条线段分为两部分，其中一部分对于全部的比率等于另一部分对于该部分的比率。按照这个算法得出的比率约等于0.618，这个比率具有极高的美学价值，故称为“黄金分割比率”。由该比率衍生出的理论，就是“黄金分割理论”。

14.4.1 黄金分割线画法及操作要点

点击工具栏中的【工具】按钮，在黄金分割线组中选中【黄金分割线】，调出的就是黄金分割线画线工具，如图14－11所示。

1. 黄金分割线画法

点击黄金分割线画线工具后，先选择起点，一般选择一段行情的高点或低点，然后点击并按住鼠标左键不放，拖动鼠标至另一个低点或高点位置放开，即可得到相应的黄金分割线。如图14－12所示。

图14－11 调出黄金分割线画线工具

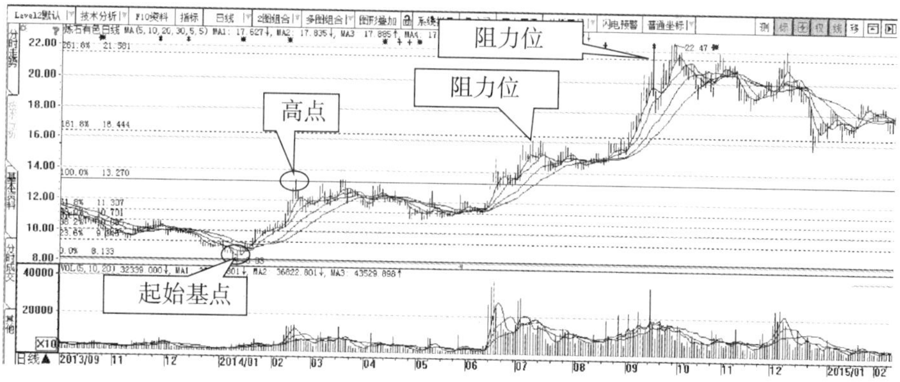

图14－12 黄金分割线

在大智慧软件中，系统不仅给出了黄金分割线的各个点位，还给出了各个点位对应的股价，这样就更便于寻找各个支撑位与阻力位的价格了。

2. 黄金分割线的操作要点

画黄金分割线时，下面两种情况需要注意。

（1）画黄金分割线时，应该注意波段低点与波段高点的选择。选择的低点和高点越重要，黄金分割线对股价的影响也就越大。

（2）黄金分割线绘制完成后，投资者可以根据股价变化的规律适当地进行调整，使其能够更加准确地预测股价未来的支撑位与阻力位。

14.4.2 利用黄金分割线判断阻力位与目标位

股价处于上涨趋势中，每当股价运行到分割线附近时，都有出现回调的可能；股价处于下跌趋势中，如果股价出现反弹，且反弹至分割线附近时，都有再次回归下跌趋势的可能。这两个回调的点位就可能成为股价短期的阻力位。

1. 弱势反弹阻力位与目标位

股价下跌一段时间后出现反弹时，如果此次反弹属于弱势反弹，那么股价上涨到 0.618 点位时，就会受到黄金分割位的阻力而重新下跌。

如图 14－13 所示，五矿发展的股价在创下 18.50 元的高点后开始了一波下跌走势。该股股价在 14.36 元位置获得支撑后出现反弹走势，此时投资者借助平行黄金分割线，可以预判股价的反弹阻力位和反弹目标位。股价在反弹至 0.618 位置时遇阻重回下跌走势，这说明该股的反弹属于弱势反弹，投资者宜远离该股。

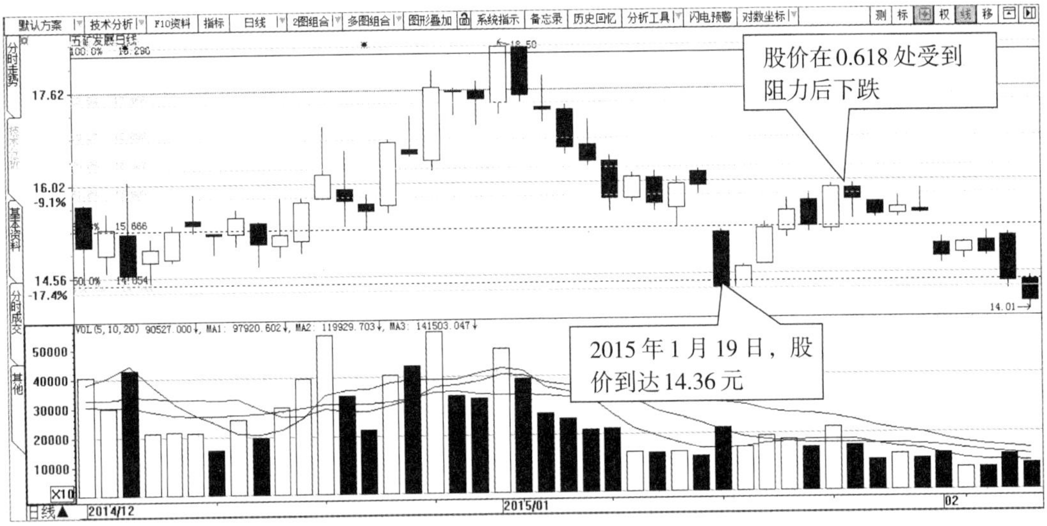

图 14－13 五矿发展（600058）日 K 线走势图

2. 强势反弹阻力位与目标位

股价下跌一段时间后出现反弹，如果此次反弹属于强势反弹，那么股价上涨到 0.382 点位时，就会受到黄金分割位的阻力而重新下跌。

如图 14－14 所示，博瑞传播的股价从 2011 年 11 月 3 日开始走出了一波震荡下跌行情，投资者可以在股价震荡过程中画出一组黄金分割线。

2011 年 11 月 3 日，博瑞传播的股价开始启动了一波震荡下跌行情。该股股价在震荡下跌过程中形成了若干个短期低点，投资者可以以 2011 年 11 月 3 日为起点，以 2012 年 1 月 19 日为终点，这样系统会自动生成一系列的黄金分割线。

股价震荡下跌之后出现了反弹走势。2012 年 2 月 22 日，股价上涨到 0.382 点位

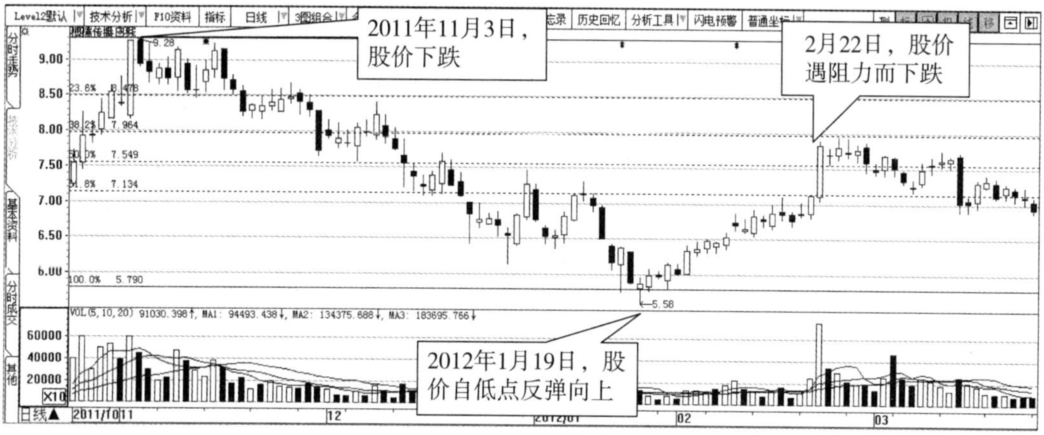

图 14－14　博瑞传播（600880）日 K 线走势图

后，因受到黄金分割线的阻力而下跌，说明此时属于强势反弹。同时，该股在 0.382 下方震荡过程中走出了 M 顶形态，预示该股将要下跌，此时投资者宜卖出该股。

3. 弱势上涨阻力位与目标位

处于上涨途中的股票，出现短暂调整后重新开始上涨，如果此次上涨属于弱势上涨，那么股价上涨到 1.382 点位时，就会受到黄金分割位的阻力而再次调整。

如图 14－15 所示，同仁堂的股价自 2014 年 11 月 6 日开始启动了一波上涨走势。2014 年 12 月 10 日，股价在到达短期高点后出现回调。此时，投资者可以借助黄金分割线预测股价上行的阻力位以及目标涨幅。

图 14－15　同仁堂（600085）日 K 线走势图

通常情况下，如果股价上攻力度较弱，那么 1.382 点将是短期的重要阻力位。该股股价上升至此位置后出现了下跌走势，这不仅说明此位置阻力作用较强，也说明该股此阶段走势属于弱势上涨行情。

14.5 甘氏线画法及分析技术

甘氏线，又称作江恩角度线，是江恩理论的重要组成部分，也是最能直观反映股价与时间、空间关系的工具之一。利用甘氏线提供的趋势线，能够作出明确的趋势判断。

江恩认为，股票和期货市场里也存在着宇宙中的自然规则，市场价格的运行趋势不是杂乱的，而是可以通过数学方法预测的。江恩理论的实质就是在看似无序的市场中建立严格的交易秩序。运用江恩理论可以发现股价何时会发生回调，以及价格将回调到什么价位。

江恩角度线由时间单位和价格单位定义价格运动，以股价的重要高低点作为起点和终点，然后按照不同的角度绘制出 8 条角度线。当股价运行至角度线位置时，将会遇到重大的支撑或者阻力。

江恩角度线的基本比例为 1∶1，即每单位时间内价格运行一个单位。另外，还有 2∶1，3∶1，4∶1，8∶1，1∶2，1∶3，1∶4，1∶8 等比例。这 8 条角度线中，最重要的是 2∶1 和 3∶1 这两条线。

点击大智慧【画线工具】按钮，并从中选择【甘氏线】可以调出本工具，如图 14－16 所示。

14.5.1 上升甘氏线画法及操作要点

上升甘氏线给出了上涨行情中股票的一些重要支撑位与阻力位，当股价运行到这些位置时，甘氏线就会对股价的运行产生一定的影响。

1. 上升甘氏线的画法

当股价自底部向上震荡上涨时，投资者可以选择大智慧【画线工具】中的【甘氏线】，先用鼠标确定一个低点，然后沿着股价运动方向向右上方拖动鼠标，以另外一个阶段高点或低点作为确认点，这样系统就会自动画出甘氏线，如图 14－17 所示。

2. 上升甘氏线的操作要点

投资者在画上升甘氏线时，下面两种情况需要注意。

（1）画上升甘氏线时，应该注意波段低点的选择。如果选择的最低点被新的低点代替，投资者就需要重新画甘氏线了。

（2）画上升甘氏线时，股价的低点或高点触及甘氏线的次数越多，那么未来甘氏线对股价走势的影响也就越大。

14.5.2 下降甘氏线画法及操作要点

下降甘氏线给出了下跌行情中股票的一些重要支撑位与阻力位，当股价运行到

图 14 – 16　调出甘氏线工具

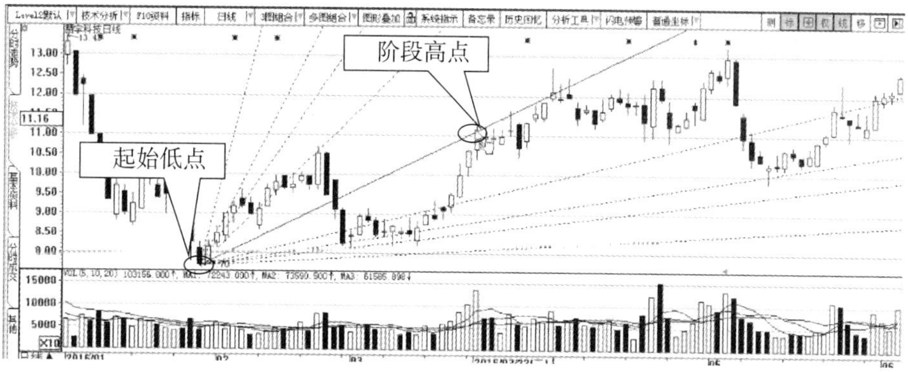

图 14 – 17　上升甘氏线

这些位置时，甘氏线就会对股价的运行产生一定的影响。

1. 下降甘氏线的画法

当股价自顶部向下震荡下跌时，选择大智慧工具栏【画线工具】中的【甘氏线】，先用鼠标确定一个高点，然后沿着股价运动方向向右下方拖动鼠标，以另外一个阶段高点或低点作为确认点，这样系统就会自动画出甘氏线，如图 14 – 18 所示。

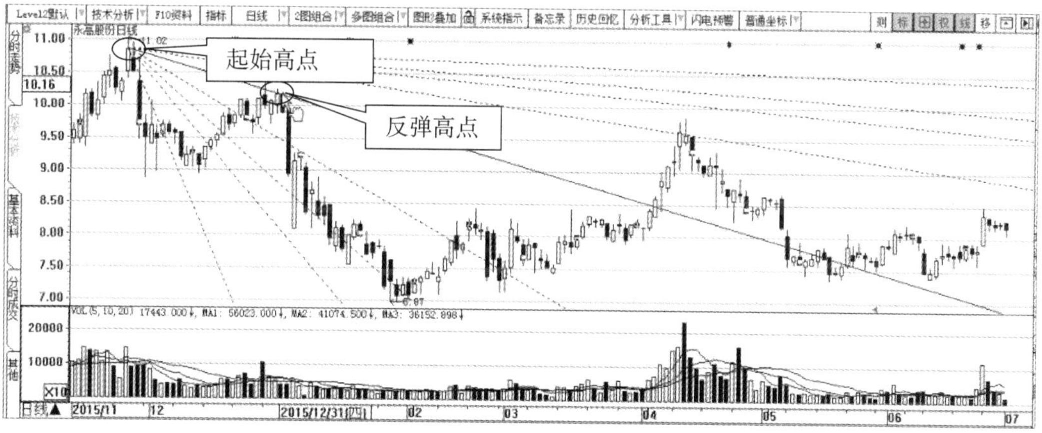

图 14 – 18　下降甘氏线

2. 下降甘氏线的操作要点

在画下降甘氏线时，下面两种情况需要注意。

（1）画下降甘氏线时，应该注意波段低点的选择。如果选择的最低点被新的低点所代替，就需要重新画甘氏线了。

（2）画出下降甘氏线后，股价的低点或高点触及甘氏线的次数越多，未来甘氏线对股价走势的影响也就越大。

14.6 周期线画法及分析技术

大智慧软件提供了多种周期线的画法，如周期线、费波拉契周期线、卢卡斯周期线等。这些周期线的构成周期各有特色，但使用方法相近，本书以周期线和费波拉契周期线为例进行讲解。

14.6.1 周期线画法及操作要点

大智慧软件中的周期线，默认为等周期线。等周期线是指将股价走势划分成若干个相等时长的周期，用以观察周期点上股价变化情况的技术分析方法。

1. 周期线的绘制

点击【画线工具】按钮，选中【周期线】可以调出本工具，如图 14－19 所示。

选择周期线工具后，首先用鼠标确定一个低点（或高点），然后再寻找最近一段涨幅或跌幅的高点（或低点），这时系统就会自动生成周期线，如图 14－20 所示。

图 14－19 调出“周期线”工具

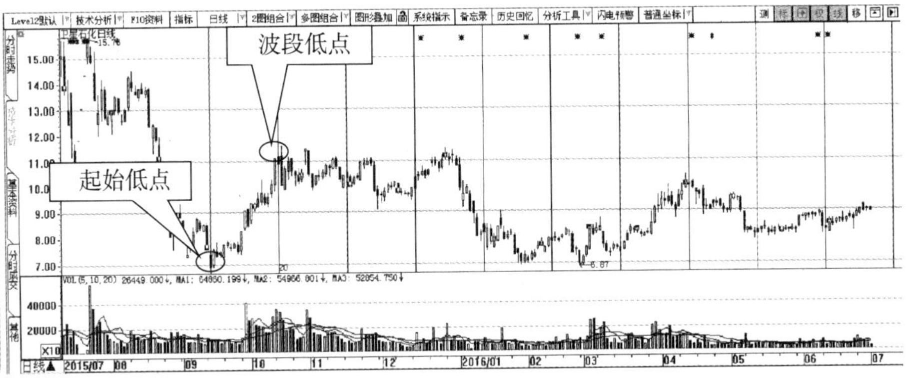

图 14－20 周期线

投资者在画周期线时，下面两种情况需要注意。

（1）画周期线时，应该注意波段低点与波段高点之间的时间跨度。如果时间过短，将无法反映出股价的周期运动规律。

（2）周期线画完之后，可以根据股价变化规律适当地进行调整，使其能够更加准确地预测股价未来的变化趋势。

2. 周期线操作要点

使用周期线研判股价运行方向时，可参照如下标准。

（1）股价处于上涨趋势中，每当股价运行到周期线附近时，都有出现回调的可能；每当股价回调，运行到周期线附近时，都有结束回调重新上涨的可能。

（2）股价处于下跌趋势中，每当股价运行到周期线附近时，都有出现反弹的可能；每当股价反弹，运行到周期线附近时，都有结束反弹重新下跌的可能。

14.6.2 费波拉契周期线画法及操作要点

费波拉契周期线由一串神奇的数字构成：1，2，3，5，8，13，21，34，55，89，144，233，377，610，987，1597…。构成费波拉契神奇数字系列的基础非常简单，由1，2，3开始，产生无限数字系列。3实际上是1与2之和，以后出现的一系列数字，全部依照上述简单的原则出现，两个连续出现的相邻数字相加，等于后面一个数字。

费波拉契周期线是利用费波拉契数列原理判断股价转折点的一种技术分析方法。股价每当运行到周期线时间点时，很可能会发生一些转折性的变化。

1. 费波拉契周期线绘制

点击工具栏中的【工具】按钮，在周期线组中选中【费波拉契周期线】，可以调出本工具，如图14－21所示。

选择【费波拉契周期线】工具后，首先用鼠标确定一个低点（或高点），然后向后拖动鼠标，系统就会自动生成一组周期线，如图14－22所示。

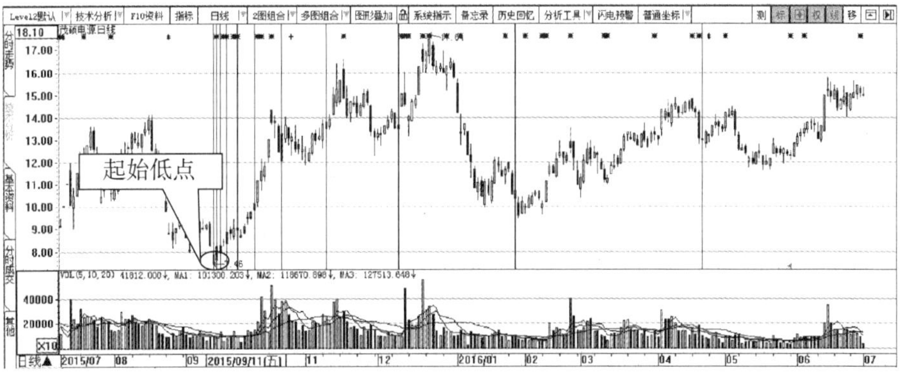

图14－21 调出费波拉契周期线工具　　图14－22 费波拉契周期线

2. 利用费波拉契周期线判断股价转折点

当股价处于上涨行情中时，每当股价运行到周期线附近，都有出现下跌的可能；当股价处于下跌行情中时，每当股价运行到周期线附近，都有出现上涨的可能。

应用费波拉契周期线判断转折点时，投资者需注意以下两点。

（1）起点位的选择。费波拉契周期线的起点位决定了其他周期线的位置，因而起点位最好选择较为重要的高点或低点，这样用周期线判断转折点更为准确。

（2）周期线的调整。当周期线连续若干次不能准确地预测股价转折点，或者股市出现了大行情时，投资者可以考虑重新调整周期线。

第十五章

大智慧选股技术

大智慧软件提供了众多可供借鉴和使用的选股技术与方法，投资者可以根据自己的投资偏好，以及自己掌握的投资技术有选择地使用。

15.1 大智慧条件选股技术

【条件选股】是大智慧软件的一个比较有特色的功能。大智慧的【条件选股】功能包括了形态特征选股、走势形态选股、指标条件选股、基本面选股、组合选股和即时盘中选股等技术。当然，投资者也可以自己编写选股公式，录入大智慧系统，由系统自动执行选股程序。点击【菜单】按钮，选择【工具】|【条件选股】，可以调出本功能，如图 15-1、图 15-2 所示。

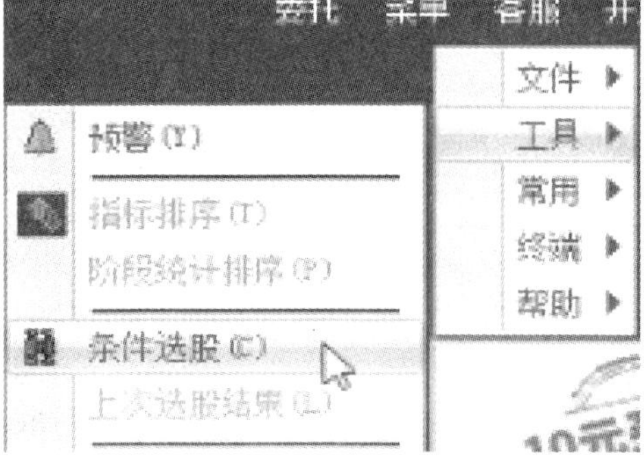

图 15-1 进入【条件选股】

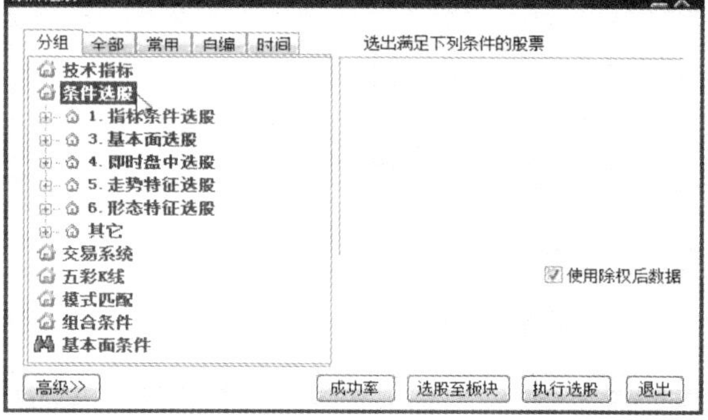

图 15-2 【条件选股】对话框

15.1.1 形态特征选股

形态特征选股，即系统根据投资者设定的K线、均线走势形态，从市场中选择符合条件的股票。大智慧软件提供了多种形态特征的选股技术。点击【条件选股】对话框中的【条件选股】|【形态特征选股】，即可进入【形态特征选股】对话框，如图15－3所示。

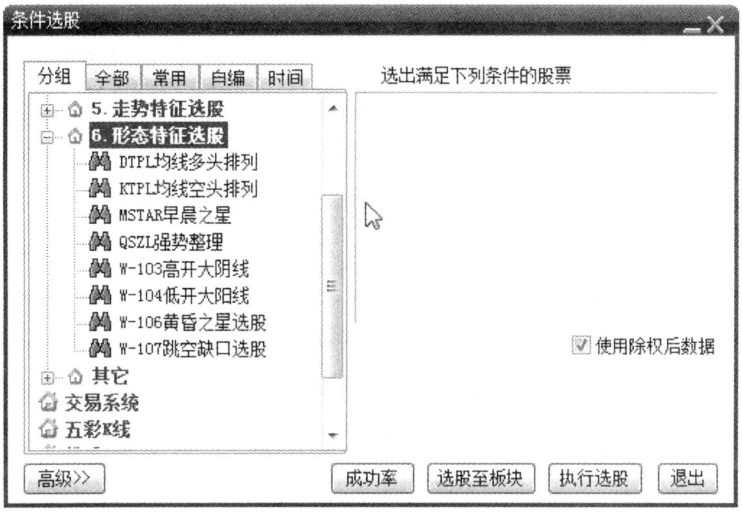

图15－3 【条件选股】|【形态特征选股】

投资者可以使用形态特征选股来自动筛选市场上符合某一形态的股票。例如，投资者想选择“均线多头排列”这一形态特征的股票，具体操作步骤如下。

第一步：点击大智慧【条件选股】对话框，系统会弹出图15－4所示的对话框。

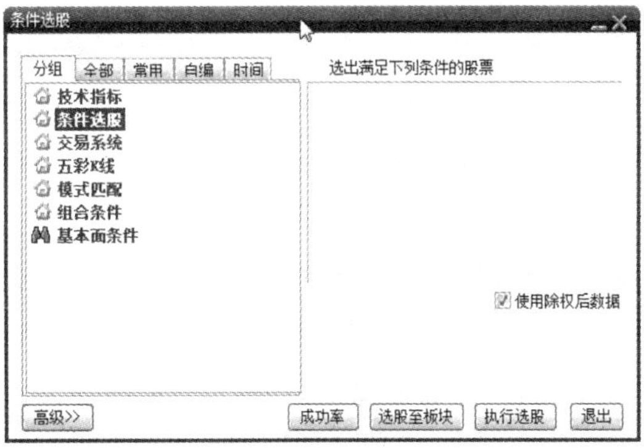

图15－4 条件选股

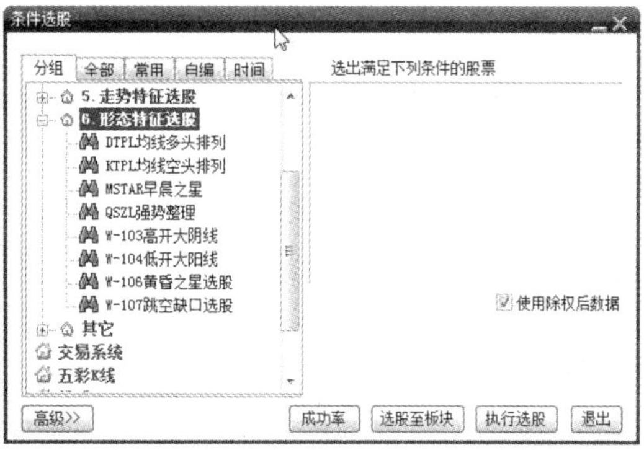

图15－5 进入【形态特征选股】文件夹

第二步：点击【条件选股】对话框中【条件选股】文件夹下的【形态特征选股】文件夹，如图15－5所示。

第三步：从【形态特征选股】中找到并选中“均线多头排列”条件选项，然后通过鼠标确认长期、中期、短期均线的周期（由投资者个人设定），如图 15－6 所示。

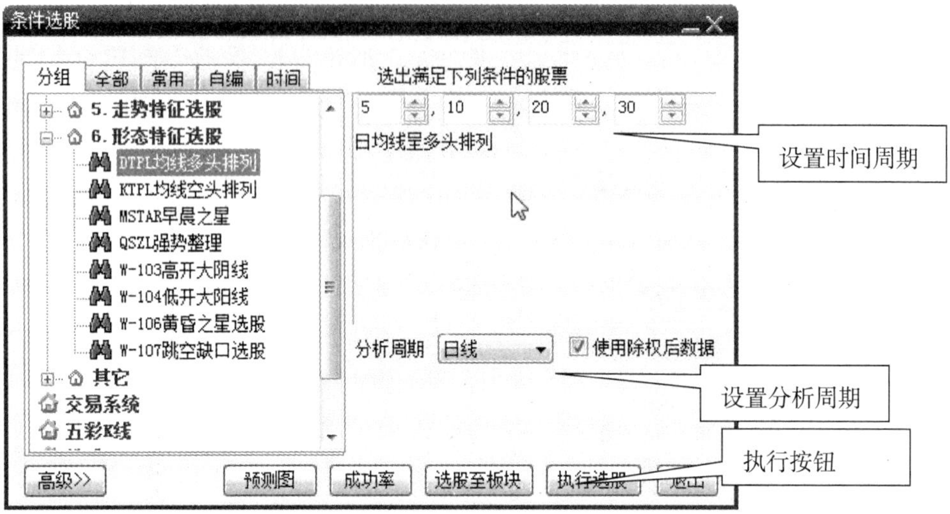

图 15－6　设置选股条件

第四步：点击【执行选股】按钮，系统将会给出符合条件的股票列表，如图 15－7所示。

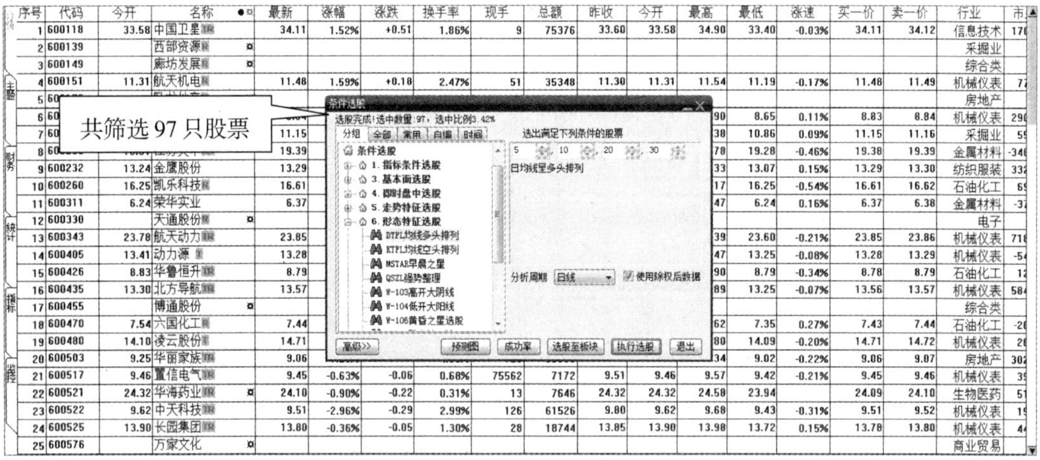

图 15－7　选股结果

15. 1. 2　走势特征选股

走势特征选股，即系统根据投资者设定的价格、成交量走势特征，从市场中选择符合条件的股票。大智慧软件提供了多种走势特征的选股技术。点击【条件选股】对话框中的【条件选股】｜【走势特征选股】，即可进入【走势特征选股】对话框，如图 15－8 所示。

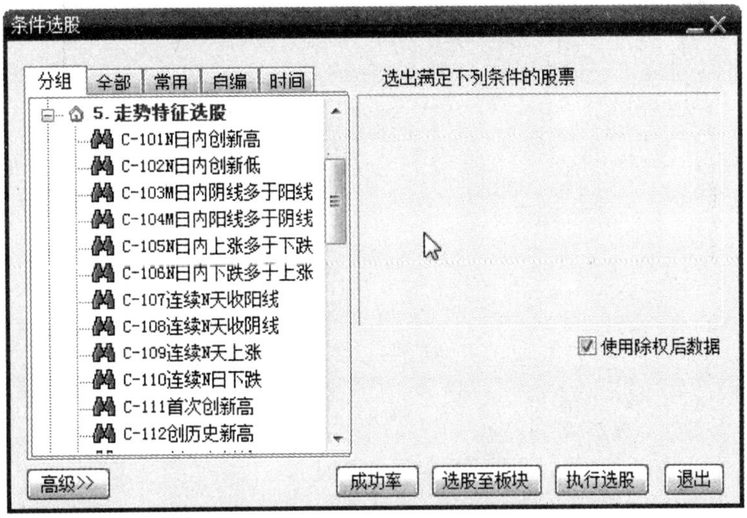

图 15-8　【条件选股】|【走势特征选股】

投资者可以使用走势特征选股来自动筛选市场上符合某一形态的股票。例如，投资者想选择“N 日内上涨多于下跌”这一条件，具体操作步骤如下。

第一步：点击大智慧【条件选股】对话框，系统会弹出图 15-9 所示的对话框。

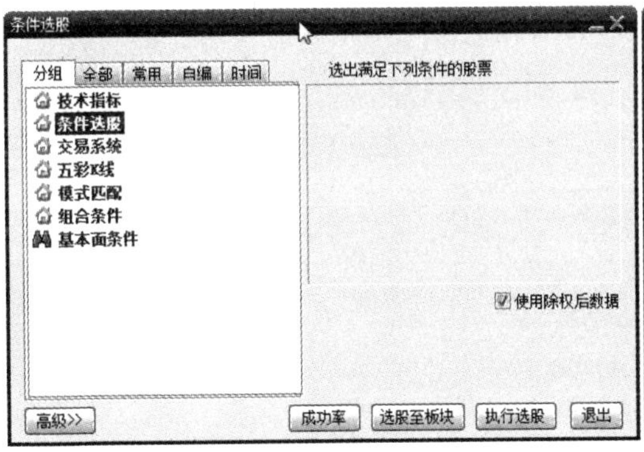

图 15-9　条件选股

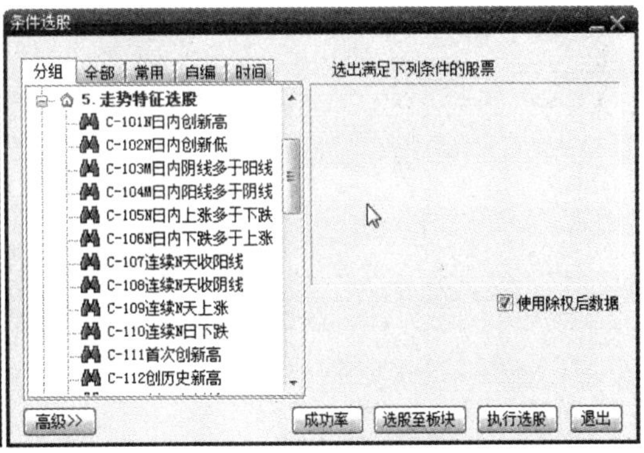

图 15-10　进入【走势形态选股】文件夹

第二步：点击【条件选股】对话框中【条件选股】文件夹下的【走势特征选股】文件夹，如图 15-10 所示。

第三步：从【走势特征选股】中找到并选中“N 日内上涨多于下跌”的条件选项，然后通过鼠标确认 N 日的范围（系统默认为 120 日）以及上涨多于下跌的具体标准（系统默认为 60%），如图 15-11 所示。

第四步：点击【执行选股】按钮，系统将会给出符合条件的股票列表，如图 15-12所示。

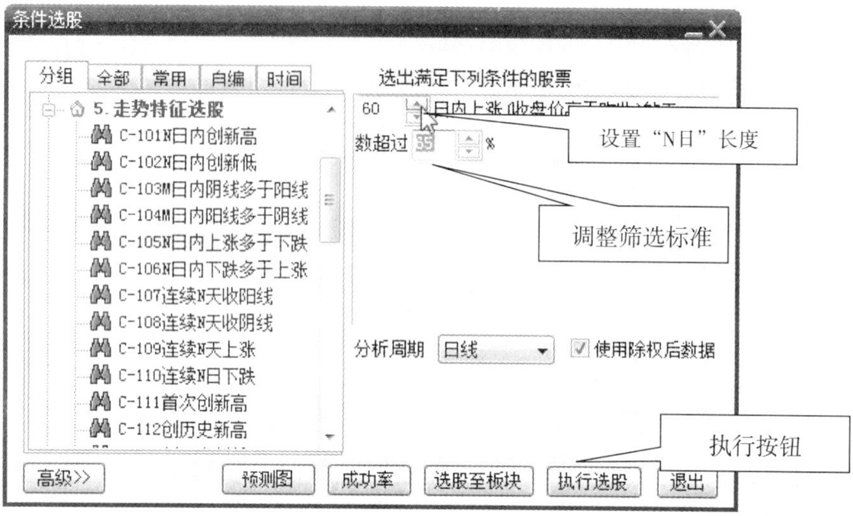

图 15 - 11　设置选股条件

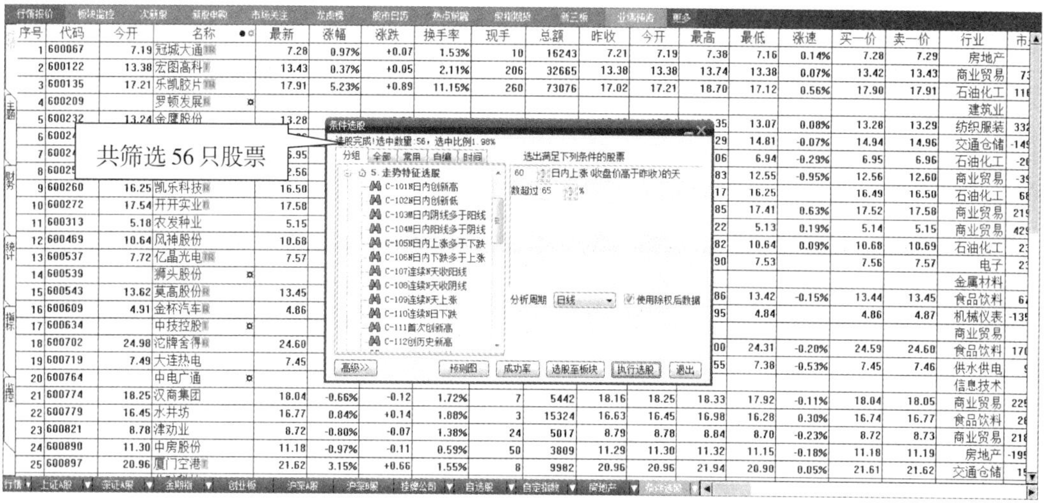

图 15 - 12　选股结果

15.1.3　指标条件选股

指标条件选股，即系统根据投资者选择的技术指标所发出的买入或卖出信号，从市场中选择符合条件的股票。大智慧软件提供了多种技术指标选股条件，如乖离率买入或卖出条件、布林线买入或卖出条件等。点击【条件选股】对话框中的【条件选股】|【走势特征选股】，即可进入【指标条件选股】对话框，如图 15 - 13 所示。

投资者可使用指标条件选股来自动筛选市场上符合某一要求的股票。例如，投资者想选择“布林带买入条件选股”这一条件，具体操作步骤如下。

第一步：点击大智慧【条件选股】对话框，系统会弹出图 15 - 14 所示的对话框。

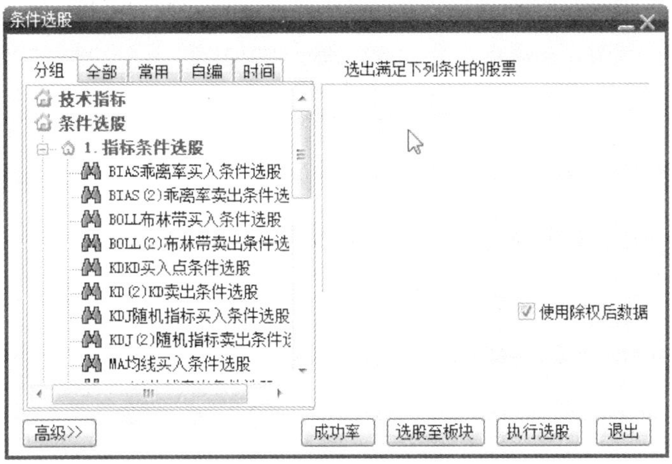

图 15-13 【条件选股】|【指标条件选股】

第二步：点击【条件选股】对话框中的【条件选股】文件夹下的【指标条件选股】文件夹，如图 15-15 所示。

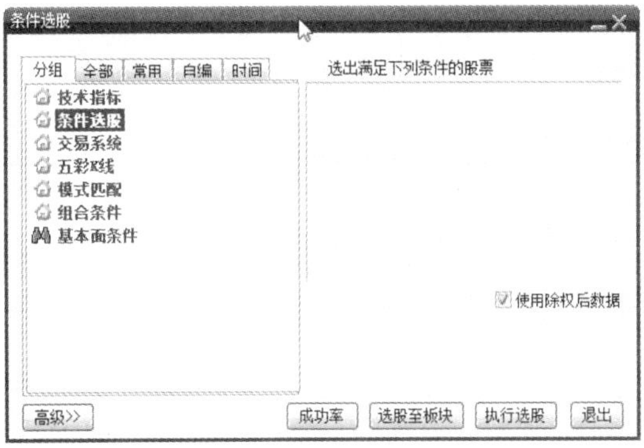

图 15-14 条件选股

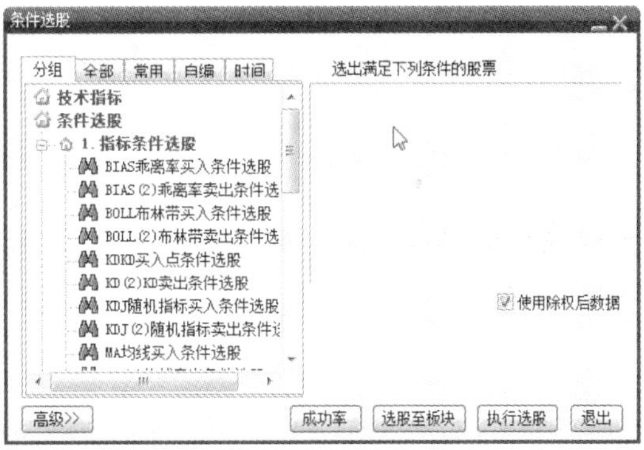

图 15-15 进入【指标条件选股】文件夹

第三步：从【指标条件选股】中找到并选中“布林带买入条件选股”条件选项，然后对时间参数进行调整（如无特殊需求，建议不作调整），如图 15-16 所示。

第四步：点击【执行选股】按钮，系统将给出符合条件的股票列表，如图 15-17所示。

15.1.4 基本面选股

基本面选股，即系统根据投资者选择的基本面指标，从市场上筛选符合条件的股票。大智慧软件提供了多种基本面指标选股技术，诸如流通盘、流动比率、每股净资产等。点击【条件选股】对话框中的【条件选股】|【基本面选股】，即可进入【基本面选股】对话框，如图 15-18 所示。

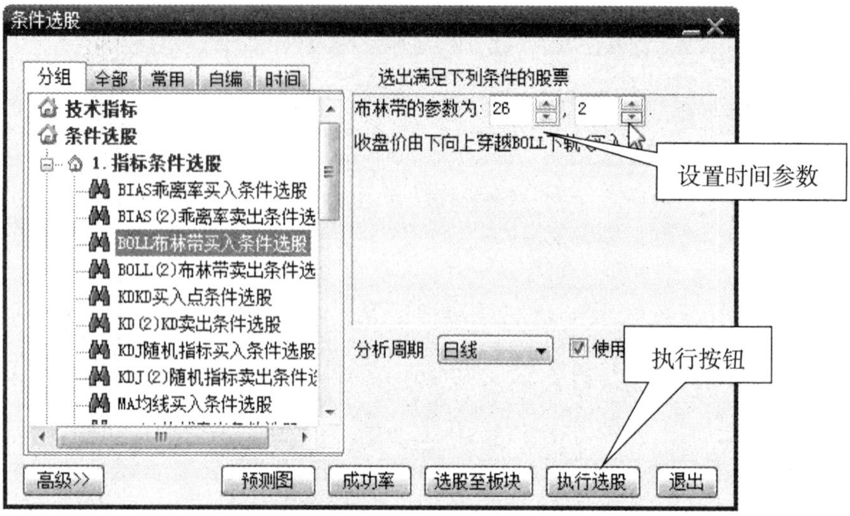

图 15－16　设置选股条件

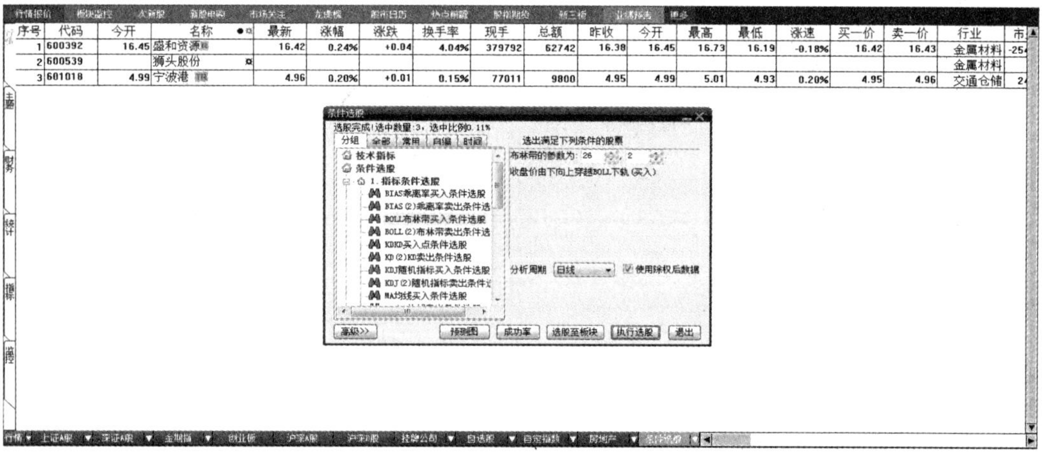

图 15－17　返回选股结果

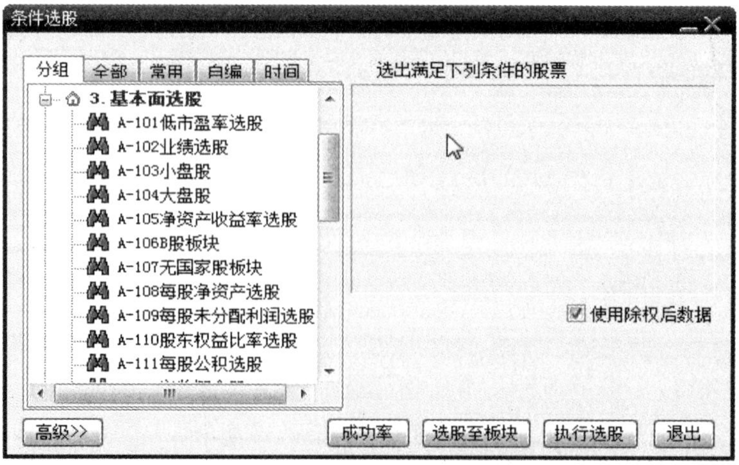

图 15－18　【条件选股】|【基本面选股】

投资者可使用基本面条件选股来自动筛选市场上符合某一要求的股票。例如，投资者想选择“低市盈率选股”这一方法，具体操作步骤如下。

第一步：点击大智慧【条件选股】对话框，系统会弹出如图 15－19 所示的对话框。

第二步：点击【条件选股】对话框中的【条件选股】文件夹下的【基本面选股】文件夹，如图 15－20 所示。

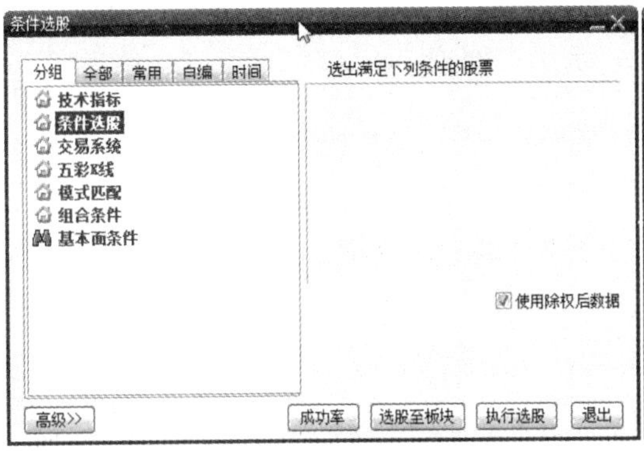

图 15－19　条件选股

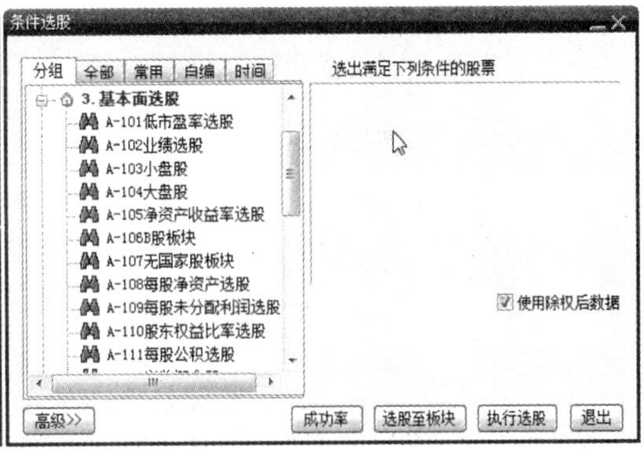

图 15－20　进入【基本面选股】文件夹

第三步：从【基本面选股】中找到并选中“低市盈率选股”条件选项，然后对市盈率标准进行调整（可根据需要确定具体标准），如图 15－21 所示。

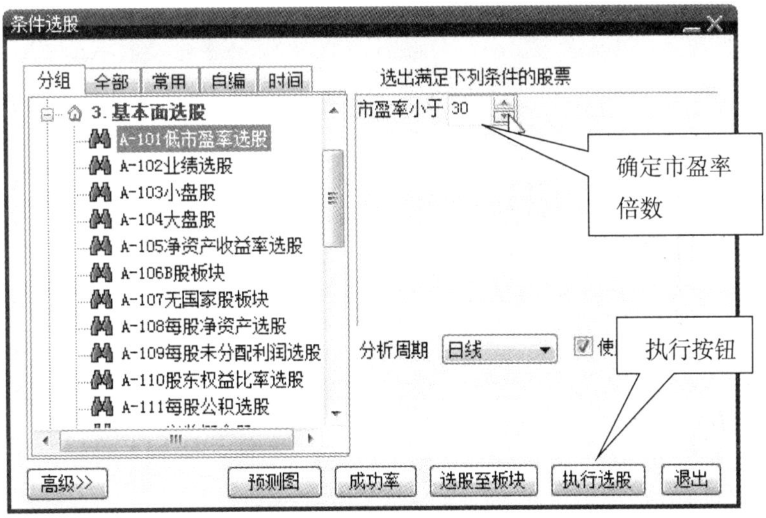

图 15－21　设置选股条件

第四步：点击【执行选股】按钮，系统将会给出符合条件的股票列表，如图 15－22所示。

符合“低市盈率选股”条件的股票非常多，说明市场上市盈率普遍偏低，这也

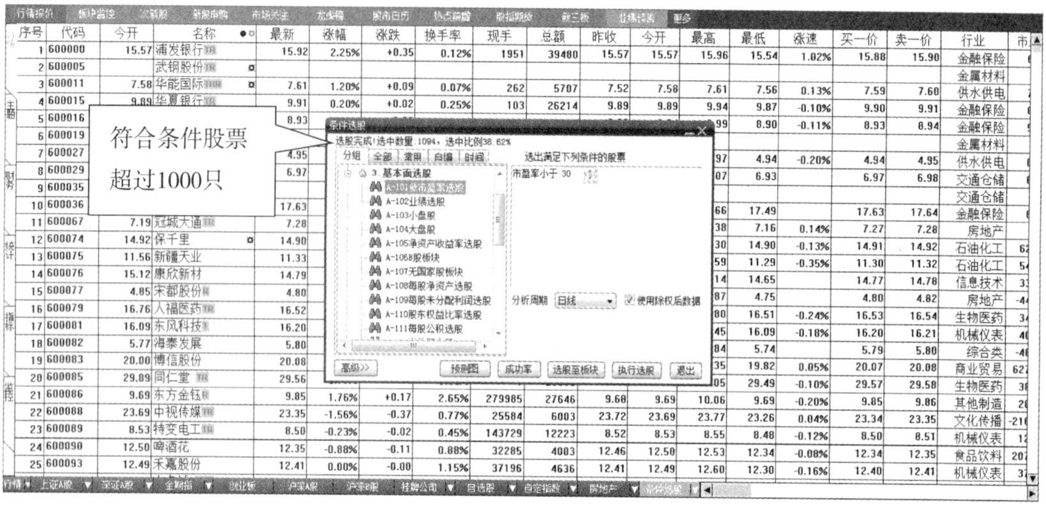

图 15－22　返回选股结果

是股价处于低位的一个显著特征。

15.1.5　即时盘中走势选股

即时盘中走势选股，即系统根据投资者设置的条件，从市场上当日股价走势中选择符合条件的股票。大智慧软件提供了多种可供选择的技术方法，诸如现价、最高价、成交量等。点击【条件选股】对话框中的【条件选股】｜【即时盘中走势选股】，即可进入【即时盘中选股】对话框，如图 15－23 所示。

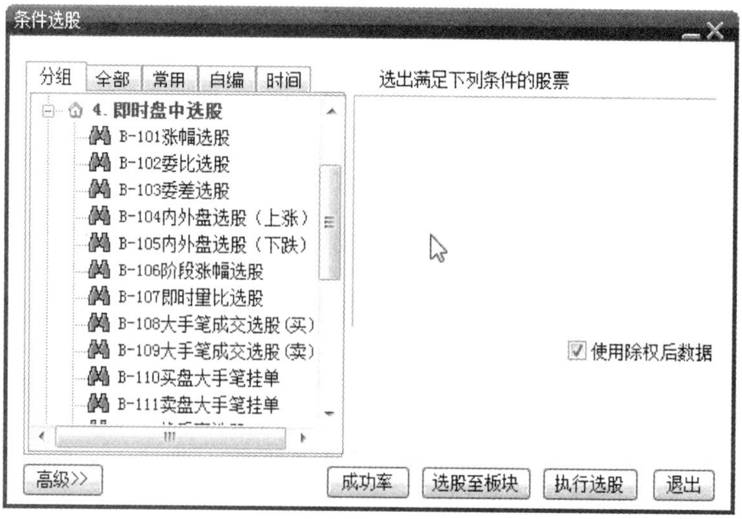

图 15－23　【条件选股】｜【即时盘中选股】

投资者可使用即时盘中条件选股来自动筛选市场上符合某一要求的股票。例如，投资者想根据“即时量比选股”这一方法选择股票，具体操作步骤如下。

第一步：点击大智慧【条件选股】对话框，系统会弹出图 15－24 所示的对话框。

第二步：点击【条件选股】对话框中的【条件选股】文件夹下的【即时盘中选股】文件夹，如图 15－25 所示。

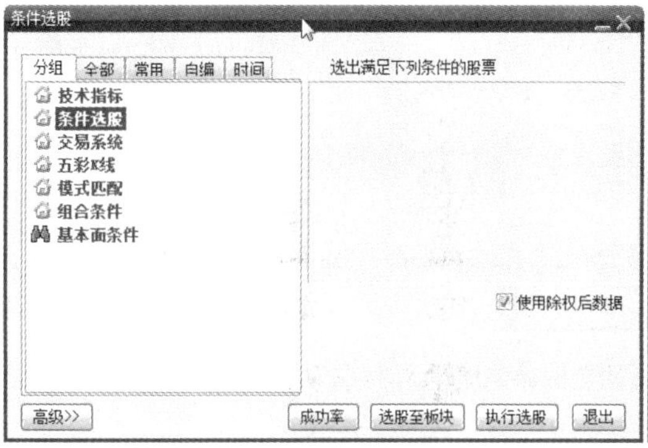

图 15－24　条件选股

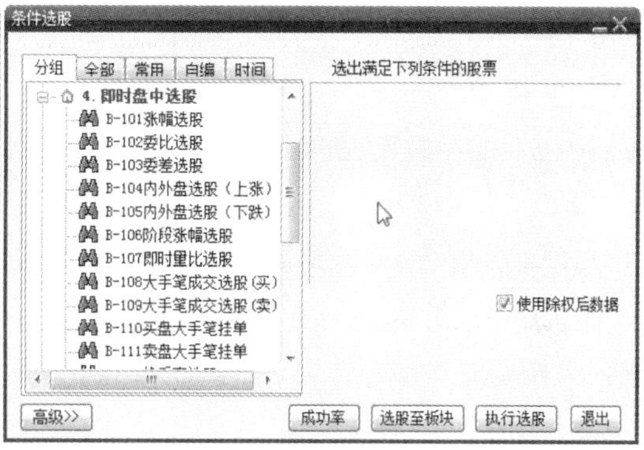

图 15－25　进入【即时盘中选股】文件夹

第三步：从【即时盘中选股】中找到并选中“即时量比选股”条件选项，然后对即时量比标准进行调整（可根据需要确定具体标准），如图 15－26 所示。

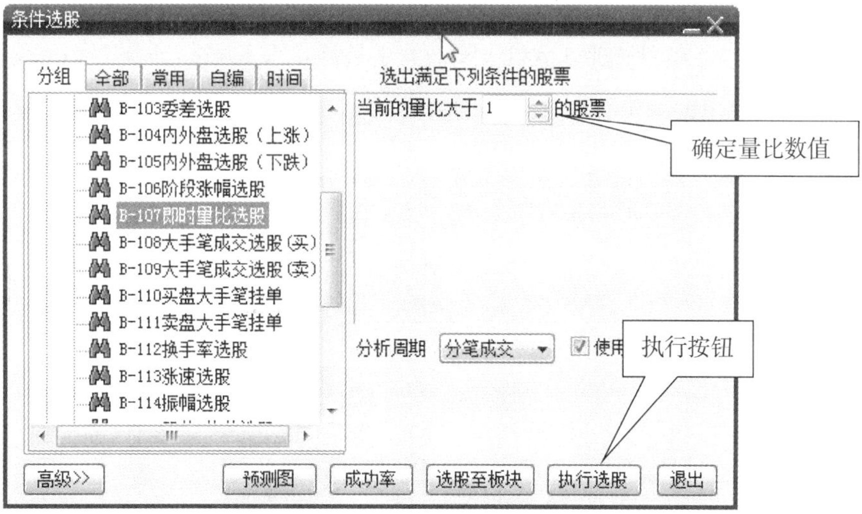

图 15－26　设置选股条件

第四步：点击【执行选股】按钮，系统将给出符合条件的股票列表，如图 15－27所示。

15.1.6　组合选股

大智慧软件的【组合选股】功能，提供了多种跨类别的选股技术。投资者可将前面讲述的选股方式组合起来使用，这样会大大压缩目标股的选择结果，节约投资

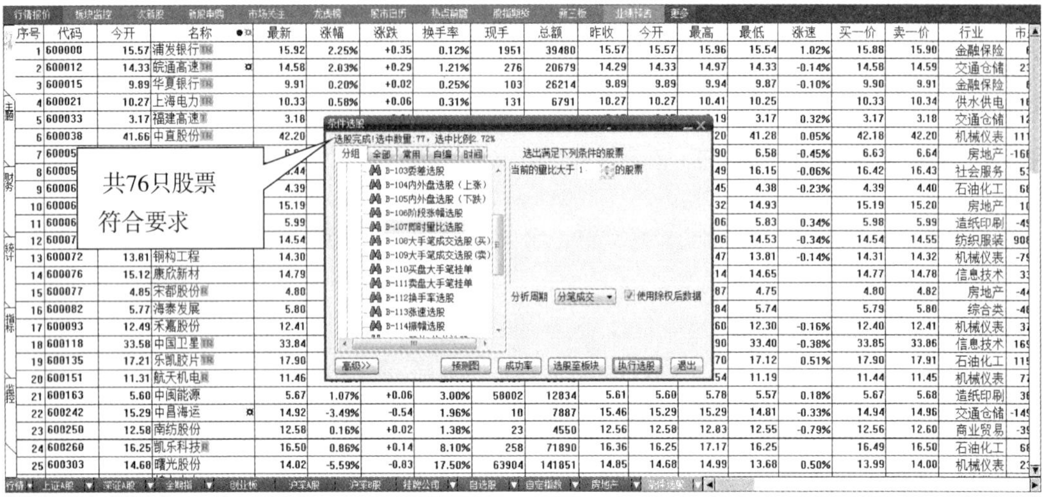

图 15－27　返回选股结果

者选股的时间。

假如投资者想将“MA 均线金叉”与“持续放量”两个条件组合起来选股，可按以下步骤执行。

第一步：点击大智慧【条件选股】对话框，系统会弹出图 15－28 所示的对话框。

第二步：点击【条件选股】对话框中的【条件选股】文件夹下的【指标条件选股】文件夹，如图 15－29 所示。

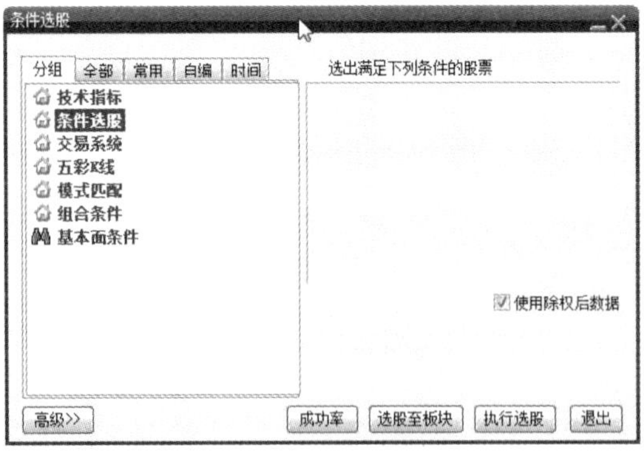

图 15－28　条件选股

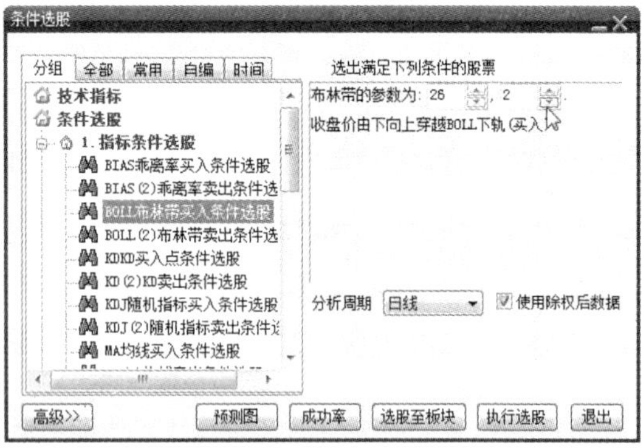

图 15－29　进入【指标条件选股】文件夹

第三步：从【指标条件选股】中找到并选中“MA 均线买入条件选股”条件选项，然后点击“条件选择框”底部的【高级】按钮，并在“组合条件”对话框右侧点击【加入】按钮，如图 15－30 所示。

第四步：点击【条件选股】对话框中的【条件选股】文件夹下的【走势特征选股】文件夹，如图 15－31 所示。

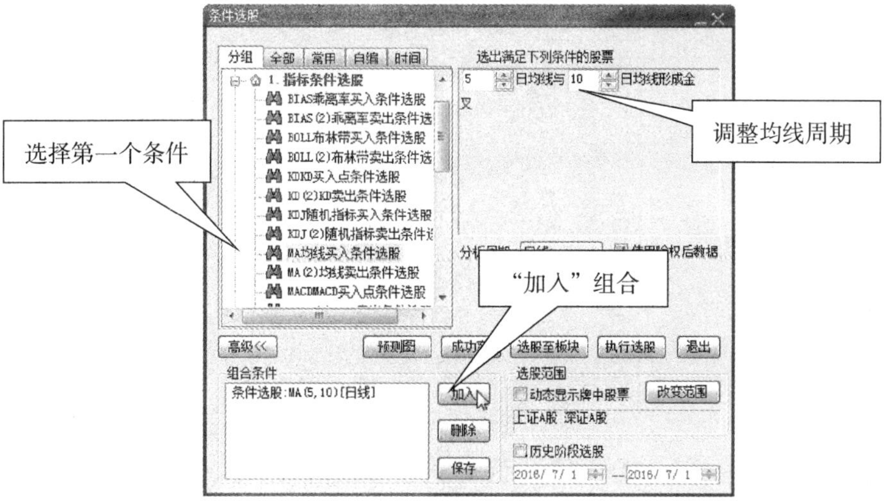

图 15－30　设置组合条件之一

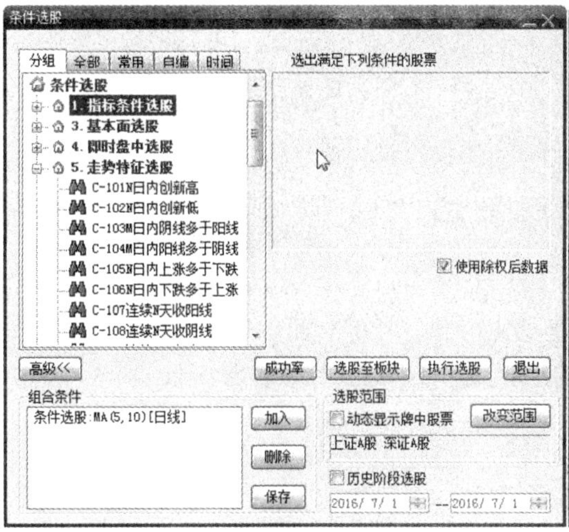

图 15－31　进入【走势特征选股】文件夹

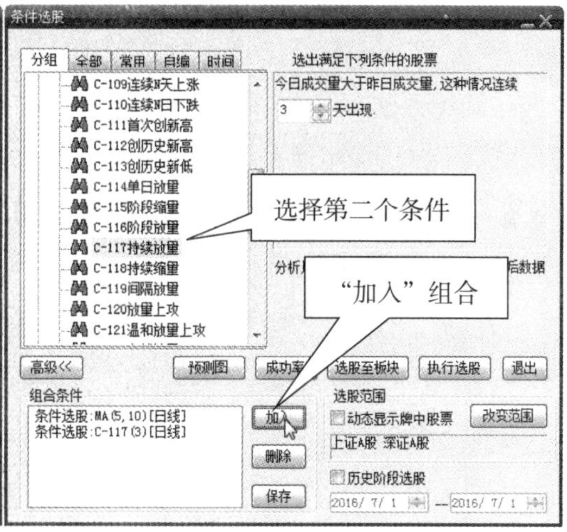

图 15－32　加入第二个条件

第五步：从【走势特征选股】中找到并选中"持续放量"条件选项，然后点击"组合条件"对话框右侧的【加入】按钮，如图 15－32 所示。

第六步：点击【执行选股】按钮，系统将给出符合条件的股票列表，如图 15－33所示。

15.2　大智慧短线选股技术

短线选股时，应重点关注以下几点。

1. 当前趋势

重"势"不重"价"，是短线投资与长线投资最显著的区别。对于短线投资者来说，股价有多高、市盈率有多高并不重要，只要股价处于上升趋势中，且还有上

图 15－33　选股结果

涨的空间，就值得买入。也正因如此，对股价运行趋势的研判就显得尤为重要了。目前大多数技术指标、技术分析理论，都是帮助投资者研判股价运行趋势的。

2. 题材概念

题材概念是短线投资者的最爱。很多股票能够快速上涨，并不是因为业绩有多出众，产业未来有多美好，只是因为它具有某种题材。越是稀缺的题材，上涨的速度越快。

翻看市场上的股票信息，就会发现几乎每只股票都有一种或几种题材。但是能够促使一只或一批股票连续上涨的题材则很少，如 2013 年的上海自贸区概念，2015 年的央企改革概念。

3. 资金流向

股价的上涨或下跌都是由资金推动的。当买入的人较多时，股票就会供不应求，从而导致股价节节攀升；反之，当卖出的人较多时，股票就会供大于求，导致股价连连下跌。

当一只股票的价格将要启动时，必然会有资金流入，投资者可以追踪资金的足迹并据此买入该股；股价上涨到一定幅度之后，资金出现流出时，投资者可以同样跟随资金的足迹卖出股票，这样就完成了一个简单的短线操作过程。

具体到实战层面，本节将向投资者介绍几种利用大智慧软件进行短线选股的方法与技术，仅供读者参考。

15.2.1　找寻强势股——对比法选股

投资者若无法从几只目标股中选择短线投资品种，可以采用这种最直接的对比法来找寻强势股。“强者恒强”是股市中永恒的法则。当一只股票之前的走势已经表现出明显的强势时，那么其后继续强势的概率非常大。正因如此，投资者可以通过对几只目标股的走势进行对比，从中观察到底哪只股票的走势更强。

本技巧要用到大智慧看盘技术中的叠加品种操作，其具体操作步骤如下。

首先打开第一只目标股票的 K 线走势图。例如，在 2014 年下半年股市显露启动迹象时，想在港口股的锦州港和天津港中选择一只买入，可先打开锦州港的日 K 线图，如图 15　34 所示。

图 15 - 34　锦州港日 K 线走势图

由图 15 - 34 可以看出，锦州港的股价从 2014 年 7 月 7 日到 11 月 11 日期间经历了一波震荡上升走势。此时，投资者可以利用大智慧软件的【叠加图形】功能，在锦州港的 K 线图中叠加天津港的股价走势。

具体操作方法为：在锦州港日 K 线图上点击鼠标右键，在弹出的快捷菜单中选择【叠加图形】，如图 15 - 35 所示。

在弹出的【主图叠加-选择股票】对话框中，直接按键盘输入天津港的拼音首拼或代码，并按回车键，如图 15 - 36 所示。系统就会自动给出两只股票的叠加走势，如图 15 - 37 所示。

如图 15 - 37 所示，锦州港与天津港在 2014 年 7 月到 9 月期间的走势基本保持一致，这说明这两只股票并未有强弱之分。不过，从 9 月 22 日开始，天津港逐步走强，而锦州港则维持低位徘徊状态，这说明天津港将进入快速上升通道。投资者若想从两者中选择一只作为目标股，那么天津港就是理想的标的。

当然，投资者也可根据需要将大盘指数作为一个参考标的，亦可在同一 K 线图中叠加多只股票进行对比。

15.2.2　优中选优——涨幅榜选股

优中选优，即从表现最优秀的板块中寻找超短线强势股。通常情况下，当某一

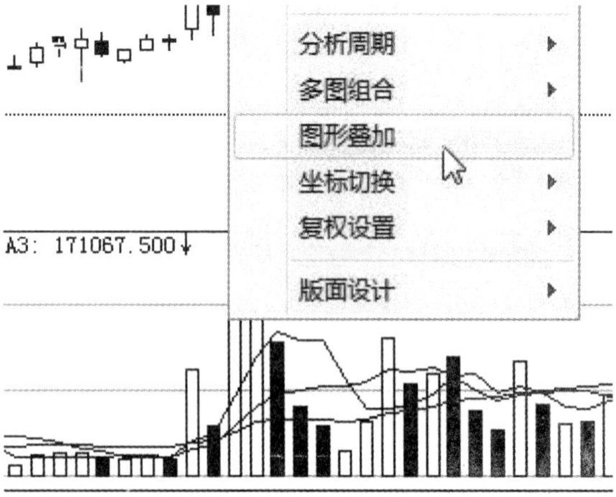

图 15－35 【叠加图形】

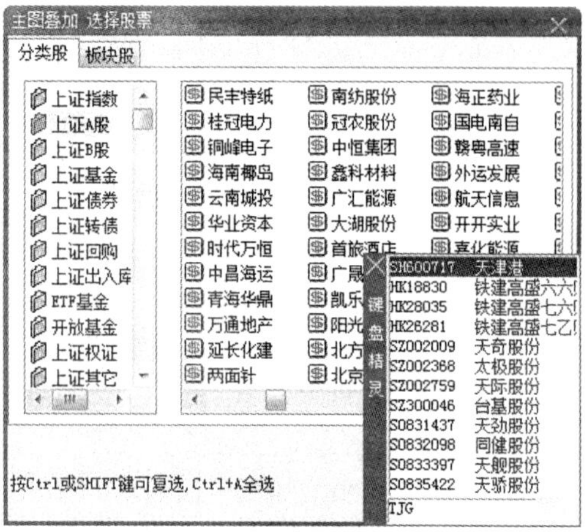

图 15－36 输入叠加品种

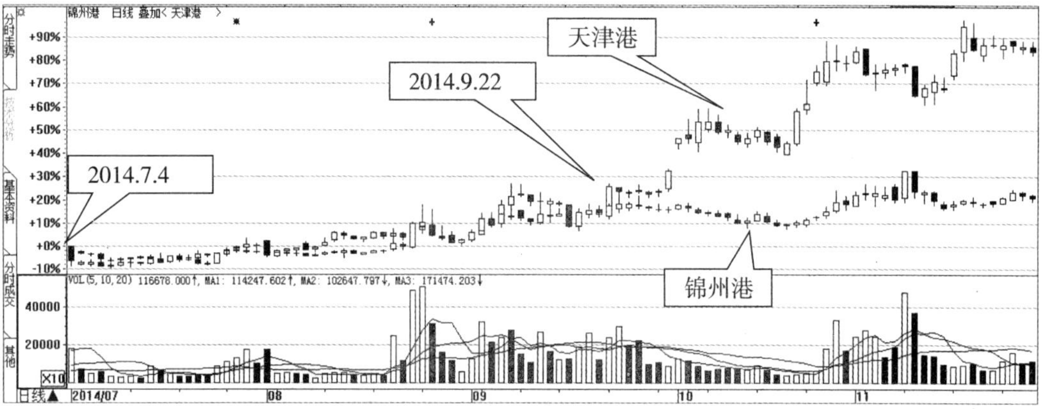

图 15－37 两股叠加日 K 线走势图

热点出现或即将出现时，该板块或相关板块就会出现全线上涨的情况。具体表现为：某日开盘后半个小时内，同一板块多只股票封上涨停板或正在冲击涨停板。此时，投资者可认定该板块为当日的热点板块，并可迅速从中选出一只强势股介入。

具体操作方法如下。

第一步：开盘 15 分钟后，打开涨幅榜，密切跟踪个股情况。操作方法为：点击大智慧菜单栏【股票】|【行情报价】，并点击【涨幅】，如图 15－38 所示。

第二步：确认热点板块。从图 15－38 可以看出，2016 年 5 月 25 日的沪深涨幅榜上，机械仪表概念股中多只股票名列前茅，更有三只股票封上涨停板。由此可见，机械仪表概念为当日的热门板块，投资者若想选股，则应优先从该板块选股。

第三步：从热点板块中选择即将启动的个股。确定目标板块后，可以跟踪整个板块多只个股的股价分时走势。一旦发现某只股票的股价出现异动，即放量上攻形态，则可迅速跟进买入该股。

序号	代码	今开	名称	最新	涨幅↓	涨跌	换手率	现手	总额	昨收	今开	最高	最低	涨速	买一价	卖一价	行业	市
1	603016	12.23	N新宏泰	12.23	44.05%	+3.74	0.04%	5	19.69	8.49	12.23	12.23	12.23		12.23			32
2	601155	9.40	新城控股	10.19	10.04%	+0.93	10.74%	2704	74652	9.26	9.40	10.19	9.40		10.19			-29
3	002211	11.81	宏达新材	13.05	10.03%	+1.19	16.84%	448817	56878	11.86	11.81	13.05	11.80		13.04	13.05	石油化工	-44
4	002759	17.45	天际股份	17.45	10.03%	+1.59	0.10%	15	138	15.86	17.45	17.45	17.45		17.45		机械仪表	61
5	002802	16.59	洪汇新材	16.59	10.01%	+1.51	0.02%	5	10.17	15.08	16.59	16.59	16.59		16.59		木材家具	36
6	601127	26.26	小康股份	26.26	10.01%	+2.39	0.74%	14	2774	23.87	26.26	26.26	26.26		26.26			
7	000603	18.50	盛达矿业	20.11	10.01%	+1.83	7.07%	273646	53312	18.28	18.50	20.11	18.30		20.11		采掘业	12
8	300409	47.16	道氏技术	52.64	10.01%	+4.79	11.67%	103242	52454	47.85	47.16	52.64	47.16		52.64		金属材料	301
9	300494	46.50	盛天网络	51.10	10.01%	+4.65	34.26%	39	103677	46.45	46.50	51.10	46.50	1.53%	51.10			34
10	300518	51.54	盛讯达	51.54	10.01%	+4.69	0.04%	5	47.14	46.85	51.54	51.54	51.54		51.54		信息技术	6
11	603909	20.22	合诚股份	20.22	10.01%	+1.84	0.05%	10	25.75	18.38	20.22	20.22	20.22		20.22			3
12	002801	54.74	微光股份	54.74	10.01%	+4.98	0.03%	4	22.99	49.76	54.74	54.74	54.74		54.74		机械仪表	4
13	002695	52.40	煌上煌	55.40	10.01%	+5.04	24.04%	121	146423	50.36	52.40	55.40	52.20	0.09%	55.39	55.40	食品饮料	9
14	002790	70.45	世嘉科技	87.73	10.01%	+7.98	46.93%	417	78966	79.75	78.45	87.73	78.26		87.73		造纸印刷	26
15	300428	67.17	四通新材	67.17	10.01%	+6.11	0.97%	1	1312	61.06	67.17	67.17	67.17		67.17		金属材料	8
16	300515	51.56	三德科技	51.56	10.01%	+4.69	0.48%	1	624	46.87	51.56	51.56	51.56		51.56		石油化工	22
17	002592	32.94	八菱科技	36.30	10.00%	+3.30	6.68%	73799	25300	33.00	32.94	36.30	31.93	1.42%	36.30		机械仪表	8
18	300501	107.00	海顺新材	117.81	10.00%	+10.71	28.44%	38047	43395	107.10	107.00	117.81	107.00		117.81		石油化工	11
19	603131	66.77	上海沪工	66.77	10.00%	+6.07	2.42%	5	4035	60.70	66.77	66.77	66.77		66.77			1
20	603958	15.95	哈森股份	15.95	10.00%	+1.45	0.03%	2	24.05	14.50	15.95	15.95	15.95		15.95			2
21	002800	88.00	天顺股份	90.34	10.00%	+8.21	67.20%	43	111318	82.13	88.00	90.34	86.10		90.34			43
22	600120	23.88	浙江东方	23.88	10.00%	+2.17	0.05%	4	590	21.71	23.88	23.88	23.88		23.88		商业贸易	21
23	002055	32.95	得润电子	33.68	9.99%	+3.06	5.72%	15	77206	30.62	32.95	33.68	32.90		33.68		电子	17
24	002605	16.23	姚记扑克	17.94	9.99%	+1.63	9.67%	246360	43166	16.31	16.23	17.94	16.20		17.94		造纸印刷	6
25	002799	48.00	环球印务	48.00	9.99%	+4.36	0.53%	5	634	43.64	48.00	48.00	48.00		48.00		造纸印刷	1

图 15－38　沪深市场涨幅排名榜（2016. 7. 1）

投资者需要注意一点：有时候整个板块启动时，有些个股也会跟进上涨，但只是刚有小幅上涨便又出现了回落。为了避免选中这样的股票，投资者需要注意股价启动上涨时成交量的放量程度。只有持续大幅放量的股票才能考虑跟进。

利用涨幅榜选择目标股时，还应该注意以下几点。

（1）大盘处于盘整或上涨趋势中。

（2）股价处于底部盘整或上涨中期。

（3）该板块所属题材是其他板块不具备的，且预期能够给该板块上市企业带来丰厚的收益。

（4）股价启动前已经出现了资金流入迹象。

（5）股价携量突破重要阻力位时，往往就是该股的最佳买点。

15. 2. 3　大单介入——追随法选股

大单介入，说明一只股票有大资金流入，这往往是股价将要启动的前提条件。当一只股票出现持续大单流入时，投资者可以考虑追随买入。

不过，并不是出现大单介入必然引发股价上升，利用本技巧时需要注意以下两点。

（1）若该股之前的走势比较平稳，某日突然出现连续大单流入（10 分钟内 3 个以上大单买入），才能说明资金流入出现异常，也就是比较符合我们要求的大单介入状态。若某只股票之前出现了涨停情况，那么再出现一些大单流入流出情况，则不能视为大单异常流入，也不能作为买入的依据。

（2）所谓的大单并没有绝对的标准，只有相对标准。有些大盘股可能几千手都不能算大单，但有些小盘股几百手就已经算大单了，投资者要根据股票标的而定。

应用大单介入技巧的具体方法如下。

第一步：股票开盘后，双击大智慧软件右下角【短线精灵】图标，重新设置预警标准，如图 15－39 所示。

第二步：取消【短线精灵】各预警项目的勾选符号，仅保留“大笔买入”，如图 15－40 所示。

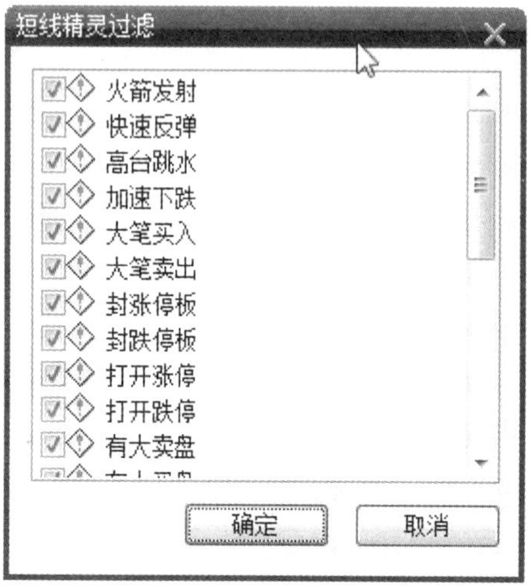

图 15－39 【短线精灵】设置

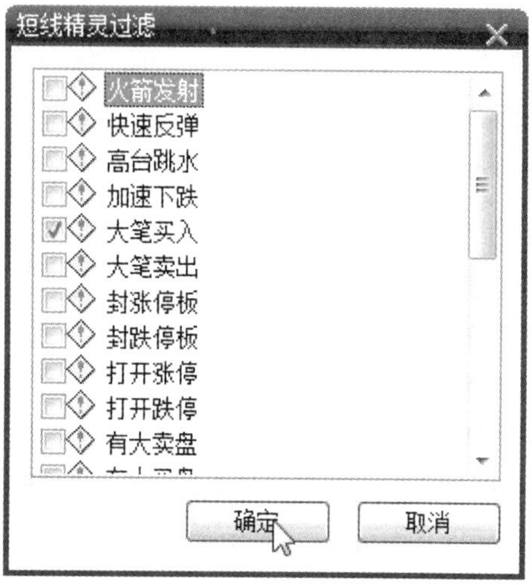

图 15－40 【短线精灵】重新设置

第三步：点击【确定】按钮，执行预警，如图 15－41 所示。

第四步：根据【短线精灵】预警情况，可以对“中新科技”和“北矿磁材”

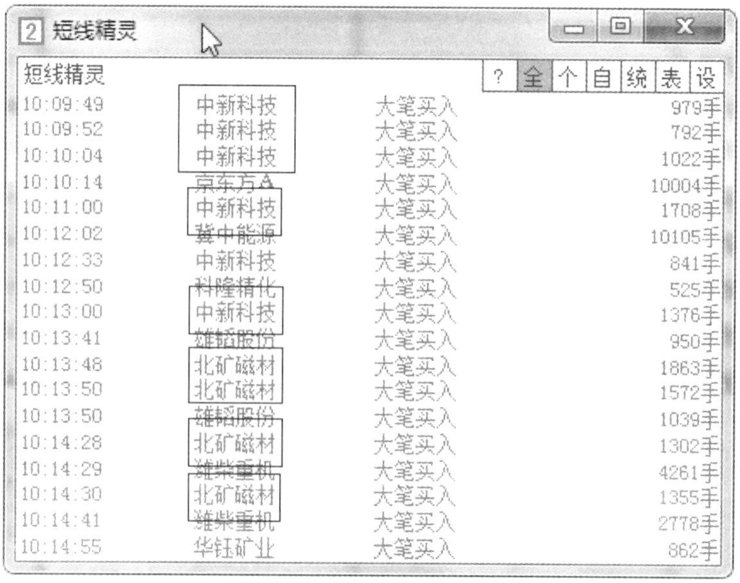

图 15－41 【短线精灵】预警

两只股票进行跟踪研判，并确定最终的目标股。

通常情况下，借助大单介入技巧可以为投资者圈定待选的目标股票，但选出的股票却不是必选股。这些目标股应该选择哪只介入，还要投资者应用其他技巧进行综合分析。

15.3 大智慧长线选股技术

高成长性的股票，意味着在以后的数年或数十年内都有可能保持较高的增长势头，因而这种股票很容易获得市场的青睐。这种高成长性的股票，也往往是长线选股的目标品种。

15.3.1 高收益

高收益企业应该具备这样几个特点：可预见的持续性利润增长；较低的资本金投入；管理费用控制良好等。

高收益，是成长股最显著的特征。高收益的具体判断标准包括以下几项。

1. 季度每股收益

季度每股收益是以季度为周期核算的上市公司每股净收益数据。目前，上市公司的财报是以季度为周期公示的，因而在判断股价的收益情况时，也可以将季度作为周期进行筛选。每股收益越高，代表企业效益越好。

在研判每股收益时，还需要注意以下几点。

（1）当期每股收益越高越好。

（2）一次性额外收益必须剔除。例如，某公司在某季度因出售资产获得大笔一次性收益，促使当季每股收益大幅提升。这样的收益是无法持续的，因而必须剔除。

2. 每股收益增长率

每股收益增长率，即与上年同期相比每股收益的增长情况。

研判每股收益增长率时，需要注意以下几点。

（1）年度复合增长率。成长性较强的股票，往往会在连续几年之内保持 20%以上的增长率。鉴于部分高成长股票可能属于周期性行业，所以以年为周期核算其复合增长率也是不错的选择。

（2）增长率名列前茅。所选标的公司的每股收益增长率，应该在以往的几年中取得了领先行业内部同类企业的成绩。

3. 净资产收益率

高成长性企业的年度净资产收益率应该高于 15%，且能够保持多年。

15.3.2 优势产品

优势产品是指上市公司所依赖的产品或技术具有显著的竞争优势，且这种竞争优势足够支撑企业未来长期的发展。

优势产品的判断标准包括以下几条。

(1) 拥有垄断优势的产品或技术。通常情况下，一家公司如果获得了某种产品或技术的垄断权，且这种产品或技术在未来相当长的时间内不会被淘汰，那么这种优势就是无可比拟的。当然，市场上具有这种优势产品的企业并不多见，如云南白药、安琪酵母等。

(2) 具有明显技术领先优势的产品或服务。有些企业的产品虽然不能垄断市场，但其在技术或研发方面的领先优势是其他公司短期内难以追赶的，那么这种领先优势将在未来数年内为企业创造可观的收益。

(3) 创新基因与可观的研发投入。产品更新换代的速度越来越快，使得昨天还占据优势地位的产品，今天就已经进入淘汰品的领域了。这在无形中加大了投资者判断或选择拥有优势产品企业的难度。不过，研究历史上成功的企业经验后就会发现：很多具有优良创新基因的企业，往往能够占领科技发展的最前沿。当然，这也与其历来重视研发投入有关。

15.3.3 卓越的管理团队

卓越的管理团队，是一家企业持续盈利的重要保障。万科地产自上市以来，如果以发行价计算，股价已经上涨了上千倍。其实很多人都知道，万科的今天与王石、郁亮等为核心的管理团队的卓越领导密不可分。很多天使投资人在描述投资决策的因素时，也会不断地强调，和项目相比，人是更重要的。

卓越的管理团队往往具有以下特点。

(1) 拥有清晰的愿景和目标。企业的管理团队决定企业的发展方向和路线，如果管理团队对企业发展前景没有清晰的愿景、规划和计划，就无法带领企业前进。当然，光有愿景还不够，还要看到其为愿景和目标所付出的努力和取得的成绩。愿景、行动、成果都具备了，才能认定这家企业的管理团队是比较优秀的。

(2) 以往的经营成绩优良。尽管历史成绩无法证明未来，但是，如果一家企业的管理团队在之前的数年内带领企业取得了不俗的业绩（行业同类企业中的佼佼者），而且业绩增长势头很平稳，那么就可以证明该管理团队具备较强的管理能力。

对于普通投资者来说，由于接触的信息有限，判断一家企业管理团队的优劣，实践中确实有难度。同时，大家也要杜绝一类认识上的误区，即某位管理者演讲水平较高，或者某些观点非常前卫，那么该公司的管理团队一定比较卓越。

投资者在判断管理团队是否卓越时，还是应该通过上市公司以往的经营业绩、经营业务的稳定性以及经营的一致性方面来评价其管理团队。

15.3.4 较低的股本量

股本量情况，就是通常所说的盘子大小。较低的股本量，也就是盘子稍小一点儿。当然，也不是盘子越小越好，而是要适中。盘子过小，可能导致流通性不佳，大资金不愿意入驻，成交稀疏，投资者想出货时会遇到困难；盘子过大，主力资金操作有困难，也难有较好的表现。现阶段，流通股本在 5000 万股以上、10 亿股以下的股票，比较适合作为成长股的候选标的。

较低的股本量也可以这样理解：投资者能够非常容易地进出（成交不是过于清淡）的盘子最小的股票。

15.3.5 机构入驻

新股民对股票价值的判断往往不够准确，而专业机构或者大资金则相对更加专业。投资者可以根据每只股票主力机构的变动数据，了解大资金的进出情况。

具体判断标准包括如下几条。

（1）进驻机构数。通过炒股软件的 F10 功能，可以很清楚地查看到每只股票在某一季度内主力的进出情况。主力连续增加的股票，后市上涨的概率比较大；主力连续减少的股票，后市下跌的概率比较大。当然，除了观察各大基金入驻的情况外，还要特别留心市场上的大户动向，尤其是一些“牛散”（即市场上比较知名的、投资收益率较高的散户）的入驻情况。很多时候，这些牛散要比一般的主力资金更先知先觉。

（2）筹码集中度。筹码集中度是通过股本总数与股东总数的比值确定的。筹码集中度也反映了主力资金入驻的情况。一只股票的筹码集中度越高，说明大资金持股量越多，未来股价上涨的概率也越高；反之，则较低。

普通投资者要重视时间差的问题，因为投资者所能看到的机构入驻数据往往比较滞后。例如，上半年数据要在 7 月底之后才能看到，而投资者利用这些机构数据买入股票时，机构可能已经开始出货了。

长线选股所需的各项数据、信息，均可通过大智慧【F10】功能查询获得。

第十六章

大智慧综合实战技术

16.1 基于大智慧软件构建交易系统

建立完善的交易系统并严格执行，是专业投资者必须具备的素养。每个人的交易系统设计都会有所不同，而且其中一定蕴含个人的想法、主观偏好等内容。不过，无论基于何种思想设计交易系统，收集必要的投资信息，借助各类分析工具与技术指标进行决策，都是不可或缺的内容。

基于大智慧软件的交易系统由环境分析、交易计划、预警系统等三部分构成。

16.1.1 环境分析

基于大智慧软件的环境分析包括市场大环境分析和个股运行趋势分析两部分内容。

1. 市场大环境分析

这里所说的市场环境，主要是指整个股票市场所处的大势氛围，即目前股市处于上升趋势、下跌趋势还是盘整趋势。对于投资者来说，当股市处于上升趋势时，入场交易获利的可能性会非常大；反之，当股市处于下跌趋势时，入场交易获利的可能性则会很低。

借助布林线的长线时间框架，可以对整个大盘指数走势进行分析，其具体方法如下。

（1）以周线为分析周期，对大盘指数 K 线走势进行分析。以周线为分析周期，主要是出于我国股票市场特色考虑的。市场上大多数股票的上市时间都不长，若以月线或年线为周期进行分析，可能获得的数据十分有限。另外一个因素，我国股市并不成熟，波动性也比较大，这就使得股市的大规模行情很少能持续数年。一般一波大行情短则几个月，多则一两年就会结束。以周线为周期进行分析，基本上能够满足对股市大环境分析的需求。

（2）通过阅读大智慧【新闻】|【最新资讯】的内容，了解各领域专家、机构对股市、大盘走势的看法和观点，形成个人对于大盘走势的初步认识。尽管个人的判断未必准确，但却是入场交易的基础。也就是说，若个人判断大盘走势可能向好时，才是自己入市交易的良机。绝不可能自己一边判断大盘将走坏，一边又要入场交易。

（3）通过阅读大智慧【新闻】|【政策动态】的内容，对未来宏观经济走势形成一个大致的看法。也就是说，若个人认为宏观经济处于良性运行的轨道或触底反弹阶段，则属于较好的入场交易机会；若经济处于下行区间，还是应该避免交易或只执行短线、超短线交易。

2. 个股运行趋势分析

如果大盘环境是安全的，那么投资者就可以为下一步交易活动做准备了，即选择适合操作的股票标的。

股票标的是指投资者根据对市场大势的判断、选择的交易模式，结合个人偏好确定的备选投资股票。通常情况下，交易模式不同，所选的投资标的也会有所区别。例如长线持股的交易模式，适合选择绩优股；抢反弹时，则适合选择短期热门的小盘股等。

无论选择何种操盘模式，都需要从以下几个方面对股价的走势进行分析。

（1）借助画线工具或各类技术指标，对股价K线走势进行分析，以判断该股股价当前所处的运行趋势。若股价处于低位启动阶段，则可积极做多；若股价已经上涨一段时间了，则应谨慎看多；若股价处于下行区间，则应避免交易；若股价处于底部震荡筑底阶段，则可考虑少量建仓。

（2）通过阅读大智慧【F10】的内容，全面掌握个股信息，包括机构入驻情况、股权情况、题材概念、财务数据以及最新动态等。当然，若投资者的投资策略是短线或超短线投资，那么可以忽略对个股本身质地的研究，只要该股没有停牌或退市风险，就可以参与交易。

16.1.2 交易计划

在进行股票交易前，应制定一份完善的交易计划，并尽可能地将各方面因素都纳入到考虑范围。一般情况下，交易计划应包括如下几项内容。

（1）买入方法及条件。交易过程中，需要不断地买入卖出，因此买入条件的设定应该灵活。例如，股价突破5日均线买入、股价下跌到支撑线买入等。投资者在买入股票时，切忌全仓买入，应该分批买入，以防自己判断失误。

（2）卖出方法及条件。卖出条件的设定应该与买入条件一致。例如，买入条件为突破5日均线买入，那么卖出条件就应该为跌破5日均线卖出。如果买入条件为跌到支撑线买入，那么，卖出条件就应该为上涨到阻力线卖出。

（3）加仓方法及条件。买入股票后，当股价突破某一重要阻力位或回调遇某支撑位支撑再度上升时，可以考虑适当加仓。加仓无须一次到位，可分批次进行。原则上，前期加仓量可以大一些，股价上涨到高位时的加仓宜谨慎。例如，投资者可将股价回调遇中轨线支撑再度上升，作为一个加仓参考位。

（4）减仓方法及条件。买入股票后，当股价运行趋势与预期不一致，即遇到某一重要阻力位或出现回调时，可以考虑适当减仓。与加仓相似，减仓也可分批次进行。例如，股价上攻至布林线上轨线上方后，重新回归布林通道内部时，可适量减仓。

（5）止损设定。很多时候，卖出条件可以作为止损条件。但有时二者也会不一致，这时就需要另设止损位了。如买入条件为回调到支撑线，卖出条件为上涨到阻力线，这时就需要设定止损位为跌破支撑线。

（6）止盈设定。为了确保盈利能够及时兑现，在操作前必须确定明确的盈利目标，目标一旦达成，就可以全部或者部分撤离目标股了。一般情况下，止盈条件设定为有明显的卖出信号出现时，也可以设定为具体的盈利目标值，如10%、20%等。

下面来看具体的案例，以检验整个交易系统的有效性。

以5日均线为买入条件，可以设定整个交易系统如下。

买入条件：大盘处于上升趋势中，即股指在30日均线上方，同时30日均线方向向上。个股均线呈多头排列，即5日、10日、30日均线呈多头排列。股价突破5日均线。

卖出条件：股价跌破5日均线。

止损位：股价跌破5日均线。

止盈位：股价遇阻滞涨。

16.1.3 资金仓位控制

资金仓位控制主要包括对整体仓位和个股所占仓位控制、预留资金控制等。

（1）整体仓位控制。投资者可将总仓位水平线划分为空仓、30%线、50%线、70%线、满仓五个水平。鉴于股市中没有绝对安全的时间，因而满仓是尽量应该避免的。通常情况下，当股市处于上升趋势时，可以适当提升仓位水平；反之，当股市处于下跌趋势中，应降低仓位水平，直至空仓。

（2）单只股票仓位占比。通常情况下，单只股票的仓位占比不应超过30%。当然，如果资金量过小，也可以突破这一限制。控制单只股票的仓位占比，本意是要分散风险。如果资金量太小，就失去了分散风险的意义了。

（3）预留资金比例控制。预留资金的比例，因投资者个人投资偏好和风险承受能力的不同而异，一般不应少于20%。牛市时，可以直接设定在20%的水平。熊市时，则要提高预留资金的比例。即使是一次非常强劲的反弹，也要保证预留资金不低于30%，而且投入预留资金时，还要做好资金回收计划。

16.1.4 预警设置

为了及时捕捉买入或卖出信号，投资者可以利用大智慧软件中的【预警】功能进行自动跟踪监测。具体操作步骤如下。

第一步：确定预警项目。可将股价上涨至某一价位或下跌至某一价位作为预警项目。例如，股价下跌至5.32元买入福田汽车。

第二步：点击大智慧【菜单】按钮，选择【工具】|【预警】，系统会自动弹出【预警】对话框，如图16－1、图16－2所示。

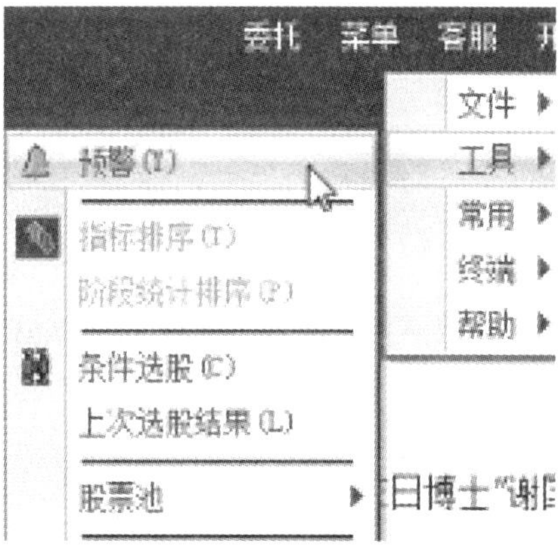

图16－1 进入【预警】

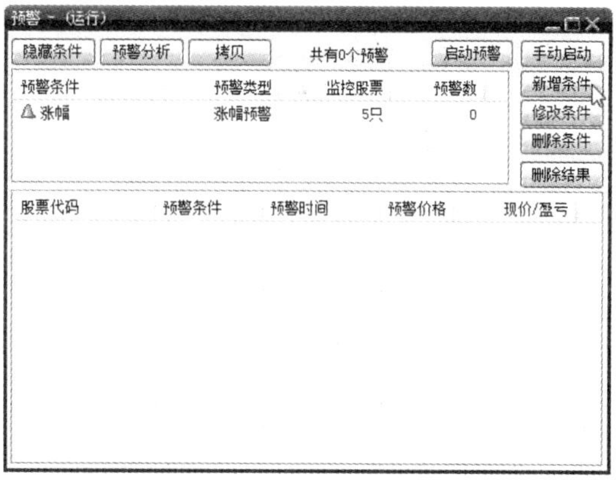

图16－2 【预警】对话框

第三步：添加预警条件。点击【预警】对话框右侧的【新增条件】按钮，在弹出的设置对话框内添加条件并确认，如图16－3所示。

第四步：选择预警股票。在【预警条件设定】对话框中点击【加入】按钮，在弹出的【选择股票】对话框中，输入“福田汽车”拼音首拼或股票代码，之后按回车键，如图16－4所示。

第五步：设置具体的预警项目。在【预警条件设定】对话框输入价格预警的具体标准：“下跌至5.32元”，并点击【确定】按钮，如图16－5所示。

此后，若股价下跌至预警位置，大智慧软件就会自动发出预警，在股票名称和

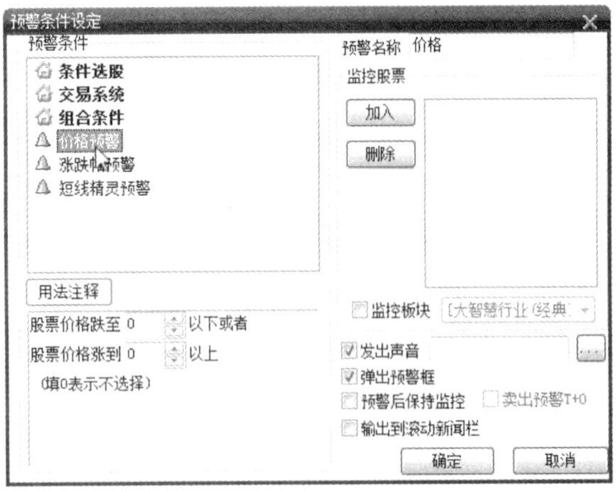

图 16－3　预警条件设定

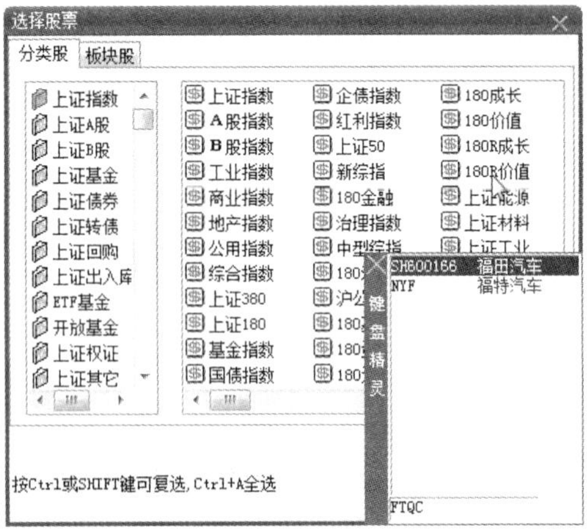

图 16－4　添加股票

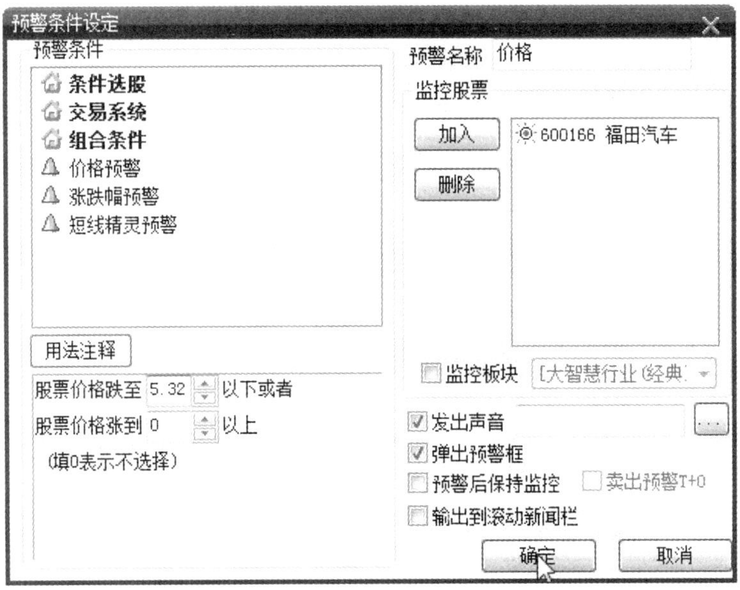

图 16－5　预警条件设定

消息位置都能看到预警标志。

16.2　黑马股实战操盘技法

黑马股多指事先并不被大多数投资者看好，走势平淡无奇，甚至毫无生气的一些股票，在某一时段却突然出现大幅上涨。黑马股之所以被称为黑马，也是因为擒获它不是一件容易的事。本节尝试探讨几种实用的挖掘黑马股的方法，供读者参考。

16.2.1　底部突破擒黑马

底部突破擒黑马的操盘要点如下。

（1）大盘处于底部盘整或上涨行情中。

（2）个股股价经过一轮下跌之后，形成明显的中期底部形态。

（3）股价某日携量向上突破30日均线，且当日涨幅在5%以上，量比达到3倍以上。

（4）5日均线向上穿过10日均线，并形成较大角度的攻击态势，此时为最佳买点。

（5）股价如果连续上涨且突破60日均线，则可在股价回调到60日均线处加仓买入。但有时这种回调不会出现。

下面来看一下九鼎投资的案例。

2015年1月底到3月初的一段时间内，大盘在上涨过程中出现了盘整走势，说明大盘暂时处于安全环境中，如图16－6所示。

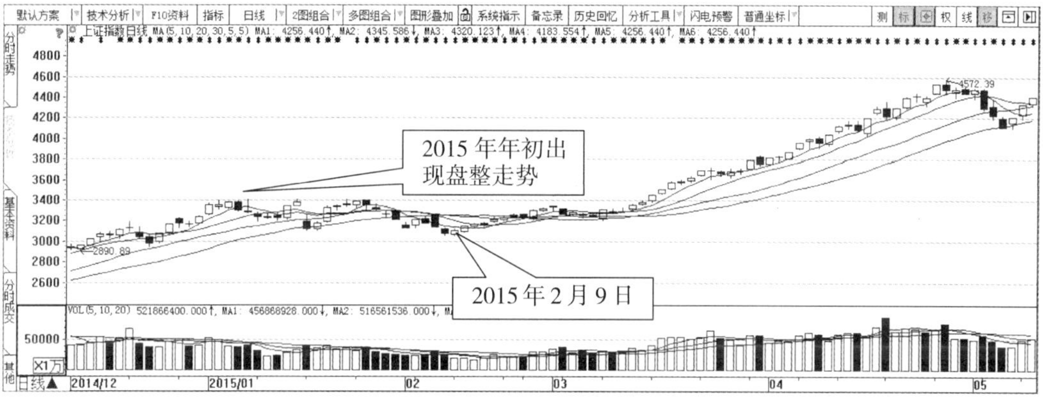

图16－6　上证指数（1A0001）日K线走势图

上证指数自2015年1月底开始回落，2015年2月9日开始出现止跌回稳迹象。同时，投资者也应该看到，上证指数有向上突破、结束盘整的迹象。此时操作股票还是比较安全的，不过只适合短线参与。

下面再看九鼎投资的同期走势，如图16－7所示。

如图16－7所示，九鼎投资的股价在2014年底出现了震荡下行的走势，股价不断下跌。2014年12月23日，股价下跌到阶段最低点8.17元后出现了止跌回稳迹象。

2015年2月17日，该股跳空高开突破了30日均线，当日涨幅达到10%，量比数值达到7倍以上，5日均线向上穿过了10日均线，并形成较大角度的攻击态势，预示该股后期将会有较大的涨幅，有成为“黑马”的可能，投资者宜买入该股。

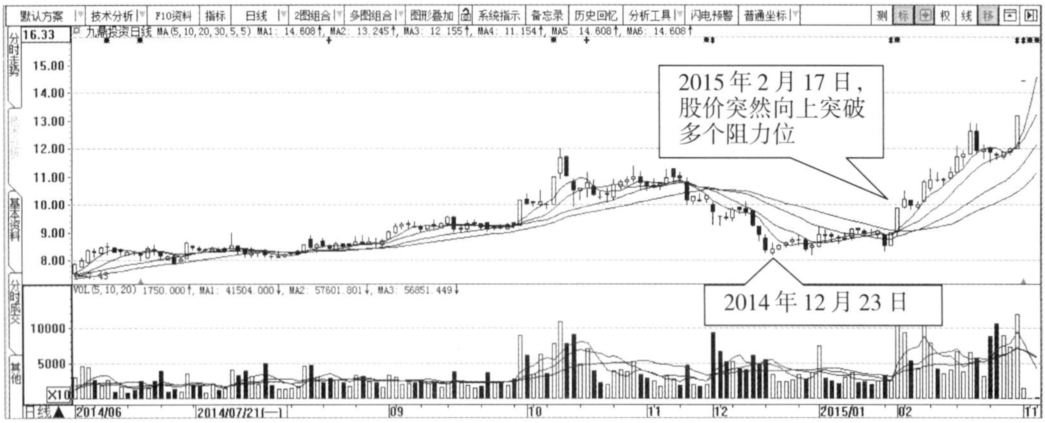

图 16－7　九鼎投资（000718）日 K 线走势图

16.2.2　平台突破擒黑马

平台突破擒黑马的操盘要点如下。

（1）大盘处于底部盘整或上涨行情中。

（2）个股股价经过一轮上涨之后，形成明显的整理形态，出现了下降楔形、矩形整理、上升三角形等形态。

（3）股价某日携量向上突破平台上轨，且当日涨幅在5%以上，量比达到2倍以上。

（4）5日均线向上穿过10日均线，并形成较大角度的攻击态势，此时为最佳买点。

下面来看一下天马精化的案例。

2014年底到2015年初的一段时间内，大盘处于盘整过程当中。上证指数从2015年2月初开始一路震荡上涨，说明大盘暂时处于比较良好的环境中，如图16－8所示，这就比较有利于进行短线操盘。

此时可以观察一下天马精化的日K线走势图。

如图16－9所示，天马精化的股价从2014年7月初启动了一波上涨行情，股价不断创出新高。2014年10月31日开始，处于上涨行情中的天马精化出现了回调走势，且在回调整理过程中走出了下降楔形形态。

2015年3月2日，天马精化的股价携量突破了下降楔形的上轨，且当日涨幅超过5%，成交量也较前几个交易日出现了放大。这说明该股即将发动一波上涨行情，投资者宜迅速介入该股，擒住这只即将上涨的“黑马”。

这里注意一点，成交量的放大往往都有一个持续的过程。有时股价向上突破了，量比未必能够达到技术要求的倍数，但只要相比前几个交易日有明显放大就可

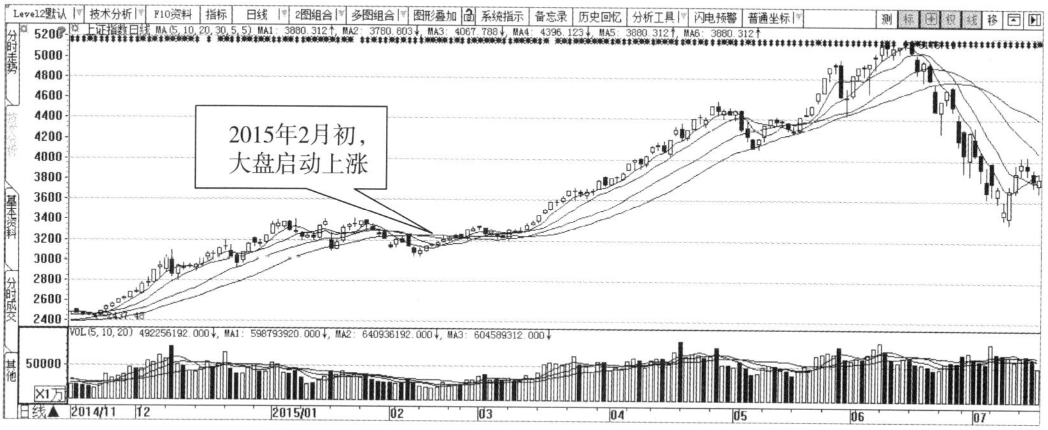

图 16－8　上证指数（1A0001）日 K 线走势图

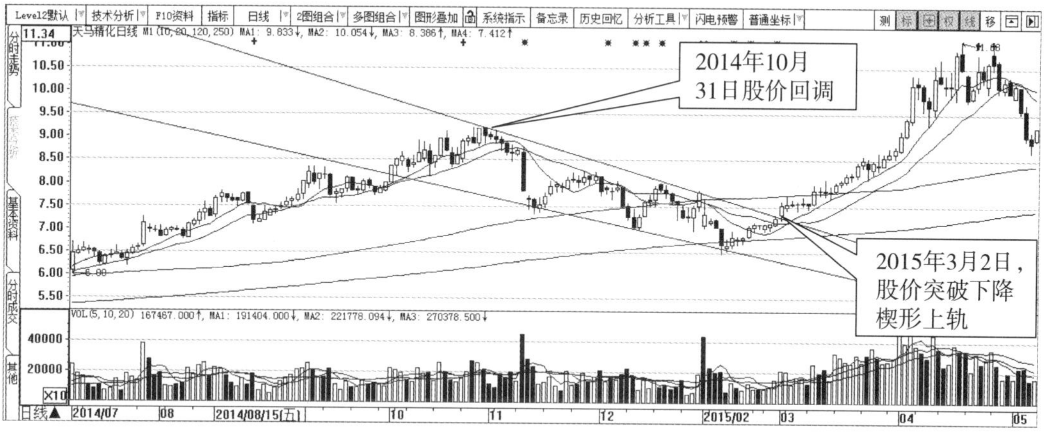

图 16－9　天马精化（002453）日 K 线走势图

以，投资者有时不必拘泥于固定的量比倍数。

16.2.3　中继突破擒黑马

中继突破擒黑马的操盘要点如下。

（1）大盘处于底部盘整或上涨行情中。

（2）个股股价经过一轮上涨之后，主力强力打压洗盘。

（3）盘面上出现了几根大阴线，股价下跌到 30 日均线处受到支撑，且成交量出现萎缩。

（4）股价某日携量向上重新突破 5 日均线时可以买入该股。

下面来看一下九鼎新材的案例。

先来看一下 2015 年 1 月到 2015 年 3 月的大盘走势情况。如图 16－10 所示，从 2015 年 1 月中旬到 2015 年 2 月，大盘经过了一波上升后处于震荡调整过程中，此时比较有利于投资者进行短线操盘。

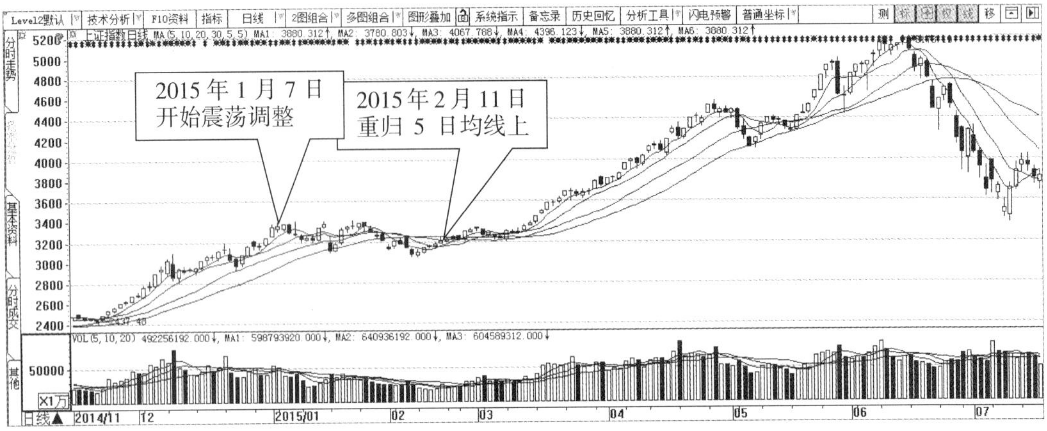

图 16－10　上证指数（1A0001）日 K 线走势图

投资者此时可以看一下九鼎新材的日 K 线走势图。

如图 16－11 所示，九鼎新材的股价从 2015 年初启动了一波上涨行情，到了 1 月中旬，主力反手向下打压该股，连续出现大阴线，且股价 K 线先后跌破了 5 日均线和 10 日均线，预示行情可能转坏。

2015 年 2 月 9 日，股价下跌到 30 日均线时，因受到 30 日均线的支撑而重新上涨，这说明 30 日均线对股价有较强的支撑能力。2 月 11 日，该股股价再次突破了 5 日均线，投资者可以于次日买入该股。

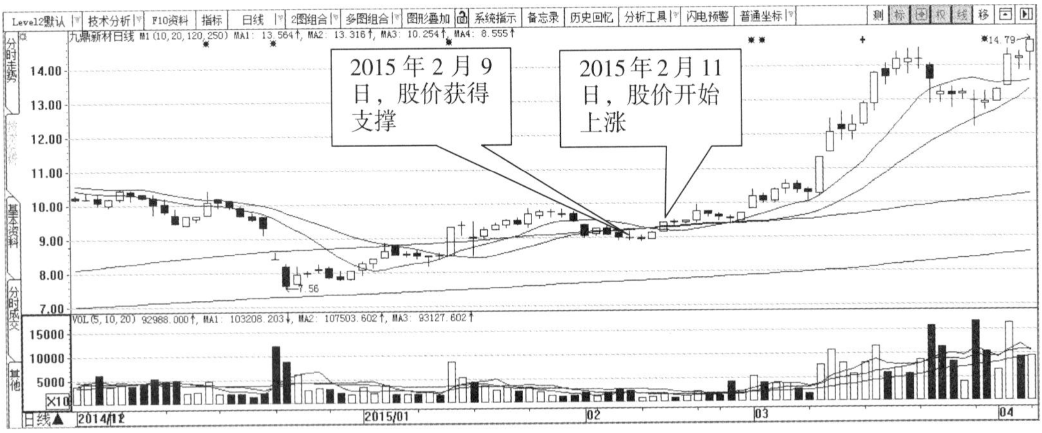

图 16－11　九鼎新材（002201）日 K 线走势图

16.3　强势股实战操盘技法

强势股自有强者的风范。一只股票之所以被称为强势股，一定是出现了明显的上涨行情或即将启动上涨。这些强势上涨股票在量价关系、股价走势以及 K 线形态方面，都或多或少地有其特点。投资者如果能够掌握这些特点，就可以提前介入强势股，从而赢得投资收益。

16.3.1　量价齐升选强股

股价的上涨源于资金的流入。一只即将启动大幅上涨的股票，启动之前往往有大量资金流入。随着资金的流入，股价也会不断地上涨。正因如此，量价齐升就成了强势股最重要的一个特点。

通过量价齐升的方法选择强势股时，需要注意以下几点。

（1）大盘处于盘整或上涨趋势中。

（2）股价处于盘整阶段或阶段性底部。

（3）成交量出现持续性放大，股价也随之逐步上涨。

（4）股价出现回调时，成交量也会随之萎缩，5 日均线向 10 日均线靠拢。

（5）股价回调遇均线支撑重新上涨，5 日均线重新拐头向上，成交量同步放大时，就是该股的买入时机。

下面来看一下皖通高速的案例。

皖通高速的股价在 2015 年上半年启动了一波上涨，此时大盘正从盘整行情向上涨行情过渡。尤其是从 2015 年 3 月初开始，大盘发动了一波快速上涨行情。如图 16－12所示。

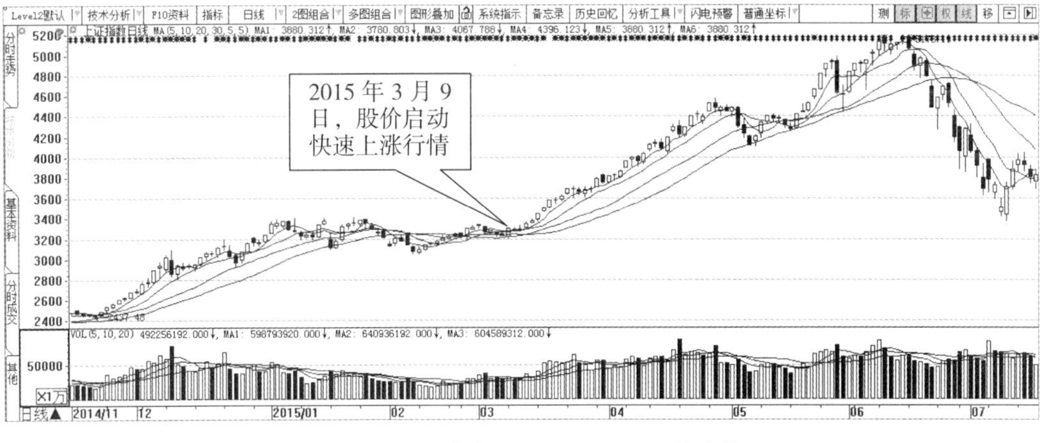

图 16－12　上证指数（1A0001）日 K 线走势图

上证指数从 2015 年 3 月 9 日开始正式启动了上涨行情，指数不断创出新高。由此可见，此时非常适宜短线操作。

大盘环境适宜个股短线操盘，投资者还需选择合适的操盘目标股，因为毕竟大盘上涨不等同于所有的股票都会上涨。

下面来看一下皖通高速的日 K 线走势图。

如图 16－13 所示，皖通高速的股价从 2015 年 3 月 16 日开始随大盘启动了一波

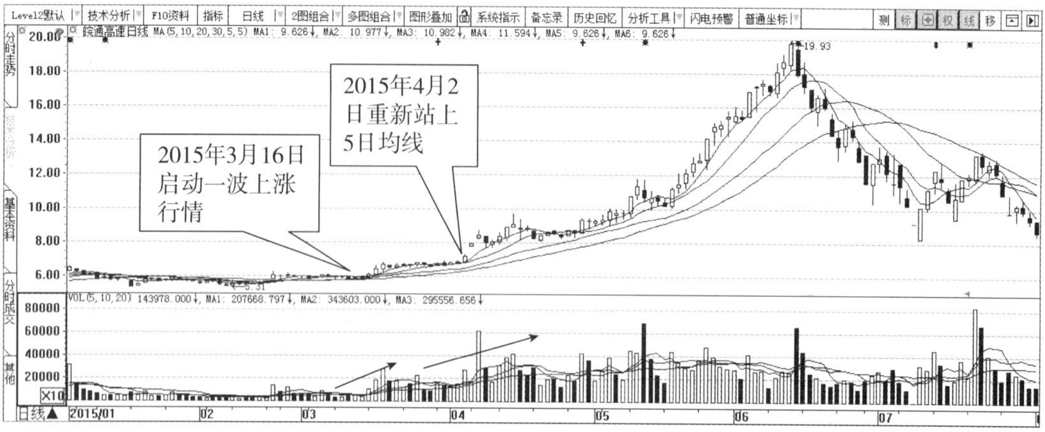

图 16－13　皖通高速（600012）日 K 线走势图

上涨行情，与此同时，成交量也同步放大，形成了量价齐升态势。这说明该股上涨趋势良好，投资者可以择时进驻该股。

2015 年 3 月下旬，该股股价出现了回调整理，成交量也出现了萎缩，且 5 日均线向 10 日均线靠拢。当股价下跌到 10 日均线附近时，因受到 10 日均线的支撑而重新上涨。4 月 2 日，该股股价 K 线重新站到 5 日均线以上，且 5 日均线也重新拐头向上，投资者可以于次日买入该股。

16.3.2　上涨趋势找强股

股价的运行有其惯性，且惯性一旦形成很难改变。一只股票如果形成了上升趋势，那么在相当长的时间内，这种趋势将会持续下去。投资者如果能找到这样的股票，就可以稳获股价上涨带来的收益。

通过上升趋势的方法选择强势股时，需要注意以下几点。

（1）大盘处于盘整或上涨趋势中。

（2）股价沿上升趋势线或上升通道运行，且股价与成交量呈现同步增减的态势。

（3）股价出现回调时，成交量也随之萎缩，5 日均线向 10 日均线靠拢。

（4）这类股票买入点有两个：一是股价回调遇上升趋势线支撑重新上涨时，二是股价突破通道上轨出现加速上涨时。

下面来看一下日照港的案例。

日照港的股价在 2015 年上半年启动了一波上涨，此时大盘正从盘整走势向上涨走势过渡。从 2015 年 2 月上旬开始，大盘发动了一波震荡上涨行情。

如图 16－14 所示，上证指数从 2015 年 2 月 9 日开始启动了上涨行情，此时比较有利于进行短线操盘。

投资者可以观察一下日照港的日 K 线走势图。

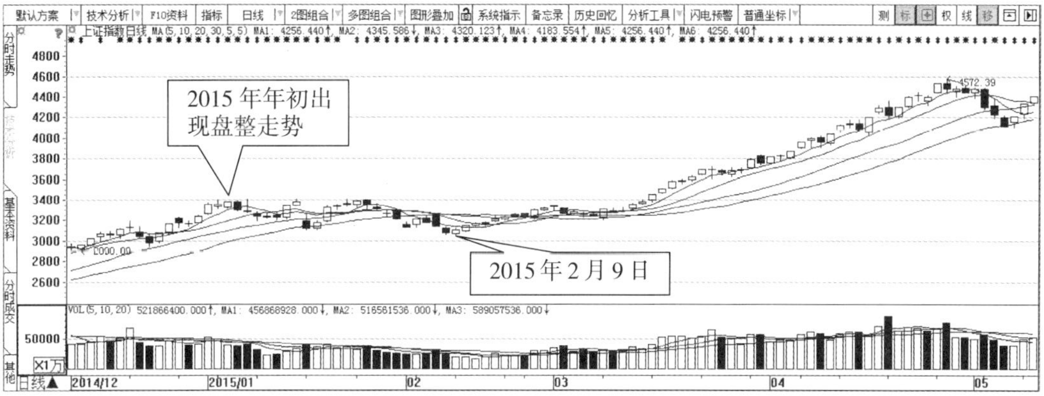

图 16－14　上证指数（1A0001）日 K 线走势图

如图 16－15 所示，日照港的股价从 2015 年 1 月 20 日启动上涨后，一路沿着上涨趋势线上升，且股价与成交量同步出现量涨价增、量缩价跌的态势。4 月 24 日开始，处于上升趋势中的日照港出现了回调走势，且成交量同步减少。

当股价下跌到趋势线附近时，股价遇支撑出现重新上涨。2015 年 5 月 8 日，股价启动了大幅上涨，几个交易日内迅速突破了 5 日均线，投资者可于此时买入该股。

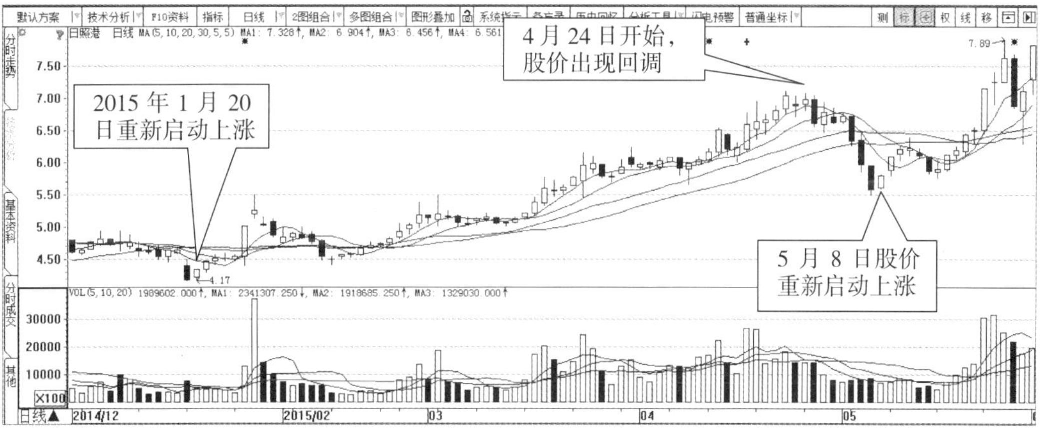

图 16－15　日照港（600017）日 K 线走势图

16.3.3　K 线突破形态辨强股

单根 K 线发出的买入或卖出信号准确性较差，但多根 K 线构成的 K 线组合或形成的价格形态，发出的信号准确性则是很高的。

通过 K 线突破形态的方法选择强势股，需要注意以下几点。

（1）大盘处于盘整或上涨趋势中。

（2）股价在下跌或盘整过程中形成了特定的 K 线形态，如双底形态、头肩底形态、矩形整理形态、楔形形态等。

（3）股价携量突破 K 线形态时，往往就是该股的最佳买点。

下面来看一下新乡化纤的案例。

新乡化纤的股价在 2015 年 2 月初经历了一段时间的整理后启动上涨，此时大盘正从下跌走势向上涨走势过渡。

如图 16－16 所示，上证指数从 2015 年 2 月初开始启动了上涨行情，此时比较有利于进行短线操盘。

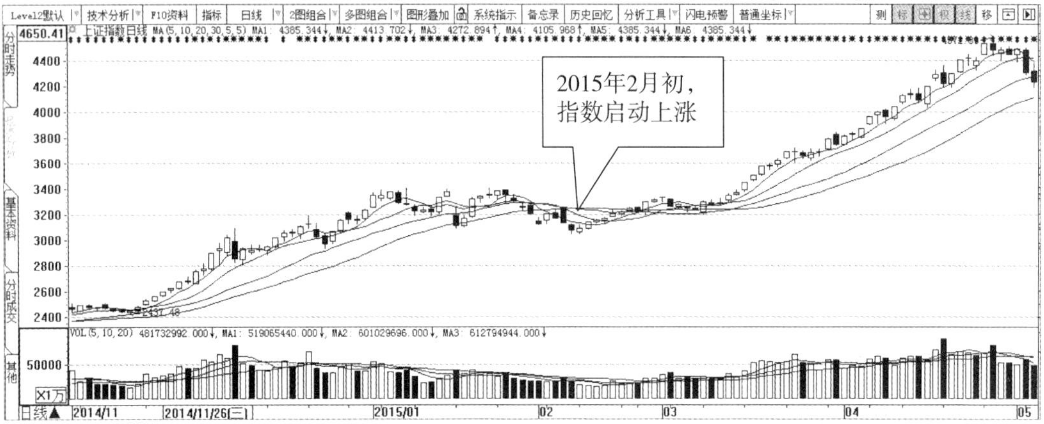

图 16－16　上证指数（1A0001）日 K 线走势图

投资者可以再观察一下新乡化纤的日 K 线走势图。

如图 16－17 所示，新乡化纤的股价从 2014 年 8 月开始启动了一波上涨行情，不久之后就进入了矩形整理区域。股价每次上涨到矩形的上轨都会遇阻出现下跌，每次下跌到矩形的下轨都会遇支撑出现上涨。2015 年 2 月 2 日，该股股价放量突破了矩形的上轨，预示该股将要快速上涨，投资者可于当日买入该股。

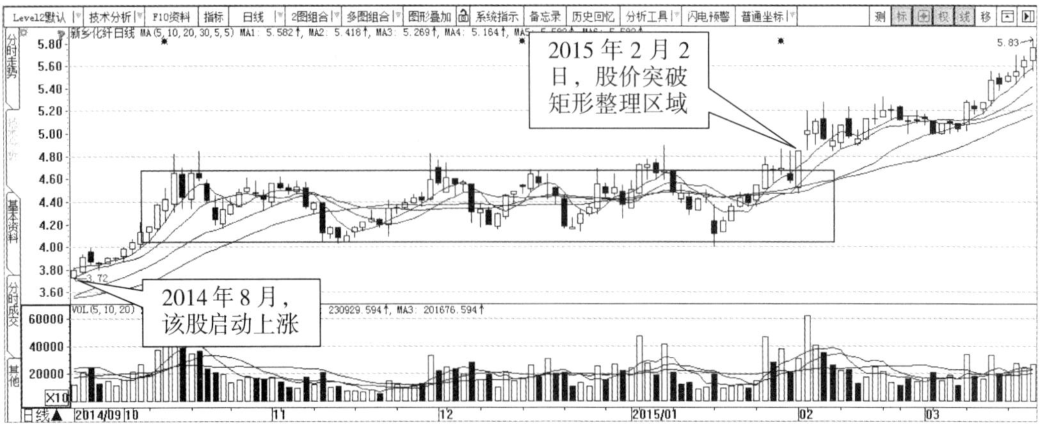

图 16－17　新乡化纤（000949）日 K 线走势图

16.4 最简单的股市盈利技法

能够盈利的炒股方法并不一定很复杂，相反有些还很简单。只是有时候我们过于贪婪，有时候又过于恐惧，导致无法正确看待投资这件事。

16.4.1 反向思维，长线持股

追涨杀跌是很多投资者信奉的投资信条。对于新股民来说，这条看似真理的信条未必能够给自己带来可观的收益。新股民由于投资经验不足，导致买入股票价格过高，而卖出时股价又已经有了相当大的跌幅。一来一去，虽遵守了追涨杀跌原则，却仍以投资亏损结束。其实，投资这件事有时是需要一些反向思维的。巴菲特就曾经说过，在别人恐惧时贪婪，在别人贪婪时恐惧。

股市有起就有落。大涨之时，赚钱固然容易，但风险同样很大，因为上涨到高潮时，往往就是即将下跌的时候。对于新股民来说，判断股价已经开始拉升，或者股价已经上涨到高位确实比较困难。与其如此，不如选择一种更为简单的炒股方法，即在熊市时买入股票，在牛市时卖出，一样能够获得不错的收益。

下面来看一下上证指数走势图，如图 16－18 所示。

图 16－18　上证指数（1A0001）日 K 线走势图

从图 16－18 中可以看出，牛短熊长是中国股市最显著的特点。每一波牛市持续时间都很短，但熊市却持续好长时间。尤其是每一波牛市结束时，都会有一波激烈的杀跌过程，股价迅速被腰斩，有的股票跌幅甚至达到 90%以上。

投资者如果有足够的耐心，在 2000 点左右的位置买入股票，然后持股不动，坐等牛市到来，则是一种比较理想的盈利选择。

当然，这样操作需要有两个条件：第一，所选的股票必须属于低价优质股，距前期高点跌幅超过80%更好；第二，不会因短期缺少资金而卖出股票。

16.4.2 解套战术

最好的解套战术永远是不被套牢。也就是说，买入股票后，如果股价下跌达到一定的幅度，就要快速止损，而不是持股不动，等着被动解套。如果投资者因各种原因在高位套牢，就必须考虑一些解套方法了。

下面介绍几种解套方法，仅供读者参考。

1. 低位补仓法

从理论上来说，低位补仓可能是最佳的解套方法。然而，在这个方法中，低位的选择是十分重要，且颇具技术含量。低位选择错误，非但无法解套，还可能让自己越套越深。

实战中投资者不妨这样操作。

第一步，将能够用于补仓的资金分成三份。

第二步，股价下跌至前一批买入价70%以下位置且出现企稳迹象时，可以考虑投入第一批资金。

第三步，第一次加仓后，若股价反弹幅度超过10%，可以考虑进入第二批资金；若股价没有反弹，而是继续下跌，可在股价下跌至第一次加仓时股价的70%以下位置且出现企稳迹象时，投入第二批资金。

第四步，理论上，第二次加仓的资金没有实现盈利时，投资者不宜投入最后一批资金。这是投资者最后的子弹，一定要确认股价确实反转向上时才能投入。

2. 高抛低吸法

高抛低吸，是投资者放弃一次性补仓或者股价一次反弹到位让自己回本的奢望，转而通过波段交易的方法逐步降低亏损，直至挽回损失的方法。

高抛低吸操作法的具体方法如下。

（1）股价反弹至高位出现滞涨时，先卖出部分股票。之后待股价下跌至低位时，再补仓买入，从而拉低成本价。

（2）股价下跌至低位，出现反弹走势时，使用备用资金买入部分股票。之后股价反弹至高位时，再卖出补仓的股票，使总体持股量保持平衡，并降低持仓成本。

3. 高位止血法

高位止血法，是指股价反弹至高位后，投资者不等回本立即割肉出货的方法。相对而言，这是一种非常失败的解套战术。高位割肉容易让自己错过回本的机会，如果投资者不是特别需要流动资金，建议不要使用这种方法。

16.4.3 抢反弹战术

反弹，是指股价连续下跌一段时间后，会出现一定幅度的回升，这种在下跌趋势中的回升就是反弹。持续时间短、回升力度强，是反弹的最显著特点。很多股票出现大幅下跌后，一次反弹可能会有超过20%的回升空间，也正因如此，很多投资者在明知抢反弹风险很大的情况下，还是义无反顾地参与其中。

抢反弹时，需要注意以下几点。

（1）买入时机。入场时，最好股价下跌幅度较大，且下跌过程中成交量出现持续萎缩。此时若股价反弹向上，可以考虑追涨买入。

（2）买入资金量设置。反弹不同于反转，股价运行趋势随时有可能从上涨转为下跌，因而必须严格控制投入的资金量。当然，如果股价反弹幅度超过10%，也可考虑部分加仓。

（3）止损位设置。参与反弹时，投资者必须明确一点，当前趋势仍是下跌的，反弹只是暂时的，一旦股价没有上涨，必须立即止损退出。

（4）卖出设置。原则上，抢反弹时不设置具体的盈利位，而是待股价上涨无力或出现滞涨时，立即获利了结，无须等到股价跌破均线或某些技术指标位。

有人将抢反弹形容为刀口舔血，足见其风险之大。投资者抢反弹时，还要考虑我国股市“T+1”交易规则的限制。在“T+1”交易规则下，当日抢买的股票当日无法卖出，这就导致很多投资者抢反弹时很容易被套在高位。

若投资者确认反弹还将持续一段时间，可以考虑在尾盘买入股票。若发现行情不对，次日即可止损卖出。

第十七章

手机大智慧炒股实战

大智慧手机版是一款可以在手机上运行的炒股软件。通过这个软件，投资者可以在手机上查看行情、了解资讯并且发出交易委托。手机版大智慧的界面形式、操作方式都与电脑版类似，只是结合手机操作习惯进行了一些改进。

本章主要讲解大智慧手机版具体操作方面的知识。手机炒股的技巧和方法，与电脑炒股相似，本章将不作重点介绍。

17.1　大智慧手机版的安装与登录

使用手机炒股的前提是手机可以连接到互联网，而且最好在有 WIFI 或流量充足的条件下进入大智慧炒股软件。

17.1.1　软件的安装

利用手机上网功能，直接搜索安装大智慧软件比较简单，主要包括以下两步。

第一步：借助手机上网搜索功能，如百度、谷歌或利用 360 手机助手（百度手机助手）查询【大智慧】。图 17-1 给出的是利用 360 手机助手搜索【大智慧】后出现的页面。

第二步：点击下载完成的文件，并开始安装。安装结束后，系统会显示【打开】，如图 17-2 所示。

17.1.2　系统登录

安装完成后，点击手机桌面上的大智慧软件图标，即可进入大智慧软件，如图 17-3、图 17-4 所示。

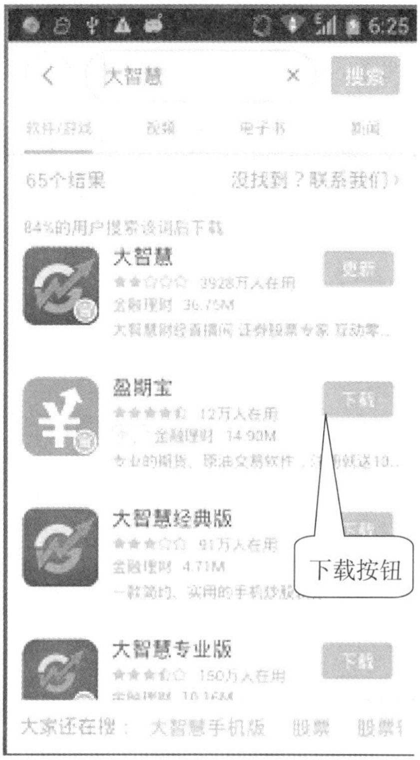

图 17－1　搜索【大智慧】

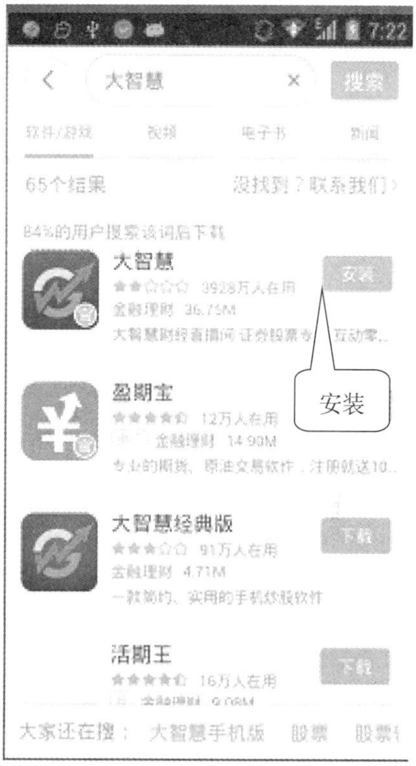

图 17－2　安装【大智慧】

图 17－3　点击【大智慧】图标

图 17－4　进入【大智慧】炒股界面

点击【大智慧】界面左上角的图标，系统会弹出“登录/注册”页面。再次点击图标，可以看到“登录/注册”对话框，如图17－5、图17－6所示。

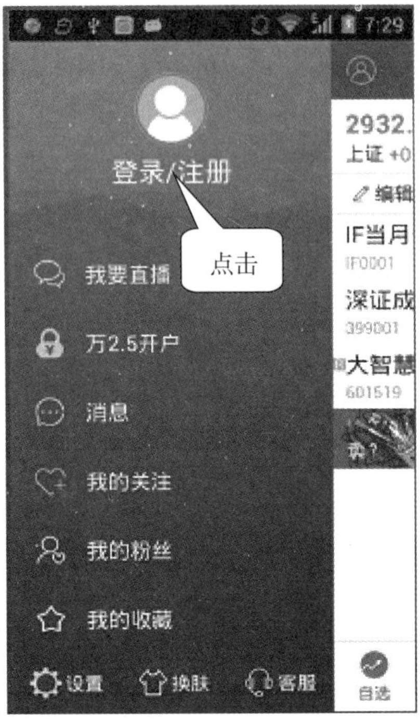

图17－5　登录【大智慧】

图17－6　登录/注册

投资者可使用事先在电脑上注册的用户名和密码，也可以点击【注册】重新注册用户名，还可以借助微信和QQ用户名登录大智慧软件。不过，使用微信、QQ用户名登录时，大智慧软件需要获得授权。

17.2　大智慧手机版基本功能

大智慧手机版的基本功能分别被编排在五个页面，即自选、市场、资讯、交易和视吧。

17.2.1　自选股

自选是大智慧手机版默认的首页。也就是说，投资者点开大智慧软件，首先看到的就是自选股报价信息，如图17－7所示。

自选股界面中显示的是所有自选股报价，其中包括股票名称、最新价和涨跌幅三列信息。

(1) 在自选股界面点击其中某只股票，可以切换到该股票的【个股行情】页面。

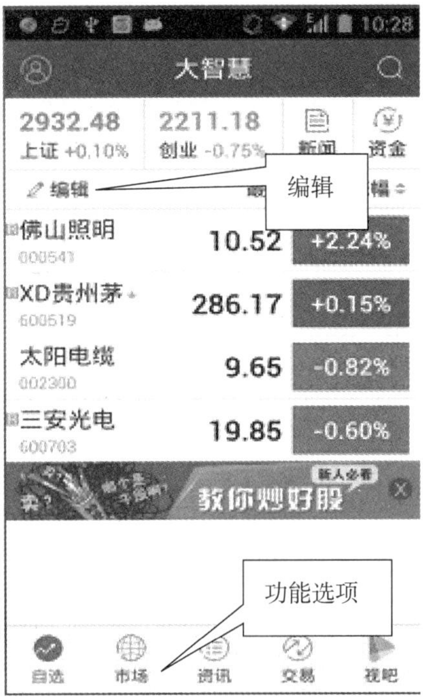

图 17－7　自选股界面

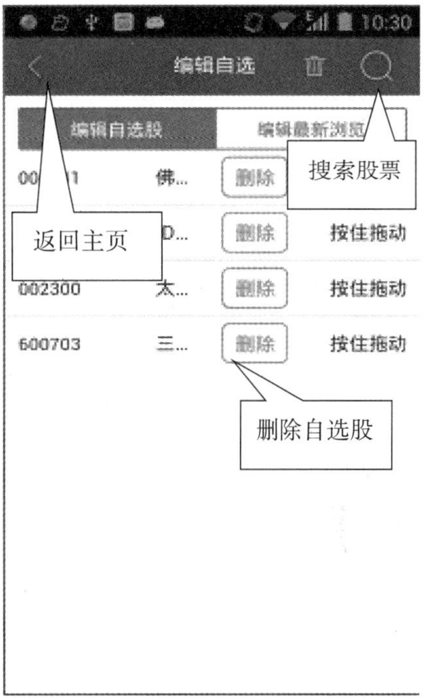

图 17－8　自选股编辑界面

（2）点击左上角的【编辑】，可以看到【删除自选股】和【编辑自选股】等项目，如图 17－8 所示。

①点击搜索图标，在跳出的代码输入框内输入股票代码或拼音首拼，在出现的股票名单后点击“+”，即可加入自选股。

②【删除自选股】：在自选股列表中删除当前选中的股票。

③【返回】：回到首页。

17.2.2　市场

点击大智慧底部功能选项中的【市场】按钮，将会进入市场报价页面，如图 17－9 所示。

在【市场】页面，投资者可以看到指数、板块、资金、涨跌幅以及 5 分钟涨跌幅的报价信息。投资者若需要查看该板块的更多内容，可以点击标签后面的【更多】按钮。例如，点击涨跌幅后的【更多】按钮，可以看到如图 17－10 所示的报价信息页面。

在【市场】界面还可以查看各板块的报价信息、全球股指、外汇市场报价信息。例如，点击【板块】，就可以看到热点板块、板块涨幅、板块资金流入等数据的排名情况，如图 17－11 所示。

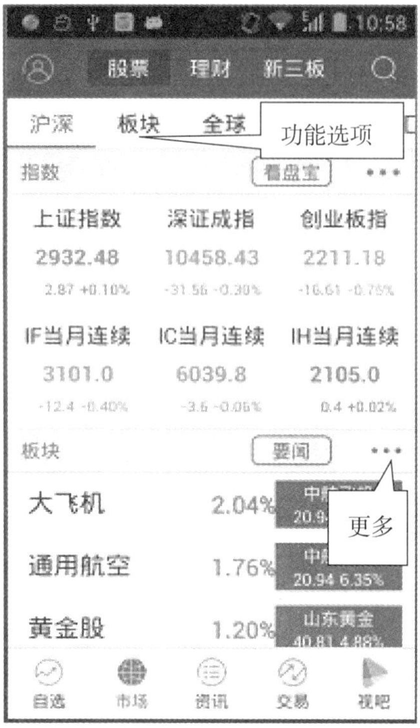

图 17－9 【市场】界面

图 17－10 涨幅排名

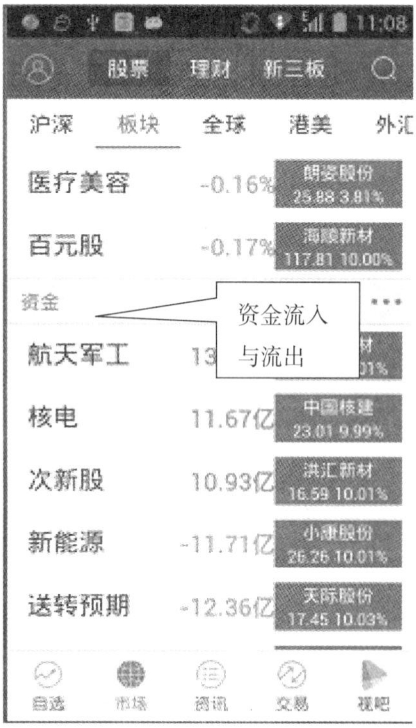

图 17－11 【市场】|【板块】

图 17－12 【市场】|【理财】

在【市场】界面还可以查看各类理财产品、新三板股票的报价信息，只需点击【市场】界面顶部选项卡即可。例如，点击【理财】按钮，就可以看到各类理财产品的报价，如图 17－12 所示。

17.2.3　资讯

点击大智慧底部功能选项中的【资讯】按钮，将会进入【快讯】页面，如图 17－13 所示。

点击【快讯】按钮，可以查看最新的股市动态信息。若想进一步了解新股发行的有关信息，可以点击【资讯】页面顶部的【新股】按钮，如图 17－14 所示。

图 17－13　【资讯】|【快讯】

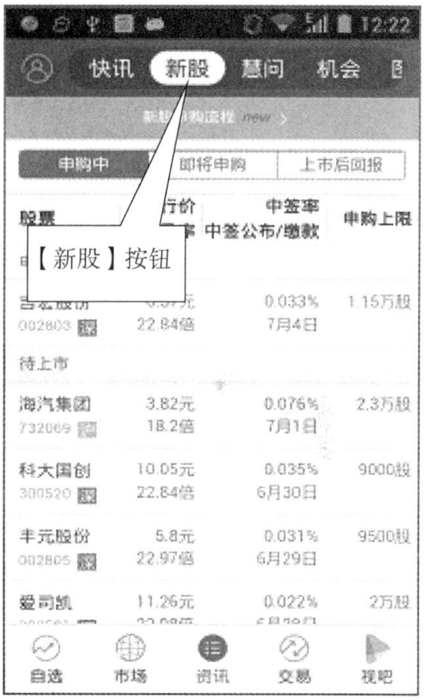

图 17－14　【资讯】|【新股】

点击【慧问】按钮，可以查看投资者提出的各类疑问以及平台上导师给出的解答，也可以点击【免费诊股】，向平台上的导师咨询，如图 17－15 所示。

点击【机会】铵钮，可以查看最新的投资分析信息以及值得关注的投资机会，如图 17－16 所示。

17.2.4　交易

投资者若未绑定任何交易终端或开户，点击【交易】图标时，将会看到如图 17－17所示的画面。该页面包括三个功能选项：其一，添加账户选项；其二，开户选项；其三，港美股。

图 17－15 【资讯】|【慧问】

图 17－16 【资讯】|【机会】

图 17－17 初始【交易】页面

图 17－18 开户券商选择界面

若事先没有开户，可点击顶部【开户】按钮，进入开户界面，如图 17－18 所示。然后选定券商，按照前面讲过的手机开户程序完成开户即可。

投资者若有账户，可以直接进行账户绑定操作，具体步骤如下。

第一步：点击图 17－17 所示的【添加开户券商】按钮，系统会自动弹出券商选择页面，如图 17－19 所示。

第二步：选中自己开户的券商后，系统将自动给出登录界面，如图 17－20 所示。投资者应该注意一点：大智慧手机版并不支持所有的券商。若手机版不支持你开户的券商，而你仍然想通过手机炒股，则需重新开户。

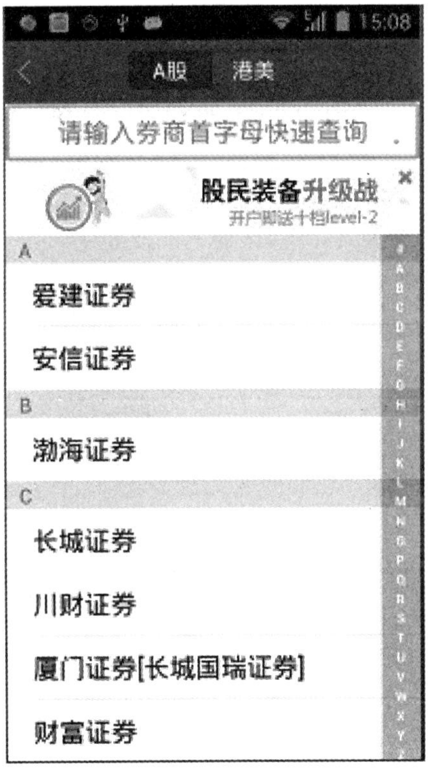

图 17－19　券商列表

图 17－20　选定券商并登录

第三步：输入账号、密码后，可以进入交易终端，如图 17－21 所示。

第四步：点击【买入】按钮后，系统将给出买入操作界面。手机交易操作与在电脑上执行交易操作区别不大。在这里仅以买入操作为例进行说明。

在买入操作界面，系统除了提供买入股票、买入价格、买入数量选择框外，还提供了自动仓位设计按钮，投资者可以直接选择购入股票的仓位，如半仓、1/3 仓等，如图 17－22 所示。

图 17－21　进入交易账户

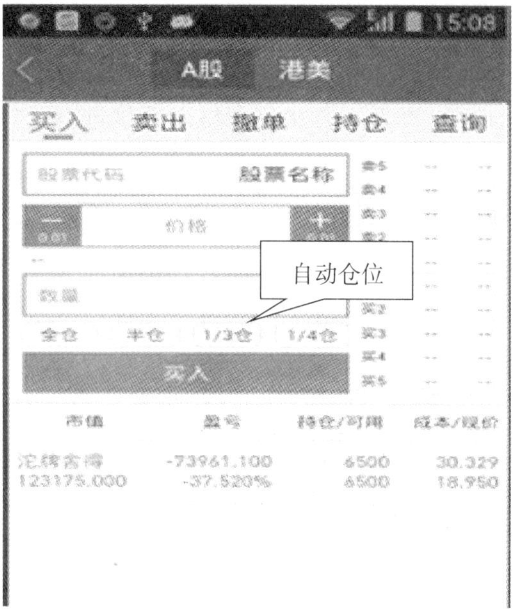

图 17－22　买入操作

17.2.5　视吧

点击大智慧底部功能选项中的【视吧】按钮，将会看到各类视频直播。

17.3　大智慧手机版看盘

17.3.1　大盘

点击底部【市场】按钮，进入市场报价列表后，点击“上证指数”，即可进入大盘分时界面，如图 17－23、图 17－24 所示。

图 17－24 所示的【市场】界面，同时显示了上证指数、深证成指、创业板指等各类指数。投资者若想查看其他指数的分时信息或 K 线图，切换方法与上证指数相同。这里以上证指数为例进行说明。

（1）【大盘】分时信息。上证指数分时走势页面，系统提供了大盘分时走势、成交量、买盘与卖盘数据以及资金流入流出信息，如图 17－25 所示。

（2）【大盘】K 线信息。在【大盘】分时图界面，点击分时图上方的【K 线】选项卡或用手轻敲屏幕，将会看到大盘指数的 K 线走势图和成交量图。点击 K 线图左右移动按钮，可以查看更久的 K 线走势图，如图 17－25 所示。

投资者可对 K 线走势图作如下几项调整。

（1）调整分析周期。点击 K 线走势图下方的【日线】【周线】【月线】【分钟】按钮，可对分析周期进行调整，如图 17－26 所示。

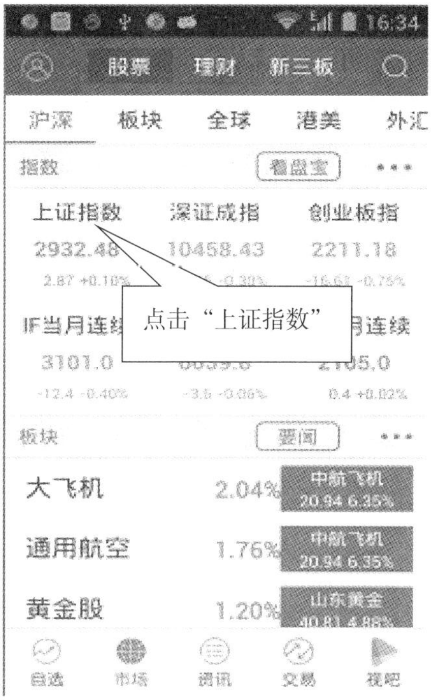

图 17－23　上证指数

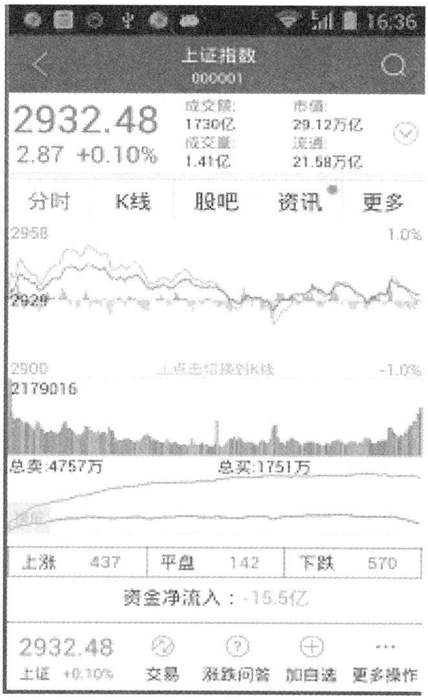

图 17－24　上证指数分时走势

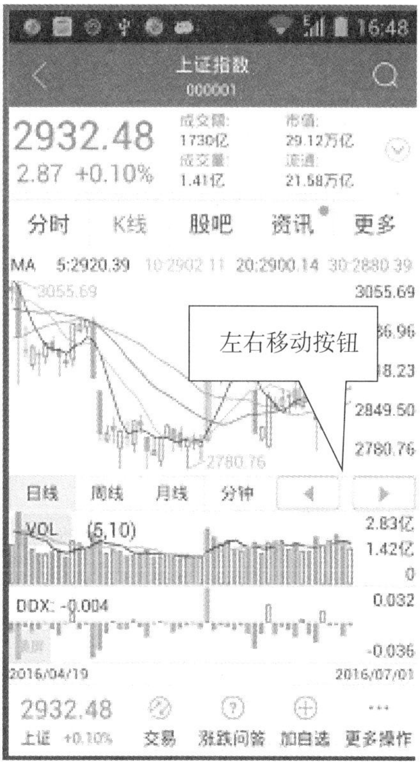

图 17－25　上证指数日 K 线走势图

图 17－26　调整分析周期

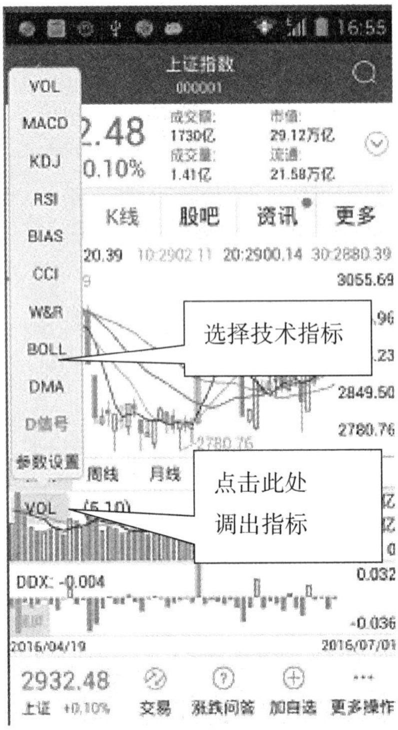

图 17－27　调整分析指标

（2）调整技术指标。点击 K 线走势图下方的【VOL】，可重新选择所需的技术分析指标，如图 17－27 所示。

（3）预警设置。点击 K 线图右下方的【更多】按钮，可以设置股票预警，如图 17－28所示。通过【预警】功能，可对股价、涨跌幅度等项目进行预警，如图 17－29 所示。

（4）风格切换。点击 K 线图右下方的【更多】按钮，可以对界面风格进行切换，如图 17－30、图 17－31 所示。

17.3.2　个股界面

投资者可以通过自选股查看个股行情以及报价信息，也可通过点击大智慧界面右上方的搜索条，输入拼音首拼或股票代码，调出所要查看的股票，如图 17－32、图 17－33 所示。

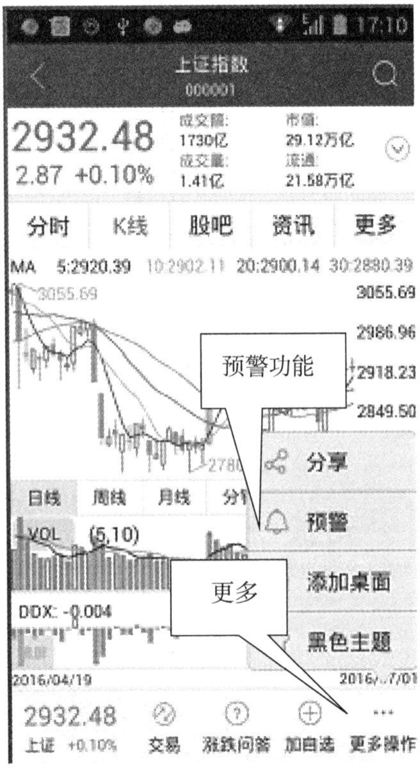

图 17－28　进入【预警】功能

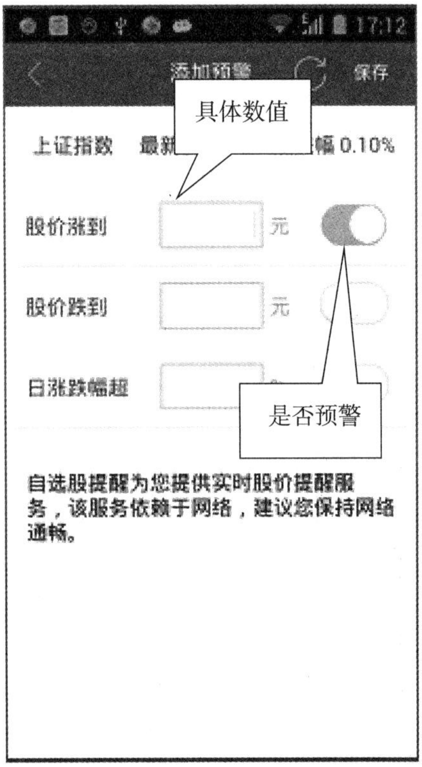

图 17－29　预警设置

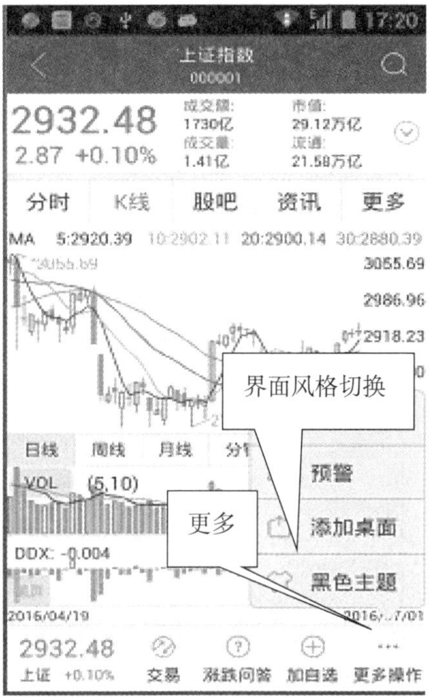

图 17－30　切换前风格

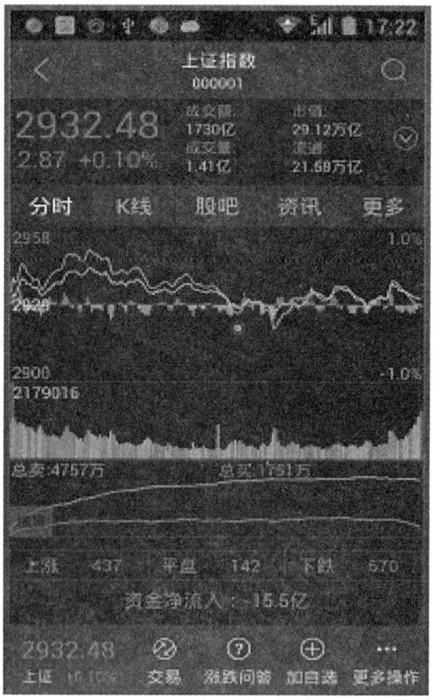

图 17－31　切换后风格

图 17－32　点击搜索按钮

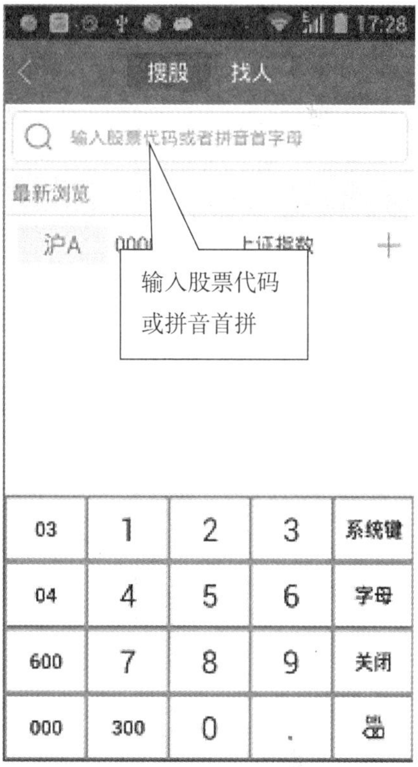

图 17－33　输入股票代码或拼音首拼

例如，输入“ZSGY”或“000685”，系统会给出“中山公用”的名称。直接点击股票名称，系统会自动给出“中山公用”的行情报价信息，如图 17－34 所示。

用手轻敲屏幕或点击【K 线】按钮，系统将会给出该股的日 K 线走势图，如图 17－35 所示。如需对 K 线图进行调整，可参看大盘 K 线图的调整方法。

图 17－34　中山公用分时走势图

图 17－35　中山公用日 K 线走势图